河北环境保护年鉴

2012

《河北环境保护年鉴》编纂委员会 编

河北人民出版社

图书在版编目(CIP)数据

河北环境保护年鉴.2012/《河北环境保护年鉴》编纂委员会编. — 石家庄:河北人民出版社，2013.3
ISBN 978-7-202-07418-3

Ⅰ.①河… Ⅱ.①河… Ⅲ.①环境保护 — 河北省— 2012 — 年鉴 Ⅳ.①X321.222-54

中国版本图书馆 CIP 数据核字(2013)第 032193 号

书　　名　**河北环境保护年鉴** 2012
编　　者　河北环境保护年鉴编纂委员会

责任编辑　杨永林
美术编辑　李　欣
责任校对　付敬华

出版发行　河北人民出版社(石家庄市友谊北大街 330 号)
印　　刷　石家庄燕赵创新印刷有限公司
开　　本　787 毫米×1092 毫米　1/16
印　　张　42
字　　数　689 000
版　　次　2013 年 3 月第 1 版　2013 年 3 月第 1 次印刷
印　　数　1-2 000
书　　号　ISBN 978-7-202-07418-3/X·16
定　　价　220.00 元

3月9日至10日，2011年全省环境保护工作会议在河北会堂召开。

2011年10月19日，河北省首笔省级排污权交易在河北环境能源交易所大厅签约。

唐山港集团股份有限公司

洗车台

苫盖

挡风抑尘墙

抑尘墙

唐山港集团股份有限公司位于唐山市东南80公里，是主导唐山港京唐港区建设发展的大型上市港口企业集团，主要从事码头和其他港口设施经营、货物装卸等业务，公司以迅猛发展的速度和卓越的经营业绩，跻身中国交通百强企业。唐山港京唐港区1989年8月开工建设，是唐山市最早开发建设的国家一类对外开放口岸，有功能较为齐全的1.5～20万吨级泊位33座，年设计通过能力10868万吨/集装箱20万TEU，航道等级达到20万吨级，建成各类货物堆场700多万平米，已形成便捷的综合交通运输体系，水路通达50多个国家（地区）、120多个港口。

为落实低碳、环保、节能、减排要求，唐山港集团股份有限公司着眼于港口环境治理，加大生产配套设备投入和维护力度，积极推进生产工艺革新、技术升级和改造，从辅建区、库区、照明、卡口等各细节上改善港区内综合环境，引进先进技术手段，依靠科技进步和技术创新转变生产服务方式，提高港口装备水平和管理现代化水平，向建设“低碳港口”迈进，同时增置环保设施、设备，节能改造、绿化美化，在河北省首创“绿色港口模式”，努力建立一种绿色港口示范发展模式。

为把绿色港口模式示范建设打造成精品工程和示范样板，唐山港集团股份有限公司广泛问计于专家，通过招投标，确定有实力、经验的研究院为绿色港口模式建设编制整体规划方案，高起点、高标准策划并确定了绿色港口模式指标体系，主要从环境水平、经济效率、人文环境三个方面，大气、声、水等十个指标层、28项具体指标项进行规划、实施。实施过程中直面焦点问题、难点问题，摸清了底数，找到了破解问题的现实答案，理清了思路，明确了重点，找到了突破口，强力组织开展绿色港口模式建设。

绿色港口模式示范建设以来，应用先进技术与淘汰落后工艺相结合，努力挖掘节能降耗潜力，扩大节能增效空间，节水、节电、节油等方面取得显著经济效益，同时加大港区绿化美化力度，绿化面积已达40万平米，综合环境极大改观，京唐港正朝着综合性现代化目标大港迈进。

河北港口集团有限公司

「构筑绿色枢纽　共享碧海蓝天」

优美如画的秦皇岛港春色为城市容貌增添了光彩

碧波荡漾的港池，绿荫环绕的厂区，百花争艳的道路，随处可见的喷淋装置，高耸如屏的防尘铁网……

相信这样的画面对于每个到过河北港口集团秦皇岛港的人都不陌生，这已成为秦皇岛这座滨海名城的独特风景。可以说，秦皇岛港的美景仅是河北港口集团靓丽港区的一部分，也是该集团重视和加强环保工作的一个缩影、一个代名词，它不仅向世人展示了这个集团建设生态节约型、环境友好型企业的决心和魄力，更彰显了这个企业对社会、对人民负责任的能力和水平。

河北港口集团董事长、党委书记邢录珍

矗立在秦皇岛港东港区的防尘网作用明显

河北港口集团秦皇岛港封闭式防污染的带式煤炭运输机正在作业

喷洒系统覆盖了秦皇岛港所有煤炭堆场

河北港口集团有限公司（简称河北港口集团）是集港口建设、开发，国有资产运营、管理以及投融资功能于一身的综合性企业集团。2012年完成港口吞吐量3.49亿吨，是当今世界最大的干散货港口运输企业。

河北港口集团现有总资产370.44亿元，拥有全资和控股、参股投资企业32家，业务涉及港口经营、港口物流、港机制造、港口建设、港口服务、港口地产、资源开发和资本运作等多个领域。现有生产泊位64个，年设计通过能力3.09亿吨，主要布局在秦皇岛港、唐山曹妃甸港区、沧州黄骅港综合港区。

河北港口集团积极履行社会责任，建设生态型、环境友好型企业。先后建成亚洲最大的秦皇岛港煤码头防风网工程、煤炭堆场与装卸机械单机洒水除尘系统等现代化环保设施，达到了国内清洁生产先进水平，实现了企业和谐发展、绿色发展、可持续发展。

洒水车清洁路面，防止二次扬尘

河北港口集团秦皇岛港煤炭装卸作业区高架皮带机下鲜花怒放

风帆股份有限公司

打造知名品牌 创新环保先行

风帆股份有限公司始建于1958年，是“一五”期间国家156个重点建设项目之一、为国庆35、50、60周年首都阅兵式提供铅酸起动电池产品与服务保障。经过几十年锐意进取，风帆公司成为目前国内实力最强、规模最大、市场占有率最高的起动用蓄电池生产企业，成为中国蓄电池行业第一品牌。公司致力于锂电池和太阳能电池等绿色高端能源的开发。风帆的目标是把握大势、创新超越、调整结构、强化核心竞争力、打造国际新风帆！

多年来，公司加强环境保护，强化环保设施运行管理，提升特征污染物自我监测能力，重视清洁生产和污染物减排工作，严格执行排污申报、排污缴费与排污许可证制度；主要污染物排放达到总量控制指标要求；2009年获得国家发改委清洁生产先进单位。在减排方面，公司冷却水循环使用、污水深度处理和综合利用，单位产品废水的排放量均达到国内先进水平；对所有的蒸汽锅炉实施了双碱法改造工程，铅烟尘净化设施在排放达标的基础上增加了二级高效过滤系统；对各类含铅危险废物的收集、储存、运输、处置实施全过程监控，确保危险废物达标处置。

在环境保护方面，风帆人严格执行国家和地方的法规标准，满足行业准入条件和清洁生产的要求，打造国内同行业环保标杆企业，在为社会提供绿色环保、质优价廉的产品同时，努力履行社会责任。打造世界驰名品牌，质量保证，环保先行。

污水排污口在线监测设备

污水处理站

废气治理

先进生产设备

产业园区规划图

河北大唐国际王滩发电有限责任公司

河北大唐国际王滩发电有限责任公司位于唐山市海港经济开发区境内，一期工程安装有2台国产60万千瓦亚临界凝汽式燃煤发电机组，二期工程在一期工程建设基础上，留有2×1000MW机组的扩建余地。该工程是河北省命名的重点项目，唐山市“四大兴市”工程之一。

王滩发电公司秉承“提供清洁电力，点亮美好生活”的使命，坚持“对标一流，奉献精品”的理念，以国内同类型先进企业为标杆，以保护生态环境为己任，充分利用海水资源、海边盐碱滩涂土地优势和燃料便捷运输通道，在工程建设中引入20多项新设备、新工艺、新技术和新材料。海水淡化技术开电力企业乃至国内之先河，以超滤加反渗透的搭配方式，每天节约自来水7000吨；华北地区第一家应用的国内规模最大的户外50万伏GIS系统的电厂，凭借其可靠性高和防腐性好，筑牢了安全发电的根基；湿法脱硫、高效静电除尘、低氮燃烧器、干除灰和水资源综合利用等新技术，使各项排放达到国家环保控制指标要求，2009年以来，连续四年被中国大唐集团公司评为资源节约型和环境友好型企业。

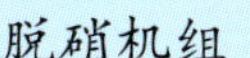

脱硝机组

集中控制室

海水淡化系统

静电除尘器

公司内景

华北制药

华北制药集团有限责任公司

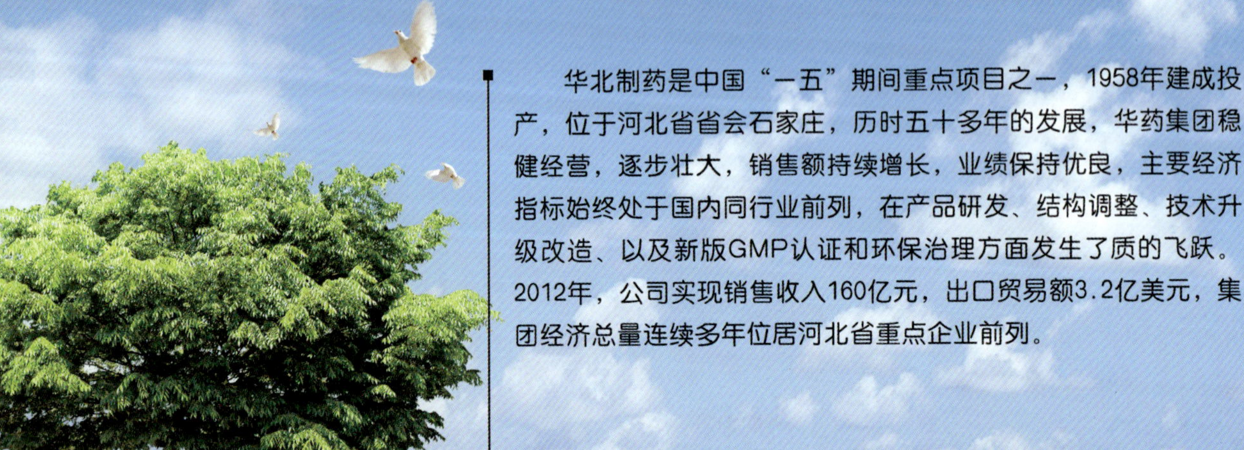

华北制药是中国“一五”期间重点项目之一，1958年建成投产，位于河北省省会石家庄，历时五十多年的发展，华药集团稳健经营，逐步壮大，销售额持续增长，业绩保持优良，主要经济指标始终处于国内同行业前列，在产品研发、结构调整、技术升级改造、以及新版GMP认证和环保治理方面发生了质的飞跃。2012年，公司实现销售收入160亿元，出口贸易额3.2亿美元，集团经济总量连续多年位居河北省重点企业前列。

头孢项目污水处理厂

头孢项目污水处理厂

新园区污水处理一厂

华北制药坚持实施可持续发展战略，执行“人类健康至上，质量永远第一”的质量方针和“合理利用资源、依法防治污染、坚持持续改进、关爱人类健康”的环境方针，建立了完善的ISO9001质量管理体系、ISO14001环境管理体系并通过认证，相继通过了美国FDA认证、欧盟GMP认证、清洁生产审核认证，拥有国家科技部认定的抗体药物研制国家重点实验室，省发改委认定的头孢菌素工程实验室，市发改委认定的维生素工程研究中心

环保科技进步二等奖证书

中水回用试验组合膜成套设备

循环流AO曝气池

催化氧化设备

固体废物焚烧厂

华北制药

华胜污水处理厂

华胜公司废水治理工程

中水回用设施

公司高度重视环境保护工作，认真贯彻国家有关环保方面的法规和政策，把加强环境保护、污染治理作为一项长期的战略任务来抓。公司共建有废水处理厂（站）12座，危险废物处置中心1座，环保设施总投资近6亿元。公司在国内率先成立了专业从事工业污染防治的环境保护研究机构，自主研发的适合高浓度制药废水的循环流AO工艺技术，获国家专利，企业在废水处理中同时引进高效微生物技术、全溶气气浮新技术，突破了传统平流气浮的设备结构限制，实现废水中高浓度浮渣的有效去除，该技术不仅为企业完成减排工作的技术保障，逐步在全行业普及。

石家庄利鑫制药有限公司

利鑫制药有限公司董事长冯海山

固体制剂车间

石家庄利鑫制药有限公司是在河北三九太行制药有限责任公司基础上改制的股份制制药企业，成立于2001年，注册资金1000万元，法定代表人冯海山，地址在鹿泉市黄壁庄镇，经营范围：化学原料药、制剂、医药中间体、化工原料、糖精钠、消毒液的生产、销售。目前公司拥有33897平方米土地使用权，14348平方米厂房及建筑物。拥有15个制剂药生产文号和3个原料药生产文号，年生产制剂药50亿片（粒），原料药2000吨。

石家庄利鑫制药有限公司产品结构分为两大类，第一类是原料药，第二类是口服固体制剂。原料药主要有氢氧化铝、三硅酸镁、西咪替丁。主要制剂产品有西咪替丁片、西咪替丁胶囊、盐酸雷尼替丁胶囊、复方氢氧化铝片、维U颠茄铝胶囊等。

石家庄利鑫制药有限公司坚持“以人为本，诚实信用，质量第一，为社会提供优质药品，为客户提供满意服务”的企业理念，在社会各界的大力支持下，全公司员工团结奋进，企业越做越强。

《河北环境保护年鉴》编纂委员会
2012年卷

编写说明

一、为全面系统地反映河北省环境保护工作发展历程和成就，历史地、动态地了解河北省环境保护事业发展变化的主要情况，为环保执法人员提供具有科学性、权威性、指导性的环保资料信息，以及相互交流、借鉴的平台，河北省环境保护厅《河北环境保护年鉴(2012)》编纂委员会组织编撰了这部书。

二、《河北环境保护年鉴》是一部综合性资料工具书，是河北省环境保护事业年度资料、信息、经验的总汇。《河北环境保护年鉴(2012 年卷)》主要反映了 2011 年河北省环境保护工作。

三、《河北环境保护年鉴》的基本宗旨和任务是全方位、多层次收录有关环境保护方面的信息、资料和数据，供各级领导、各条战线、环境保护系统各个岗位的工作人员、厂矿企业事业单位、高等院校师生和各领域环境保护工作爱好者，研究探索河北省经济建设与环境保护协调发展的经验和规律，不断促进河北省环境保护事业的健康发展。

四、《河北环境保护年鉴(2012)》采取分类编辑的方法，以栏目、分目、条目组成框架结构的主体，共设有 26 个基本栏目。全卷按内容编撰排列，以条目为基础。全书条目标题统一使用黑体加【　】为标志，以便读者查阅。

五、河北省环境保护厅组织了厅机关各业务部门、各设区市环保局有关业务人员，编辑了基本栏目、分目、条目稿件内容，成稿后经省环保厅《河北环境保护年鉴》编辑办公室汇辑编撰，最后由省环保厅有关领导和编委会成员审查定稿。因此，各种资料、信息数据都比较准确、翔实、可靠。

六、衷心欢迎广大读者对《河北环境保护年鉴(2012)》的编撰、出版工作提出宝贵意见，以使今后编撰《河北环境保护年鉴》时收录的内容更科学、更简练、更规范，更符合读者需要。

基 本 栏 目

特辑

2011 年河北省环境状况公报

规划、计划与基本建设

污染减排工作(双三十减排示范工程)

环境政策与法规

机构改革与人事

环境科技管理、环境科学、环保产业

工业污染防治

城市环境管理

农村环境保护

生态环境保护

辐射环境管理

环境监测

环境影响评价与建设项目环境管理

环境监察

环境信访

对外交流与合作

环保系统行风建设

环境宣传教育

环境信息化建设

2011 年环境保护大事记

各设区市环境保护

目 录

特辑

河北省领导重要讲话

河北省环境保护厅领导讲话

2011年河北省环境状况公报

规划、计划与基本建设

污染减排工作(双三十减排示范工程)

环境政策与法规

机构改革与人事

环境科技管理、环境科学、环保产业

污染防治

城市环境管理

农村环境保护

生态环境保护

辐射环境管理

环境监测

环境影响评价与建设项目环境管理

环境监察

环境信访

对外交流与合作

环保系统行风建设

环境宣传教育

环境信息化建设

2011年环境保护大事记

各设区市环境保护

特　　辑

- 河北省领导重要讲话
- 河北省环境保护厅领导讲话
- 河北省环境保护法规、规章
- 河北省环保厅重要规范性文件

河北省领导重要讲话

张云川书记 在河北钢铁集团调研时的讲话要点

要切实抓好节能减排。这些年我们做了很多实质性工作，取得了很好的成效，但仍有潜力可挖。况且，如果我们这方面工作抓得不紧，很多消耗指标马上就会反弹。要继续下大力淘汰落后产能，完成好国家下达的任务。落后能力是相对的，要保证技术装备水平的先进性，就要不断把相对落后的东西淘汰掉，包括落后工序、落后工艺、落后装备。要学习兄弟企业的好做法，进一步把钢铁行业做强做优，同时还要实行多元发展，尤其要重视利用资本市场，抓好直接融资。

（2011 年 2 月 14 日）

突出绿色理念　规划产业发展

——张云川在香河县调研环首都绿色经济圈建设时的讲话摘要

规划的核心是产业规划，这是基础。产业规划一定要按照全面、协调、可持续的科学发展观要求制定，突出绿色的理念千万不要再搞那些污染空气、影响水质，以及大量产生固体废弃物的产业。河北的区位优势是非常明显的，但要发挥好这个优势，就必须考虑首都北京这个大局，多发展那些节能环保高效的优质产业。

要坚持走新型工业化道路,不断提高发展的质量和效益。事实证明,过度依赖资源能源消耗和低成本劳动力来支撑经济增长,是不可持续的,还是要靠科技引领、创新驱动,靠发展理念和管理理念的创新,这才是真正的绿色经济,所谓绿色经济,是人类社会继农业经济、工业经济、服务经济之后新的经济结构,是更加效率、和谐、持续的增长方式,核心就是低碳、环保、高技术。环首都绿色经济圈,不仅本身要发展绿色经济,提高技术附加值,用最低消耗和最少的排放获取经济效益,而且还要成为全省调结构、转方式的示范区。

在环首都绿色经济圈,不管发展什么产业,都要打好生态牌。要把水的文章做好,把林的文章做好,把提高水和大气质量的文章做好,努力营造良好的生态环境,真正把环首都绿色经济圈建设成为环首都生态圈。也就是说,要让人们一出北京,就感到我们这里空气很新鲜、环境很舒适。有条件的市、镇若干年内要力争取消燃煤,改用清洁能源,假如五年内,廊坊市所有企业、居民、公共机构都不烧煤,这里的空气质量会有彻底改观。因此,环首都绿色经济圈一定要把生态牌打出来,把绿色概念把握住,否则于大局不利,最终自己也发展不起来。

在产业规划当中,一定要有鲜明的导向。无论是一产二产还是三产,都要明确提出哪些是鼓励类项目、哪些是限制类项目、哪些是禁止类项目,真正细化到产业、产品这样的程度。对已经事实存在的限制类项目,要控制其规模,尽快加以改造。对有些产业,企业,产品,就是要严格禁止,利润再大也不能在这里搞。

(2011 年 4 月 22 日)

改造生态　推进城镇建设

——张云川在全省城镇建设三年上水平工作会议上的讲话

要继续把改造生态尤其是水和大气的质量摆在首位,这是最大的民生,谁也离不开,谁也躲不掉,直接关系老百姓的健康。各市不仅要有足够的供水量,而且要严把质量关,组织权威机构加强对各个时段自来水的监测检查,确保达到国家标准,达不到的就要改造水源,这一点决不能马虎。现在我省各设区市空气质量全部达到二级标准,很不容易,但如果不继续加强控制是会反弹的。在空气质量监测中,我们采用的是低限标准,有的地方是勉强达标，下一步还有很多的工作要做，必须坚持治标治本相结合，抓住源头，科学治理。一个城市生态环境如何，对投资者来讲是很重要的，各地要真正下功夫，抓出实实在在的成效。

（2011 年 7 月 23 日）

改造传统产业刻不容缓

——陈全国在全省工业企业技术改造现场会上的讲话（摘要）

加强技术改造，是加快转变发展方式、调整优化产业结构的重要载体。目前，我省万元 GDP 能耗 1.64 吨标准煤、万元工业增加值能耗 2.99 吨标准煤、工业固体物排放量 2.2 亿吨、工业二氧化硫排放量 104.3 万吨、工业废水排放量 10.8 亿吨，分别居全国的第 8 位、第 7 位、第 1 位、第 4 位、第 8 位。产业结构偏重、资源能源消耗高、节能减排压力大、发展方式粗放的问题比较突出。利用先进技术改造传统产业、推动产业结构优化升级，非常迫切、刻不容缓。

（2011 年 2 月 28 日）

张庆黎书记在省第八次党代会上的报告（摘要）

过去五年，经济结构调整实现新突破。大力实施重点产业调整和振兴规划，瞄准先进开展“对标行动”，强力推进节能减排和淘汰落后产能，环境保护与生态建设取得新进展。

经济强省，就是总量要大，素质要高，结构要优，活力要足，质量要好。总量是规模、是实力，代表发展基础；素质是内涵、是核心，体现发展能力；结构是体系、是构架，提供发展支撑；活力是容量、是能量，反映发展环境；质量是档次、是效益，标志发展水平。具体讲，发展速度与结构、质量、效益相统一，经济发展与人口、资源、环境相协调，发展水平与东部沿海区位相适应，企业效益明显提升，地方财政一般预算收入占生产总值的比重稳步提高。

和谐河北，就是生活品质提高，文明程度提高，社会管理水平提高，生态环境质量提高。具体讲，资源浪费和环境污染得到有效遏制，传统生产和消费模式实现新的转变，生态质量有更大提高，使河北的天更蓝、地更绿、山更青、水更秀，人民群众的生产生活环境更美好，幸福指数明显提升。狠抓环境保护与生态建设。坚持经济发展与环境保护、生态建设统筹推进,加快建设资源节约型、环境友好型社会。继续强力实施新老“双三十”节能减排示范工程,坚决落实领导责任,坚决有序淘汰落后产能,坚决禁止新建违规项目。发展循环经济、低碳技术和环保产业,推进工业节能、建筑节能和交通节能,最大限度地集约节约资源能源、最大限度地保护生态环境。坚持以大工程带动大治理,重点整治工业污染,综合治理城市大气和流域水污染,有效防治农村面源污染,严格控制海洋污染,加大环保监测和综合执法力度。加强自然保护区、水源保护区、风景名胜区等重要生态功能区的保护和管理,推进河湖水系全流域治理,继续实施京津风沙源治理、环省会生态林带等重大生态工程,做好造林绿化、水土保持、防沙治沙、防灾减灾等工作。加快建立生态补偿机制,共同促进生态文明建设。

张庆黎书记在全省经济工作会议上的讲话(摘要)

以打造拳头产业和支柱企业为重点,确保结构调整迈出实质性步伐。改造提升传统产业,加大节能减排和淘汰落后的力度,扭住重点行业、重点单位和重点企业不放松,落实目标责任,加强监督考核,坚决抑制高能耗高排放行业发展。

把环京津有条件地方建设成为先进生产要素转移的重要承接地,就是加速构筑环首都绿色经济圈,尽快把区位优势转化为发展优势。

在加强生态建设上求突破。充分保护和利用环京津地区的生态资源优势,推进现代农业示范园建设和旅游基地建设,大力发展观光农业、文化旅游、休闲度假、养老、健身等高端生活性服务业,构建绿色有机的现代农业圈、独具魅力的休闲度假圈、优质天然的生态环保圈。

以改善生产生活条件和提高公共服务水平为重点,确保群众得到更多实惠。在保障改善民生问题上,必须做到政策落实不折不扣、资金投入不拖不欠。各项工作不留死角。集中力量办好实事。启动重点区域环境和生态治理工程,对秦皇岛、环首都周围和省会地区的水污染整治、生态环境建设,作出具体安排部署,加大工作力度,务求取得明显成效。推进“气化河北”工程,大力推广煤改气工作,明年在石家庄市率先建设燃气热电项目,促进城市大气环境质量的改善。

(2011 年 12 月 22 日)

张庆黎书记在各地市调研时的讲话(摘要)

11月11日在石家庄

要按照科学发展观的要求,努力闯出一条好中求快、快中求好的路子。坚持城乡统筹发展、经济社会协调发展的战略思想,完善政策、加大投入,把更多的资金用在保障改善民生上。

10月14日在承德

生态建设要力争一流。生态环境很脆弱,一旦破坏几代人都修复不了,一定要以对子孙后代高度负责的精神去做这件事。好的生态不仅给人们提供好的生活环境,而且是一笔十分重要的财富。从某种意义上讲,保护生态环境就是保护生产力,改善生态环境就是发展生产力。保持良好生态确实太重要了,必须作为“底牌”放到生命线的高度来抓。新中国成立以来,特别是改革开放后,党和国家拿出很大的精力和很多的资金,围绕固沙源、保水源加强生态建设,启动了“三北”防护林体系建设,努力打造绿色万里长城。这项宏大的生态工程,现在的确收到了成效。

这些年,各级党委对保护生态环境高度重视,为此付出了艰辛努力,也见到了明显成效,为改善首都周边环境作出了重要贡献。这个成绩来之不易,是几代人的心血,必须倍加珍惜、倍加爱护,继承巩固发展。生态这张“底牌”,什么时候都不能丢;生态保护这条生命线,必须始终抓住不放,而且要不断地把工作往上推、向高处推。要进一步加大生态和水利建设力度,更加卓有成效地做好水土保持、河流生态修复、水源地保护等工作,千方百计保护好“三北”防护林和坝上草原,真正使天更蓝、水更清、山更绿、人民更富裕。

要高起点、高水平地发展新兴产业,真正走出一条生产发展、生活富裕、生态良好的发展之路。加快改造提升传统产业,着力抓好节能减排和淘汰落后产能的工作。大力发展绿色产业,积极发展低碳环保的生态经济。新上项目必须严格把关,门槛高一点,不能“剜到篮里就是菜”。有人不赞成旅游城市搞工业,这是走另一个极端,我们不能因为保护环境就因噎废食。实际上,在世界范围内旅游城市不搞工业的很少,关键看怎么搞。我们发展清洁能源很有优势,何乐而不为!还有钒钛磁铁矿,这也是一个很大的潜力和优势,问题是如何更好地开发。不能简单地挖掘,要在挖掘时就注意环保,挖掘后进行加工、升值。

10月23日在张家口

一定要保住生态环境这条生命线。搞好生态建设是落实科学发展观的重要内容,是促进可持续发展的必然要求,也是构筑首都绿色屏障的重大责任、长期工程。要在已有的工作基础上,继续把生态文明建设放在突出位置,一年又一年,一届又一届,一代又一代,坚持不懈地抓下去,力争通过辛勤劳动,把我们的家园建设得更加美好,让首都的生态屏障更牢固。

要树立生态是生命线的意识,像爱护自己的眼睛一样来爱护生态,像延续生命一样来建设生态,统筹做好经济建设和生态建设各项工作,决不能以牺牲生态为代价换取一时的发展。一要坚持大工程带动大治理,大治理建设大屏障,继续大力实施首都水资源可持续利用、京津风沙源治理、退耕还林还草、生态涵养区建设等重点生态工程,加强造林绿化、水土保持,实行山水林田路村统筹,促进生态实现工程保护与自然修复的统一。二要坚持抓源头治理,从转变生产方式入手,从改变生活习惯做起,引导群众改传统的放养散养为舍饲养殖,改烧柴烧草做饭取暖为利用煤炭和清洁能源,最大限度地减少对生态的影响。三要坚持以绿色产业支撑绿色发展,大力推进节能减排,大力发展文化、旅游、新能源等产业,能耗高、污染大的项目坚决不能上。

上项目要以国家产业政策为依据,与发展规划相衔接,与资源环境相协调。尤其在生态脆弱区、环境保护区、水源涵养区、旅游风景区,更要精心筛选项目,科学论证项目,切实做到无污染、可持续。

10月5日在秦皇岛

要在生态建设上实现新跨越。生态是生命线,没有好的生态,一切无从谈起。我们一定要本着对历史负责、对人民负责、对子孙后代负责的态度,精心保护好这片海域,保护好这方青山绿水,保护好这里的历史文物。有些东西一旦被破坏,百年难以恢复,甚至永远不能恢复,将会造成历史的遗憾。如果在生态上丢分、失误,将是对人民的犯罪。保护好生态环境,是各级党委、政府和每个干部群众的职责和任务,必须思想上高度重视,行动上高度自觉,在原来的基础上下更大的气力,把这件事做到位。

要加强海洋生态环境保护，采取最严格的措施，禁止高污染、高排放项目上马，即使搞旅游项目，也要实行严格的环评制度。现有企业要加大技术改造力度，加强污染整治，凡是不达标的一律关停。把生态建设与节能减排、淘汰落后、企业搬迁改造结合起来，建设绿色低碳城市，打造全国生态文明先行区。要科学合理地控制建筑密度，大规模增加绿色覆盖，高水平打造生态景观，留给后人更多更好的空间、绿色和绿意。

今年6月初发生的蓬莱19—3油田溢油事故，对渤海海洋生态，人民群众生产生活和今后的发展带来了严重影响。这给大家画了一个问号和惊叹号，环渤海要不要搞化工、怎么搞，需要进一步思考、研究和论证。我们一方面要积极向中央有关部门提出建议，加强与周边地区的协调沟通，另一方面要从自身做起，把自己的事情办好，确保这片海域不受污染。

要按照科学发展观的要求，选好的项目、上好的项目。只要符合国家产业政策，是低碳环保、无公害、无污染、可持续的高端项目，就要千方百计去搞，在这方面多多益善。要以更宽的视野、更有力的措施，引进好的项目和好的合作伙伴，以产业支撑城市更好更快的发展。

11月3日在唐山

要继续强力度推进节能减排，坚决把过高的能耗排放指标降下来。严格执行国家政策，正确处理当前和长远，局部和全局的关系，坚决淘汰落后产能，严禁新上高耗能、高排放、低效益项目。

10月8日在廊坊

要按照科学发展观的要求，根据国家的产业政策，认真做好项目筛选工作，眼光要高、站位要高、门槛要高，积极推进工业化与信息化的融合。

就整个河北来讲，我们与先进地区最大的差距，主要是两个方面，一个是思想观念这个“总开关”上的差距，一个是干事创业环境上的差距。实践表明，凡是问题多、发展慢的地区，除了思想观念落后外，往往是干事的环境不行，运动员、战斗员太少，裁判员、评论员太多。要形成这样一种导向，干事光荣，干事受褒奖，不干事受孤立。有人说，干事得罪人，干事多了错误多，不干事没错误。这种想法不对，因为不干事本身就是最大的错误、不可容忍的错误。

9月5日在保定

当前加快转方式调结构步伐已经成为全省上下的共识,已经有了一个良好的开端。只要按照中央精神,结合河北实际,在现有基础上继承、发展、创新,我们的路子就会越走越宽广,一产特色将更明显,二产水平将更高,三产领域将更宽,河北就会插上腾飞的翅膀,取得更大的发展。

9月17日在沧州

要分好蛋糕,首先要把蛋糕做大。这不是片面地强调经济总量,而是强调要在科学发展的轨道上,只要是有效益、有市场、低消耗、无污染的经济,就要抓紧做大。

8月31日在邢台

要按照"生产发展、生活富裕、乡风文明、村容整洁、管理民主"的要求,把新农村建设扎实推向前进。

9月23日在邯郸

在国家产业政策和资源环境的双重约束下,高能耗、高排放、低效益的发展路子难以为继。在当前形势下,这个挑战是非常现实的,也是非常严峻的。怎样加快步伐、走出困境,是一个重大战略课题。

张庆伟省长在听取环保工作汇报时的讲话

在转方式、调结构中,环保要先行。要真正实现调结构、转方式、上水平,环保系统要科学谋划、提前介入,为"调、转、上"提供保障和支撑。从经济社会平稳发展的大局出发,切实平衡好、协调好消减存量、优化增量的关系。

在实施全省"十二五"发展战略中,环保要提供支撑。要在支撑全省经济社会发展战略的更高层次、更宽范围、更大尺度上扮演重要角色,发挥重要作用。

(9月17日)

张庆伟省长全省节能减排工作电视电话会议上的讲话（摘要）

节能减排是推进科学发展的必然要求，是检验经济发展质量的重要标准。要毫不动摇地推进节能减排工作，努力走出一条创新发展、绿色发展、低碳发展和可持续发展之路。

节能减排是加快转变经济发展方式的根本途径，是调整优化产业结构的重要抓手。要把节能减排作为强大动力和倒逼机制，推动形成节约能源资源和保护生态环境的产业结构和生产方式，促进经济发展方式向集约型转变。

节能减排是保障和改善民生的重大举措，是建设和谐河北的重要内容。要坚持从实现好、维护好、发展好人民群众的根本利益出发，更加自觉、更加主动、更加扎实地做好节能减排工作，努力让人民群众喝上干净的水，呼吸上新鲜的空气，吃上放心的食品。

必须用创新的思维和办法，正确应对和妥善解决节能减排工作中的新情况、新问题，奋发有为地推进节能减排工作向广度和深度拓展。

（10 月 28 日）

张庆伟省长在全省经济工作会议上的讲话（摘要）

坚持把城乡统筹作为重要方略，实施城镇化战略和新农村建设，城乡面貌发生可喜变化。全省城镇化进程进一步加快，城镇化率达到 45.5%。城镇建设三年上会平进展顺利，城市基础设施完成投资 3060 亿元，27 个大型城市商业综合体项目开工建设。新增园林绿地 6380 公顷，新增省级园林城市（县城）25 个。设区市及县级市的城市污水和垃圾无害化处理率分别达到 86% 和 80%，城市空气污染指数同比下降 4%。新民居建设规范有序推进。

节能减排形势不容乐观，部分高耗能行业生产出现反弹，减排任务十分艰巨。坚决把好土地、信贷、节能、环保、产业政策等审核关，严格控制高消耗、高排放和产能过剩行业的新上项目。

坚持不懈地转好节能减排，促进绿色低碳发展。节能减排是促进科学发展的硬任务，是加快转变发展方式的硬举措，必须处理好经济增长、结构调整和节能减排三者关系，综合施策施治，确保完成任务。大力实施重点示范工程。坚持把重点区域、重点企业、重点领域作为能能减排的主战场。抓好“双三十”单位节能减排，加强对新老“双三十”单位的调度考核，各市对老“双三十”单位要重点督导和严格管理。深入实施“双千”工程，力争1000家重点用能企业年内实现节能500万吨标煤，1000家环保重点监控企业主要污染减排量占全省工业减排量的70%以上。推进建筑、交通运输领域节能，实行供热计量改革，加快既有建筑节能改造，新建建筑特别是保障性住房要严格按照节能标准设计和建设。综合运用经济、法律、技术、行政等手段。坚决淘汰落后产能。推进资源能源节约。加快构建节能环保型产业体系，调整优化能源消费结构，积极发展风能、太阳能、生物质能、地热能等可再生能源。抓好十大节能工程，实施500项节能技改项目。坚持减量化、再利用、资源化，大力发展循环经济。实施节能减排重大科技专项，采用新工艺、新材料、新技术改造落后工艺、技术和装备。大力推进科学治水、节约用水、依法管水，切实提高水资源利用效率。

加强生态环境保护。改善生态环境，既是加快转变经济发展方式的内在要求，也是优化发展环境的重要内容。要继续实施京津风沙源治理、环省会生态林带等重大生态工程，扎实推进造林绿化、水土保持、防沙治沙等工作，加强自然保护区、水源保护地等生态功能区的保护和管理。开展农村环境综合整治，努力减少面源污染。综合治理大气、陆域、流域、海域污染。加大海洋环境保护力度，开展北戴河及相邻地区海域污染防治和环境综合整治集中行动，加强入海河流和直接入海排污企业治理，确保海水水质有明显改善。

建立健全激励约束机制。强化节能减排目标责任制，根据各市、各行业。存量和增量、发达和欠发达地区的实际情况，施行差别政策，分四类下达节能减排考核目标。制定全省能源消费总量控制实施方案和考核办法，对没有能耗增量、污染物总量指标来源的高耗能、高污染项目一律不予审批。完善经济政策和市场机制，运用价格、税收、金融、排放权交易等经济手段，增强企业节能减排的内生动力。完善节能减排综合考核评价体系，加强监督检查，定期公布结果。

(2011年12月22日)

张庆伟同志在各地市调研时的讲话（摘要）

10月25日在石家庄

要进一步加大节能减排工作力度，坚定不移地淘汰落后产能，加大技术改造力度，大力发展循环经济，构建循环产业链条，最大限度实现绿色发展、和谐发展，为全省钢铁产业转型升级作出表率，为打造全国一流钢铁企业奠定基础。

9月22日在唐山

要在聚集区内大力发展循环经济，构建循环产业链条，最大限度实现废弃物综合利用，最大限度降低生产经营成本，最大限度实现人与自然和谐发展，将工业聚集区打造成改革开放的试验田、科学发展的示范区。

11月14日在沧州

要不断提升煤化工产业的技术水平和装备水平，对落后的工艺技术，高污染高能耗的产能，坚决予以淘汰；要严格产业准入标准，做好项目环境评价审核和节能审查，对不符合节能环保要求的项目，坚决不予审批，努力构建绿色、高效的煤化工产业格局，为全省转方式、调结构作出积极贡献。

面对新形势、新任务，玻璃产业必须进一步优化升级，以提升产业水平、提高产品质量、促进节能减排为目标，加快结构调整步伐。

8月26日在邯郸

河北传统产业多，资源依赖性强，转方式、调结构任务艰巨，作为省属重点国有企业，要牢牢抓住自主创新这一关键环节，大力推进科技创新和技术进步，突破更多制约产业升级的关键技术、核心技术，加快改造提升传统产业，加大节能减排工作力度，为全省转方式、调结构带好头。

着力建设绿色财政
推动经济科学发展

——赵勇副书记在全省财政工作会议上的讲话(摘要)

支持节能减排。经过全省上下的共同努力,“十一五”节能减排目标任务如期完成。但我们必须看到,下一步节能减排的任务更重。各地要继续落实好税费调控政策,完善资源有偿使用、生态成本补偿制度,统筹使用各类节能减排资金,推进100项节能改造、200个污染减排项目建设,实施循环经济示范工程开展省级低碳城市、低碳园区、低碳企业试点,推动经济发展与生态优化的良性互动。

(2011年1月5日)

精心谋划好环首都地区的项目建设

——赵勇副书记在一季度环首都片重点建设项目调度会议上的讲话

提高战略性新兴产业和现代服务业项目在整个投资中的比重,围绕国家重点发展的战略性新兴产业,环首都地区要建设特色园区。节能环保产业,要积极发展污水和污泥处理设备、空气净化设备、二氧化硫脱硫设备制造产业,集中在1-2个特色园区实现突破。新一代信息技术产业,包括云计算中心、三网融合物联网等项目。重点放到廊坊。生物产业,加强与北大和中科院的合作,重点在涿州建设一两个生物产业基地。高端装备制造业,重点在保定、廊坊、张家口布局。新能源产业,重点放在保定,抓好1-2个新能源产业示范园区建设。新材料,要发挥环京津两个大城市的市场优势,努力在合成材料、保温材料、轻型材料等方面实现突破。新能源汽车,重点是做大保定的新能源汽车产业基地。同时,要按照省政府确定的“四区六基地”总的布局,加快建设一批养老、健康、旅游等现代服务和金融、保险、后台服务、文化创意等高端服务业项目。

(2011年2月18日,根据录音整理)

全力抓产业项目解决环境约束瓶颈 不折不扣地落实各项节能减排措施

——赵勇副书记在一季度沿海片重点建设项目调度会议上的讲话摘要

抓产业项目关系到沿海地区能否率先实现实现新型工业化并带动全省产业结构的优化。我省的节能减排压力很大，但不能就节能减排抓节能减排，需要用发展的思路，通过谋划建设一批符合国家产业政策、符合转变经济发展方式要求、体现绿色增长方向的好项目，把绿色 GDP 做大，进而降低单位 GDP 能耗和污染物排放水平。

关于能耗和排污指标制约问题。一方面，省里将预留一部分能耗和排污指标，重点用于支持好项目、大项目；另一方面，要积极探索运用排污权交易平台等市场方式解决排污指标问题。解决环境约束瓶颈，从根本上讲，还是要加大产业结构调整力度，积极发展绿色产业，加快淘汰落后产能，不折不扣地落实各项节能减排措施。

（2011 年 4 月 1 日，根据录音整理）

赵勇副书记在环首都绿色经济圈造林绿化动员大会上的讲话

这次会议的主要任务是，按照省委、省政府的统一部署和张云川书记、陈全国省长的要求，安排部署环首都 4 个设区市和 14 个县（市、区）的造林绿化工作，迅速掀起造林绿化的新高潮，为建设环首都绿色经济圈打下一个好基础。刚才，保定、承德、张家口、廊坊和涿州市分别作了很好的发言，充分体现了各地认识高、措施实、决心大。唐山丰南区介绍了很好的经验，环首都地区要认真学习借鉴。省林业局明确了今年造林绿化的任务和要求，各级各有关部门要抓好落实。下面，我讲三点意见。

一、要把造林绿化作为环首都绿色经济圈建设的一项基础工程来抓

我们之所以下这么大的决心来抓环首都绿色经济圈造林绿化工作，首先,大力开展造林绿化是服务大局、改善首都地区生态环境的一个重要举措。当前首都地区生态环境问题日益突出,生态承载能力不足已经成为制约经济社会可持续发展的最大"瓶颈"。通过开展大规模造林绿化,可以阻挡风沙、涵养水源、改善空气质量、增加森林碳汇、增加氧气排放、调节气候,将有利于整个首都地区生态环境质量的改善。这既是中央关心的大事,又是首都人民关心的大事,也是河北应该做的贡献。我们把这件事情抓好了,环首都绿色经济圈建设就会得到更广泛的支持。第二,大力开展造林绿化是加快打造环首都绿色经济圈发展比较优势的一个重要举措。我们要把优质生产要素吸引到环首都绿色经济圈里面来,关键是要具有相对首都的比较优势。环首都地区最大的优势就在于我们的生态环境。通过开展大规模造林绿化,有利于巩固和扩大我们的比较优势,让人从北京一到我们的环首都绿色经济圈,就要感到这个地方环境优美、空气清新、适宜人居。只有这样,我们才能吸引各方面的优秀人才到环首都绿色经济圈来发展、创业,环首都绿色经济圈的发展才会充满希望。第三,大力开展造林绿化是提高人民群众幸福指数的重要举措。开展造林绿化、改善生态环境是提高人民群众幸福度、促进人民群众身体健康、增加人民群众收入的一个实实在在的举措。空气质量好了,老百姓的身体就会更健康;环境美了,老百姓的心情也会更好。造林绿化本身还可以带来很多的经济收益,促进农村经济发展,改善老百姓的生活。总之,各级各有关部门要从战略和大局的高度,从保障和改善民生的高度,充分认识开展环首都绿色经济圈造林绿化的重大意义,切实把这项民心工程牢牢抓在手上,尽快抓出成效。

二、要以造林绿化攻坚行动促进环首都绿色经济圈建设向纵深发展

环首都绿色经济圈造林绿化工作,要围绕"打造环首都风景秀丽的生态带"的目标,集中力量打一场攻坚战,最大限度地增加绿量,做到处处见绿、处处是景、适宜人居、心驰神往。到2020年,规划造林绿化1023万亩,每年100万亩左右。我们要争取用5年时间完成10年的任务,我看是完全可以做到的,要下这个决心,打好这场攻坚战。第一,要把造林绿化与城镇建设三年上水平结合起来。在城市改造建设中,要不断提高城区的绿化率,不断提高城市的森林覆盖率,做到见缝插绿、处处见绿。每个县城都要建设一个面积不少于3000亩的森林公园。城市周边都要形成绿色的生态带。所有道路、节点、街头、空地、机关事业单位、社区、居民楼前,都要进行高水准的绿化和园艺美化。第二,要把造林绿化与环境整治和新民居建设结合起来。要集中进行环首都地区的环境整治，大力开展垃圾清扫、拆违拆迁，腾出来的空间重点进行造林绿化。结合农村新民居建设，大幅度地提高农村森林覆盖率，进行房前屋后绿化美化，确保农村户均植树 10 棵以上。各地可以采取统一购买苗木分配给农民种植的办法，真正把这项任务落到实处。第三，要把造林绿化与交通基础设施建设结合起来。现有的和新建的所有道路，包括公路、铁路、轻轨，包括省道、国道、县道、乡道、村道，原则上道路两旁都要按照 50—100 米的绿色景观带来规划建设，进行大规模造林绿化。第四，要把造林绿化与荒山荒地治理绿化结合起来。目前环首都地区还有大量的荒山荒地，今年要完成 63 万亩荒山荒地治理。各个市、县(市、区)要进行全面普查。下决心在短时期内消灭荒山，进行造林绿化。荒山绿了就是风景区，就成为生态旅游资源。第五，要把造林绿化与农业产业结构调整结合起来。要贯彻落实胡锦涛总书记在保定视察工作室的重要讲话精神，调整产业结构，大规模种植苗木、花卉、果品，建设观光采摘基地、名优果品基地、花卉苗木基地，既增加农民收入，又大幅度改善生态环境。第六，要把造林绿化与休闲旅游结合起来。要借鉴广东的做法，今年要抓紧规划建设供老百姓骑自行车、散步的环首都路道。

三、加强对环首都绿色经济圈造林绿化的组织领导

今年环首都绿色经济圈造林绿化的任务是不少于 100 多万亩，省林业局要把任务细化到各个市、各个县(市、区)，明确目标责任，确保如期高质量完成建设任务。一要切实加强领导。各个市、县(市、区)的党政一把手要负总责，分管领导要具体抓。要做到目标、任务、资金、责任、考核“五到县”。各有关部门要切实负起责任。林业部门负责造林绿化的规划和指导；发展改革部门负责与北京规划的衔接和重点项目的审批；财政部门负责筹措资金，保障投入；国土资源部门负责调整土地利用规划，保证绿化用地；交通运输部门负责公路界内绿化；宣传部门要加大对造林绿化的宣传力度；农业部门负责调整产业结构；监察部门负责资金的监管；水利、铁路等相关部门要根据职责搞好河流和铁路等造林绿化工作。省里将从有关部门抽调人员组成督导专家组，给 14 个县(市、区)每个县配一个督导专家组，集中 2—3 个月时间打好这场攻坚战。二要科学制定规划。既要有远期规划，又要有年度规划。不能大而化之，要规划到具体地块，制定控制性详规。三要创新体制机制。要形成以县(市、区)投入为主，以国家、省、市投入为补充的资金投入模式。省里的造林绿化资金要主要用于环首都地区。要拓宽筹资渠道，整合扶贫、农业开发、国土整治方面的资金。积极引导社会资金参与造林绿化。要大力开展工程造林,面向全国开展招投标,择优选择施工队伍。要建立健全利益补偿机制,切实维护农民权益。四要确保工程质量。这次植树造林不能简单地为完成任务,要高标准,乔灌结合,做到多物种绿化、彩色绿化、立体绿化,一年四季都要见到不同的颜色,形成景观效应。五要加强督导考核。从现在开始启动,到5月底完成今年的造林绿化任务。5月底,省里要组织专门的观摩考核组到4个市、14个县(市、区)进行观摩考核和总结评价,对造林绿化先进单位、先进个人进行表彰奖励,对完不成任务的在全省进行通报。

环首都绿色经济圈造林绿化是一件造福百姓、关系长远的大事。希望大家共同努力,打好这场攻坚战,迅速掀起造林绿化高潮,为构筑京津生态屏障、建设绿色河北作出新的贡献。

(2011年3月6日,根据录音整理)

坚定信心决心　把握主题主线
奋力开创全省农业农村工作新局面

——臧胜业纪委书记在河北省农村工作会议上的讲话摘要

着眼提高环境保护能力,加快实施水土保持和水电工程。加大重点区域水土流失治理力度,搞好坡耕地水土流失综合治理,加快生态清洁型小流域建设,积极实施山洪地质灾害易发地区的水土流失防治。加大水土保持监督执法力度,从源头上遏制水土流失。在保护生态环境和农民利益的前提下开发水能源,大力开展农村水电建设。(2011年2月14日)

改善环境质量推进城镇建设上水平

——宋恩华副省长在全省城镇建设三年上水平工作会议上的讲话摘要

改善环境质量。当前重点要抓好四个方面工作:一是治理大气和水环境。1—6月份,全省设区市二级以上天数同比增加1天,一级以上天数达到48天。要进一步加快城市中心区重污染企业搬迁改造,列入今年计划的20个污水处理项目、4个垃圾处理项目要全部完工,计划开工的14个镇污水处理厂要如期开工。二是推进园林城市创建和园林绿化工作。目前,唐山世界园艺博览会园址项目已经开工，张家口、保定申报国家园林城市已通过国家遥感测评。要以创建园林城市为载体，继续做好增绿、提质的工作。我省现有省级以上园林城市（县城）40个，今年底要力争新增国家园林城市（县城）5个、省级园林城市（县城）20个以上。要加强绿道网建设，年内市域绿道绿廊规划要全面完成、项目要全面开工，争取建成1—2条示范段。三是加快发展建筑节能。严格执行新建建筑节能标准，确保做到100%；加快既有居住建筑供热计量及节能改造，年内完成1000万平方米以上；推行可再生能源应用，今年新竣工建筑应用率要达到38%以上。四是加快“4＋1”生态示范城建设。8月底前，要全面完成省部合作“4＋1”生态示范城规划编制工作，绿色建筑、绿色小区、低碳照明等重点示范项目要尽快落地。坚持理论研究与项目实践结合，搞好生态宜居城市建设专题研究，9月底前要完成初步成果。

（2011年7月23日）

张杰辉副省长
在省环保工作领导小组会议上的讲话

今天我们召开这次环保工作领导小组会议，主要任务是通报去年全省环境保护工作情况，研究讨论2010年环保目标考核结果、今年环保工作要点和目标考核意见，进一步统一思想、明确任务、落实责任，为即将召开的全省环保工作会议做好准备，确保“十二五”环保工作开好局、起好步。

刚才，姬振海同志就去年全省环保工作目标考核结果、今年环保工作要点和目标考核意见作了说明，大家进行了认真讨论，提出了一些好的意见和建议。会议原则通过去年考核结果、今年工作要点和目标考核意见，会后省环境保护厅要根据大家提出的意见和建议，抓紧修改完善，抓好贯彻落实。下面，我讲三点意见。

一、关于去年环保工作情况及目标考核结果

2010年是实施“十一五”规划的收官之年，是我省环保工作经受重大考验、取得明显成效的一年。省委、省政府对环保工作非常重视，张云川书记、陈全国省长多次作出重要批示，提出明确要求。各地各有关部门认真贯彻落实省委、省政府决策部署，牢牢把握工作着力点和抓手，突出抓好“双三十”示范工程，加大治污工程建设、结构调整、监管执法力度，各项环境指标均取得了良好成绩,圆满完成了“十一五”目标任务,得到了环境保护部和省委、省政府的充分肯定。经环境保护部初步核定,2010年全省化学需氧量、二氧化硫排放量,同比分别下降4.2%、1.57%,比2005年分别下降17.34%、17.53%,削减率均超额完成国家下达的“十一五”下降15%的目标任务;城市空气质量持续改善,11个设区市城区空气质量首次全部达到国家二级标准;重点流域水环境治理、农村生态环境保护成效明显,一批危害群众健康的环境问题得到妥善解决。

从考核结果来看,去年11个设区市全部完成了年初省下达的目标任务,其中,廊坊、承德、秦皇岛、石家庄4个市达到了优秀等次,衡水市考核排名明显提升,基本上客观反映了各市环保工作的实际成效。按照考核办法规定,对达到优秀等次的廊坊等4市授予奖牌并给予奖励;对进步较大的衡水市,也给予适当奖励。对县(市、区)的考核,依据设区市考核结果,同意评定鹿泉市等30个县(市、区)为考核优秀县(市、区),颁发奖牌并给予奖励。对2010年考核结果,省环境保护厅要按照领导小组议定的意见,抓紧起草考核结果通报,尽快报省政府审定后印发。

二、关于今年环保工作重点

2011年是实施“十二五”规划的开局之年。“十二五”期间将是环保工作攻坚克难的关键时期。经济总量仍将保持高速增长,能源资源消耗还要增加,治污减排指标在增加、潜力在减小,在消化增量的同时,持续消减存量,特别是人民群众对享有良好环境的新期待有增无减,任务十分艰巨。因此,做好今年工作,实现“十二五”环境保护良好开局,显得十分紧要。关于今年全省环保工作安排,昨天专门听取了省环境保护厅的汇报,就重点工作进行了认真研究,结合今天大家讨论的情况,总的来讲,今年环保工作必须紧紧围绕调结构、转方式,把握重点、破解难点,在已有工作基础上进一步巩固提高、深化拓展,创新突破,推动环境保护工作再上新台阶。特别要突出抓好以下四个方面重点工作:一是坚持有控有保,在调结构、转方式中实现更大作为。我省产业结构畸形,结构调整任务繁重,环保工作尤其要发挥好调控职能,一方面,要严把环境准入关口,加强规划环评和项目环评,以高污染、高排放行业为重点,制定和实行高于国家标准的地方污染物排放标准,凡是达不到规定标准的,新建项目一律不予审批、在产企业一律限期整改。另一方面,千方百计服务,积极破解新上项目和环境容量难题,对符合国家产业政策、有利于改善环境质量的项目,要在环境容量、环评等方面加大支持力度。二是以“双三十"示范工程为抓手,确保完成污染减排目标任务。"双三十"示范工程是我省环保工作在全国的亮点,实践证明卓有成效,必须坚持不懈地抓下去。省"双三十"节能减排领导小组办公室起草了《关于深入实施"双三十"节能减排示范工程的实施意见》,已经省委、省政府领导同志批示同意,近期即将印发执行。这项工作要抓紧安排部署,督促和指导新选"双三十"单位大力度推进工程减排、结构减排和管理减排,确保各项工作迅速、全面展开。

原"双三十"单位列入常态化管理,要督促其继续巩固提高,严防出现反弹。在全省范围内全面推广"双三十"节能减排工作经验,加大责任落实和奖惩力度,确保今年污染减排目标如期完成。三是坚持环保为民,着力改善环境质量。城镇,以城镇面貌三年上水平为契机,以燃料结构调整、重污染企业搬迁、城市环境建设、机动车尾气防治为重点,进一步深化城市环境综合整治。石家庄作为省会城市,要率先而为,认真摸清主要污染因子、主要污染源分布,逐项采取针对性措施,力争大幅度争先进位。农村,加快实施"百乡千村"环境综合整治行动计划,扎实开展农村环境连片整治,严格控制农业面源污染。深入开展整治违法排污企业专项行动,保持执法监管高压态势,着力解决损害群众利益的突出环境问题。四是建立健全政策引导长效机制。政策带有根本性、全局性、稳定性和长期性。近几年来,我省环保工作的有力推进,污染减排目标任务的超额完成,重要的一条,是得益于我们探索实施了一系列行之有效的政策,要在认真总结成功经验的基础上,从实际出发进行探索创新,着眼于生产、流通、分配、消费的再生产全过程,重点在差别电价水价、主要污染物排污权交易、跨界断面生态补偿、绿色信贷、用地保障等方面,制定和完善有利于环境保护的经济政策,形成以市场为导向、各类要素联动的激励约束机制。

三、关于今年环保目标考核意见及有关要求

环保目标考核是一项非常严肃、科学的工作,既要保持考核的延续性、稳定性,又要考虑指标、内容和形式的创新性,切实体现新形势、新任务和新要求。做好今年的环保目标考核工作,必须紧紧围绕科学发展这个主题、加快转变发展方式这条主线,结合各地实际,本着实事求是、突出重点、强化刚性的原则,注重与国家和我省"十二五"规划环保目标相衔接,与全省经济工作的主攻方向和主要任务相衔接,与各地产业结构调整和发展方式转变相衔接,充分发挥环保在调结构、转方式中的重要推动作用。省环境保护厅要在目前考核办法和指标体系基础上,结合"十二五"环保形势、任务和要求,抓紧制定今年的考核责任指标和计分细则,在征求各地各有关部门意见并尽快修改完善后,以省环保工作领导小组办公室名义印发各市执行,作为今年的考核依据。

完成全年目标任务,需要大家各负其责、协调配合。省环保工作领导小组各成员单位要切实担负起应尽的职责,既要按照省委、省政府统一部署和要求,结合各自实际,认真研究和细化具体措施,加大政策创新、工程建设等工作力度,确保各项政策措施落到实处;又要加强横向联动,在制定产业政策、谋划重点项目时与环保政策协调一致、相互促进,在联合执法、信息沟通等方面密切配合、步调一致,形成齐抓共管的强大合力。领导小组办公室要充分发挥综合协调作用,完善定期沟通和协调机制,加强与各成员单位、地方政府的经常性联系,确保各项工作高效、有序推进。

全省环保工作会议定于明天上午召开,在总结成绩、分析形势的基础上,对今年环保工作进行全面安排部署,省政府办公厅、省环境保护厅要认真细致地做好材料准备、会务筹备等工作。

(2011 年 3 月 8 日)

张杰辉副省长
在全省环境保护工作电视电话会议上的讲话

这次环保工作电视电话会议,主要任务是总结去年和“十一五”环保工作,分析当前形势,安排部署下一步任务,努力开创环保工作新局面。刚才,会议通报了去年全省环保工作目标考核结果和“三项奖励”情况,对先进单位进行了表彰,4 个设区市从不同角度作了很好的发言;姬振海同志作了全面、具体的工作报告,会前我们一起进行了研究,我完全赞成;陈全国省长对这次会议非常重视,在参加全国“两会”期间还专门致信,对环保工作给予充分肯定,对做好今后工作提出了殷切希望,大家定要认真学习领会,抓好贯彻落实。下面,我讲三点意见。

一、“十一五”环保工作取得突破性进展,成绩值得充分肯定

“十一五”时期,是我省环保工作经受严峻考验、工作力度最大、成效最为显著的五年。概括起来,可以说是“三个前所未有”:

一是遇到的挑战前所未有。过去的五年,国家将主要污染物减排作为约束性指标进行考核，我省由于历史形成的产业和能源结构偏重，六大高耗能行业能源消费量占规模以上工业的90%，治污减排压力巨大；我们经历了北京奥运会、中华人民共和国建国六十周年大庆等重大活动，我省由于特殊的地理位置，环境保障责任十分重大；我们经受了百年罕见的国际金融危机冲击，中央和各地都出台了一系列扩大内需保增长的应对措施，“两高”行业产能不断释放，能耗和污染排放随之增加，给治污减排和环境监管带来了巨大挑战。

二是付出的努力前所未有。面对严峻形势和繁重任务，省委、省政府坚持把环境保护和污染减排作为保增长、调结构、转方式的重要抓手，各地各有关部门积极探索、攻坚克难，涌现出了许多工作亮点：一是选准了工作突破口和抓手。2008年初，省委、省政府开始实施“双三十”示范工程，“双三十”单位全部完成了三年承诺目标，对全省节能减排发挥了重要的示范、引导和带动作用。二是探索出了一些创新性的政策机制。出台了《河北省减少污染物排放条例》、《河北省区域禁（限）批建设项目实施意见（试行）》等政策法规，在全省七大水系推行生态补偿机制，实施绿色信贷制度，取得了明显效果。三是实施了一批重点治污工程。“十一五”期间，全省建设城镇污水处理厂168座、垃圾处理场131座，基本实现了每县都有污水处理厂和垃圾处理全覆盖的目标，并新建了一大批燃煤机组和烧结机烟气脱硫工程，累计投入500多亿元，有力促进了减排工作。四是加大了环境执法力度。实行挂牌督办和区域限批制度，对726家重点企业和主要河流跨界断面全部实施在线监测监控，严肃查处环境违法行为，妥善解决了一批危害群众健康的环境问题。

三是取得的成绩前所未有。“十一五”期间，我省二氧化硫、化学需氧量排放量分别下降17.53%和17.34%，比目标任务分别高出2.53和2.34个百分点。空气综合污染指数平均达到1.88，比2005年下降34.64%，省辖城市空气质量全部达到二级标准。七大水系中达到或好于三类水质的河流断面比例达到47.2%，比2005年提高18.1个百分点；劣V类水质断面比例达到33.6%，比2005年下降12.7个百分点。

我省环保工作的做法和成效，得到了环境保护部和社会各界的充分肯定。环境保护部周生贤部长明确指出，河北环保工作的经验和做法具有开创性，在全国具有推广价值。国内一些新闻媒体对“双三十”示范工程、生态补偿机制等多次进行专题报道。这些成绩的取得，得益于省委、省政府的坚强领导，特别是张云川书记、陈全国省长的重视和支持；得益于省人大、省政协的关注关怀、监督和激励;得益于各级各有关部门的共同努力和大力支持;得益于全省环保战线干部职工的团结实干和顽强拼搏。成绩的取得来之不易,充分说明我省环保战线广大干部职工是一支勇于负责、勇挑重担的队伍,是一支敢战斗、能战斗、会战斗的队伍。

二、认清形势,明确任务,推动环保工作再上新台阶

当前,环保工作进入了一个新的历史时期,既面临大有可为的难得机遇,又面临攻坚克难的诸多挑战和压力。周生贤部长在全国环境保护工作会议上明确提出,“十二五”期间我国面临治污减排、环境质量改善、防范环境风险、应对全球环境问题等四个方面的压力,这些问题对于河北来讲表现得尤为突出。一是任务更为艰巨。“十一五”时期尽管我省主要污染物排放量大幅下降,但受历史形成的产业和能源结构偏重等因素影响,污染排放总量依然偏大,二氧化硫和化学需氧量排放量仍居全国前列。随着全省经济持续较快增长,能源资源消耗随之增加,治污减排指标在增加、潜力在减小,既要削减存量、又要控制增量,减排压力不断加大。二是形势更为严峻。尽管近几年我省环境质量明显改善,但生态环境依然比较脆弱,一些达标的城市空气污染指数仍靠近上限,劣Ⅴ类水质占到了1/3(其中子牙河水系达45.8%),再加上重金属、持久性有机污染物、土壤污染、危险废物等新的环境问题日益凸显,环境违法行为时有发生。三是责任更为重大。我省调结构、转方式的任务非常繁重,环保作为刚性约束应当发挥更大的作用。随着环境保护工作的深入开展,特别是随着城镇建设三年上水平和新农村建设的深入推进,广大城乡居民对改善环境质量的期望越来越高、要求也越来越强烈。所有这些,都对我们的环保工作提出了更高要求,带来了新的挑战。

面对严峻形势和繁重任务,“十二五”时期,我们必须把环保工作摆在更加突出的战略位置,坚持以人为本和环保优先,以污染减排为着力点,切实解决影响可持续发展和损害群众健康的突出环境问题,促进结构调整和民生改善,努力在新的起点上推动环保工作再上新台阶。具体讲,主要体现为“四个新”:

*一是在调结构、转方式上要有新突破。*充分发挥环保作为宏观调控的导向和倒逼作用,统筹协调、有保有控。一方面,把环境容量作为区域布局的重要依据,把环保标准作为项目准入的前置条件,严把环境准入关,不符合国家产业政策和环保要求的一律不予审批;另一方面,积极开拓思路、搞好服务,着力破解新上项目与环境容量之间的难题,对符合国家产业政策和环保要求的好项目、大项目,要在环境容量、环境评价等方面加大支持力度。到2015

年底，要全面完成化学需氧量、二氧化硫、氨氮、氮氧化物削减目标，促进经济社会又好又快发展。

二是在工作内容和要求上要有新拓展。统筹城市和农村、污减排和生态保护，以城镇面貌三年上水平和新农村建设为契机，不断拓展内容、提升水平。水，要以子牙河水系、白洋淀、南水北调沿线等敏感水域为重点，继续实行跨界断面生态补偿机制，严格领导包河制，不断改善重点流域水质。空气，要以二氧化硫减排、烟粉尘治理为重点内容，以城镇特别是设区市主城区为重点区域，加快推进能源结构调整、污染企业搬迁、脱硫设施建设。生态保护，要着眼于提高环境承载力，大力推进生态省、生态市、生态县、生态村建设。环境安全，要以饮用水安全和重金属、持久性有机物、农业面源、危险废物等污染防治为重点，加大环境执法力度，严密防范环境风险。

三是在政策机制创新上要有新探索。在认真总结已有经验的基础上，从实际出发积极创新，着眼于生产、流通、分配、消费的再生产全过程，重点在差别水价电价、主要污染物排污权交易、污染治理投融资、生态补偿、绿色金融、用地保障等方面，制定和完善有利于环境保护的经济政策，努力形成以市场为导向、各类要素联动的激励约束机制。

四是在环境质量改善上要有新成效。到"十二五"末，城市集中式饮用水水源地达标率稳定达到100%，七大水系中达到或好于Ⅲ类水质的河流断面比例占一半以上，设区城市环境空气质量稳定达到二级标准并持续改善，让广大城乡居民切身感受到环境质量的明显变化，喝上干净的水，呼吸上清洁的空气，生活在舒适优美的环境中。

三、把握重点，强化措施，确保完成今年目标任务

今年是"十二五"开局之年，做好今年各项工作，确保开好局、起好步，对于推动"十二五"环保工作再上新台阶具有十分重要的意义。去年底和今年初召开的全省经济工作会议、省十一届人大四次会议，都对今年环保工作提出了明确要求；昨天，省环境保护工作领导小组专题研究了今年环保工作要点，提出了8个方面45项具体工作，这次会上征求各地意见后即印发执行。各地各部门和各单位要认真贯彻省委、省政府决策部署，紧紧围绕今年目标任务，扎实开展各项工作，努力开创环保工作新局面。

（一）认真编制好"十二五"环保规划。规划修编是一项管全局、管长远的大事，必须高起点、高标准完成。目前省环保规划已经完成起草，下一步要抓紧修改完善，尽快下发执行。各市、县要主动对接省级规划，结合各自实际，加强研究和谋划,尽快完成规划编制,为"十二五"工作提供科学依据和有效指导。在规划编制过程中,要注意做到三点:一是突出创新性。积积服务调结构、转方式这一主攻方向,加强与我省经济社会发展规划、国家环保规划的衔接,努力在工作思路、体制机制、政策措施等方面求创新、求突破,形成工作亮点,推动工作全局。二是突出操作性。无论污染减排、生态保护,还是大气和水环境治理,都要落实到具体的工程项目,明确项目规模、资金渠道、责任单位和完成时限,以项目落实促进和保障规划落实。三是突出年度目标的均衡性和严肃性。依据"十二五"总体目标,科学合理分解年度目标,砸死、夯实各地各部门的责任,确保逐年完成目标任务,避免出现"十一五"时期的前松后紧问题。

(二)多措并举推进污染减排。今年我省污染减排目标任务已经确定,主要污染物总量控制种类由2项增加到4项,化学需氧量、氨氮、二氧化硫、氮氧化物排放量比2010年削减1.5%,其中化学需氧量、二氧化硫排放量力争削减2.5%。各地各部门和各单位要继续保持去年以来污染减排的工作力度,从工程、结构、管理等方面进一步强化措施,坚持不懈地予以推进,确保完成污染减排目标任务。工程减排,要围绕快投入、早见效,在污染排放重点行业、重点企业和重点地区,抓紧谋划和实施一批减排工程。对列入计划的减排项目,要逐一明确主管部门、责任单位和完成时限,本着一切工作往前赶的原则,抓紧落实资金、土地等建设条件,及早开工建设,确保年底前投入运行、发挥效益。结构减排,要坚持增量与存量并重,既要严格控制污染增量,又要大力度削减污染存量。对新上项目,要加强规划环评和项目环评,规范建设项目竣工环保验收,严把环保准入关口;组织开展试生产环保专项检查,集中整改"三同时"措施不落实和"久试不验"等突出问题。对现有排污企业,要研究制定并严格推行高于国家规范条件的绿色发展行业标准,达不到标准的限期整改,整改仍达不到要求的,依法实施关停;属于落后产能淘汰范围的,要坚决果断予以淘汰。管理减排,要把"保运行"作为中心任务,加强对已建成减排设施的监督检查,确保运行稳定和满负荷出力,对减排设施建而不用、时用时停的要严肃查处。结合正在开展的对标行动,引导企业瞄准污染排放先进水平,不断改善生产管理,降低污染排放。对污染严重的地区和企业,坚决采取区域限批、停产整治、强制性清洁生产审核等措施。

(三)深入实施新一轮"双三十"示范工程。"双三十"示范工程是我省环保工作的亮点,实践证明卓有成效,必须坚持不懈地抓下去。目前,省委、省政府已经审定了新一轮"双三十"单位名单和工程实施意见,很快就要印发执行;近期省政府还将召开“双三十”示范工程表彰大会,对完成目标任务的原“双三十”单位进行隆重表彰,对新一轮“双三十”示范工程进行安排部署。总的来讲,新一轮示范工程将继续坚持原有的考核奖惩办法,实行一年一考核、两年一奖惩、五年算总账。列入新一轮“双三十”示范工程的单位一定要充分认识肩负的重大责任,按照省委、省政府安排部署,抓紧制定方案、强化措施、分解目标、落实责任,迅速展开各项工作,确保如期完成目标任务。各级各有关部门要在加强调度、积极指导的同时,按照政治上鼓励、政策上支持的原则,在干部任用、资金、用地等方面给“双三十”单位以适当倾斜。各设区市要参照省的做法,筛选若干能耗高、排放大的单位,作为本市节能减排示范单位,实行严格的考核奖惩,以点带面推进节能减排。原“双三十”单位列入常态化管理,要继续巩固提高,严防出现反弹。省发展改革委、省环境保护厅要在全省范围内全面推广“双三十”工作经验,加大责任落实和奖惩力度,为完成全省污染减排目标任务提供可靠保障。

(四)组织开展环境整治专项行动。当前,我省城镇建设三年上水平正在加紧推进,新农村建设日新月异。无论城镇建设还是农村建设,能否创造一个干净、清洁、优美的环境,直接关系人民群众切身利益。各地各有关部门要以群众关心的突出问题为重点,集中开展专项整治,促进环境质量明显好转。城镇,要以燃料结构调整、重污染企业搬迁、城市环境建设、机动车尾气防治为重点,进一步深化城镇环境综合整治。石家庄作为省会,代表着河北的形象,必须率先而为,赋予正在开展的“碧水蓝天”行动以新的内涵,抓紧调整主城区燃料结构,突出做好空气污染整治工作,努力打造绿色生态城市。要抓紧组织集中排查,摸清污染因子,排出污染源点,逐区域、逐企业制定整治措施,该搬迁的企业抓紧搬迁,该拆除的排污设备一律拆除,该治理的要治理到位,打一场集中治污攻坚战,力争三年内实现空气质量明显改观。农村,要加快实施“百乡千村”环境综合整治行动计划,进一步落实和完善“以奖促治”政策,重点保障饮用水安全,提高生活垃圾和污水处理能力,减少工业和农业面源污染,推进农村环境持续改善。

(五)改进监管和服务方式。要着眼于促进环保政策措施的落实,抓住薄弱环节,改进监管方式,增强监管工作的及时性和有效性。加强自动监测监控体系建设,定期、不定期检查抽查,全面准确掌握企业排污情况,提高监管质量和工作水平。要积极推进监管执法的经常化、制度化和规范化,充分调动和发挥基层执法人员的积极性,支持基层执法人员依法履行职责,确保环境违法行为及时发现、及时查处,始终保持严打重罚的高压态势。同时,要寓监管于服务和支持之中,坚持关口前移、重心下移,深入企业和生产一线,指导和帮助企业发现问题、解决问题,实现环境保护与经济发展的协调推进。

环境保护工作使命光荣、责任重大。各地各部门和各单位要认真贯彻党中央、国务院和省委、省政府决策部署,开拓创新,真抓实干,推动环保工作再上新台阶,为全省经济社会又好又快发展作出新的更大贡献。

(2011年3月9日)

张杰辉副省长在全省整治违法排污企业保障群众健康环保专项行动电视电话会议上的讲话

刚才,我们收听收看了全国环保专项行动电视电话会议,环境保护部、工业和信息化部、国家发展改革委等部门领导同志作了重要讲话,总结去年工作,分析当前形势,对今年环保专项行动进行了安排部署。各地各有关部门要认真学习领会,抓好贯彻落实。下面,我就集中开展全省2011年环保专项行动,讲三点意见:

一、认清形势,负起责任

集中开展环保专项行动、整治违法排污企业,是推进污染减排、促进结构调整的重要手段,是改善环境质量、维护人民群众环境权益的重要措施。按照国家统一部署,我省已连续8年开展环保专项行动,取得了明显成效。特别是去年,各地各有关部门认真落实国家和省委、省政府安排部署,以集中整治重金属排放企业环境违法问题、加大对污染减排重点行业监管力度为重点,出动执法人员18万人次,检查企业8.2万家,取缔、停产和限期治理企业760多家,对191起典型案件实施了挂牌督办,有限遏制了违法排污行为,促进了污染减排和环境质量改善。去年全省二氧化硫和化学需氧量排放量分别比上年下降1.57%和4.2%,圆满完成当年目标,“十一五”污染减排任务超额完成;11个设区城市空气污染综合指数平均为1.88,首次全部达到国家二级标准;七大水系三类和好于三类水质的断面比例、城市集中式饮用水源地水质达标率、近岸海域环境功能区达标率均达到“十一五”规划目标要求。但是,我们也要清醒地看到,我省污染排放总量依然偏大,二氧化硫和化学需氧量排放量仍局全国前列;城市空气质量达标成果还不稳固,一些达标的城市空气污染指数仍靠近上限;重点流域水环境问题仍然比较突出,劣V类水质占到了1/3,其中子牙河水系达45.8%;在加上重金属、持久性有机污染物、危险废物等新的环境问题日益凸显,推进污染减排、改善环境质量的任务艰巨而蛮重。

"十二五"是我省环保工作共建克难的关键日期。在前不久召开的全省环境保护工作电视电话会议上,省政协明确提出必须把环保工作摆在更加突出的战略位置,切实解决影响可持续发展和损害群众健康的突出环境问题,努力在新的起点上推动环保工作再上新台阶。今年是"十二五"开局之年,做好今年工作,对于"十二五"环保目标的重要保障。各地各有关部门一定要牢记自己身负的重大责任,始终坚持以人为本的环保优先,严格按照国家和省统一部署,坚持不懈地开展好环保专项行动,坚决打击违法排污行为,不断取得环保专项行动新成效。

二、突出重点,扎实推进

今年环保专项行动从4月份开始,11月份结束,共分4个阶段。目前,省环境保护厅正在会同有关部门抓紧研究制定我省环保专项行动工作方案,近期即将印发。各地各有关部门要按照这次会议和工作方案要求,结合各自实际,着重做好以下两个方面的工作:

(一)深入整治重金属排放企业环境污染问题。据有关方面统计,2009年以来,我国共发生特大重金属污染事件30多起,严重损害了人民群众的健康权益。党中央、国务院对此高度重视,继2009年出台《关于加强重金属污染防治工作的指导意见》之后,最近国务院又批复了《重金属污染综合防治"十二五"规划》,要求全面排查整治重金属排污企业,解决一批损害群众健康的突出环境问题,坚决遏制突发性重金属污染事件高发态势。我省目前共有涉重金属企业305家,其中涉铬企业198家、涉铅企业83家,重金属污染防治任务十分艰巨。各地各有关部门要再去年排查整治基础上,对已确定的涉重金属重点区域、重点行业和重点企业,进一步加大督查督办力度,切实消除污染隐患。按照国家统一部署,突出抓两项工作:一是集中整治铅蓄电池重点企业。这是今年环保专项行动的第一要务。各地各有关部门要迅速组织开展对铅蓄电池行业企业的全面彻底检查,建立台账,严格执法,切实加大对违法行为的查处力度。对未经环评或达不到环评要求的,一律停止建设;对环境保护、劳动保护"三同时"执行不到位的,一律停止生产;对没有污染防治之设施、污染防治设施运行不正常或超标排放的,一律停产整治;对没有相应资质从事铅蓄电池回收的,一律停止非法经营活动;对未达到卫生防护距离要求的,一律停产整治;对发生重大铅污染事件的,一律严肃追究责任。二是加强对涉重金属危险废物的监管。以排污申报登记为基础,对重点危险废物产生、利用、处置单位进行全面排查,建立危险废物管理台账,规范危险废物管理。加强对危险废物转移情况的监管,重点排查大型选矿、冶炼企业各类危险废物的去向,加大对冶炼、回收重金属企业的整治力度。

(二)加强对污染减排重点行业的监管。污染减排是一项硬任务、硬指标,必须确保完成,来不得丝毫松懈。特别是今年主要污染物总量控制种类由2项(化学需氧量、二氧化硫)增加到4项(化学需氧量、氨氮、二氧化硫、氮氧化物),监管范围进一步扩大,监管任务更加艰巨。各地各有关部门要从各自实际出发,研究确定污染减排重点行业,进一步加强监督检查,严格落实减排措施,不折不扣地完成污染减排目标任务。按照国家统一部署,突出抓好两项工作:一是继续加强污水处理厂运行监管。以城镇生活污水处理厂和各类工业园污水处理厂运行监管。以城镇生活污水处理厂和各类工业园区污水处理厂为重点,加强日常监督检查,对设施运行不正常,进水浓度高、出水超标排放等问题进行重点整治。进一步加强对污水处理厂污泥处理处置的监管,严禁擅自丢弃、倾倒和直接排放,对非法倾倒和违法处置污泥的行为,发现一起,严肃查处一起。二是继续加强电力和钢铁企业污染防治设施运行监管。重点检查烟气脱硫设施运行情况、旁路铅封情况和连续监测设备运行情况。加大燃煤电厂和钢铁企业脱硫企业脱硫设施运行检查频次,对偷排、超标排放、无故擅自停运脱硫设施、无故开启烟气旁路,连续监测设备数据弄虚作假的,要依法从严从重处罚,并追缴排污费、扣减脱硫电价。对污染防治设施运行不正常,导致污染超标排放的,要列入环保"黑名单",从项目审批、融资信贷等方面予以严格限制。

三、加强领导,务求实效

开展环保专项行动,涉及范围广,工作难度大。各地各有关部门务必引起高度重视,采取更具针对性的措施,精心组织,周密部署,强力推进,确保专项行动取得良好成效。一要加强组织协调。各级政府要切实加强领导,充分发挥环保专项行动领导小组的作用,研究制定专项行动实施方案,明确排查和整治工作重点、目标、实现和责任人,推动专项行动扎实深入开展。各有关部门要加强协调配合,坚持和完善联合检查、联合监督、联合问责机制,形成部门联动、综合整治的强大合力。二要加大执法力度。各级执法人员要牢固树立法制观念，严格遵守工作纪律，铁面无私、严明执法，确保各项违法行为查处到位，始终保持对违法行为严打重罚的高压态势。三要严格责任追究。对专项行动开展不力、问题突出的，对存在严重违法行为隐瞒不报、拖延不办的，对包庇、纵容违法排污企业，致使群众反映问题长期得不到有效解决的，要按照有关规定严肃追究责任。四要加强舆论监督。充分利用电视、广播、互联网等新闻媒体，及时宣传报道环保专项行动进展情况，公开曝光一批典型违法案件，畅通违法行为举报和投诉渠道，鼓励全社会共同监督，努力营造打击违法、鼓励守法的浓厚氛围。

开展环保专项行动，任务艰巨，责任重大。各级各有关部门要按照国家和我省安排部署，迅速行动起来，下大力整治违法排污企业，切实维护人民群众的环境权益，为实现全省经济社会又好又快发展作出新的更大贡献。

（2011 年 3 月 28 日）

张杰辉副省长在全省“双三十”节能减排工作调度会上的讲话

2008 年“双三十”示范工程实施以来，经过各方面的共同努力，“双三十”各单位全部完成了三年承诺目标，为实现“十一五”节能减排目标任务提供了有力支撑。2010 年，全省万元生产总值能耗为 1.583 吨标准煤，比 2005 年下降 20.1%；化学需氧量、二氧化硫排放量分别为 54.62 万吨和 123.38 万吨。这其中，“双三十”单位作用突出、功不可没。为进一步发挥“双三十”示范工程的引领带动作用，省委、省政府决定，在巩固深化已有“双三十”工程基础上，重新筛选单位能耗高、排放总量大、示范作用强的 30 个县（市、区）和 30 家企业，继续深入实施“双三十”示范工程。今天我们召开这次会议，目的就是对今年以来“双三十”工作进展情况进行调度，研究解决存在的问题，加大工作推进力度，确保今年目标如期完成，为“十二五”节能减排打下一个良好基础。

刚才各设区市和新“双三十”单位逐一作了汇报，于万魁、吴晓华和李葆同志讲了很好的意见，大家一定要认真抓好落实。听了大家的汇报，总的感到，“双三十”各单位思想重视、行动迅速，制定了工作方案，分解了目标任务，安排和实施了一批节能减排重点项目，总体进展比较顺利。其中，新“双三十”单位安排减排项目 313 个，已完成 274 个，占 87.5%；安排节能项目 205

个,已完成144个,占70.2%。老“双三十”单位安排减排项目249个,已完成209个,占83.9%;安排节能项目289个,已完成196个,占67.8%。但从今天汇报和平时掌握的情况看,也还存在一些问题:一是一些老“双三十”单位存在“松口气”的思想,工作开展不够紧凑;二是责任目标分解相对较粗,有的还没有落实到具体部门、企业和责任人;三是有的单位工程项目安排不足,对目标任务的支撑力度可能不够,已安排的项目中有的进展相对滞后。这些问题必须抓紧解决,否则可能影响今年目标任务的完成。

今年是“十二五”开局之年,是完成节能减排目标的关键一年。新老“双三十”单位占全省节能减排任务量的大头,能源消耗量接近全省规模以上工业的80%,化学需氧量、氨氮、二氧化硫、氮氧化物排放量分别占全省总量额度44%、46%、65%和50%,在全省节能减排工作中占有举足轻重的低位。同时,新一轮“双三十”工作与前几年相比有三个明显变化:一是覆盖范围扩大,由原来的60家增加到120家,扩大了整整一倍;二是考核指标增多,增加了二氧化碳、氨氮和氮氧化物三项指标;三是推进难度加大,前几年各地各单位投资建成了一大批节能减排项目,下一步通过工程措施削减存量的空间缩小。因此,能否做好“双三十”工作,不仅在很大程度上决定了全省节能减排目标任务的完成,也是对各地各有关部门特别是“双三十”各单位工作能力的一次显示考验。

省委、省政府对“双三十”示范工程非常重视,9月17日张庆伟代省长在全省环境保护厅调研时特别强调,要以“双三十”示范工程为重点,努力打造节能减排的硬抓手。各地各单位一定要认真贯彻落实省委、省政府决策部署,充分发挥节能减排示范带动作用,切实体现在工作推进力度上,体现在具体的政策措施上,体现在实实在在的成效上。

一、严格责任落实,确保完成全年目标任务

今年是我省实施新一轮“双三十”示范工程的第一年,现在距年底只有两个多月时间。“双三十”各单位要切实增强责任感和紧迫感,按照目标责任书的要求,加大组织协调力度,倒排时间表,确保完成、必须完成今年的目标任务。各设区市要按照省的工作部署,加强对行政区域内“双三十”单位的督导和监管,及时协调解决存在的问题。省“双三十”领导小组办公室要加强组织协调,定期通报各项工作进展情况;各成员单位要发挥职能作用,积极研究新情况、新问题,及时制定并落实相关扶持政策,建立健全有效的激励约束机制,形成协调联动、齐抓共管的合力。

二、加快工程进度，为完成目标任务提供可靠保障

工程项目是保障节能减排目标的载体和抓手。“双三十”各单位要对照年度目标任务，对所有工程项目来一次“回头看”，看工程进展情况如何、存在哪些问题。逐项检查、算账，及时采取针对性措施。所有在建工程要在保证质量的前提下加快进度，及时保障资金、土地等要素供应，力争早日发挥效益。不能确保完成全年目标任务的，要本着“条件成熟、立即上马”的原则，抓紧安排和实施一批新的节能减排项目。可以边干边办手续。省“双三十”办公室要及时掌握项目进展情况，加强调度和指导，确保节能减排项目符合国家考核标准和要求，确保节能减排能力测算科学准确。

三、加强监督管理，保证工程设施正常运行、发挥效益

工程设施能否正常运行，直接关系节能减排的效果。“双三十”各单位要按照“可靠、持久、高效”的原则，切实加强项目管理，确保设施发挥应有的效益。各地要抓紧对已建成投运的工程设施进行一次全面排查，污水处理厂管网配套不健全的要尽快配套，没脱硫脱硝，技术有问题的抓紧改进，缺乏运行资金的要多渠道筹措，确保设施正常运行、污染物达标排放。要进一步完善自动监控网络，加强重点用能和排污企业现场监察，组织开展专项执法检查和抽查暗访，发挥好新闻和社会舆论的监督作用。发现问题要立即责令整改，对违法排污企业要严肃查处，并依法追究相关人员的责任。

四、强力推进结构调整，从源头上巩固和扩大节能减排成果

结构调整是节能减排的治本之策。“双三十”单位作为全省节能减排工作的重点，应当在调整优化产业结构中起到示范带头作用。在这方面，各地进行了一些有益探索和实践。井陉县坚持项目审批与节能减排总量控制相挂钩，今年以来共有35个项目拒批停建；遵化市加大落后产能淘汰力度，目前已搬迁企业80多家，年内将关闭13家水泥企业的落后生产线。各单位要按照国家产业政策和我省有关要求，学习借鉴先进经验，积极谋划建设一批节能环保和技术改造项目，加快淘汰落后产能，通过上大压小、以新代旧，促进产业结构优化升级。各有关部门要严把项目准入关，把节能审查和环评作为强制性准入门槛，坚决遏制“两高一资”项目扩张。各地新上项目必须将能耗和排污总量控制在核定范围内，对没有能耗增量来源的高耗能项目，没有主要准和备案。

五、统筹兼顾，及早谋划好明年工作

“双三十”各单位要在做好当前工作的同时，及早研究和谋划明年工作，科学安排时间进度,把握好工作节奏,避免出现前松后紧或时紧时松的情况。要按照“十二五”总体目标和年度实施方案,认真研究确定具体工作计划,特别要本着宁多勿少的原则,科学安排工程项目,为完成目标任务提供有力支持。省“双三十”办公室要尽快出台年度考核实施细则,及早安排预考核工作。

“双三十”节能减排责任重大、使命光荣。希望大家认真落实省委、省政府的要求,充分利用后两个月的时间,强化措施,加快进度,确保全面完成今年目标任务,为“十二五”节能减排工作打好基础。

(2011 年 10 月 24 日)

河北省环境保护厅领导讲话

姬振海厅长在中共河北省环境保护厅第一次党员代表大会上的讲话

各位代表,同志们:

中共河北省环境保护厅第一次代表大会,在全体代表的共同努力下,听取和审议了厅机关党委的工作报告,选举产生了厅第一届党委和纪委,圆满完成了大会的各项任务。对此,我代表厅党组表示热烈的祝贺!

我们这次代表大会是在学习贯彻党的十七届五中全会和省委七届六次全会精神的形势和背景下召开的。与会的各位代表坚持和发扬党的民主集中制原则,以高度的政治责任感,认真履行党章赋予的权利和义务,顺利完成了大会的各项议程和任务,健全和完善了我厅的机关党组织。新一届直属机关党委和纪委,肩负着新的更加繁重的任务。厅党组希望你们不负使命,坚持以科学发展观为指导,继承和发扬上届直属机关党委和纪委的优良传统和作风,带领全厅各党组织和广大党员,进一步推进我厅直属机关党建工作创新发展。我们每名党员干部都要按照省委、省政府的要求,时刻感觉到身上的责任和压力,时刻体会到肩上的重任和心中的追求,全心投入,积极工作,为环境把好关,为发展服好务,为人民群众健康负好责!

下面，就加强厅直属机关第三届党委和全厅各基层党组织工作，我讲四点意见：

一、加强理论学习，努力提高党员素质

学如逆水行舟，不进则退。党的十七届五中全会站在始终走在时代前列、巩固党的执政地位、实现党的执政使命的高度，鲜明地提出了建设马克思主义学习型政党的重大战略任务。去年，中共中央办公厅印发了《关于推进学习型党组织建设的意见》。创建学习型党组织和学习型机关是基于"创建学习型政党和学习型社会"一种新的社会发展理念，是顺应社会发展和知识经济时代要求的一项全新的工作。新的历史时期，大量新情况、新问题不断涌现。新的形势和任务对广大党员的素质、能力提出了很高的标准要求，面对难得的历史机遇，面对严峻的挑战，我们必须清醒地认识到，学习是时代的要求，是事业的需要。胡锦涛同志指出："勤奋学习，是共产党员增强党性、提高本领、做好工作的前提。"党章规定的八项义务第一条就是对学习的要求，可见加强党员学习的重要性。实践证明，学习是保持党的先进性的重要前提，而加强党员政治理论学习，又是提高党员素质的有效途径；不抓紧学习，不善于学习，不用正确的理论和科学方法作指导，就会迷失方向，被历史淘汰。我们要认真落实中央和省委、省政府的决策部署，深入推进我厅学习型机关和学习型党组织建设，要切实把加强学习作为重大而紧迫的政治任务落到实处，切实把思想统一到中央和省委关于党的建设的重大决策和促进环境保护事业科学发展的重大部署上，深入贯彻落实十七届五中全会和省委七届六次全会精神，以思想认识的高度一致，保证行动和工作的高度协调，永葆我厅党组织的生机和活力。

二、发挥先锋模范作用，争当"创先争优"表率

作为党员干部，要带头领会国家和省委、省政府的决策部署，解放思想，转变观念，深入推进创先争优活动向深度广度开展，把争创先进基层党组织、争当优秀共产党员贯彻于日常工作之中，努力做到"五破五立"：一是要彻底破除小成即满、安于现状的思想，牢固树立开拓创新、科学发展的观念。二是坚决破除消极埋怨、只讲客观、不讲主观、无所作为的畏难发愁情绪，牢固树立干大事、创大业、自我加压、争创一流的精神。三是要彻底破除"怕"字当头、因循守旧的思想，牢固树立敢为人先、抢抓机遇、勇于创新的观念。四是要彻底破除本位主义思想，牢固树立全局意识和大局观念。五是要坚决破除坐而论道、不切实际的思想，牢固树立求真务实、狠抓落实的观念。以先锋模范为带动,不断提升环保部门的对内对外形象。

三、强化宗旨意识,培养优良作风

要始终把维护好群众的根本利益作为一切工作的出发点和落脚点,着力解决影响可持续发展和损害人民群众健康的突出环境问题,切实保障和改善民生,维护人民群众的环境利益。要按照"为民、务实、清廉"的要求,严格落实党风廉政建设责任制,用发展的眼光、改革的精神搞好机关作风建设。每名党员都要常修为政之德,常思贪欲之害,常怀律己之心,在思想上牢牢固起拒腐防变的坚固防线,真正做到言行如一、表里如一、始终如一,培养良好的政风、行风,以共产党人的高尚情怀和奋斗精神赢得人民群众的信赖和拥护。

四、加强基层组织建设,构筑坚强堡垒

党的基层组织是党的全部工作和战斗力的基础,也是党的执政根基。建设好党的基层组织,是抓好党建工作的落脚点。要始终坚持用科学发展观指导基层党建工作,适应当前形势任务及环境保护发展的需要,推进思想观念、思维模式、工作方法和工作制度的创新。要按照"讲党性、重品行、作表率"的要求,加强基层党组织建设和党务干部队伍建设,打造坚强有力的政治堡垒。要把党建工作与环保工作的目标任务和重点工作紧密结合,力争重点工作有新的创新,难点问题有新的突破,环保事业有新的跨越。

同志们,让我们在省委、省政府的正确领导下,积极响应厅第三次代表大会的号召,认真贯彻落实各项决策部署,统一思想,振奋精神,开拓进取,扎实工作,以更加坚定的决心、更加有力的措施、更加扎实的作风,全面推进各项工作的落实,以优异的成绩迎接建党 90 周年!

(2011 年 1 月 18 日)

姬振海厅长在厅 2010 年度工作总结表彰大会上的讲话

同志们:

刚才,广平同志宣读了《关于表彰 2010 年度先进集体和先进个人的决定》,彭芳同志宣读了《关于表彰 2010 年度先进基层党组织、优秀党务工作者和优秀共产党员的决定》,春婴同志宣读了 2010 年度我厅获得各项奖励的单位和个人名单,智明同志宣读了河北省环境保护厅《关于表彰 2010 年度"厅长特别奖”获奖集体和个人的决定》，同时为获奖的先进集体和个人代表颁了奖。经统计，去年我厅取得各类荣誉67项，其中集体荣誉32项，个人荣誉35项。在此，我代表厅党组和领导班子向受到表彰的单位和个人表示热烈的祝贺，对为我厅争得荣誉的单位和个人表示衷心的感谢！虎声传捷报，兔影抖春晖。希望受到表彰的同志珍惜荣誉，锐意开拓，勇于进取，在新的一年里再创佳绩。希望全厅干部职工要以先进为榜样，立足本职，扎实工作，勇于创新，积极有为地做好2011年的工作。

刚刚过去的2010年，全厅广大干部职工在省委、省政府的正确领导下，紧紧围绕科学发展和富民强省主题，以科学发展观为统领，以污染减排为主线，全面落实环境保护“十一五”规划，综合施策，开拓创新，攻坚克难，环境保护各项工作取得了积极成效。2010年，全省11个设区市城市空气质量首次全部达到国家环境空气质量二级标准，空气综合污染指数1.88，比上年下降2.59%，比2005年下降32%，城市大气环境质量持续改善。全省监测河流断面达到或好于Ⅲ类的水质断面达47.2%，比去年同期上升了4.8个百分点，比2005年上升了18个百分点；劣Ⅴ类水质断面比去年同期下降了8.1个百分点，比2005年下降了12.7个百分点，断面主要污染物化学需氧量的平均浓度比2005年下降了58个百分点；氨氮的平均浓度比2005年下降了37个百分点，重点流域水环境质量不断好转。具体来说，主要表现在以下几个方面：

一、围绕主线，抓住龙头，污染减排取得积极成效

以“双三十”为龙头，着力推进了工程减排、结构减排和管理减排，不折不扣地落实了各项减排目标任务。在工程减排上，2010年，全省共接转和完成污染减排项目2411个，其中新建城镇污水处理厂48座，新增设计能力117万吨/日，新增实际处理能力80万吨/日；新建46台共计6016平方米烧结机烟气脱硫工程。“十一五”期间，全省完成减排项目5183项，形成化学需氧量、二氧化硫削减能力51.25万吨、133.69万吨。其中，新建城镇污水处理厂168座，新增污水处理能力542.37万吨/日，基本实现了县县都有污水处理厂的目标；已上脱硫设施的燃煤机组总装机容量3352万千瓦，占火电总装机容量的99.8%。在结构减排上，2010年，共淘汰落后炼铁产能1240万吨、炼钢产能200万吨、水泥产能1260万吨、玻璃产能464万重量箱。“十一五”全省共关停小火电机组77座，总装机306万千瓦，关停落后钢铁产能4300万吨、水泥产能4805万吨、玻璃产能4055万重量箱、焦炭产能508万吨，列入国家和省计划的落后产能淘汰任务全部完成。这些减排措施的实施,大大削减了主要污染物排放量,腾出了环境容量和发展空间,为促进我省经济社会又好又快发展发挥了重要支撑作用。经初步核定,我省2010年及"十一五"的主要污染物减排目标任务能够圆满完成。

二、突出重点,创新突破,全省环境质量进一步改善

一是以落实城镇面貌三年大变样环保行动计划为推动,力促城市环境质量改善。截至目前,完成了124家企业改造搬迁,169项基础设施项目建设任务;全省城镇污水集中处理率由2005年的36.14%提高到2010年的80%;全省设区城市中水回用率达到26.88%,超过责任书规定的20%的目标要求;廊坊市通过了环保部组织的创建国家环境保护模范城市复审,承德市、秦皇岛市通过了国家环保模范城市创建规划的省级预评估。二是以主要河流断面生态补偿机制为抓手,强力推进水环境质量的改善。着力推进海河流域水污染防治规划和渤海碧海行动计划的落实,强化重点排河企业的整治。海河流域17个跨省界出境断面水质全部达到要求,实现了化学需氧量年排放量控制在56.2万吨以下的目标;列入海河流域水污染防治"十一五"规划的158个项目中,完成151项、关停3项、正在调试2项、在建1项、前期1项,项目完成率为97.5%;联合省财政厅制定出台了《河北省生态补偿金管理办法》,进一步规范了生态补偿金收缴与管理,提高了生态补偿金使用效益。截至2010年12月底,全省共扣缴生态补偿金8950万元。认真落实《河北省城市集中饮用水源地环境保护规划》,加大清查巡查力度,分解量化监管责任,确保了饮水安全。三是以落实国家和省"以奖促治"政策为助力,不断加强农村生态环境保护。深入实施了全省"百乡千村"环境综合整治行动计划,开展了生态示范区、生态乡镇、环境优美城镇等环保创建活动,通过典型带动、示范引领,激励和引导农村地区加强环境基础设施建设,农村生态保护建设得到进一步加强。截至目前,全省11个设区市和136个县(市),全部编制完成了"生态县(市)建设规划",800多个建制镇中有一半多编制了环境规划。全省已建成国家级生态示范区建设试点19个,国家级环境优美乡镇15个,国家级生态村5个,省级环境优美城镇79个。

三、关注民生,严格执法,解决了一批突出环境问题

一是加强了重点污染防治设施运行监管,集中查处了一批环境违法问题。组织开展了2010年整治违法排污企业保障群众健康环保专项行动,实施了全省火电企业脱硫设施烟气旁路挡板铅封行动,开展了强化污染防治设施运行管理年活动。派出11个督导调研组赴各设区市进行督导调研，对未落实环保要求的22家企业实施减排预警或挂牌督办。据统计，专项行动全省出动执法人员18万人次，检查企业8.2万家，取缔违法企业600多家，停产治理68家，限期治理96家，对1.2万件各类群众举报信访案件进行了查处，对191起典型案件实施了挂牌督办，其中，省环保厅直接挂牌督办19起。二是加强了重金属污染防治，深化了环境应急管理工作。成立了由主管副省长任组长，省直有关部门和11个设区市主管负责同志为成员的省重金属污染防治工作领导小组，印发了《河北省重金属污染防治工作实施方案》，组织编制了《河北省重金属污染综合防治规划（2010－2020）》。先后两次对195家重金属排放企业进行督查，对11家违法行为严重的企业直接予以行政处罚，责成有关设区市对28家企业加强了现场监管，对47家企业责令限期改正、停产或取缔，对43家企业予以处罚。认真开展了环境风险源调查和环境隐患排查，配合环保部在张家口召开了全国尾矿库环境应急管理工作现场会，积极探索了尾矿库环境应急管理新路子，中央政治局常委、国务院副总理李克强对我省的尾矿库环保管理经验作出了重要批示。2010年，全省妥善处置环境突发事件13起，参与处置安全生产事故伴生环境问题事件12起，参与处置环境污染和人为事故1起。三是进一步强化了危险废物和辐射环境管理。印发了《河北省危险废物经营单位审查程序》和《关于进一步加强危险废物环境监管的通知》，建立了铬渣污染治理督办检查机制。制定了《河北省有毒化学品进出口环境管理登记地方预审及年度备案实施方案》，开展了二恶英类持久性有机污染物（POPs）重点行业更新调查。对重点行业企业环境风险及化学品进行了检查，查清了危险化学品企业底数。同时，狠抓了辐射环境执法检查和监管，开展了我省辐射环境质量国控点监测工作，圆满完成了闲置废弃放射源和库存多年的多氯联苯的清运，妥善做好了辐射应急事故和辐射污染纠纷案件的处置。同时，积极开展排污费征收稽查。全省共依法征收排污费13.72亿元，比2009年多征收1.64亿元。其中，省本级征收3.44亿元，比去年增加4461万元。

四、注重引导，强化把关，积极推进了结构调整和经济增长方式转变

认真执行国家环境准入政策和建设项目环境影响评价分级审批规定，严把了建设项目环保准入关；正确处理经济发展与环境保护的关系，努力探索把关与服务有效结合的新路子，大力推进了规划环境影响评价工作。2010年，报请省政府出台了《关于进一步加强规划环境影响评价工作的通知》，对推进区域产业结构调整和污染集中治理发挥了明显作用。出台了服务和推进重点项建设的七项措施,省领导给予了高度评价,省政府办公厅印发省直各部门、各市县推广。去年,我厅共完成154个工业聚集区、开发区(园区)规划环评审查。其中,列入国家计划的5个工业园区,全部完成了规划环评审查;列入省计划的44个工业园区(开发区),32个完成了规划环评审查;列入省计划的100个产业聚集区,76个完成了规划环评审查;其他类别聚集区,41个完成了规划环评审查。2010年,我厅共审批各类建设项目环评284个,涉及投资1695.6亿元,否决项目环评43个,涉及投资151.8亿元。验收建设项目235个,涉及投资431.4亿元。

五、锤炼队伍,培树作风,环保自身能力建设得到明显提升

一是着力加强了环保队伍建设。深入开展了创建"五个好"先进基层党组织、争当"五个模范"优秀共产党员和"学习沈浩同志,做环保卫士"为主要内容的创先争优活动,极大地促进了党员队伍先锋模范作用和党支部战斗堡垒作用的发挥。联合省编办、省人社厅、省财政厅出台了《关于切实加强全省环保管理机构和队伍规范化建设的意见》,成立了省固体废物管理中心。二是切实提升了环保基础能力。申请落实了2010年省级预算各类资金4.1亿元;积极争取国家各类环保专项资金8.0259亿元,较2009年增长20%。全省12个监控中心均通过验收,实现了不间断监控;726家重点污染企业,水排放口自动监控设施安装达到100%,废气排放口安装达到99%;完成了28家重点污染源企业,45个视频监控系统建设;组织对25家电力企业和39家城市污水处理厂自动监控设施第三方运营试点工作,53家城市污水处理厂实行安装自动采样装置试点工作。举办了第一届河北省环境监测专业技术人员大比武活动,有力地促进了全省环境监测业务水平的提高。三是进一步强化了环保科技支撑。河北省水专项所属各项目均通过了国家水专项办中期评估,制定了《制药行业污染防治技术政策》和《制药工业最佳可行技术指南》等技术政策。《铁选厂大气颗粒物排放标准》和《除尘设施运行技术规范除尘脱硫》两个标准项目通过审订和批准,并于2010年5月4日发布实施。组织编制了《火力发电及供热企业环境保护执法技术指南》和《城镇污水处理厂环境保护执法技术指南》。开展了重点污染源联网建设,基本实现全省国控省控重点污染源自动监控。开发了适用于我省的国控省控污染源自动监控平台软件、国控省控重点污染源移动执法监控系统、河北省企业环境保护信用信息系统等一系列环保应用系统,逐步推进信息化与环保业务工作相融合。

四是积极深化了环保宣传教育。以“六五”世界环境日等环保节日为依托，组织举办了形式多样、丰富多彩的环保主题宣传活动。人民日报、新华社、光明日报、中央电视台等中央主要新闻刊发报道我省环保工作的稿件45篇（条）；《中国环境报》发表稿件343篇，其中头版刊发稿件87篇，约占发稿数量的26%，含头版头条16篇，报眼位置21篇。记者站报送的稿件《谁来堵住尾气检测黑洞》和《河北“双三十”交出满意答卷》，分别荣获年度环境好新闻一等奖和二等奖，受到了中国环境报社的表彰。深入开展了“五绿”创建活动和“十百千”环境宣传教育试点工作，联合省教育厅对第六批58所省级绿色学校进行了表彰。五是扎实推进了党风廉政建设。健全完善了行政权力运行监控机制，全过程开展了廉政风险评估管理工作和深化公开透明运行工作。积极开展了“干部作风建设年回头看”和“制度落实年”活动，干部作风和制度建设进一步得到提升。我厅作风建设年整改落实工作得到了省纪委书记臧胜业同志的高度评价和省委巡视组的充分肯定。一年来，无论是厅重点业务工作，还是机关自身建设和保障服务工作，全厅各处室、各单位广大干部职工都尽职尽责，出色地完成了全年目标任务，都可圈可点，在这里我就不一一列举了。

回顾2010年环保工作，可以说是大有作为的一年。这一年，我们攻坚克难、各项工作取得了丰硕成果；我们主动参与综合决策、环境保护优化经济发展作用日益显现；我们不断深化政策机制创新、环保工作内在活力日益增强；各级领导高度重视和支持环境保护工作，全社会环境意识普遍提高；环保能力建设进一步加强、环境污染防控水平得到了全面提升。总结过去的一年及“十一五”环保工作，成绩斐然，收获颇丰。这些成绩的取得离不开省委、省政府的高度重视和正确领导，离不开各有关部门的积极配合和通力协作，离不开社会各界的广泛关注和大力支持，更离不开广大干部职工的团结拼搏和辛勤工作。在此，我代表厅领导班子向大家表示诚挚的感谢！

2011年是“十二五”开局之年，展望“十二五”充满挑战和希望。在这新的一年里，我们要以科学发展观为统领，紧紧围绕科学发展的主题、加快转变经济发展方式的主线和提高生态文明水平的新要求，把加强环境保护与转方式调结构、惠民生促和谐有机结合起来，以解决影响可持续发展和损害群众健康的突出环境问题为重点，扎实推进污染减排，加大重点流域区域污染防治力度，严格环境执法监督，着力加强农村环境保护和生态保护，不断深化政策机制创新，强化环保队伍和能力建设，积极探索环保新道路，为“十二五”环境保护事业发展创造良好开局。

此外,在新春来临之际,大家一定要严格执行廉政要求,强化廉洁自律意识,杜绝各种违规违纪问题的发生;要加强节日值班和安全保卫工作,站好岗,履好责,确保单位和个人安全;要做好环境应急工作,确保突发事件人员到位、设施到位、处置到位;要认真落实省委办公厅、省政府办公厅春节放假前后和放假期间不互访不拜年的精神,和谐勤俭过春节。

同志们,风劲潮涌,自当扬帆破浪;任重道远,更须快马加鞭。新的一年里,让我们在省委、省政府的正确领导下,同心同德,真抓实干,以时不我待的精神、顽强拼搏的作风,开拓进取,扎实工作,在探索环境保护新道路上迈出坚实步伐,为我省科学发展、和谐发展做出新的更大贡献!

(2011 年 1 月 28 日)

大力建设生态文明
努力推动发展方式转变

——姬振海厅长在全省环境保护工作会议上的报告

各位领导,同志们:

根据会议安排,现就“十一五”环保工作进展、“十二五”工作思路及今年工作安排,简要报告如下:

一、“十一五”环保工作简要回顾

“十一五”以来,全省各地各部门在省委、省政府的坚强领导下,紧紧围绕“科学发展、富民强省”目标,突出科学发展观统领,强化污染减排主线,努力开拓创新,拼搏进取,全面落实环境保护“十一五”规划,各项工作都取得了积极进展。

——污染减排目标任务超额完成。经环保部核定,2010 年全省化学需氧量、二氧化硫排放量,分别比 2005 年削减 17.334%、17.53%,均超额完成国家下达15%的目标任务。

——设区城市空气质量全部达标。2010 年,全省设区市城市空气综合污染指数平均为 1.88,比 2005 年下降 31.64%;二氧化硫、可吸入颗粒物浓度年均值分别比 2005 年下降 43.75%、22.22%。11 个设区市空气质量首次全部达到国家二级标准,比 2005 年增加 5 个。

水环境质量持续好转。2010 年,全省七大水系三类和好于三类水质的断面比例达 47.2%,比 2005 年上升 18.1 个百分点;劣五类水质断面比例为 33.6%,比 2005 年下降 12.7 个百分点。主要污染物化学需氧量平均浓度比 2005 年下降 57.8%。城市集中式饮用水水源地水质达标率、近岸海域环境功能区达标率,均达到“十一五”规划目标要求。

总结“十一五”,我们重点抓了以下八个方面工作:

(一)强力推进“三大减排”,严控污染物排放总量。工程减排突飞猛进,新建城镇污水处理厂 168 座,是 2005 年的 5.2 倍,基本实现了县县建有污水处理厂的目标,新增污水处理能力 542.37 万吨/日,全省城市污水处理率由 2005 年 36.14%提高到 2010 年 80%,提前两年完成“十一五”规划目标。累计建成运行电厂脱硫装机容量 3352 万千瓦,占全省火电总装机容量的 99.8%,提前 14 个月完成国家下达的“十一五”机组脱硫任务。结构减排力度加大,全省关停小火电机组 77 座,总装机 306 万千瓦,关停落后钢铁产能 4300 万吨、水泥产能 4805 万吨、玻璃产能 4055 万重量箱、焦炭产能 508 万吨。管理减排日益重视,制发了污水处理厂和脱硫设施运行监管意见,印发了火力发电、供热企业、城镇污水处理厂环境保护执法技术指南,有力地推进了污染减排。

(二)积极参与“宏观调控”,助推经济转型升级。把战略环评和规划环评作为推动环境保护参与综合决策的重要抓手,组织开展了环渤海地区重点产业发展战略环评,完成了 5 个国家级工业园区、32 个开发区、117 个工业聚集区规划环评审查。在全国率先出台区域禁(限)批建设项目实施意见,确立了各地生态功能区定位、区域禁止和限制项目类型、环境敏感区项目管理措施。加强了地方环保标准制定工作,印发实施《河北省氯化物排放标准》等地方标准 6 项。

(三)大力实施“四调五治”,推动空气质量改善。紧紧抓住全省城镇面貌三年大变样将改善环境质量作为首要目标的有利时机,印发了环保行动计划,开展了“对标行动”和“拔除烟囱、净化蓝天”活动,深度治理了燃煤烟尘、工业粉尘、施工扬尘、机动车尾气和餐饮业油烟污染。全省搬迁污染企业 124 家,完成基础设施建设项目 169 个,拆除废弃烟囱 2177 个,治理不达标烟囱 3590 个,取缔改造分散燃煤锅炉 1697 台。特别在北京奥运会期间,以超常的措施,圆满完成了空气质量保障任务,受到了国家高度赞扬。

(四)全面落实“防控规划”,遏制水质恶化势头。以落实水污染防治规划计划为龙头,按照"一规两控三建四严"的思路,深入开展重点流域企业违法排污集中整治、重点污染源治理攻坚、跨界断面水质全面达标"三大战役",创造性地推行省域生态补偿,实施城市集中式饮用水水源地环境保护规划,完成了88个城市集中式饮用水源保护区划分和设置地理界标、警示标志工作,取缔关闭了一、二级保护区内排污口94个。

(五)深入开展"环保创建",选树协调发展典型。制定了生态省建设规划纲要,出台了落实"以奖促治"政策加快解决农村突出环境问题的实施意见,实施了全省农村环境保护"百乡千村"环境综合整治三年行动计划,探索了农村环境污染治理新模式。"十一五"期间,我省被国家确定为生态省建设试点、省域流域生态补偿试点、省域生态环境监察试点、农村环境综合整治目标责任制考核试点。全省11个设区市和136个县(市)编制了生态县(市)建设规划,400多个建制镇编制了环境规划,建成了国家级生态示范区试点19个、国家级环境优美乡镇15个、国家级生态村7个、国家级环境友好企业2个、省级环境优美城镇79个、省级环境友好企业7个、各级各类绿色单位3000多个、各级各类自然保护区40个。

(六)下力狠抓"三严执法",解决民生环境问题。坚持环保为民,连续开展了环保专项行动,集中整治了饮用水水源保护区、城镇污水处理厂、涉重金属企业等环境违法行为。"十一五"期间,全省出动执法人员60多万人次,检查企业45万家,取缔违法企业4000多家,停产治理3500多家,限期治理1400多家,挂牌督办案件1700多起,查处群众举报信访案件5万余起。开展辐射安全执法大检查,安全收贮废弃放射源3298枚。

(七)注重增强"环保活力",创新环境政策机制。一是加强法制建设。省人大颁布实施了《河北省减少污染物排放条例》,突出"重罚"和"双罚"法律条款,填补了全国污染减排领域专项立法的空白。省政府出台了《河北省环境污染防治监督管理办法》,赋予职能部门现场封存、暂扣权,加大了对无证排污的处罚。二是推行生态补偿。在全省七大水系全面实行跨界断面水质与财政挂钩的生态补偿机制。环保部周生贤部长赞扬这一举措开创了全国生态补偿先河。三是力推绿色信贷。会同人行石家庄中心支行、省银监局创设了绿色信贷绩效评估制度,强化了信贷审批中环保"一票否决"。实行企业环境信用分级管理,公开726家重点企业环境行为综合评定结果,纳入金融信贷征信体系。四是完善价格体系。省政府出台了主要污染物排放权交易管理办法,制发实施了调整排污费征收标准的意见,分两步将二氧化硫、化学需氧量排污费征收标准提高到每公斤 1.26 元和 1.4 元，以经济杠杆调动了企业治污减排的积极性。

（八）全力建设“四大体系”，提升环保基础能力。着力推进了环境保护污染监控、科技支撑、资金投入和公众参与“四大体系”建设。截至 2010 年年底，全省共有 48 个环境监测站通过了标准化验收，比 2005 年增加 3 倍；建成空气自动站 89 个、水质自动站 31 个，分别比 2005 年增加 0.75 倍、4.20 倍；安装污水、大气自动监测仪器 1164 台(套)，重点企业自动监控设施安装率 100%。全省环保投入、机构编制等也不断增加，有力地支撑了环保事业发展。

回顾过去五年的工作，突出感到：“十一五”的五年，是各级领导高度重视环保的五年，是环保规划目标完成最好的五年，是环保事业大投入、快发展、新跨越的五年。这五年，最显著的成绩是，在全省经济保持平稳较快发展的同时，“十一五”环保目标顺利完成，主要污染物排放总量得到有效控制，环境质量稳中趋好；最深刻的体会是，解决我们面临的环境问题，必须积极探索代价小、效益好、排放低、可持续的环境保护新道路；最突出的亮点是，始终着眼环保优化发展，创新环境政策机制，提升环保动力，推动环境与经济的高度融合；最基本的共识是，做好环保工作必须高擎生态文明建设大旗，积极融入经济社会发展主渠道，在统筹经济社会发展与环境保护中，努力解决影响可持续发展和危害群众健康的突出环境问题。

这些成绩的取得，一是得益于省委、省政府的高度重视和强有力领导。省委、省政府始终把《环保法》作为不可逾越的高压线，坚持把节能减排作为调整产业结构、转变发展方式的重要抓手，旗帜鲜明地提出要以“壮士断腕”的勇气抓好工作，以“拒绝理由”的要求完成任务，并在全国创造性地提出“双三十”示范工程。云川书记三年来就有关环保工作做出批示 48 条，全国省长一年多来批示 29 条，杰辉副省长亲历亲为，多次主持召开会议，就环保的重点工作提出要求，做出部署。二是得益于各地各有关部门的大力支持和真抓实干。各地各部门切实把环境保护放在全局工作的突出位置，坚持并完善环保目标责任制，狠抓各项措施落实，形成上下联动、左右协同的环保工作机制。三是得益于全系统的上下努力和组织推动。全省环保系统不断开拓，积极攻坚，在探索环保新道路上迈出了坚实步伐。一些工作成绩，受到了党中央、国务院领导和环保部领导关注。李克强副总理就我省生态补偿机制和尾矿库环境应急管理两次做出批示，要求将我省经验进一步总结推广。环保部周生贤部长到我省调研,指出河北省有四点环保经验值得在全国推广。张力军副部长多次到河北指导工作,肯定河北近年来环保工作取得的多项突破。国务院办公厅两次到我省进行污染减排专题调研,新华社《国内动态清样》、《人民日报》头版头条、中央电视台《新闻联播》头条、《光明日报》头版头条等主流媒体均报道过我省的做法。

二、"十二五"环保工作思路

虽然我省污染减排和环境保护取得积极成效,但面临的环境形势依然严峻,任务十分繁重。一是主要污染物削减面临新的挑战。随着工业化、城镇化快速推进,能源消费量将继续增长,污染物产生量继续增加,完成"十二五"削减任务压力巨大。二是城市大气质量达标成果比较脆弱。去年我省11个设区城市环境空气质量首次全部达到二级标准,但主要污染物浓度仍然较高,一些达标城市的污染物浓度接近标准的上限,各地环境空气质量还可能出现波动和反弹。三是重点流域水环境问题仍然比较突出。全省重点河流监测断面劣五类水质所占比例较高,仍处于奋力爬坡努力扭转阶段,子牙河水系污染防治虽取得重大进展,但总体水质仍然较差,水环境质量改善工作依然任重道远。四是环境监管任务艰巨。"十一五"期间,我省新上大批污水处理厂、燃煤机组脱硫等治污减排项目,加强对这些减排设施的环境监管,保证正常运行,是"十二五"环境保护面临的一项重要任务,工作量也很大。同时,重金属污染、土壤污染、电磁辐射污染等新的环境问题也在不断出现,给新时期环境监管带来了更大压力。

"十二五"时期,是全面建设小康社会的关键时期,是深化改革开放、加快转变经济发展方式的攻坚阶段,也是环保工作大有作为的重要时期。全省环保工作总体思路是:深入贯彻落实科学发展观,紧紧围绕科学发展和富民强省主题,突出转变发展方式主线,强力削减排污总量,改善环境质量,防范环境风险,保障生态安全,努力优化发展,推进生态文明建设,为建设更加富饶、更加秀美、更加幸福的新河北做出新的贡献。

总体目标是:到2015年,主要污染物排放总量显著减少,城乡环境质量明显改善,生态环境总体恶化趋势得到基本遏制,生态环境安全得到基本保障。

总体任务是:做到"五个着力"。

*(一)着力控制污染物排放总量,力促发展方式转变。*继续完善总量控制制度,健全污染减排、淘汰落后产能与新建项目审批相结合的机制,强化结构

减排，细化工程减排，实化管理减排，推行排放权交易，严控二氧化硫、氮氧化物、化学需氧量、氨氮总量排放。继续深化“双三十”节能减排示范工程，实行电力、钢铁、造纸、纺织印染等重点行业主要污染物排放总量控制，开展重点行业强制性清洁生产审核和企业达标对标活动。

（二）*着力解决突出环境问题，保障群众环境权益*。坚持以落实城市集中式饮用水水源地环境保护规划、海河流域水污染防治“十二五”规划、渤海环境保护总体规划、重金属污染防治规划为龙头，以保障饮用水安全和解决重点流域、重点区域、重点行业污染等损害群众健康的突出环境问题为重点，深入开展清洁空气、清洁水源、清洁田园行动，综合控制二氧化硫、氮氧化物、颗粒物、挥发性有机物等多种污染物，深度治理子牙河水系等重点流域污染，强化饮用水源地和土壤污染环境监管，全面改善环境质量。

（三）*着力防范化解环境风险，维护区域环境安全*。突出抓好重金属、危险废物、危险化学品及辐射等重点领域和南水北调工程沿线等环境敏感区环境风险管理，完善环境风险源分类档案和信息数据库，建设环境风险防范、预警、应对、处置体系，努力解决工业化过程中环境安全保障问题。

（四）*着力加快生态河北建设，形成统筹城乡环保格局*。制定实施全省生态环境功能区划，分区明确功能定位、发展方向和支持政策。继续推进生态示范创建，选择重点区域、重点行业探索生态文明建设模式，加强自然保护区建设和资源开发利用活动监管，加大生物多样性保护和种质资源管理力度。强化农村环境保护，积极治理农村生活污水、生活垃圾、种植业、养殖业和工矿企业污染，将环境基础设施建设纳入农村环境基本公共服务范围，改善提高农村人居和生态环境质量。

（五）*着力加强基础能力建设，筑牢事业发展根基*。以污染源监管与总量减排、环境质量监测与评估考核、环境预警与应急为重点，建设先进的环境监测应急预警体系、完备的环境执法监管体系、充足的环境科技支撑体系、高速的环境信息化体系、优质的人才队伍保障体系，全面提升环境监管能力。

三、2011 年重点工作安排

2011 年，是“十二五”开局年、起步年。全省环保工作要以科学发展观为统领，紧紧围绕科学发展和富民强省的目标、加快转变经济发展方式的主线和提高生态文明水平的新要求，把加强环境保护与转方式调结构、惠民生促和谐结合起来，以解决影响可持续发展和损害群众健康的突出环境问题为重点，扎实推进污染减排，加大重点流域区域污染防治，加强农村环境保护和生态保护,努力为“十二五”环境保护事业开好局。

具体来说,就是围绕“三大目标”,抓好“三项重点”,强化“五项举措”。

“三大目标”,即确保全省化学需氧量、氨氮、二氧化硫、氮氧化物排放量分别比2010年下降1.5%,化学需氧量、二氧化硫排放量力争分别削减2.5%;确保9个、力争11个设区城市环境空气质量稳定达到国家二级标准,全年二级(含二级)及以上天数不低于85%;确保全省地表水省控监测断面好于三类(含三类)水质的比例达48%以上,劣五类水质比例低于33%,设区城市集中式饮用水源地水质稳定达标。

“三项重点”,即:

(一)严控主要污染物排放总量。继续深化拓展“双三十”节能减排示范工程,强化结构减排,细化工程减排,实化管理减排,依靠科技减排,统筹推进工业、生活、农业等各个领域减排工作。分解落实减排任务,完善减排约束、激励和考核机制。严控钢铁、建材、化工、石化、造纸、皮革、医药、电力等重点行业污染物排放,坚决淘汰钢铁、电力、水泥、焦化、造纸等行业落后产能,加快城镇污水处理厂建设和升级改造,抓好配套管网建设、污泥处置和再生水利用。

(二)加强重点流域区域污染防治。制定实施城镇建设三年上水平环保行动计划,推进城乡环境综合整治。实行城市空气质量达标和分级管理,加大颗粒物、挥发性有机物、机动车尾气污染防治力度,深化城考和国家环保模范城创建工作。完善全流域跨界断面水质目标考核并扣缴生态补偿金制度,落实城市饮用水水源地环境保护规划,加强重点流域、海域污染治理和饮用水源地保护。

(三)提升农村环保和生态建设水平。深化全省农村环境综合整治目标考核试点工作,推进“百乡千村”环境综合整治行动计划,建设一批农村生活垃圾处置、生活污水处理和畜禽养殖场(点)污染防治等环保示范工程,抓好农业面源污染,开展全省生物多样性调查与评价,推进环保模范城、生态示范区等各类创建工作。

“五项举措”,即:

(一)强化源头把关服务,积极促进发展方式转变。加快推进钢铁、焦化、水泥、矿山、水电、火电、石化、化工等重点行业和工业聚集区、开发区(园区)等重点区域规划环评,加强产业布局、结构、规模与区域生态安全格局的统筹。进一步严格重点行业项目审批,严控高耗能、高排放行业低水平重复建设，加快落后产能淘汰和兼并重组步伐。

（二）加大环境执法力度，着力解决影响可持续发展和群众健康的突出问题。继续开展环保专项行动，严厉查处重金属企业、危险废物处置企业、未批先建和未验投产的环境违法行为。继续组织辐射环境安全执法大检查，全面加强辐射环境监管。开展钢铁行业、涉重金属企业、污染减排工程及设施运行情况后督察，充分运用挂牌督办、新闻曝光、责任追究等手段，促进环境违法行为整改。深入推进工程建设领域突出问题专项治理工作，深化农村和生态环境监察工作。

（三）加强重点领域监管，切实防范影响环境安全的问题发生。以重金属、固废、危险化学品、重要放射源及各类尾矿库环境应急为重点，全面加强环境管理。印发全省重金属污染综合防治规划，建立健全重金属污染防治监控网络。组织开展化学品等重点企业环境风险评估，完善环境风险数据库。加快尾矿库“三级防控体系”建设，提高尾矿库环境应急管理水平。强化1000家重点企业环境监管，深入开展清洁生产审核，规范上市企业环保核查。组织全省新纳入的国控、省控企业安装自动监控设施，搞好污染源自动监控设施第三方运营工作。

（四）创新环境政策机制，不断增强环保生机和活力。加强环境法制建设，力争修订完成《河北省陆上石油勘探开发环境保护管理办法》。继续深化绿色信贷，完善环保信用信息系统，制发实施《河北省绿色信贷指导目录》。探索开展绿色保险，制定开展环境污染责任保险试点的实施意见，在重污染化工企业、有毒有害化学品生产、危险废物处置及石化、放射源使用等行业企业，进行环境污染责任保险试点。落实《河北省主要污染物排放权交易办法》，推行排污权有偿使用和交易制度。

（五）推进队伍能力建设，努力夯实环保事业发展根基。继续加强环境监测、监察执法、宣传教育、应急能力标准化建设，加快“数字环保”工程建设，强化环保科技支撑。继续深入开展创先争优活动，加强思想、组织、作风、业务、制度和廉政建设，深化民主评议工作，努力建设一支作风过硬、素质优良、团结实干的环保队伍。

（2011年3月9日）

深化认识 强化落实
以崭新的姿态开拓“十二五”环保工作新局面

——姬振海厅长在2011年全省环境保护工作会议上的讲话

同志们:

昨天上午,会议对环保目标考核工作和“三项奖励”单位进行了表彰,4个市作了重点发言,我就全省环境保护工作向大会作了报告,杰辉副省长就如何做好我省今年及“十二五”的环保工作作了重要讲话,全国省长专门致信,对我省“十一五”环保工作给予充分肯定,提出了明确要求。同时,这次会议我们将各市典型经验作法汇编成交流材料,希望大家互相学习借鉴,互促共进。昨天下午和今天上午,与会人员分组进行了认真讨论,大家本着高度负责的精神,就做好2011年及“十二五”环保工作提出了很好的意见和建议,给了我们很多有益的启示。会后,省环保厅将认真研究,将大家提出的意见和建议统筹吸纳到2011年全省环保工作要点及“十二五”环保规划中,不断改进和创新全省环保工作思路和举措,全面开拓十二五环保事业新局面。

今天上午的会议,主要内容是围绕贯彻全国环境保护工作会议和全国省长致信、杰辉副省长的讲话精神,进一步统一思想,提高认识,抓好落实。下面,我就今年如何抓住机遇,开拓性地做好当前和“十二五”环保工作,讲五点意见。

一、一定要充分认识当前面临的形势和任务

“十一五”的五年“极不平凡”,成绩的取得“来之不易”,积累的经验“弥足珍贵”;“十二五”的未来“充满希望”,面临的形势“依然严峻”,成果的深化“更为艰巨”。只有认清形势,抓住机遇,继往开来,才能实现环保事业发展的新跨越。

(一)成绩巨大。陈全国省长在致信中明确指出,“十一五”以来,我省环保工作成绩明显,为加快转变发展方式、促进产业优化升级、保障和改善民生、建设生态文明做出了重要贡献。张杰辉副省长用遇到的挑战、付出的努力和取得的成绩“三个前所未有”充分肯定了全省环保工作所取得的突出成绩。的确,经过全省上下不懈努力,许多骄人的成绩、创造性的工作可圈可点。一是打造了我省环保工作的闪亮名片“双三十”工程。“双三十”工程的实施,不仅充分发挥了落实科学发展观的带动作用、转变发展方式的试验作用、完善工作机制的引导作用、优化经济发展的助推作用和创新工作方法的示范作用，而且营造了污染减排浓厚的政治氛围，有力地撬动了各级政府重视环保、领认责任、真抓减排的主动性和能动性。二是建立了具有河北特色的跨界断面考核生态补偿机制。不仅有力加快了污水处理厂等治污工程建设，遏制了上游向下游违法排污，促进了水环境质量明显改善，而且理顺了流域整体管理和区域局部管理的关系，打造了水环境保护与经济发展的平衡支点，进一步强化了政府环保责任。三是完善了我省环境管理政策体系。颁布实施了《河北省减少污染物排放条例》，出台了《河北省环境污染防治监督管理办法》和《河北省区域禁（限）批建设项目实施意见（试行）》等一系列规范性文件，为环保工作提供了强力支撑。这些创性造的举措，不但有力地促进了环保工作的开展，并使环保工作加快走上法治化、规范化、常态化轨道。同时，基本实现了县县都有污水处理厂和垃圾填埋厂全覆盖的事实大家有目共睹，11 个设区城市空气质量全部达到国家二级标准和七大水系特别是子牙河水质明显改善的成效大家感同深受；人民日报、光明日报等主要新闻媒体多次头条（版）的报道和环保部、省委、省政府的充分肯定让大家深受鼓舞。一份耕耘，一份收获，这些成绩的取得无不凝聚着全省环保系统广大干部职工的汗水和心血！

（二）形势严峻。在看到我们取得突出成绩的同时，我们必须保持清醒的认识，在我省加速工业化和城镇化过程中，环境问题依然十分突出，环境总体恶化的趋势没有得到根本遏制，还没有走到改善环境质量的“拐点”，环境保护的压力还是很大的。可以看到，我省仍有 33.6％的水质断面为劣五类，其中，化学需氧量浓度均值虽然比 2005 年下降了 57.8％，但比去年上升了 5.6％，北三河水系、漳卫南运河水系、子牙河水系和黑龙港水系仍为重度污染；11 个设区城市环境空气质量首次全部达到二级标准，但主要污染物浓度仍然较高，一些达标城市的污染物浓度接近标准的上限；特别是约束性指标增加到四项，氮氧化物和氨氮减排技术和政策尚不十分成熟完善。同时，重金属、持久性有机污染物、土壤污染、危险废物和化学品污染问题日益凸显，防范环境风险的压力继续加大，人民群众对享有良好环境的新期待有增无减。所以说，在这“十二五”开局之年，完成 2011 年及“十二五”的减排任务变的更为艰巨，环保工作仍不得有半点的松懈麻痹。

（三）机遇难得。环保工作从认识到实践发生了重要转变，各级党委、政府对环保工作从来没有像现在这样重视，人民群众对环境质量从来没有像现在这样关心,环保工作者的腰杆从来没有像现在这样硬朗,环境保护进入了历史上最好的发展时期。特别值得注意的是,当前环境与发展的关系正在发生重大而深刻的变化。环境容量已成为区域布局的重要依据,环境标准已成为市场准入的重要条件,环境成本已成为价格形成机制的重要因素,环境管理已成为调整区域经济结构、优化产业升级的重要手段,环境安全已成为维护社会稳定、构建和谐社会的重要内容,环境保护已成为我国现代化建设的一项重大战略任务。同时,经过改革开放30多年的发展,我国环境保护工作已具备了扎实的经济技术基础、社会思想意识和体制机制保障,进一步推进环保事业大发展的时机已经来临,条件已经具备,航程已经开启。

二、一定要认真总结“十一五”的环保工作经验

只有充分总结借鉴“十一五”的成功经验,在深化思想上激发原动力,在体制机制上实现新突破,在推进落实上见到新成效,才能更好地推动“十二五”环保工作迈上新台阶。着眼发展,突出感到应持之以恒坚持做到以下三点:

(一)思想认识要“统一”。对环保部门而言,最重要的就是高擎生态文明建设的大旗,积极探索代价小、效益好、排放低、可持续的中国环境保护新道路,主动争做生态文明建设的倡导者、引领者和践行者,在更高层面、更广范围来审视和解决好突出的环境问题。“代价小”就是要坚持环境保护与经济发展相协调,以尽可能小的环境代价支撑更大规模的经济活动。“效益好”就是要坚持环境保护与经济社会建设相统筹,寻求最佳的环境效益、经济效益和社会效益。“排放低”就是要坚持污染预防与环境治理相结合,用适当的环境治理成本,把经济社会活动对环境的损害降低到最小程度。“可持续”就是要坚持环境保护与长远发展相融合,以环境保护的不断加强促进经济社会永续发展。“十二五”工作任务更加艰巨,面对困难和挑战不进则退。我们必须进一步统一思想认识,在推进全省重点工作的同时,以环保工作实践,积极探索环境保护新道路。

(二)成功经验要“坚持”。近年来,各市围绕环保工作重点难点,结合实际在探索环保新道路中推出一系列创造性的举措,在促进污染减排和环保目标任务完成上发挥了重要作用。如:唐山市出台了主要污染物排放权交易试行办法,确立了“减排量收储,上项目买量”的交易模式。邯郸市实施了月商会制度,提高了工作效率,加快了推进整改速度,有效促进了治污设施的正常运行,减少了环境违法行为。保定市开展“8+13”减排工程,推出了“以收促治”和“以罚促治”的工作措施,强化了环境执法。张家口市总结探索出环境应急管理“五有三防一库”的工作经验，深入推进了三级防控体系建设。秦皇岛市深入推进七河治理，启动“绿色信贷工程”，在防治陆源及海洋污染上取得了新进展。衡水市坚持环评把关与服务相结合，在环保参与宏观决策上进行了积极探索。廊坊市实行“分线管理、包片落实”领导责任制，深入推进了国家环保模范城市创建工作。邢台市以行风促政风、强管理，在淘汰落后、严把准入关上进行了有益的尝试。沧州市立足根本，强化自身建设，环保基础能力取得了新突破。承德市2008年做出了建设“华北最优、全国知名”生态文明建设试点的决定，并于2009年6月11日，被环境保护部正式批准为第二批全国生态文明建设试点，提出“规划引领＋创建支撑”的建设模式和“三创”同推的战略；石家庄市扎实开展“洗城净天、清源净水”行动，深入推进城区重污染企业搬迁，大力推广清洁能源，在改善环境质量上取得了新进展。

当然，各地的实际情况不同，基础条件不同，需要突破的重点也不尽相同。但是，干与不干不一样，真抓才能见实效，大干就能见大成效，成功的经验只有一以贯之地坚持下去，因地制宜地抓好落实，环保工作才能取得新成绩。

（三）政策措施要“创新”。创新是环保事业兴旺发达的不竭动力，只有不断创新突破，才能实现环保事业的长足发展。近年来，我省始终坚持体制机制创新的治本之策，注重环保重点领域改革和制度建设，为推动环保事业纵深发展提供了强大动力和制度保障。例如，创新重点流域生态环境管理模式，健全了跨界断面目标考核与生态补偿管理机制；建立主要河流水质改善的目标责任制，实行了领导分段包干的“河长制”；探索总量控制与经济发展的平衡机制，出台了《河北省主要污染物排放权交易管理办法（试行）》等，在推进“十二五”全省重点工作中，各级环保部门既要抓紧解决影响环保事业发展的突出现实问题，又要锲而不舍地解决深层次矛盾，注重借鉴成功经验，勇于创新管理体制、机制和制度，充分发挥各级积极性、主动性和创造性，在重点突破，全面推进上再创新辉煌。要把污染防治作为环境保护的重中之重，把主要污染物减排作为中心工作，把解决影响可持续发展、损害群众健康的突出问题作为服务宗旨，把确保环境安全作为首要任务，继续对环保新道路进行积极探索，找到特定阶段的突出问题，及时调整突破重点，逐步建立起全防全控的防范体系、健全高效的环境治理体系、与经济发展相协调的政策法规标准制度体系和完备的环境管理体系。

三、一定要紧紧围绕主题、主线和新要求展开工作

周生贤部长在今年的全国环境保护工作会议上明确提出，“十二五”环保工作要紧紧围绕科学发展的主题、加快转变经济发展方式的主线和提高生态文明水平的新要求,继续探索环保新道路,努力开创环保工作新局面。建设生态文明是深入贯彻落实科学发展观,立足经济快速增长中资源环境代价过大的严峻现实而提出的重大战略思想和战略任务。推进生态文明建设,是破解日趋强化的资源环境约束的有效途径,是加快转变经济发展方式的客观需要,是保障和改善民生的内在要求。在科学发展、和谐发展战略目标的统领下,建设生态文明与转变经济发展方式是有机统一的,是互为因果、相辅相成的。只有转变发展方式,突破资源环境的束缚和制约,才能真正实现可持续发展,从而提高生态文明水平。在实践中,要紧紧围绕主题、主线和新要求,努力做到"三个结合":

(一)更加注重保护环境和优化发展相结合。只有牢牢把握环境保护在经济发展方式转变中定位,有效发挥环境保护参与宏观调控的先导功能和倒逼作用,积极推进结构调整和经济增长方式转变,才能推进以环境优化经济发展,提高环保工作站位。因些,我们要顺应经济社会发展阶段性特征,坚持环境保护与经济发展并重,积极探索与实践环保优化发展的途径和方法,不断总结和探索促进环境与经济融合发展的思路举措。要充分运用污染减排刚性约束所形成的机制,把环境容量和环境承载力作为发展的首要前提,倒逼各级政府加快推进结构调整步伐。要更加注重监管与服务的协调统一,以环境影响评价引导结构调整,以环境污染整治倒逼结构调整,以环保服务助推结构调整,助力经济转型升级,增强环境保护参与宏观调控的主动性和有效性。要把环境承载力作为规划和项目审批的前置条件,用环评制度严控"两高一资"项目,用环境标准促使落后产能退出市场,用环境成本倒逼企业加快技术革新,为在新的历史条件下全面推进环保优化发展丰富实践经验。要加快推进钢铁、焦化、水泥、矿山、水电、火电、石化、化工等重点行业和工业聚集区、开发区(园区)等重点区域规划环评,加强产业布局、结构、规模与区域生态安全格局的统筹。要夯实参与宏观决策的基础,全面加强数据统计、信息集成、形势分析等基础工作,建立健全数据台账管理、环境形势分析、舆情收集、调查研究等一系列制度,提高为党委政府出谋划策的水平。要以环境决策咨询论证为重点,加强环境形势研判预警,为经济社会发展综合决策提供依据。建立健全环境数据库,及时掌握污染状况和主要污染物排放情况、环境质量现状及其变化趋势、潜在环境风险,提出有针对性的对策建议,努力从决策层面把握趋势,解决问题。

（二）更加注重立足当前和着眼长远相结合。要根据内外形势的变化和我省经济社会发展的新任务，立足当前，紧紧抓住危机中蕴藏着的发展新机遇，全面落实扩大内需战略对环境保护的新要求。要正确把握好环境保护在保持经济平稳较快增长和推进经济结构战略性调整中的位置，进一步增强环境保护参与宏观调控的预见性、主动性和针对性，在服务和监管上把握好政策实施的力度、节奏和重点，努力提高经济增长的质量和效益。要遵循经济社会发展和环境保护客观规律，顺应未来发展趋势，把握本地实际，着眼长远，科学谋划和设定好"十二五"环境保护总体目标、主要任务和重大举措。要将立足当前和着眼长远辩证统一于为发展服好务，为环境把好关的实践中，在服务中强化把关，在把关中提升服务。要按照科学发展观的要求，以提高生态文明水平为统领，将生态文明的内容和要求内在体现到法律制度、思想意识、生活方式和行为方式中，与经济建设、政治建设、文化建设、社会建设共同部署、共同推进，努力构建生态文明的道德文化体系、产业支撑体系和环境安全保障体系；要顺应工业化、信息化、城市化、国际化深入发展的新形势，以保护环境、优化发展、维护权益为根本方针，注重解决环境保护的全局问题，注重创新环保体制机制，注重保护环境与提高发展质量效益、促进社会和谐有机结合，注重发展需求与资源支撑能力、生态环境承载能力相适应，逐步建立有利于环境保护的产业结构、增长方式和消费模式，全面提高可持续发展能力。

（三）更加注重重点突破和全面推进相结合。全面推进和重点突破是系统论和重点论的统一。我们要善于在纷繁复杂的矛盾中抓住根本，在不断变化的形势中把握方向，既要总揽全局、统筹兼顾，又要抓住牵动全局的主要工作、事关群众切身利益的突出问题，着力推进、重点突破。一方面，要把污染防治作为重中之重，将改善区域环境质量、保障环境安全作为首要任务，继续大力推进污染减排，强化污染源头控制，加快淘汰落后产能，集中力量解决危害群众健康的突出环境问题，持续加大对重点区域、重点流域、重点行业和重点企业污染整治力度，有效防范突发环境事件。另一方面，要根据形势的变化和环境保护的特征，顺势应时、行循时变，采取系统科学的环境管理方法，统筹城乡与区域环境保护，统筹污染防治与生态保护，统筹部门与社会各方力量，实施均衡的环境保护战略，增强工作的全面性、系统性。

四、一定要认真抓好这次会议精神的贯彻落实

大家在讨论中，都一致认为，陈全国省长的致信和张杰辉副省长的讲话令我们备受鼓舞,同时,也让我们深感责任重大。我们要真正领会省领导的讲话内涵,深刻把握精神实质,结合自身实际,认真抓好贯彻落实。具体来说,就是要突出做到"三个紧盯":

(一)紧盯污染减排不放松。一是科学规划,创新减排工作思路。各地要及早研究部署,认真谋划,结合主要污染物减排指标任务和当地经济社会发展实际,科学制定和完善"十二五"减排规划和年度减排计划,为全面完成"十二五"减排任务打下坚实的基础。从宏观把握上,要找准环境保护在保增长、促转型中的重要定位,顺应经济社会发展阶段性特征,坚持环境保护与经济发展并重,积极探索与实践环保优化发展的途径和方法,有效发挥环境保护参与宏观调控的先导功能和倒逼作用,充分调动各级各部门特别是各级领导的积极性,力促经济转型升级,加快推进结构调整步伐,实现环境与经济的融合。在具体实践中,要找准工作的着力点,突出主攻方向,落实减排责任,在谋创新有新进展,在化解难点问题上有新突破,以时不我待、只争朝夕的精神推进落实。

二是抓住龙头,强化示范带动作用。"十二五"期间,省委、省政府确定要在巩固"十一五"期间"双三十"成果的基础上,按照贡献大、任务重、示范强、不重复的原则,重新选择能耗高、排放量大的30个县(市、区)和30家企业,进一步深化拓展"双三十"节能减排示范工程。各市也要参照省里的作法,重新选择重点县(市)和企业,强化调度考核、建立激励机制、制定扶持政策,充分发挥其落实科学发展观的带动作用、转变发展方式的试验作用、完善工作机制的引导作用、优化经济发展的助推作用和创新工作方法的示范作用,营造污染减排浓厚的政治氛围,撬动当地政府重视环保,领认责任,真抓减排的主动性和能动性,打造新一轮减排的强力抓手,促进污染减排任务的完成和环境质量的改善。

三是综合协调,凝聚减排工作合力。要充分发挥政策主导作用,协同相关部门,注重系统内部及处室间协调配合,形成工作合力,强化结构减排、细化工程减排、实化管理减排、依靠科技减排,统筹推进工业、生活、农业等各个领域的减排工作,不断拓宽减排的广度,挖掘减排的深度。要严控钢铁、建材、化工、造纸、皮革、医药、电力等重点行业的污染物排放,加快推进钢铁、电力、水泥、焦化、造纸等行业落后产能的淘汰进度和进城镇污水处理厂的升级改造,抓好配套管网建设、污泥处置和再生水利用。要综合运用总量替代、标准提升、区域限批、落后产能淘汰、排污许可证管理、建设项目管理等手段,增强减排措施的协同性和配套性，努力从源头防控上促进减排，从全过程监管上保障减排，从末端治理上落实减排。

（二）紧盯环境质量不放松。一是借力推动，持续改善城市环境质量。今年省委、省政府提出了实施城镇面貌三年上水平的重大决策，我们各级环保部门要以此为契机加快制定环保行动计划，强化推进措施，量化目标责任，着力深化城市环境综合整治和环保模范城创建工作。特别是要强化城市空气质量达标和分级管理，加大颗粒物、挥发性有机物污染防治力度，严控机动车尾气污染，着力加强城乡结合部、城中村环境整治，全面推进机动车尾气等低污染治理，逐步解决城市灰霾天气、城区噪声等突出环境问题，确保85%左右的设区城市环境空气质量稳定达到国家二级标准，全年二级及以上天数不低于85%。

二是抓住源头，深化重点流域水污染治理。近年来，我们按照“一规两控三建四严”的思路，深入开展重点流域企业违法排污集中整治、重点污染源治理攻坚、跨界断面水质全面达标“三大战役”，创造性地推行创界断面流域生态补偿，着力推进了海河流域水污染防治规划和渤海碧海行动计划的落实，实现了海河流域17个跨省界出境断面水质全部达到要求的目标。各市都推进了一系列政策措施，深化了流域生态补偿机制，加大了考核奖惩力度，建立了领导分包和责任落实制度，取得了明显效果。我们要在总结完善的基础上，进一步创新举措，强化监管落实，全力推进重点流域、海域污染治理，深化饮用水源地保护，确保全省地表水省控监测断面好于三类（含三类）水质的比例达到48%以上，劣五类水质断面降至33%以下，设区城市集中式饮用水源地稳定达标。特是要盯住污染源头，排清入河企业底数，确定防范重点，强化治理措施，完善长效机制，确保责任落实，从根本上实现水环境质量的改善。

三是城乡统筹，积极推进农村环境综合整治。城市环境和农村环境是一个有机联系的整体，不可分割。农村生态环境问题突出不仅影响到城乡居民生活质量的提高，而且会影响整个社会的可持续发展。近年来，我省在加强农村态环境保护工作中取得了一定成效，但总体上形势仍比较严峻，环境污染和生态破坏问题还十分突出。全省各地一定要将统筹城乡环境保护工作放在突出的位置，按照城乡融合的思路，全力加强城乡环境综合整治，继续深化“以奖促治”政策措施，推进农村环境综合整治。我省被环保部确定为全国农村环境综合整治目标责任制“试点省份”，试点期限为一年，试点内容为17项，涉及农村环保工作的17项指标。省政府制定了具体工作方案和考核办法,今年5月份,环保部将组织验收,请各市做好组织协调和相关准备工作。2009年,全省启动了“百乡千村”环境综合整治三年行动计划,全省确定了1000个省级试点村庄,集中实施生活垃圾和生活污水治理。各市都有试点任务,今年是实施行动计划的最后一年,各地要进一步加大督导和服务工作力度,确保1000个村庄按照试点计划要求完成任务。今后,全省农村环境综合整治工作将由点转线,向集中连片整治推进,逐步扩大治理成果,各地要认真总结推广农村环境治理的经验和做法,加快形成城市环境基础设施向农村延伸、城市环境公共产品向农村覆盖、城市环境公共服务向农村辐射的城乡环保一体化格局,促进全省生态环境质量持续稳定好转。

(三)紧盯环境安全不放松。一是强化执法手段,增强环保执行力。加强环境执法监管是环保部门的基本职责,是推进环保工作任务落实的有效保障,是解决影响可持续发展和危害群众健康的突出环境问题的重要抓手。实践证明,只有切实加强环境执法监管,严格规范环境行为,才有有效遏制各类环境违法现象,建立公平、正义的环境秩序,维护可持续发展大局和群众根本利益。全省各级环保部门要进一步整合力量和手段,广泛开展各类执法检查活动,全力打击各类环境违法行为。要坚持“出重拳”,打“组合拳”,增强环境执法的威慑性。在加大对大案要案查办力度的同时,要综合运用上市或再融资环保核查、排污许可证发放、环保专项资金安排、企业环保信用评价、挂牌督办、媒体曝光、区域限批、评奖评优等手段,全面遏制各类环境违法行为。要进一步突出重点,加强对污染减排、重污染行业以及中小型污染企业的执法监管。要大力推进企业环保精细化管理,深化大型污水处理厂环保监督员派驻工作。要进一步引入信息化执法监管手段,充分发挥污染源自动监控系统作用,加强远程监管和实时打击,提高执法的时效性和精准度,确保监管到位、执法到位、监督稽查到位。进一步完善部门联动执法机制,不断拓宽执法监管渠道,完善企业(单位)自我监督机制,加快建立符合我省企业特点的自我监管、自我规约格局。

二是抓住隐患苗头,及时化解环境问题。隐患险于明火,防范胜于救灾。环境问题事关发展大局、事关民生安全。各地要把确保环境安全放在突出的位置,加大企业环境安全监控力度,及时梳理更新全省环境安全重点监管企业名单,持续深化环境安全隐患排查。要进一步完善应急预案体系,加强应急演练,紧密与公安、消防、交通、安监等部门的联系,共同做好突发环境污染事故的预防和处置工作。进一步加强环境信访,完善环境信访工作督查机制，联合相关部门，加大对重点敏感信访案件的督查督办力度。继续深入开展环境矛盾纠纷排查、积案化解活动，畅通投诉渠道，开展领导干部接访、下访（约访）活动，推动源头治理、属地解决信访问题，减少进京访、赴省访。要把执法监管、应急管理、信访调处等工作紧密结合起来，整体提升环境维稳工作水平。

三是强化把关服务，源头防范环境风险。要充分发挥环保审批的"调节器"、"控制阀"和"助推器"作用，通过规划环评、总量前置审核、区域限批、行业限批等措施，从源头推动全省产业合理布局和优化升级，防范环境污染问题的发生。要突出抓好核与辐射、重金属、危险废物、危险化学品等重点领域和南水北调工程沿线等环境敏感区环境风险管理，完善环境风险源分类档案和信息数据库，建设环境风险防范、预警、应对、处置体系，努力解决工业化过程中环境安全保障问题。要深入开展农村生态环境监察工作，加强自然保护区、重点风景名胜区、农村饮用水水源地、资源开发和非污染性建设项目等环境日常监管与执法，拓展对重点生态监察领域、特定区域的环境执法工作。建立健全重点行业企业及化学品企业环境风险数据库，积极开展环境风险评估。加大重点区域、典型案件挂牌督办、责任追究和后督察力度。要进一步严格重点行业项目审批，强化化工、石化、重金属类项目环境风险防范措施和要求，加大固体废物、危险化学品、废弃电子产品废物和进口废物管理力度，确保环境安全。

五、一定要加强环保自身建设

加强环保能力和队伍建设，是当前环境保护新形势下的必然要求，是环保事业之本，发展之基。环保部门特别是对于基层环保部门来说，队伍年轻、任务繁重，既要同各类环境违法行为做斗争，又要抵制各种消极、腐败行为的侵蚀和渗透；既要完成各种复杂、繁重以致危险的环保任务，又要克服人员不足、经费不足带来的困难和压力；既要以严格、公正、文明的执法形象赢得群众的满意，又要承受环保队伍在规范化、法制化建设上的不够成熟带来的制约和障碍。所以，环保工作人员的理论功底要更厚实，业务能力要更精湛，为人民服务的意识要更浓厚，环保能力建设更需加强。全省各级环保部门特别是领导班子一定要把这项工作放在重之重的位置，立足长远，超前谋划，着力推进，扎扎实实打牢环保事业的根基。

（一）要做到思想作风"正"。作风建设关系到事业兴衰成败，是对执政能力的重要检验。作风建设的重点是下功夫抓落实，在抓落实上看能力，在抓实干上看素质,在抓细节上看水平。一是要注重培养合力抓落实的正风。全省各级环保部门及内部各单位都要围绕全面推进重点突破的总体思路,确定工作目标,朝着一个方向共同努力。要坚决克服封建社会"诸侯经济"的思想残余,要将本部门、本单位的工作放在全面推进重点突破的总体思路中,统筹规划,合理安排。要按照分工合作的要求,划清职责,明确任务,理顺关系,强化督导,确保落实。二是要注重培养调查研究解决问题的能力。在制定重大发展战略和规划、确定与群众切身利益密切相关的重大项目的时候,在对重大问题的认识上产生分歧、难以做出决断的时候,在总结推广重要实践经验的时候,在工作上出现失误或挫折、打不开局面的时候,在出现带有苗头性和倾向性问题的时候,都要搞好调查研究。三是要注重培养求真务实的工作作风。要在求真务实上下苦功,脚踏实地,埋头苦干,深入基层,排忧解难,面向实际,解决问题,不图虚名,不务虚功。要大力缩减行政成本,提高工作效能,强化环保服务,在"调结构、促发展、保民生"上充分发挥自身的作用。要进一步加强系统行风建设,对于行风评议中群众反映的意见建议,要高度重视,认真对待,逐条落实,真正做到让人民群众满意,树立环保部门新形象。四是要注重培养廉洁自律的思想品质。要结合近年来党风廉政建设和反腐败工作的经验教训,按照"教育经常、制度健全、监督到位、查纠严格"的要求,积极开展警示教育,自觉遵守环保系统"六项禁令"和"十不准"的要求,加强权力运行的制约和监督,老老实实做人、干干净净做事,保证把人民赋予的权力用来为人民谋利益,切实构建环保特色惩防体系。

(二)要做到业务素质"精"。一支好的环保队伍,是做好环保工作、完成目标任务、推动环保事业发展的基石。只有锤炼一支高素质的环保队伍,才能适应环境保护历史性转变的需要,才能肩负起新时期环保工作的重任。去年,我省结合国家的要求开展了监测人员大比武活动,这一活动的开展为我们加强环保队伍业务能力建设探索了有益的经验。今年要在全省继续掀起环保练兵习武的高潮,着力提高环保队伍的业务水平。一是要在夯实基础上下功夫。要深入推进学习型机关建设,树立全员学习、终身学习理念,通过形式多样的学教活动,营造浓郁的学习氛围;要针对环保工作基础知识要求高、专业性强的特点,采取"师徒相传、教学相长"形式,进行专题培训,拓展视野,创新理念,着力提高参与宏观决策、综合协调和应对复杂问题的能力。二是在岗位练兵中提本领。要通过开展环境应急演练、执法、监测等多种形式的大比武活动,鼓励干部职工钻研业务,学以致用;要通过"比"来了解队伍素质和执法能力的整体现状，找出问题和差距；要通过“练”因地制宜实解决环保业务能力建设中存在的实际问题，有针对性地加强指导培训；要通过“干”将学习的成果转化为实践行为，推进环保事业再上新台阶。三是在创先争优中树典型。要紧密结合环保工作实际，扎实开展“创先争优”活动，突出“创”字，在推动环保重点难点工作上创新突破；突出“争”字，争当先进模范，倡导爱岗敬业、无私奉献的精神，发挥示范带动作用。要通过活动的开展，培养业务骨干，挖掘工作潜力，强化争创意识，建设一支素质过硬、执法严明、开拓创新的环保队伍，全面提升各项工作的贯彻力和执行力。

（三）要做到执法监管“严”。“根不固则木不长，源不深则流不远”。环保基础性工作和监管能力建设是环保事业长足发展的根本，是实现环保工作新跨跃的迫切需要和必然选择。各级环保部门必须高度重视，切实抓紧抓实，着力加以推进。一是要打造环保舆论宣传高地。依托各类环境教育基地和载体，积极构建宣传环保工作、普及环境知识、弘扬生态文化的立体式大宣教格局，不断提高社会各界和广大人民群众的生态环保素养。要完善新闻发布制度和舆情反应机制，及时公开环境信息，加强危机公关和应对，切实保障公众知情权，提高舆论引导能力。二是充分发挥现代监控手段的作用。进一步提高污染源在线监控系统的应用水平，健全和完善污染源在线监测监控系统运行维护管理制度，建立高效的协调响应机制和规范的工作流程，加大对运行维护工作的监督和管理，督促和指导运营公司加强制度和能力建设，督促被监控企业做好运行维护的保障。将新、改、扩建项目的污染源在线监控系统验收和联网运行作为项目整体验收的先决条件，探索将通过有效性审核的自动监控数据应用于总量减排工作中，在上市企业核查、企业环保信用等级评定、绿色信贷、绿色企业创建等方面加强自动监测数据的应用，引导企业发挥其在系统运行和使用中的作用，指导企业将自动监控数据运用到自身污染治理工作中。三是进一步加大环保能力建设投入。积极争取政策、资金支持，加快环保监测、执法、宣教标准化建设的步伐，提升环保事业发展动力。

同志们，风起潮生，自当迎风破浪；任重道远，更需快马加鞭！“十二五”的新篇章已经开启，让我们在省委、省政府的正确领导下，上下齐心，共励共勉，奋力开拓，以只争朝夕的精神状态，求真务实的工作作风，全力打好“十二五”第一仗，为建设更加富饶、更加秀美、更加幸福的新河北作出新的贡献。

（2011 年 3 月 10 日）

贯彻落实以人为本执政为民根本要求 提高全省环保系统反腐倡廉建设科学化水平

——姬振海厅长在全省环保系统党风廉政建设工作视频会议上的讲话

同志们:

今天这次会议的主要任务是,认真学习贯彻省纪委七届七次全会和全国环保系统党风廉政建设工作会议精神,回顾总结2010年全省环保系统党风廉政建设和反腐败工作,研究部署2011年工作任务。在前不久召开的全国环保系统党风廉政建设工作会议上,周生贤部长结合当前环境保护实际,在总结去年工作的基础上,对环保系统做好今年党风廉政建设和反腐败工作提出了明确要求,全省环保系统广大干部职工一定要认真学习领会,坚决贯彻落实。刚才,栗林、建生、桂忠同志的发言很好,各地都有一些好的做法,采用多种形式对这些工作经验进行交流,相互启发,对推进系统反腐倡廉整体工作很有好处,希望大家进一步加强交流学习。下面,我代表省环保厅党组报告一下2010年全省环保系统党风廉政建设和反腐败工作,部署2011年工作任务。

一、2010年党风廉政建设主要工作情况

2010年,全省环保系统坚持科学发展观为统领,认真贯彻中央和省委、省政府的决策部署,紧紧围绕"科学发展、富民强省"目标,以污染减排为主线,以建立健全惩防体系推进环保权力监控为着力点,多措并举,开拓创新,狠抓落实,党风廉政建设和反腐败工作取得了新的成效,为全省环境保护工作提供了有力保证。

(一)始终坚持履职尽责,全面落实省委、省政府环境保护重大决策部署。2010年是全面推进节能减排目标实现的攻坚决战之年,也是完成"十一五"环保规划的收官之年,全省各级环保部门克服复杂的经济波动和严峻节能减排形势所带来的不利影响,全面落实省委、省政府的决策部署,以"双三十"工程为龙头,以点带面,全力推进污染减排,全面加强环保执法和基础能力建设,超额完成了年度及"十一五"各项环保目标任务。特别是全省各级环保部门与监察部门积极配合,相互协调,建立了贯穿全年的监督检查和督促落实机制,按照"目标不变、任务不改、指标不减"的总体要求,强化了监督督导,注重了推进落实，为保障各项环保工作的开展提供了有力的支撑。经环保部核定，2010年全省化学需氧量排放量，分别比2009年、2005年削减4.2%、17.34%，二氧化硫排放量，分别比2009年、2005年削减1.57%、17.53%，均超额完成国家下达的15%的目标任务。全省11个设区市空气质量首次全部达到国家二级标准，分别比2009年、2005年增加3个、5个。城市集中式饮用水水源地水质达标率、近岸海域环境功能区达标率，均达到"十一五"规划目标要求，"十一五"环保工作划上了圆满的句号。在前不久召开的全省环保工作会议上，张杰辉副省长指出，全省环保系统工作在过去的五年中遇到的挑战前所未有，付出的努力前所未有，取得的成绩前所未有，充分肯定了全省环保系统的工作成效。

（二）始终坚持环保为民，切实解决损害群众权益的突出环境问题。全省环保系统认真落实"三严"执法要求，连续第8年开展了"整治违法排污企业保障群众健康"环保专项行动，会同监察等部门联合组成领导小组，加强协调配合，加大督导力度。集中开展重金属排放企业的排查和整治，全省出动执法人员18万人次，检查企业8.2万家，取缔违法企业600多家，停产治理68家，限期治理96家，对1.2万件各类群众举报信访案件进行了查处，对191起典型案件实施了挂牌督办，其中省级挂牌督办19家，解决了一大批突出环境问题。

（三）始终坚持廉洁自律，深入学习贯彻《廉政准则》。《廉政准则》是党中央加强党员领导干部廉洁自律出台的重要党内法规。全系统组织广大党员干部，特别是领导干部进行了认真学习，使党员干部熟知《廉政准则》的各项要求，自觉用《廉政准则》规范从政行为。在学习、执行《廉政准则》过程中，始终注重与落实全国环保系统"六项禁令"和河北省环保厅廉洁从政"六项承诺"紧密结合，严格执行领导干部述职述廉、诫勉谈话、廉政谈话等制度，完善党员领导干部报告个人有关事项制度，加强了对厅属各单位领导班子和领导干部的日常监督和管理，进一步提升了环保系统各级领导干部的自律意识和廉洁从政水平。省环监局开展了廉洁自律教育展评活动，保定市环保局开展了《廉政准则》学习教育月活动，邢台市环保局开设了"廉政教育大讲堂"，局领导班子成员轮流上台讲解《廉政准则》，取得了良好的效果。

（四）始终坚持监督制约，环保权力监控机制建设不断深化。按照省委、省政府《关于推进行政权力运行监控机制建设的意见》要求，2010年全省环保系统主要在深化、创新和取得实效上狠下功夫。建立健全了廉政风险评估防范、程序化、公开透明和责任追究机制。加强了对省委、省政府关于环境保护一系列重大政策措施落实情况的监控,重点对环保八大权力等重点领域和关键环节进行监控。针对环评审批过程中存在的问题和薄弱环节,引入高科技手段,强化管理,自主开发了两个软件管理系统,即:针对审批环节开发了网上审批系统,针对项目管理环节开发了建设项目环境保护“三同时”动态管理系统,实现了建设项目环评审批管理科技监控全覆盖。去年臧胜业书记8月17日对省环保厅自主开发两个系统,全程监控环评审批权力运行的做法做出批示:“制度+科技,作用肯定大”。12月17日,我厅在全国环保系统纪检组长座谈会上做了大会发言。驻环保部纪检组长傅雯娟在会上指出,“河北省环保厅积极推动集审批、监管、验收于一体的建设项目‘三同时’动态管理系统,将电子信息手段引入环评管理工作,强化了过程监管。”臧胜业书记就此批示:“很好!望再接再厉。”廊坊市环保局通过狠抓行政审批监控体系建设等工作,得到了环保部的肯定,在全国环保系统纪检组长座谈会上做了典型发言。

(五)始终坚持转变作风,群众满意度得到提升。全省环保系统坚持抓作风带政风促党风,以优良的作风促进系统民主评议工作上水平。一是开展了“三查一促”调研活动。省厅在上半年和下半年分别组成11个小组,深入到11市开展“三查一促”活动,通过检查减排措施是否落实,检查环境执法是否严格,检查环保部门服务发展服务企业措施是否便民高效,促进当地环保部门队伍建设和作风转变,提高了群众和企业满意度。2010年4月,省委、省政府发出通报,全省环保系统群众满意度上升了3个百分点以上,进步幅度列全部56个参评部门之首。二是推行了作风建设“六治”理念。即:治污为民,切实解决影响可持续发展和危害群众健康的突出环境问题;治乱保严,切实解决利用职权乱收费乱罚款的问题;治懒奖勤,切实解决工作效率低、标准不高的问题;治庸促创,切实解决工作不思进取、工作平庸的问题;治浮求实,切实解决作风浮躁、不求实效的问题;治奢倡廉,切实解决不讲节约、不尚节俭的问题。“六治”理念使环保系统作风建设更加细化实化,提高了针对性和时效性,受到环保部纪检组的肯定,《环保纪检监察》发了专刊。三是开展了环保审批“提质、提效”和“送政策下基层、送技术到企业”活动,简化环评审批内容,加快审批速度,加大环境保护支持经济发展的力度。

全省各级环保部门高度重视作风建设,在提高人民群众满意度上作出了积极努力。2010年全省环保系统共有17个县(市、区)环保局评议位次进入前三，秦皇岛市环保局民主评议位次连续两年位列十一个设区市环保局之首，邢台、衡水、沧州、承德4个市局的评议位次也都进入前六，张家口市桥西区环保分局连续三年被评为第一名。但是，我们应该看到，与2009年相比，一些地方名次出现位次后移，个别市局名次后移了5位，有两个县、区在省定执法序列参评部门中被评为倒数第一，这是很不应该的，我们必须对这些现象引起高度重视，下大力量扭转位次后移的被动局面。

（六）始终坚持教育为先和制度建设，预防腐败工作取得成效。发挥教育在反腐倡廉工作的基础性作用，不断完善反腐倡廉教育形式和方法，扩大和提升宣传教育效果。深入开展了正面典型示范教育、反面典型警示教育和党纪政纪条规教育。省厅将环保系统内部相关廉洁自律规定作为拟提拔干部考试的内容，提高了考试的针对性。2010年共对35名拟提拔的党员领导干部进行了党政纪知识考试，取得了良好的效果。监测中心站开展了形式多样的廉政教育活动，被评为省直廉政文化建设示范单位。石家庄市环保局通过门户网站开设廉政警示栏目，唐山市环保局开展“看监狱、算得失”主题党日活动，收到良好效果。省厅开展了“制度落实年”活动。通过对现行制度进行综合评价，完善一批老制度，推出一批新制度，狠抓各项规章制度的落实，进一步提高了干部职工的整体素质和履职能力。邢台市环保局、邯郸市环保局建立干部廉政档案，实行诫勉谈话和离任审计制度。衡水市、保定市环保局将常用环保法律法规处罚条款细化为操作的具体标准，促进了裁量得当。

总体上看，过去的一年，全省环保系统广大干部职工，认真贯彻落实省委省政府的工作部署，圆满完成了各项任务，创新了一批工作亮点，环境保护和党风廉政建设各项工作取得了新的成效。但是，要清醒地看到环保系统反腐倡廉工作还存在的差距和不足，少数领导干部对反腐倡廉的严峻形势认识还不到位，“一岗双责”的意识不强，没有做到“两手硬”，在作风建设还有不到位的地方，人民群众满意度还不够高；惩治和预防腐败体系建设还有薄弱环节，对领导干部的监督还需要进一步加强。特别是我省环保系统一些地方也出现了一些腐败案件，虽属个别现象，但确实在系统内外造成了不良影响，损害了环保部门的整体形象，必须引起我们的高度警觉。

二、2011年主要工作任务

胡锦涛总书记在十七届中央纪委六次全会上强调，要深入贯彻落实以人为本、执政为民理念，扎实开展党风廉政建设和反腐败斗争，这一要求为环保党风廉政建设指明了方向。环保系统反腐倡廉建设贯彻落实以人为本、执政为民,必须坚持围绕环保工作大局,推进科学发展,调整产业结构促进经济转型;必须坚持维护人民群众环境权益,解决人民群众反映强烈的突出环境问题;必须坚持转变作风,提高服务水平和审批效能;必须坚持发挥教育治本功效,筑牢环保干部反腐倡廉思想防线;必须坚持创新体制机制,完善制度体系建设;必须坚持加强对行政权力的监控制约,保障权力正确规范运行,严查损害人民利益的各类违纪案件。2011 年是全面实施"十二五"规划的开局之年,做好环保反腐倡廉工作意义重大。今年工作总的要求是:全面贯彻省纪委七届七次全会和全国环保系统党风廉政建设工作会议精神,深入贯彻落实科学发展观,坚持标本兼治、综合治理、惩防并举、注重预防的方针,加强以保持党同人民群众血肉联系为重点的作风建设,加强以完善惩治和预防腐败体系为重点的反腐倡廉建设,下大力解决人民群众反映强烈的突出环境问题,着力提升反腐倡廉科学化水平,围绕中心、服务大局,开拓创新、狠抓落实,取得党风廉政建设新成效,为全面推进全省环保工作提供有力保障。主要抓好以下六方面的工作。

(一)贯彻落实《廉政准则》,提高领导干部党性修养。中国共产党党员领导干部廉洁从政若干准则》是新形势下坚持党要管党、从严治党,加强对党员领导干部教育、管理、监督的重要制度,也是规范党员领导干部廉洁从政行为的法纪红线、道德底线和人生安全线。《廉政准则》"八个方面禁止"、"五十二个不准"明确告诉我们,哪里不能碰,哪里越不得。党员领导干部要心有所惧,行有所止,不能"压线",更不能"越线"。胡锦涛总书记要求我们,要"干干净净为国家和人民工作"。廉洁方能聚人,律己方能服人,身正方能带人,无私方能感人。每一名党员领导干部都要讲党性、重品行、作表率,经常对照《廉政准则》提醒自己,勿以善小而不为,勿以恶小而为之,努力培养高尚的道德情操,追求健康的生活情趣,远离庸俗的生活习气。要坚持从小事做起,从小错防起,做到自重慎微、自省慎思、自警慎权、自励慎行。党员领导干部要率先垂范,做好表率,要求普通党员干部做到的,自己要首先做到;要求党员领导干部做到的,领导班子成员要首先做到;要求领导班子成员做到的,"一把手"要首先做到。

(二)强化监督检查,确保省委省政府环保决策部署落到实处。省委七届六次全会科学提出了"十二五"时期我省经济社会发展的指导思想、总体思路、目标要求和重大举措,对推动"十二五"时期我省经济社会发展作出了全面部署。全省各级环保部门一定要深刻领会会议精神,切实把思想统一到省委的决策部署上来。环保各级纪检监察部门,要认真履行职责,加强监督检查,全面贯彻省委关于加强作风建设和反腐倡廉建设的新部署新要求,为"十二五"规划开好局、起好步提供有力保证。一是要突出推进发展方式转变这一核心。坚决落实省委省政府关于推进节能减排、加快结构调整和实施新一轮"双三十"工程等环保重要任务目标,进一步强化定期检查、专项检查和纪律保障机制。二是要严把环境准入关。严格执行国家有关产业政策和各项环保法律法规要求,对违反国家产业政策的"两高一资"和产能过剩项目坚决不批,严防有令不行、有禁不止,不作为或乱作为的现象发生,确保政令畅通。三是要着力解决关系民生的突出环境问题。继续开展环保专项行动,重点抓好保障饮用水安全和重金属污染等损害群众健康的突出环境问题,深入开展清洁空气、清洁水源、清洁田园行动,对发生严重污染事故的地方和单位,严肃追究相关人员责任,用党纪政纪手段保证重大环保决策落到实处。

(三)加强作风建设,促进民主评议工作再上水平。作风是否过硬事关我省环保队伍整体形象,事关全省环境保护工作能否顺利完成,省里开展民主评议工作为我们深入抓好队伍作风建设提供了有效抓手和积极机遇,这里要强调的是,即使省里不开展这项活动,从环保队伍实际状况看,我们也应切实下大力抓好作风建设。在思想认识上,要由"要我抓"转变为"我要抓"。今年,全省环保系统要以开展创先争优活动为契机,按照省委、省政府决策部署,围绕"为发展服好务、为环境把好关、为群众解难题"要求,继续做好民主评议工作。确保实现各设区市局没有退位,各县(市、区)局没有倒第一,全系统位次前移的工作目标。一是要继续开展"三查一促"活动,这是推进作风建设的有效抓手。实践证明,通过"三查一促",促进民评工作与环保业务高度融合,效果很好。今年省厅还要在上、下半年各组织一次"三查一促"活动,继续狠抓基层。各市局也要积极开展相关督查活动,推进全系统的评议工作不断深化。二是要继续实行行风建设包市(县)局责任制。省厅领导班子成员和各处室继续包市局,要特别盯住评议位次靠后的地方,及时进驻,加强督查,促进迎头赶上。对倒第一的要坚决执行省厅出台的《关于加强全省环保系统民主评议工作的若干意见》相关规定。三是要切实解决作风建设上存在的问题。当前,环保系统特别是基层环保部门执法软、效率低、服务不到位等问题还比较突出,要切实采取相应措施加以解决,以良好的业绩和形象,提高人民群众满意度。

(四)依靠科技支撑,深化权力监控机制建设。深入推进行政权力运行监控机制建设,在提高权力制约科学化水平上下功夫。近两年来,省环保厅在利用科技手段,加强对重要权力监控上进行了一些探索,开发了一系列科技监控系统,取得良好效果,逐步走出了一条科技加制度的反腐倡廉新路子,已成为我省环保系统反腐倡廉工作的一个亮点,受到了环保部和省纪委领导的充分肯定。今年要进一步完善深化这条道路。一要抓开发。依托环科院、信息中心等技术支撑单位,完善已有的网上审批系统、“三同时”管理系统、执法通系统,针对环保工作需要适时开发新的系统。各设区市局也要结合自身工作实际,开发相应的权力监控软件系统。二要抓延伸。要把科技监控权力的领域不断扩大,要把现在已实现监控的环评审批、排污收费等领域逐步延伸到对环保专项资金评审等所有环保行政权力的运行过程之中。三要抓推广。要把已开发的科技监控系统逐步推广到全省各级环保部门,实现系统监控作用最大化。环评审批项目管理监控系统,今年要完成覆盖各设区市局,并逐步向有条件的县(市、区)局推开。

(五)开展三项教育,筑牢拒腐防变思想防线。近年来,随着环境保护在经济社会发展中的作用凸显,面临的廉政风险也越来越突出,在一些省份环境保护部门已成为腐败现象多发易发的新领域。各级环保部门要充分认识反腐倡廉教育的紧迫性和重要性,要深入开展反腐倡廉三项教育,筑牢思想道德防线,不断提高广大党员干部拒腐防变和抵御风险的能力。一是开展正面典型示范教育。要通过各种形式大力培养、广泛宣传和弘扬我省环保系统涌现出来的“五个十佳”等正面典型,用先进的事迹感染人。二是开展反面典型警示教育,特别要注意剖析发生在环保系统的腐败案件,用身边的反面典型案例震慑人。三是开展党纪政纪条规教育和岗位廉政教育。继续抓好《关于对拟提拔的党员领导干部实行党纪政纪法规知识考试的意见》的落实,在全系统开展编写廉政教案活动和制度廉评活动,提高制度建设水平和执行力度,用纪律条规约束人。

(六)落实党风廉政建设责任制,切实形成齐抓共管工作局面。去年11月,党中央重新修订颁布了《关于实行党风廉政建设责任制的规定》。这是我们党加强党风廉政建设和反腐败斗争的一项重要基础性法规,各级今年都要把这一龙头性制度列为党组中心组必学内容,进行认真学习,抓好落实。贯彻落实党风廉政建设责任制的核心,关键在于各级领导班子和领导干部,特别是主要负责人认真履行职责,切实担负起领导党风廉政建设的政治责任。领导班子主要负责人要认真履行第一责任人的责任,管好班子、带好队伍;领导班子其他成员要对职责范围内的党风廉政建设负起领导责任，做到党风廉政建设与环保业务工作同时部署、同时检查、同时落实。环保部门内部各处室单位要各司其职、各负其责，紧密结合本单位工作实际抓好所承担的反腐倡廉牵头任务和配合任务的落实，形成一级抓一级、层层抓落实的工作局面。要加强检查考核，将检查考核结果作为对领导班子总体评价和领导干部业绩评定、奖励惩处、选拔任用的重要依据。要强化责任追究，严肃追究领导班子、领导干部在党风廉政建设责任制方面的失职渎职行为。

同志们，今年是“十二五”开局之年。站在新的历史起点，深感做好新时期的环保工作使命光荣，任务艰巨，责任重大。让我们统一思想、坚定信心、凝聚力量，保持共产党人的昂扬锐气、蓬勃朝气、浩然正气，以奋发有为的精神状态，更加务实的作风，开拓进取，扎实工作，不断把探索河北环保新道路的事业推向前进，以优异成绩向党的九十华诞献礼！

（2011 年 4 月 6 日）

在华北地区“十二五”主要污染物减排对策措施交流会上姬振海厅长作河北省主要污染物减排形势分析和对策措施的汇报

尊敬的张力军副部长，与会的各位领导、同志们：

大家好！非常高兴地迎来华北片区“十二五”主要污染物减排对策、措施研讨与交流会在我省召开。按照会议安排，下面我就河北省污染减排工作情况和“十二五”推进打算做一简要汇报。

一、“十一五”污染减排工作简要情况

“十一五”以来，在环保部的指导和帮助下，我省污染减排和环保工作取得了积极成效。“十一五”两项主要削减污染物二氧化硫和化学需氧量排放量分别比 2005 年下降 17.53％和 17.34％，均超额完成了 15％的目标任务。特别是基础设施建设突飞猛进，截至 2010 年底，全省共建成并运行污水处理厂 175 座，比 2005 年增加 139 座，达到“十一五”规划任务的 1.5 倍。每个县(市)均已建成污水处理厂，实际日处理能力达到 816 万立方米，比 2005 年增加 578 万立方米，城镇污水处理率达到 80％；燃煤电厂脱硫工程取得积极进展，全省脱硫机组装机容量达 3352 万千瓦，占火电总装机容量的 99.8％，占

全国脱硫机组总装机容量的6.7%;建成生活垃圾无害化处理厂151座,形成无害化处理能力2.52万吨/日,比2005年增加1.56万吨,城市生活垃圾无害化处置率达78.7%,工业固体废物综合利用率达71%,分别比2005年提高了55个和20.4个百分点。随着减排工作的推进,我省环境质量持续改善。2010年省辖城市空气质量首次全部达到二级标准,全省二氧化硫、可吸入颗粒物、二氧化氮年平均浓度分别比2005年下降43.8%、22.2%、14.7%。空气综合污染指数平均达到1.88,比2005年下降34.64%。七大水系中达到或好于三类水质的河流断面比例达到47.2%,比2005年提高18.1个百分点;劣五类水质断面比例达到33.6%,比2005年下降12.7个百分点。

在前不久召开的全省环保工作会议上,张杰辉副省长以遇到的挑战前所未有,付出的努力前所未有,取得的成绩前所未有,来概括我省"十一五"的环境保护工作。全国省长多次批示指出,"十一五"以来,我省环保工作成绩明显,环保系统作出了很大努力。云川书记指出,"十一五"河北环境保护成绩来之不易,应总结并不断加大环保工作力度。

这些成绩的取得,得益于环保部的坚强领导,得益于环保部各司局包括到会的总量司、环监局、华北监督中心等部门的关心和支持;也得益于兄弟省市大力协助。特别是生贤部长专程深入河北调研指导,对我省的工作给予了肯定,提出了明确要求;力军部长在"十一五"期间先后6次来河北具体指导工作,"十二五"开局头一年,力军部长已经两下河北指导工作,在此表示忠心而诚挚的感谢!

二、"十二五"污染减排工作面临的形势

"十二五"国家下达我省的COD、氨氮、二氧化硫和氮氧化物的指标为分别比2010年削减9.8%、12.7%、12.8%和14.1%,通过分析,我们感到"十二五"我省污染减排形势十分严峻,难度很大。

一是控制新增量压力巨大。"十二五"时期我省国民生产总值预期突破30000亿元、年均增长8.5%左右,人均生产总值比2000年翻两番;全部财政收入、地方一般预算收入年均分别可比增长11%,财政收入占生产总值的比重提高1-2个百分点,经济增长速度和效益高于全国平均水平。随着全省经济持续较快增长,能源资源消耗随之增加,污染物排放量在不断增加。据统计,与去年同期相比,今年一季度,我省粗钢、水泥、焦炭产量分别比去年同期增长11.49%、40.8%、12.85%,火力发电量增长19.07%,GDP增速11.2%,新增化学需氧量排放量2.2万吨,新增二氧化硫排放量5.55万吨。既要削减存量、又要控制增量，减排压力不断加大。

二是减排工程项目明显收窄。截止到2010年底，全省每个县均已建成污水处理厂，且全部达到了污水处理厂1级排放标准的A标准，城镇污水处理率已经超过了“十一五”规划要求的75%的任务目标；全省燃煤火电机组脱硫总装机已经近100%。加之“十一五”期间我省的“双三十”单位为完成远高于全省平均目标的减排任务，深挖减排潜力，制定实施了一系列严于国家标准的淘汰落后产能政策，一大批落实产能被淘汰。因此，就我省当前主要污染物存量而言，减排潜力已明显不足。

三是结构性污染仍然突出。河北省以钢铁、装备制造、石化、医药、建筑建材等“十大主导产业”为核心的产业体系带有明显的重化工特征，产业结构偏重的状况比较突出。据统计，我省的造纸、化工、制药、纺织、食品加工五个行业化学需氧量排放量占全省67%，电力、冶金、建材、化工等行业二氧化硫排放量占全省78%。重污染行业结构调整和增长方式的转变需要一个过程，由此带来的结构性污染问题将会在较长时期内存在，这在一定程度上给污染减排带来了不小的难度。

四是环境监管任务十分艰巨。“十一五”大量治污基础工程及污染防治设施投入运行，在实现污染减排和改善环境质量中发挥了突出作用，但同时也不同程度地暴露出运行不稳定、减排效能发挥不充分的问题。能否抓好这些治污工程、治污设施的运行管理，保证其发挥减排效益，真正把“减排能力”转化为“减排实力”，确保污染物稳定达标排放，已经成为制约减排目标任务实现的重点和难点所在，环保部门在克服人员编制少、经费和装备等制约因素的条件下，实现有效监管的任务变得更为艰巨。另外，再加上重金属、持久性有机污染物、土壤污染、危险废物等新的环境问题日益凸显，环境违法行为时有发生，广大人民群众对改善环境质量的期望越来越高、要求也越来越强烈。所有这些，都给我们的污染减排工作带来了新的挑战。

三、污染减排推进措施

面对严峻的减排形势，“十二五”期间，我省将把污染减排作为调结构、转方式的突破口和重要着力点，以改善环境质量为立足点，严格控制增量，强化结构减排，细化工程减排，实化监管减排，确保我省“十二五”四项减排约束性指标的全面实现。具体来说，重点做到“三突出、三强化、三提升”。

“三突出”：一是突出引领带动，深化实施“双三十”示范工程。省委、省政府决定，“十二五”要继续深化拓展“双三十”示范工程。已重新筛选单位能耗高、排放总量大、示范作用强的30个县(市、区)和30家企业,作为新一轮单位,由省直接考核。与"十一五""双三十"的抓法相比,考核内容上更加全面,增加了控制畜禽养殖污染,建成垃圾处理体系,体现了协调发展的八个方面。问责上更加严格,明确规定凡不能如期完成任务的,县(市)区党政正职、分管领导自动引咎辞职,国有企业负责人就地免职,民营企业停产整顿。激励上更加有力,节能减排目标年度考核为双优秀的、连续两年考核为单项优秀的、连续三年考核为完成等次的"双三十"单位,县(市、区)党政主要负责人、分管负责人可享受省委有关激励干事创业的政策,重点企业主要负责人在评选劳动模范等荣誉称号时优先予以考虑。

同时,省里将对"十一五"期间的"双三十"单位实施常态化管理和考核,每年度一评估,每两年一考核,五年算总账。此外,明确要求各市、县(区)都要确定本地区直接管理考核的能耗和排污大户,作为节能减排工作的实施重点,实行责任奖惩制,全力确保"十二五"期间节能减排各项目标任务的完成。

二是突出源头防控,发挥环保倒逼产业调整作用。建立建设项目审批与污染减排绩效、区域环境质量、环保基础设施建设相挂钩的管理机制,实施"等量淘汰(置换)"或"减量淘汰(置换)"。推进开发区、工业聚集区等重点区域和矿山采选、水电、火电、化工、石化等重点行业规划环评,推动产业入园进区,实行污染集中处理,从源头规划和优化工业发展和布局。对存在减排任务没有按期完成、环境违法问题突出、主要控制断面不达标、污染反弹严重问题的地方,实行区域限批或行业限批,以提高各级政府和企业在加强污染减排和环境保护工作上的积极性和主动性。

三是突出环境监管,确保减排工程发挥实效。随着大量减排工程的建成投运,加强污染治理设施的运行监管,已成为污染减排能否取得实效的关键。我省出台的《河北省减少污染物排放条例》,创设了考核奖惩、生态补偿、重点监管区、污染责任保险、排污单位与负责人"双罚"和"重罚"的制度;编制的城镇污水处理厂和燃煤电厂环境保护执法技术指南,为环保部门现场执法人员和污染设施运行管理人员,提供了有效的管理及技术支撑。"十二五"期间我们仍将以创新政策和管理机制为突破,把已投运的城镇污水处理厂、燃煤机组脱硫设施和钢铁烧结机脱硫设施等重点减排工程的运行,作为环境监管的重中之重,建立完善"第三方"运营管理保障机制、监督核查管理制度以及运行保障责任落实制度。拟以省政府规章形式出台《河北省城镇污水集中处理监督管理办法》,强力推进区域水污染治理;积极推动污染源自动监控数据联网共享，发挥在线监控设施的实效；持续加大检查督导力度，严肃查处运行中的违法违规行为，适时发布主要污染物超标严重的千家重点监控企业名单；着力强化责任落实，形成监控、督查、考核三位一体管理模式。

“三强化”：一是强化治污工程措施，挖掘非电力行业减排潜力。一要拓展脱硫工程潜力。现有的90平方米以上的104台烧结机全部配套脱硫设施，综合脱硫效率达到70%以上；现有的92台35吨以上的燃煤锅炉全部实现烟气脱硫，综合脱硫效率达到70%；现有16条浮法玻璃生产线实施烟气脱硫或改用天然气燃料，脱硫效率达到60%。全省现有的4家石油炼制企业生产装置采用先进的硫磺回收工艺，硫磺回收率达到99%，4套现有催化裂化装置再生烟气脱硫，工艺加热炉采用清洁燃料，燃烧高硫石油焦的锅炉安装烟气脱硫设施。二要加速脱硝工程进度。全省现有23台180平方米以上，共计6090平方米的钢铁烧结机建设脱硫脱硝一体化示范工程，脱硝效率达到70%以上；现有35座规模大于2000吨熟料/日的新型干法水泥窑上脱销设施，综合脱硝效率达到70%。现有35吨以上的燃煤锅炉上脱硝设施，脱硝效率达到30%；加强机动车氮氧化物控制，严格机动车环保检验和环保标志管理，2015年前全部淘汰2005年以前注册的运营黄标车。

二是强化重点行业治理，打造治污减排新高地。2010年，我省的制浆造纸、农副产品加工、化学原料制品、纺织印染、皮革、医药、饮料制造、化学化纤、石油加工和食品制造等10个行业COD和氨氮排放量均占工业排放总量的85%以上，尤其是制浆造纸、农副产品加工、化学原料制品三个行业COD排放总量超过50%。“十二五”期间，我们将抓住重点行业，锁定重点企业，持续加大污染减排力度。一要通过严格环境准入、淘汰落后产能、提高企业清洁生产和污染物排放标准等措施，推动实施全省造纸行业退出，推进皮革、医药、农副食品加工和化学原料等水污染重点排放行业的减排。二要严格限定重点行业企业的排放污染物的浓度和总量，禁止无证排污及超标、超量排污。对超排超放企业暂扣或吊销其排污许可证；对列入国家重点环境监控的电力、钢铁、造纸、印染等重点行业的企业安装运行管理监控平台和污染物排放自动监控系统，时时掌控运行情况及污染物排放信息。三要把主要污染物总量控制要求分解落实到污染源，以我省确定1000家重点监控企业为重点，狠抓污染物达标排放和减排设施提升改造。

三是强化产业结构调整，完善结构减排推进机制。以电力、煤炭、钢铁、水泥、玻璃、有色金属、焦炭、造纸、制革、印染等行业为重点，加快淘汰落后产能,对未按期完成淘汰任务的地区,暂停对该地区重点行业建设项目的审批;对未按规定期限淘汰的企业,依法吊销排污许可证;对虚假淘汰行为,依法追究企业负责人和地方有关责任人员的责任。实行煤炭消费总量控制,推动提高资源节约水平,鼓励资源综合利用。逐步推行和实施单位增加值或产品污染物产生量评价制度,逐步降低污染物产生强度。实施《河北省主要污染物排放权交易管理办法(试行)》,建立主要污染物排放权交易平台,优先保障国家产业政策鼓励类和本省实施产业结构调整、转变发展方式战略重点中优先培育的产业,以市场化手段优化区域发展布局,提高企业减排绩效。

"三提升":一是全面提升城镇污水处理能力。加快人口集中、污染集中和环境敏感地区乡镇污水处理厂和工业园区污水处理厂建设。到2013年底,省级重点镇和目前人口1万人以上的镇都要建成污水处理厂。加大现有污水处理厂配套管网建设和规范管理力度,加强运行监管,到2015年,污水处理设施平均负荷率达到80%以上。推进污水处理厂升级改造,增强重点流域重点城镇污水处理厂脱氮除磷功能,提高化学需氧量和氨氮两种主要污染物处理效率,到2015年全省城镇污水处理厂化学需氧量和氨氮排放浓度均达到一级A标准。妥善处理污泥,增强再生水利用设施和配套管网建设,提高污水处理厂污泥处置率和再生水利用率,扩大再生水在工业用水,农、林、牧业用水,城市非饮用水,景观环境用水等领域的应用,到2013年底,设区市再生水利用率达到30%以上,到2015年城镇污水处理厂污泥无害化处理处置率和再生水利用率分别达到50%和20%以上。

二是全面提升火电企业脱硫脱硝能力。加强脱硫脱硝设施建设管理,现役燃煤机组脱硫设施不能稳定达标排放的要进行更新改造。"十一五"末已投运烟气脱硫设施76个烟气旁路,2013年底前全部拆除,确保脱硫设施综合脱硫效率达到90%以上;2012年底前,总装机容量867万千瓦,未达到设计脱硫效率的循环流化床锅炉要采取措施,综合脱硫效率达到85以上;计划新建1690万千瓦燃煤机组脱硫效率全部达到95%以上;关停所有20万千瓦以下燃煤发电机组。

三是全面提升农业面源减排能力。找准农业面源治理的切入点,科学制定推进规划,在重点区域和流域实施农业面源总量控制试点示范。推广农牧结合和生态养殖模式,提高养殖小区专业化集中度,鼓励养殖小区专业户和散养户污染物统一收集,统一处置,统一综合利用。到2015年,全省80%以上的规模化畜禽养殖场和养殖小区配套完善畜禽粪便和污水贮存处理设施,并正常运行,保障污染物达标排放。

四、几点建议

(一)加快总量控制立法进程。在修订环保法律法规时,明确总量控制制度及相关具体要求,强化违反总量控制的法律责任,从法律层面为污染减排提供保障。

(二)尽快完善相关经济政策,强化技术支撑。充分发挥经济和市场手段在减排中的重要作用,尽快出台脱硝电价等经济补偿政策;加强脱氮、脱硝技术指导,推广新工艺、新方法,保障新建治污工程取得实效。

(三)尽快出台氨氮、氮氧化物核算细则,以便更好地指导各地开展工作。

以上汇报,不妥之处,敬请批评指正。

(2011 年 4 月 27 日)

强化环评把关与服务 推动发展方式转变 努力争当"十二五"环保开好局起好步的表率

——姬振海厅长在全省环境影响评价工作会议上的讲话

同志们:

昨天,智明同志就去年以来环评工作取得的成绩、面临的形势和问题、下一步工作重点,做了详细报告。4 个市分别就环评数字化管理、批后监管、热情服务、规划环评,介绍了做法。6 个组围绕环评的重点工作,做了深入讨论。刚才,6 个组的代表分别汇报了讨论情况,提出了很多好的意见和建议。我们将认真研究,工作中积极采纳。下面,我再强调几点意见。

一、一定要充分认识环评的重要意义

环评工作,事关全局,影响深远。随着科学发展理念的深入,加快发展、加速转型实践的深化,环评在经济社会发展中的作用越来越突出。环保部周生贤部长,曾用"经济发展中的'控制闸'、新型工业化进程中的'调节阀'、结构调整中的'助推器'"概括其作用。对环境影响评价工作的重要意义,大家一定要深刻认识,深入理解。

(一)环评是推动产业结构优化、促进发展方式转变的重要抓手。优化发展,是环评肩负的一大重要使命。环评通过发挥其在经济社会发展中的综合作用,从宏观上统筹区域产业布局与生态安全格局,统筹经济结构规模与资源环境禀赋,统筹经济发展与民生改善,实现以环境容量优化项目布局,以环境标准优化产业结构,以环境成本优化发展方式,进而推动绿色制造、绿色发展,推进经济发展的速度与结构效益的统一,经济发展与人口资源环境的协调。

(二)环评是落实源头预防战略、推进民生环境改善的重要手段。从源头预防环境污染和生态破坏,促进公众生产生活环境改善,是国家环境保护的一条重要原则,也是环评承担的一项重要职责。环评能够从战略源头和管理全程,评估环境累积影响,优化项目空间布局,界定建设规模,预防环境污染和生态破坏,满足群众对良好环境质量的需求。从近年来环境信访情况可以看出,群众对环境质量改善的需求是非常迫切的。这些事情如果解决不好,不仅领导会对我们有意见,社会和群众都会对我们有意见。因此,我们一定要运用环保手段,将高耗能、高污染的企业挡在门槛之外,将落后产能、工艺、设备、产品按照国家规定期限予以淘汰,将严重污染环境、危害群众健康的环境违法行为予以严厉打击。

(三)环评是环保部门融入主渠道、参与国土空间开发的重要途径。环评越来越成为国家、省宏观调控的重要手段,成为各级环保部门参与宏观决策、统筹经济发展与环境保护的重要途径。在省政府出台的关于加快工业聚集区发展的若干意见、加快河北省环首都经济圈产业发展实施意见、加快沿海经济发展促进工业向沿海转移实施意见等系列文件中,都明确了开展规划环评的要求,提出"先规划环评、后项目审批",进一步强化了资源禀赋和环境容量对区域产业发展的"硬约束"。在省政府印发的河北省区域禁(限)批建设项目的实施意见(试行)中,进一步确立了各地生态功能区定位、区域禁止和限制项目类型、环境敏感区项目管理措施,强化了建设项目准入的空间管制。在省政府办公厅印发实施的进一步加强规划环境影响评价工作的通知中,细化了规划环评编制内容、审查程序、责任主体,特别强调相关部门对未进行规划环评的规划不得审批。这些既为我们环保部门进入主渠道创造了有利条件,也为我们推进国土空间科学开发搭建了重要平台。

当前,环评的作用更加突出,环评工作进入了一个新阶段。环境容量成为区域布局的重要依据,环境标准成为市场准入的重要条件,环境成本成为价格形成机制的重要因素,环境管理成为调整区域经济结构、优化产业升级的重要手段,环境安全成为维护社会稳定、构建和谐社会的重要内容,环境保护成为我国现代化建设的一项重大战略任务。应该说,各级党委、政府对此从来没有像现在这样重视，人民群众对此从来没有像现在这样关心，环保工作者的腰杆从来没有像现在这样硬朗。因此，各级环保部门一定要深化环评工作的认识，既要增强责任意识、机遇意识，充分看到有利条件和积极因素，又要增强忧患意识、风险意识，充分估计工作中可能遇到的各种困难和问题，始终保持工作的激情，掌握工作的主动权，努力把工作做好。

二、一定要融入大局服好务

环评工作要有大作为，必须围绕中心，融入大局，积极服务。这既是以往工作经验的总结，又是新时期加强环评工作必须坚持的重要准则，这面旗帜必须树起来。这里强调一下，我们所围绕的中心，所服务的大局，是指国家和省的中心工作，具体来讲就是省委、省政府确定的"科学发展、富民强省"的奋斗目标，就是省委、省政府确定实施的"四个一"发展战略部署以及对其进行支撑的重点项目、重点园区和民生工程。在这方面，我们任何时候都不能动摇，任何时候都要坚持。当前，我们要着力做好以下几方面工作：

（一）在服务节点上，要着眼一个"早"字，做到早介入。搞好服务，是我们环保部门职责所系，也是我们工作中一项十分重要的内容。近年来，我们各级环保部门在服务大局、服务发展方面做了许多工作，采取了不少积极措施，取得了很好成效。但是与领导的期盼相比，与经济社会飞速发展的现状和需求相比，还有不小差距。这就要求我们进一步改进服务方式，提高服务成效。当前，各地要深入开展"上门服务"活动，主动入园进区、进企业搞服务，积极对接重点项目、重点工程，实现服务前移，做到提前宣讲环保政策，提前指导项目选址，提前解决环保难题，努力为园区建设、项目建设创造良好的环境。

（二）在服务效能上，要落实一个"快"字，做到快办理。要继续畅通"绿色通道"，简化中间环节，搞好环节衔接，强化"一站式"服务、"一次性"告知、"一条龙"审批，符合政策的要坚决办，手续齐全的要立即办，涉及各方的要协调办，后续办理的要预约办。要实行特事特办，急事急办，对需上报上级环保部门审批的项目，各地要帮助企业协调。要进一步简化环评内容，完成规划环评的入区项目，在数据有效期内可酌情简化现状评价等内容。

（三）在服务方式上，要体现一个"便"字，做到便民众。要顺应环评数字化管理的大趋势，继续完善和推行建设项目"网上审批"和"三同时"动态管理系统，今年各设区市、具备条件的扩权县（市）都要安装这套系统，进一步提升环评管理的数字化水平。要继续下放审批权限，除国家规定必须由设区市及以上环保行政主管部门负责审批的项目外，其余一律下放到县（市、区）、工业区环保机构。要及时公开工程建设领域项目信息,保障公众知情权,利用绿色信贷平台,定期向金融部门通报企业执行环保法律法规情况,引导信贷资金流向。

(四)在服务质量上,要围绕一个“优”字,做到优服务。各地在服务经济社会发展大局中,要统筹好效率与质量的关系,在快批、早批的同时,要保障工作质量。这方面,最重要的是落实“五零标准”,推进“三时服务”。“五零标准”,即审批服务零距离、审批程序零障碍、审批质量零差错、审批环节零收费、审批对象零投诉。“三时服务”,即准时、限时、延时服务。准时,是指各服务岗位和窗口人员,要准时到位,保证准时进入工作状态。限时,是指环境影响报告书、报告表、登记表,要分别在30、15、5个工作日内办结;竣工环保验收要在20个工作日内办结。延时,是指在服务企业或群众办事过程中即便已过受理时间,也必须接待完最后一个受理对象;企业或群众在正常工作时间不能到场而提出预约的,要实行延时服务。

三、一定要严把关口尽好责

环评责任重大,环评工作者一定要守好道德“底线”、法律“红线”。项目环评审批、规划环评审查中,各级环保部门都要坚持“生态功能不退化、资源环境不超载、排放总量不突破、环境准入不降低”四条原则,特别是要坚决守住国家和省划定的对区域生态结构和功能有重大影响、对饮用水源地有重大关系的红线,做到禁止开发。环保部周生贤部长上任不久,就说“自己要做一把伞,为环保工作者遮风挡雨”,但也强调“不为弄虚作假、不为不尽职责的遮风挡雨”。我们环保工作者一定要立足岗位,履好职责,把好项目环评审批关、试生产(试运行)批复关、竣工环保验收关。

(一)项目环评要做到“七个不批”。即未进园区的工业类项目不批;位于敏感区不符合相关规定的项目不批;配套处理设施(水、气、热)不完善的项目不批;总量审核未通过的项目不批;选址不符合相关要求的项目不批;原有违规项目未整改到位的改扩建项目不批;有搬迁要求未制定搬迁方案(风险措施、公众参与)的项目不批。

(二)项目试生产(试运行)要做到“五个不准”。即环保措施与主体工程不能实现“三同时”的不准;项目建设地点、性质、规模、采用的生产工艺或者防治污染、防止生态破坏的措施发生重大变动且未取得原审批部门批复同意的不准;未落实项目环评审批时当地政府承诺(拆迁安置、集中供热、供水等)的不准;要求开展环境监理但未提供(阶段性)监理报告的不准;有信访问题、环境违法违规行为但未整改到位的不准。

（三）项目竣工环保验收要做到“七个不验”。即“三同时”动态档案不齐全的不验，出现变更未补充评价的不验，未提交试生产意见不验，超期试生产未批准延期的不验，违法行为处理未结案的不验，有信访问题且未整改到位的不验，要求监理但未提交环境监理报告的不验。

四、一定要抓好队伍筑好基

环评队伍，是环评事业发展的根基，是环评事业发展的保障。近年来，省内外发生的事件，告诉我们必须持之以恒地抓队伍建设，不断提升队伍的素质和能力，以求“木之长，流之远”。

各地要着眼于巩固干部作风建设年活动成果，利用开展创先争优活动的契机，大力推进环评队伍思想、组织、作风、业务、制度“五大建设”。通过强化建设和管理，环评队伍整体要具备以下五种素质：一是大局意识强。环评工作人员，一定要有强烈的大局意识和宏观统筹能力，要能从宏观大局上把握环评工作定位，从发展主渠道中谋划推进环评工作，从服务经济发展中把好环境关口，努力实现经济发展与环境保护的和谐。二是干事氛围浓。环评岗位重要，关系经济社会发展，关系群众健康，关系未来。环评队伍一定要有干事创业的激情，乐于职业，忠于职守，勤于工作，尽职尽责地干事。三是政策业务精。环评工作者，一定要把环评业务建设摆在突出位置，不断从政策法规、工艺流程、控制污染对策措施等方面全方位提升素质和能力，适应工作需要。四是审核把关严。要讲究工作艺术，创新工作方法，针对不同问题采取合适的对策措施，同时要严把环境准入关口，严格保护环境，切实对环境负好责。五是自律要求高。要不断强化自律意识，全面落实国家关于进一步加强环境影响评价从业人员的管理意见，严格遵守“依法遵规、公开诚信、忠于职守、服务社会、廉洁自律”职业道德准则，进一步约束自己的行为，做到自重、自醒、自警、自励。特别是要通过廉政典型教育、警示教育和法规条纪教育，汲取省内外发生的环境污染案件（如：安徽怀宁儿童血铅超标、浙江台州百余村民血铅超标、黑龙江依兰居民饮用水污染、紫金矿业集团紫金山金铜矿湿法厂“7・3”含铜酸性溶液泄露重大环境污染事件）教训，加强廉政建设，自觉珍惜政治生命，常修为政之德，力戒权力滥用；珍惜荣誉名声，常怀律己之心，力戒放纵自我；珍惜家庭亲情，常思贪欲之害，力戒见利忘义；珍惜平凡生活，常弃非分之念，力戒浮华攀比。

具体而言，环评审批队伍，鉴于其在落实国家污染预防战略、严把环境准入关口、降低环境风险方面担负着重要职责，其素质能力一定要达到上述要求，工作中要着力把好五关：一是把好法规政策关。环境保护法律法规众多，与环评相关的法律法规就有30多部。审批中，一定要注意与国家法律法规相一致，与国家环境政策、产业政策、资源政策相一致。否则，就会造成难以弥补的损失。如：福建省环保厅越权审批了钢铁项目，环保部专门就此进行通报批评。二是把好项目选址关。审批项目时，一定要综合考虑项目所在地的土地利用规划、环境功能区划、城市发展规划、项目的卫生防护距离和安全防护距离、工程地质条件、环境敏感目标处置措施费用合理性，判定选址是否可行。近年来，项目因选址不合理受到处理的例子举不胜举。如：2011年4月13日农业部、环境保护部通报了长江上游珍稀特有鱼类国家级自然保护区泸州段3起建设违规工程(泸州市江阳区张坝防洪护岸工程、纳溪区麻柳沱防洪护岸工程、泸州综合码头工程)，建议四川省政府对此严肃处理，并责令违规单位予以补救。三是把关规划布局关。审批时一定要严格审查项目是否布局在城市主导方向的上风向、地下水流向的上游，厂区产噪设备设施是否距离居民区过近，切实保障项目布局的科学合理。如：有的热电联产项目，将冷却塔布置在靠近居民区的一侧，造成了噪声扰民，引发了环境信访。四是把好环保设施关。审批时一定要分析各项污染防治、生态保护措施是否有效，在现有措施下污染物是否能够达标排放，污染物排放量是否能控制内总量控制指标内，环境质量是否不会恶化。五是把好公众参与关。公众参与，在环评中的分量越来越重，已成为近年来导致环保行政主管部门行政复议失败的一个重要因素。审批时一定要注意公众参与的时间节点、广泛性，要注意“两公开”、“一公示”、“一听证”。“两公开”是指环评单位受委托开展环评工作后7日内，要向评价范围内所有公众公开有关环境影响评价的相关信息；在编制环评文件后要向公众公开相关内容。“一公示”是指各级环境保护行政主管部门在受理建设项目环评文件后，应当公示受理环评文件的有关信息，公示期限不得少于10个工作日。“一听证”是指对可能造成不良环境影响、环境污染严重、公众影响较大的化工、建材、钢铁、垃圾焚烧发电、交通等项目和公众意见较大的项目，要组织召开公众听证会，征求评价范围内所有村庄、单位、学校、医院等环境敏感点代表的意见。

环评资质单位，是环评文件编制主体。其素质水平高低，直接关系环评文件质量的好坏，关系国家和省环保战略的落实。这些单位，除认真落实上述要求外，还需努力做好以下三项工作：一是坚持按导则标准办事。近年来，环保部加大了环评导则和标准制定力度，颁发了一系列文件。这些导则、标准，完善了环保法律法规体系，为环评文件的编制提供了依据。环评单位一定要掌握这些导则和标准，严格遵循标准导则要求，认真编好环评文件。二是坚持实事求是做事。环评单位一定要对历史负责，对环境负责，客观公正地反映环境现状、预测环境影响、提出对策措施，切忌歪曲事实，迎合业主需要，收费后不负责任的乱编环评文件。对此，我表个态，凡环评文件编制不实造成严重环境污染的，一律严肃追究环评单位责任；环评文件质量低劣的，一律区分情况对环评单位给予通报、警告、禁止进入河北市场、建议吊销资质等处分；对以买证、借证等不正当手段开展环评行为的，查实后对环评单位一律予以清查处理。三是坚持好中求快干事。环评资质单位一定要保障环评文件质量，这是“生命线”。前不久，环保部通报批评了 25 家环评机构和 22 名环评专职技术人员，对 4 家环评机构给予限期整改 6 个月、10 家环评机构限期整改 3 个月、11 家环评机构给予通报批评的处罚。我省 4 家环评机构和 1 名环评专职技术人员受到处罚。处理的原因主要是环评文件质量差、虚报工作业绩。环评资质单位在保障文件质量的同时，要不断提升工作效能，以“等不起”的紧迫感、“慢不得”的危机感、“坐不住”的责任感，高效编制环评文件。

环评技术审核队伍，是环评技术审核、保障环评质量的一支重要力量。工作中要围绕一个“审”字，着力突出四性：一是审核的全面性。技术评估机构评估时，一定要把握建设项目的施工期、营运期，有的还涉及项目服务期满后环境影响，分析项目的主体工程、辅助工程、配套工程、公用工程、环保工程，评估原辅料及燃料、产品的生产、废物的治理利用，做到对项目全程评估、全面评估，切实不遗漏重要环节。二是审核的准确性。技术评估机构要在不断加强业务建设的基础上，对环评文件现状分析的全面性、环境影响预测的准确性、对策措施的可行性，做出科学准确评价。三是审核的严肃性。技术评估机构要对评估结论负责，切实严肃认真的对环评文件做出评论，切忌不要付费一切就行，真正维护环评的严肃性和强制性。四是审核的指导性。技术评估机构要努力学习掌握环保领域先进的技术、工艺，科学评估项目技术工艺的可行性和污染物防控措施的效果，切实为项目业主提供有意义的指导。总之，要通过评估，给出环境是否可行的结论，为审批部门提供依据。

最后，我想再次重申也希望环评队伍能够做到“五项承诺”，即统一受理，方便企业；阳光审批，公开透明；限时办结，快速高效；规范管理，公平公正；严格要求，廉洁自律。

同志们,回首过去,我们备感欣慰,“十一五”时期,我们众志成城,万众一心,携力开创了环评工作的新局面。展望未来,我们豪情满怀,“十二五”时期,我们将更加励志图强,发奋努力,努力以一流的精神风貌、一流的工作业绩为全省科学发展做出新的贡献!

(2011年5月10日)

姬振海厅长在“弘扬井冈山精神争当环保新道路的排头兵”培训班上的讲话

同志们:

为全面提高干部党性修养,结合创先争优和纪念建党90周年活动的相关要求,5月19日至24日,省环保厅在江西举办了这次“弘扬井冈山精神,坚定理想信念”专题培训班,通过系统培训、生态考察、干部交流,圆满完成了既定任务。下面,就培训情况,我讲三点意见。

一、内容丰富、注重结合,系统培训起到了良好的教育效果

此次培训班,共组织省环保厅领导班子成员、各处室和直属事业单位负责人、各设区市环保局局长41名同志参加了学习。培训期间,先后邀请了中国井冈山干部学院李春耕教授、欧阳慧教授围绕“井冈山精神与理想信念教育”主题专题授课,详细介绍了井冈山的革命斗争历史,认真剖析了井冈山精神内涵,并就如何传承和践行井冈山精神、坚定理想信念与大家进行了深入探讨。同时,还组织参观了井冈山革命烈士陵园、中国红军第四军医院旧址、毛泽东同志旧居、黄洋界哨口、井冈山革命博物馆、中共庐山会议旧址、南昌八一起义纪念馆,让干部实地接受革命传统教育,深化对井冈山精神的认识和理解。在井冈山革命烈士陵园向烈士敬献了花圈,并重温了入党誓词;在黄洋界,参观了红军哨口工事、营房,重走了挑粮小路;在井冈山革命博物馆,系统观看了井冈山革命根据地的创立、发展、恢复,以及坚持井冈山的斗争和弘扬井冈山精神等部分的展示。在参观过程中,全国红色教育培训师周家文生动形象的现场教学,让大家更加深入地了解了井冈山革命武装斗争的光辉历史以及革命先驱们为之作出的艰苦卓绝的努力和奋斗,真切地体会到“星星之火、可以燎原”的革命真理。除进行红色教育外,培训班还组织大家考察了江西井冈山、庐山等地生态建设情况,并分别与江西省环保厅和井冈山市环保局进行了座谈，深入交流了环境保护与生态建设经验及做法。

培训以专题教学与现场教学相结合，井冈山干部学院教授精心设置课程，红色教育培训师全程带队，同时举办与当地环保部门的工作座谈会。按照“一个现场教学点就是一部生动的教材”的标准，以“士兵委员会”所体现的民主政治，“红米饭、南瓜汤”所体现的艰苦奋斗精神，“朱德的扁担”所体现的官兵平等的工作作风等作为重要教学内容。在短短5天半的时间里，培训班先后共组织了两场专题教学、一场音像教学、十一次现场教学、两次工作座谈会、一次总结会。

在刚才的讨论中，大家普遍反映此次培训主题鲜明、内容丰富、形式新颖、成效明显，接受了一次深刻的党性教育。认为在建党90周年之际，此次培训的时机、地点、培训师、课程内容选的好，学习收获大，虽然时间短，但教学内容非常丰富，既有体现井冈山精神的红色教育，又有展现环保特点的工作交流和生态考察，不但深入地了解了井冈山革命斗争的历史，感悟了革命先烈坚定的共产主义信念、勇于献身、艰苦奋斗的精神和大公无私的高尚情操，深刻理解了井冈山精神的内涵，也增强了做好今后工作的信心，并表示要将发扬井冈山精神与创先争优活动结合起来。

实践证明，在培训时间短的情况下，只要培训目标明确、课程设置合理，针对性强，避免走形式、流于过场，短平快的系统培训能够收到良好的学习效果，是进行在职教育的好形式。

二、学研相济、重点突出，系统培训取得了明显的收获

*一是更加深刻地理解了井冈山精神内涵。*在现场教学中，既讲史的片断，更注重情的感染，使参加培训的同志在“情”的感染中得到升华。如井冈山革命烈士陵园的教学，教师重点讲授革命烈士张子清对共产主义矢志不渝、为革命理想英勇献身的感人事迹，之后集体敬献花圈、在哀乐中向英烈们默哀、重温入党誓词等。通过这些环节，使大家的情感受到冲击，心灵得到净化，达到了“一次现场教学课就是一次精神洗礼”的目的。通过培训，大家能够深刻认识到：井冈山精神是以毛泽东同志为代表的中国共产党人在创建井冈山革命根据地、开辟中国革命新道路的伟大实践中培育和形成的伟大精神，其主要内容是：坚定信念、艰苦奋斗，实事求是、敢闯新路，依靠群众、勇于胜利。它是无数革命先驱用鲜血和生命铸就的不朽精神丰碑，是中国共产党和中国人民的宝贵精神财富，是我们推进改革开放和社会主义现代化建设的强大精神动力。从授课到现场教学，从参观到讨论，感到井冈山精神的核心

就是坚定理想信念。“在战争年代,理想不坚定会成为叛徒;在和平时期,理想不坚定会成为腐败分子”,当前,推进环保事业,同样需要坚定信念,牢记环保为民宗旨。实现环保目标,促进绿色文明转型,不仅是我国也是人类发展史上广泛而深刻的革命。前进道路上的困难和各种利益的掣肘是难以避免的,不可能一帆风顺。因此,学习弘扬井冈山精神,环保工作者要坚定理想信念,学习老一辈共产党人的道德操守,“咬定青山不放松”。工作中克服艰难困苦,廓清利益纠葛,为环保理想的实现恪尽职守。

二是更加深入地了解了江西生态环境建设的成果。对井冈山、庐山自然保护区进行了考察,其中笔架山自然保护区以扬眉峰为中心,以险峰、奇石、古松和杜鹃等景观为特色,以云海和日出为奇观。绵亘的十七峰的峰脊上,杜鹃成林,组成了一条杜鹃廊。龙潭风景区由五龙潭和金狮面两个景区组成,是自然与人文景观相结合的景区。在考察过程中,与井冈山环保局进行座谈,以及与江西省环保厅领导班子、各处室和直属事业单位主要负责人“一对一”交流工作。通过座谈得知,江西省生态环境状况指数为88.29,生态状况等级为优,森林覆盖率达63%,有各类自然保护区188个。近年来,全省主要河流监测断面优于三类以上水质的比例一直稳定在80%以上,高出全国平均水平30多个百分点,11个设区城市环境空气质量全部达到国家二级标准。与江西省相比,我省还有不小的差距。

三是更加具体地学习了江西环保工作的好做法。重点体现在环境执法、基础能力建设、生态保护三个方面。具体来说:在环境执法专项行动上体现“严”,重点对水、重金属、大气、农村开展“四绿(绿水、绿地、绿风、绿野)”污染防治专项活动,加大排污收费和行政处罚力度,2010年该省共征收排污费5.5亿元,行政处罚金额1.14亿元(其中省本级4560万)。经省财政部门同意,该省排污费和处罚款大部分用予了环保部门的能力建设;在环境基础能力建设上体现“全”,以“一个好的办公条件、一支好的干部队伍、一批好的监管装备”为目标,落实省、市、县三级的“建房、增编、配设备”,要求县级环保局、监测站、监察大队至少保证15个行政编,省环保厅也落实相应的支持资金,县一般为200至300万,市要更多,如赣江市为5000万;在生态保护与建设上体现“好”,大力开展市、县、乡、村四级生态示范创建,已创建10个省级生态县(市、区)、352个省级生态乡(镇)、283个省级生态村,28个国家级生态乡(镇)、9个国家级生态村,有各类自然保护区188个,其中2010年支持创建资金为8000万,2011年预计1个亿。

三、继承发扬、学以致用,系统培训为推动环保事业发展注入了新的动力

首先,弘扬井冈山精神必须和创先争优结合起来。目前,河北省既面临难得的历史机遇,也面对诸多新的严峻挑战,实现“十二五”时期的目标任务,需要付出艰苦努力。因此,我们要通过大力弘扬井冈山精神,结合创先争优活动,不断增强战胜困难与挑战的决心和信心,激励斗志、提升勇气,以创造性的工作解决问题、破解难题,努力实现新发展。一是要通过创先争优活动这个载体,切实发挥环境保护优化经济发展的重要作用,推进结构调整、加快发展方式转变;二是要结合实际,在服务企业、改善民生、加强执法监督、环境综合整治、完善项目审批、排污收费等重点领域强化服务,要把创先争优活动与转变行风结合起来,与解决群众关心关注的环保热点、难点问题结合起来;三要强力推进干部作风建设,以为发展服好务、为环境把好关、为群众解难题为宗旨,努力做到五个“坚定不移”,即坚定不移地做科学发展观的忠实践行者、环保新道路的积极探索者、人民群众环境权益的坚强维护者、环保法律法规的贯彻执行者、环保优良作风的建设者。

其次,弘扬井冈山精神要求实事求的开展环保工作。学习弘扬井冈山精神,就是要坚持解放思想、实事求是、与时俱进,不断分析新情况,研究新问题,拿出新办法,开创新局面。对于我省的环保工作来说,就是要坚持从实际出发,把生态发展和经济发展有机统一起来,把开发建设和保护环境有机统一起来。环保工作必须从当地情况出发,针对所处地域、发展阶段、经济基础、客观条件、体制机制、机构经费、人员素质、技术支撑等方面存在的差异,学习和运用井冈山精神,改进工作作风,深入调查研究,正确把握“实事”的发展方向、发展趋势、发展潜力,加强分类管理,冲破主观偏见、僵化模式、陈旧框架的束缚,完善、改革同客观实际不符合的体制、机制和政策,扎实推动环保事业的发展。

第三,弘扬井冈山精神必须与加强环保队伍建设结合起来。加强环保能力和队伍建设,是当前环境保护新形势下的必然要求,是环保事业之本,发展之基。在环保地位不断提高、投入不断加大、职能不断拓展的今天,环保干部面临的诱惑和考验越来越大。环保部门特别是对于基层环保部门来说,队伍年轻、任务繁重,既要同各类环境违法行为做坚决的斗争,又要抵制各种消极、腐朽行为的侵蚀和渗透。作为环保工作者特别是各级领导干部,要率先弘扬井冈山精神,克己奉公,清正廉洁,要注重培养廉洁自律的思想品质,结合近年来党风廉政建设和反腐败工作的经验教训,按照“教育经常、制度健

全、监督到位、查纠严格”的要求,积极开展警示教育,自觉遵守环保系统“六项禁令”和“十不准”的要求,加强权力运行的制约和监督,老老实实做人、干干净净做事,保证把人民赋予的权力用来为人民谋利益,切实构建具有环保特色的惩防体系。

伟大的事业孕育伟大的精神,伟大的精神推动伟大的事业。我们作为井冈山精神的传承者和红色江山的受益者,将把这次学习弘扬井冈山精神作为自己党性修养、作风建设的终身课题,终身学习、终身实践,时刻不忘革命先烈,牢记人民的厚望和重托,解放思想、开拓进取,立足本职、扎实工作,自觉创造一流的工作业绩,努力争做探索环保新道路的排头兵。

(2011 年 5 月 24 日)

姬振海厅长在省会纪念“六五”世界环境日宣传活动上的讲话

尊敬的陈慧会长、各位来宾、同志们、朋友们:

今天我们在这里隆重集会,纪念第 40 个“六五”世界环境日。今年世界环境日的主题是:“森林,大自然为您效劳”,中国主题是:“共建生态文明,共享绿色未来”。旨在号召全社会树立绿色发展理念,走可持续发展道路,实现人与自然和谐。我代表省环保厅,向出席本次活动的各位领导、各位来宾表示热烈的欢迎,向关心支持我省环保事业的社会各界人士表示衷心的感谢!

生态文明是人类社会高度发展进化的一个新阶段,是一种工业文明之后的高级文明形态,是人与自然关系的一种全新状态,其核心就是统筹人与自然的和谐发展。党的十七大把生态文明作为建设中国特色社会主义道路的重要标志,既继承了中华民族的优良传统,又反映了人类文明发展的方向,其根本就是推动整个社会走上生产发展、生活富裕、生态良好的文明发展道路,进而建成资源节约型、环境友好型社会。

环境保护我国的一项基本国策,是实现可持续发展的一项重大战略,是生态文明建设的重要组成部分。近年来,我省的环境保护事业坚持“服务发展、融入大局、优化环境、造福人民”的宗旨,努力推进环境保护与经济社会的可持续发展。坚持把节能减排作为调整产业结构、转变发展方式的重要抓手,创造性地实施了“双三十”节能减排示范工程,环境法律制度不断完善,环境保护政策机制不断创新，生态补偿、绿色信贷、环境目标管理和考核等政策制度逐步建立，生态安全保障水平得到提高，主要污染物排放总量基本得到控制，环境保护正逐步进入经济发展的主战场、主干线、大舞台。

2011年是"十二五"的开局之年，环保工作面临新形势、新任务和新挑战。我们要在省委、省政府的正确领导下，坚持以环境保护优化经济发展，积极推进结构调整和加快发展方式转变，着力解决损害群众健康的突出环境问题，积极有效防范环境风险，确保经济和环境安全，切实改善环境质量，促进全省经济社会又好又快发展。

环境保护是全社会最大的公益事业，需要汇聚全社会的智慧和力量，需要更多的公众参与和社会各界的广泛支持，让我们携手行动，树立绿色发展理念，共建生态文明，共享绿色未来。

（2011年6月5日）

深入学习贯彻胡锦涛总书记重要讲话
努力开创"十二五"环保工作新局面

——姬振海厅长在省环保厅党组理论中心组（扩大）学习会上的讲话

深入学习贯彻胡锦涛总书记"七一"讲话精神是当前摆在各级党组织面前的一项首要政治任务，省委、省政府多次进行安排部署，要求通过坚持不懈的学习，把全省上下的思想和行动统一到讲话精神上来。此次党组中心组（扩大）学习会是在我厅组织机关全体党员收看庆祝中国共产党成立90周年大会后，对胡锦涛总书记重要讲话的再一次集中学习，是按照省委、省政府要求对讲话精神的再领会，是对我厅学习宣传工作的再部署。下面，我就深入学习贯彻胡锦涛总书记"七一"重要讲话强调以下三点：

一、要深刻领会讲话的重大意义和基本精神

胡锦涛总书记"七一"重要讲话，站在历史高度和时代高度，精辟概括了90年来党的奋斗历程和伟大成就，鲜明提出了提高党的建设科学化水平的目标任务，全面阐述了在新的历史起点上把中国特色社会主义伟大事业推向前进的大政方针。特别是明确提出，"在当代中国，坚持发展是硬道理的本质要求就是坚持科学发展"的重要论断，进一步指明了新世纪新阶段我国现代化建设的发展道路、发展模式和发展战略，反映了我们党对发展的认识更加成熟、更加系统,更具有现实指导意义。胡总书记的讲话高屋建瓴、思想深刻、气势豪迈,具有鲜明的思想性、针对性和指导性,是新形势下指导我们党继往开来的纲领性文献。

(一)要深刻领悟“三大成就”的全新阐述是党对中国特色社会主义理论的又一重要发展和创新

胡锦涛总书记重要讲话站在历史和全局的高度,全新阐述了中国共产党“开辟了中国特色社会主义道路,形成了中国特色社会主义理论体系,确立了中国特色社会主义制度”的伟大成就,第一次把中国特色社会主义制度与中国特色社会主义道路、中国特色社会主义理论体系并列,共同作为中国特色社会主义科学内涵和基本内容的重要组成部分,使中国特色社会主义成为道路、制度和理论体系的有机统一体。这是我们党对中国特色社会主义理论的又一重要发展和创新。

(二)要深刻认识“三件大事”的精辟阐明是党对中国特色社会主义科学内涵和基本内容的完善和拓展

回眸历史,胡锦涛总书记精辟阐明了党紧紧依靠人民完成和推进的新民主主义革命、社会主义革命和改革开放新的伟大革命“三件大事”,热情讴歌了我们党90年波澜壮阔的奋斗历程,系统总结了90年来党领导革命、建设和改革的宝贵经验,使我们透过跌宕起伏的历史进程把握了党90年奋斗历程的基本脉络。这三件大事,从根本上改变了中国人民和中华民族的前途命运,不可逆转地结束了近代以后中国内忧外患、积贫积弱的悲惨命运,不可逆转地开启了中华民族不断发展壮大、走向伟大复兴的历史进军,使具有5000多年文明历史的中国面貌焕然一新,中华民族伟大复兴展现出前所未有的光明前景。这一重要论述是纵览党90年辉煌历程所作出的科学结论,是对党90年历史功绩的高度概括,也是对中国特色社会主义科学内涵和基本内容的新阐释、新拓展。

(三)要深刻理解“四个选择”的内容实质是对“办好中国的事情,关键在党”的信心与坚持

胡锦涛总书记指出:“事实充分证明,在近代以来中国社会发展进步的壮阔进程中,历史和人民选择了中国共产党,选择了马克思主义,选择了社会主义道路,选择了改革开放。”“四个选择”使我们更加深刻认识到,只有中国共产党才能成为实现民族独立和人民解放、国家富强和人民富裕的坚强领导核心;只有马克思主义才能为中华民族“站”起来、“富”起来、“强”起来提供思想

武器和科学指南；只有走社会主义道路才能发展中国、造福人民；只有改革开放才能把中华民族伟大复兴更好更快地变为现实。“四个选择”既是对历史的科学总结，也是对未来的深刻昭示，启发和引导我们坚信“办好中国的事情，关键在党”的深刻道理，不断增强对党的热爱，增进对党的领导的信赖，坚定在党的领导下实现民族复兴、创造美好未来的信心。

（四）要深刻牢记“四个考验”的谆谆警示是对加强党的自身建设的清醒和自信

90年来党的发展历程告诉我们，理论上的成熟是政治上坚定的基础，理论上的与时俱进是行动上锐意进取的前提，思想上的统一是全党步调一致的重要保证。胡锦涛总书记以居安思危的强烈忧患意识，告诫全党，执政考验、改革开放考验、市场经济考验、外部环境考验是长期的、复杂的、严峻的；精神懈怠的危险，能力不足的危险，脱离群众的危险，消极腐败的危险，更加尖锐地摆在全党面前。同时指出：“我国发展中不平衡、不协调、不可持续问题突出，制约科学发展的体制机制障碍躲不开、绕不过，必须通过深化改革加以解决”。这一重要论述是党中央洞察世情、国情、党情发生深刻变化作出的重大判断，显示了中国共产党人的清醒和自信，其实质是要求全党充分认清加强党的自身建设的紧迫性和艰巨性，振聋发聩，令人警示。

（五）要深刻把握“四个坚持”的根本基点是确保我们党永葆先进性和生机活力的根本保证

总结90年的发展经验，胡锦涛总书记进一步指明了我们党保持和发展马克思主义政党先进性“四个坚持”的根本点：坚持解放思想、实事求是、与时俱进，以科学态度对待马克思主义，用发展着的马克思主义指导新的实践，坚持真理、修正错误，坚定不移走自己的路，始终保持党开拓前进的精神动力；坚持为了人民、依靠人民，诚心诚意为人民谋利益，从人民群众中汲取智慧和力量，始终保持党同人民群众的血肉联系；坚持任人唯贤、广纳人才，以事业感召、培养、造就人才，不断增加新鲜血液，始终保持党的蓬勃活力；坚持党要管党、从严治党，正视并及时解决党内存在的突出问题，始终保持党的肌体健康。这一重要论述立足党的建设全局，从党的思想路线、群众路线、组织路线和从严治党四个方面，精辟概括了我们党保持和发展先进性的根本经验，体现了我们党与时俱进的理论品格、全心全意为人民服务的根本宗旨，以及党的群众路线和优良作风，是面向未来全面推进党的建设新的伟大工程必须牢牢把握的基本要求，是确保我们党永葆先进性和生机活力的根本保证。

(六)深刻领会"五个坚定不移"的论断概括是对国家现代化宏伟蓝图的根本指导

胡锦涛总书记还进一步指明了新的历史条件下"五个坚定不移"的重要论断:必须坚定不移依靠改革开放;坚定不移走科学发展道路;坚定不移走中国特色社会主义政治发展道路;坚定不移发展社会主义先进文化;坚定不移推进社会主义和谐社会建设。"五个坚定不移"对改革开放和经济、政治、文化、社会建设等各项建设事业作了全面部署,明确了全面推进中国特色社会主义事业的大政方针和目标任务,勾画了建设富强民主文明和谐的社会主义现代化国家的宏伟蓝图,是全面加强党的建设新的伟大工程的根本指导,为我们推进各方面、各领域工作提出了新的要求,指明了前进的方向。

二、要切实抓好讲话精神的贯彻落实

深入学习贯彻胡锦涛总书记"七一"重要讲话精神,是当前的一项重要政治任务,必须摆在突出位置抓紧、抓好、抓实。领导班子和党员领导干部要带头学习,带头贯彻,要采取原文研读、专题研讨等多种形式认认真真学、原原本本学、老老实实学,真正抓住主旨、把握精髓、弄懂要义、吃透精神,充分调动提高广大党员干部的学习积极性和自觉性,严格落实好中央和省委的《通知》要求,切实把思想和行动统一到讲话精神上来,切实推动学习贯彻的深入开展,切实用以指导工作实践。

(一)要把贯彻落实讲话精神与全面加强和改进机关党的建设有机结合起来

要通过深入学习,不断加强思想政治建设,进一步增强党的意识、宗旨意识、执政意识、大局意识、责任意识。要着力加强组织建设,培养一支善于推动科学发展、促进社会和谐的高素质的环保干部队伍,夯实党执政的组织基础。要着力加强机关作风建设,培树密切联系群众之风、求真务实之风、艰苦奋斗之风、批评与自我批评之风。大力加强制度建设,始终把制度建设贯穿党的思想建设、组织建设、作风建设和反腐倡廉建设之中,坚持用制度管权管事管人,不断推进党的建设制度化、规范化、程序化。大力加强反腐倡廉建设,严格执行党风廉政建设责任制,积极推进惩治和预防腐败体系建设,建设为民、务实、清廉机关。

(二)要把贯彻落实讲话精神与开展创先争优和推进学习型党组织建设有机结合起来

学习贯彻胡锦涛总书记重要讲话精神要与当前的创先争优活动紧密结

合，紧紧围绕服务全省工作大局、“十二五”主题主线、保障和改善民生等方面开展创先争优，引导广大党员永保谦虚、谨慎、不骄、不躁的作风，勇于变革、勇于创新、永不僵化、永不停滞，不动摇、不懈怠、不折腾。要把学习贯彻讲话精神作为推进学习型党组织建设的重要内容，着力深化党的理论创新成果的学习，着力倡导优良学风，着力创新学习方式方法，进一步营造崇尚学习的浓厚氛围。

（三）要把贯彻落实讲话精神与着力提升解决发展难题的能力和水平有机结合起来

教育引导党员干部把学习胡锦涛总书记重要讲话精神与深入贯彻落实科学发展观结合起来，与围绕中心、服务大局结合起来，与推动“十二五”规划的贯彻落实结合起来，努力把学习成果转化为科学发展思路，不断改进工作作风、破解发展难题，着力解决工作、建设中不适应、不符合科学发展观要求的深层次问题，不断创新工作方式，努力提升各项工作服务科学发展观的能力和水平。

（四）要把贯彻落实讲话精神与开创环保工作新局面有机结合起来

今年是“十二五”开局之年，要将贯彻落实“七一”讲话精神与谋划我省环保新发展结合起来，树立新理念、开拓新思路、创立新机制，努力开创环保工作新局面。要注重谋划长远。做好与国家环保规划的上下衔接、部门对接，为我省新时期环保工作提供依据和支撑。要注重责任落实。按照城镇面貌三年上水平的任务目标，明确责任主体，细化考核指标，切实将环境保护纳入“十二五”各地经济社会发展全局。要注重服务发展。充分运用环保部门在经济发展方式转变和经济结构调整方面的优化、先导和闸门作用，推动形成转型发展的强劲外力。要注重方式创新。将巩固环保工作成效作为出发点，以提升科技水平、严格管理要求、强化舆论监督为突破口，努力构建全方位、全覆盖、全时段环境监管新格局。要注重机制完善。充分挖掘“双三十”工程、排污权交易、跨界生态补偿等成功机制的效能，在配套措施、狠抓落实上再上水平。

三、要精心安排讲话精神的学习宣传

机关全体党员干部要充分认识到学习胡锦涛总书记“七一”重要讲话的重要性和紧迫性，以高度的政治责任感、使命感，投入到讲话的学习宣传中去，与时俱进的强化理论武装。各处室、单位党支部要将安排好学习宣传工作作为当前的头等大事，尽快作出安排部署，提出切合实际的具体措施，立足本职工作,又好又快的把讲话精神落到实处。

一是中心组要带头学习。党组中心组全体成员要在学习贯彻胡锦涛总书记“七一”重要讲话中始终走在前列,这既是组织需要,也是觉悟体现。要按照省直工委《关于认真学习贯彻胡锦涛总书记“七一”重要讲话精神的通知》要求,以此次党组中心组学习会为助力,对学习宣传进行再细化、再安排、再推动。专门安排时间进行学习,以主动、深入的学习为机关党员干部作出表率。

二是支部为单位集中学习。在学习宣传工作中,各处室、单位党支部要充分发挥战斗堡垒作用,认真组织支部党员深入贯彻学习,做到安排时间集中学,结合实际重点学,不断总结深入学。确保每位支部成员切实领会讲话精神实质,明晰重大理论观点,明确贯彻落实要求。

三是始终坚持自学为主。以保持共产党员理论先进性为标准,以自学为主要方式,充分发挥主观能动性、组织自觉性,不断加深对讲话内涵及其精神的深入理解,在思想认识上时刻保持与党组织的高度一致,着力提升贯彻讲话精神的执行水平。

四是聘请专家辅导。学习不能闭门造车,要拿来主义,注重借鉴,要请相关专家帮助我们学。深入剖析讲话内涵,多领域、多角度拓展认识的广度;解疑释惑加深理解,进一步拓展学习的深度。

五是及时交流学习成果。每个支部都要结合本职工作讲体会、讲不足、讲提高,通过多种方式交流学习成果。要以学习贯彻讲话精神为抓手,积极营造比、学、赶、帮的工作氛围,进一步推进学习型机关建设。

六是抓好内刊的学习交流。相关部门要及时跟进学习进度,利用各种新闻媒体构建交流宣传平台。对内培树推广学习贯彻的先进经验,对外宣传展示我厅学习实践成果。

(2011年8月3日)

着眼长远抓基础　统筹推进求实效
确保“十二五”环保工作开好局、起好步

——姬振海厅长在全省环保系统重点工作调度会上的讲话

同志们：

这次会议的主要目的是深入贯彻落实胡锦涛总书记“七一”重要讲话精神，总结和调度全省环保工作。会议有两个主题，一是交流上半年工作进展情况；二是进行业务培训。我们选择了两项培训内容，一个是环境应急怎么处理，旨在加强全省环保系统环境应急处理能力，这个事很重大；一个是如何同新闻媒体打交道，营造通过新媒体推动环保事业发展的有利环境。聘请的专家都是环保部资深专家级领导。希望大家认真听讲，深刻领会，有所收获。刚才，各市就上半年目标任务完成情况及下一步工作安排进行了汇报，厅领导班子成员也讲了重要意见，希望大家相互学习，抓好各项措施的落实。下面，我再强调几点。

一、上半年环保工作主要进展

今年上半年，全省环保系统按照年初既定目标要求和安排部署，紧紧围绕“四个一”的发展战略和加快转变经济发展方式“五个坚持”要求，以建设资源节约型、环境友好型社会为方向，积极推进各项环保工作，污染减排取得积极成效，环境质量得到持续改善，环保事业有了新进展。

（一）污染减排取得积极成效。上半年，全省共接转和新建减排项目1338项，其中接转和新运行城镇污水处理厂（含新增水量和中水回用项目）和污水集中处理设施117项，接转和新建废水深度治理项目46项，接转和新建废气治理项目138项，淘汰造纸、印染、电力、水泥、钢铁、焦化等落后产能项目973项，实施农业畜禽养殖治理项目64项，淘汰报废机动车3878辆。根据环保部初步核定结果，今年上半年，我省化学需氧量、氨氮、二氧化硫排放量与去年同期相比，分别削减了2.2%（其中工业加生活削减4.97%）、1.55%（其中工业加生活削减2.58%）、1.08%，氮氧化物和全国形势一样，不降反升，增长了6.55%，四项主要污染物削减率在华北六省市中，分列第一、第一、第五和第四，综合排名第二。

（二）城市大气环境质量持续改善。全省环保系统以城镇面貌三年上水

平为动力,以实施大气联防联控为抓手,深入开展重点企业烟气排放设施综合整治,积极推进城区重点污染企业搬迁改造,着力治理扬尘、煤烟、机动车尾气污染,全省设区城市优良天数稳中有升。从1－6月份统计情况看,承德、沧州、廊坊综合污染指数与去年同期相比明显下降,但衡水、石家庄、唐山综合污染指数增加幅度较大。

(三)重点流域水环境质量不断好转。全省各地积极建立健全跨界断面水质与财政挂钩的生态补偿机制,努力构建水环境保护区域防控工作平台,全面排查涉水企业,着力解决水污染问题,取得了明显成效。据统计,1－6月全省共监测河流断面123个,其中达到或好于Ⅲ类的水质断面为57个,占监测断面总数的46.3%,比去年同期上升了5.3个百分点;Ⅳ类水质断面为21个,占监测断面总数的17.1%,比去年同期上升了0.7个百分点;Ⅴ类水质断面为10个,占监测断面总数的8.1%,比去年同期上升了4.0个百分点;劣Ⅴ类水质断面为35个,占监测断面总数的28.5%,比去年同期下降了10.0个百分点。全省重点流域主要污染物浓度较去年同期有了明显下降,其中化学需氧量下降了19.76%,氨氮下降了43.12%。

(四)环保专项行动取得显著成效。各地环保部门严格按照国家和省统一部署,坚持不懈地推动环保专项行动开展,坚决打击环境违法行为,保障环境安全,有力地促进环境问题的解决,维护了人民群众的环境权益。一是强化重点企业监管。筛选出1000家企业列入2011年全省重点监控企业,制定了《“千家”重点监控企业监督管理办法》,进一步拓展了环境重点管控覆盖面。二是突出重金属污染防治。会同发改委、工信厅等七部门编制完成了《河北省重金属污染综合防治“十二五”规划》,并于2011年6月30日经省政府批准实施,为防止重金属环境区域污染明确了政策导向。同时,按照全国重金属污染防治十二五规划视频会议要求,组织开展了重金属排放企业百日严查行动。三是着力防范环境风险。在源头,做到了严把环境准入。针对涉重金属行业、化工、石化行业环境风险措施落实情况,开展了建设项目试生产环保专项核查。对2006年以来省批建设项目环评情况进行了全面清理,集中整治“三同时”措施不落实和“久试不验”等突出问题。在日常,做到了防控于未然。积极开展环境应急监测演练有关工作,制定了《河北省环境监测系统环境应急监测演练工作方案》,编制了污染事件场景方案和必要后勤保障方案,确定了应急演练的范围、时间和内容以及演练目标。并通过处置灵寿、任丘、高阳等地应急任务,有效提高了环境应急队伍实战水平。在末端,做到了以严促治。对9起未落实“三同时”制度的典型案件实施了省级挂牌督办，并在新闻媒体予以公布。如，邢台市在工业密集分布区开展小石灰、小石子工业密集区粉尘污染、板材工业密集区烟尘污染、电镀工业密集区水污染、皮毛工业密集区水污染四个专项整治，有针对性的促进了区域环境污染问题的解决。沧州市环保局主要领导以个人名义就重金属百日严查活动分别给各县（市、区）党政一把手及分管领导致信，积极争取理解支持，推动工作开展。并按照“三定”原则（定领导、定区域、定责任）和“两不”标准（不留死角、不丢企业），组织进行了涉重企业排查，核定了12个县（市、区）的涉重企业48家，并全部做到了一企一档。据统计，上半年全省专项行动共出动环境执法人员53670人次，检查企业21807家，取缔关闭环境违法企业431家，停产整治217家，对127起典型环境违法案件实施挂牌督办。

（五）生态创建工作得到不断加强。全省各地按照河北生态省建设规划纲要部署，围绕“百乡千村”环境综合整治，积极推进我省生态创建工作。石家庄市筹备成立了生态文明建设促进会，有组织的引导生态文明建设由政府负责向政府主导、全社会共同参与转变；并在全市范围组织开展了以“环保十进”为载体的“低碳宣传周”活动，推动了生态文明理念不断深入人心。廊坊市组织实施了“581”典型示范工程，大力推进农村环境综合整治。上半年，列入“百乡千村”计划的70个村庄完成了53个，现已有5乡镇，4个园区，68个村庄完成治理，超前完成了年度计划。承德市坚持“规划引领＋创建支撑”的生态文明建设模式，分别组织编制了《承德市环境保护“十二五”规划》、《承德市生态功能区划》、《承德市重点水源涵养生态功能保护区规划》和《承德市创建国家环境保护模范城市规划》等多项约束性规划，为生态文明建设试点和生态市创建工作提供了政策引领和制度保障。秦皇岛市抓住生态创建具体环节，统筹推进各项创建工作。将生态村镇创建指标分解下发、责任到人，确保创建工作落实到位。并通过创建北戴河国家级生态区、评选绿色家庭等活动，进一步营造了人人参与、全民创建的有利氛围。邯郸市以《邯郸生态市建设规划中期实施方案（2011－2020年）》为统领，重点谋划了十大生态工程，逐步构建了有政策保障、有工程支撑、有指标约束的生态建设大平台。

（六）机制创新得到不断拓展。今年以来，各级环保部门根据工作实际不断探索、完善环境管理工作各项新举措。如按照环保部统一部署，我省积极推进河北省国家环境信息与统计能力建设项目，现已完成覆盖各县市的环境信息业务专网建设并调试成功。《建设项目环境保护“三同时”动态管理系统》、《河北省排污许可证管理信息平台》、《河北省重点污染行业现场核查管理系统》、《固体废物管理平台》和省、市、县三级环保系统电子公文交换系统,一系列环保应用系统也正在逐步推广普及。全省企业环境保护信用信息系统也建成投运,以省、市、县三级环保部门共同填报、省级审核的模式为基础,初步形成了全省企业环境保护信用信息体系。邢台市出台了“三减一加”服务发展便民措施,从机制上规范了环境管理行为,达到了“行政提速、服务提质”的目的。张家口市超前谋划,积极探索,率先开展了沙岭子电厂3#、5#、8#机组燃煤电厂机组低氮燃烧和综合脱硝示范工程。唐山市实施了达标建设提升工程,强化了钢铁、焦化、水泥等重点行业企业污染治理。廊坊市建立了重点环境问题“一把手”约谈制度。衡水市在全省率先开展了行政处罚自由裁量辅助决策系统建设工作,并被列为环保部环境执法行政自由裁量规范化工作的五个试点单位之一。

(七)党风作风建设得到不断深化。按照省委、省政府安排部署,以深入学习贯彻胡锦涛总书记“七一”重要讲话精神为契机,全省上下进一步加强了党风廉政建设和行风作风建设。今年7月,在全国环保系统纪检组长座谈会上,我厅纪检组以《提升“四力”注重实效深入推进全省环保系统民主评议工作》为题,做了大会典型发言,这已是连续第三年做大会发言。发言内容受到驻部纪检组领导的充分肯定和来自全国各省(市、区)环保厅(局)代表的广泛好评,有效展示了河北环保工作的良好形象。衡水市将“干部队伍素质大提升、机关作风大转变,环保事业大跨越、环保工作大发展”作为总体目标,按照加强机关效能和廉政建设要求,出台了《衡水市环保局工作人员廉洁自律十二不准》和《建设项目环评审批权监控机制建设模式化“审批委员会审查”环节防范措施》等规章制度,不断推进权力运行规范化、科学化、民主化,努力营造风清气正的发展环境。同时,制定了民主评议工作“三挂钩”,即与全年目标考核结果挂钩,与申请环保专项资金相挂钩,与评先评优挂钩,进一步强化了基层环保部门争先进位意识。保定市积极推进队伍建设的“4442”工程,即强化“四个意识”(大局意识、服务意识、争先意识、纪律意识)、弘扬“四种风气”(团结和谐风气、务实高效风气、深入研究风气、严谨细致风气)、开展“四项活动”(意见征集活动、评先评优活动、对标进位活动、读书学习活动)、建好“两个机制”(局领导重点工作捆绑机制、队伍管理激励约束机制),不断深化创先争优工作,提升服务发展水平。并专门制定了2011年民主评议工作实施方案,在全市环保系统中开展了“三查一促”调研活动,努力实现争六保七的工作目标。

总体来看,上半年我省环保工作开局不错,起步较好,各项工作均有不同程度的进展,得到了各方面的肯定。成绩的取得来之不易,凝聚着各级领导和全社会的关心和支持,凝聚着全省各级环保部门的辛勤努力。在此,我代表厅党组和领导班子,对大家表示衷心的感谢!

二、当前面临的形势和下一步工作要求

在肯定成绩的同时,我们也必须清醒地看到,当前环境形势仍十分严峻,环保工作仍面着污染增量加大,减排潜力收窄,结构性污染较重,环境违法问题突出,民众环境需求提升等诸多压力和挑战。我们也要看到当前环保工作还面临着难得的历史发展机遇。一是各级党委、政府把环境保护放在了更加突出的战略位置。今年国家将召开第七次环保大会,并发布关于进一步加强环境保护几个重大问题的意见,这是党中央、国务院高度重视环境保护的集中体现,是推动环保事业迈向新台阶的重大机遇,也是做好新时期环保工作的强大动力。省委、省政府更是空前重视和支持环境保护工作。省委书记张云川在全省节能减排电视电话会议上强调,"十二五"期间,要以更坚决的态度和更有力的举措,全面打好节能减排这场硬仗。在推进城镇面貌三年上水平工作中,省委、省政府要求始终把改善生态尤其是改善水和大气质量作为最大的民生放在首位。同时,全省各级党委、政府对环保工作的重视程度也越来越高,为我们深入推进环保工作的提供了强有力的保障。二是"十一五"期间积累了大量宝贵经验。近年来,我们在环保工作实践中,注重不断探索创新,不断总结提高,积累了许多好的经验和做法。周生贤部长来我省调研时指出,河北环保工作取得了积极进展,双三十"示范工程、生态补偿机制"、"三严执法"、环境政策机制创新"四条经验"在全国有示范效应,值得在全国推广。全省各地在"十一五"期间也创造了很多好的经验和作法,这些创新性的举措为有效解决环境问题、推动经济社会又好又快发展发挥了重要作用,也为我们进一步做好环保工作创造了有利条件。三是有一支业务精、作风硬、拉得出、能战斗的环保队伍。长期以来,我们坚持不懈抓队伍建设,为环保事业长足发展奠定了坚实基础,同时,也涌现出了一大批先进人物和典型事迹。前不久,省委、省政府对节能减排和"双三十"节能减排工作先进集体和先进个人进行表彰,其中全省环保系统有 92 个集体(模范集体 36 个)和 105 名个人(模范个人 34 个)受到表彰,这在我省是史无前例的。这表明,我们环保队伍得到了省委、省政府和社会各界的充分认可,是一支纪律性强、责任心强、战斗力强、能打硬仗、善打硬仗的队伍。所以这些,都为我们做好下一步工作,提供了有利的条件。

总体上看,我省的环保工作机遇与挑战同在,有利条件与不利因素共存。面对新形势、新目标、新问题,我们必须坚定信心,深化经验,抢抓机遇,乘势而上,勇于开拓,务求实效,才能实现环保工作的新跨越。

今年是"十二五"规划实施的头一年,实现良好开局至关重要。全省环保系统要以胡锦涛总书记"七一"重要讲话精神为指导和动力,紧紧围绕年初确定的"八项重点"工作,以控制总量为生命线,扎实、细致、深入地推进污染减排,切实做到进一步消减存量、优化增量;以改善质量为出发点,将群众满意不满意、认可不认可作为环境改善目标,进一步解决突出环境问题、强化污染防治措施、完善环境治理机制;以防范风险为着力点,不断提升环境保障水平,进一步严格环境准入条件、拓展环境监管空间、构建预警应急体系,为全面完成"十二五"环保目标任务开好头、起好步。具体来说,要突出做好以下几个方面工作:

(一)以"双三十"示范工程为龙头,不折不扣地抓好污染减排。省委书记张云川在全省节能减排工作电视电话会议上强调,"十二五"期间,要以更坚决的态度和更有力的举措,全面打好节能减排这场硬仗,不断推进节能减排向广度和深度拓展。目前,我省"十二五"减排目标任务已分解下达到了各设区市和县(市、区),各设区市也均按照要求编制了辖区"十二五"主要污染物总量控制规划和2011年减排计划,下一步关键是要抓好减排措施的落实。一要深化工程减排措施。要超前谋划,抓住减排重点环节,不断拓宽减排领域。要细化量化目标任务,强化责任时限,完善源头防控机制。要加快起动省级重点镇和目前人口1万人以上镇的污水处理厂建设,同时,加强脱硫脱硝设施建设管理,对"十一五"末已投运烟气脱硫设施130个烟气旁路,起动拆除工作,明年年底完成,确保脱硫设施综合脱硫效率达到90%以上。二要强化管理减排举措。前不久,环保部检查组在我省核查时发现,一些污水处理厂存在外排水超标、污泥处置不当、在线监测数据误差较大、沉淀池水面漂浮藻类等问题,中央电视台予以曝光。这曝露出一些地方政府和部门对重点减排工程重建设、轻管理,一些地方环保部门对日常监管中发现的问题没有引起足够的重视,没有及时进行有效处理等问题。各地要充分认识到这不是个简单的个案,没有检查到的地方不同程度上还存在类似的问题。下一步要进一步加强对污水处理厂等重点监控企业监管,持续加大检查督导力度,严肃查处运行中的违法违规行为，加快完善监管管理机制，研究出台《河北省城镇污水集中处理监督管理办法》。各地在省里确定的千家重点监控企业的基础上，也要明确重步监管对象，从上至下、以点带面，构建全防全控的监控网络。三要提升结构调整效能。以电力、煤炭、钢铁、水泥、玻璃、有色金属、焦炭、造纸、制革、印染等行业为重点，实行煤炭消费总量控制，严格执行国家产业政策，确保按规定时限完成落后产能淘汰任务。同时，要优化技术减排，积极借鉴推广国内外污染减排的新型技术，根据我省行业和生产工艺特征，开展适合我省实际的减排技术的研究，积极引进和应用能在短期内促进我省减排进程的关键技术，提升减排潜力。

（二）以推进城镇建设三年上水平为契机，持之以恒地改善大气环境质量。要进一步细化《河北省城镇建设三年上水平环保工作实施方案》，逐项制定工作计划，逐条落实措施责任，通过各级政府分解落实，加强督导检查，务求实效。要找准环保工作与城镇面貌三年上水平的结合点，集中技术力量认真研究制约城市大气环境质量改善的关键问题，拿出切实可行的整治方案。要采取综合手段，优化能源结构，严格煤炭消费总量控制，提升清洁能源使用率，大力发展集中供热。要着眼优化城市布局，加快推进市区重污染企业退城进郊。要以城市空气质量达标和分级管理为目标，进一步加大颗粒物、挥发性有机物污染防治力度，加强机动车尾气污染治理，积极推进公交汽车使用新能源，加速淘汰黄标柴油车。

（三）以确保水环境安全为重点，一以贯之地推进水污染治理。各地要紧密结合本地实际，深入分析水污染防治所面临的形势，找准存在的突出问题，认真研究对策措施，加速推进水体环境质量改善。要继续严格实行全流域跨界断面水质目标考核并扣缴生态补偿金制度，修订完善考核指标、目标，进一步完善水质监测检查办法。积极推进省主要河流跨省和跨设区市断面水质自动监测设施建设，加大环境监督管理力度，严厉打击违法排污行为。全面落实《全国城市饮用水水源地环境保护规划》、《河北省饮用水水源地保护规划》，进一步加强饮用水水源地环境管理，依法取缔关闭饮用水源保护区内违法建设项目。开展设区城市饮用水水源地评估，不断完善流域、海域规划目标考核机制。

（四）以深入环保专项行动为抓手，切切实实地解决好影响群众健康和可持续发展的环境问题。一要狠抓重点企业环境监管。各地要将“保运行”作为污染减排的中心任务，狠抓重点企业环境监管，确保治污设施建得成、转得开。特别是要以城镇污水处理厂和各类工业园区污水处理厂为重点,加强日常监督检查,对设施运行不正常、进水浓度高、出水超标排放、违法处置污泥等问题进行重点整治。同时,加强电力和钢铁企业污染防治设施运行监管,加大燃煤电厂和钢铁企业脱硫设施运行检查频次,对偷排、超标排放、无故擅自停运脱硫设施、无故开启烟气旁路、连续监测设备数据弄虚作假的,要依法从严从重处罚。对污染防治设施运行不正常,导致污染超标排放的,要列入环保"黑名单",从项目审批、融资信贷等方面予以严格限制。各地要建立分片包干日常监管机制,实施定区域、定企业、定人员、定任务、定责任的"五定"监管模式。省环保厅也将实行厅领导和处室分片包干、定期督导制度,将污染防治设施运行情况作为督导工作的重点内容,坚持每月一调度,每月一通报,确保工作落实到位。二要狠抓重金属污染防治。要全面落实《河北省重金属污染综合防治"十二五"规划》,结合重点防控区和重点行业,制定和完善产业准入条件、环保法律法规、技术规范、经济政策,不断优化产业结构;加快推进重金属污染治理项目建设,强制实施清洁生产,减少重金属污染物排放。要出重拳,用重典,对重金属污染企业,特别是工艺落后、污染严重的铅酸蓄电池、铅冶炼等企业的环境安全隐患进行排查,发现一个,查处一个,严厉惩治重金属环境违法违规行为,把污染隐患消灭在萌芽状态。要加强对危废收集、贮存、处置及利用企业的监管,规范手续和流程,不能让危废"一送了之",要确保危废得到后续妥善处理。同时,要加强对重金属污染物排放企业的监督性监测,定期对重金属企业周边的地下水和土壤进行监测,建立重金属污染预警预报机制,全面监控重金属污染状况。三要狠抓农村区域环境治理。以解决污染企业由城市向农村转移、农村面源污染日益严重、畜禽养殖污染防治亟需加强等突出环境问题为抓手,统筹谋划、把握关键、综合施策、重点突破,切实推动农村环境治理工作。要从拓展执法领域、提高监察能力出发,进一步加强基层,特别是乡镇一级的,环境监察机构建设,夯实农村环境治理组织基础;要以加强日常监管为重点,将秸秆禁烧、农村三产、畜禽养殖等农村、农业环境问题纳入监管体系,促进农村环境治理规范化;要将健全生态环境执法机制作为切入点,确保农村饮用水源地、沿路沿河村镇等敏感区域的环境安全,进一步提升农村环境治理公共服务效能。四要狠抓环境风险防范。今年以来,我省相继发生了多起环境安全事件,给当地社会的正常生产、生活秩序造成严重影响,也给我省环境保护工作带来巨大的压力。各地要以高度的政治责任感和紧迫感,扎实做好环境安全隐患排查,对排查中发现的环境安全隐患，及时督促整改，并确保到位。要高度重视化工、危险废物、放射源、电镀、尾矿库等易引发突发环境污染事件行业的环境安全监管工作，在细致排查的基础上要有针对性的制定应对环境风险预案。要高度重视群众反复投诉、反映强烈的环境污染问题，进一步加大处理处置力度，最大可能地消除因环境问题引发的群体上访事件和污染事故。要加强值守，严格执行报告制度。严格执行突发环境事件信息报告制度，坚决杜绝迟报、谎报、瞒报、漏报现象。同时要加强12369污染投诉举报电话的运行管理，确保信息系统畅通无阻。

（五）以创新政策机制为突破，积极有为地推进环保工作再上新台阶。“十二五”是我省改革创新、实现经济大发展的关键时期，环保工作要立足服务大局，积极作为，勇于创新，再谱新篇章。一是谋划布局，创新工作思路。要博采众长，集思广义，以创造性的思路、举措引领环保事业的发展方向。要充分发挥环保规划的统领、支撑作用，提高《规划》的权威性和执行力，确保规划实实在大得到落实。二是优化发展，创新管理模式。充分运用环保部门在经济发展方式转变和经济结构调整方面的优化、先导和闸门作用，严格准入，恪守环保底线，推进规划环评，助推循环经济，强化清洁生产，形成推动转型跨越发展的强劲外力。三是完善机制，激发治污活力。进一步健全环保、金融信息共享机制和平台，进一步提升环境管理科技水平。加快地方环境立法步伐，推动出台《河北省机动车排气污染防治办法》。健全价格引导机制，建立反映资源稀缺程度、供求关系和环境成本的价格形成机制。完善环保投融资机制，建立健全政府、企业、社会多元化投融资机制。启动实施排污权交易，逐步推进排污权有偿使用，细化完善排污权交易和有偿使用的管理措施，探索实施污染物超量减排补偿。

（六）以学习贯彻“七一”讲话精神和深入开展“创先争优”活动为动力，坚持不懈地打造一支素质过硬的环保队伍。当前，学习贯彻好胡锦涛总书记“七一”重要讲话精神是各级党组织、政府部门的一项重要政治任务。我们要通过学习贯彻“七一”讲话精神和深入开展创先争优活动，进一步推进思想、作风、组织、业务、制度建设，迅速将全省环保系统的思想和行动统一到“七一”重要讲话精神上来，以模范和先进为榜样，加大宣传力度，进一步提升环保队伍战斗力和凝聚力。一要抓学习，着力加强政治思想建设。按照省委、省政府安排部署，切实强化学习贯彻“七一”讲话的组织引导，与时俱进地提升认识水平。二要抓“争”“创”，着力加强作风建设。结合创先争优活动，加强调查研究,察实情,讲实效,办实事。三要抓评议,着力提升群众满意度。充分认识民主评议工作的重要性,进一步加强组织领导,严格责任落实,上下协调,互相配合,营造推动环保工作的有利氛围。四要抓能力,着力加强业务建设。大力开展业务培训,以技术比武、技能比赛等活动为平台,促进环保队伍业务素质的提高。五要抓机制,着力加强勤政廉政建设。不断探索和健全环境管理、政务公开等制度、程序,努力提高工作效率,使环保工作和环保队伍有一个新的转变。不断完善反腐倡廉机制,提高制度执行力,增强制度实效性,为推进全省环境保护事业再上新水平提供强有力的基础保障。

(2011 年 8 月 9 日)

统筹经济发展与环境保护努力建设生态文明

——姬振海厅长在全省县(市、区)长环保培训班上的讲话

同志们:

按照河北省党政干部培训计划,我们每年举办一次县(市、区)长环境保护培训班,旨在增强大家环保意识,了解环保法律法规,理解环保新政策和新机制,进而提高统筹经济发展与环境保护的能力,提高领导科学发展的水平。这次,大家百忙之中抽出时间到石家庄参加培训,我代表省环保厅党组表示热烈的欢迎和衷心的感谢!今天,非常高兴有机会与大家一起研讨环境保护,并向大家汇报一下环保工作,特别是就有关问题交流看法和意见。下面,我重点与大家交流三个方面的内容:一是如何认识环境保护和环境问题,二是如何理解环境保护与经济发展的关系,三是如何把握做好环保工作的着力点。

一、如何认识环境保护和环境问题

要理解环境保护的意义,就要先弄清环境保护的含义,即环境保护到底要解决什么问题。从概念上说,环境保护是指运用现代环境科学理论和方法、技术,采取行政的、法律的、经济的、科学技术的等多方面措施,合理开发利用自然资源,防止和治理环境污染和破坏,综合整治环境,保护人体健康,促进社会经济与环境协调持续发展。具体来说,环境保护重点要解决两个方面问题:一是保护和改善环境质量,保护人类身心的健康,防止机体在环境的影响下变异和退化;二是合理利用自然资源,减少或消除有害物质进入环境,

以及保护自然资源(包括生物资源)的恢复和扩大再生产,以利于人类生命活动,实现可持续发展。

随着环境要素在经济社会发展中作用越来越凸显,环境保护已逐步成为国家意志强化的重点领域,被摆上了经济社会发展和现代化建设的重要战略位置,上升为位置更加突出、职责更加重要、作用更加重大的国家意志,融入了发展主干线、主战场和大舞台。已由过去改善环境质量,合理利用自然资源,拓展为国家宏观调控的重要抓手和推动经济增长方式转变的重要手段。党的十七届五中全会审议通过的中央关于制定“十二五”规划的建议,对今后五年我国经济社会发展作出了总体部署,确定了科学发展的主题和加快转变经济发展方式的主线,明确要求把建设资源节约型、环境友好型社会作为加快转变经济发展方式的重要着力点,强调要树立绿色、低碳发展理念,提高生态文明水平,走可持续发展之路。中央经济工作会议也对 2011 年环境保护工作作出系统安排。中央对新时期环境保护的决策部署,是在全面分析国内外发展环境和环保形势的基础上作出的,是环保工作的新任务新要求。胡锦涛总书记强调,环境是经济社会可持续发展的依托,是我们共同生存的家园。加强环境保护和建设,让人民群众吃上放心的食物,喝上干净的水,呼吸上清洁的空气,睡上安稳觉是树立和落实科学发展观的必然要求,是坚持以人为本的具体体现;全社会都要坚持不懈地做好爱护环境、保护环境、建设环境的工作,努力实现人与自然和谐发展的目标。温家宝总理强调,要坚持在开发中保护、在保护中开发,实现经济社会发展与人口、资源、环境相协调,不能走“先污染、后治理”的老路。

*首先,要从更高视野上看待环境问题。*环境领域存在的一些突出矛盾和问题,有经济、社会、历史、体制等多方面原因,但在主观上确实有一个对环境保护战略研究不够、认识不深,从而导致决策盲目性的问题。我国环境保护工作是从七十年代开始的,而且发源于河北,是以解决 1972 年官厅水库污染为开端,是按照周总理指示开始研究的,到现在也就发展了 30 多年。在发展的过程中,确实有一个认识上不自觉、自觉的问题。比如,20 世纪 50 年代末“全民炼钢”,造成了严重的资源浪费和生态破坏;60 年代中期“围湖造田”、“向荒山要粮”,致使许多生态问题至今难以恢复;80 年代乡镇企业“村村点火”、“处处冒烟”、“遍地开花”,导致环境污染由点到面、由城市向农村蔓延。现在看来这些做法,对生态环境保护、对资源节约集约利用,都是不利的。再比如,现在许多化工厂、污染严重的厂,建在了江、河、湖、海边,虽然方便了运

输、取水等需求,但一旦发生环境事故,会产生很大的影响,甚至是国际影响。从环境角度来看,这种布局是否合理值得研究。从历史经验看,我们从战略层面上,从更高视野上看待环境问题还不够,对环境与发展更加深刻的内在关系的认识还不足。直到现在,一些地方还热衷于发展高耗能、高污染行业,盲目扩大城市规模,给可持续发展带来很大压力。因此,我们各级领导干部要认识到缓解环境制约的矛盾,必须从宏观和战略的层面上加强对环境问题的研究,进一步提高全社会特别是各级领导干部对环境保护重要性、紧迫性的认识,促进决策的科学化、民主化。

第二,要看到环境问题是重大民生问题。环境保护贯穿经济发展和社会建设两大领域,既是发展问题,也是民生问题;既是转变经济发展方式的需要,也是改善和保障民生的需要。李克强副总理多次强调环境问题是重大的民生问题,环境保护就是惠民生促和谐的基本任务。随着居民收入水平的提高,群众对改善环境质量要求越来越迫切。在环境这个重大问题上,处理得好,就可以实现经济发展、社会进步、民生改善的多赢;处理不好,就可能引发群体性事件,甚至影响社会稳定。现在,环境污染威胁和危害群众健康的现象在一些地方还比较突出。环境已成为群众信访的热点领域。这说明,人民群众越来越把环境质量作为生活质量的重要内容,对环境保护给予越来越多的关注,期望越来越高。

第三,要看到环境问题已成为制约经济社会发展的重要因素。一是环境成为实现全面小康目标的瓶颈约束。目前,我国一些主要污染物排放量,如二氧化硫、化学需氧量、氨氮等已经超过环境容量,甚至达到1倍以上。如果不减少污染排放水平、加强治污能力,提高环境容量,我国不但无法实现全面建设小康社会的目标,而且环境也难以支持经济社会发展需要。二是生态破坏和环境污染造成了巨大的经济损失。从20世纪80年代以来,先后有多家国内外研究机构或学者对我国部分环境污染和生态破坏造成的损失进行了估算,其占同期GDP的比例在2.1%～7.7%。原国家环保总局环境规划院的研究表明,2006年我国环境污染损失6507.7亿元,占当年GDP的2.82%。同时,有关资料估算,云南滇池周边的企业在过去20年间,总共只创造了几十亿元产值,但要初步恢复滇池水质,至少得花几百亿元,这是全云南省一年的财政收入;淮河流域的小造纸厂,20年累计产值不过500亿元,但要治理其带来的污染,即使是干流达到起码的灌溉用水标准也需要投入3000亿元,要恢复到20世纪70年代的三类水质,不仅花费是个可怕的数字,时间也至少需要 100 年。三是环境问题导致资源供给雪上加霜。环境退化导致地区土地资源、生物资源和水资源供给量的减少。土壤侵蚀导致土壤肥力下降，土壤污染导致其使用功能的丧失，加剧了我国耕地资源的紧缺程度。据近期遥感调查，目前我国水土流失面积占国土面积的 37.42%，每年流失表层土在 50 亿吨以上，丧失的肥力高于全国化肥的总产量。从 20 世纪 50 年代以来，由于水土流失而失去的耕地 267 万公顷以上，平均每年 6.7 万公顷以上。据初步测算，50 年来新增土地沙漠化面积已经有 10 万平方公里以上，相当于 3 个海南省的面积。

第四，要看到环境风险已危及公共安全和社会稳定。一是污染事故频发威胁环境安全。近年来，重大环境突发事件呈现上升趋势，松花江、广东北江、四川沱江、太湖蓝藻暴发等发生重大环境污染事故，不仅大大影响了广大人民群众正常的生产、生活秩序，而且短时间内难以消除这些高浓度的有毒有害物质的遗害，将对环境污染事故发生区及毗邻区的环境安全造成长期威胁。二是污染纠纷危及社会稳定。一些地区严重的环境污染和生态破坏已影响社会安定，污染纠纷呈上升势头并引发大量群体性事件，成为社会不稳定因素之一。2000 年以来，全国环境投诉和上访每年分别以 25%、35%的幅度递增，成为社会八大投诉热点之一。这些事件给当地经济发展、社会稳定带来了不良影响。三是污染成为居民健康的危险因素。水污染成为影响广大农村居民健康的最重要的危险因素之一，某些癌症高发村可能与饮用水污染存在一定关系。城市大气污染已成为推高城市居民各种心血管系统、呼吸系统疾病和以肺癌为代表的恶性肿瘤等慢性病患病率与死亡率的重要因素之一。土壤污染致使一些地方粮食、蔬菜重金属超标情况较严重。沈阳郊区 10 种主要蔬菜中镉平均含量为 0.313mg/kg，超过国家食品卫生标准的 6.26 倍。据 2006 年调查，珠三角地区有 40%的农田菜地重金属污染超出安全标准，其中 10%属于严重超标。不少地区土壤重金属污染的人群暴露水平已经达到日本发生公害病的剂量范围，并已出现公害病的症状。四是生态环境退化影响社会公平。长期以来我国城市环境改善与农村环境治理处于不平衡的状态。城市通过污水截流改善了水质，但农村水质改善还需加快；通过污染企业外迁改善了城区空气质量，但加重了近郊的空气污染；通过生活垃圾简单填埋，改善了城区面貌，加重了城乡结合部的垃圾二次污染。为了保证城市饮用水安全，将上游地区设为禁止开发或限制开发区，又缺乏配套的补偿政策，使这些地区的人口长期处于贫困状态。

第五,要看到环境保护是应对外部挑战的必然要求。我国的环境问题,不仅我们高度重视,国际社会也十分关注。现在我国化学需氧量排放量、二氧化硫排放量都位居世界第一,温室气体排放量据测算也居世界第二。国际上提出所谓“中国威胁论”,很大一部分原因来自环境污染。环境问题也成为我国与周边国家发生摩擦的隐患。按照《京都议定书》的安排,我国作为一个发展中国家,在2012年前不承担温室气体减排任务。但目前西方主要国家对我们不断施压,要求今后承担减排任务。气候问题已经成为多边场合的主要议题。达沃斯世界经济论坛,本来是一个经济性质的会议,每年都在积雪很厚的瑞士达沃斯小山城里召开。2007年年初论坛召开时,小山城里没有了雪,所以会议一开始就发表了一个《气候宣言》。一些小国特别是一些岛国,非常关心气候变化,因为气候变暖会导致海平面上升,缩小这些国家的陆地面积,甚至会淹没整个岛屿。同时,国际上新的发展理念不断孕育涌现,新的发展举措层出不穷,绿色发展已经成为国家发展和国际竞争中的一个重要趋势,日渐成为一种发展的主流意识。各国都在围绕绿色标准,把生态环保与贸易、发展等问题挂钩。应对气候变化问题、保护生物多样性问题等,已经成为环保领域的新热点。我国在能源消耗、碳排放总量上排在世界前列,已被国际社会推到了前台。我们要推进现代化建设、实现民族复兴,必须积极参与国际市场竞争。但如果不解决好资源环境问题,不仅国内发展难以持续,而且在国际上也会遭受挤压,影响发展的外部空间。

二、如何理解环境保护与经济发展的关系

环境问题说到底是发展问题。在社会主义初级阶段,发展是执政兴国的第一要务,中国一切问题的解决,从根本上讲都要靠发展。要聚精会神搞建设、一心一意谋发展,必须紧紧抓住21世纪头20年的重要战略机遇期,推动又好又快发展。环境问题是在发展中产生的,也应当在发展中解决。离开发展、离开经济建设谈环境保护那是缘木求鱼,离开环境保护谈发展则是涸泽而渔。要从发展道路、生产方式、经济结构、消费模式等角度全面认识环境问题的本质。

经济发展是人类生活水平高低问题,环境保护是能否生存的问题,如何理解和处理这二者间的关系,是社会发展中必须重视且一直在探索解决的一个重大课题。环境保护与经济发展的关系,并不是脱离的,而是一个相互依靠的关系。我国正处于工业化中期阶段,传统工业文明的弊端日益显现,发达国家上百年出现的环境问题、污染问题在中国快速发展的过程中集中出现。我们不能离开经济谈环保，更不能用停止发展的方式来保护环境，但是社会主义初期阶段也决不能宽容污染。

（一）改革开放30多年来，我国保持了高速的经济增长率

从国内生产总值来看，我国由1978年3645亿元增长到2010年39.8多万亿元，增长了109倍；我省由1978年289.57亿元，增长到2010年20197亿元，增长了69.7倍。

从财政收入来看，我国由1978年1132亿元增加到2010年8.3万亿元，增长了73倍；我省由1978年44.1亿元，增加到2010年2410.5亿元，增长了54.7倍。

从居民收入来看，我国城镇居民可支配收入、农村居民纯收入分别由1978年343元、134元，增长到2010年19109元和5919元，分别增长了55.7倍和38倍；在这段时期，我省这两项指标分别增长了48.7倍和44.2倍。

从重要经济指标占世界比重来看，我国GDP由1978年占世界的1.8%，上升到2010年9.5%，外汇储备由1.67亿美元增长到2.85万亿美元，成为世界第二大经济体、第二大贸易国、第一大外汇储备国。

（二）高速经济增长的同时，也付出了巨大的资源环境代价

改革开放30年来，我国经济的快速增长是有目共睹的，但是，如果从生态效率或资源环境绩效的角度来观察，我们就会看到，我国高效率的经济增长，与对资源环境的低效利用有着十分密切的联系。我们在发展过程中还存在着不够平衡、不够协调、不可持续等问题。主要表现在城乡发展“头重脚轻”，产业结构“比例失调”，经济社会发展“长短不齐”（经济发展“一条腿长”、社会发展“一条腿短”），区域发展差异明显，特别是经济增长方式不可持续，出现了“土地难以供给，资源难以支撑，环境难以承载，社会难以承受”的局面。

从生命之源水来看，我国人均水占有量仅2700立方米，是世界人均占有水量的1/4，在世界排第110位，已经被联合国列为13个贫水国家之一，70%以上城市日缺水1000多万吨，约有三亿亩耕地遭受干旱威胁，由于常年使用地下水，造成水位每年下降2米。七大江河水系中，完全没有使用价值的水质已超过40%，全国668座城市，有400多个处于缺水状态，其中有不少是由水质污染引起的。我省的石家庄、沧州、衡水等设区城市位于全国400个供水不足城市的前列。81个国控重点河段中的68个已成为季节性河段，断流频次和时间逐年增加。

从发展动力能源来看,自1809年美国人在宾夕法尼亚州成功钻通了第一口油井,使石油成为可供大量应用的能源物质以来,到目前,按2008年的年开采速度计算,全球原油剩余探明储量为1.258万亿桶(不含加拿大油矿),可开采42年;以同样方式计算,现有天然气储量能满足60年的开采,而煤炭储量可生产122年(《英国石油公司世界能源统计2009》统计数据显示)。我国煤炭资源相对丰富,但扩大煤炭资源利用又受到环境承载能力的制约;我国人均石油资源仅为世界的8%,2010年的原油对外依存度达到了53.7%。另一方面,在经济快速增长的同时,我国二氧化硫排放量高居世界第一,酸雨面积占国土面积的1/3,环境污染状况日益严重,经济发展付出的环境代价过大。

从环境负荷力看,2010年,全国化学需氧量排放达1238.1万吨,比Ⅲ类水质要求的800万吨容量高出55%;全国七大水系监测断面中达到三类水质(可以进入自来水厂的最低要求)的占59.9%,四类以下水质断面仍占40.1%;大气中二氧化硫排放量达2185.1万吨,比国家二级标准要求的1200万吨容量高82.1%;农田化肥农药污染,重金属污染,土地荒漠化,各种持久性有机污染等现象也日益严重。

这些都说明,我国的资源环境形势已经十分严峻,集中表现为主要污染物排放量超过环境承载能力,生态系统功能退化,资源保障能力不足,资源环境已成为经济社会发展的制约瓶颈。如果要用以化石燃料为基础的传统生产消费模式发展,那么中国在达到美国现有发展水平时,将消耗1.2个地球的资源。国务院原副总理曾培炎讲了这么一段话:"我国用了30的时间走了发达国家上百年的工业化城镇化道路,总体加入了小康水平,但经济发展也付出了较大的代价"。党的十七大,将"资源环境代价过大"列为经济社会发展八个问题的首要问题。

(三)经济增长与资源环境间的失衡,必然会影响经济的可持续发展

在处理经济发展与环境保护的关系问题上,有几种观点,一是主张走"先污染、后治理"的老路,认为只有在经济增长的基础上,才能有资金投入到环境治理和保护中去,实际上,这种观点是不正确的,先污染后治理的成本代价大,得不偿失。二是主张为了保护环境而停止发展经济,这是因噎废食的认识,没有从整体上认清我们党和国家所处的历史地位。三是说一套做一套,片面追求经济增长,仍然认同"边污染、边治理"的做法,没有真正认识经济与环境关系的本质,把环境保护摆在了经济增长的对立面。

从技术层面上看，严重的生态环境问题产生于三个方面。一是资源消耗增长过快，二是资源利用效率过低，三是资源再生化率不高。

从资源消耗角度看，中国的消费增长速度惊人。例如，1983 年中国成品钢材消耗量仅为 3000 多万吨，2010 年，中国的钢材消费量已经达到大约 6 亿吨，20 多年增长了 20 倍。1999 年，世界成品钢材消费量为 7.05 亿吨，中国消费了其中的 17.3%；欧盟 27 国则消费了 21.9%，北美自由贸易区消费了 20.6%，日本消费了 9.8%，其他亚洲国家消费了 15.8%。2009 年，世界成品钢材消费量为 11.21 亿吨，中国消费量提高到 48.6%。欧盟 27 国下降至 10.7%，北美自由贸易区下降至 7.2%，其他亚洲国家降至 14.3%，日本降至 4.8%。原油消费量占世界份额的 11%；水泥实际消费量约占世界消费总量的 45%以上，相当于消费量居世界第二、第三位的印度和美国的 7～8 倍。电力消费已经超过日本，居世界第二位，仅低于美国。未来一个时期，中国的产业结构仍然处于重化工主导的阶段，高能耗、高污染产业仍然具有高需求。

从资源利用效率来看，我们仍然处于粗放型增长阶段，生态效率目前处于较低水平：以 1000 美元 GDP 的能源消耗为例，我国的能源效率只有日本的 1/12；我国 1 万美元 GDP 的水资源消耗是 1407 立方米，而加拿大为 652 立方米，以色列只有 168 立方米。从排放绩效来看，我国单位 GDP 氮氧化物、二氧化硫排放量是经合组织（OECD）国家的 8～9 倍。这些情况说明中国在绿色竞争力方面的巨大差距，同时也说明中国发展绿色经济、实现科学发展的迫切需求和广阔空间。

从资源再生化角度看，我国资源重复利用率远低于发达国家。例如，我国人均水资源拥有量仅为世界平均水平的四分之一，600 多个城市中，有 400 多个城市存在供水不足的问题，其中比较严重的缺水城市达 110 个，全国城市缺水总量为 60 亿立方米。在 32 个特大城市中，有 30 个城市长期受缺水困扰，但水资源循环利用率远低于发达国家。另一方面，我国城市污水再生利用量仅占目前污水处理量的 10%左右。按照发达国家的水平计算，污水再生利用率如果能够达到 70%，我国每年还有近 150 亿立方米的再生水资源可以得到开发利用。

上述情况表明，生态环境已经成为一种短缺的生产要素，符合人们健康需求的良好生态环境已经不再是天然的产物，而是已经变为必须投入资源进行“生产”才能获得的短缺资源要素。中国经济高速增长正面临着生态资源与环境生产要素高度短缺的危机。从出口角度看，中国的商品在国际市场上价格低廉,具有高市场竞争力,这在很大程度上是没有计入生态环境成本的结果,是以牺牲生态环境为代价的。在当前的生态环境形势下,进一步的经济增长必须转向首先大规模“生产”生态环境要素,也就是必须补偿过去几十年对生态环境的巨额欠账,消除生态环境透支所产生的经济泡沫。

三、如何把握做好环保工作的着力点

省委、省政府高度重视环境保护和污染减排工作,把环境保护和污染减排作为实践科学发展观的重要内容,作为调整产业结构、转变发展方式的重要抓手。省委主要领导多次强调,发展经济决不能以牺牲环境为代价;在推进城镇面貌三年大变样和三年上水平工作中,明确要求要始终把改善生态尤其是水和大气质量作为最大的民生放在首位。同时,创造性地提出并推进实施了“双三十”节能减排示范工程,指导出台了河北省减少污染物排放条例,全省区域禁(限)批意见,实行了跨界断面水质目标考核并扣缴生态补偿金政策。这些都为深化环保工作奠定了坚实基础,推动各项工作取得了积极进展。

(一)污染减排目标任务超额完成。2010 年,我省化学需氧量排放量为 54.62 万吨,二氧化硫排放量为 123.38 万吨,分别比 2005 年削减 17.34%和 17.53%,均超额完成国家下达 15%的目标任务。我省“十一五”期间实现的化学需氧量净削减量(11.45 万吨)和二氧化硫净削减量(26.22 万吨)分别占全国化学需氧量净削减量(175.9 万吨)和二氧化硫净削减量(364.3 万吨)的 6.51%和 7.2%。我省“十一五”完成的化学需氧量和二氧化硫削减比例在全国 31 个省(市)中分别排第 7 位和第 9 位,削减量分别排第 5 位和第 6 位。

(二)设区城市空气质量全部达标。2010 年,全省设区市城市空气综合污染指数平均为 1.88,比 2005 年下降 31.64%;二氧化硫、可吸入颗粒物浓度年均值分别比 2005 年下降 43.75%、22.22%。11 个设区市空气质量首次全部达到国家二级标准,比 2005 年增加 5 个。

(三)水环境质量持续好转。2010 年,全省七大水系三类和好于三类水质的断面比例达 47.2%,比 2005 年上升 18.1 个百分点;劣五类水质断面比例为 33.6%,比 2005 年下降 12.7 个百分点。主要污染物化学需氧量平均浓度比 2005 年下降 57.8%。城市集中式饮用水水源地水质达标率、近岸海域环境功能区达标率,均达到“十一五”规划目标要求。

(四)生态建设与农村环境保护得到切实加强。“十一五”期间,我省被国家确定为生态省建设试点、省域流域生态补偿试点、省域生态环境监察试点、农村环境综合整治目标责任制考核试点。全省 11 个设区市和 136 个县(市)

编制了生态市、县建设规划,400多个建制镇编制了环境规划,建成了国家级生态示范区试点19个、国家级环境优美乡镇15个、国家级生态村7个、国家级环境友好企业2个、省级环境优美城镇79个、省级环境友好企业7个、各级各类绿色单位3000多个、各级各类自然保护区41个。

我省的一些工作,受到了党中央、国务院领导和环保部领导关注。李克强副总理就我省生态补偿机制和尾矿库环境应急管理两次做出批示,要求将我省经验进一步总结推广。环保部周生贤部长到我省调研,指出河北省“双三十”示范工程、生态补偿机制、“三严执法”、环境政策机制创新“四条经验”,值得在全国推广。国务院办公厅两次到我省进行污染减排专题调研,新华社《国内动态清样》、《人民日报》头版头条、中央电视台《新闻联播》头条、《光明日报》头版头条等主流媒体均报道过我省的做法。虽然近年来,我省环境保护取得了一定成效,环境质量得到了进一步改善,但形势依然严峻。一是经济增长的资源环境约束日趋强化。随着人口总量持续增长,工业化和城镇化快速推进,能源消费量不断上升,污染物排放量继续增加,特别是受历史形成的产业和能源结构偏重等因素影响,污染排放总量依然偏大,既要削减存量、又要控制增量,完成“十二五”减排任务压力巨大。特别是在当前情况下,要完成减排任务,更多的要在控制增量上下功夫,二是城市大气质量达标成果比较脆弱。去年我省11个设区城市环境空气质量首次全部达到二级标准,但主要污染物浓度仍然较高,一些达标城市的污染物浓度接近标准的上限,各地环境空气质量还可能出现波动和反弹。三是重点流域水环境问题仍然比较突出。全省重点河流监测断面劣五类水质所占比例较高,仍处于奋力爬坡努力扭转阶段,子牙河水系污染防治虽取得重大进展,但总体水质仍然较差,水环境质量改善工作依然任重道远。四是环境监管任务艰巨。“十一五”期间,我省新上大批污水处理厂、燃煤机组脱硫等治污减排项目,加强对这些减排设施的环境监管,保证正常运行,是“十二五”环境保护面临的一项重要任务,工作量很大。五是新的环境问题不断出现。重金属污染、土壤污染、电磁辐射污染等新的环境问题显现,突发环境事件时有发生,给新时期环境保护带来了更大压力。

可以说,当前环境保护已经站在了一个新的历史起点上,既面临着新形势、新任务、新挑战,又蕴含着新机遇、新发展、新进步。这就使得坚持科学发展,探索加强环境保护,推动环境与经济高度融合,破解制约经济发展难题的实践,尤显紧迫,责任也尤为重大。加强环境保护,做好环保工作,我认为需重点在以下几个方面着力：

(一)始终把优化发展作为环境保护的主攻方向

回顾我国经济发展的历程，可以看到经济发展总体上具有“牺牲环境换取经济增长”的特征，导致我国“经济增长的资源环境代价过大”(十七大报告)。这种经济发展方式是当时历史条件下不自觉的选择，有历史客观原因，但显然不是一种可以长期采用的经济发展方式。2006 年全国第六次环保大会上，温家宝总理指出环保工作要实现三个转变。一是从重经济增长轻环境保护转变为保护环境与经济增长并重，在保护环境中求发展；二是从环境保护滞后于经济发展转变为环境保护和经济发展同步推进，做到不欠新账，多还旧账，改变先污染后治理、边治理边破坏的状况；三是从主要用行政办法保护环境转变为综合运用法律、经济、技术和必要的行政办法解决环境问题，自觉遵循经济规律和自然规律，提高环境保护工作水平。这三个转变的核心就是以环境保护优化经济发展。

首先，以环境保护优化经济发展是探索环保新道路的本质要求。积极探索代价小、效益好、排放低、可持续的中国环境保护新道路，是我国环境保护工作的重要战略部署，是根据我国环境基本状况作出的重要决策。其中，“代价小”就是要坚持环境保护与经济发展相协调，以尽可能小的环境代价支撑更大规模的经济活动。“效益好”就是要坚持环境保护与经济社会建设相统筹，寻求最佳的环境效益、经济效益和社会效益。“排放低”就是要坚持污染预防与环境治理相结合，用适当的环境治理成本，把经济社会活动对环境的损害降低到最小程度。“可持续”就是要坚持环境保护与长远发展相融合，以环境保护的不断加强促进经济社会永续发展。

其次，以环境保护优化发展是落实科学发展观的重要途径。根据中国科学院可持续发展战略研究组的研究，总体上，我国的经济仍然是粗放式增长方式，以牺牲环境资源为代价，表现出高资本投入、高资源消耗、高污染排放和低效率产出四大特征。经济结构、经济规模、技术水平已成为影响环境的主要因素，环境问题的重要原因就是经济发展方式问题。粗放和落后的经济发展方式带来了各种环境问题，也阻碍了我国经济综合实力的提升，对长期发展十分不利。所以，实现科学发展必须重视环境问题，正确处理经济发展与环境保护的关系，当前与长远的关系，以环境保护推进经济发展方式转变，加快资源节约型和环境友好型社会建设。

第三，以环境保护优化发展是总结实践经验的必然选择。环境保护之所以能够优化发展，是因为环境保护要求把环境承载力作为经济发展的基础条件，要求经济发展走少排放、低排放模式。这对经济行为主体是一种外在的强制约束条件，会促使他们努力进行技术创新，提高资源利用效率并尽量循环利用再生资源，而且还能激励他们通过发展绿色产业而获得新的经济效益。研究表明，当环境管理增加1%时，企业的研发投入强度、专利制授权数量以及新产品销售收入分别增加0.12%、0.30%和0.22%，证明加强环境保护可以更好促进而不是妨碍经济发展，这一结论在一些发达国家的发展历程上得到印证。从“以牺牲环境换取经济增长”到“以保护环境优化经济增长”，这个转变实际上经济发展与保护关系的一个变化。在这种新型的有关系下，环保不再是被经济发展所牺牲、排斥的因素，相反是促进和改善经济发展的重要因素。

（二）始终把削减总量作为环境保护的首要任务

污染物减排工作是贯彻落实科学发展观，构建社会主义和谐社会的重大举措，同时也是建设资源节约型，环境友好型社会的必然选择，是推动我国经济结构转型，改变发展模式的重要战略途径。“十一五”将污染物减排确定为约束性指标之一，充分体现了国家环境保护的政治意志，赋予了污染减排艰巨的历史使命，也使得我国的污染减排工作具有了更加丰富的内涵，在我国发展面临资源环境“短板”，经济基础遭遇污染冲击的关键时刻，污染减排的实践，将带领我们跨越“环境高峰”，进入一条通往生态文明的和谐之路。

随着对环境保护规律认识的深化，环境污染治理的认识和实践也不断深入。20世纪70年代，主要抓的是水、气、渣工业“三废”的治理；20世纪80年代，开始从“以组织水、大气、噪声、固体废物的污染治理为主”，转向“以强化环境监督管理为主”，环境保护的方针政策、法规标准大量出台；原国家环保总局在全国18个城市和山西、江苏两省，进行了总量控制基础上的排污许可证试点和推广工作。实践证明，总量控制和排污许可证制度对控制污染物排放的效果显著。党中央、国务院高度重视污染减排工作，“十一五”规划把污染减排作为约束性指标来统筹推进，在制定实施的《国民经济和社会发展第十一个五年规划纲要》中，将主要污染物（化学需氧量、二氧化硫）排放总量削减目标列入约束性指标，要求作为刚性任务必须完成。在规划纲要中，共设置了经济增长、经济结构、人口资源环境、公共服务人民生活四大类22项指标，根据市场机制与政府作用的不同性质，将这些指标划分为预期性指标和约束性指标。预期性指标，就是国家期望发展的目标，主要通过引导市场主体行为来实现。在“十一五”规划纲要中,经济增长和经济结构方面的指标全部是预期性的。约束性指标,是必须实现的目标,是在预期性指标的基础上进一步明确并强化了政府责任的指标,是中央政府在涉及公共利益领域对地方政府和中央政府有关部门提出的工作要求,主要通过依法加强管理和提供服务来实现。“十一五”规划纲要明确指出:“本规划确定的约束性指标,具有法律效力。”所谓法律效力,是指靠国家力量加以保障的效力,如果不执行要承担法律责任,与道德承诺有极大不同;需要一体遵行,没有例外。在22项经济社会发展主要指标中,约束性指标有8项。这8大约束性指标,集中在人口资源环境和公共服务人民生活两大类别,涉及人口总量控制、单位GDP能耗、单位工业增加值用水量、耕地保有量、主要污染物排放总量、森林覆盖率、城镇基本养老保险覆盖人数、新型农村合作医疗覆盖率等方面。纲要中提出“十一五”期间污染减排指标指的是:全国二氧化硫、化学需氧量(COD)排放总量要在2005年的基础上削减10%,这就是污染减排任务的来源。介绍一点背景材料,当时原环保总局提出的目标是,主要污染物排放总量控制在2005年的水平,是中央领导同志站在科学发展的战略高度,确定全国在“十一五”期间主要污染物排放量必须削减10%。

抓好污染减排工作,要通过三个途径。一是深挖工程减排潜力。着力推进治污工程减排,这是确保完成减排目标的关键所在。要超前谋划,抓住减排重点环节,不断拓宽减排领域。要细化量化目标任务,强化责任时限。对重点治污工程项目,特别是城镇污水处理厂、垃圾处理场、电厂脱硫工程任务进行细化分解,明确工程内容、完成时限、责任单位、督导单位,实行环多部门联动机制,加强检查调度,坚持定期通报,确保按期完成任务。二是拓展结构减排空间。积极推进结构调整减排,这是解决结构性污染的根本性措施。要按照“增优减劣相结合”的原则,严格执行国家产业政策,认真落实落后产能淘汰计划,加大对电力、钢铁、建材、焦炭、造纸等高耗能、高污染行业落后生产能力的淘汰力度,确保按规定时限完成落后产能淘汰任务。三是强化管理减排举措。切实加强监督管理减排,这是减少污染排放的重要保障。近年来,我省新建了很多减排工程,要充分发挥这些工程的减排减排能力,实现减排效益,监督管理工作就显得尤为重要。工程项目上不去,减排就是无源之水、无本之木,工程项目上去了不能保证正常运行,就成了瞎子的眼睛、聋子的耳朵,同样不能达到理想的减排效果。因此,要依法加强监督检查,确保治污设施稳定达标运行,切实做到“建得起、配上套、转得开”。总的说,污染减排就是依靠治污工程消减存量,依靠淘汰落后腾出容量,依靠提高环境准入严控增量,依靠监督管理控制总量。

从全省来看,要完成好污染减排任务目标,还要继续抓好新、老“双三十”示范工程和千家重点监控企业。新、老“双三十”减排量占全省减排量的大半,抓住新、老“双三十”就是抓住了污染减排的关键,就是抓住了重中之重,所以必须加以不断深化。要继续完善总量控制制度,健全污染减排、淘汰落后产能与新建项目审批相结合的机制,推行排污权交易,严控二氧化硫、氮氧化物、化学需氧量、氨氮总量排放。千家重点监控企业主要污染物化学需氧量、氨氮、二氧化硫和氮氧化物排放量分别占到全省工业企业排放量的72.5%、69.1%、78.3%和85.9%。要以千家重点企业为重点,实行严格的主要污染物排放量化管理和强制性清洁生产审核,并建立企业环境信用评估制度,定期向社会公布。

(三)始终把改善质量作为环境保护的根本目的

改善环境质量是我们一切工作的生命线,我们一切的工作就是为了让人民群众喝上干净的水、呼吸上清新的空气、吃上放心的食物、睡上安稳的觉。好的环境是人们生活的基本需求,保护环境是政府公共服务的基本领域,也是我们党执政为民的具体体现。随着我国经济实力、财政实力的增强,现在已经到了有条件、有能力解决关系民生的突出环境问题的时候了。必须秉承发展为民、环保为民的理念,痛下决心,切实解决好影响人民群众生产和身体健康的环境问题。一是集中技术力量认真研究制约城市大气环境质量改善的关键问题,采取综合手段,优化能源结构,严格煤炭消费总量控制,提升清洁能源使用率,大力发展集中供热,加快推进市区重污染企业退城进郊,进一步加大颗粒物、挥发性有机物污染防治力度,加强机动车尾气污染治理,积极推进公交汽车使用新能源,加速淘汰黄标柴油车。二是紧密结合本地实际,深入分析水污染防治所面临的形势,认真研究对策措施,加速推进水体环境质量改善。要严格实行全流域跨界断面水质目标考核并扣缴生态补偿金制度,积极推进省主要河流跨省和跨设区市断面水质自动监测设施建设,加大环境监督管理力度,严厉打击违法排污行为。全面落实《全国城市饮用水水源地环境保护规划》、《河北省饮用水水源地保护规划》,进一步加强饮用水水源地环境管理,依法取缔关闭饮用水源保护区内违法建设项目。三是突出抓好重金属、危险废物、危险化学品及辐射等重点领域和南水北调工程沿线等环境敏感区环境风险管理,完善环境风险源分类档案和信息数据库,建设环境风险防范、预警、应对、处置体系,努力解决工业化过程中环境安全保障问题。采取最严格的环保措施,整治重金属环境污染行为,确保达标排放和环境安全。

(四)始终把防范风险作为环境保护的基本要求

离开环保谈发展,是空谈;不防风险抓环保,是死路。防范风险就是加强重点领域环境风险防控,维护环境安全,实现安全发展。随着经济社会的快速发展,近年来我省各类环境突发事件也处于高发、频发态势,我省先后发生白洋淀死鱼、沧州TDI爆炸、山西省大沙河煤焦油泄漏跨界污染威胁我省保定市北京备用水源王快水库,山西省污染北京备用水源张家口市壶流河水库,以及张家口、承德两市尾矿库溃坝废水污染直接威胁密云、官厅水库等较大级别以上突发环境事件8起,给经济发展和社会稳定及人民群众生命财产安全造成了巨大的危害和损失。所以说,必须把防范风险抓紧抓实,当作环境保护工作的一项基本要求贯穿始终。

一是防范风险事关民生大局,抓不好群众不答应。环境风险事关民生,影响安全稳定,必须优先解决。近年来,环境污染事故密集发生,由此引发群众信访居高不下,导致的群体性事件在部分省区集中爆发。环境污染事故造成的损失、危害和影响触目惊心,并呈增长之势,引起社会高度关注,造成恶劣影响。2005年4月10日,浙江省东阳市画水镇爆发大规模冲突。东阳市政府将数家化工厂、农药厂迁到当地建成"化工工业园"。导致当地环境严重污染,稻田不生、山林被"毒死"。农民因不满化工厂污染环境,占据化工厂,与入厂警察发生冲突,致数十人被打死,愈千人受伤,遭推翻或破坏的警车多达数百部。陕西凤翔"血铅"案,引发恶性群体事件。2009年8月,陕西长青镇东岭集团冶炼公司环评范围内两个村庄731名儿童接受血铅检测后,确认615人血铅超标,其中166人属于中度、重度铅中毒。"血铅事件"发生,造成群众恐慌。当年8月16日上午,群众将该厂铁路专用线300米围墙掀翻,砸烂了前来送煤的货车和停在厂区的工程车。随后,投资6亿元的铅锌冶炼和焦化项目彻底关停。

以上事件的发生看似偶然,但有其必然性。根本原因,是片面追求GDP忽视环境保护,忽略风险防范,而导致长期积累的矛盾集中爆发,是环境保护、风险防范观念滞后于经济发展的必然结果。GDP至上的政绩观是重经济发展轻环境保护、污染事故多发的重要根源。在这种发展观、政绩观下,污染项目闯过了环保关口,违法企业得到了庇护,致使GDP上升了,环境质量下降了;财富增加了,群众的幸福减少了,这是以环境换取经济发展的结果。同时,随着环境问题的日益突出,群众环保意识的逐步提高,环境信访问题得不到合理解决、污染事件的发生已经成为引发群体性事件的一个新的诱因。究其原因,主要是污染危机受损者的基本生存、公众环境参与的权利没有受到应有的尊重,环境风险防范没有落到实处。

二是防范风险事关经济发展,抓不好就影响区域发展。今年以来,中国连续发生多起危险废物非法转移倾倒事件,严重威胁环境安全,损害人民群众身体健康。特别是近期云南曲靖发生的铬渣非法转移倾倒事件,更是引发多方关注。9 月 1 日,环保部张力军副部长在北京召开全国危险废物污染防治工作视频会议上宣布,从即日起,停止受理、审批云南省曲靖市的所有工业建设项目环境影响评价文件,直至该市全部完成非法倾倒铬渣和被污染土壤的处置工作等整改要求。同时强调,"十二五"期间,环保部将建立危险废物污染责任终身追究制,加大对企业索赔、罚款和刑事处罚力度。环保部将开展全面检查,并把相关情况报送中央纪委处理。环保法明确规定"地方各级人民政府,应当对本辖区的环境质量负责",环境问题得不到解决或解决不好,最终会导致付出更大的行政成本,影响政府的形象、损害政府的公信力,消弱政府的权威。只有优先解决了环境问题,才能以最小的行政成本实现好群众的根本利益,赢得解决问题的主动权。安全、环保、稳定,关系发展、关系民生更关系发展大局,任何时候都不能掉以轻心。

三是防范风险事关行政作为,抓不好就要被问责。近年来的环境污染和突发事件,引起了国际国内和高层领导及社会各界的广泛关注。由此引发的教训也让人记忆深刻。2004 年,四川沱江特大水污染案,环保局分管环境监测、环境监理、污染管理的副局长宋世英,环境监测站站长张明和环境监理所所长张山,违反相关的职责规定,在工作中严重不负责任,未能及时有效地预防、阻止重大环境污染事故的发生,致使公私财产遭受重大损失,分别被判处有期徒刑 2 年 6 个月;2 年 6 个月,1 年 6 个月、缓刑 2 年。他们用这种方式结束了自己的政治生命。2005 年 11 月 13 日,中国石油天然气股份有限公司吉林石化分公司双苯厂硝基苯精馏塔发生爆炸,引发松花江水污染事件,12 人受到党纪、政纪处理。2008 年云南阳宗海污染事件对导致阳宗海水体砷污染事件的 26 名相关责任人给予行政问责。其中,厅级干部涉及 2 人:玉溪市副市长陈志芬被责令引咎辞职;省水利厅副厅长陈坚受到通报批评,另有玉溪市市长助理杨正祥(市环保局原局长)等 12 人被免职。这样的事例还很多,我省也有。如白洋淀死鱼事件依法依纪给予保定市新市区副区长李文利行政警告处分;给予满城县副县长刘力雄行政记过处分,免去其副县长职务;给予满城县大册营镇党委副书记、镇长石国栋行政记大过处分,免去其镇党委副书记、镇长职务;给予满城县大册营镇党委委员、副镇长刘志军行政降级处分,免去其镇党委委员、副镇长职务等。当前,正处于环境事件高发期、多发期,抓好风险防范有大量的工作要做,环保部门担负着更重责任,必须全力抓好,确保环境安全。

所以,必须持续保持环境执法高压态势。该处罚的一律处罚,该停产的一律停产,该取缔的一律取缔,坚决遏制住环境违法反弹势头。必须加强环境应急管理不懈怠。加大对重点地区、重点行业和重点企业的现场检查力度,落实和完善突发环境事件应急预案预防预警措施,确实提高应急能力,有效防止和妥善处置突发环境事件。必须加强环境预警监测不放松。健全全程监控的应急监测网络,实时掌握环境质量和污染源监测数据的动态变化,判断可能出现的环境风险,提出应对的建议和措施,保证在环境问题突发之初,情况摸得清,污染说得明,对策提得准。必须解决环境污染问题不手软。以重有色金属矿(含伴生矿)采选冶炼业、含铅蓄电池业、皮革及其制品业、电镀等表面处理业、化学原料及化学制品制造业等 5 大行业为重点,全面排查环境隐患,实行全过程监管,杜绝污染事故发生。

在座的诸位,环境保护这条纽带把我们联接起来,我们共同的目标是保护环境,建好家园,推动又好又快发展。让我们携起手来,齐心协力为科学发展保好驾护好航,为维护群众的环境权益鞠躬尽瘁!

(2011 年 9 月 20 日)

提高认识　强化举措
努力开创全省固体废物管理工作新局面

——姬振海厅长在全省固体废物管理工作会议上的讲话

同志们:

这次全省固体废物管理工作会议非常重要。今天上午,广平副厅长全面总结了"十一五"期间的固体废物管理工作,充分肯定了过去的成绩,准确分析了存在的问题和面临的形势,并对下一步工作进行了安排部署,我完全同意;石家庄、廊坊、保定、沧州4个市和华北制药集团、涞水县风华环保有限公司2家企业根据各自的实际,分不同侧面介绍了做法和经验,我认为大家做得非常好。今天下午,与会的同志对工作报告和相关的文件,以及如何强化固废管理进行了认真讨论,提出了很多好的意见和建议。会议结束后,污防处和固管中心的同志要逐条认真研究梳理,能够立即采纳的,抓紧研究落实,因条件暂时不具备、一时不能吸纳的,或需要与相关部门协调解决的,也要积极做工作,创造条件,尽快实施。下面,就如何做好全省固废管理工作,我再强调三点。

一、统一思想,提高认识,切实增强做好固体废物管理工作的责任感和使命感

(一)加强固体废物管理是环境保护工作的应有之义。大家知道,在1973年8月召开的第一次全国环境保护会议上,首次提出了开展废水、废气、废渣“三废”治理和综合利用为主要内容的环境保护工作。之后,国家计委等部门联合制定出台了关于治理工业“三废”开展综合利用的规定。从此,废气、废水、废渣“三废”治理就成为了国家环境保护工作的重要组成部分。简单理解,废渣就是我们今天所说的固体废物。

按照固体废物污染环境防治法的解释,固体废物是指在生产、生活和其他活动中,产生的丧失原有利用价值或者虽未丧失利用价值但被抛弃或者放弃的固态、半固态和置于容器中的气态的物品、物质以及法律、行政法规规定纳入固体废物管理的物品、物质。液态废物也是按照固体废物管理的。比如钢铁企业产生的废酸、化工企业产生的反应釜残留液都属于危险废物的范畴。而固废管理就是运用环境管理的理论和方法,通过法律、经济、技术、教育和行政手段,鼓励废物资源化利用和控制废物污染环境,促进经济与环境的可持续发展。由于固体废物兼具综合性污染,它往往与水、大气污染问题伴生,一定程度上是水、气污染处理过程的终态,同时也可能成为新的污染源头,因此固废管理与水、大气环境管理密不可分,加强固废管理是水和大气污染防治工作的延伸和拓展,做好环境保护工作的应有之义。

(二)加强固废管理是深化污染减排工作的重要内容。污染减排是当前和今后一段时期环境保护工作的重中之重。应当说,“十一五”期间我省的污染减排工作取得了突破性进展,不但较好地完成了国家下达的任务目标,有效地改善了全省的环境质量,更重要的是建设了一大批治污工程,包括新建城镇污水处理厂168座,污水处理率达到80%,提前两年完成“十一五”规划指标;累计建成运行电厂脱硫装机容量 3352 万千瓦,占全省火电总装机容量的 99.8%,提前 14 个月完成国家下达的"十一五"机组脱硫任务。在充分肯定污染减排工作成绩的同时,大家也应当清醒地认识到,有些环境问题还没有根本解决,可以这样讲,水中的污染物经过治理,COD(化学需氧量)变成了污泥,二氧化硫进入了脱硫副产物,也就是由原来的液态污染物、气态污染物变成了固体废物,其中还有很大一部分属于危险废物。2010 年大气二氧化硫治理产生的脱硫石膏达 420 万吨,城镇生活污水处理厂产生的污泥达 120 多万吨。如果没有得到安全处置,不但占用了大量土地,而且经雨水冲刷或倾倒至河流必将再次造成水污染,也会进入大气造成大气污染,侵蚀土壤造成土壤污染,我们所取得的污染减排成效必将大打折扣,环境质量也得不到全面改善。据调查,全省城镇污水处理厂产生的污泥 80%送垃圾填埋场填埋,其含水率(80%左右),远低于国家含水率不得高于 50%的要求。在污泥运输过程中,也发现在路边河道倾倒、在简易场所堆放污泥的现象。同时不少垃圾填埋场建设不达标,垃圾渗滤液渗入地下污染土壤和地下水,填埋发酵挥发的气体污染周边空气。省会石家庄桥东污水处理厂日产污泥 300 吨,由于峡石沟填埋场空间饱和已封场,选择在栾城县一农村简易场所堆放,现场黑色污泥散发恶臭,环境恶劣。

"十二五"期间,减排指标在化学需氧量、二氧化硫两项指标的基础上,又增加了氨氮和氮氧化物,其最终处置结果仍然以固态形式出现。在今年开展的污染减排半年核查工作中,环保部明确提出,污水处理厂不按要求建设污泥处理设施,或污泥未得到安全处置的,对其化学需氧量和氨氮不予核算减排量。因此加强固体废物环境管理,不但能够从根本上防范风险、解决污染问题,而且对于确保减排成果、改善环境质量至关重要。

(三)加强固体废物管理是保障环境安全的重要载体。9 月 17 日,张庆伟代省长在听取全省环保工作汇报时指出,环境安全非常重要,与生产安全、药品食品安全一样,事关人民群众身体健康和切身利益,环保部门肩负着不可推卸的责任。9 月 1 日和 15 日,环保部先后两次召开视频工作会议,张力军副部长亲自部署危险废物污染防治和危险化学品环境管理工作,要求就两项工作开展专项大检查。因此,坚持以人为本,维护环境安全、解决影响民生突出环境问题,既是贯彻落实科学发展观、构建和谐社会的必然要求,也是各级领导同志的殷切希望,更是我们各级环境保护部门应尽的职责。

近年来,随着"十一五"、"十二五"节能减排工作的实施与深化,水和大气污染的治理工作有了突破性的进展，常规环境污染因子恶化势头有所遏制，但重金属、持久性有机污染物、土壤污染、危险废物和化学品污染问题日益凸显，这无一不涉及固体废物管理的问题。作为“三废”之一的固体废物的治理工作明显滞后，主要表现为固体废物处置水平总体偏低，部分地区污染呈加重趋势，由固废污染引发的环境问题和事件日益增多。特别是危险废物因其种类繁多、成分复杂、兼具毒性、腐蚀性、潜伏性等多种危害特征，使得固体废物的治理具有长期性和艰巨性，由此带来的环境问题日益凸显，使得固废环境管理成为环境保护的工作重点和难点，在一定程度上制约了经济社会的快速发展。如果处理不当，将会造成严重的环境污染，危害人民群众的身体健康。近期云南省曲靖发生的铬渣非法转移倾倒事件，在社会上造成了恶劣影响。我省与危险废物有关的违法案件和突发环境事件也时有发生，引发的群体性事件逐渐增多。前不久，我省就发现 3 起非法倾倒危险废物（废弃化学品）的违法案件，造成事发地环境污染和农作物受损，威胁群众饮水安全。我认为，当前我省固体废物特别是危险废物的问题，既非常重要，又相当敏感，不加强这方面的工作，不真心去抓去管，人民群众的环境安全和身体健康就难以得到保障。

二、着眼全局，突出重点，统筹推进固体废物管理工作

固废管理工作千头万绪，需要做的事情很多，可以做的事情也很多，要善于抓住那些制约、影响和决定全局的主要方面，集中精力抓要事、攻难事、干大事。当前要紧密结合环保工作中最紧要、最迫切的问题，突出重点，大力推进。

（一）抓重点行业。我省的危废产生企业主要集中在化学原料及化学制品制造业、黑色金属冶炼及压延加工业、医药制造业、造纸 4 个行业，这 4 个行业产生量占全省总量的 84%。从危险废物产生类别看，我省危险废物涉及 33 大类，前六位依次为废酸、医药废物、染料涂料废物、有机溶剂废物、废矿物油、精蒸馏残渣，上述六大类危废占总量的 83.4%。当前要按照环保部的要求，将铬盐、多晶硅、铅酸蓄电池、危险废物处置设施运营、危险化学品生产经营、产生电子废物的通信运营等行业作为重点，认真检查企业危险废物基本制度执行情况。

（二）抓重点企业。据初步调查，全省年产生危险废物超过 10 吨以上的企业为 519 家，其中包括 100 吨的企业（也就是要作为危废国控源）为 212 家，这些企业所产生的危险废物的总量占全省的 98%以上。因此我们要加强全省危险废物的管理,就必须首先紧紧扭住这500余家重点企业。近期,环境保护部已就加强危险废物的管理,印发了考核指标体系,明确各地产废企业、经营企业危险废物抽查合格率分别达到90%和95%以上,并要求把危险废物规范化管理纳入政府环境考核指标。省环保厅及时印发了加强危险废物和医疗废物监管的实施方案,决定自今年起利用一到两年的时间,集中开展危险废物规范化管理专项整治。各级环保部门要抓紧确认危险废物重点监管名单,积极开展申报登记和建立台账工作,从申报登记、管理计划和产生台账、污染防治措施、设施、规范化贮存与处置、规章制度、标志标识、应急措施、职工培训等八个方面进行规范。

(三)抓重点区域。危险废物产生量大、产废企业比较集中的市、地区是我们监管的重点区域,石家庄(49家)、唐山(46家)、衡水(10家)、秦皇岛(16家)等四市重点危险废物产生企业121家,危险废物产生量占全省重点源的89%。这些地区环境风险大、监管任务重,要针对本地区的行业特点和产业布局,认真制定科学的监管方案,确保危险废物得到安全处置,有效地防控环境风险。当前全省要重点抓好重金属重点区域的污染防治工作。目前我省组织编制的《河北省重金属污染综合防治"十二五"规划》将辛集、无极、安新、徐水、清苑、蠡县等6县列为重点防治区,各级环保部门要着力加强涉重金属危险废物产生企业的全面监管。突出抓好重点防护区和南水北调工程沿线等环境敏感区环境风险管理,完善环境风险源分类档案和信息数据库,建设环境风险防范、预警、应对、处置机制。要全面落实环境影响评价制度,采取最严格的环保措施,坚决淘汰落后产能。对治理不达标企业坚决予以关停。

(四)抓重点环节。如何有效地监控危险废物的流向,是当前固废管理的重要课题。在危险废物转移方面,如何确保产废单位拟转移的准确数量、如何确保按程序安全转移和处置等等,都需要认真分析和思考。我认为,逆向追查危险废物转移去向的做法就很好,根据目前危险废物经营企业签订处置协议较多、实际履行合同较少的现状,"按图索骥",对危险废物经营企业签订处置协议进行全面统计,到底有多少家产废企业虽签了协议但实际没有向处置企业转移危险废物,到底有多家产废企业实际转移量与协议处置量差距较大,到底有多少家企业将危险废物交给没有处置资质的企业进行了处置。初步调查,目前全省产废企业危险废物产生量大(66.4万吨),处置企业处置能力不足(53.26万吨),按市场规则看,处置企业应该十分忙碌,实际情况是处置企业运行负荷很低,大量危险废物去向不明,环境隐患很大。这需要加大监管力度,发现问题,要一查到底,绝不姑息。要探索全过程监控危险废物转移的途径,积极构建危险废物转移监控信息网,运输车辆全部安装 GPS 定位仪,预定运输车辆行驶路线,实现信息平台实时监控车辆去向,杜绝运输车辆随意变更行驶路线,沿途倾倒危险废物或交给其他企业进行处置。

三、明确责任,狠抓落实,全面提升固体废物监管水平

(一)严格落实污染治理责任。按照"谁污染、谁治理"的原则,产废单位是污染治理的责任主体,应对工业生产过程中产生的固体废物承担处理处置责任,其法定代表人或其主要负责人是第一责任人。产废单位应当切实履行职责,对固体废物产生、运输、贮存、处理、处置实施全过程管理,建立、健全污染环境防治责任制度,采取防治工业固体废物污染环境的措施,设置专门的监控部门或专(兼)职人员,确保固体废物妥善处理处置,严禁擅自倾倒、堆放、丢弃、遗撒。产废单位需要终止经营的,应当事先对工业固体废物的贮存、处置的设施、场所采取污染防治措施,并对未处置的工业固体废物作出妥善处置,防止污染环境。产废单位发生变更的,变更后的单位应当按照国家有关环境保护的规定对未处置的工业固体废物及其贮存、处置的设施、场所进行安全处置或者采取措施保证该设施、场所安全运行。危废产生单位不处置或者处置不符合国家有关规定的,由环保部门指定单位代为处置,处置费用由产生危险废物的单位承担,危废产生单位不处置其产生的危险废物又不承担处置费用的,由环保部门责令限期改正,处以代处置费用 1－3 倍的罚款。

(二)切实加强固废日常监管。注重把握两个方面:

一是从严执法。各级环保部门在固废管理过程中要始终坚持"三严执法"要求,从严审批,从严监管,从严问责。在审批新、改、扩建项目环评文件时,要明确危险废物管理具体要求,特别注意审查危险废物的产生量和利用处置去向,严格把好环境准入关。对于危险废物运输和处置条件不具备、危险废物环境监管机构不健全、危险废物环境监管措施不落实的地区,不得新扩改建产生危险废物的建设项目。对危险废物贮存、利用和处置措施不落实的,不予通过建设项目竣工环境保护验收。要研究提高危废经营单位准入标准,在经营规模、投资额、装备水平等方面明确细化要求,进一步完善程序和流程,加强审查和审核,对于满足标准要求的企业给予积极支持,扶持其做大做强。对不满足标准的,坚决不予许可。同时要加强对持证经营单位的日常监督检查力度,重点检查其合法经营情况,坚决打击伪造出租经营资质、倒卖危险废物、超范围经营、签假处置协议等违法行为。对严重违法行为要发现一起,查处一起,依照法律法规实施高限处罚。要推行环境信息公开,危险废物重点企业每年要向社会发布企业年度环境报告,公布危险废物产生、贮存、去向、利用和处置等情况,充分利用新闻媒体力量加强舆论监督。

二是热情服务。企业是经济社会发展的重要力量,是环保部门的管理对象,同时又是重要的服务对象。各级环保部门要按照庆伟代省长近日提出的"环保先行、提前介入,为我省调结构、转方式、上项目提供重要保障和支撑"的要求,以良好的状态抓工作,以严格的要求干事业,以务实的作风促落实,以扎实的成效保发展。要继续畅通联系渠道,通过采取设立热线电话、开通QQ群、网络微博、定期召开恳谈会等形式,使企业的诉求能够反映到直接负责部门。要建立企业互通渠道,搭建固废处置、资源交换信息平台,促进企业间的交流。要不断提高工作效能,实行首问负责制和限时办结制,落实"一次性"告知、"一站式"办清手续,绝不允许推诿、拖延,更不能借机吃拿卡要。各级环保部门特别是负责固废管理的同志们要主动增强服务意识,多搞调研,多摸情况,多掌握企业在办理固废管理事项遇到的难题,研究措施加以解决。

(三)建设强有力的固废监管队伍。一是加快推进固体废物管理机构队伍建设。在当前固废监管任务非常繁重情况下,没有专门的人员和机构,很难有效开展工作。各级环保部门要认真落实省编办、人社厅、财政厅、环保厅联合印发的《关于切实加强全省环保管理机构和队伍规范化建设的意见》,请求支持设立和加强固体废物管理机构,特别是危废产生量大、监管任务较重的市县,应该在管理机构的队伍建设中先行一步。一时争取不到机构的,也要保证有专人负责固体废物管理工作。二是加强固废监管基础能力建设。今后一段时期,各级环保部门要在固废监管能力建设上给予重点倾斜,加大投入。队伍拉起来了,还要很好地武装起来。既有硬件方面的也有软件方面的。按照环保部《固体废物管理中心建设标准》,配足业务用车和执法车辆,购置现场取证设备、快速检测仪器。同时要在监管手段上搞创新,建立全省危险废物管理信息系统,实现危险废物网上申报登记、转移管理和经营许可证审批;逐步实施电子监控,全过程跟踪监管危险废物产生、贮存、转移、利用、处置情况。全省危险废物产生单位和经营单位要设立专门的机构和人员,确保相关管理人员和从事危险废物收集、运送、暂存、利用和处置等工作的人员掌握国家相关法律法规、规章和有关规范性文件的规定;熟悉本单位制定的危险废物管理规章制度、工作流程和应急预案等各项工作要求;掌握危险废物分类收集、运送、暂存的正确方法和操作程序，提高安全防护和应急处置能力。三是强化固体废物管理人员业务培训和技术指导。固废管理专业性很强，需要学习内容很多。固体废物污染防治方面的法律除《环境保护法》等综合性法律外，还包括《固体废物污染环境防治法》，以及医疗废物管理、危险化学品安全管理、废弃电器电子产品回收处理管理等多个条例。同时国家出台的专门的涉及固体废物管理规章达到 25 个，涉及固体废物污染控制标准和技术规范 58 个，固体监测方法标准 19 个，危险废物鉴别技术标准规范 12 个。各级环保部门要加强对管理人员，以及重点产废、经营企业相关人员的培训，制定切实可行的培训计划，全面提高固废管理人员的业务和法律水平。四是深化固废管理队伍的廉政建设，从这几年全国发生的环保系统违法违纪案件情况来看，涉及到固体废物管理的案件数量开始增多，并出现群体违法的现象。主要表现为，个别工作人员明示或暗示企业将废液、废渣等交由与自己有经济利益关系或亲缘关系的企业处理，从中谋利；或勾结行贿者垄断危险废物回收、徇私审批，或利用监管职务之便收受贿赂，严重损害环保系统特别是固废管理人员的形象。在这里，我重申：各级环保部门必须加强廉政勤政建设，一旦发现违规违纪行为，必须依法依规对相关人员进行严肃处理；对发生重大问题、影响恶劣的，坚决追究有关领导和人员的责任。

同志们，全省固废管理工作的目标已经确定，任务也已明确。让我们在省委、省政府的正确领导下，进一步解放思想，坚定信念，凝心聚力，真抓实干，为全面做好我省固体废物管理工作而努力奋斗！

（2011 年 9 月 22 日）

以张庆伟代省长讲话精神为动力 全面推动环保工作再上新台阶

——姬振海厅长在全省环保系统领导干部视频会议上的讲话

同志们：

刚才，智明副厅长传达了庆伟代省长、杰辉副省长的讲话。庆伟代省长来河北不久，利用星期六一上午的时间，听取环保工作汇报，充分体现了对环保工作的高度重视。下面，我就如何深入贯彻落实庆伟代省长的讲话精神，讲三点意见。

一、要充分认识讲话精神的重要意义

庆伟代省长的讲话,充分体现了落实科学发展、加快经济发展方式转变和结构调整的决心,充分体现了对环保工作的高度重视。讲话很诚恳、很亲切,这既是对全省环保事业的关注和支持,也是对全省环保系统干部职工的极大关怀和鞭策,充满希冀、令人鼓舞、催人奋进。

一是庆伟代省长的讲话站位高。讲话从科学发展、和谐发展、安全发展的高度明确了做好环保工作的要求和方向,提出"环保要在更高层次、更宽范围、更大尺度上扮演重要角色",为我们创新发展、谋划工作开阔了视野、拓宽了思路。

二是庆伟代省长的讲话要求新。讲话中明确要求"在转方式、调结构中,环保要先行;在实施全省重点发展战略中,环保要提供支撑;要提升环保规划审核标准,突出约束性、权威性。"这些新要求、新希望,既是对全省环保工作的肯定和指导,更是对环保系统干部职工干好工作、奋发有为的信任和嘱托。

三是庆伟代省长的讲话内容实。囊括了深化污染减排、加强环保队伍建设、完善环保法律法规、加强辐射安全监管、提升污染治理水平、防范环境风险等多项内容,讲话既有宏观的战略把握,又有微观的工作指导;既有总体的思路设想,又有具体的目标要求。

庆伟代省长的重要讲话,为当前和今后一个时期我省环保工作发展指明了前进的方向,是指导环保工作的重要指针。对于全省环保系统进一步统一思想,明确方向,抓好各项工作落实,确保圆满完成"十二五"开局之年的各项目标任务,具有十分重要的意义。全省环保系统广大干部职工一定要认真学习庆伟代省长的重要讲话,把学习贯彻落实庆伟代省长的讲话精神作为当前环保系统的重大政治任务抓好、抓实,切实把思想和行动统一到讲话精神上来,认真学习领会,全力抓好落实,真正把讲话精神落到实处,贯彻到环保工作的第一线,为推动环保事业科学发展打下坚实的思想基础和政治保障,实现"十二五"良好开局。

二、要切实抓好讲话精神的贯彻落实

抓好庆伟代省长讲话精神的贯彻落实,要做到"五个结合",以更高站位、更严标准、更大力度、更实举措,推动全省环保工作再上新台阶。

一是将学习讲话与贯彻全省领导干部会议精神结合起来。全省领导干部会议是在"十二五"开局之年攻坚冲刺的关键时刻召开的一次重要会议,强调要全力以赴抓发展、尽心竭力抓民生、毫不松懈抓稳定、从严要求抓党建，做到“四个确保”，体现了省委、省政府“铁腕抓落实”的过硬作风和“确保结好果”的必胜信心，为当前和今后一个时期全省经济社会发展指明了方向。庆伟代省长指出在今年全省任务完成当中，“环保系统要做典范、做榜样，为我省增光添彩”，庆伟代省长对我们环保工作又提出了更高的期望和要求，要将学习庆伟代省长的讲话精神与贯彻落实全省领导干部会议精神有机结合起来，核心是以良好状态抓工作，关键是以务实作风抓落实。全省环保系统广大干部职工要认真领会，增强信心，坚定决心，把思想和行动统一到省委、省政府的决策部署上来，以攻坚克难、决战决胜、时不我待的精神状态，抓好各项工作的落实，确保实现“十二五”开局开门红。

*二是将学习讲话与完成全年任务目标结合起来。*庆伟代省长强调指出今年还有一个季度，环保部门要切实落实“四个确保”要求，要继续努力工作，攻坚克难，开拓创新，确保不在环保系统出现大的问题，确保不影响第八次党代会的胜利召开，确保全年环保目标任务圆满完成。在这仅剩的一个季度里，我们要树立起严格的时间观念，对照年初安排部署，对各项工作进行清仓盘点，看看做到了什么程度，距目标还有多远，存在问题有哪些，一天天算账、一项项排队、一件件落实。要进一步增强“等不得”的紧迫感、“慢不得”的危机感、“松不得”的责任感，围绕重点工作倒计时，一项任务一项任务地分解，一个问题一个问题地解决，一个步骤一个步骤地推进，确保取得实实在在的成效，以更加出色的成绩回报省领导的关心和期望。

三是将学习讲话与总结经验、完善思路、创新机制结合起来。“十一五”期间，我们环保工作确实取得了很多成绩，也得到了省领导的一致认可。杰辉副省长用遇到的挑战、付出的努力和取得的成绩“三个前所未有”对我省环保工作进行了集中概括。在进一步总结这些成绩的同时，我们也要清醒地看到工作中还有很多需要完善的地方，还有很多需要创新机制的地方。特别是随着环保工作的发展和工作形势不断变化，每一年的目标任务都在更新，环保工作也必须不断的加以完善，与时俱进的加以创新。比如，以前，我们以污染治理设施建设为重点，着力要改变污染治理能力不足的问题。“十一五”期间新建城镇污水处理厂168座，是2005年的5.2倍，实现了县县建有污水处理厂的目标。现在，我们就要以如何管好这些污染治理设施为重点，努力确保稳定运行、达标排放。再比如，电厂脱硝问题，在大方向、大政策已经明确的前提下，在庆伟代省长强调要以省属电厂为重点，加快推进的要求下，我们

要立刻行动起来,列单子,抓重点,不等不靠,加大力度积极推动实施。各处室、单位要结合自身工作,按照庆伟代省长讲话精神和指示要求,以更高站位、更严要求重新梳理工作思路,对整体工作进行再安排、再部署,对好的做法进一步提高标准进行深化,对新的做法进一步开拓创新进行探索,细化责任,紧抓落实,逐条逐项的、全面的、深入的贯彻好庆伟代省长讲话精神。

*四是将学习讲话与创先争优活动结合起来。*创先争优活动是抓党建促工作的有力抓手,是转作风提效能的重要平台,是加强队伍建设的有效途径。要以贯彻落实庆伟代省长讲话精神为动力,进一步深化创先争优活动。全省各级环保部门要树立民生为重、服务为先的导向,坚持环保为民、环保便民、环保利民的方针,以积极探索环保新道路为中心,以"五亮、五比、五评"为载体,以"四开展、四争做"为重点(开展环保审批"提质提效"活动,争做服务发展的模范;开展环保"亮剑执法"行动,争做执法严格的尖兵;开展"练兵习武"活动,争做业务过硬的先锋;开展"勤廉爱岗"活动,争做作风优良的典型),切实把创先争优活动抓好,努力实现推动科学发展、促进社会和谐、服务人民群众、加强基层组织和人才队伍建设的目标任务,促进环保系统服务意识明显增强,服务作风明显改进,服务效率明显提高,服务能力明显提升。要通过争创活动,引领和调动各方面、各层次积极性,打造一支过硬的环保队伍,增强各级党组织和党员干部战斗堡垒和先锋模范作用,夯实环保事业发展根基。

*五是将学习讲话与迎接省第八次党代会献一计活动结合起来。*庆黎书记指出,省第八次党代会是河北省发展的重要里程碑;庆伟代省长在讲话中指出,环保的事绝非小事,事关大局,实施各项重点战略都要围绕环保做文章。环保工作事关民生,事关发展,事关和谐,全省各级环保部门有责任为河北的发展献计献策,为这一里程碑的会议增砖添瓦。省第八次党代会将进一步明确河北的重大发展战略和方向,我们要站在政治和全局的高度,充分认识开展迎接省第八次党代会献一计活动的重要意义,通过献一计这种形式,将环保系统干部群众的智慧激发起来,踊跃献计献策,努力形成群策群力、共谋发展的浓厚氛围,为实现河北科学发展、绿色发展、和谐发展提供有力的支撑。

三、要切实抓好今后几个月的工作

现在距年底仅有三个多月的时间,目前,污染减排任务已分解下达,新一轮"双三十"工程已安排部署,专项行动到了攻坚阶段,最后一个季度是全年各项工作的冲刺阶段,时间紧任务重,全省各级环保部门要充分认识到当前形势的紧迫性和严峻性，切实把思想和行动统一到省委、省政府的决策部署上来，认真梳理年初制定的各项任务，以攻坚克难、决战决胜的精神状态，采取超常措施，狠抓落实，圆满完成“十二五”开局之年各项目标任务。具体来说，要重点抓好以下三个方面工作：

一是围绕全年目标任务倒计时，挂图作战，确保完成。一方面要紧盯污染减排目标任务的完成情况。对四项指标逐个进行摸排，分析完成进度，找出工作节点，有针对性地制定推进措施，全力抓好落实。在工程减排上，进一步加大对列入年度减排计划的重点减排项目建设的督察和调度，千方百计地加快重点项目建设。在结构减排上，进一步加大淘汰落后产能力度和措施，确保按时按量完成淘汰任务。在管理减排上，进一步加大各项政策法规的执行力度，严查严处，确保不折不扣得到落实。另一方面要紧盯环境质量目标任务的完成情况。对空气质量和断面水质达标情况要实时掌握，对出现波动的，要排查原因，倒排时限，明确进度，及时整治，确保实现年初既定的城市空气环境质量和水环境质量改善目标。

二是围绕重点工作看进度，查漏补缺，确保落实。要进一步强化抓重点、重点抓的意识，围绕重点工作谋突破、强带动。要继续做好三项示范工程，即“双三十”节能减排工程、千家企业监管工程、农村环境综合整治工程。新老“双三十”共120家单位，占全省污染减排任务量近80%，对推动完成节能减排目标任务和结构调整发挥着重要作用。对新选“双三十”单位要加强调度，强化督导，完善措施，落实目标责任；对原有“双三十”单位要促其继续巩固提高，挖掘减排潜力，发挥支撑作用。千家重点监控企业主要污染物化学需氧量、氨氮、二氧化硫和氮氧化物排放量分别占到全省工业企业排放量的72.5%、69.1%、78.3%和85.9%，是全省减排的主战线、主战场，必须紧盯严防，强化环境信用等级评定、清洁生产审核及在线监控等措施，加强日常环境执法监督和考核，及时向社会公布。农村环境综合整治工程是改善环境质量、削减总量的重要抓手，“十二五”国家将农村污染物减排列入约束性指标。要紧盯目标任务，着力加强规模化畜禽养殖场（点）污染防治，推进农村生活垃圾处置、生活污水处理等环保示范项目，抓好农业面源污染治理。同时，要进一步推进专项行动和重金属污染防治工作，采取挂牌督办、新闻曝光、责任追究等手段，促进环境违法行为整改到位。各级环保部门要全面掌控每项重点工作进展程度，认真查找与目标任务间的差距和不足，强措施、补短板、加力度，抓改进，确保工作落实。

三是围绕突出问题抓解决,防范风险,确保安全。要始终将影响可持续发展和影响群众健康的环境问题作为重点,加强环境信访和应急工作,化解环境矛盾,确保环境安全、维护大局稳定。对环境违法问题,要一查到底,依法严肃处理,始终保持对环境违法违规行为的严打态势。要以重金属、危险废物、危险化学品及辐射等领域和环境敏感区为着力点,继续开展环境隐患大排查,及时有效化解环境风险,避免重大污染事故发生。特别是在省第八次党代会召开前夕,要重点排查影响社会稳定和环境安全的突出问题,化解隐患矛盾,努力消除不和谐因素,确保安全稳定。

同志们,金秋九月,百果飘香,新的机遇和新的使命已经摆在我们面前,让我们在省委、省政府坚强领导下,牢牢把握这个难得的机遇,开拓创新,积极探索,全面落实各项环保目标任务,为推进我省又好又快发展做出更大的贡献!

(2011 年 9 月 23 日)

把握新机遇　迎接新挑战
努力实现“十二五”减排新突破

——姬振海厅长在全国环保厅局长石家庄论坛上的发言

非常高兴参加这个论坛并有机会与大家交流学习。下面,我简要向大家汇报一下河北污染减排的一些思路和做法。

一、“十二五”污染减排面临的形势

“十一五”以来,河北省各级各部门在省委、省政府的坚强领导和环保部指导帮助下,2010 年全省化学需氧量、二氧化硫排放量,分别比 2005 年削减 17.34%、17.53%,均超额完成国家下达 15%的目标任务;新建城镇污水处理厂 168 座,是 2005 年的 5.2 倍,实现了县县建有污水处理厂的目标。累计建成运行电厂脱硫装机容量 3352 万千瓦,占全省火电总装机容量的 99.8%,提前 14 个月完成国家下达的“十一五”机组脱硫任务;全省设区市城市空气综合污染指数比 2005 年下降 31.64%,11 个设区市空气质量首次全部达到国家二级标准;七大水系三类和好于三类水质的断面比 2005 年上升 18.1 个百分点,劣五类水质断面比例比 2005 年下降 12.7 个百分点,主要污染物化学需氧量平均浓度比 2005 年下降 57.8%,均达到“十一五”规划目标要求。在工作实践中，着力推出了“双三十”节能减排示范工程，实施了全流域生态补偿机制，狠抓了“三严执法”和环境政策机制创新，得到了中央领导和环保部的充分肯定。

但是，我们清醒地认识到，在河北加速工业化和城镇化过程中，污染减排仍面临着严峻的形势，巩固深化减排成果的任务仍十分艰巨，很多新课题、新问题仍需要不断创新探索，“十二五”期间污染减排仍需要啃“硬骨头”。一是减排内容和目标的难度。与“十一五”相比，“十二五”国家将减排内容由两项增加到四项，新增了氨氮和氮氧化物，减排内容增加了，但减排指标仍在高位运行。二是污染削减能力的制约。“十一五”期间，新上了一大批治污工程，大幅度提升了污水处理、垃圾处理和脱硫的能力，新的治污工程的减排潜力变小。三是减排管理范畴的挑战。首次把农业源和机动车等纳入约束性指标管理范围，但农业源和机动车污染排放监管体系还有待建立和完善，政策和技术支撑能力明显不足，减排工作面临全新的挑战。四是控制污染增量的压力。“十二五”我省经济将持续较快增长，能源资源消耗和污染物排放量随之增加，既要削减存量、又要控制增量，减排压力不断加大。五是结构性污染的影响。河北省的产业体系以钢铁、石化、医药等重化工为主，重污染行业结构调整和增长方式的转变需要一个过程，由此带来的结构性污染问题将会在较长时期内存在，在很大程度上影响污染减排任务的完成。

在充分看到污染减排面临的困难的同时，我们也感到当前环境保护面临着难得的发展机遇，特别是各级党委、政府对环保工作越来越重视，减排理念的导向作用日渐凸显，经过多年实践减排体系已初步形成，宏观调控和市场法则对转方式的推力不断增强，这些都为推动减排工作不断深入提供了有力地“推手”。省委书记张庆黎和代省长张庆伟一到河北工作，就多次强调要重视环保工作，提出了“调结构转方式环保要先行”的要求，为节能减排创造了极为重要的政治氛围，营造了极为有利的工作环境。可以说，经过改革开放30多年的发展，推进污染减排已具备了扎实的经济技术基础、社会思想意识和体制机制保障，进一步推进环保事业大发展的时机已经来临，条件已经具备。

二、我省“十二五”主要污染物排放分析

科学的决策来源于对形势、现状的正确认识和分析，深入分析形势，目的是为了更好的落实“十二五”污染减排任务。我们通过对我省主要污染物排放量的情况分析，进一步明确了工作重点和着力方向。

化学需氧量:2010年,全省共排放142.2万吨。其中工业源排放19.09万吨,占总排放量的13.44%;生活源排放26.47万吨,占总排放量的18.62%;农业源排放95.85万吨,占总排放量的67.41%。从工业排放分析看,主要集中在造纸及纸制品业、农副食品加工业、化学原料及化学制品制造业等10个行业,这些行业累计排放量占全省工业排放量的84.18%。从区域排放分析看,石家庄市排放量最大,占全省总排放量的16.89%;唐山市排第二位占全省总排放量的12.28%;保定市排第三,占全省总排放量的12.05%。

氨氮:2010年,全省共排放11.61万吨。其中工业源排放1.83万吨,占总排放量的15.76%;生活源排放5.15万吨,占总排放量的44.36%;农业源排放4.57万吨,占总排放量的39.36%。从工业排放分析看,主要集中在化学原料及化学制品制造业、造纸及纸制品业、农副食品加工业等10个行业,这些行业累计排放量占全省工业排放量的88.76%。从区域排放分析看,石家庄市排放量最大占全省总排放量的14.38%;唐山市和邯郸市排第二、第三位,均占全省总排放量的12.49%。

二氧化硫:2010年,全省共排放143.78万吨。其中工业源排放126.9万吨,占总排放量的88.26%;生活源排放16.87万吨,占总排放量的11.73%。从工业排放分析看,主要集中在黑色金属冶炼及压延加工业、电力、热力的生产和供应业、非金属矿物制品业、化学原料及化学制品制造业、造纸及纸制品业等5个行业,这些行业累计排放量占全省工业排放量的92.25%。从区域排放分析看,唐山市排放量最大,占全省总排放量的23.53%;邯郸市排第二位,占全省总排放量的16.99%;石家庄市排第三,占全省总排放量的14.47%。

氮氧化物:2010年,全省共排放171.29万吨。其中工业源排放115.33万吨,占总排放量的67.33%;生活源排放2.63万吨,占总排放量的1.54%;机动车排放53.33万吨,占总排放量的31.13%。从工业排放分析看,主要集中在电力热力的生产和供应业、黑色金属冶炼及压延加工业、非金属矿物制品业、石油加工炼焦及核燃料加工业、化学原料及化学制品制造业等5个行业,这些行业累计排放量占全省工业排放量的95.51%。从区域排放分析看,唐山市排放量最大占全省总排放量的22.19%;石家庄市排第二位,占全省总排放量的15.81%;邯郸市排第三,占全省总排放量的14.17%。

三、"十二五"减排工作的总体思路

在明确污染物分布情况的基础上,选准突破口,找准发力点,是推进污染减排工作的关键。在实践中，我们抓住龙头和重点，突出“三抓三着力”，以点带面，强化推进污染减排工作的落实。

（一）抓龙头，着力强化重点突破。重点推进“三大工程”：一是实施新一轮“双三十”示范工程。“十二五”重新筛选了单位能耗高、排放总量大、示范作用强的30个县（市、区）和30家企业作为新一轮单位，同“十一五”期间确定的“双三十”单位一起（新老“双三十”共120家单位化学需氧量、氨氮、二氧化硫、氮氧化物排放量占全省的44.15％、45.92％、65.07％、50.17％），作为推进重点，强化考核调度和责任奖惩，龙头带动，推动全省减排工作的深入开展。二是推进千家重点企业减排工程。筛选了化学需氧量、氨氮、二氧化硫和氮氧化物排放量分别占到全省工业企业排放量的72.5％、69.1％、78.3％和85.9％的1000家重点监控企业，作为全省减排的主战线、主战场，出台千家重点企业污染防治及减排监督管理办法，对重点企业实行严格的主要污染物排放量化管理，并建立严格的考核制度，每年组织评价考核，并向社会公布。三是推进农业畜禽减排工程。大力推行清洁养殖，优化调整养殖场布局。推动全省规模化畜禽养殖场和养殖小区配套完善畜禽粪便和污水贮存处理设施，保障污染物达标排放。在重点区域和流域实施农业面源总量控制试点示范，建设户用（联户）沼气50万户。

（二）抓关键，着力拓展空间能力。关键做到“四要”：一是向结构减排要空间。将全省铁钢、焦炭、水泥、制革等10个工业行业淘汰落后产能年度计划分解到各设区市和重点企业，对未完成淘汰落后产能目标任务的设区市，严格控制国家和省安排的投资项目，实行建设项目“区域限批”，吊销排污许可证，建议银行业金融机构不得提供任何形式的新增授信支持。二是向工程减排要能力。对列入目标责任书的628项重点减排工程，进行细化分解，全部落实到具体市、县、企业。在省政府与各地签订“十二五”减排责任书时，明确重点减排工程的技术要求和建成时限，并实行工程建设月调度、半年通报制度，确保“十二五”重点减排工程按期完成。三是向管理减排要效益。制定加强管理减排的实施性文件，把企业污染防治设施运行正常与否，排放达标与否，监管到位与否，作为核定总量减排的刚性依据。四是向科技支撑要潜力。组织专家深入燃煤电厂等重点企业，研究脱硫改造、脱硝工程建设，解决推进脱硝工程建设中的关键、共性技术难题，为电力和非电企业脱硝工作提供技术支撑。着力建立科技支撑互动平台，构筑减排科技服务体系，打造一批示范工程，提供节能减排集成解决方案。

（三）抓绩效，着力强化保障支撑。突出建立完善“三大机制”：一是激励机制。从组织上、行政上、经济上等多角度、全方位建立有利于减排工作推进的扶持政策，真正在机制上鼓励减排真抓、结构真调、方式真转、增长质量真正提高的地方和企业，形成减排的积极氛围。二是联动机制。加强与发改、国土、工信、财政、公安等有关部门的沟通，在项目建设、淘汰落后、资金支持上加强沟通对接，建立部门协调会制度，共同推进污染减排目标任务的完成。三是考核机制。把五年规划目标与年度目标考核统一起来，把政府责任与部门职责统一起来，把政府责任与党委的联动责任统一起来，把考核结果与考核结果的使用统一起来，建立健全以上述“四统一”为整体的减排考核机制，实现真正意义上的约束性制度，发挥考核对于污染减排的反动力作用。

（2011 年 10 月 13 日）

认清形势 开拓创新
努力做好新时期环境影响评价工作

——杨智明副厅长在全省环境影响评价工作会议上的报告

同志们：

这次全省环评工作会议是一次重要会议，主要目的是贯彻落实全国环评工作会议和全省环保工作会议精神，分析形势，总结经验，研究部署做好新形势下的环评工作。省厅党组对这次会议非常重视，厅党组书记、厅长姬振海同志出席会议，一会儿还要作重要讲话，请大家认真学习领会，抓好贯彻落实。

下面，我先就去年全省环评工作情况和今后工作安排作一简要报告，不当之处，请批评指正。

一、去年以来全省环评工作取得的成绩

过去的一年，我省环评工作认真坚持“为发展服好务、为环境把好关”的方针，务实奋进、开拓创新，在以下几个方面取得了新的进展。

（一）突出服务职能，环评审批效能进一步提高

紧紧围绕经济社会发展大局，一手抓服务项目建设力度，一手抓规范环评审批程序，不断提高环评审批效能。一是围绕支持重点项目，强化服务措施。对省重点战略支撑项目、战略新型产业项目、节能减排工程和国家鼓励

类项目，建立健全了特事特办、首问首办和“绿色通道”等七项措施。2010年，全省共审批项目环评18326个，涉及投资10144.84亿元，与2009年同期相比(15375个，6560.5亿元)，项目数增加19.2%，投资额增加54.6%。二是围绕环境优化发展，加大把关力度。在程序上，实行建设项目“三会联审”，做到全面把关、民主决策，确保审批质量；在内容上，严格“七个不批”，着力强化总量控制、公众参与等内容，建立了项目环评审批与主要污染物总量减排挂钩制度，并逐步规范了“两公开、一公示、一听证”的环评公众参与程序，出台了《建设项目环境影响评价技术审核报告编制要点》(冀环办发[2010]250号)，以环境保护促进和优化发展的力度显著加大。2010年，全省共否决项目环评109个，涉及投资156.8亿元，其中省级否决项目环评43个，涉及投资151.8亿元。三是围绕提升服务水平，不断加强环评队伍建设。一方面采用填写建设项目环评文件考核表的方式，并将日常考核与环评文件编制质量挂钩，强化责任落实，严格了对评价单位的日常监管。另一方面着力强化环评机构资质管理，加强了现场核查、属地审查、集体会查的资质核查“三道关”。

(二)突出试生产管理，项目竣工环保验收得到进一步强化

进一步强化批后监管，着力构建批、管、验三位一体的全程监管体系，推动“三同时”制度的全程落实。一是突出重点行业试生产管理。按照环保部要求，在全省范围内组织进行了“十一五”以来审批的钢铁、水泥、平板玻璃、多晶硅、煤化工、石油化工、有色金属等重点行业376个建设项目试生产环境管理情况检查，对发现的40个“久试不验”项目下达了限期验收通知，对24家逾期不验的企业进行了立案查处。二是强化重点项目竣工验收。将226个项目列入全省2010年重点建设项目竣工环保验收计划，逐地市、逐项目按月进行督导核实，发挥以点带面的推动作用。2010年，全省共验收项目3494个，涉及投资948.1亿元，与2009年相比(3119个，875.0亿元)，项目增加了12.0%，投资额增加了8.4%，其中省级验收项目235个，涉及投资431.4亿元。三是加大减排工程监管力度。将城镇污水处理厂竣工验收作为重点，着力推动我省减排工程形成“产能”。根据全省城镇污水处理厂建设实际，就污水处理厂分阶段验收问题向省政府作了专项请示(冀环评[2010]293号)。在征求发改、住建等部门意见的基础上，完成了28家城镇污水处理厂阶段验收，累计年削减化学需氧量34971吨，有力促进了我省减排目标的完成。

去年12月份召开的全国环评工作会议上，吴晓青副部长对我省突出试

生产监管、强化竣工环保验收的做法给予了充分肯定,认为该方式对切实推动建设项目竣工环保验收起到了重要作用,值得借鉴推广。

(三)突出源头防控,规划环评工作取得重大进展

开展规划环评是环保参与综合决策,从源头预防污染、优化发展方式的根本措施之一。为此,我们下大力推进规划环评工作的开展。一是从基础入手,强化以环保优化发展的认识。经厅多次研究讨论,并征求省发改委、财政厅、商务厅、住建厅、法制办、交通厅、水利厅等部门意见后,报请省政府印发了《关于进一步加强规划环境影响评价工作的通知》(办字[2010]78号),有力地强化了地方政府及有关部门对规划环评工作重要性的认识。同时,连续三年在县(市、区)长环保培训班上开展规划环评讲座,共向180多位县(市、区)领导宣讲规划环评有关规定和具体内容,为在决策一线推动规划环评提供了保障。二是从部署入手,强化对规划环评的具体要求。经过努力,在省政府《关于加快工业聚集区发展的若干意见》(冀政[2010]90号)、《关于加快河北省环首都经济圈产业发展实施意见的通知》(冀政[2010]120号)、《关于加快沿海经济发展促进工业向沿海转移实施意见的通知》(冀政[2011]11号)等一系列文件中,明确提出了"先规划环评,后项目审批"的要求,实现了规划环评工作与我省区域发展和工业集聚等战略同部署、同实施、共进度、齐推动。三是从落实入手,强化为规划环评的服务。转变工作作风,以源头服务促进源头把关,制发了《关于开展"优化园区发展环境"上门服务活动的通知》(冀环办发[2010]69号)和《关于认真落实省政府办公厅通知要求,进一步做好规划环评工作的通知》(冀环评[2010]290号),各级环保部门从解决园区、聚集区发展实际问题入手,入园进区,靠前服务,切实推动省级工业聚集区规划环评的开展。截至目前,全省5个国家级园区、100个产业聚集区、44个省级园区中,116个完成规划环评审查,20个正在编制规划环境影响报告书。其他类别工业聚集区共有47个完成规划环评审查。四是从保障入手,强化协调联动机制。不断健全督导落实、部门协调、项目推进等方面的联动机制,努力形成齐抓共管、合力推进的局面。一是与重点工作的联动。经过努力,省政府在《关于对年度重点工作实行目标管理责任制的通知》中,专门将规划环评工作列入年度重点工作计划,并要求逐月上报规划环评进展情况,切实加大推进力度,进一步提升了各地规划环评工作的积极性、主动性。二是与相关部门的联动。按照省政府《关于加快工业聚集区发展的若干意见》(冀政[2010]90号),积极协调省发改委、国土厅、住建厅等部门,将规划

环评作为工业聚集区申报审查的前提条件，对未进行规划环评的实行“一票否决”。同时，根据《规划环境影响评价条例》要求，吁请省国土厅将土地开发利用规划环境影响评价作为土地审批的前置条件，有力助推了规划环评的开展。三是与项目环评的联动。按照省政府对项目谋划的要求，结合进一步推动规划环评工作的需要，提出了“两个不批”和“不批第二”原则。“两个不批”是指以工业集聚发展、污染集中防治、资源集约利用为目标，对不进园区的项目不予审批，对未列入产业规划的项目不予审批。“不批第二”是指在推进聚集区项目建设过程中，考虑到集中供热、供水和污水处理等基础设施建设需要，对第一个进入园区的项目在环评审批中提出相关要求，与聚集区共同完成基础设施配套工程，未完成前不再审批第二个项目环评。

在去年12月环保部召开的全国环境影响评价工作会议上，我厅作了题为“突出重点，强化措施，努力做好新形势下的环评管理工作”的典型发言，介绍了我省规划环评工作经验，得到了祝兴祥司长的肯定和与会代表的好评。

（四）突出“三个”结合，工程建设领域环境保护专项治理工作取得明显成效

按照环保部工程建设领域环境保护突出问题专项治理工作领导小组的安排部署，以政府投资和使用国有资金项目特别是扩大内需项目为重点，以群众反映强烈的突出环境问题为切入点，对2008年以来规模以上投资项目环保法规落实情况进行了全面排查，认真梳理工程建设规划、项目审批、后续监管等关键环节，并做到“三个结合”：

一是全面自查和加强督查相结合。专项治理期间，全省组织进行了排查和“回头看”，累计排查规模以上投资项目2779个，发现问题项目130个。目前已完成整改104个，占80%。在全面排查的基础上，选择重点行业、重点项目、重点环节开展督查，共抽查项目471个，发现问题项目23个，已全部落实整改措施。另外，在中央检查组发现的5个问题项目中，3个擅自变更的项目已补办环保手续，1个正在报审，1个久拖未验项目正在准备验收。环保部检查组发现的4个问题项目中，3个已补办了环保手续，1个已报环保部审批。

二是查处典型案件和构建长效机制相结合。坚持把查办典型案件、发挥警示作用贯穿于专项治理工作的始终，并通过对典型案件的深入剖析，认真查找工程建设领域环境管理存在的缺陷和漏洞，制定改进措施，进一步完善环保管理长效机制。邢台市环保局以解决七里河污水处理工程擅自变更污水处理工艺问题为突破口，建立了领导督办加现场办公的特事特办制度。承

德市环保局以查处隆化县中医院、滦平县供热厂等重点案件为切入点，进一步规范辖区内环境影响评价工作，完善“三同时”动态档案管理，推进环境影响评价领域信息公开制度和诚信体系建设。唐山市采取联合办公模式，进一步强化与发改等部门的协调沟通，确保重点项目环评无遗漏。

三是强化内部监察和深化外部监督相结合。抓住项目审批的关键环节，加大内部监察和外部监督的力度。根据河北省工治办《关于在我省工程建设领域推行省交通厅高速公路建设“十公开”制度的意见》(冀治工发[2010]1号)，结合环评审批工作，采取行政审批大厅统一受理、门户网站进行公示的形式，进一步落实了各项公开要求(公开主体、公开内容、公开方式、公开范围、公开时间和公开监督检查部门)，主动接受社会监督。同时，制发了《关于进一步强化建设项目环评公众参与工作的通知》(冀环办发〔2010〕238号)，通过明确信息公开的内容、时限、方式和细化征求公众意见的具体要求，引导公众依法、有序地参与到环评审批工作，切实发挥公众参与的监督作用，深化外部监督的深度和广度。去年4月和10月环保部两次组织检查组对我省专项治理工作进行了检查，对我省以“三结合”推进专项治理工作的做法给予了充分肯定。

综上所述，应该说过去的一年我省环评工作在项目建设、产业聚集、污染减排、环境改善、结构调整和发展转型中发挥了重要作用，取得了显著成效，也受到了各级党委政府和方方面面的好评。这是各级政府高度重视，各级环保部门和各环评单位不懈努力，各有关部门大力支持的结果。

二、要清醒认识新时期环评工作面临的机遇和挑战

今年是“十二五”开局之年，是谋划新发展、实现新跨越的基础之年。党的十七届五中全会审议通过的《建议》对我国今后五年发展作出全面部署，明确提出要以科学发展为主题，以加快转变经济发展方式为主线，把加快建设资源节约型、环境友好型社会作为重要着力点，加大环境保护力度，提高生态文明水平。省委七届六次全会提出了我省“十二五”“112462”的指导思想和奋斗目标，这为我们做好“十二五”环保工作指明了方向。

“十二五”时期仍是我国、我省经济社会发展的重要战略机遇期。做好“十二五”环保工作，既是实现“十二五”奋斗目标的重要内容，也是保障和促进经济又好又快发展的重要手段，有极其重要的战略意义。就环评工作来说，有许多有利条件，同时也面临不少严峻挑战。从机遇来看，党中央、国务院把环境保护摆上更加重要的战略位置，规划环评、战略环评和项目环评作为促进经济结构调整、发展方式转变的抓手作用将更显突出,环保部门参与综合决策的渠道将更加顺畅。从挑战来看,一是总量减排的压力。"十二五"期间,我省仍将处于工业化、城镇化快速发展阶段,经济总量仍将保持高速增长,能源资源消耗还要增加,但治污减排指标在增加,力度在加大。如何在消减存量潜力减小的情况下,加大消化增量力度,确保完成减排目标,任务十分艰巨。二是环境优化发展的压力。国家将加强环境保护作为调结构、转方式、优化发展的重要抓手和突破口。但是经济结构调整和粗放型经济增长方式的根本转变不可能一蹴而就,还需要较长时间。环保部门如何通过规划环评、战略环评、项目环评参与综合决策,处理好加速发展与加快转型的关系,担子将更重,压力将更大。三是人民群众期盼从源头实现污染防控的压力。随着经济社会的发展,人民群众对享有良好环境的要求越来越高,对环境污染的容忍度越来越低。再加之社会利益的多元化,一旦出现环境问题,人民群众、社会各界对执法主体"查后账、追责任"的要求越来越强烈。环保部门如何行使好环评审批权力,从源头实现污染防控将面临更大压力。

因此,我们必须认清当前及"十二五"环评工作的新形势,抓住机遇,开拓奋进,扎实工作,努力开创环评工作的新局面,为"推进科学发展,加速转型升级"做出新的更大贡献。

三、开拓创新,推动环评工作再上新台阶

按照2011年全省环境保护工作部署,今年的全省环评工作要继续坚持"为发展服好务、为环境把好关"的方针,并在以下几方面开创新局面。

(一)要在进一步提高建设项目环评审批效能上开创新局面

一是切实提高为重点项目服务的效能。要超前介入、主动服务,着力提高为发展战略性新兴产业、现代服务业、重大基础设施、民生和社会事业、生态环保工程和传统产业改造升级服务的水平和能力。各级环保部门要主动对接重点项目,细化"七项措施",及时为项目业主单位提供政策服务和技术咨询,并采取事先告知等措施,通知业主单位早做准备,为环保部门做到早批快批打下基础。

二是进一步加大项目环评审批把关力度。要切实增强环境优化发展意识,认真履行职责,严把项目审批"五关",即审批权限关、产业政策关、项目布局关、环保措施关、审批程序关。要严格限制"两高一资"、产能过剩和重复建设行业的环评审批,对未完成年度污染减排目标的地区,以及涉及增加相应污染物排放总量的项目一律不批新建。认真贯彻省政府《关于印发河北省主要污染物排放权交易管理办法(试行)的通知》(冀政〔2010〕158号)要求,切实执行新建项目总量指标控制措施,以污染减排倒逼机制促产业结构调整和产业布局调整。

三是切实规范化工、石化、火电、钢铁项目的环评审批。对未经规划环评的一律不批。对化工、石化类项目要明确环境风险防范措施和要求;严格控制新建、扩建除"上大压小"和热电联产以外的火电厂。

四是以推进搬迁方案落实和加快基础设施配套建设为目标,着力强化"三同时"监管。按照"不批第二"原则,合理采用区域限批手段,防止政府承诺不兑现带来的环境风险和管理压力,避免一个个新项目变成一颗颗"地雷"。

(二)要在进一步推进规划环评上开创新局面

一要紧紧抓住"十二五"开局年契机,围绕"一圈、一带、一区、一批"战略重点和中心工作,梳理开展规划环评的目录,切实提高规划环评源头防控和环境优化发展的广度、深度和力度。认真总结我省规划环评的经验,做好迎接环保部检查的各项准备工作。

二要着眼在整个区域、流域内优化产业布局和科学选址选线,以火电、煤炭开采、化工、石化、钢铁、焦化、水泥等行业为重点,组织开展重点区域、流域和重点行业发展规划环评,推动行业有序持续发展。对重点区域、流域和重点行业未进行规划环评的项目,各级环保部门一律不得受理和审批。

三要结合工业聚集区建设,进一步强化规划环评后期监管。继续督导污水处理厂等基础设施的配套建设,探索开展回顾性评价,提高区域资源环境支撑力。继续推进聚集区(园区)上门服务活动,为入区项目提供更好的环境保障。

四要按照省政府办公厅《关于进一步加强规划环境影响评价工作的通知》(办字〔2010〕78号)要求,进一步规范规划环评审查内容,严格审查条件,明确审查主体,以统筹把握环境、健康、安全和社会影响为目标,努力构建推进规划环评的长效机制。

(三)要在进一步强化"三同时"监管和竣工环保验收上开创新局面

认真执行《河北省环境保护厅建设项目"三同时"监督检查和竣工环保验收管理规程(试行)》(冀环评〔2010〕191号),在明确职能划分的同时,加强组织协调,充分发挥"三同时"动态管理系统的作用,做到清楚建设项目底数、把握项目建设进度、理顺全程监管路数。一方面要对2006年以来建设项目进行清查，根据《关于下达建设项目“三同时”和环保验收监督检查任务的通知》（冀环办发〔2010〕11号），进一步分解任务，明确目标，细化“三同时”监管和竣工验收的衔接措施，不断推进验收工作的规范化、标准化。同时，严肃查处“未验先投”、“久试不验”等环境违法行为，切实提高企业环保意识。另一方面要认真贯彻落实全国环境信息化工作会议精神，加快构建先进完备的“数字环保”体系。紧紧抓住国家环境信息与统计能力建设项目试点的契机，进一步加大“三同时”动态管理系统推广普及力度，尽快实现全省联网使用。

（四）要在加强工程建设领域突出问题专项治理工作上开创新局面

开展工程建设领域突出问题治理工作，是国务院和省政府部署的一项重要任务。前不久，国家和省都印发了2011年工程建设领域专项治理工作要点，省厅工治办也印发了工作要点。今年治突工作的重点是：加大排查中发现的突出问题整改力度，建立工程建设领域环保管理长效机制，推进工程建设领域环保项目信息公开和诚信体系建设。各市一定要按照要求，特别是国务院办公厅转发发改委、监察部等部门《关于解决当前政府投资工程建设中带有普遍性问题的意见》，进一步抓好治理成果巩固，抓好工作深化，抓好长效机制建设。当前，特别是要认真总结项目信息公开工作经验，完善公开形式和手段，推进工程建设领域项目信息公开的规范化、制度化。加强环评单位、环境工程设计单位信用体系建设，建立健全守信激励和失信惩戒制度。健全执法监管机制和责任落实机制，抓好存在突出环保问题的项目后续整改和新开工项目的跟踪检查。对尚未完成整改任务的29个项目，要挂帐督办，强化调度督导，确保6月底前完成各项整改任务。

同志们，今年是“十二五”开局年、起步年，意义重大，任务艰巨。我们要在各级党委、政府领导下，以科学发展观为主题，以转变经济发展方式为主线，深入贯彻落实本次会议，特别是振海厅长重要讲话精神，认清形势，开拓创新，齐心协力，扎实工作，努力做好新形势下环境影响评价工作，为我省“十二五”加速发展、加快转型，建设更加富饶、更加秀美、更加幸福的新河北作出更大贡献。

（2011年5月10日）

以规划为龙头　以项目为支撑
绘制“十二五”规划财务工作新蓝图

——杨智明副厅长在全省规划财务工作会暨项目资金申报管理培训班上的讲话

同志们：

良好的开端是成功的一半。今年是“十二五”开局之年，做好开局之年的规划财务工作，不仅对开好局、起好步有重要影响，而且对做好整个“十二五”时期的工作都有重要作用。我们这次会议和培训的目的就是在认真总结“十一五”规划财务工作的基础上，对如何进一步做好“十二五”规划财务工作进行研究探讨、安排部署，全力推进“十二五”环保规划财务工作开好局、起好步。

首先，我代表厅党组、代表振海厅长，向全省辛勤工作在规划财务工作战线的同志们表示亲切的慰问！同时也对秦皇岛市、昌黎县给予会议的支持表示感谢！

今天，我主要讲四个方面的问题。

一、全力以赴抓好“十二五”环保规划编制收尾工作

规划是方向是灵魂。编制出高质量的“十二五”环保规划是着力推进生态文明建设、积极探索环保新道路的基础性工作和战略任务，事关环保发展大局。随着“十一五”节能减排和环保工作做为国家发展规划的约束性任务、约束性指标，环保规划的刚性约束越来越强。因此，必须做好顶层设计，实现高起点、高水平、高质量。

省环保“十二五”规划，历经两年多时间，多次征求意见和科学论证，数易其稿，目前已经报省政府。省政府组织研究后很快将批准印发；各地的环保规划编制工作也近尾声。在环保规划编制收尾之际，要进一步做好以下工作：

一是进一步做好环保规划目标可达性分析。一定要做好规划的经济可行性、技术可行性分析，做到量力而行、尽力而为。量力而行就是要坚持实事求是，充分结合当地环保工作实际，来确定环保工作目标；尽力而为就是在量力而行的基础上，努力实现目标最高化、指标最大化。目标高了，不切实际，难以实现，会影响考核结果；目标低了，规划就失去了指导意义，也不利于环保工作的深入推进。

二是要进一步做好项目的科学性分析。规划目标是导向，规划项目是支撑。选好选准项目是规划目标顺利实现的保障。在项目筛选方面,要坚持“选准”、“选好”、“选实”的原则,对项目的针对性、可行性、真实性等进行充分论证和严格审查。项目和目标要匹配,不能脱节。对拟列入规划的项目,必须科学论证,达到经济合理、技术可行、目标可达。这是实现污染物排放总量削减、改善环境质量目标的保障。

三是要进一步做好规划的衔接工作。规划衔接是保障各级各类规划有效性实施的必要环节,也是规划形成合力的关键。要坚持下级规划服从上级规划、专项规划服从总体规划、同级规划充分衔接的原则,做好与国家和省环保规划、与当地经济社会发展总体规划、与有关专项规划、与有关部门规划之间的衔接和协调。

对拟列入省环保“十二五”规划的项目,因情势变化等原因确实需要变更的,要及时按程序报告,并说明理由。

二、严格把关选准环保专项资金项目

“十一五”国家开始不断加大环保投入,有数据显示,“十一五”中央财政对环保支出合计达 1666.53 亿元。“十二五”,我们面临着更为艰巨的环保任务,国家和省、市、县都将进一步加大资金投入力度。目前,在环保资金项目组织申报工作中也存在“马太效应”,有些地方组织申报得好,得到的支持越来越大;某些地方组织申报质量差,获得的支持日渐萎缩,强者愈强、弱者愈弱。因此,在今后的资金项目组织申报中,要注意以下几点。

一要清楚资金渠道。目前,与环保有关的主要财政专项资金有 13 类。包括:国家级自然保护区专项资金、集约化畜禽养殖污染防治专项资金、中央环保专项资金、中央财政主要污染物减排专项资金、“三河三湖”专项资金、“十二五”期间城镇污水处理设施配套管网建设项目资金、中央农村环境保护专项资金、重金属污染防治专项资金、再生节能建筑材料补助资金管理办法、淘汰落后产能中央财政奖励资金、节能技术改造财政奖励资金、可再生能源发展专项资金、高效节能产品推广财政补助资金。每一种资金,均有具体使用管理规定。要认真研究掌握每一类资金的支持对象、使用要求等,做好项目谋划和储备。

二要符合申报要求。每一类环保资金都有其特定的用途,每一次组织申报,都有明确的支持范围、申报条件、材料要求、申报程序和时限等。就近期组织的几次项目而言,主要存在两个突出问题:一是个别地方申报的项目,是应自己需要而不是按规定要求筛选的;二是部分项目材料杂乱、资料缺失、内容矛盾、数据不一。各地一定要严格按相关环保资金项目申报规定和通知要求提前谋划、严格审查,认真组织,做到项目真实、符合规定,材料完整、内容准确。

三要符合规划需要。项目与规划之间的关系刚才已经讲到,不再重复。这里要强调的是,项目要围绕实现规划目标来组织,优先考虑规划内项目。项目实施后,能切实解决环境问题,改善环境质量,对污染减排工作和规划目标的实现有较大的促进作用。

四要突出支持重点。要围绕"十二五"期间全省环保工作五大任务组织项目。一是深入推进主要污染物减排。项目要有利于推进化学需氧量、二氧化硫、氨氮和氮氧化物总量减排,促进经济发展方式的转变。二是切实改善重点流域水质、城市空气质量。要加大对区域流域水污染防治、集中式饮用水水源地污染防治、大气污染治理等项目的支持力度,加强综合治理,改善环境质量。三是加强重点领域环境风险防控。包括环境监测预警体系、辐射污染应急预警体系、加强环境应急能力建设。支持区域环境安全保障项目建设,突出核与辐射、重金属、危险废物等重点领域项目,着力解决工业化过程中环境安全保障问题。四是推进生态河北建设。重点加强对农村环境综合整治的支持,提升农村环境水平。五是加强环保能力建设。在资金支持上,以"夯基础促提高"为主线,配精省级、配强市级、配齐县级,以污染源监管与总量减排、环境质量监测与评估考核、环境预警与应急为重点,统筹兼顾,实现环境监管能力建设由常规达标向全面达标,由齐头并进向重点扶优的转变,全面提升环境保护能力。

五要切实收到实效。"十二五"期间,将统筹财力,对重点流域区域、重点行业和重点控制单元的重点项目集中支持。各地一定要把好项目做好,做到实处,收到实效。要做一个项目完一个项目,干一类完一类,避免"半拉子"工程。

三、依法依规用好环保专项资金

各地要加强环保专项资金的使用管理,努力使有限资金发挥出最大效益。在资金使用方面,要做到以下几点:

一要确保资金有效使用。一是及时。资金下拨后,当地的配套资金要及时跟上。全部项目资金要及时到位,要及时到单位、到项目、到工程。要及时支付使用,按实施方案确定的工程进度加快项目建设。支付进度是资金使用管理的一项考核指标。去年年底,国家下达我省监测和执法业务用房第一批资金,支持了12个监测执法业务用房项目。今年五月,环保部来检查项目进展，结果并不理想，有6个县的项目仍未动工。争取到了资金支持，但不能及时使用，不仅会影响项目的实施效果，也会影响今后全省资金的申请。二是安全。每类资金都有对应的使用管理规定，使用过程中必须合法合规，加强管理，专款专用，坚决防止截留、挤占、挪用。对于违反资金使用管理规定的，国务院《财政违法行为处罚处分条例》等法律法规中对相应法律责任有明确规定。三是效益。要财尽其力，物尽其用，切实抓好项目建设，保质保量，按期完工，实实在在地解决好环境问题，充分发挥出资金效益。

二要对资金使用实现全程监管。用好每一分钱是我们的职责所在。从资金拨付到工程验收，要全程跟踪资金的流向和使用情况，必须建立资金使用台账，适时分析、监控，发现问题，及时解决，避免养痈成患。

三要建立奖惩机制。资金申请及使用要和项目实施结果挂钩。对于项目实施达不到预期效果、实际总投资与预算投资差别较大或者擅自改变实施方案施工的，与此后的资金申请挂钩，不再支持或者限制申报。对于资金使用与项目实施中出现违法行为的，按有关规定对相关人员追究相应责任。

四、切实加强资金使用管理制度建设

制度最有长期性、稳定性和根本性。做好环保专项资金管理，必须建立科学的资金使用管理制度。除进一步修改完善项目资金申报制度（申报指南）外，要加快建立以下五个制度：

一是建立和完善项目报告制度。建立项目资金使用管理报告机制，对于适时掌握项目进展，查验资金使用，实现对资金的有效管控非常重要。该制度包括两个子制度。一是项目变更报告制度。去年年底，我们通过对“十一五”期间省属直收电厂检查，发现某些项目擅自变更实施方案、改变项目规模，对此，我们联合省财政厅已经予以通报。项目在实施过程中因客观原因，项目内容、工程规模、实施进度等发生变化的，必须及时报告，并依程序报批。二是项目实施进度常态报告制度。要建立资金使用及项目进展台账，实现适时跟踪、预警。新出台的《三河三湖及松花江流域水污染防治考核奖励资金管理办法》对项目进度报告制度有明确规定，实行的是月报制；环保监测执法业务用房项目要求实行季报制度。其他的例如农村环境综合整治等资金项目也要求按期报告。

二是进一步健全项目检查制度。加强资金项目检查，对于规范环保专项资金使用和管理，提高资金使用效益和项目建设质量非常必要。各地要切实加强项目日常检查和监督。市级环保部门要联合财政部门根据实际情况，采取定期检查、不定期抽查等方式,对资金的使用和项目实施情况进行督促检查。检查可以采取听取汇报、现场踏勘、检查账务及相关材料等形式。

三是逐步完善项目资金验收制度。对于使用环境保护专项资金的项目建成后,项目单位应及时申请进行竣工验收。由环保、财政部门组织项目资金验收,并尽可能与其他验收统筹安排。验收重点包括环保补助资金使用、配套资金及自筹资金到位、资金管理制度执行、项目原申报内容完成、项目环境效益等情况。

四是积极推行绩效管理制度。近几年,我省环保系统的绩效理念和意识不断增强,绩效管理工作不断深入。在绩效评价工作实践中,要遵循"追踪问效"、"事前定目标、事中重跟踪、事后看绩效"理念,进一步完善相关制度,科学设置绩效目标和指标,不断提高绩效自评报告质量,积极推进绩效自评工作。无绩效或绩效很低的项目,将按有关规定进行绩效问责。

同志们,"十二五"开局之年,环保规划财务工作任务艰巨,责任重大。希望各地认真贯彻落实好本次会议精神,进一步坚定信心、理清思路,抓住重点,突破难点,创造亮点,为完成新时期环保规划财务各项任务作出新的贡献!

(2011 年 7 月 29 日)

与时俱进　开拓创新
努力做好新形势下环保系统办公室工作

——杨智明副厅长在全省环保系统政务公开和政务信息工作会议上的讲话

同志们:

这次全省环保系统政务公开和政务信息工作会议是一次非常重要的会议,主要目的是贯彻落实全国环保系统办公室主任座谈会和全国环保系统政务公开工作会议精神,交流各地政务公开和政务信息工作好经验、好做法,研究探讨如何提高新形势下环保系统办公室工作特别是政务公开和政务信息工作水平。

在山东省淄博市召开的全国环保系统办公室主任座谈会上,周建副部长强调,要认清当前环保工作形势,增强办公室系统整体合力,为探索中国环保新道路、提高生态文明水平提供优质服务和保障。要围绕中心,服务大局,重点抓好 4 个方面的工作。一要以十七届五中全会精神为指导,做好"十二五"

开局的谋划工作。要积极为“十二五”环保工作规划出谋划策，认真谋划办公室基础能力建设与工作发展。二要以围绕领导决策为核心，进一步提高服务质量。要抓信息服务，为领导决策当好参谋；抓综合协调，为领导决策提供保障；抓督促检查，促进决策部署全面落实。三要以推动解决人民群众关心的突出问题为重点，加强社会公共服务。要加强建议提案办理，建立强大的环保统一战线，推动环保工作发展。要以人民群众普遍关心和涉及群众切身利益的突出问题为重点，加大政府信息公开力度，完善工作制度和程序。四要按照周生贤部长关于“五大建设”和“六型机关”的要求，以创先争优为抓手，加快作风转变，全面推进办公室自身建设，塑造严谨、务实、高效、勤俭、廉洁的环保干部队伍。

在南京召开全国环保系统政务公开工作会议上，环保部党组成员、中央纪委驻部纪检组组长傅雯娟部署了全国环保系统政务公开五项重点工作。一是完善行政决策的规则和程序，制定并向社会公开行政权力运行流程图，规范行政权力的自由裁量。加强对政务服务大厅（窗口）建设的指导，努力在规范行政审批、提升服务效率、方便企业和群众办事、加强行政审批行为监督等方面取得新的突破。发挥电子政务和网络技术的优势，实行网上操作。同时，加强对权力运行的监督考核。二是继续加大信息公开力度。围绕社会广泛关注的环境热点、焦点问题以及事关人民群众切身利益的环境问题，增强工作主动性、积极性，保障公众的知情权、参与权和监督权。三是开展环保公共事业单位信息公开工作。建立健全事业单位信息公开领导体制和工作机制，尽快纳入法制化和规范化轨道。确定开展信息公开的公共事业单位名录，并向社会发布。通过网站、媒体、新闻发布会、出版物等多种形式主动公开环境信息，认真受理依法申请公开环境信息的申请。四是推动市县环保部门政务公开。加强对市县环保部门政务公开的组织领导和业务指导。积极开展市县环保部门门户网站（页）建设，将其作为当前政务公开的主要载体之一。五是不断提高环保政务公开创新能力。继承和发展已有成功经验做法，创新工作思路，创新工作方法，创新公开形式，不断提高政务公开水平。

下面我结合贯彻落实全国环保系统办公室主任座谈会和全国环保系统政务公开工作会议精神，就如何做好新形势下我省环保系统办公室工作特别是政务公开和政务信息工作，讲几点意见，供大家参考。

一、围绕中心，服务大局，认真履行好办公室各项工作职能

近年来，全省各级环保部门的办公室深入贯彻国家和省里有关部署要求,努力推进办公室工作由“事务管理”向“政务管理”转变,对办公室工作定位的认识逐步深化,职能更加清晰,效能不断提升,各项工作取得了明显进展,在完成全省和本地区环保工作任务中发挥了重要的服务与保障作用。但是,也存在一些突出问题,主要表现在:一是统筹全局、协调联动方面有差距,宏观综合意识还不强,统筹协调力度还不够,贯彻执行落实还有待强化;二是规范化建设、科学化运作、精细化管理有待进一步加强;三是在学习型、效能型、引领型、和谐型团队建设中发挥的作用不够明显;四是调研、督导、问责、绩效等重要环节的工作亟待加强;五是综合能力、综合素质和综合水平有待进一步提高。周生贤部长强调,办公室工作必须立足推进环保历史性转变的高度、立足机关工作全局的高度、立足为党组决策服务的高度。“三个高度”的要求对环保系统办公室工作进行了新的定位,是办公室人员必须牢记的指导思想。落实“三个高度”的要求,必须充分认识和把握环境保护事业发展对办公室工作提出的新要求、政府管理方式转变对办公室工作提出的新挑战,认清肩负的重大责任,把准定位、理清思路、明确方略、谋划全局,真正发挥运行枢纽和参谋助手的作用。

(一)在上下联动上聚合力,增强环保系统执行力。环保部门办公室,形象地说是大本营、参谋部和后勤部,地位重要、工作性质特殊、特点明显。可以说,办公室的工作水平很大程度上代表了本单位的管理水平、服务质量和执行能力。当前正处于环保事业发展的机遇期,环保工作的转型期,推进环保历史性转变的攻坚期和形成生态文明体系的关键期,在这承上启下的关键时期,加强系统联动,对于提升我们环保系统办公室的整体合力,推进全省环保工作再上新台阶具有十分重要的作用。目前,我们办公室系统在一定程度上还存在着思想认识没有完全到位,调查研究深度不够,协调沟通不够及时,对重点工作保障力度不够,工作作风和办事效率还有待改进等问题。从系统的角度来看,如果系统的各组成部分能保持步调一致,“劲往一处使”,发挥协同作用,就可以创造出“1+1>2”的效应。相反,如果沟通不够、协调不够,就会相互制约,导致基层无所适从,造成系统内耗和资源浪费,影响效率。全省各级环保部门的办公室要进一步健全协同配合机制,放宽视野,树立全省一盘棋的思想,加强沟通、协调和联动,主动融入到整个系统中,定期组织开展有关办公室业务工作培训和经验交流,加强调度和督导,切实把增强执行力作为提升系统整体合力的重要关键抓实抓好,在推进全省环保中心工作中发挥更大的作用。

(二)在参谋助手上下工夫,协助领导搞好决策。参谋助手作用发挥得如何是办公室工作水平高低、工作效果好坏的直接体现。办公室要始终把当好参谋放在突出位置,在“参”字上下功夫,在“谋”字上花气力,努力做到“参”在点子上,“谋”在关键处,成为领导把握全局情况的“耳目”、进行科学决策的“外脑”和有效开展工作的助手。达到这个要求,我感觉应该做到以下几点:一是要善于站在领导的层次上分析、思考问题,经常“换位思考”,做到“身在兵位,胸为帅谋”,“不在其位,学谋其政”,思领导之所思,谋领导之所谋。二是要增强工作的预见性,在准确把握上级有关文件精神的基础上,对一些工作超前考虑,及早安排。尽可能做到领导未谋有所思、领导未问有所知、领导未示有所行。还要善于拾遗补缺,紧扣领导工作的主旋律和基本思路,既想领导所想,又想领导未曾想,对领导的思路、想法、指示等加以完善和细化。三是要时时紧贴中心工作,准确及时把握领导意图和决策思路,提出的建议要“参”到点子上,“谋”到要害处。这就需要我们在领导决策前加强调研,为领导提供真实、准确、详细、全面的情况,提供切实可行的参考意见和预案。

(三)在综合协调上用心思,提高机关工作的整体效能。一个机关运转是否顺畅、灵活、高效,办公室的综合协调是关键。环境保护工作越来越呈现出全局性、综合性的特点,各项业务之间的关联性、互动性也越来越强。办公室承上启下、连接左右,是各方联系的节点、是矛盾汇聚的焦点,必须汇总本系统各方面的信息、统筹各方面的工作、协调各方面的意见、整合各方面的资源。这就要求办公室不能简单地做“传声筒”、“邮递员”,而是要把各方面的力量凝聚到推进中心工作上来。既要做好领导活动的协调,确保重要政务的顺利开展,又要做好办文办会办事的协调,提高工作的质量和效率;既要做好内部的协调,形成工作的合力,也要搞好外部的协调,创造良好的外部环境。

(四)在督促检查上花气力,确保各项工作落到实处。庆黎书记到河北以后多次强调,要落实落实再落实,抓紧抓紧再抓紧,就是强调要抓落实,抓督促检查。督促检查是抓工作落实的重要手段。办公室承担着督促检查工作的牵头抓总、催办查办、通报反馈等工作,主要任务是抓好涉及全局性、综合性工作部署的落实。办公室要充分发挥这一重要职能,进一步建立健全督查制度,加大督查力度,狠抓督查效果。要将环保工作中心任务开展的情况、重大事项完成情况、重要会议和领导重要指示精神的贯彻落实情况作为督查重点,对任务逐项分解,将责任落实到各个部门,并提出明确的目标要求和时限要求。要建立健全督促检查机构,形成便捷畅通高效的工作网络。要通过专项督查、重点督查、跟踪督促,及时掌握各项工作最新进展和最新动态,切实抓出成效。

(五)在服务保障上做文章,确保机关高效运转。办公室承担着大量的事务性工作,千头万绪,涉及方方面面。哪一项工作办不好,哪一个环节出了差错,都会影响机关工作的正常运转,甚至会给全局工作造成不良影响。这就要求我们必须优质高效地做好服务保障工作。一是注意探索日常运转的基本规律和特点,变被动服务为主动服务,把工作想到前头、做在前面。对重要会议、重大活动,要做到提前介入,做好预案,精心筹划,周密安排。二是要严格按规定办事。办公室的工作,几乎每项都有法律、法规或规范性文件规定。大家要加强学习,了解这些法律法规,运用这些法律法规,坚持依法依规办事,不能独出心裁,更不能随心所欲。同时,要进一步建立健全各项规章制度,规范运行程序,加强内部管理,使每个岗位都能各司其职,各负其责,做到人人责任分明、处处有章可循、事事有始有终,促进办公室工作向法制化、制度化、规范化、科学化的轨道迈进。三是注意抓住关键,抓住重点,以点带面,以大带小,与时俱进。要将一个时期、一个阶段的工作分类排队,分清主次、轻重、缓急,集中精力,抓主要矛盾和重点工作,以重点工作的突破带动全局工作的开展。同时,每办成一件事,要善于总结,小总结小提高,大总结大提高,不总结不提高。

概括地说,办公室工作基本内容就是要办好"三件事"(办文、办会、办事)、履行好"三项基本职能"参谋服务、综合协调、督促检查)、用好"三种人"(在德才兼备基础上的会出主意、会写文章、会办事情的人),根本措施就是要强化"五个意识"(政治、大局、自律、服务、责任意识),加强"五大建设"(思想、组织、作风、业务、制度建设)。

二、突出重点,狠抓落实,深入推进环保政务公开工作

"十一五"以来,我省环保系统按照省委、省政府对政务公开工作的统一部署,深入贯彻落实科学发展观,把政务公开作为转变政府职能、加强政风行风建设、促进依法行政、密切与人民群众联系的重要内容,紧密围绕环保中心工作,有步骤、分阶段、积极稳妥地推进政务公开,各项工作取得明显成效。肯定成绩的同时,面对新形势和新问题,为把全国环保系统政务公开工作会议精神和傅文娟同志的讲话精神学习好、贯彻好、应用好,为深入分析研究,加强对工作规律的认识和把握,强化政务公开基础能力,破解制约政务公开的瓶颈问题,把环保政务公开工作不断推向前进,还应重点做好以下几个方面的工作：

（一）着眼于增强环保工作的透明度，不断拓展政务公开内容。环保政务公开不仅要公开我们的工作权限和办事程序，让人民群众监督我们的工作作风和办事效率，而且要逐步由浅入深，不断开辟环保政务公开工作更加广阔的天地。特别要对人民群众普遍关心的、涉及其切身利益的环境热点、难点问题进行公开，使人民群众真正享有环境知情权，充分体现环保工作为人民服务的宗旨。为此，各级环保部门要统一认识，加强领导，扎实推进环保政务公开，不断加大环保工作透明度，要坚决克服“怕亮出权力会失去权力”、“怕公开政策程序会捆住自己的手脚”等思想障碍，把政务公开作为大事来抓，主要领导要亲自抓，分管领导要具体抓，切实把政务公开摆上重要议事日程。要围绕社会广泛关注的环境热点、焦点问题，增强工作主动性，超前考虑，提前布局。围绕事关人民群众切身利益的环境问题，增强工作积极性，按照政务公开及保密有关规定要求，及时公开应该予以公开的环境信息，保障公众的知情权、参与权和监督权。同时要认真做好企业环境信息公开工作，对不按规定及时有效公开环境信息的企业依法予以惩罚，积极开展环保公共事业单位信息公开工作，全面推动基层环保部门政务公开。要紧紧围绕经济发展大局和我省环保工作重点，扎实推进环保政务公开，加强信息服务，实行各类环境质量公报、环境立法公示、企业环境行为公开、环境违法有奖举报、各项环境保护考核结果公开征求意见等形式内容，积极营造保护环境的良好社会氛围，为推动环保工作的健康有序发展提供有力支撑。

（二）着眼于便利群众监督，积极创新政务公开载体。环保政务公开要不断扩大公众的环境知情权，为公众参与环境监督提供基础和条件，切实不断提高公众环境意识和参与的积极性。拓展政务公开渠道、创新政务公开载体、自觉接受群众监督，要做到四个做好：一是要做好网络公开。加快政府网站建设，使网络公开逐步发展为政务公开的主要形式。以政务信息发布为基础，逐步开设网上审批、咨询投诉等在线办事和公众参与栏目，使社会公开主要通过政府网站；加强基础信息网络和系统建设，提高信息共享水平，使内部公开主要通过局域网和环保系统电子政务外网。二是要做好窗口公开。推进环境行政许可事项集中办理，逐步开设行政服务大厅或服务窗口，实现一个窗口办理、一次性告知、一条龙服务，做到规范透明、便捷高效，最大限度地方便企业和群众。三是要做好互动公开。通过调查、会商、会审、听证、信访调解、专家咨询等互动形式，与群众、企业、专家学者沟通，广泛听取意见，推进科学决策、民主决策。四是要做好传媒公开。充分利用电视、广播、报刊等传媒,全面公开政府环境信息。发挥新闻媒体的舆论监督作用,完善新闻发言人制度和新闻定期发布制度,及时发布公众关注的信息。

(三)着眼于建立长效机制,切实加强政务公开规范化、制度化建设。环保政务公开工作要讲求实效,不搞"花架子",力戒形式主义。要坚决避免和反对那种把政务公开的内容"写在纸上、贴在墙上,就是不用在行动上"的现象。各地要积极探索切合本地实际情况的行之有效的好做法,加强对政务公开工作的指导、督促和检查,要以是否加强了队伍建设、是否体现了人民群众参政议政的民主权利、是否推进了环保事业的发展作为检验政务公开工作好坏的标准,扎扎实实地把环保政务公开工作推向新的、更高的阶段。着眼于建立长效机制,确保政务公开规范化、制度化,要做到六个坚持:一是坚持信息审查制度。各级环保部门要建立信息流转机制和信息公开审查机制,指定部门和人员负责政务公开的保密和政策等审查工作。不能确定是否可以公开的事项,要严格落实公开审查制度,报有关主管部门或者同级保密工作部门确定。二是坚持主动公开制度。按照事项"谁主管、谁负责"的原则,明确公开事项的责任部门和公开程序,责任部门应主动实施公开,政务公开工作主管部门实施监督管理。三是坚持依申请公开制度。政务公开工作主管部门应按照依申请公开的规定,组织建立依申请公开的受理、审查、办理和答复工作机制。四是坚持监督反馈制度。建立监督和检查机制,确保需要公众参与和公开征求意见的事项在公开后,意见反馈有渠道、有办理、有答复。五是坚持评议考核制度。制定政务公开工作评议和考核办法,把政务公开纳入环保系统社会评议政风、行风的范围,作为单位年度目标考核的重要内容。按规定发布政务公开工作年度报告。六是坚持责任追究制度。明确政务公开工作各个环节的责任,对做出成绩的单位和人员给予表彰和奖励;对未按规定开展工作、弄虚作假、损害群众合法利益的进行批评,并依照有关规定追究有关领导和人员的责任。

三、完善机制,强化措施,着力提升信息工作服务水平

信息是了解情况、开展工作的基础。任何决策的过程实际上就是对信息不断收集、分析研判、综合运用的过程。同样,任何一项环境工作的开展都不能离开信息,越是准确性高、时效性强、综合性好的信息,越能为我们科学制定环境政策、切实推进环保工作提供重要依据和根本保证。特别是在应对处理环境热点问题、环境安全问题上,更需要我们时刻确保信息渠道畅通、信息报送及时、信息内容准确。各级环保部门要充分认识信息工作的政治敏感性、全局基础性和舆论引导性，充分认识信息工作为领导决策的服务参谋作用、对工作执行落实的督导作用、对社情民意的反馈作用、对倾向性苗头性问题的超前预测作用，真正将信息工作摆上重要位置，作为重点来抓。当前，在面对“十二五”环境保护事业快速发展新形势和突出环保先行、强化环境支撑新要求的情况下，更要不断完善环境信息管理机制，进一步强化和细化推进举措，着力提升环境信息工作服务水平，充分发挥环境政务信息在推进科学管理和保障科学决策上的基础作用。

（一）服务发展，充分发挥参谋辅政作用。发展是硬道理，发展是第一要务，环境信息工作要以环保优化发展为出发点和落脚点，全力保障环保工作在更高层次、更宽范围、更大尺度上扮演重要角色、发挥重要作用。一是发挥宣传效能，营造良好舆论导向。环境信息是宣传环保工作的重要窗口，是营造环保发展有利环境的重要平台。环境信息工作要紧紧围绕环境保护的中心工作和主要任务，以服务和推动环保事业的科学发展作为切入点，不断展示环保优化经济增长、改善民生的努力和成效，打造环保为民、便民、利民的良好形象。二是发挥资政效能，提供实时信息保障。环境问题是人与自然、人与人、经济与环境利益冲突、矛盾冲突的结果，是一个多层次、多纬度、多视角的复杂问题。因此，要解决好环境问题、搞好环境保护就需要大智慧，就需要从长远的、整体的、全局的角度去协调处理各类环境问题，就需要实时、动态、深入的掌握和了解各方面、各层次的信息，从而在环境管理中科学研判形势，正确做出决策。这就要求环境信息工作要在更广领域，以更宽视角占有信息资源，从大量繁杂的信息中去发现趋势、把握重点，努力保障环境管理决策体现时代性、规律性和创造性。三是发挥交流效能，推进各项工作开展。他山之石可以攻玉，就环保系统内部而言，环境信息工作也是交流工作经验，相互学习、相互促进的有效途径。例如，四川省在开展生态补偿工作过程中，就是看到我省相关信息后，由厅长带队专程到我省学习考察，随后出台了生态补偿的政策法规。因此，各级环保部门要充分重视信息对各项工作的促进作用，要在业务工作和信息工作上两手抓、两手硬，不断推进环境业务与环境信息有机融合，要以最鲜活、最有效、最及时的环境信息，为推进各项环保工作创造条件。

（二）精雕细琢，切实提高信息质量。质量是信息工作的生命。在工作中，我们要树立质量第一的意识，始终坚持“全面、准确、客观、及时”的原则，认真把握好信息采集、编写、报送等环节,做到突出“三性”、把好“三关”。突出“三性”是指:一要突出针对性。信息工作人员要深刻把握当前形势,深入基层,全面掌握群众关心的焦点、热点问题,找准结合点,发现“信息点”。围绕改革、发展、稳定的大局,深入挖掘环保工作的特点、亮点。二要突出时效性。时效是信息工作的价值所在。“当其时一字千金、失其时一文不值”,在信息采集、编写、报送的全过程中,要始终有一种紧迫感,能早不晚,能快不慢。三要突出典型性。典型性是信息采用的关键。信息工作人员在注重上报数量的同时,必须不断提升抓典型的能力,特别要真正贴近基层、深入一线去挖掘那些解决实际问题的信息,真正发挥信息的典型引导作用。把好“三关”是指:一是严把文字关。文字是一篇信息的“血肉”,是信息工作的载体。要按照“用词准确、文字精炼、引人注目”的要求,对每篇信息进行审阅把关,要做到客观公正,宁缺勿滥。二是严把内容关。要确保真实,做到有喜报喜、有忧报忧,全面客观。要实事求是,在坚持反映事物原貌的基础上,深入揭示本质,不能道听途说、捕风捉影。三是严把导向关。要围绕环保优化发展,了解“上情”。以总量控制、质量改善、风险防范、城乡统筹为采编重点,切实加大以环保优化发展的宣传力度。要围绕解决人民群众最直接、最现实、最根本环境诉求,贴近“下情”。始终将解决好影响人民群众健康的环境问题作为报道重点,切实加大抓环境、惠民生、促和谐的宣传力度。要围绕推进环保工作,掌握“内情”。继续不断发掘各地环保工作的新成绩、新经验和新典型,切实加大探索环保新道路的宣传力度。

(三)夯实基础,不断增强信息工作保障能力。在新形势、新要求下,环境信息工作面临着重要机遇和艰巨挑战,各级环保部门要紧紧抓住环保工作大发展的有利时机,着力加强基础能力建设,不断增强信息工作保障能力,以有效应对环保工作对信息资源需求更大、要求更高的挑战。一是加强组织领导。各级环保部门的主要负责同志要高度重视环境信息工作,将信息工作摆上重要议事议程,进一步加大环境信息工作在年度考核中的权重,明确任务分工,加大组织协调力度,实现统一规划、统一规范、统一建设、统一管理。二是加大保障力度。在信息工作基础保障上要加大政策保障和资金投入,不断加强人才队伍建设,提升信息工作人员能力和专业化水平。要以贯彻落实《河北省环境保护厅政务信息工作管理办法》为契机,进一步强化信息意识,充分调动信息工作人员的积极性,在工作机制上创造收集信息、编撰信息的有利环境。三是抢抓发展机遇。要紧紧抓住国家推进环境信息化建设的有利时机,加强信息资源化能力,建设环境信息资源互通平台,提高信息的传输能力,满足环境管理的信息需求,形成统一管理、分布储存、合作共建、资源共享的工作格局。

同志们,新形势、新任务向我们提出了新的要求。希望大家进一步增强责任感和使命感,以奋发有为的精神状态,求真务实的工作作风,全力做好新形势下办公室各项工作,为环境保护事业的健康发展做出新的更大贡献!

(2011 年 10 月 27 日)

强力推进规划环评 促进调结构转方式上水平

——杨智明副厅长在全省规划环评现场会上的讲话

同志们:

今天这次会议非常重要,是关键时期召开的一次关键会议。上午,我们现场观摩了永清县工业园、固安县工业聚集区环保设施建设运行情况,实地察看了相关企业,听取了园区管委会负责人和企业负责人加强环保管理情况的介绍,相信大家与我的感受是一样的,就是抓规划环评、抓园区管理、抓环保设施建设非常重要,也非常必要。刚才,廊坊、保定、衡水市做了典型发言,讲了抓规划环评的做法和体会,我感觉很好,各地要认真学习借鉴。环保部环评司李天威处长百忙中莅临我们现场会,并做了指导性非常强的讲话,充分肯定了我们的做法,认为我省规划环评有层次、有力度、有特色、有成效,这是对我们的巨大鞭策。三市的发言,我突出有四点体会:一是抓好规划环评,必须领导重视。二是抓好规划环评,必须多措并举。三是抓好规划环评,必须重点带动。四是抓好规划环评,必须力求实效。这次会议主要任务是通过现场观摩,典型带动,进一步总结规划环评工作,安排部署今后规划环评任务,努力促进《规划环境影响评价条例》的落实和规划环评工作的深入开展。下面,我简要强调三点。

一、认真总结经验,进一步增强推进规划环评的信念和动力

通过廊坊、保定、衡水 3 市的大会发言和其他市的书面交流材料,可以看出各地切实按照全国环评工作会议、全省环保工作会议、全省环评工作会议精神,下力抓了规划环评,创新了一些做法,积累了一些经验,在调结构、转方式环评先行方面做了有益的探索。概括起来,主要有以下四个方面:

(一)坚持把服务中心作为规划环评融入主渠道、优化发展的重要取向。环评是从源头预防环境污染和生态破坏的“控制闸”,规划环评是从宏观战略层面统筹区域发展布局和生态安全格局、统筹区域发展规模结构与资源环境承载力的重要调控手段。各地环保部门对规划环评工作,高度重视,科学定位,借助规划环评平台不断从区域环境准入、产业结构、规模布局等方面,对辖区土地空间开发秩序提出优化调整建议,强化资源环境的硬约束。保定市坚持把规划环评作为推进结构调整和发展方式转变的关键环节,着眼当地优势产业,大力推进并完成了蠡县皮毛皮革业和纺织行业、高阳县纺织行业、安新县有色金属行业、满城县造纸行业发展规划环评。承德市通过开展规划环评,明确“双滦区、宽城县、滦平县园区鼓励发展冶金,潮河流域临近河流两岸禁止设置工业园区”,实现禁止开发区得到避让,限制开发区得到优化,重点开发区限制在特定区域。

(二)坚持把意识提升作为开展规划环评、加强宏观引导的重要前提。贯彻落实《规划环境影响评价条例》,高标准高水平地推进国土空间绿色开发,提高决策者的认识水平,是重要的前提条件。各地坚持把提高规划编制单位、规划审批单位环保意识作为推进规划环评的重要切入点,采取形式各样的措施,强化了宣传和统一思想工作,形成了重视规划环评、关心规划环评、支持规划环评的共识和行动。衡水市通过广播电台纠风热线开展《规划环影响评价条例》专访,召开园区管理人员座谈会,入园进区宣讲规划环评知识等形式,进一步提高了决策层面规划环评意识。秦皇岛市着眼管理决策层,坚持网络宣传、座谈会宣传、审查会宣传、发督办函相结合,努力提升了《规划环境影响评价条例》的宣贯力。邯郸市利用《邯郸日报》环保专刊,邀请人大代表和政协委员参加规划环评审查会等形式,大力宣传规划环评理念和要求,收到了较好效果。

(三)坚持把园区产业作为推进规划环评、实现绿色发展的重要载体。各地在探索经济发展与环境友好的过程中,注重重点突破,整体带动,坚持以重点区域规划环评、重点行业规划环评为突破口,积极推动各地构建基于资源承载力和环境支撑力的经济发展模式。唐山市从自身产业结构偏重、经济发展较快的现状出发,狠抓工业聚集区、产业园区(开发区)和重点行业规划环评,先后完成了30个聚集区(园区)规划环评审查和古冶中心城区、丰润浭阳新城等城镇发展规划环评及司家营矿区总体规划环评。邢台市积极按照循环经济理念,科学布局和延伸煤化工等产业链,推进物质闭路循环、能量梯次利用的循环经济园区建设。

（四）坚持把机制创新作为深化规划环评、增强影响力的重要抓手。各地在推进规划环评过程中，注重以规划环评带动项目环评，以项目环评促进规划环评，创新政策激发活力，完善制度规范审查行为，深化影响提升环评成效，不断扩大规划环评影响的范围和深度。廊坊市以实施惩戒政策为抓手，报请市政府同意，连续三年对没有编制规划环评的园区下达限期，对不能按时完成规划环评工作的园区实施限批，对未按规划环评要求建设污水处理设施的园区实行涉水项目限批，起到了很好地警示和推动效应。石家庄、张家口、沧州市强化了规划环评部门联动、捆绑推动、上门服务等机制，有力地推动了规划环评工作开展。

各地在探索环保新道路、调结构转方式环评先行中，所做出的这些新探索，十分可贵。希望结合实际，继续认真总结，深入思考，广泛借鉴，更好更有效地推进规划环评优化发展的进程。

二、认清工作形势，进一步增强做好规划环评的责任感和紧迫感

进入“十二五”以来，我省迎来了前所未有的发展机遇。京津冀区域一体化、首都经济圈纳入国家“十二五”规划，河北沿海地区发展规划已经上升为国家战略，冀中南地区被列为国家层面的重点开发区域，首都新机场将在北京与廊坊交界处兴建等，是我省面临的重大历史机遇，使我们从更广领域融入了国家发展主战场。前不久，国资委主任带领一百多家央企入冀，进行项目和合作的对接，最终签订了总额达数千亿元的合作协议，这为我省的大发展进一步注入了活力。刚刚结束的省第八次党代会，提出了建设“经济强省、和谐河北”的奋斗目标，明确“经济强省，就是总量要大，素质要高，结构要优，活力要足，质量要好；和谐河北，就是生活质量提高，文明程度提高，社会管理水平提高，生态环境质量提高”，强调生态质量时要求“河北的天更蓝、地更绿、山更清、水更秀”。庆黎书记多次强调，各级党委、政府要增强生态底线、生态生命线意识，强调生态这张底牌什么时候都不能丢，生态这条生命线必须始终抓住不放，要往上推，往高处推。庆伟代省长要求，河北经济社会发展，必须环保先行，要求环保在转方式、调结构、上水平中，在更高层次、更宽范围、更大尺度发挥支撑保障和推进作用。因此，环评已经进入了融入大局、优化发展的大好时期，成为并将长期成为调结构、转方式、上水平的抓手和突破口。我们一定要抢抓机遇，乘势而上，努力把规划环评工作推向一个新阶段。

近年来，在环保部的悉心指导下，在大家共同努力下，全省规划环评工作取得了积极进展。一是环评宏观指导作用进一步加强。省委、省政府高度重视规划环评,在一系列重要会议、重要文件、重要批示中都明确要求加强规划环评。省政府印发实施了《关于加快工业聚集区发展的若干意见》、《关于加快河北省环首都经济圈产业发展实施意见的通知》、《关于加快沿海经济发展促进工业向沿海转移实施意见的通知》等一系列文件中,明确提出“先规划环评、后项目审批”,并要求将区域资源禀赋和环境容量作为区域发展的硬约束,科学引导产业,合理设置发展规模,进一步强化了规划环评的宏观引导作用。省政府在2005年印发《关于进一步做好规划环境影响评价工作通知》的基础上,于2011年在总结实施经验和教训的基础上,又印发实施了《关于进一步加强规划环境影响评价工作的通知》,要求综合性规划和专项规划要组织开展规划环评,并将环评结论作为规划审批决策的重要依据。省级产业聚集区审批中实行发改、国土、环保等部门联合办公,坚持规划环评“一票否决”。二是区域发展战略环评做出新探索。按照环保部要求,以河北省沿海地区为对象,以该区域资源环境承载力为约束,以保障重要生态功能区结构和功能为红线,探索开展了重点产业发展战略环评,提出了基于“生态功能不退化、资源环境不超载、排放总量不突破、环境准入不降低”的沿海经济发展调控方略,很好地指导了沿海地区产业布局和发展。三是重点区域和行业环评稳步推进。围绕贯彻落实《规划环境影响评价条例》和环保部、省政府加强规划环评的工作部署,坚持以71家省级工业聚集区和111家省级及以上工业园区(经济技术开发区、高新技术开发区)为重点,全力推进重点区域发展规划环评;坚持以钢铁、火电、水电、矿山采选、交通等行业为重点,努力开展重点行业发展规划环评。经过努力,目前5个国家级园区全部完成了规划环评;原100家省级工业聚集区中,78家完成了规划环评;44家省级工业园区(经济技术开发区、高新技术开发区)中,38家完成了规划环评审查;其他类别65家园区完成了规划环评。矿山、交通、城镇建设、建材、化工、制药等行业开展了规划环评,水电等行业正在开展规划环评。四是规划环评政策机制不断完善。在规划环评推进中,加强了政策机制创新,建立和完善了责任考核制、重点督办制、捆绑推动制、部门联动制、公众参与制、补充评价制、跟踪评价制。在原则把握上,提出并实行了未进园区的工业类项目不审批、未列入产业规划的项目不审批的“两个不批”和第一个入园项目未完成基础设施建设前不再审批第二个项目环评的“不批第二”原则。制发了《河北省环境保护厅组织规划环境影响报告书(篇章、说明)审查办法》,细化了规划环评组织审查程序和要求。在园区联审中，强化了环保一票否决，对未开展规划环评和未落实规划环评要求的一律不予通过，在申报的148家园区中直接否决了59家。在宣传推动上，将规划环评内容列入省委组织部培训计划，在全省县(市、区)长环保培训班上先后对260多位县(市、区)长进行了规划环评培训，并将重点区域规划环评开展情况列入省政府督办事项。在改进作风上，结合转方式监督检查和污染减排措施落实，组织开展了入园进区服务活动，形式上突出了听、看、查、送、帮，内容上强化了带真情、听实话、送服务、解实困。据统计，省市两级环保部门共开展入园进区服务1000多人次，推进了138个园区规划环评，其中省级及以上产业聚集区、园区(开发区)122个。

尽管我省做了一些探索，但是距环保部的要求，与先进省(市)相比，还有不小差距，工作中还存在着“四个不容忽视”的问题。一是思想认识水平上的不到位不容忽视。通过开展宣传和入园进区服务，各级决策者的规划环评意识有了较大提高，但部分地方还仅停留在思想认识层面，实际工作中对落实规划环评要求的认识还不到位，还存在着“说起来重要，忙起来次要”的现象。省级及以上产业聚集区、园区(开发区)中，还有60个规划环评滞后。二是规划环评指导上的不规范不容忽视。各地在指导综合性规划和指导性专项规划环评时，把握的尺度不一致，编制的环境影响篇章或说明内容不规范。对非指导性专项规划环境影响报告书的审查，掌控的深度和广度差异较大，特别是《环境影响评价技术导则地下水环境》和《环境影响评价技术导则生态影响》实施以来执行的尺度不一，增加了规划环评审查的随意性。三是环保措施落实上的不严格不容忽视。各地在组织开展规划环评过程中，对园区或行业发展规划、环保基础设施建设等都提出了明确要求，细化了规划优化调整建议和基础设施建设时限。但是部分地方在落实这些要求方面，还存在着较大差距，出现了环保基础设施建设滞后或运行不正常的问题。中华环保联合会在工业园区调研报告中，将此种现象称为园区七宗罪之一。全省182个省级及以上产业聚集区、园区(开发区)中，有82个园区污水处理厂或污水管网等环境基础设施建设滞后。廊坊市对这样的园区实施限批，做法非常好，各地值得借鉴。四是队伍业务素质上的不过硬不容忽视。规划环评文件编制单位、规划环评审查队伍的业务素质，还与国家规划环评总体要求不适应。大家一定要清醒地认识到“错误的评价，执行得越完全、越彻底，危害就越重、损失就越大”。全省规划环评文件的编制，还没有完全摆脱过去项目环评的模式和方法，评价角度还没有完全站在规划层面，从环境保护角度对发展的定位、规模、结构、布局、时序等提出优化调整建议。

总之,大家一定要认清当前面临的难得机遇,认识当前工作中存在的问题,进一步增强责任意识和忧患意识,以高度的使命感全力以赴地抓好规划环评工作,推进规划环评要求的落实。

三、抓好重点任务,进一步增强规划环评的引导性和指导性

今年,国务院印发了指导环保新道路探索的纲领性文件即《关于加强环境保护重点工作的意见》,明确了三部分16条任务,其中第一部分第一条任务就是“严格执行环境影响评价制度”,要求“凡依法应当进行环境影响评价的重点流域、区域开发和行业发展规划以及建设项目,必须严格履行环境影响评价程序,并把主要污染物排放总量控制指标作为新改扩建项目环境影响评价审批的前置条件。”环保部印发了《关于做好“十二五”时期规划环境影响评价工作的通知》,明确了“十二五”时期要着力“推进重点区域和行业战略环评、抓好重点领域规划环评、加强规划环评能力建设”等重点任务。环保部还会同国家发展和改革委员会,制发了《关于进一步加强规划环境影响评价工作的通知》和《关于印发〈河流水电规划报告书及规划环境影响报告书审查暂行办法〉的通知》,进一步明确了经济和社会发展规划和水电规划开展环评和审查要求。前不久,省环保厅在2012年重点工作初步安排中,将“严格执行环境评价制度”列为执法检查重点。总的来说,下一步我们将继续围绕中心,服务大局,着力强化以下四项重点工作:

(一)继续探索开展战略环评。在认真总结河北沿海地区重点产业发展战略环评经验的基础上,按照国家“抓好经济快速增长区、基础性与战略性产业的主要分布区、节能减排和环境质量改善的重点区、具有全局性的生态服务功能区等重点区域和关系区域经济发展、资源消耗大、对生态环境影响较大重点行业的战略环评”要求,紧紧围绕全省“四个一”发展战略,探索开展冀中南经济区战略环评,提高从宏观层面解决环境问题的能力和水平。各地也要从实际出发,选择重点区域和重点行业,组织开展战略环评,提升发展的科学性。

(二)全力深化发展规划环评。按照国家深入开展“产业园区、地区性重点港口、区域重点城市、江河湖泊开发利用、资源能源开发区域、两高一资行业规划环评”的要求,继续以71家省级工业聚集区和111家工业园区(经济技术开发区、高新技术开发区)为重点,全力深化产业园区规划环评,推动解决布局性矛盾;以钢铁、火电、水电、交通、水泥、矿山、城建等发展规划为重点,组织开展规划环评,探索推动缓解结构性矛盾。

（三）创新规划环评管理模式。继续创新有利于规划环评工作开展和相关环保要求落实的政策机制，不断强化规划环评与项目环评捆绑联动机制，努力规范职能部门协调配合行为，下力抓好对环境有重大影响的规划的跟踪评价，启动规划环评数字化管理系统开发工作，提升规划环评管理的数字化和信息化水平。

（四）加强环评队伍能力建设。继续加强规划环评队伍思想、组织、作风、业务、制度和廉政建设，加大对规划环评技术审核机构支持力度，严格规划环评文件编制单位资质管理和日常监管，研究制定规划环评文件审查暂行办法，探索完善规划环评的技术和方法，组织开展规划环评管理人员和环评技术人员培训，努力建设一支政治素质高、业务能力强、廉洁自律严的环评队伍。

同志们，推进规划环评工作，落实规划环评要求，是推动我省经济结构调整和发展方式转变的重大举措，事关我省今后的持续发展和长远发展，责任重大，影响深远。让我们在环保部的精心指导和省委、省政府的正确领导下，齐心协力，奋勇向前，努力为河北形成“生产空间集约高效，生活空间舒适宜居，生态空间山青水碧”的发展格局贡献力量！

（2011 年 11 月 30 日）

杨智明副厅长在全省环评审批服务央企战略合作项目活动视频会议上的讲话

同志们：

今天我们组织召开全省环评审批服务央企战略合作项目活动视频会议，主要任务是贯彻落实省第八次党代会、全省经济工作会议和省委省政府关于央企战略合作项目调度会议精神，专题研究部署全省环保系统如何更好地服务央企战略合作项目，帮助尽快完成环保审批，促进项目早开工、早建设、早投产、早见效。为此，我讲三点意见：

一、充分认识央企战略合作项目的重要性

央企是全国企业的旗舰，是国民经济的重要支撑，在关系国家安全和国民经济命脉的行业和领域居主导地位，在技术、资金、管理、人才等方面具有很大很强的优势。前不久，100 多家央企汇集河北，深入交流，对接洽谈，与我省签署了一系列合作协议，开启了河北与央企战略合作新的一页。这次百家央企进河北活动,是省第八次党代会后我省第一项重大经济合作活动,其规模之大(117家央企)、层次之高(国务院国资委党委书记主任王勇亲自带队、40多家企业一把手参加包括中石油、中国航天、华能、国电)、实力之强、签署项目之多(6800亿)前所未有。用庆黎书记的话说,这是我省发展历史上的一件大事、喜事、盛事,是建设经济强省、和谐河北的重大战略。这些项目的实施不仅会推动我省经济的跨越式发展,同时也将有力地促进和带动我省产业结构的调整与升级,对加快建设经济强省、和谐河北具有重大而深远的意义。

全省环保系统特别是我们负责项目环保审批和验收的部门的同志们,一定要充分认识央企战略合作项目对我省当前和长远发展的重要性,增强责任感、使命感、紧迫感,积极主动、优质高效地做好工作,为央企在河北的投资项目顺利落地、尽快开工、早日建成并发挥效益做出我们应有的贡献。

二、全力做好央企战略合作项目的环保审批工作

各级环保部门要把服务央企战略合作项目作为落实科学发展观、促进发展方式转变、促进经济强省和谐河北建设的具体行动。据统计,截止到2010年底我国央企资产总额已达到24.4万亿,2010年累计实现利润8500多亿,在钢铁、石油化工、电力、机械装备制造、通信、航空运输等领域,央企都在占居行业发展的制高点,掌握着大量先进技术、拥有一流的人才队伍,是无可争议的“国家队”,优势无可比拟!因此,央企落户也就意味着重大项目、先进技术和管理经验、一流人才的到来。当前,伴随着产业结构调整的加快和央企战略布局的调整,央企已成为我国很多省份重点引进或者说重点争夺的对象。因此,我们一定要万分珍惜并牢牢抓住全国独有的“环京津、沿渤海”区位优势,和“京津冀区域一体化、首都经济圈纳入国家‘十二五’规划,河北沿海地区发展规划已上升为国家战略,冀中南地区被列为国家层面的重点开发区域”这个前所未有的机遇,按照“为发展服好务、为环境把好关”的要求,把服务央企作为工作重点,为战略合作项目提供全方位、全天候的服务。各级环保部门要对央企合作战略项目实行责任制,实现项目到人、任务到人、责任到人。要畅通“绿色通道”,强化“一站式”服务,“一次性”告知、“一条龙”审批服务,并实行“急事急办”、“特事特办”。对要上报国家审批的项目,积极“跑办帮办”,争取早批快批。

三、积极主动地与央企战略合作项目做好对接

经省厅研究,全省环保系统要开展服务央企战略合作项目“三个一”活动:一是“发一封友情函”,即向有关央企及项目负责人发一联系函,感谢相关央企在我省投资兴业，主动与企业和项目负责人建立联系；二是“送一本服务册”，使企业了解有关项目制度、审批权限、审批秩序和审批原则，了解环评服务措施、廉洁自律要求，了解在我省开展工作的环评单位名单和从业范围，从而使企业不走或少走弯路，尽快有效开展环评工作；三是建一个“动态库”，就是要建立央企项目管理数据库（包括省重点项目），随时掌握项目进展情况，实时监控、动态管理、全程跟踪服务。总之，要以我们优良的作风、扎实的工作、良好的服务，促进项目早审批、早开工、早建成、早投运、早日发挥效益，为经济强省、和谐河北建设做出我们应有的贡献。

（2011 年 12 月 28 日）

彭芳副厅长在 2011 年全省环保系统重点工作调度会上的讲话

同志们：

民主评议工作事关环保系统整体形象，厅党组始终高度重视。今天的会议专门安排对民评工作进行专题调度。刚才，各设区市环保局长就今年的重点工作进展情况和下一步工作打算做了汇报和介绍。下面，我就民主评议工作讲几点意见。

一、全省环保系统民主评议形势

全省各级环保部门高度重视作风建设，在提高人民群众满意度上作出了积极努力。2010 年全省环保系统共有 17 个县（市、区）环保局评议位次进入前三，秦皇岛市环保局民主评议位次连续两年位列十一个设区市环保局之首，邢台、衡水、沧州、承德 4 个市局的评议位次进入前六，张家口市桥西区环保分局连续三年被评为第一名。2011 年上半年各设区市局的民主评议结果还没有全部出来，这里暂不能全面点评。但是，通过 10 年与 09 年对比，我们可以看到，11 个设区市环保局有 7 个名次出现位次后移，个别市局名次后移了 5 位，甚至出现了两个在省定执法序列参评部门中被评为倒数第一的县（市、区）局。11 年上半年石家庄深泽县局已被评为倒数第一。我们必须对这些现象引起高度重视，下大力量扭转位次后移的被动局面。

二、提高认识，深刻领会民主评议工作的重要性、必要性

（一）开展民主评议工作是落实省委、省政府反腐倡廉部署的必然要求。

河北省在全国率先开展民主评议工作多年,并以此为抓手,全面推进了政风行风建设,有效促进了经济发展方式转变。可以说,河北的民主评议工作已经成为全国性的工作亮点。省委、省政府对民评工作高度重视,每年都要出台《河北省民主评议工作方案》,环保系统一直作为13个行政执法类系统之一参加评议。省委、省政府明确要求参评系统要落实“谁主管谁负责,管行业必须管行风,抓机关必须抓基层”的工作责任制,把开展民主评议工作列入“一把手”工程。所以说,开展民主评议工作是我们必须完成的规定动作,必须要下大力度抓实抓好。

(二)开展民主评议工作是加强干部队伍建设的有效途径。民主评议结果与干部作风建设密切相关,抓评议就是抓作风、抓队伍。通过将民主评议工作与政风行风建设相结合,与机关效能建设相结合,使每一名干部职工在日常工作开展过程中,都时刻紧绷作风建设这根弦,自觉规范依法行政、廉洁从政行为,打造一支作风正、效率高、业务精的环保队伍。同时通过评议展示出全行业干部职工求真务实、真抓实干的精神面貌,展示出环保系统在人民群众心目中风清气正、人和业兴的良好形象。

(三)开展民主评议工作是完成环保工作任务的重要保障。当前,环境保护任务日益繁重,环境保护工作与群众利益紧密相关,环境问题已经引起了群众的广泛关注。没有过硬的干部作风,没有良好的社会形象,很难科学有效的实现环保任务目标。通过评议,社会各界对我们的表现作出综合评价。这是对我们工作的大检验,既体现了社会各界对环保工作成绩的认可,也可以暴露出执行国家环保政策、文明执法、优质服务等各方面的问题和不足。民主评议作为一种重要的民主监督形式,其最终目的是通过抓评议,改进工作作风,规范执法行为,提高办事效率,改善服务质量,促进环保工作。

三、做好民主评议工作的几点要求

2011年是实施“十二五”规划的开局之年,全省环保系统要紧紧围绕环境保护发展大局,以规范行政行为、促进依法行政、提高行政效能为目标,坚决纠正损害群众利益的不正之风,提高工作效率和服务质量,提高贯彻落实科学发展观的执行力。

一要进一步统一思想。民主评议工作事关队伍建设大局,事关环保工作大局,事关发展稳定大局,必须高度重视,常抓不懈。各级领导干部和干部职工要充分认识民主评议工作与环保全局工作的相互推动作用。扎实的工作是带动民评成绩提高的重要因素,优异的民评成绩代表了社会各界对环保工作的支持和好评，为推动环保事业发展营造了良好的外部环境。要善于利用民主评议这个平台，扭转把民评当负担的错误思想，实现由“要我抓”到“我要抓”、“必须抓”的转变，切实增强做好民主评议工作的自觉性和主动性，坚持在环境保护发展大局中谋划推进民主评议，把转变政风行风的要求转化为改进工作的实际行动，努力做到民主评议活动与环境保护工作两加强、双促进。

二要进一步把工作做深做细。今年的民主评议工作以“服务市场主体，服务人民群众”为主题，在进一步规范质询评议深化评议中层干部、改进评议方式等方面提出了新要求。各地要紧密结合实际，精心谋划，及时对下半年的民主评议工作作出安排部署。要认真研究民主评议规律，有针对性地做好各个环节的工作，“一把手”要亲自过问工作进展，做到主要领导亲自抓，分管领导具体抓，切实抓好关键环节的工作落实。要在推进环保整体工作，兑现年初各项承诺上下功夫。要靠严格执法、公正执法，树立环保部门的威信。要靠服务企业的便民措施和成效，树立环保部门良好形象。要靠环境质量的不断改善，人民群众的环境权益得到有效维护取信于民，提高人民群众满意度。要在严管队伍，防止“硬伤”上下功夫。要在加大宣传力度，争取社会各界对环保工作更多支持上下功夫。要通过各种形式让人民群众充分了解环保部门的主要职能，环保工作的主要进展，环境质量的改善情况以及加强队伍建设的主要措施等，提高公众参与度，争取广泛的理解和支持。特别是每年6月份和12月份的两次群众集中测评活动，直接决定评议结果，各市县局要高度重视，最大限度地提高满意度。要在完成规定动作，深入抓好基层工作上功夫。各级环保部门要认真做好本级的各项工作，对各项规定动作要一项不落地完成好，做到日常工作不丢分。更要着力抓好基层，目前我省评议模式是下级决定上级，基层决定系统，而且县市区环保干部直接面对广大人民群众开展工作。基层环保的情况很大程度上代表了全省环保系统这个整体，抓好基层是确保评议进位的关键。

三要进一步强化措施确保全系统评议进位。今年省厅提出的民主评议工作目标是“保七争六”，要求各设区市局位次前移，各县（市、区）局杜绝末位，全系统位次前移。今年全系统的民主评议工作将继续实行厅领导、各处室包市局责任制，开展“三查一促”调研活动、参与“阳光热线”和“阳光论坛”直播节目等行之有效的方法和措施，进一步加大对县（市）、区薄弱环节的督导力度。这里，我重申民主评议结果继续与环保目标考核、环保资金分配、环保系统评先等方面紧密结合，对位列末位的环保局，将视为没有完成环保工作目标。对位列末位的环保局的局长,将视为不称职的环保局长,一律取消年度环保系统的评先资格。各地要认真总结经验,扩大参与渠道,大力推进网上评议,严肃运用评议结果,广泛组织阳光服务、质询评议、明察暗访等活动,并积极创新探索符合当地发展的新思路、新举措。各级环保部门要增强大局意识,省、市、县三级联动,齐心协力,形成上下"一盘棋"运行格局,全面推进民主评议工作深入开展。

(2011年8月9日)

彭芳副厅长在党务干部培训班上的讲话

同志们:

去年,省厅举办了第一次党务干部培训班,大家反映学到了知识、开阔了眼界、交流了思想,并要求组织多提供学习的机会。一年来各单位党务工作者在组织本单位活动,提高干部职工政治觉悟、道德素质、理论水平上发挥出了积极的作用。实践证明,对党务干部培训是很有必要的。这次培训,主要是结合学习胡锦涛总书记"七一"重要讲话,学习《中国共产党党和国家机关基层组织工作条例》,联系我厅党务工作实际,围绕发展环保新道路、"创先争优"活动、建设学习型党组织和党的建设中的一些重大问题进行了研讨和工作交流。希望大家珍惜学习机会,通过认真的学习交流,使自己的理论水平、工作能力和党性修养都得到一个新的提升。

一、进一步提高对党务干部培训重要性的认识

党务培训对于大家进一步提高素质、加强党性修养、拓宽工作思路、增长工作才干,是十分重要、十分有益,也是非常难得的。

(一)开展党务干部培训,是推进党的事业发展的必然要求

教育培训是加强干部执政能力建设的重要载体。我们党历来重视教育培训工作,当前,我国正处于全面建设小康社会与构建和谐社会的关键时期,一方面,面临难得的发展机遇,另一方面,又面临复杂的执政条件和执政环境,对我们的执政能力提出新的挑战和考验。为此,中央领导同志要求,各级党委要从推动党和国家事业发展的战略高度,切实加强干部教育培训工作,大幅度提高党员干部队伍素质,增强各级领导干部抢抓机遇、化解矛盾、推进发展的能力和水平,在各自工作岗位上胜任地履行职责。我们作为执政党的

基层党务领导干部，一定要认真贯彻中央的决策，结合当前开展的学习“七一”重要讲话精神，深化创先争优活动的开展，积极参加学习培训，切实提高科学发展、促进社会和谐的能力，使党的工作和党的建设更加符合科学发展观的要求，以各项工作的科学发展推动党的事业不断向前发展。

（二）开展党务干部培训，是提高党务干部自身素质的迫切需求

各位都是党建工作的组织者、推动者和实践者。党建的具体工作要靠大家来开展，具体任务要靠大家来落实。党务干部素质如何，直接关系一个单位党建工作的实际成效。我厅党务干部的整体素质是好的，但也存在与新形势、新任务不相适应的地方，主要表现在：个别同志对党务工作还不够熟悉，开拓性工作的办法不多，新形势下党建工作创新能力不够强等。为此，我们组织这次党务干部培训是非常必要和及时的，大家要抱着对事业负责、对本人负责的态度，搞好这次学习培训。通过学习交流，进一步提高自己的思想政治素质，进一步增强贯彻落实科学发展观、促进社会又好又快发展的自觉性和工作本领，从而更好地履行好自身的工作职责。

（三）开展党务干部培训，是开创我厅党建工作新局面的现实需要

全厅各基层党组织应发挥好战斗堡垒作用，为开创环保新道路提供强有力的组织保障。一个单位党建工作抓得怎样，党务工作者负有重要的责任。目前，我厅基层党建工作还存在一些亟需解决的问题：一是党建发展不平衡，特别是个别支部的凝聚力、战斗力有待加强，工作措施不力，工作成效不显著；二是党建工作创特色、创品牌的思路不够新，力度不够大，等等。这些都需要我们采取有效措施予以解决。因此，大家一定要站在讲政治和全局的高度，充分认识参加学习培训的重要意义，通过学习培训，提高干事创业的本领，增强开拓创新的精神，谋划本单位党建发展新思路，推动我厅党建工作再上新台阶。

二、珍惜学习机会，努力做到学有所获、学以致用

厅党组对党务干部学习、提高很重视，为办好这次党务干部培训班，机关党委作了精心的安排和准备，请了专家教授给大家授课，大家应以端正的学习态度，勤于钻研的精神参加与讨论，要做到学有所获、学有所成、学以致用。

（一）坚持不懈长期学。大家平时做具体工作多，真正静下心来思考少，相互讨论交流更少，因此，要借这次集中学习培训的好机会，相互学习，相互交流，相互提升，结合工作中遇到的热点难点问题，深入思考和探讨，真正做到学有所思、学有所悟、学有所获、学有所成。这次培训安排得比较紧凑，原

定集中学习时间长一些，但考虑到同志们当前的工作任务都很重，所以这次集中学习的时间安排加上路途才三天，树立学习是生存和发展需要的理念，学习工作化和工作学习化的理念，不断学习和坚持学习的理念，党组织全员学习和党员终身学习的理念，以我们的实际行动带动周围的同志学习。养成自觉学习、主动学习的好习惯，做一名学习型干部。

（二）联系实际扎实学。坚持理论联系实际的学风，是我党具有旺盛生命力的源泉。理论联系实际越紧密，学习的效果就越好，对实践的指导作用就越明显。大家要紧密结合自身思想实际，结合我厅党务工作实际，边学习、边思考、边创新，努力推进实际工作。这次学习的内容比较丰富，光靠课堂时间是难以消化吸收的，大家在课堂上学到的东西，回去后要结合学习贯彻“七一”重要讲话，结合创先争优活动，结合创建学习型党组织要进一步消化、理解和吸收。

同志们，厅党组对这次培训班非常重视，希望你们通过学习，进一步解放思想、与时俱进，紧密联系我省改革开放和现代化建设的实际，联系本单位的工作实际，联系领导干部的思想和作风实际，把运用科学理论指导实践、解决问题、推动工作作为学习的出发点和落脚点，作为衡量学习成效的重要标准。为我厅的科学发展做出应有的贡献。

（2011 年 8 月 25 日）

认真贯彻落实全国环保系统纪检监察会议精神
确保全省环保系统民主评议工作目标圆满完成

——彭芳副厅长在全省环保系统民主评议工作调度会上的讲话

同志们：

这次全省环保系统民主评议工作调度会是厅党组决定召开的。主要任务是认真学习贯彻全国环保系统纪检监察工作会议精神，总结 2011 年上半年全省环保系统民主评议工作，研究部署年底前的民评工作任务。召开这次会议主要基于以下考虑：一是刚刚结束的全国环保纪检监察工作会议，开得很有特点，对我们很有启发，各地推出了一批新鲜经验，很有借鉴意义，需要及时向大家传达。二是上半年全系统在民评中出现了 19 个末位县，形势不容乐观，年底评议在即，需要进一步安排部署。三是听听大家的意见和建议，为开好明年年初的全省环保系统党风廉政建设工作会议做好准备。下面,我就贯彻落实全国环保系统纪检监察工作会议精神和做好年底的民主评议工作讲几点意见。

一、全国环保系统纪检监察工作会议主要精神

12月8日～9日,2011年全国环保系统纪检监察工作会议在广州召开。会议认真总结了2011年全国环保系统党风廉政建设和反腐败工作,研究部署了2012年反腐倡廉工作任务。中央纪委驻环境保护部纪检组组长傅雯娟出席会议并讲话,广东省委常委、纪委书记黄先耀出席会议并致辞。这次会议有三个特点:一是参会人员格高人多面广,环保部各司局、各直属单位和各派驻机构负责人、各省和副省级城市环保部门纪检组负责人参加了会议,许多单位主要负责人主动参会。体现了部党组对纪检监察工作的高度重视和驻部纪检组的工作力度。二是6省市和3个司局介绍了新鲜的工作经验,很受启发,我组以《创新措施精心谋划科学推动环境保护廉洁执法》为题做大会发言,这也是我组三年内连续四次在全国会议上做大会典型发言,受到与会代表的充分肯定和关注。三是傅雯娟组长做了一个很好的讲话,具体全面,有新意、有高度、有可操作性,很符合环保实际。我们要好好学习,抓好落实。

傅雯娟指出,今年以来,全国环保系统各级纪检监察部门认真贯彻落实中央纪委六次全会和国务院第四次廉政工作会议精神,按照全国环保系统党风廉政建设工作视频会议部署要求,突出重点,创新举措,狠抓落实,在强化监督监察、完善惩防体系建设、维护和保障群众环境权益、加强环保系统政风行风建设等各项工作方面取得明显成效。她肯定了我厅加强监管的做法,指出:"河北省环保厅将电子信息手段引入环评管理,通过集中录入、分级管理,加强过程监管,较好地解决了项目数量多、时间跨度长、管理难度大等问题。"

傅雯娟强调,2012年是贯彻落实第七次全国环保大会精神的开局之年,也是完成2008～2012年惩防体系建设五年规划工作任务的收官之年,做好明年党风廉政建设和反腐败工作,对于推进环境保护事业健康发展具有重要意义。全国各级环保系统纪检监察部门要围绕中心,服务大局,重点抓好5个方面的工作:一是加强对环境保护重大决策部署贯彻落实情况的监督检查。要紧紧围绕贯彻落实即将召开的第七次全国环保大会精神,认真开展加快转变经济发展方式监督检查,深入开展纠正损害群众环境权益问题监督检查,继续配合环境执法部门开展环保专项行动,组织开展环境执法监察工作专项执法检查。二是大力推进环保廉政文化建设。要充分认识推进环保廉政文化建设的重大意义,不断丰富新时期环保廉政文化建设的内涵,积极构建廉政文化建设平台。三是进一步推进惩治和预防腐败体系建设。要对照2008—2012年工作规划分工方案及实施办法,逐项盘点梳理各项任务的进展情况,加大落实力度;要超前谋划2013—2017年惩防体系工作规划的调研起草工作;要加强组织领导,形成健全和完善惩治和预防腐败体系的工作格局。四是积极推动污染减排政策落实情况绩效管理试点工作和专项治理工作,要积极协助相关业务部门,认真组织实施绩效管理试点工作,严格落实环境保护行政问责制和"一票否决"制,促进污染减排约束性目标的实现。五是坚决查处违纪违法案件。要重点查办发生在领导机关和领导干部中的贪污贿赂、失职渎职案件,严肃查办严重损害群众环境权益的案件,严肃查办环境执法、环境审批、环境监测等重点岗位以权谋私、滥用职权的案件。

傅雯娟指出,环保系统各级纪检监察部门一定要统一思想认识,加大工作力度,着力在构建具有环保特色的惩治和预防腐败体系上下功夫,着力在服务和保障环保事业健康发展上下功夫,着力在提高反腐倡廉建设科学化水平上下功夫,着力在进一步加强自身建设上下功夫,努力开创党风廉政建设和反腐败工作新局面。

郭瑞林局长在会议总结时要求:各地要及时向党组汇报会议精神,抓好贯彻落实。要抓紧梳理年底前的工作,确保年初部署的任务圆满完成。会议对我省牵头开展廉洁执法工作给予高度评价,指出:河北率先开展的环保廉洁执法,对推动全国环保系统反腐倡廉有积极的借鉴意义,明天全国将把这项工作作为重点全面推开。

结合我省环保系统工作实际,贯彻落实好这次会议精神,我们应着重把握以下六个方面:一是要始终坚持突出惩防体系建设这条主线。抓好教育、制度、监督、改革、纠风、惩治等方面的工作,尽早谋划2013—2017惩防体系建设规划。二是要始终抓住责任制这个龙头。做到党风廉政建设与环保业务工作同时部署、同时检查、同时落实,形成一级抓一级、层层抓落实的工作局面。三是要始终坚持打造廉洁执法这个亮点。进行环保廉洁执法实践探索,将理论成果与工作实际有效融合,力求实效。四是要始终坚持"双向融入"这个有效途径。既要自觉把反腐倡廉工作融入到环保大局、环保中心工作中去,又要创新开展多种形式的廉政建设活动,让更多的环保工作人员融入到反腐倡廉建设中来。五是要始终坚持抓好民主评议这个事关环保全局的大事。要规范环保行政、执法行为，严肃工作纪律，自觉接受社会各界的监督，提高工作效率和服务水平，提高群众满意度。六是要始终坚持把网络技术引入环保监管这个科学手段。完善已做的廉洁环评，抓好正开展的廉洁执法，谋划将要抓的廉洁监测，不断提高反腐倡廉工作科学化水平，走出一条具有河北特色的廉洁环保之路。

二、关于民主评议工作

(一)2011 年上半年民主评议工作进展情况

根据 2011 年度上半年全省环保系统民主评议名次统计，衡水市、承德市、沧州市 3 个环保局成绩稳中有升，石家庄市、张家口市、唐山市、保定市、邯郸市成绩稳定，秦皇岛市、廊坊市、邢台市成绩位次靠后。应该指出的是，在 11 个设区市局中，衡水、唐山两个市局没有末位县，特别是衡水市环保系统所辖 11 个县市区局中，评议成绩全部在中游以上，没有一个位次靠后。全系统参评的 186 个县市区局中，有 3 个县局被评为第一名，分别是饶阳县、冀州市、磁县。但是也出现了 19 个县市区局在省定执法系列 13 个参评部门中名列倒数第一。其中石家庄市 3 个，分别是正定县、辛集市、深泽县；廊坊市 3 个，分别是安次区、永清县、开发区；保定市 3 个，分别是北市区、易县、高碑店市；邢台市 3 个，分别是任县、隆尧县、清河县；张家口市 2 个，分别是怀安县、崇礼县；秦皇岛市 2 个，分别是抚宁县、卢龙县；承德市 1 个是滦平县；沧州市 1 个是黄骅市，邯郸市 1 个是丛台区。虽然全省上半年环保系统民主评议名次第六，成绩不错，但是部分基层成绩较差，形势不容乐观。环保系统在民评工作中还存在着一些不容忽视的问题。一是重视不够。一些市县局没有把民主评议工作真正列入重要议事日程，没有当成一件事关环保形象的大事来抓。在省厅的调研中我们发现，有的县第二天要进行集中测评，前一天县局领导居然尚不知情，基本上没有做任何工作，评成啥样算啥样。一些单位存在畏难情绪，认为环保部门经费不足，环保又得罪人，费再大力气抓也争不了先进，失去了民评工作争先创优的信心和决心。二是自身不硬。有的市县环保局执法偏软，效率不高，久拖不决，只取不予，服务不到位，造成满意度下降，有的不注重廉洁执法，甚至出现“吃、拿、卡、要”的现象，影响了环保部门的良好形象。三是方法不得当。有的环保局没有用心研究民评工作的程序和规律，甚至没有弄清怎么评、谁来评等基本问题，特别是没有及时研究网上评议等新规则，出现了“废票”等不该有的失误，导致评议位次下滑。这些问题必须引起我们高度重视，在年底工作中采取有效措施加以克服和杜绝。

(二)做好年底民主评议会工作的几点要求

上半年在全省环保系统的共同努力下,我们取得了一定成绩,年底全省民主评议测评工作即将展开,下半年的成绩将直接决定环保系统全年的民主评议成绩,形势逼人,任务艰巨,现在已经到了最后攻坚、决战决胜的重要时刻,尤其需要大家扎实奋进地做好工作,各市局必须全面倒计时、强力往前推、铁腕抓落实、确保全年环保系统民主评议"整体推进,没有末位"工作目标的圆满完成,主要是做到三个到位:

一是领导重视到位。各纪检组要督促局领导班子,切实把民主评议作为一件大事抓在手上。各位组长要把省厅的严格要求、各地的好经验、本市的工作差距以及民评工作的新规则告知主要领导和相关部门,努力营造高度重视,齐抓共管的工作局面。要进一步深化对民主评议工作重要性的认识,按照《河北省环保系统2011年民主评议工作实施方案》要求,站在全系统的高度,坚持"两手抓,两手硬",认真开展本地本部门的民主评议工作。树立完不成环保目标任务是失职,做不好民主评议工作是不称职的理念,要认真研究民主评议规律,有针对性地做好各个环节的工作,特别是在年终集中评议阶段,一把手要亲自过问工作进展,多予以具体指导,并要亲自抓好关键环节的工作。

二是队伍管理和工作推进到位。确保民主评议工作取得新成效,其决定因素在于我们的干部队伍。要在推进环保整体工作,兑现年初各项承诺上下功夫。要靠严格执法、环境质量的不断改善,人民群众的环境权益得到有效维护取信于民,树立环保部门良好形象。要把加强队伍建设作为行风建设内部动力切实抓紧抓好。队伍建设要重视抓好两头,即:抓好机关建设,抓好基层建设。要带头贯彻落实《廉政准则》,带头执行全国环保系统"六项禁令"和,带头执行省环保厅党组提出的廉洁从政"六项承诺",树立起为民、务实、清廉的良好风气。要认真落实《行政许可法》和省政府《关于进一步优化市场主体发展环境的意见》,落实好环保行政审批制度,全面推行政务公开,热情解答人民群众提出的问题,进一步优化发展环境,防止和克服"门难进、脸难看、事难办"的问题,防止和克服办事拖沓,思想僵化的问题,提高办事效率和质量,积极开展"入园进区上门服务"活动,深入园区调研,为园区发展出谋划策,下放审批权限,促进园区项目建设,切实转变工作作风,积极为发展服务。加强队伍建设要特别注意加强基层环保执法队伍建设,要采取多种形式和方法,强化基层执法人员的政治业务学习和职业道德建设,开展廉洁执法活动,健全规章制度，规范行政、执法、服务行为。要严肃工作纪律，自觉接受社会各界的监督。主动在方便群众，延伸服务上采取措施，提高工作效率和服务水平，做到依法行政，文明执法，热情服务，不谋私利，坚决杜绝违规执法事件的发生。要加强环保宣传工作，通过各种形式让人民群众充分了解环保部门的主要职能，环保工作的主要进展，环境质量的改善情况以及加强队伍建设的主要措施等，提高公众参与度，争取广泛的理解和支持。要在完成规定动作，在做细做好工作上下功夫。对民主评议各项规定动作要一项不落地完成好，做到日常工作不丢分。

三是督导检查到位。要继续实行行风建设包市(县)局责任制。省厅领导班子成员和各处室将继续包市局，特别盯住评议位次靠后的地方，及时进驻，加强督查，促进迎头赶上。对倒数第一的要坚决执行省厅出台的《关于加强全省环保系统民主评议工作的若干意见》相关规定。各设区市环保局也要将督导检查贯穿于民主评议工作的始终，通过采取明查和暗访相结合、听取汇报、召开座谈会、个别谈话、以及走访监督服务对象等多种方式，对民主评议位次靠后的基层环保部门工作进行督促检查，全面了解情况，要注意收集对环保部门政风行风建设的意见和建议，对照评议内容和要求，帮助归纳整理找准问题，仔细分析原因，制定改进措施，边查边改，以查促改，确保督导检查取得实实在在的效果。要用心研究民评规则和程序，弄清楚怎么评、谁来评等基本问题，采取恰当的方式方法开展工作，防止方法失当丢分。要积极地向地方党委、政府、纪委汇报沟通，最大限度地争取理解、支持和帮助。

同志们，抓好民评工作，加强政风行风建设，是我们环保系统的一项重要任务，意义重大，任务艰巨。大家要以高度的政治责任感，求真务实，扎实工作，精心组织好民评工作，高标准、高质量地完成好工作任务，确保实现今年全省环保系统民主评议工作目标，为推进全省环境保护事业又好又快地发展做出更大的贡献。

(2011 年 12 月 16 日)

立足新起点 迎接新挑战
努力开创“十二五”环境执法监察工作新局面

——殷广平副厅长在“十二五”全省环境执法监察工作会议上的讲话

同志们:

今天,我们召开全省环境执法监察工作会议,主要任务是:贯彻落实2011年全国环境执法工作会议和全省环保工作会议精神,回顾总结“十一五”及2010年环境执法监察工作,研究分析当前环境执法监察面临的形势,科学谋划“十二五”环境执法监察工作的思路、目标和任务,安排部署2011年重点工作。

下面,我讲三点意见。

一、“十一五”及2010年环境执法监察工作取得明显成效

“十一五”以来,全省环境执法监察战线的同志们,按照全省环保工作总体部署,紧紧围绕污染减排、环保目标任务、城镇面貌“三年大变样”等战略性、全局性工作,切实履行职责,攻坚克难,开拓创新,环境执法监察工作取得了令人瞩目的成就,基础更加扎实、地位更加重要、作用更加明显。

(一)严格环境执法监督,有力地推动了环保中心工作

“十一五”期间,全省环境执法监察系统以服务污染减排、解决群众反映突出的环境问题为中心,认真落实“三严”执法要求,扎实推进环境执法监察工作。一是加强了重点减排工程监督检查,力推管理减排。“十一五”以来,全省环境执法监察系统加大了对燃煤电力企业和城镇污水处理厂的现场监督管理,建立健全了巡查制度。特别是在开展“污染防治设施运行管理年活动”中,省环监局坚持每季度对装机容量30万千瓦以上火电厂和5万吨以上污水处理厂现场检查1次,市环境执法监察部门坚持每月对省重点污染源现场检查1次,县(市、区)环境执法监察部门坚持每月对省重点污染源现场检查2次,有效保障了重点企业污染治理设施正常运行。二是强化了对726家国、省控重点污染源的环境监管。全省加强了对各市重点污染源环境监管工作的调度,省环监局每季度对各市监察重点污染源情况进行调度,并在全省范围内进行通报,有力促进了重点企业污染治理设施的正常运行。三是对重点行业企业、建设项目开展专项检查。全省共检查造纸企业578家,查处不达标企业119家,取缔关闭205家;共检查重点流域、重污染企业2738家,查

处违法排污企业195家；逐一检查2008年7月以来在建、已建建设项目6326个，查处未批先建、未落实“三同时”项目171个。

（二）深入开展环保专项行动，切实解决关系民生的环境问题

“十一五”期间，连续开展了“整治违法排污企业，保障群众健康”环保专项行动，重点整治了饮用水水源保护区、城镇污水处理厂、垃圾填埋场、“两高一资”行业等重污染企业，对全省钢铁行业产能和排污状况进行了全面核查，组织开展了“保奥运”、“北京护城河”等环境执法检查行动。省环监局和保定市政府受到全国环保专项行动部际联席会议的通报表彰，邯郸市、廊坊市、沧州市和衡水市政府受到省环保专项行动领导小组的表彰。五年来，全省共出动执法人员60多万人次，检查企业45万家，取缔违法企业4000多家，停产治理3500家，限期治理1400家；对50000多件各类举报信访案件进行了查处，对1700多件典型案件实施了挂牌督办。

（三）积极拓展执法监察领域，探索提高生态文明水平的新途径

“十一五”期间，从张家口市作为全国第一批生态环境执法监察工作试点地区，到我省作为全国第二批生态环境执法监察工作试点的唯一省份，全省各级环保部门认真谋划、精心组织、全力推进，生态环境执法监察工作取得阶段性成果。张家口市在全国生态试点验收工作中得分第一，河北省、唐山和石家庄市受到环保部的通报表扬。一是结合实际，重点推进生态环境执法监察试点工作。各试点地区结合各自实际开展了对生态保护区、饮用水源地、矿山及资源开发利用项目、非污染性建设项目等的生态环境执法监察，建立了部门协商、通报制度，查处典型生态破坏案件10余件，在建立机制、体制和提高执法效能等方面进行的有益探索，为生态环境执法监察打开了新局面，拓展了新领域。二是联合省直六部门狠抓秸秆禁烧工作。2008年环保部在保定市召开了秸秆禁烧工作现场会议，全省秸秆禁烧工作实现了由重点地区禁烧到全面禁烧的转变，由环保部门负责到地方政府负责的转变，由政府行为到广大群众自觉行动的转变，北京奥运会夏季禁烧期间全省实现零火点数。三是认真开展畜禽养殖业专项环境执法检查。先后两次组织对全省畜禽养殖业污染治理情况进行了专项检查，初步建立了动态管理数据库；全省共出动执法人员7.2万人次，检查规模化畜禽养殖场8400家次，停产整治72家，关闭108家，督促582家补办了环保审批手续。

（四）切实加大排污费稽查力度，稳步推进排污申报收费工作

“十一五”期间，全省排污申报收费工作得到全面加强，在全省主要污染

物排放量下降的背景下,实现了收费额连创新高。一是加大排污费征收稽查力度。从2007年起,逐年制定全省排污费稽查方案,分层次、分行业,交叉稽查、会商稽查,共追缴排污费6000多万元,有力推动了全面、足额征收排污费。二是积极推进收费信息化、规范化。在全省推广使用《排污费征收管理系统》,分两次对全省所有设区市及部分重点县市(区)相关人员进行了软件使用培训。目前,省、市级实现排污申报、污染物排放量核定、排污费计算、征收数据全部使用《排污费征收管理系统》。三是下力提高排污费征收标准。从2009年7月起,全省二氧化硫、化学需氧量排污收费标准分别提高到了1.2元和1.4元。"十一五"期间,全省共征收排污费56.06亿元,其中省本级15.79亿元,比"十五"增加126%。

(五)着力加强环境应急和信访工作,有效保障环境安全和社会稳定

"十一五"期间,全省环境应急管理工作任务繁重,圆满完成了北京奥运会、国庆60周年庆典等重大活动环境安全保障工作。一是妥善处置了一批重大、敏感性突发环境事件。五年来,我省先后发生了沧州大化TDI爆炸、保定大沙河煤焦油泄露及张家口紫金矿业尾矿库溃坝等55起突发事件,全部得到及时妥善处置,有力地保障了国家重大活动和首都周边的环境安全。二是环境应急体系建设取得显著进展。制发了《河北省突发环境事件应急预案》,建立健全了突发环境事件应急机制,提高了各级政府及有关部门应对涉及公共危机的突发环境事件的能力,初步建立了环境应急指挥体系。三是扎实推进了尾矿库环境应急管理工作。我省作为全国试点单位,在尾矿库环境应急管理方面进行了积极探索,明确了"闯路子、建机制、出成效、作示范"的工作思路,制定了"实现三个转变"、"抓住六个环节"、"研究一套机制"的工作方法,并受国家委托编写了《全国尾矿库环境应急管理工作指南》。环保部在张家口市召开了全国尾矿库环境应急管理工作现场会,《中国环境报》对此做了头版报道,取得的经验及做法得到了李克强副总理的充分肯定。

"十一五"期间,环境信访工作迈上新台阶。各级环保部门始终把环境信访工作作为维护社会稳定、构建和谐社会的政治任务,坚持领导批办与现场接待相结合、直接查处与挂牌督办相结合、有奖举报与案件回访相结合;狠抓复查复核,推动解决实际问题;狠抓源头预防,推动矛盾排查化解;狠抓考核问责,推动办案责任落实。全省共受理各类信访事项90000多起,其中受理电话投诉6.5万件,接待来访4500多批次,接受群众来信3600多件,共对800多名群众发放奖金76.25万元。

（六）持续提升环境执法监察能力，逐步完善环境执法监督体系

“十一五”期间，全省执法监察制度创新和标准化达标验收工作取得积极进展。一是全面推进环境执法监察标准化建设，“十一五”期间全省共设立环境执法监察（稽查）机构203个，部分县（市）区在环保局设立了警务室，在乡镇设立了环境执法监察派出机构，实有人数达7300多人；共落实环境执法能力项目建设资金8851万元，是“十五”期间的5倍。目前，承德市、廊坊市、衡水市通过环境执法监察标准化建设东部二级标准验收；全省71个县级环保部门通过了环境执法监察三级标准达标验收，其中，秦皇岛市、唐山市和衡水市实现全部县级环境执法监察机构达到国家三级标准并通过验收。二是不断提高环境执法监察人员素质。全省320人参加了国家监察业务培训，省环监局建立和完善了全省环境执法监察人员业务培训制度，共组织岗位业务培训18期5500多人，各市也针对实际情况进行了业务培训，全省持证上岗率为100%。三是环境执法监察信息能力建设取得突破。省环监局组织研发了“环保移动执法系统”，并进行了实际应用，排污费核算时间缩短了10天，提高了排污费征收的准确性、公开性和工作效率，实现了现代信息技术与环境执法监察工作的紧密结合。四是扎实推进重点污染源自动监控建设，实现了不间断监控。省、市建成12个监控中心，达到了实时、有效数据传输的要求。全省726家重点企业污染源自动监控设施安装率达到了100%；积极推进自动监控设施第三方运营试点工作，省环保厅组织对25家电力企业和39家城镇污水处理厂的自动监控设施实施了第三方运营。

同志们，“十一五”环境执法监察工作取得了优异成绩。而刚过去的2010年，我们围绕中心，突出重点、严格执法、狠抓落实，为“十一五”各项工作划上了圆满句号。

一是认真开展重点区域和行业专项执法检查。集中整治重金属排放企业，对全省涉重金属的305家企业进行了集中整治，省环监局对195家企业进行了督查，对11家违法行为严重的企业直接予以行政处罚，对47家企业责令限期改正、停产或取缔；对涉及烧结、炼铁、炼钢的钢铁企业环保制度执行情况进行了全面核查。

二是切实强化重点污染减排设施的环境监管。加大现场监督检查力度，认真落实我省强化污染防治设施运行管理年方案要求，坚持对726家重点源每半年进行一次抽查；对全省84家电力企业的172个烟气旁路全部铅封；开展了污水处理厂专项检查，对8家严重违法单位实施了省级挂牌督办，37家

违法单位予以全省通报。

三是努力加大排污费征收工作力度。建立了排污费征收月报和季通报制度,强化了火电企业、国控重点企业申报基础数据的审核,对排污费征收进度落后地区加强了现场督导。全年共依法征收排污费13.57亿元,比去年多征收1.48亿元。其中,省本级征收3.44亿元,比去年增加4461万元。

四是稳步推进生态环境执法监察工作。全省的生态环境执法监察试点工作通过了环保部验收,《中国环境报》、《河北日报》等媒体进行了专题报道;对11个设区市和24个试点县的生态环境执法监察试点工作进行了全面的评估和验收;召开了全省畜禽养殖业专项环境执法检查工作现场会,全省共检查规模化畜禽养殖场1782家,停产整治企业18家,关闭企业28家,督促291家补办了环评手续。

五是积极做好环境信访工作。认真落实环境信访各项工作制度,积极开展"百日攻坚"活动,深入推进"三项重点工作",全省共受理环境信访投诉13717件,其中省环监局受理各类举报事项1329件,全部按时办结。省环监局、石家庄市环保局、唐山市监察支队信访办、保定市环保局举报中心被环保部评为2010年度环境信访工作优秀集体。

六是持续加强环境执法监察能力建设。2010年,组织全省29个县(市、区)争取国家中西部地区县级环境执法监察能力建设项目资金1336万元,地方配套资金914万元,购置执法车辆95台,执法取证设备915台(套);编印了《环境执法监察手册》,开发了畜禽养殖业专项执法检查系统和行政处罚管理系统。

"十一五"及2010年环境执法监察工作成绩的取得,得益于各级党委、政府和各级环保部门的正确领导,得益于各级环境执法监察部门深入践行科学发展观,严格执法,高效工作,得益于全体环境执法监察人员的不畏困难、埋头苦干、无私奉献。在此,我谨代表厅党组和振海厅长向大家并通过你们向全省环境执法监察战线的同志们表示诚挚的慰问和衷心的感谢。

取得的成绩来之不易,积累的经验弥足珍贵,概括起来主要有以下五点体会:

一是必须坚持以服务环境保护大局为主线,努力提升环境执法监察的地位和作用。五年来,我们紧紧围绕服务污染减排这个环保中心工作,加大执法监察力度,创新举措、完善机制,强化管理减排,将环境执法监察工作融入环保工作的主战场,在有力促进减排工作的同时,环境执法监察的地位和队伍能力也得到了大幅度的提高。实践证明，环境执法监察工作必须紧紧围绕环保中心工作开展，才能有为、有位。

二是必须坚持以解决突出环境问题为重点，坚决落实严格执法的基本要求。环境问题是政治、经济问题，更是最大的民生问题。严格执法是环境执法监察部门的基本职责，解决群众反映强烈的突出环境问题是环境执法监察部门义不容辞的责任。实践证明，只有严格执法，才能有效遏制各类环境违法现象，建立公平、正义的环境秩序；只有切实解决群众反映强烈的突出环境问题，才能得到群众的认可，维护社会的和谐稳定。

三是必须坚持以提高依法行政水平为目标，加快健全环境执法的工作制度。我们通过健全完善制度，明确执法职责，规范执法行为，树立服务意识，环境监察工作基本实现了制度化、程序化、规范化，树立了环境执法监察队伍良好形象，有力地促进了全省环境与经济、社会的协调发展。

四是必须坚持以创新机制拓展领域为抓手，切实增强执法监察工作的活力。五年来，我们积极开展了国家生态环境执法监察试点、尾矿库环境应急管理试点工作，丰富了环境执法的内容，拓展了环境监察的领域，为新时期环境执法监察工作探索积累了经验。圆满完成了重点污染源自动监控能力建设项目，提高了环境监管的现代化、信息化水平。坚持用创新的办法解决制约环境执法的体制、机制和制度等难题，为环境执法监察工作注入了新的活力。

五是必须坚持以加强队伍建设为基础，全面提高环境执法监察能力。“打铁还需自身硬”，五年来，我们坚持把能力建设作为基础工程，大力推进环境执法监察标准化建设，建立健全环境执法监察工作考核制度，加大培训力度和强化硬件建设，全面提升了我省环境执法监察队伍的综合实力，为完成“十一五”各项工作任务和迎接“十二五”更加繁重的任务打下了坚实的基础。

二、“十二五”环境执法监察工作的总体思路和目标任务

“十二五”时期是加快转变经济发展方式的攻坚时期，也是我国加快建设资源节约型、环境友好型社会的重要战略机遇期，全国环保工作会议提出了提高生态文明水平的新要求，将环境保护作为生态文明建设的主阵地和根本措施，使环境保护真正进入社会经济发展的主战场、主干线、大舞台。环境执法是环保工作的基础和保障，是环保部门的立足之本。加强环境执法监察工作，防范各类突发环境事件的发生，是环保事业发展新时期、新阶段的必然要求。机遇极为珍贵，稍纵即逝，我们要抓住和利用好难得的机遇，切实履行职责,创新监管方式、加大执法力度,提升执法效能,努力开创环境执法监察工作新局面。同时,我们还必须充分地认识到面临着严峻的挑战。

一是污染减排任务更重,对环境执法监察工作带来新挑战。一方面,“十一五”期间,全省99.8%的燃煤机组建成了脱硫设施,实现了县县建成城镇污水处理厂的目标,巩固减排成果,确保这些重点减排工程稳定达标运行,对环境执法监察提出了更高的要求。另一方面,“十二五”期间,全省工业化、城镇化将加速发展,经济总量将保持高速增长,能源资源消耗还要增加,污染新增排放量增速加快,工程减排潜力收窄,完成“十二五”削减任务压力巨大。环境执法监察承担着督促工程减排措施落实、管理减排措施到位、结构减排措施促进的重任,挑战骤增。

二是风险防范压力更大,对环境执法监察工作提出新要求。虽然全省“十一五”主要污染物减排任务超额完成,但是污染物环境容量饱和的形势仍未扭转,环境违法行为和安全生产等原因引发的突发环境事件时有发生,仅2010年省环保厅直接调度的环境突发事件就有13件。目前,全省共有存在环境风险的重点行业企业及化学品企业2200多家,各类尾矿库3000多个,环境风险隐患十分突出,环境突发事件进入高发期。遏制突发环境事件和环境违法行为高发的态势,维护环境安全和社会稳定,对全省环境执法监察系统的日常执法监督和事故防范处置能力提出了更高要求。

三是群众环境需求更高,对环境执法监察工作提出新期望。随着生活水平不断提高,人民群众改善环境质量的要求越来越迫切。“十一五”期间,虽然我省环境质量恶化的趋势基本得到遏制,但城市大气质量达标成果比较脆弱,重点流域水环境质量问题仍然比较突出,全省环境污染威胁群众身体健康的问题仍然居高不下。同时,广大群众的环境诉求与其他社会问题互相交织,环境纠纷往往成为社会群体性事件的导火索,解决矛盾的难度不断加大。

因此,我们必须全面、正确判断形势,充分利用党和政府高度重视、人民群众切实关心的有利条件和积极因素,努力化解工作中的矛盾,牢牢把握工作的主动权,为完成“十二五”环境执法监察目标开好局,起好步。

根据全国、全省环保工作会议提出的“十二五”环保工作总体思路和主要目标,结合环境执法监察工作实际,“十二五”全省环境执法监察工作的总体思路是:紧紧围绕科学发展富民强省的主题、加快转变经济发展方式的主线和提高生态文明水平的新要求,继续开拓创新,以解决影响可持续发展和损害群众健康的突出环境问题为重点,着力推进环境执法监察基础能力建设,拓宽环境执法监察领域，提升环境执法监察效能，深化排污收费稽查和污染源自动监控工作，加强环境应急管理，及时化解环境信访纠纷，加快实现环境执法监察从末端向全方位执法的转变，从传统型向现代化、信息化执法的转变，从粗放式向精细化、科学化执法的转变，为开创“十二五”环境保护事业新局面做出积极贡献。

围绕“十二五”总体思路，全省环境执法监察工作要努力实现“五个”新突破：

第一，在建立健全环境监管机制上取得新突破。进一步强化国控、省控重点污染源的环境监管，加强新增两项主要污染物氨氮和氮氧化物的自动监控能力，建立重点污染源长效管理机制；加强重点流域、区域和各类工业园区、工业密集区的现场监察，组织开展火电、钢铁、水泥、焦化、医药、纺织印染等重点行业的专项执法检查；推进环境执法规范化、精细化，制定重点行业环境监察指南；健全完善企业环境监督员制度和企业环保信用等级评价制度，建立企业治污设施管理台账，引导和促进企业环境守法自律，增强“单位负责”能力。

第二，在解决突出环境问题上取得新突破。加强集中式饮用水源地环境执法监察，在全国率先建立饮用水源地环境执法监察制度，完善水源地生态环境执法监察体系，坚决取缔关闭一、二级保护区内违法建设项目，保障各级饮用水水源地水质稳定达标；认真落实省政府即将出台的《河北省重金属污染综合防治规划》，积极组织相关业务培训，加大涉重金属排放重点防控区的监督检查频次，逐步建立健全预防机制。

第三，在防范环境风险创新社会管理手段上取得新突破。加快环境应急机构建设，将妥善处置各类突发环境事件作为环境应急管理工作的首要任务，突出抓好重金属、危险废物、危险化学品、尾矿库等重点领域和南水北调工程沿线等环境敏感区环境风险管理，完善环境风险源分类档案和信息数据库，建立环境风险防范、预警、应对、处置体系。全面落实环境信访各项工作制度，积极推进环境信访工作机构队伍建设，组织排查环境污染纠纷隐患，建立环境问题网上举报、投诉信息化管理系统，实行环境信访案件通报制度，重点解决进京上访和越级上访问题，切实维护社会稳定。

第四，在拓展环境执法监察领域上取得新突破。积极拓展环境违法行为监督渠道，建立和完善环保义务监督员、环境信息公开、有奖举报等一系列制度，充分发挥公众参与和媒体曝光的作用。深化生态环境执法监察工作。制定和完善矿山开发、畜禽养殖、秸秆禁烧、旅游开发等环境监管规章制度,继续开展饮用水源地、矿山生态环境、自然保护区生态环境执法监察,落实企业生态保护与恢复的责任机制,规范开发建设与日常运营活动,保护自然环境。

第五,在提升环境执法监察能力上取得新突破。一是出台《河北省环境执法监察办法》,明确环境执法监察的法律地位、主要职责,工作内容、形式和方法,以及环境执法监察人员的权利和义务,进一步规范环境执法监察行为,提升环境执法监察效能。二是积极推进环境执法监察、应急标准化建设,确保到"十二五"末,省环监局达到一级标准,设区市级环境监察机构达到二级标准,85%县(市、区)级环境监察机构达到三级标准,部分经济总量较大的县级达到二级或一级标准。三是大力提升环境执法监察、应急信息化建设水平,配备现场通讯指挥、数据传输、移动执法终端等设备,整合污染源自动监控系统、排污收费系统、行政处罚系统等,实现"行政办公自动化、污染监控智能化、指挥调度可视化、现场响应快速化、档案资源数字化"的目标。四是提升环境执法监察队伍人员素质,制定五年培训计划,培养10名省级技术带头人,30名市级技术带头人,50名县级技术带头人,实现对污染源和总量减排监管"查得清、核得实、管得严、处得准"。

三、认真做好2011年环境执法监察工作

2011年,是"十二五"开局之年,各级环保部门要按照《2011年环境执法监察工作要点》的内容,结合具体实际,认真谋划,抓好落实。要重点做好以下几项工作:

(一)认真谋划"十二五"工作。按照国家和省环境保护"十二五"规划的精神,根据建设完备的环境执法监督体系的基本思路和总体安排,各地要全面评价实际执法能力,分析研究"十一五"期间的经验和存在问题,系统梳理当前制约环境执法的障碍,认真谋划部署"十二五"环境执法监察工作。要以编制环境保护"十二五"规划为契机,在环境执法监察能力精细化、规范化、科学化等重点领域和关键环节进行深入研究,结合本地区实际,将环境执法监察工作纳入到本地区环境保护"十二五"规划中。

(二)深入开展环保专项行动。3月28日,国家和省已召开了2011年环保专项行动电视电话会议,对今年的工作进行了部署,我省的工作方案也将于今日印发。完成好今年的环保专项行动任务,各市要着力抓好以下几项工作:一是结合《重金属污染综合防治"十二五"规划》的实施,继续深入整治重金属排放企业的突出环境问题,加大铅蓄电池行业企业检查力度,公布辖区内铅蓄电池企业名单；加强涉重金属危险废物监管，进一步规范危险废物管理。二是继续巩固“十一五”污染减排成果，加大污水处理厂稳定运行、污泥处理处置和电力、钢铁企业脱硫设施的监管力度。特别是要强化对工业园区、开发区及其企业的日常监管力度，绝不能让其成为藏污纳垢、规避监管的场所。三是加大重点污染源的监督检查力度，保证重点污染源的稳定达标率。在坚持属地负责的基础上，上级环保部门要加强对重点污染源的抽查，国家已开始研究和考虑将稳定达标率作为对地方考核的一项重要内容，各地要开展稳定达标率的统计、考核、监管工作，提出目标，建立机制。四是要紧密围绕中心工作和热点问题强化日常环境监管，加大重大案件的督查督办力度，全面推进环境行政执法后督察工作。要在试点的基础上深入开展环境稽查，确保日常环境监管、环境执法工作规范到位。

（三）加强排污申报和收费工作。继续开展排污申报核定和排污费征收汇审工作，巩固排污申报多用途转型成果，建立排污者动态排污信息的综合性数据源；继续积极推进排污费征收全过程信息化管理，省市县三级全部实现使用《排污费征收管理系统》，公开国控、省控重点污染源排污费征收情况，增强排污收费的规范性、严肃性，省环监局将继续按季度通报各设区市、县（市）排污费征收情况；建立排污费稽查人才库，强化排污费稽查队伍建设，制定全省日常稽查计划；组织开展重点县（市、区）、重点行业和重点企业征收排污费稽查活动，加大稽查力度，提升收缴力度，使排污费征收工作真正成为调整经济结构，转变经济发展方式的有效手段。

（四）切实做好环境应急管理工作。对突发环境事件，特别是涉及饮用水污染、重金属污染、危险化学品污染以及由环境问题引发的群体性事件，各级环保部门要做到“四个第一”，迅速查明原因并采取有效措施，控制事态发展，最大程度地减轻事件造成的危害；要进一步深化环境风险防控工作，全省上半年要完成重点行业企业环境风险及化学品检查验收工作，各设区市要按照通知要求在4月底前提交高质量的技术报告和工作报告；要深化尾矿库环境应急管理工作，推广全省尾矿库环境应急管理试点工作经验，建立和完善尾矿库动态管理数据库平台；要认真落实《突发环境事件应急预案管理暂行办法》、《环境应急演练规范性指南》的要求，加强环境应急预案的编制、评估等工作。省环保厅将组织指导有关地区开展一次应急演练，选择5家重点企业开展预案管理试点工作；要按照《关于印发全国环保部门环境应急能力建设标准的通知》的要求，推进市、县两级环境应急能力标准化示范建设，督促风险较高的工业园区建立应急物资储备,加强演练和培训,提高应急响应能力。

(五)努力改变环境信访量居高不下的局面。要把信访量下降情况作为衡量群众对环保工作是否满意的标准,采取有效措施切实将信访量降下来。一要抓举报落实。各地要认真对待群众重复举报的环境问题,对群众多次反映、污染状况仍未改善的举报,应建立督办机制,加大督办力度。对超出环保部门职能范围的举报,应及时向当地政府报告,移交相关部门及时处理,妥善化解群企矛盾,维护社会稳定。二要抓隐患排查。坚持提前预防的原则,超前防范,深入基层,及时掌握各种信访隐患,并对排查出来的隐患及时化解。要增强工作的敏感性、前瞻性,努力把信访问题解决在基层。三要抓规范管理。各地要认真贯彻落实《12369环保举报热线工作管理办法》,积极向当地编制部门申请建立专门工作机构和人员编制,争取当地财政资金支持,逐步实现全省环保举报热线的互联互通。四要抓人员培训。结合环保举报受理的特点,积极探索“以典型案例为模板,以答复口径为内容,以法言法语、文明用语为规范”的新型培训模式,使培训更加贴近信访文明服务要求,更加贴近群众环保诉求,提高办理效率和质量。

(六)不断完善污染源自动监控系统建设。目前,省和设区市的污染源自动监控系统已经建成并通过验收,下一步要积极推动污染源自动监控数据在环境监督管理中的应用,在自动监控数据有效性审核完成的基础上,将其作为排污收费和监督管理的依据以及行政处罚的重要证据。这里我强调一下,自动监控数据我们一定要用,花了这么多钱,建了这么多设备,数据不用,就失去了建设的意义。环境执法监察机构负责自动监控工作,数据在实现定期审核的基础上,我们要带头用。今年全省自动监控设施与监控中心的稳定联网率和有效性审核率应分别保持在75%和80%以上。各级环保部门要结合减排工作需要,增加对氮氧化物、氨氮等污染因子自动监控系统的投入,完善污染源自动监控的建设。

(七)加强环境执法监察队伍建设和管理。各级环保部门要始终将环境执法队伍建设与管理工作作为重中之重:一要扎实开展创先争优活动。要结合实际,用党的建设带动队伍建设,推动全省环境执法监察系统涌现出一大批先进基层党组织、一大批优秀共产党员,迎接建党90周年。二要大力加强基础工作。继续完善、细化环境执法监察制度和程序,规范现场环境执法行为,提高执法效能。切实抓好基层环境执法监察机构建设,要有计划、分步骤地改善基层基础设施条件。三要大力加强教育培训。要贯彻落实好《关于加强环境执法监察培训工作的若干意见》，制定环境执法监察培训五年规划和年度培训计划，要始终坚持把加强教育培训作为提升干部队伍综合素质的有效途径，突出实效性，体现针对性，注重前瞻性。要继续深入开展大规模干部培训，着力培养专家型人才和复合型人才，抓好领导班子和业务骨干培训。省环保厅已将各级环保部门环境执法监察人员岗位培训率列入环境执法监察年度考核的重要内容。四要着力加强能力建设。要加快推进基层信息化和标准化建设。目前，全省只有3个设区市和71个县级环境执法监察机构通过了达标验收，全省环境执法监察标准化建设没有完成环境保护"十一五"规划目标的要求，已经成为国家对我省环境执法监察年度考核的重要扣分项。今年各级环保部门要下大力推进环境执法监察标准化建设工作，年底决不能再被扣分。五要切实加强反腐倡廉建设。务必始终紧绷拒腐防变这根弦，以规范自由裁量权、规范行政处罚程序、规范行政执法文书为重点，认真梳理环境执法权的廉政风险点，健全环境执法权的运行监控机制。

同志们，辛勤耕耘、硕果累累的"十一五"已经过去，充满希望、大有可为的"十二五"新篇章已经开启。让我们紧紧围绕科学发展的主题，高举生态文明的大旗，以只争朝夕的精神状态，求真务实的工作作风，科学谋划，勇于创新，迎难而上，严格执法，开创我省环境执法监察工作新局面，全力打好"十二五"开局第一仗，以优异的成绩迎接建党90周年！

（2011年4月13日）

突出重点　严格执法
扎扎实实做好环境执法监察工作

——殷广平副厅长在全省环保系统重点工作调度会上的讲话

今年上半年，全省各级环境监察部门以服务环保中心工作为核心，以严厉查处重金属污染企业为主线，认真落实环境执法"三严"要求，加大力度，创新举措，环境监察工作取得了积极成效。

一是深入开展环保专项行动。组织召开了全省环保专项行动电视电话会议，省环保厅等九部门联合印发了全省环保专项行动方案，建立和完善了涉重金属企业管理台账，组成6个督导组对各市工作开展情况进行了督导，向社会公布了一批铅酸蓄电池企业名单，狠抓了涉重金属企业污染整治，取得了积极成效。据统计,上半年,全省出动执法人员5万多人次,检查企业2万多家,立案842家,罚款1675.13万元;市级挂牌督办案件127件,省级挂牌督办案件9件;取缔关闭环境违法企业431家、停产整治217家、限期治理16家。全省共有涉重金属排放企业433家,其中保定市排查了136家,工作成绩比较突出,石家庄市50家、沧州市48家、张家口市39家、衡水市35家、廊坊市31家、承德市26家、邯郸市21家、邢台市19家、唐山市17家、秦皇岛市11家。

二是加强了重点污染源的现场监察。各地按照国家和省对重点污染源监察频次的要求,以促稳定运行、促达标排放、促园区化管理、促产业整合规模化为目标,进一步加大对重点污染源的监管力度。上半年,全省共出动环境执法人员15342人次,其中,省本级出动执法人员412人次,11个设区市共出动执法人员14930人次,对全省重点污染源进行了有效监管,确保了重点污染源治理设施的正常运行。特别是省本级坚持每季度对30万千瓦以上电力企业进行1次督导检查,从检查情况看,我省涉及旁路挡板铅封的电力企业共计84家,铅封旁路挡板172个,已全部按要求进行了铅封,并严格执行旁路挡板铅封、启封挡制度,有力地推进了污染减排工作。

三是解决了一批群众反映强烈的突出环境问题。紧紧围绕推动科学发展、促进社会和谐,坚持把信访工作放在更加突出的位置,深入开展了“信访积案化解年”和矛盾纠纷排查调处活动。上半年,省厅会同各地市环保局采取重新立案、重新调查、领导包案、限期化解等方式,对2009年以来的13件进京访积案进行了妥善处理。1至5月份,全省受理信访总数为5843件,比去年同期增加1662件;省本级受理各类环境污染举报为1123件,比年同期增加了722件。

严肃查处了一批大案要案。省环监局加大了对典型重大案件的查处力度,解决了一批群众反映强烈的污染问题。今年以来,省环监局共调查处理环境违法案件160多件,并对其中9个重点案件挂牌督办。

四是有效处置了多起环境突发事件。今年以来,全省共发生13起突发环境事件,其中,1起重金属污染事件、1起尾矿库坍塌事件、1起不明桶状物污染事件、1起化工企业泄漏燃烧事件、3起擅自倾倒危险化学废物事件、3起因交通安全引发的环境突发事件、3起因安全生产事故引发的环境污染事件。省环监局会同有关处、单位,快速反应,迅速行动,确保了环境安全和社会稳定。

上半年虽然取得了一些成绩，但“十二五”期间环境监察形势仍然严峻，我体会主要有以下几个方面：

一是污染减排任务更重，对环境执法监察工作带来新挑战。随着经济形势企稳向好，压缩的产能逐步释放，能源消费增长放大，主要污染物排放呈反弹趋势，污染新增排放量增速加快，工程减排潜力收窄，完成“十二五”削减任务压力巨大。环境执法监察承担着督促工程减排措施落实、管理减排措施到位、结构减排措施促进的重任，挑战骤增。

二是重点企业监管数量更多，对环境现场执法监察带来新压力。全省确定了1000家省重点污染物排放企业，比去年增加了274家。给环境监察部门带来了新的压力。并且，通过对各地污水处理厂检查发现，有些地方市政管网建设滞后、实际运行负荷率低、自动监控设施不能正常运行、超标排放等情况仍不同程度存在。

三是风险防范压力更大，对环境执法监察工作提出新要求。今年以来，全省环境违法行为和安全生产等原因引发的突发环境事件时有发生，全省共有存在环境风险的重点行业企业及化学品企业2200多家，各类尾矿库3000多个，环境风险隐患十分突出。有效遏制突发环境事件和环境违法行为的高发态势，维护环境安全和社会稳定，对全省环境执法监察系统的日常监管和事故防范处置能力提出了更高要求。

四是群众环境需求更高，对环境执法监察工作提出新期望。我省经济仍以钢铁、石化等污染相对较重的行业为主导，涉及重金属行业分布面较广，污染隐患问题仍十分突出。人民群众改善环境质量的要求越来越迫切，全省环境污染威胁群众健康的问题仍然居高不下。广大群众的环境诉求与其他社会问题互相交织，环境纠纷往往成为社会群体性事件的导火索，解决矛盾的难度不断加大。

今年，是“十二五”的开局年，我们必须全面、正确判断新形势，明确新思路，确定新重点，抓好新举措，为完成“十二五”环境执法监察目标开好局，起好步。最近，周生贤部长在环保部有关会议上指出，“十二五”期间环保工作要突出抓好“难点、重点、热点”问题；难点，是处理好经济发展与环境保护的关系；重点，是解决影响可持续发展与危害人民群众身体健康的突出环境问题；热点，是继续推进总量减排工作。这三点，应当是我们环保工作的努力方向和着力点，我认为我们要在破解难点上动脑筋，在抓好重点上下功夫，在推进热点上用力气。环境执法是环保工作的基础和保障，是环保部门的立足之本,我们要充分发挥环境执法监察的积极作用,努力推进“十二五”环保中心工作。下一步,各地要创造性地推进环境监察工作的开展,围绕“严执法、维权益,防风险、保安全,抓基础、上水平”,认真落实好环保执法“三严”和“六制”要求,严厉打击违法排污行为,确保今年环境监察工作目标全面实现。

(一)扭住重点,继续深入推进环保专项行动。今年环保专项行动重点是对涉重金属企业的整治,而铅酸蓄电池企业污染整治更是重中之重。目前,环保专项行动已开展半年,进入到集中整治阶段,按照环保部规定,省厅已结合各市上报情况,公布了一批铅酸蓄电池企业名单,接受公众监督。下一步,各市要严格按照“六个一律”的要求,强化措施,务求实效,积极推进涉重金属企业的污染整治。对无环保手续的,一律停止建设;对环保“三同时”执行不到位的,一律停止生产;对无污染治理设施、污染治理设施不正常运行或超标排放的,一律停产整治;对无危险废物资质从事废铅蓄电池回收的,一律停止违法经营活动;对发生重大铅污染事件的,一律追究责任。同时,对停产整改达到验收条件的涉铅企业,各市要按照环保法律法规和污染物排放标准规定,参照环保部转发的浙江省对铅酸蓄电池企业验收标准,自行制定验收标,准抓紧组织对涉铅企业进行验收,既要体现严格执法,又要热情服务企业。在这里,我要向大家说明的是,省厅不再制定铅酸蓄电池企业验收标准。

(二)重拳出击,加大环境现场执法检查力度。当前,环境保护正处于各种环境问题凸显期,群体性和突发性环境事件高发期,各地一定要清醒地认识环境执法监察面临的严峻形势,切实增强环境执法监察的责任感和忧患意识。要认真落实我省环保执法“三严”要求,借鉴辽宁省环境执法“三铁”精神(铁的决心、铁的手腕和铁石心肠),严厉打击环境违法行为。一要严格按照国家和省对重点污染源日常监管频次要求,加强对国控、省控重点污染源的日常监督检查,确保其治理设施运转正常,达标排放;二要加强对污水处理厂和脱硫设施等减排工程的日常监管,特别是一些新建的减排工程,督促其加快建设速度,严格落实“三同时”要求,及早投入运行,力推污染减排工作;三要加大行政处罚和责任追究力度,对恶意排污、屡查屡犯的企业,不但要高限处罚,还要在媒体上公开曝光,起到“杀一儆百”的效果,在社会上产生“警示一方,教育一片”的震慑效应;对因监管不力,造成污染严重或在社会上造成不良影响的,要追究有关人员的监管责任;四要加强对群众反映强烈问题的查处,对那些影响恶劣、群众反映强烈的大案要案,坚决查处,决不姑息,采取挂牌督办、约谈和区域限批等形式,切实增强环保执法工作的威慑力。

（三）强化稽查，继续加强排污申报和收费工作。今年6月，经全国2010年度排污申报核定与排污费征收汇审工作会议评定，我省跃居前三名，取得了可喜可贺的好成绩。今年上半年排污申报与排污费征收进展顺利，实现了时间过半，任务过半的目标。省环监局积极联系排污费软件厂家对收费软件进行了修改，督促并落实全省各市、县排污收费软件全面使用，并对各市排污费软件使用情况进行了督导检查。但是，我省在排污申报核定方面还存在数据报送质量存在瑕疵，国控数据填报略显滞后，分析、数据吻合度把握不准等问题；在排污费征收方面还存在排污费征收面和征收因子不足，对使用排污收费软件使用不到位等问题。环保部已下发通知，自二季度起，30万千瓦以上电力企业二氧化硫排污费必须应用经有效性审核的污染源自动监控数据进行核定征收，并列入年度考核范围；同时，要求各省组织对市、县氮氧化物因子收费情况进行稽查。下一步，各市要努力克服工作中的不足，加强对自动监控设施的监管，实现排污费征收全程信息化管理，切实做到全面足额征收，再接再厉，再创佳绩。

（四）创新机制，提升环境信访工作水平。以环境信访为切入点，探索化解环境问题新模式，切实加强和创新社会管理。前不久，我们在邯郸市召开了全省环境信访工作现场会，总结了上半年全省环境信访工作情况，推广了邯郸市环境信访工作经验，探讨了如何创新环境信访机制，强化基层环境信访建设，通过齐抓共管，合力攻关，破解我省环境信访居高不下的难题。各地要认真贯彻全省环境信访会议要求，结合全省开展的加强社会管理和创新工作活动，转变信访工作理念，不断增强信访工作的前瞻性、主动性、有效性。要注重抓源头、抓基层、抓考核，将信访工作延伸到乡镇，延伸到基层，及时有效查处中小企业环境污染问题，努力把矛盾纠纷化解在萌芽状态，实现环境信访数量逐年下降的目标。今年，省已将此项工作列入对各设区市环保工作目标考核内容，同时正在制定环境信访工作考核办法，各市要认真抓好落实。

（五）快速高效，积极做好环境应急管理工作。环境应急无小事。突发性环境事件发生后，要迅速启动应急预案，做到“四个第一”，即第一时间向当地政府及环保部门报告、第一时间赶赴现场、第一时间展开调查、第一时间进行监测，并在规定的时间内上报上一级政府和环保部门。要注意把握好环境应急处置工作中的几个关键环节，主要是对事件处置的进展情况，要按规定进行阶段性上报；事件处置完毕后，要上报终止应急状态的报告；对较大以上或有人员伤亡及财产损失环境突发事件，还要组织专家对整个事件进行评估，出具评估结果。对影响社会稳定的突发性环境事件,要及时向群众公示监测情况和评估结果,消除群众的恐慌心理;对媒体关注的突发性环境事件,各部门要统一口径,及时通过主流媒体向社会公布,避免一些媒体恶意炒作。

(六)夯实基础,加强环境监察队伍建设。一是国家已明确“十二五”期间重点加强省、市环境监察执法能力建设,省环监局已制定了“十二五”环境监察执法能力建设规划,各市也要结合实际做好规划的编制工作。二是各级环保部门要进一步加强环境执法队伍业务培训工作,坚持理论和实践相结合,利用召开现场培训会议的机会,对一些典型案例进行深入剖析,突出现场执法的实效性和针对性。三是要始终紧绷拒腐防变这根弦,以规范自由裁量权、规范行政处罚程序、规范行政执法文书为重点,认真梳理环境执法权的廉政风险点,健全环境执法权的运行监控机制。

(2011 年 8 月 9 日)

殷广平副厅长
在全省固体废物管理工作会议上的报告

同志们:

这次会议是厅党组决定召开的,会议的主要任务是回顾总结近年来特别是“十一五”以来全省固体废物管理工作,分析面临的形势和存在的问题,研究部署“十二五”及近期固废管理工作任务。厅党组对这次会议高度重视,振海厅长将亲自到会并做重要讲话。根据会议安排,现在我就近年来全省固体废物管理工作报告如下:

一、近年来我省固体废物管理工作情况

近年来,全省固体废物管理工作坚持以科学发展观为指导,认真贯彻落实党的十七大精神和省委、省政府的决策部署,按照环境保护“三个转变”的要求,紧紧围绕建设资源节约型和环境友好型社会发展目标,在固体废物管理制度建设、危险废物处理处置设施建设、危险废物和进出口废物管理等方面都取得了积极进展。截至 2010 年底,全省一般工业固体废物综合利用率为 71%,比 2005 年提高 20.4 百分点;生活垃圾无害化处置率为 78.7%,比 2005 年提高 48 个百分点;工业危险废物处置率逐年提高。

(一)突出规划龙头,从宏观战略层面明确固废管理要求。我省坚持把固体废物管理工作纳入全省环境保护工作的重点内容，特别是“十一五”以来，建立和完善一般工业固体废物综合利用率、生活垃圾无害化处置率以及危险废物综合利用处置率等指标体系。我省编制的“十二五”环境保护规划，围绕防范环境风险，确定了优先推进危险废物污染防治、突破工业固废污染防治薄弱环节、提高生活垃圾处理水平等多项工作任务。组织全省涉重金属的固体废物污染排放企业及其周边区域调查摸底，编制完成了我省重金属污染防治规划。各地围绕环境保护中心工作，结合实际，把固体废物特别是危险废物管理的任务逐步纳入规划，加大投入，加强监管，狠抓落实。石家庄市按照“分期建设、逐步推进”的原则，出台了工业危险废物处理与处置规划，针对产生危险废物的种类、数量，筛选出急需解决的问题，确定了一大批具体的危险废物处理处置的项目。保定市针对涉铅企业数量多、产生含铅危废量大的特点，2009 年组织编制了《保定市含铅危险废物处置利用规划》。

（二）健全制度体系，不断完善各项固体废物环境管理政策措施。近年来我省先后就贯彻《固体废物污染防治法》、完善危险废物经营许可证管理及审批管理程序，强化工业危险废物转移管理、医疗废物监督管理、危险化学品的运输管理，以及规范进口废五金电器、废电线电缆和废电机定点加工利用企业管理等方面出台了一些列政策文件，初步建立了符合我省实际的固体废物管理体系。承德市相继制定了医疗废物管理办法、危险废物管理办法，进一步明确产废单位、经营单位的污染治理责任，细化产生、收集、储存、处置等环节的具体要求。沧州市围绕加强规范危险废物经营许可证管理，对“危险废物经营许可证现场检查记录”和“危险废物经营台账”提出了明确的要求。唐山市为规范危废的暂存、处置和转移行为，及时制发《关于加强危险废物管理的通知》，并向相关企业下发“危险废物管理明白卡”。邢台市对危险废物实施市县及企业自身三级监管，建立危险废物污染责任追究制，加大对违法企业的处罚力度。

（三）提升处置能力，积极推进全省危废集中处置基础设施建设。全省列入《全国危险废物和医疗废物处置建设规划》的 11 个项目（包括危废处置项目 1 个，医疗处置项目 10 个）取得积极进展，建设任务完成率 73%（居全国第 21 位），其中廊坊、张家口、唐山、石家庄等 4 市医废处置项目已经投入运行，邯郸、秦皇岛、邢台、承德等 4 市医废处置项目已经基本建成，河北省危险废物处置中心项目（沧州黄骅）完成可研编制工作，省发改委正在组织审查。各地积极推进生活垃圾无害化处理厂建设，截止到去年底全省共建设生活垃圾处理厂达151座。承德市克服财政资金紧张等困难,“十一五”期间投资2.8亿元在全市八县三区建成生活垃圾无害化处理场11座,使该市生活垃圾处理能力实现了跨越。

(四)强化监督管理,认真规范全省固体废物处理处置秩序。一是努力强化全省危废处置经营资质许可工作。多年来,我省坚持把危废经营资质审查和许可工作,作为加强危险废物管理的重点工作来抓。截至2010年底,全省批准危险废物经营许可企业51家,其中省环保厅发证42家,设区市环保局发证9家(其中医疗废物经营许可证7个,危险废物收集经营许可证2个),核准经营规模为53.26万吨,涉及危险废物31类,对规范危险废物处理、保障环境安全发挥了重要作用。二是切实加强进出口废物管理。认真贯彻环保部及相关部委关于进口废物环境管理的规定,严格审查原则和程序,不断加大现场监督检查力度。目前全省共批准进口限制类可用作原料的固体废物企业98家,其中申请进口废五金企业43家,进口废塑料企业40家,进口其他类废物企业15家,总计批准进口量234.4万吨,进口废物主要为废五金、废氧化皮、废塑料、废纸,约占进口总量的98%以上。廊坊市大力加强了废物进口的“圈区化”管理,经过多年的发展和整顿,已形成如文安、大成等几个相对集中的进口废五金类加工聚集区。三是积极推进电子废弃物定点处置。目前共有3家电子废弃物拆解单位(石家庄海晶公司、廊坊永清县美华公司、廊坊文安县豫丰公司)被列入国家电子废物拆解利用处置单位名录,拆解处理能力达到220万台。四是深入开展重点行业重点企业危废调查与整治。我省在化学原料及化学品制造业、医疗制造业等重点行业开展了工业危险废物申报登记和产生源调查工作。深化铬渣污染综合整治,督促列入国家名录的河北铬盐化工有限公司和井陉县大通化工有限公司2家企业,对产生和堆存的铬渣进行了治理,已将历史堆存的15.6万吨铬渣绝大部分进行了处置。张家口市通过建设环境应急处置指挥中心,建立环境风险企业应急信息平台,加强尾矿库环境管理,尾矿库废水泄漏模拟应急演练成效受到了环保部的充分肯定。邯郸在全市范围内组织开展危险废物焚烧单位专项整治,以及抗生素菌渣、皮革行业专项检查,取得了较好成效。

(五)深化减排主线,探索推进城镇污水处理厂污泥处置工作。认真贯彻国家关于减排污泥处置要求,我省进一步明确污水处理厂不按要求建设污泥处理设施,或污泥未得到安全处置的,对其化学需氧量和氨氮不予核算减排量。各地采取不同方式研究探索污泥处置的途径。秦皇岛市一方面编制《城镇污水处理厂污泥处理方案》，落实污泥转移联单制度，另一方面指导绿港污泥处理厂通过发酵方式生产生物肥，使城区污水处理厂污泥全部综合利用。衡水市出台《加强污水处理厂污泥监管实施方案》，加强了对污泥的环境监管力度。

（六）加强合作交流，注重推动实施我省危废处置的履约项目。坚持加强与环保部环境保护与对外合作中心沟通联系，多方面争取资金，促进我省危废处置项目向深层次发展。在“中国持久性有机污染废物环境无害化管理和处置项目”框架下，启动实施邢台农药厂杀虫剂POPs（持久性有机污染物）废物管理能力建设项目，处置现存约650吨POPs（持久性有机污染物）废物。初步完成了全省POPs（持久性有机污染物）数据库建设，并实现了数据及时更新。

（七）夯实工作基础，大力推进我省固体废物管理能力建设。通过多年努力，2010年7月经省编办批准，我省成立了专门负责固废管理的机构（省固体废物管理中心），为正处级全额拨款事业单位，批准编制12名。固废管理中心的主要职能包括：建立固体废物管理的档案和相关数据库；协助管理辖区内固体废物和危险废物转移、交换、处置等活动；协助管理危险（医疗）废物处置单位及设施运行；参与危险废物经营许可及进出口审批；协助处理突发性危险废物、危险化学品污染事故；开展固体废物管理的相关培训工作。固废管理机构的成立，将对加强全省固废特别是危险废物的管理发挥重要作用。

总结回顾我省近年来固体废物环境管理工作，得到以下几点启示：

——摸清工作底数，是做好固体废物管理的基础前提。底数清才能方向明。我省多年来的环保工作实践表明，只有摸清污染源底数，掌握环境状况，才能正确分析和判断当前环境形势，才能做出科学决策。反之，统计口径不一，工作底数和排污底数不清，就会严重制约各项工作的顺利开展。省固管中心成立以来，为调查我省固体废物产生、处置情况做了大量的工作，基本摸清了我省固废现状。

——完善配套措施，是解决固废污染问题的有效手段。国家相继出台了一系列加强固废管理法律法规政策标准，结合河北实际，研究制定细化措施和配套文件，增强针对性和操作性，对解决我省突出的固废污染问题至关重要。固体废物兼具使用价值，在加强无害化处理的同时，配套出台资源化方面的政策法规，不但可以实现固废资源化增值，而且能够最大程度地解决固体废物污染问题。

——加强能力建设,是实现固废管理目标的坚实保障。固废特别是危废数量巨大,成分复杂,难以处置,极易引起突发环境事件,急需建立一支强有力的专业化管理队伍,特别是加强市县级固废监管队伍,配足必要经费,实现标准化建设,全面提升监管能力,将为实现固废污染防治目标提供有力保障。

——搞好协调联动,是不断强化固废管理的重要方法。固废管理法规政策标准较多,涉及环保、卫生、建设、商务、发改、海关等多个管理部门,需要通力协作、密切配合。我省是京畿要地,独特的地理位置,更需要加强跨地区、跨省域的协调联动。只有实现各部门、各要素之间有效配合,才能形成共同治污的强大合力。

——鼓励公众参与,是深入推进固废管理的不竭动力。由于固体废物性质特殊,具有隐蔽性和潜伏性,危害不易在短期内被人们察觉,要从根本上解决固废特别是危废的污染问题,必须依靠广大人民群众的积极参与。加强广泛和深入的固废污染防治宣传,切实提高公众环境意识,不但能够有效监督污染企业守法,而且能有有效的维护人民群众自身的环境权益,更重要的是为环保部门深入推进固废污染防治提供不竭的动力和源泉。

二、当前固体废物管理工作面临的主要问题

正确研判形势,是科学决策和做好各项工作的前提和基础。目前,我省正处在城市化和工业化进程加速发展的重要时期,我们必须把加强固废管理放在经济发展的全局中去观察,放在全面实现小康社会的目标中去分析,放在推进科学发展、促进生态文明建设的过程中去把握。当前及今后一个时期,是我省推动经济结构战略调整、加快转变经济发展方式的关键时期,是从根本上扭转环境恶化趋势、全面改善环境状况的重要战略期,也是环境优化经济发展的历史转变期。做好当前和今后一个时期的固体废物管理工作意义重大,任务艰巨。

当前我省固体废物管理总体形势十分严峻,总体来讲就是:固体废物处置水平总体偏低,推进减量化、无害化、资源化仍然任重道远;固体废物污染问题日益凸显,保障环境安全的压力不断加大;固体废物污染环境问题逐渐成为社会关注的焦点之一,引发的群体性事件日益增多。究其原因,存在以下几个方面的问题和不足:

(一)认识尚未到位,重视程度不够。随着我省城镇化进程的加快和节能减排工作的深入,一些固体废物污染问题得到了社会的关注,相对于水污染、大气污染来说,环境保护部门对固体废物污染防治管理工作重视不够,对固体废物的管理的法律法规、管理制定、危害性常识等宣传较少；大多数产生和处理处置固体废物的企业没有充分认识到固体废物的危害；公众对固体废物潜在的危害认识不足，尚未形成公众参与机制和社会监督机制。

（二）处置能力不足，设施运行水平较低。一是集中处置设施建设滞后。“十一五”期间，列入《全国危险废物和医疗废物处置设施建设规划》的 11 个项目（包括危废处置项目 1 个，医废处置项目 10 个），只有廊坊、张家口、唐山、石家庄等 4 市医废处置项目投运，另有 4 市医废处置项目基本建成，省危险废物处置中心还在建设中，整体建设任务完成率只有 73%，居全国第 21 位。二是集中处置设施能力不足且运行水平低。据统计，2010 年全省危险废物产生量为 66.4 万吨，全省批准的 51 家危险废物处置单位（含医疗废物），核准经营能力为 53.26 万吨/年，在满负荷运行的情况下还有 13.14 万吨的差距。而实际运行负荷还不足核准经营能力的 50%，危险废物产生量和处置量之间的巨大差距，对环境形成极大的污染隐患。

（三）基础工作薄弱，管理底数不清。从我省情况看，多年来在固废管理上，各级环保部门更多地关注危废处置经营企业，对产废企业的管理近乎为空白，超过 70%的产废企业危险废物管理档案、台账不规范、不健全，部分企业甚至没有建立台账，无法统计产生量、处理量、排放量，有的企业干脆随意填报数据。我们所了解的数据只有每年的申报和环境统计，以及 2010 年以来的污染源普查数据，但是每年统计固废（危废）产生情况的数据类别、数量不够详实，有些数据明显缺乏逻辑相关性，甚至自相矛盾，影响到对全省固废污染形势作出正确判断。如环保部门不同渠道和统计口径，统计数据存在较大差距。2009 年环境监察部门的统计危废产生量为 8.9 万吨，环境统计数据为 27.7 万吨，污染源普查数据为 68.9 万吨。

河北是重化工大省，钢铁、焦化、化工、医药等行业产量居全国前列，这些行业也是危险废物的主要来源。根据普查动态更新数据，2010 年我省危险废物产生量约 66.4 万吨，其中含铅废物为 1.26 万吨，而保定市编制的涉铅企业规划中提供数据，该市工业含铅废物为 21.1 万吨，社会源含铅废物为 20 万吨，数据相差悬殊。另外与其他省相比，我省数据也明显偏小，如山东省危废产生量达到 1300 万吨，广东等省也多在几百万吨。

（四）监管不完全到位，违法行为时有发生。一是转移联单制度执行差。部分企业在转移危险废物前没有报环保部门批准，未申请转移联单，不核实处置企业资质和能力。今年我省两家通信公司一次就拍卖了近 2000 吨危险废物,未申请转移联单,直接交给经营企业。之前也没有任何通信企业申请转移此类危险废物。据调查,三家(移动、联通、电信)移动通信公司每年非法转移危险废物上万吨。二是部分企业随意处置危险废物。不少产废单位因办理环保手续与危废经营单位签订危废处理合同,标明了要处理的危废数量,产废单位在生产时却没有将产生的危废交给处置企业,而自身也没有处置能力和资质,导致危废处置情况不明。三是危废处置企业无证经营或未按许可范围经营。由于持证经营的危废处置企业大部分经营废弃物的类别单一,主要为废有机溶剂、废矿物油及医药类,造成目前仅14%的危险废物由取得经营许可证的单位进行处置。部分企业无经营资质高价借用、租用其他企业危险废物经营许可证,4月在保定移动电子废物拍卖现场发现,石家庄一家企业租用外省企业危废经营许可证;部分危险废物处理能力不足的企业,把不能处置危险废物非法倒卖给其他企业等。石家庄移动公司将危险废物拍卖给无危废经营资质和电子废物拆解资质的石家庄风源公司和石家庄物资回收总公司。保定市全年含铅废物产生总量约为41.1万吨。现有含铅废物处置(再生铅)企业14家,在建企业1家,处置能力达58.9万吨/年。其中仅有4家取得危险废物经营许可证,处置能力合计23.9万吨/年,不能满足保定市全部处理需求,另外每年还有大量外地蓄电池转移到该市。

(五)基础能力偏弱,管理处在较低水平。一是我省固废监管队伍建设滞后,亟待加强。我省去年成立省固体废物管理中心,各设区市还没有专职管理机构。二是技术力量薄弱,设备配置严重不足。危险废物鉴别是危险废物管理重要的技术支撑。对列入国家危险废物名录的,可根据名录鉴别,对未列入名录的固体废物,只有进行危险特性鉴别才能确定是否为危险废物。由于我省没有鉴别认定机构,很多危险废物混入一般废物。三是固废管理工作繁重,缺乏有效手段。相对于水、气,固体废物种类不计其数,产生点多、面广,废物产生、利用、交换、处理处置等信息反馈渠道不畅,信息化管理手段缺乏,难以做到动态跟踪管理。

(六)综合配套工程缺失,公众参与程度不高。一是地方政策法规不完善。现有法律原则性较强,不便于基层环保部门加强固废环境管理。二是固体废物交换机制与平台尚未建立。企业产生的危险废物没有纳入正规化的市场交换轨道,也没有形成相应的信息咨询网络,绝大部分危险废物的处理方式是固化与填埋,资源化利用率较低。三是科研力量投入不足,技术瓶颈成为掣肘。危废处置、飞灰、污泥、土壤修复、脱硫副产物等关键处置技术研发滞后。污水处理产生的污泥、大气治理产生的脱硫副产物也成为了新的污染物,四是固体废物知识普及较少,公众参与程度不高。广大人民群众、企业相关人员,对固体废物特别是危险废物的特性、危害和如何加强管理等情况知之甚少,知之甚浅,有的几乎没有任何概念,更没有必要的防护意识。

三、今后一段时期固体废物管理工作安排

虽然我省固体废物管理工作面临形势严峻,还存在着很多困难和不足,但也面临着好的机遇:

(一)领导高度重视。随着环保部门职能地位的不断加强,固体废物管理作为环境保护工作中重要的组成部分。近期,温家宝总理和李克强副总理就云南曲靖违法转移倾倒铬渣事件做出重要批示,要求高度重视重金属和危险化学品管理,全面排查安全隐患。9月7日国务院召开第171次常务会,强调必须切实解决损害公众健康、影响科学发展的突出环境问题。省委、省政府历任主要领导非常重视加强环境保护,省委、省政府把危险废物无害化处理率、生活垃圾无害化处理率和工业固体废物综合利用率纳入到城镇建设“三年大变样”和“三年上水平”考核指标,9月17日新任代省长张庆伟同志专题听取全省环保重点工作进展情况的汇报,并就削减排污总量、改善环境质量和确保环境安全做出重要指示。这些为全面加强固废管理提供了重要政治保障。

(二)社会高度关注。近年来,全国范围内重金属、危险废物污染日益凸显,先后发生多起污染事件,严重威胁环境安全和群众身体健康,造成恶劣影响,引起社会、新闻媒体的高度关注,已成为媒体和网民讨论的热点问题。社会高度关注既是压力也是动力,倒逼我们探索固体废物管理新模式、新思路。

(三)环境管理不断提出新要求。近年来,国家制定出台了一系列固体废物管理方面的法律法规和政策制度,尤其是今年以来,环保部会同相关部门先后印发了加强危废和医废管理的意见、开展危险废物规范化管理的指标体系,对强化和规范危险废物的管理提出了明确的规定。今年9月1日和15日,环保部先后两次召开视频会议,张力军副部长对危险废物污染防治和危险化学品的管理进行部署,并要求在全国范围内开展专项检查活动。这些新要求为我们进一步推进固体废物管理工作提供了依据,同时为全面提升固废管理水平提供了良好机遇。

(四)固废管理成为加强环境保护的新抓手。多年来,我们在保护生态环境和防治污染方面做了大量卓有成效的工作,尤其是在水和大气污染防治方面,取得了较大成绩。但是,随着工业化和城镇化进程的加快,重金属污染、污泥污染及生活垃圾污染等固体废物污染问题日趋凸显,已成为环境保护工作中急需解决的问题,引起了国家的高度关切,必将成为环境保护工作中新抓手。

(五)我省实践积累了好的经验和做法。近年来我省在加强环境保护和污染减排工作上,采取的全面推进、重点突破的思路,抓住龙头、带动全局的做法,各项工作都取得了很好的成效。在固废管理上,积极推动"加强基础设施建设与强化监管能力建设并重",强调"严厉打击违法行为与加强污染隐患排查并举"。这些好的经验和做法将为全面加强固废管理提供有利条件。

今后一段时期,全省固体废物管理工作思路是:紧紧围绕全省环境保护中心工作,认真贯彻国家和省相关法律法规,以解决突出环境问题、确保环境安全为立足点,以实施"十二五"环保规划和危废(医废)处置项目建设规划为载体,促进固体废物"减量化、资源化、无害化"和再生资源的园区化;以危险废物(医疗废物)为重点,强化申报登记和全过程监控,严厉打击环境违法行为,不断提高我省固体废物综合利用和处理处置的能力和水平,努力为全省又好又快发展做出应有的贡献。

具体来讲,就是实现"一个目标",突出"两项强化",搞好"三个落实",完善"四项机制",推进"五个建设"。

——"一个目标",即实现固体废物减量化、无害化、资源化。各地环境保护部门要抓住机遇,明确思路,准确定位,以科学发展观为指导,以强化危险废物监管为重点,以加强固体废物管理能力建设为抓手,坚持"三严执法",树立"为环境把好关,为企业服好务,为群众尽好责"的宗旨,开拓创新,狠抓工作落实,确保固体废物污染环境防治工作取得新突破,努力实现固体废物减量化、资源化和无害化的目标。

——"两项强化",一是强化危险废物产生企业规范化管理。制定出台《河北省危险废物规范化管理实施意见》。明确提出管理标准,开展专项整治,推动落实危废转移等各项危险废物管理制度。要求危险废物产生单位要设置专门的监控部门或专(兼)职人员,建立危险废物管理台账,如实、详细的记录危险废物的产生、贮存、利用、处置等情况。严格执行危险废物转移联单制度。禁止将危险废物提供或委托给无危险废物经营许可证的单位从事收集、贮存、利用、处置等经营活动。严禁委托无危险货物运输资质的单位运输危险废物。加强危险废物跨地区转移的监控,确需实行跨省转移的,要经省环保厅对转入地(利用单位)或转出地(产生单位)的处置能力、数量等情况现场核查合格后审批。二是强化危险废物经营单位环境监管。认真执行《危险废物经营许可证管理办法》,不断规范和完善危险废物经营许可证的审批。已取得省危废经营许可证或拟申请办理危废经营许可证的企业,年底前完成清洁生产审核,否则不予受理经营许可证年审或审批。凡申领省及以上危险废物经营许可证,进行现场核查后予以审批。跟踪危险废物经营持证单位运行情况,组织对危险废物经营单位经营和污染防治情况,逐一进行现场检查评估,坚决取缔无证经营活动和超范围经营的行为。

——“三个落实”,一是落实集中处理处置设施建设规划。积极落实“十二五”环保规划以及危险废物和医疗废物处置设施建设规划,采取多种形式大力推进我省集中处理处置设施建设,推进固体废物处理处置产业化。二是落实排污申报登记制度。按照国家有关要求,全面落实危险废物申报登记,建立危险废物管理数据库。全省行政区域内所有产生、处置、利用、贮存危险废物的企事业单位,以及处置危险废物的企业。凡列入《国家危险废物名录(2008版)》中的49类危险废物,均需申报登记。申报登记内容包括:废物种类、产生、综合利用、处置、贮存、排放以及废物接纳单位等有关内容。同时加强排污申报数据现场核查力度,确保数据的真实性。三是落实危险废物行政代处置制度。出台《河北省加强危险废物管理推行代处置的意见》。加强产生单位危险废物贮存、处置情况的管理,对超期贮存危险废物的产生单位,责令限期处置;逾期不处置或处置不符合规定的,指定单位代为处置,处置费用由危险废物产生单位承担。拒不处置且不承担处置费用的,将依法进行处罚。

——“四项机制”,一是完善激励约束机制。积极推进固体废物地方立法,结合实际,提出加强固体废物特别是危险废物污染防治方面的法规或规章,进一步强化地方政府的污染防治职责,明确部门分工,细化危险废物(医疗废物)监管、进口废物管理、电子废物利用等方面的措施规定,切实明确产品生产者在废弃物回收利用方面的责任,积极构建资源回收管理资金使用框架。积极完善配套政策制度,围绕重点领域,出台推进危废处置产业化、医疗废物监管、规范进口废物等方面的政策制度,会同财政、价格等相关部门制定完善危险废物处理处置收费政策,保证集中处置设施的正常运行。二是完善环境准入机制。提高经营企业准入门槛,下大力气上一批技术水平高、管理先进的危废处置示范工程。建立大型区域性的危险废物集中处置场,减少小型分散的技术水平低的处理处置企业,实行社会化服务,使企业产生的危险废物能够得到妥善的处理处置。三是完善协作联动机制。建立京津冀区域联动、周边省份联席会议制度。定期沟通、商议、研究固体废物管理领域的问题及对策。强化与省直相关部门的协作协调,充分调动各方积极性,形成监管合力。开展与发达国家在固体废物环境管理方面的合作和交流,学习先进管理经验和治理技术,做好国际履约工作。四是完善公众参与机制。充分利用广播、电视、网络等媒体进行宣传,鼓励、促进公众参与固体废物污染防治的环境管理与监督。加强环保部门和重点企业管理人员和技术人员专业教育和培训,提高管理和处理危险处置危险废物的水平。

——“五个建设”,一是建设强有力的固体废物监管队伍。制定设区市和县固体废物管理机构建设标准,在加强省级固体废物管理机标准化建设的基础上,各设区市和重点县抓紧设立专门的固体废物(危废)监管机构。设区市抓紧设立专门的固体废物监管机构,引进专业人才充实到固体废物监管队伍。二是建设区域性危废应急处置中心。以危险废物经营单位为依托,借助其专业人员和成熟的处置经验,协助环保部门处置危险废物、化学品突发事故,有效降低突发事故造成的环境污染程度。三是建设省级危险废物鉴别中心和科研平台。组织高等院校、科研机构和企业投身固废科研,加大对固体废物减量化、资源化和无害化关键和共性技术研发力度,重点加强危废处置、飞灰、污泥、土壤修复、脱硫副产物等关键技术的研究。当前,要把我省医药行业抗生素菌丝处理、城市污水处理场污泥处置作为首要的攻关课题,集中科研力量实现突破。完成省级危险废物鉴别中心(实验室)建设,减少企业危废分析鉴别成本,防止产废企业瞒报、漏报危险废物的种类和数量。四是建设固体废物综合管理信息系统。创新监管手段,建立全省危险废物管理信息系统,实现危险废物网上申报登记、转移管理和经营许可证审批;逐步探索实施电子监控,全过程跟踪监管危险废物产生、贮存、转移、利用、处置情况;推行危险废物交换制度,实现跨地区的废物收集、交换和买卖。五是建设我省废弃物处置行业协会。围绕加强行业自律,规范经营行为,整合处置资源,组织危废经营单位、重点产废企业、废物进出口加工利用企业、电子废弃物拆解企业、管理部门和固废处置技术研究科研院所等自愿组成河北省废弃物处置行业协会,引导全省再生资源产业健康发展。

最后,我就落实今年9月1日和9月15日全国危险废物和危险化学品环境管理视频工作会议精神,做好我省危险废物和化学品环境管理专项执法检查，讲几点意见：

一要高度重视，精心组织。此次全国性专项执法检查，是为贯彻落实国务院第165次、171次常务会议精神和温家宝总理、李克强副总理近期关于加强危险废物和危险化学品环境管理工作重要批示精神开展的，环境保护部已将重金属、危险废物和危险化学品环境污染防治作为今后一个时期环保工作的重点任务。要将本次检查工作列入重要议事日程，切实加强组织和领导。主要领导要亲自安排部署，组建检查工作领导小组和工作组，做到统一部署、全面协调、分工明确、责任到人。结合各地实际情况，制定检查工作方案，认真组织实施。

二要整合资源，形成合力。各地环保部门要将危险废物和危险化学品专项执法检查结合在一起，协同推进，合理配置人力、物力和财力，各专项检查结果作为检查工作报告的分别予以体现。可参照省专项检查方案，制定本辖区专项检查方案。同时要积极协调所在地安监、质检等部门，定期沟通，及时解决检查过程中发现的问题。

三要突出重点，狠抓落实。各地区要结合本地实际，按照环保部和省环保厅的统一部署，突出本辖区检查重点。危险废物要以铬盐、多晶硅、危险废物处置设施运营等行业为重点，同时，也要加强污水处理厂污泥和电子废物的检查力度。危险化学品要以化工园区，化工企业集中区，所有持有危险化学品生产许可证的危险化学品生产企业未检查对象，重点检查江河湖泊沿岸地区、饮用水水源地等环境敏感区域。

四要强化责任，严格问责。实施环境污染责任终身追究制和全过程行政问责制，相关企业造成群发性健康危害事件或重特大环境安全事故和环境污染的，要从其立项、审批、验收和监管等各个环节，依法依规对有关部门、企业责任人员实施问责。对敷衍塞责、应付了事，未按照要求检查环境风险隐患的地方，要通报批评，并取消相关领导人和责任人参加本年度本系统评优资格；对检查不力、检查后仍发生重特大化学品突发环境事件，按环保部有关要求要严肃追究相关人员责任，依法实施问责。

同志们，抓好固废环境管理，全面推进固体废物污染防治，责任重大、意义深远。让我们在环保部和省委、省政府的正确领导下，上下齐心，扎实奋斗，确保我省环境安全，为努力保障人民群众环境健康权益做出新的贡献。

殷广平副厅长在全省电力企业环保工作调度会上的讲话

同志们:

今天,我们在此召开2011年全省30万千瓦以上电力企业环保工作调度会,这次会议的召开,得到了在座各位老总和同志们的大力支持和积极响应。这充分体现了大家对环保工作的高度重视,也说明了此次会议的重要性。明天还要安排脱硫设施管理先进单位发言,组织大家进行座谈,希望大家对我们的工作多提宝贵意见,以便改进我们的工作,更好地为企业服务。借此机会,我讲三点意见:

一、"十一五"环保重点工作完成情况

1.我国"十一五"环保目标完成情况

环境保护是我国的一项基本国策,关系科学发展、关系国家未来、关系人民福祉。我国政府积极推进污染减排工作,各省严格落实减排措施,环境形势得到有效遏制。"十一五"期间,全国累计建成运行燃煤电厂脱硫设施5亿千瓦,新增污水处理能力超过5000万吨/日,关停小火电机组7000多万千瓦,分别淘汰炼铁、炼钢、水泥、焦炭和造纸等落后产能1.1亿吨、6860万吨、3.3亿吨、9300万吨、720万吨。在经济增速和能源消费总量均超过规划预期的情况下,2010年全国化学需氧量排放量较2005年下降12%左右,二氧化硫下降14%左右。化学需氧量减排目标提前半年实现,二氧化硫减排目标提前一年实现。

2.我省"十一五"环保目标完成情况

"十一五"以来,在党中央、国务院的正确领导下,在省委、省政府的重视推动下,在全省上下的共同努力下,我省污染减排和环保工作取得了积极成效。"十一五"两项主要削减污染物二氧化硫和化学需氧量排放量分别比2005年削减了17.53%、17.34%,均超额完成了国家下达的15%的目标任务。特别是基础设施建设突飞猛进,截至2010年底,全省共建成并运行污水处理厂175座,比2005年增加139座,达到了"十一五"规划任务的1.5倍,城镇污水处理率达到80%;燃煤电厂脱硫工程取得积极进展,全省脱硫机组装机容量达3352万千瓦,占火电总装机容量的99.8%,占全国脱硫机组总装

机容量的6.7%。11个设区城市空气质量全部达到国家二级标准,重点流域水环境质量持续好转,环境基础设施建设全面加强,环保政策体制机制不断完善,生态省建设迈出重要步伐,为加快转变发展方式、促进产业优化升级、保障和改善民生、建设生态文明做出了重要贡献。

在年初召开的全省环保工作会议上,张杰辉副省长以“遇到的挑战前所未有,付出的努力前所未有,取得的成绩前所未有”,来概括我省“十一五”的环境保护工作。这些成绩的取得,得益于省委、省政府的高度重视和坚强领导,得益于我们电力企业的关心和支持,在此,我谨代表省环保厅和姬振海厅长,对大家在电力企业生产、污染减排和环保工作上取得的成绩表示祝贺!对同志们在环保和减排上做出的贡献表示衷心而诚挚地感谢!

3.我省“十一五”环保工作经验

河北省“十一五”的五年,是各级领导高度重视环保的五年,是环保规划目标完成最好的五年,是环保事业大投入、快发展、新跨越的五年。来之不易的成绩是如何取得的,有哪些宝贵经验?总结“十一五”,对于我省继续做好“十二五”环保工作有着重要的意义。

一是创新政策机制。治顽症必须下猛药。对于产业结构偏重、污染物排放量大的河北来说,要想圆满完成国家下达的“十一五”环保目标任务,没有超常规的创新性举措,难以实现。2008年初,根据省委书记张云川提议,省政府开始实施“双三十”节能减排示范工程。这项与“官帽子”挂钩的考核机制,极大地调动了“双三十”单位推进节能减排的积极性,对全省节能减排工作发挥了重要的示范、引导和带动作用。环保部部长周生贤到我省调研,指出河北省有4条环保经验有示范效应,值得在全国推广,其中居首位的就是“以‘双三十’为龙头,大力推进节能减排”。全省“七大水系”全面实行跨界断面水质与财政挂钩的生态补偿机制,开创了全国环保先河,推动了水环境质量持续好转;省人大颁布实施了《河北省减少污染物排放条例》,突出“重罚”和“双罚”法律条款,填补了全国污染减排领域专项立法的空白;省政府出台了《河北省环境污染防治监督管理办法》,赋予职能部门现场封存、暂扣权,加大了对无证排污的处罚;力推绿色信贷,实行企业环境信用分级管理,公开726家重点企业环境行为综合评定结果,纳入金融信贷诚信体系……一项项创新机制,综合运用行政、法律、经济的杠杆,调动了各地、各企业治污减排的积极性,推动了我省环保工作不断克难攻坚,扎实推进。

二是狠抓治污工程。环境基础设施建设滞后,一度制约着我省环境质量的改善。“十一五”期间环保工程建设,可以用“突飞猛进”来形容。全省累计建成运行电厂脱硫装机组容量为3352万千瓦,提前14个月完成国家下达的“十一五”机组脱硫任务。全省建设垃圾处理场131座,基本实现了垃圾处理全覆盖的目标。与此同时,全省结构减排力度加大,关停小火电机组77座,总装机306万千瓦,关停落后钢铁产能4300万吨,水泥产能4805万吨、玻璃产能4055万重量箱、焦炭产能508万吨。一增一减之间,污染物排放量不断“瘦身”。

三是严格环境执法。随着大量减排工程的建成投运,加强污染治理设施的运行监管,已成为污染减排能否取得实效的关键。我省出台的《河北省减少污染物排放条例》,创设了考核奖惩、生态补偿、重点监管区、污染责任保险、排污单位与负责人“双罚”和“重罚”的制度;编制的城镇污水处理厂和燃煤电厂环境保护执法技术指南,为环保部门现场执法人员和污染设施运行管理人员,提供了有效的管理技术支撑。

“十一五”这五年,最显著的成绩是,在全省经济保持平稳较快发展的同时,“十一五”环保目标顺利完成,主要污染物排放总量得到有效控制,环境质量稳中趋好。最深刻的体会是,解决我们面临的环境问题,必须积极探索代价小、效益好、排放低、可持续的环境保护新道路;最突出的亮点是,始终着眼环保优化发展,创新环境政策机制,提升环保动力,推动环境与经济的高度融合;最基本的共识是,做好环保工作必须高擎生态文明建设大旗,积极融入经济社会发展主渠道,在统筹经济社会发展与环境保护中,努力解决影响可持续发展和危害群众健康的突出环境问题。

二、“十二五”环保工作面临的形势

1.我国环境总体形势:“环境形势还是不容乐观,整体上是局部有所改善,总体尚未遏制,形势依然严峻,压力继续加大。”当前我国排污总量仍然居高,环境形势依然严峻。二氧化硫、COD、氨氮排放负荷仍然很大,氮氧化物排放量持续快速增长,机动车和农业源污染日益突出。二氧化硫浓度依然维持在较高水平,灰霾和光化学烟雾污染呈加剧趋势。“十二五”期间,我国经济总量仍将快速增加,重化工业的比重大、增速偏快,结构性污染仍将十分突出,给我国资源和环境带来极大的挑战,污染减排消化增量的任务相当艰巨。

2.国家“十二五”环保目标

“十二五”期间,我国将在继续推进化学需氧量和二氧化硫减排的同时,把氨氮和氮氧化物作为新的约束性指标,坚持源头预防和全过程综合推进,强化结构减排，细化工程安排，实化监管减排，大力推行清洁生产，降低产排污强度，促进经济发展方式的转变。

"十二五"期间，环保主要目标是：到 2015 年，单位国内生产总值二氧化碳排放大幅下降，主要污染物排放总量显著减少，生态环境质量明显改善，环境保护体系逐步完善。全国化学需氧量、二氧化硫、氨氮、氮氧化物排放总量比 2010 年分别削减一定比例。

3. 我省"十二五"环保工作面临的形势

"十二五"国家下达我省的 COD（化学需氧量）、氨氮、二氧化硫和氮氧化物的指标为分别比 2010 年削减 9.8%、12.7%、12.8%和 14.1%，通过分析，我们感到"十二五"我省污染减排形势十分严峻，难度很大。

一是控制新增量压力巨大。"十二五"时期我省国民生产总值预期突破 3 万亿元、年平均增长 8.5%左右，人均生产总值比 2000 年翻两番；全部财政收入、地方一般预算收入年均分别可比增长 11%，财政收入占生产总值的比重提高 1—2 个百分点，经济增长速度和效益高于全国平均水平。随着全省经济持续较快增长，能源消耗随之增加，污染物排放量在不断增加。据统计，我省粗钢、水泥、焦炭产量分别比去年同期增长 11.19%、40.8%、12.85%，火力发电量增长 19.07%，GDP 增速 11.2%，新增化学需氧量排放量 2.2 万吨，新增二氧化硫排放量 5.55 万吨。既要削减存量、又要控制增量，减排压力不断加大。

二是减排工程项目明显收窄。截止到 2010 年底，全省每个县均已建成污水处理厂，且全部达到污水处理厂 1 级排放标准的 A 标准，城镇污水处理率已经超过了"十一五"规划要求的 75%的任务目标；全省燃煤火电机组脱硫总装机已经近 100%。加之"十一五"期间我省的"双三十"单位为完成远高于全省平均目标的减排任务，深挖减排潜力，制定实施了一系列严于国家标准的淘汰落后产能政策，一大批落后产能已经被淘汰。因此，就我省当前主要污染物存量而言，减排潜力已明显不足。

三是结构性污染仍然突出。我省以钢铁、装备制造、石化、医药、建筑建材等"十大主导产业"为核心的产业体系带有明显的重化工特征，产业结构偏重的状况比较突出。据统计，我省的造纸、化工、制药、纺织、食品加工五个行业化学需氧量占全省的 67%，电力、冶金、建材、化工等行业二氧化硫排放量占全省的 78%。重污染行业结构调整和增长方式的转变需要一个过程，由此带来的结构性污染问题将会在较长时期内存在，这在一定程度上给污染减排带来不小的难度。

四是环境监管任务十分艰巨。“十一五”时期大量治污基础工程及污染防治设施投入运行，在实现污染减排和改善环境质量中发挥了突出作用。同时也不同程度地暴露出运行不稳定、减排效能发挥不充分的问题。能否抓好这些治污工程、治污设施的运行管理，保证其发挥减排效益，真正把“减排能力”转化为“减排实力”，确保污染物稳定达标排放，已成为制约减排目标任务实现的重点和难点所在，监管任务变得更为艰巨。

三、需要我们思考和把握的几个问题

最后，我想简单说一下需要我们思考和把握的四个问题，主要是想和大家沟通一下，我们形成共识。

一是要冷静思考，清醒认识“十二五”环保工作形势

“十二五”期间，我国决定继续把化学需氧量、二氧化硫作为约束性指标，又把氮氧化物和氨氮列入了约束性指标。国家“十二五”规划纲要中提出主要污染物排放总量显著减少，化学需氧量、二氧化硫排放分别减少8%，氨氮、氮氧化物排放分别减少10%的目标。“双八双十”指标的出炉，不但体现环境保护的要求，更贴近环境现状，有利于解决当前突出的环境问题。如果单纯从数字上看，“十二五”化学需氧量和二氧化硫减排指标低于“十一五”的10%，但是实际上减排任务并不轻松。“十二五”减排除了要“压缩存量”，还要“消化增量”，而且这个增量还不小。对此，我们大家要有一个清醒的认识。

污染减排既是中央下达的硬性任务，也是实现转型升级的有力措施。特别是今年我省主要污染物总量控制种类由两项增加到四项，排放量均减少1.5%，减排任务是非常艰巨的，减排形势也是十分严峻的，“面对严峻的减排形势”，“十二五”期间，我省将把污染减排作为调结构、转方式的突破和重要着力点，以改善环境质量为立足点，严格控制增量，强化结构减排，细化工程减排，实化监管减排，确保我省“十二五”四项减排约束性指标的全面实现。

二是要总结经验，谋划好“十二五”环保工作规划

“十一五”这几年，我们在污染减排上有很多的经验教训，大家一定要认真的总结，这对我们“十二五”的减排工作是非常珍贵的、有用的，特别是我们的教训，要上升到理性认识，总结出规律。污染减排是一个系统工程，需要我们通盘考虑、统筹安排、协调推进。这就要求我们不仅要熟知本单位的减排目标任务、规划制定、工程项目建设等情况，还要分析减排的难点在哪里，哪里还有问题，做到心中有数，从而有的放矢地进行指导督导。同时，我们还要

把减排监测、统计、考核的三大体系搞清楚，核算体系、核算方法及核算使用数据的来源等等，都要搞清楚，了解哪些指标、数据可能对减排结果造成的影响，综合施策，统筹兼顾。还有一点我必须要提醒大家，也是我们需要认真总结的，就是要高度重视各级环保核查工作，尤其是环保部每年组织的总量减排核查工作，一定要安排懂业务、技术精的人员迎检，正确、合理的解答检查人员提出的问题，避免产生不必要的误会。也许有人会说，这是一个非常简单的问题，我们在“十一五”期间经历过无数次核查，非常清楚核查的方法、步骤、内容，也积累了非常丰富的经验。但就是这个简单的问题，由于我们个别单位对此项工作不重视，在核查中屡屡出现问题，直接影响到全省污染减排工作。和大家说这些，就是希望大家认真总结“十一五”污染减排工作中的得与失，我们不仅要把减排工程、重点工作抓紧抓好，还要把细节做好，细节决定成败呀！

三是要对照目标，研究实施具体的应对措施

2011年国家环境保护部对《火电厂大气污染物排放标准》(GB13223－2003)进行了修订，2011年7月颁布了《火电厂大气污染物排放标准》(GB13223－2011)，并定于2012年1月1日起实施。新标准修订的主要内容有：调整了大气污染物排放浓度限值；规定了现有火电锅炉达到更加严格的排放浓度限值的时限；取消了全厂二氧化硫最高允许排放速率的规定；增设了燃气锅炉大气污染物排放浓度限值；增设了大气污染物特别排放限值；增设了汞及其化合物排放限值。

新建火力发电锅炉，自2012年1月1日起实施；现有火力发电锅炉，自2014年7月1日起实施。重点地区的火力发电锅炉及燃气轮机组执行大气污染物特别排放限值50mg/m^3。执行大气污染物特别排放限值的具体地域范围、实施时间，由国务院环境保护行政主管部门规定。对比2003年标准，新标准中SO_2排放浓度限值由400－2100mg/m^{3}调整到了50－400mg/m^3，明显严于2003年标准。

据省厅2011年第二季度核查数据显示：我省30万千瓦以上火电企业执行新标准排放限值，SO_2排放浓度超标的机组占总数的30%；NOx排放浓度超标的机组占总数的87.6%；烟尘排放浓度超标的机组占总机组数的63%；如果执行新标准中特别排放限值，SO_2排放浓度超标的机组占总机组数的90%；NOx排放浓度超标的机组占总机组数的95%；烟尘排放浓度超标的机组占总机组数的90%。由此可见，NOx污染防治工作任务最重，烟尘污染防治次之,SO_2 超标情况也不容乐观。当前,我省火电企业污染治理工作迫在眉睫、任重道远。

通过对我省火电企业大气污染物排放达标情况分析,结合火电企业大气污染物防治现状,“十二五”期间,火电企业低氮燃烧技术、脱硝工程的实施,除尘、脱硫设施的增容改造和新增污染物汞及其化合物的控制将是大气污染物防治工作的重点。

为此,河北省“十二五”规划纲要明确提出,要重点开展火电行业和机动车尾气氮氧化物防治,减少城市空气颗粒物污染。省环保厅将全面提升火电企业脱硫脱硝能力,作为“十二五”期间的重点工作。主要内容是加强脱硫脱硝设施建设管理,现役燃煤机组脱硫设施不能稳定达标排放的要进行更新改造。

面对严峻的减排形势,省委、省政府决定,“十二五”要继续深化拓展“双三十”示范工程。而全省 30 家重点减排单位中 30 万千瓦以上电厂就占了 13 家,大家想一想我们的责任有多大,任务有多重！与“十一五”“双三十”的抓法相比,考核内容上更加全面、问责上更加严格、激励上更加有力。对不能如期完成任务的,县(市)区党政正职、分管领导自动引咎辞职,国有企业负责人就地免职,民营企业停产整顿;对节能减排目标年度考核为双优秀的、连续两年考核为单项优秀的、连续三年考核为完成等次的“双三十”单位,县(市)区党政主要负责人、分管负责人可享受省委有关激励干事创业的政策,重点企业主要负责人在评选劳动模范等荣誉称号时优先予以考虑。

同志们,“十二五”污染减排目标任务已经明确,新的《火电厂大气污染物排放标准》已经颁布,对照环保新目标和火电厂新的排放标准,我们应该如何应对,如何合理安排减排工程,如何推进减排工程实施？需要大家提前谋划、统筹安排、合理推进、真抓实干！

四是要建章立制,用科学管理支撑环保工作

我们对“十一五”环保重点工作进行了总结,对“十二五”环保工作面临的形势进行了分析,也对“十二五”环保工作进行了认真谋划并制定了切实可行的具体措施,接下来最重要的工作就是抓落实了,如何将这些具体措施真正落实到实际工作中去,把具体措施变成真正的工作成果,这是对我们大家真正的考验。答案只有一个:“管理”,抓管理,向管理要成果,通过科学的管理制度来保障这些措施的落实。

同志们,“一年之计在于春,五年规划看开局”,“十二五”的环保工作已经不容我们有丝毫懈怠，大家要把“十一五”的成绩、经验和做法好好总结一下，全力以赴投入到“十二五”的环保工作中。只要我们认真形势、创新思路、开拓进取、狠抓落实，我们完全有能力在“十二五”再续辉煌。

（2011年12月21日）

吕竹青副厅长在全省环保科技工作暨农村环境综合整治技术示范工程现场会议上的讲话

同志们：

前几天，环保部在重庆召开了全国农村环境连片整治工作现场会，李干杰副部长做了重要讲话。今天会议的主要任务是：贯彻落实重庆现场会精神，总结我省环保科技和农村环境保护工作，安排部署下一阶段重点任务，交流经验，把握机遇，探索道路，不断开创环保科技和农村环境保护工作的新局面。下面，结合我省实际，讲几点意见。

一、充分认识加强环保科技和农村环境保护工作的重要意义

环境保护工作是落实科学发展观、构建和谐社会的必然要求，对促进经济社会全面、协调、可持续发展，具有十分重要的意义。加强环保科技和农村环保工作，是落实十七届六中全会精神，推进环境文化建设、提高生态文明水平的具体体现。近年来，党中央、国务院和省委、省政府高度重视环保科技和农村环境保护工作。中央领导多次做出重要指示，强调要依靠科技创新提高环境保护水平，要把农村环保纳入国家环保总体战略，统筹推进。在9月7日国务院常务会上，温家宝总理强调，必须把污染治理和生态保护摆在更加重要的位置，切实解决损害公众健康、影响科学发展的突出环境问题。中央发布了《关于加强农村环境保护工作的意见》和《关于实行“以奖促治”加快解决突出的农村环境问题的实施方案》等一系列政策措施。省政府启动实施了“百乡千村”环境综合整治三年行动计划，同时，《河北省科学和技术发展“十二五”规划（2011－2015年）》中明确提出，“十二五”期间将重点开展生态环境安全与建设、水源地生态环境保护等关键技术研究。这些都充分表明，加强环保科技和农村环保，已经成为新时期环保工作的两大重点。

环境科技是环保工作的基础，是建设环境友好型社会的重要支撑。随着环保工作不断深化，在环境执法力度加大，企业守法意识普遍提高后，科技进步将是改善我国环境质量的唯一途径。破解发展与环保的难题,实现又好又快的发展目标,必须依靠科技支撑。

农村环境问题,关系到广大农民的身体健康,关系农村经济社会的可持续发展。加强农村环境保护,其重大意义体现在“五个有利于”:一是有利于统筹城乡发展,推进城乡一体化;二是有利于加快城镇化建设步伐,促使农民变市民;三是有利于社会主义新农村建设目标的实现(社会主义新农村的“二十字方针”其中之一就是“村容整洁”);四是有利于减少工业污染、生活污染,实现减排目标;五是有利于发展环境的改善,促进农村经济的发展和社会的和谐。

总之,我们要充分认识加强环保科技和农村环境保护工作的重要意义,以高度的政治责任感和使命感,不断增强科技创新能力,努力改善农村环境质量,为推进环境保护历史性转变和探索环保新道路提供有力保障和支撑。

二、全省环保科技和农村环境保护工作开展情况

近年来,全省各地认真贯彻落实中央和省委、省政府决策部署,积极推进环境科技创新、环保标准体系和环境技术管理体系建设,深入开展农村环境综合整治,各项工作都取得了积极进展。

(一)环保技术示范工程成效明显。为促进技术创新,引导先进成熟技术的应用,提高环保工程质量和发挥工程减排效益,2010 年,省厅从 21 项节能减排应用技术项目中,筛选了 9 项作为首批环保科技示范工程,并安排专项资金 500 万元,用于项目的示范与推广,有力地推进了全省资源节约、综合利用和环境保护技术进步,在深化污染减排、强化污染防治和改善环境质量上发挥了重要作用。

今天,我们参观的乐亭县赵蔡庄村,应该说走出了一条生产发展、生活富裕、生态良好的发展道路,是我省农村环境治理和生态文明建设的成功典范,开创了“乐亭模式”。给我的感觉,至少有四点经验值得大家学习借鉴:一是领导重视程度高,有一个坚强的班子特别是有一位群众信得过的带头人;二是发展思路好,规划建设具有前瞻性;三是方法灵活办法多,能够因地制宜,地方特色鲜明;四是环保设施成本低、见效大、全面普及。希望大家参观后,都要有所收获,结合本地实际,认真探索,走出一条适合自身发展的路子。

(二)环保科技支撑不断强化。一是以“水专项”研究带动环境科学研究发展。截至目前,我省“水专项”项目基本完成各课题计划进度。国家水专项办已将子牙河列入“十二五”国家水专项海河流域项目。同时,还组织编制了

《河北省环境保护"十二五"科技专项规划》,明确了大气环境污染防治、农村环境综合整治与污染防治等九大研究领域的主要任务。二是制定了环境保护地方标准。制订并发布实施的环境保护地方标准、技术规范达到8项,执行国家标准最高限值的1项(制浆造纸标准特别排放限值),列入计划尚在制定中的地方标准8项,地方标准体系初步建成。特别是针对我省钢铁行业环境保护现状,组织编制了《河北省钢铁工业大气污染物排放标准》,现已报省质监局待批准发布。该标准的制订实施,对促进我省钢铁产业结构的优化升级具有重要意义。同时,就农村环境保护、加强环境执法等工作,制订编写了一系列《技术指南》,使各项工作有章可循。三是以严格资质管理推进社会化运营。按照环保部《环境污染治理设施运营资质许可管理办法》的要求,不断规范和加强运营资质管理,完善运营资质申报制度,严格运营单位的检查考核和人员持证上岗,推进环保设施社会化运营工作健康发展。截至目前,全省共有84个单位获得国家环境污染治理设施运营资质,年运行污染治理设施项目共计约600余个,合同金额近亿元。

(三)农村环保工作扎实推进。一是深入实施"百乡千村"环境综合整治三年行动计划,集中力量对1000个试点村庄,进行了环境综合整治,这一行动计划,为农村环保工作的推动,提供了一个很好的抓手和平台。近三年来,中央财政、省财政,还专项划拨2亿多元"以奖促治"资金,直接奖补200多个试点村环境整治工程,试点村庄的环境面貌有了较大改善,技术示范和典型带动作用日益显现。二是深入推进农村生态示范建设工作。目前,各设区市和136个县(市)完成了生态县(市)建设规划编制,一半以上建制镇编制了环境规划,建成国家级生态示范区试点19个、国家级环境优美乡镇和生态乡镇26个,国家级生态村12个、省级环境优美城镇91个,启动实施了省级生态村创建工作。三是农村环境管理基础工作得到加强。全省已有122个乡镇设立了环保机构,乡镇专职环保工作人员有860人。全省172个县(市、区),已有185座污水处理厂、131个垃圾处理场建成投运,全省县以上污水和垃圾处理率分别达到75%和65%以上。"户分类、组保洁、村收集、乡(镇)运转、市(县、区)垃圾处置"模式得到推广。四是深入开展环保专项行动。在全省农村取缔关停数千家污染严重的企业,维护了广大农民的环境权益。同时,积极推进秸秆禁烧工作,取得显著成效,此项工作得到环保部的充分肯定。

三、当前存在的主要问题

在看到成绩的同时,我们更要看到,我省环境科技、农村环保工作与国家要求、人民群众的需要还有很大差距,仍然落后于环境保护形势的发展。一是重视程度不够。普遍存在“等、靠、要”的思想,缺乏工作主动性和能动性。环境保护工作“重城市,轻农村;重工业,轻农业;重点源污染防治,轻面源污染防控”的思想观念还未根本扭转,农村环境污染没有得到足够的重视和系统的控制,致使农村污染加剧,到了不抓不行、非抓不可的地步,农村环境面临严峻挑战,污染信访案件呈不断上升趋势。二是体制机制不完善。环境科研机构不健全,资金保障渠道不畅;农村环境监管机构不健全,管理不到位,资金投入不足,三是科研和农村环境保护能力有待进一步提高。优秀的科技人才偏少,投入动力不足。缺乏针对农村地区操作简单、管理方便、经济适用的污染治理技术,乡(镇)村级环保基础设施建设普遍滞后等。四是工作深度、力度不够。对这些问题要高度重视,在今后的工作中认真加以解决。

四、今后一个时期重点工作任务

今年是“十二五”开局之年,全省环保科技和农村环境保护工作要以科学发展观为统领,全面落实全省环保工作会议的部署和要求,在《河北省环境保护“十二五”规划》的蓝图指导下,解放思想,锐意创新,谋划新思路,开创新局面,为探索环保新道路提供强有力的支撑。

(一)以提高环境管理和污染防治技术支撑为目标,着力提升科技创新能力和水平

一是要加大环保科技推广示范力度。以《河北省环境保护“十二五”科技专项规划》为指导,做好“水专项”各项课题研究,坚持以市场为导向,以企业为主体,以项目为依托,在节水、节能、资源综合利用、环保产业、清洁生产等领域,深入实施环保先进适用技术研发应用、重大环保技术装备及产品产业化示范工程。对全省有示范作用的科技示范工程,省厅将继续给予一定的政策和资金支持,推动我省环保科技发展和创新。二是开展生态工业示范园区的创建工作。国家级的生态工业示范园区创建在我省还是空白(全国已有近60家)。我们将以我省国家级经济技术开发区、国家高新技术产业开发区和省级开发区、工业集中区以及大型企业为核心的工业聚集区为重点,着力推进生态工业示范园区创建工作。同时,省厅将联合省商务厅、科技厅,制定出台《河北省生态工业示范园区管理办法》,开展省内生态工业示范园区的申报、验收和管理工作。三是要引导企业开展环保科技自主创新。在污染治理与技术创新方面,企业是“四位一体”:污染防治的主体、研发投入的主体、技术创新的主体和成果应用的主体。要完善鼓励环保产业发展政策,大力支持

企业国产化、标准化、现代化的环保产业体系建设。要鼓励优先发展具有自主知识产权的环保装备制造业，培育一批有品牌、有实力、有市场的优势环保企业和企业集团。加快发展环保服务业，促进环保产业成为国民经济的新兴支柱产业。

（二）以“百乡千村”环境综合整治为龙头，全面加强农村环境保护工作

一是着力深化农村生态示范创建活动。中央设立的农村环保“以奖促治”和“以奖代补”专项支持资金，将优先支持获得环保部命名的“国家级环境优美乡镇”、“国家级生态乡镇”、“国家级生态村”。省级农村环保专项资金将对生态创建类项目重点帮扶支持，石家庄、唐山、承德、秦皇岛等地，从市级财政预算中，也设立了支持、奖补生态创建工作的专项资金。各地要抓住这个有利时机，力争再争创一批国家级和省级生态乡镇、生态村。目前，环保部已命名北京密云、延庆等全国38个生态市（县、区）。这些市（县、区）通过生态示范建设工作，对当地资源环境意识的提高以及经济与环境的协调发展产生了极大地推动作用，也为农村生态文明建设进行了有益探索。全省各级环保部门要认真进行研究，结合实际情况，选取当地领导重视、生态经济发展较好、产业结构合理、生态环境质量优良、各项建设指标达标情况好的县（市、区），在各方面优先给予指导和帮助，力争提前达到国家生态县（市、区）建设要求，开创生态示范创建新局面。二是切实落实“百乡千村”环境整治任务。“百乡千村”行动计划，是省政府确定的农村环保重点任务，列入了全省环保重点工作计划目标任务。今年是“百乡千村”环境综合整治三年行动计划实施的最后一年。各地要加强对“百乡千村”环境综合整治进展情况的督导落实，加强试点村庄治理工作的技术指导和服务，年底要全部完成1000个省定“试点村庄”的治理任务。会后，各市要认真梳理本地治理计划的落实情况，采取过硬措施加以推进。任务完成情况将与工作考核、评先和资金支持挂钩，对完不成计划任务的市、县将在全省通报批评。三是认真做好环保部农村环境综合整治考核工作。环保部将于11月底前后，核查验收我省农村环境综合整治目标责任制考核试点工作。时间紧、任务重，全省各级环保部门要高度重视，加强沟通，尽快协调有关部门补充完善相关考核材料，客观、准确、实事求是地测算、汇总考核指标，及时向当地政府领导汇报，全力做好各项准备工作。四是积极推进农村环境连片整治工作。全国2008年开始此项试点工作，2010年确定了第一批8个省，财政部给予支持68亿，今年第二批九个省，财政部支持67.9亿。农村环境连片整治工作提出了四轮驱动原则：

“以奖代补,以创促治、以减促治、以考促治。”近日在重庆召开的全国农村环境连片整治现场会上,李干杰副部长在讲话中提出了“八条措施”和“一二三四五”的总体工作要求。农村环境整治由试点村镇向集中连片整治推进,中央将扩大连片整治范围。我省正在积极争取农村环境连片整治试点省,拟本着自觉自愿、突出连片、整合资源、因地制宜的机制选择一批列入连片整治范围,重点支持。

同志们,做好环境保护工作,是落实科学发展观的重要内容,是经济发展的要求和社会进步的需要,同时也是我们环保工作者义不容辞的重大责任。我们要以召开这次会议为契机,以更加饱满的热情、更加务实的作风,和更加有效的措施,勤奋工作、不辱使命,不断开创环保科技和农村环保工作的新局面,为推进我省生态文明建设,实现经济又好又快发展做出新的更大的贡献!

(2011 年 11 月 16 日)

抓住机遇　奋力开拓
全面提升我省环境监测工作水平

——李葆副厅长在 2011 年全省环境监测工作会议上的讲话

同志们:

这次全省环境监测工作会议,主要任务是认真贯彻落实全国环境监测工作会议精神,回顾总结“十一五”全省环境监测事业发展成就,研究部署 2011 年重点工作任务,把握新机遇,研究新思路、商讨新举措,为我省“十二五”环保事业又好有快发展,提供良好服务,做出新的贡献。下面,我讲三个问题。

一、“十一五”环境监测工作取得长足发展

“十一五”是我省环境保护事业大有作为的五年,也是环境监测取得突破性发展的五年。五年来,全省环境监测系统认真贯彻落实科学发展观,紧紧围绕“十一五”环保工作目标,围绕“说清污染源状况、说清环境质量现状及其变化趋势、说清潜在的环境风险”目标,以服务总量减排为主线,以开展“双三十”、“流域生态补偿”、应急监测为重点,全面加强环境监测的基础支撑地位,环境监测工作取得了可喜的成绩。在这里,我代表姬振海厅长向你们,并通过你们向战斗在一线的环境监测工作者,以及所有关心支持环境监测事业的同志们表示诚挚的慰问和衷心的感谢!总结“十一五”我省环境监测工作成就，主要体现在以下几个方面：

（一）有力地推动环境监测转型发展

实现了环境监测的“政事分开”。环保部成立监测司后，省厅于2009年成立了环境监测与应急处，为环境监测管理和监测事业发展两大任务，提供了体制和机制保障，实现了省级层面环境监测行政管理和技术支撑的分离。市级环保部门也陆续在机构改革中成立了专门的环境监测行政管理机构，目前已经成立监测处的有石家庄市、邢台市、保定市和承德市环保局，理顺了体制。省监测中心站全面落实国家监测总站转型发展纲要，认真谋划转型工作，积极适应改革新要求。

加强了环境监测法制建设。“十一五”期间，我省相继出台了一系列环境监测法规和制度，环境监测工作的规范化水平不断提高。2007年，省政府颁布了《环境监测管理办法》（省政府令〔2007〕第5号），为加强环境监测提供了制度保证。配合省政府令的颁布，省环保厅制定了《河北省环境质量自动监测管理办法》、《河北省污染源在线监测管理办法》等规范性文件。这些都有力地推动了我省环境监测事业的发展。

创新了监测工作发展思路。为指导全省环境监测事业发展，我省印发了《关于进一步加强环境监测工作的意见》，确定了新时期我省环境监测工作的目标、任务和具体措施。此外，在全省实施了《主要污染物减排监测体系考核办法》和《国家重点监控企业污染源自动监测数据有效性审核办法》，正在研究出台《河北省环境质量管理实施细则》和《河北省环境监测技术人员持证上岗考核办法》，这些都极大地丰富和创新了我省环境监测的工作思路。

（二）很好地满足了环境管理与决策的需要

环境监测的领域不断拓展。“十一五”期间我省全面开展了地表水、空气、酸沉降、挥发性有机物、痕量超痕量污染物、臭氧、细颗粒物、沙尘天气影响、饮用水水源地、近岸海域、城市噪声、生态等各环境要素的常规监测以及污染源监督性监测和应急预警监测工作，每年获取监测数据几十万个。开展农村环境监测试点工作，完成了全省土壤调查。

环境质量监测和污染源监测取得重大进展。“十一五”期间，我省初步建成了覆盖各环境要素的环境监测网，已经建成104座大气自动站、1座农村环境监测站、31座水质自动监测站，石家庄、唐山等5个重点城市完成了与国家监测总站空气质量自动监测数据的实时连接。积极开展国家和省重点监控企业开展污染源监督性监测，对污染源自动监测数据进行有效性审核，组织开展了主要污染物总量减排监测体系考核,编写国控、省控重点污染源监督性监测季报、年报,及时发布国控企业主要污染物排放超标情况,有效地促进了污染源达标排放工作。

应急监测及突发事件处置能力进一步提高。"十一五"期间,全省环境监测系统大力加强应急监测能力建设,着力提高应对突发环境事件的处置能力,圆满完成了奥运、国庆60周年空气环境质量保障等重大活动的环境监测工作。在处置白洋淀死鱼事件、大沙河煤焦油污染事件、张家口赤城尾矿坝决堤事件、沧州大化爆炸事件、秦皇岛洋河水库蓝藻污染事件、张家口壶流河跨境污染事件、唐山引滦入津段溴敌隆投毒事件、张家口农药污染事件、崇礼县金矿尾矿含氰废水泄漏事故中,省站、石家庄、廊坊、张家口、唐山、保定、沧州、秦皇岛等设区市站反应及时,处置得当,得到了领导的充分肯定。

在保障公众环境知情权上有了新的进展。我省初步实现了环境监测信息发布的规范化和定期化。环境监测的内容与形式日益丰富,形成了由各类综合性报告、专项监测报告等组成的环境监测报告体系。省站从加大卫星遥感解译力度入手,创新性的采用了空间数据分析,监测数据综合分析能力得到极大提升。从2008年开始,每年向社会发布全省环境质量状况,重点流域和重点城市的环境质量状况,在媒体上向社会公布地表水和空气质量自动监测数据,扩大了环境监测的社会影响,取得了很好的效果。

(三)持续地推动了队伍和能力建设上新台阶

监测队伍人员数量和素质明显提升。全省环境监测人员已从"十一五"初期的2231增加到现在的3097人,增长近39%;通过监测技术培训和实施持证上岗考核制度,环境监测队伍的整体业务能力和技术水平较五年前有了大幅提高;成功开展了第一届河北省环境监测专业技术人员大比武并在全国大比武活动中取得优异成绩。

监测队伍行风建设向前推进。全省环境监测系统大力倡导"诚信监测",坚持做到"以诚为本、以信为先",保证监测数据真实可靠,监测系统行风建设取得优异成绩,系统上下形成了和谐、奋进的良好氛围,为环境监测业务工作的有效开展提供了精神动力。

监测能力得到大幅提升。"十一五"期间,全省环境监测能力建设投入达1.8亿元。自2007年起,省厅连续四年实施"十一五"环境监测能力建设项目,共扶持了127个县和6个区各60万元仪器设备或仪器购置资金。还利用环保部及有关财政资金扶持了45个三级站建设。累计投入12040万元。

省监测大楼如期投入使用。省站通过的认证项目九大类共计269项,率先在全省开展了饮用水全项分析。全省11个设区市监测站配备了空气污染应急监测车,实现了11个设区市和30个重点县的空气质量自动监测。全省151个三级站中,有120个通过认证,比“十五”末增加1.5倍,认证率达80%,49个通过标准化评审验收。目前,省市两级监测站已经形成基本的常规监测和应急监测体系,县级监测站基本具备了满足县级环境监测管理的能力。

(四)不断地扩大了环境监测的影响力

为推进环境经济政策实施提供了保障。全面推行“生态补偿制度”,七大流域跨界断面生态补偿考核监测工作也全面开展。几年来,坚持做到精心组织,科学监测,系统分析,定期报告,有效保证了全省七大水系跨界断面水质与财政挂钩生态补偿制度的顺利实施。

环境监测质量管理工作全面强化。根据环境保护部《环境监测质量管理三年行动计划》,制定了我省的实施细则,对目标任务进行了分解,提出制度、装备、人才等方面监测质量管理的要求。同时加大检查力度,大大促进了全省三年行动计划的实施。

流动污染源检测逐步走向规范。经过几年的努力,我省机动车尾气治理已在10个设区市全面开展,处于全国领先水平。目前全省尾气检测机构87家,尾气检测线178条,持证上岗检测人员780人,仅去年发放环保标志75万个,实行了全省机动车尾气联网监控管理。

污染减排环境监测凸显刚性。按照“双三十”节能减排示范工程要求,监理与之配套的监测体系,建立了30个县级空气自动监测站,并监控30个县出入境水质断面,为科学、客观地评价“双三十”单位的减排工作成果提供数据支持。减排监测向前推进,省站完成了24家电厂、39家污水处理厂的常规检测,及排污许可证和验收监测,圆满完成了污染减排监测工作。

“十一五”以来,我省的环境监测从认识到实践都发生了深刻变化。作为环境保护的重要基础,环境监测已从单纯的技术,融合到环境保护工作的整体当中,不断取得新的成绩,成为探索全省环保新道路的重要支撑。但是,在看到成绩的同时,我们也要清醒地认识到,环境监测工作仍然存在许多差距和不足:一是监测整体能力还远远不能满足环境管理的要求,尤其是基层县级站的监测能力更是十分薄弱,有的县监测项目仅有十几项,严重制约了环保事业的发展。二是监测数据质量受到一定程度的影响。影响监测数据质量的因素很多,有监测工作不够科学规范的原因,有监测任务繁重人手不够的原因,有极少数监测人员工作态度的问题,更有行政干扰监测数据的原因,其结果必然影响监测数据的质量,使监测数据不能客观反映环境质量状况。三是对监测成果的应用还不很充分,缺少充分的监测数据分析及对策。对存在的以上突出问题,我们要下大力气,认真研究并加以解决。

“十一五”是我省环境监测改革发展的五年。这五年中,我们的深刻体会是,监测工作要适应环境保护工作新形势、新任务、新要求,图发展、求壮大、有作为,就必须在服务中找定位,在环保全局工作中谋发展;必须在数据上求真实,在技术支持上做贡献;必须在管理上搞改革,在监管中要质量;必须在发展中抓基础,在实践中上水平;必须在机制建设上抓创新,在推进工作上重实效。

二、奋发有为的做好“十二五”环境监测工作

“十二五”时期,环境保护事业面临大发展的战略机遇期。环境监测是环保事业发展的基础性工作。环保事业越快速发展,越离不开牢固的监测基础。环境监测要在推进生态文明建设、探索环保新道路中再立新功,必须按照监测管理一盘棋、监测队伍上下一条龙、监测技术天地一体化,做到说清环境质量及其变化趋势、说清污染源排放状况、说清环境风险的“三个说清”的总体要求,进一步提升保障和服务水平。

(一)要抓好科学监测的主题。所谓科学监测,就是要以科学的态度、用规范的方法、凭先进的技术、靠严格的管理,高效有序地开展监测工作,保证监测数据的真实有效和监测结论的客观准确。客观反映环境质量、掌握污染源排放、预警应急环境风险、监督考核环境质量状况、保障公众环境知情权,为环境管理提供有力的技术支撑。

(二)要努力实现监测目标。总体目标:一是要监督考核生态环境质量状况,考核“十二五”环境质量目标达到与否;二是要确保完成环境管理需要的环境监测任务,加快建设先进的环境监测预警体系,基本做到“三个说清”;三是要大幅提升环境监测整体能力,努力实现“市县能监测,省市能应急,区域能预警”的设想。具体目标为:建立健全重要污染物总量减排监测体系,涉及计划项目完成率达到100%;国控、省控重点监测企业监督监测率达到100%;国控、省控重点污染企业监督性监测、质控检查、现场抽测率达到100%;国控、省控重点企业污染源自动监测数据有效性审核完成率达到100%;通过有效性审核的自动监测数据使用率达到100%;国家有关减排监测体系建设补助经费及省内配套资金按时、全额拨付到位率达到100%。三年内，5个国家环保重点城市环境监测站具备饮用水水质全分析能力，全省环境保护系统监测站全部达到国家标准化建设要求。到“十二五”末，在重点区域流域实现前瞻性的预警评价能力，初步实现环境监测从传统到现代、从粗放到准确、从地面到天地一体化、从分散到集成联动、从现状监测到预测预警的环境监测格局。

（三）要围绕三个方面的重点任务来开展工作。一要围绕环境保护任务和公众需求，有针对性地开展监测工作。要以污染减排任务为中心，全面加强污染源监测工作，进一步说清污染物排放状况；以环境管理为中心，深化环境质量监测工作，基本说清环境质量状况及其变化趋势；以环境风险防范为中心，加强环境预警与应急监测工作，逐步说清重点区域潜在的环境风险；以生态保护与农村环保工作为中心，加强生态监测和农村环境监测，不断拓展监测新领域；以提高监测数据质量为中心，加强监测质量管理，确保监测数据科学准确。二要围绕环境保护规划目标，加强环境质量监督考核与信息公开。要建立环境质量监督考核制度，逐步开展环境质量监督考核工作，不断加强环境监测信息公开力度，建立全国环境监测信息发布平台。三要围绕政府基本公共服务体系建设和环境监督需要，提升环境监测整体能力。要重点加强市县环境监测能力建设，努力提高农村环境监测能力，大力提升环境监测能力，加强经费保障与人才培养，全面提升监测工作质量与水平。

（四）要着力抓好能力建设和队伍建设。特别是基层监测能力，使全省市县级的监测能力和应急能力有较大的提高。各地要抓住国家安排的基层监测业务用房建设项目的实施机遇，谋划好市县级监测站标准化建设和省市监测站应急监测能力建设项目，配合做好环境监测站达标验收工作，进一步夯实监测工作的基础。同时，随着国家对监测能力投入的不断增加，我要再次强调各级财政资金的使用绝不能出问题，不能胡花、乱花，不能截留、挪用，各级环保部门要负起责任来，要经得起检查和审计，要坚决杜绝不符合规定情况的发生，为争取更多的财政补助资金创造条件。

目前，全省环境监测队伍有三千多人，是环保工作的主力军和基础力量，“十二五”环境监测队伍还要大发展。要高度重视监测人才队伍建设，紧紧围绕“十二五”环境监测新任务、新要求，把人才队伍的建设摆在更加突出的位置，大力实施人才优先战略。要加大人才的培养、引进、使用和激励工作力度，加大急需紧缺人才的培养，把大比武涌现出的人才安排好、使用好，最大地发挥人才的引领和示范作用。要把业务知识培训与实际操作结合起来、人员培训与持证上岗结合起来,日常工作与技术比武结合起来,充分调动人才的积极性、主动性和创造性,用好、用活现有人才,积极储备未来人才。实践证明,监测技术大比武活动对提高监测人员技术水平有很大的促进作用,各级环保部门要主动协调人事、工会等部门联合举办形式各样的地方比武活动,通过监测技术比武来切实提高监测人员的技术水平和社会地位。

(五)要继续抓好科技创新和管理创新。一要完善环境监测技术体系,全面推进环境监测的基本理论、技术路线、技术规范、分析方法、评价办法、表征技术等方面的技术进步和创新。二要在环境管理上应用技术创新的成果,加强对生物毒性、POP_S 等污染物的监测和老百姓关心的环境问题的研究,积极开展试点和研究性监测。三要加强环境监测新技术新方法的研究,充分利用水专项、环保公益性项目等的研究成果,解决制约监测工作的重点、难点问题。四要大胆创新监测工作思路,积极探索环境监测管理新机制新办法。监测点位的设立、监测网的组建、监测行为的规范、监测过程的质量管理、分析方法的统一、环境质量的评价、监测报告的编制等监测基础工作必须要有统一的管理办法。"十二五"期间要加快制定环境监测管理制度,不断规范监测行为,努力提高监测工作质量和水平。

三、脚踏实地地做好 2011 年环境监测重点工作

主要抓好以下八个方面的工作。

一是着力抓好新增主要污染物监测和环境空气质量评价试点工作。"十二五"减排指标在二氧化硫和化学需氧量的基础上,增加了氮氧化物和氨氮两项约束性指标。环境监测必须服务于污染减排工作的大局,将环境中和污染源的氮氧化物和氨氮监测工作作为重中之重,切实抓紧抓好。今年,要加强对污染源排放温室气体的监测,并在石家庄市开展环境空气质量评价试点工作,增加灰霾天气对环境空气质量影响等试点监测,对这些试点工作一定要统筹安排好、跟踪落实好、推广应用好。

二是抓好流域生态补偿和新"双三十"的监测工作。通过不断规范监测点位和改进监测方法,在条件许可的情况下,在部分水质断面实行自动监测,使流域生态补偿更科学合理。紧紧围绕新的"双三十",确定出入境断面,确立空气站点位。制定新"双三十"监测方案,印发执行。积极开展农村环境监测,在去年试点基础上逐步扩大监测范围,探索农村环境监测之路。在涉及重金属地区,加大对涉重金属企业的监测力度。严格落实每两个月监督监测制度,并监督企业在车间排污口每日开展监测。

三是切实抓好五年全省环境质量状况分析评价工作。通过这项工作,要对五年来全省的环境质量状况及其变化趋势进行全面、系统、深入的分析与研究,客观评价五年来全省的环境质量。这个评价要充分利用国内外的监测数据,让社会各方面认可,能经得起历史的验证,起到"盖棺定论"的作用。

四是努力完成全省环境应急监测演练任务。为提高环境监测的应急能力,探索建立应急监测管理制度,今年厅里计划组织一次全省环境应急监测演练。这次应急监测演练主要在省、市级监测队伍中开展,集中检验应急监测方案的科学性、应急监测反应的及时性、应急监测的准确性和应急监测报告的水平等,这次会议上也发了一个初步方案,请大家认真研究。

五是认真做好国家重点生态功能区县域生态环境质量考核工作。这件事关系到处于国家重点生态功能区内的有关县的中央财政转移支付资金额度,大家一定要高度重视,各负其责,精心组织,按照实施方案的要求扎实推进相关的监测、评价和考核工作。

六是重点加强国家重点监控企业自动监测数据有效性审核工作。按照《国家重点监控企业污染源自动监测数据有效性审核办法》,认真开展相关工作,切实履行监督职责。同时,加强人员培训,对去年没有参加国家培训的企业将适时组织补充培训。省里将适时对各地开展有效性审核工作情况进行检查

七是全面推进环境监测能力建设达标验收工作。在认真总结"十一五"环境监测站标准化建设成果的基础上,对全省环境监测能力建设情况进行监督检查,逐年组织对各级环境监测站标准化建设达标情况进行验收,争取五年内验收完毕,使我省各级监测站标准化建设基本达到国家的标准。

八是集中换发环境监测人员上岗证书。不断完善环境监测人员持证上岗制度,省里近期将出台《河北省环境监测技术人员持证上岗考核办法》,这次在大会上大家也一并认真讨论。制定统一的环境监测人员持证上岗证书,按照国家统一要求启动环境监测人员上岗证的换发工作,争取三年内集中换发完。

此外,各级环保部门要关心监测机构的发展,在干部配备、人员编制、工作经费和能力建设上予以重点保证。各级环境监测机构要合理安排各项监测任务,把国家任务与地方任务、例行任务与专项任务、管理任务与服务任务等统筹安排,要提高监测仪器的使用效率和生产力,合理配置生产和辅助人员比例。要注意发挥好县级环境监测站的作用,地方环保部门要根据本地实

际情况划分市县环境监测工作职责和工作范围,让有监测能力的县级监测站承担更多的监测任务,通过承担监测任务进一步促进监测站的发展。

(2011 年 4 月 21 日)

李葆副厅长在全省环境监测工作现场会上的总结讲话

同志们:

这次会议既是现场会又是工作部署会,是用现场会的形式来学习先进经验,大家认真研讨今年工作,同时研究"十二五"工作目标,对做好监测工作提出了意见和建议。对这次会议我感觉非常满意,大家都是认真的听、认真的看、认真的学、认真的研究,提出了很多好的、建设性的意见,对完善"十二五"期间和今年的监测工作都有积极的作用。会上大家提出的一些问题,我们回去梳理一下,将本着开拓"十二五",把"十二五"监测工作做强、做大这样一个指导思想,认真研究。能够解决的,我们会积极解决,一时解决不了的,会创造条件解决,需要更高层面解决的问题,我们也会积极的努力去争取。总之,以这次会议为契机,期望大家在新的形势下,做好监测工作,统一思想,提高认识,把具体的工作措施落到实处。下面讲三点意见:

一、张家口市环保局监测工作的经验

大家在讨论中都讲到,通过参观张家口市局移动实验室、监测实验室,应急演练片等,很受启发、很受教育、很受鼓舞、感到震撼。关于张家口市局的工作,我概括了"四个一":一是,一座环保大楼——奠定了张家口市局能力建设的基础。作为不发达地区,张家口市局在几年前就建成了这样一座办公大数,把行政、科研、监测、执法、应急等机构统一集中在大楼里,给能力建设搭建了平台,有了监测工作发展的基础。大楼的建设是精神面貌的体现,创业精神的体现,责任心事业感的体现,也是一种战斗力的体现。在这样的环境里工作,长精神,来士气。环保工作搞了 30 年,环保地位不断提升,环保事业不断壮大,但是我们有的地方自身建设差距还很大。这不是小事,有些市县环境监测站不达标,主要是基础太差,不具备起码的要求。二是,一批较为先进的监测设备——强化了环境管理的支撑。大家看到,张家口市局监测设备处于全省各市前列。这些年来,张家口市局在环境监测方面舍得投入,大胆创新、不停的建设。这种锲而不舍的精神,值得我们学习。三是,一套完善的体系——构筑了张家口市局监测工作科学运行的机制。邱建国局长介绍的情况表明,张家口监测工作的方向始终是明确的。方向取决于认识。这里,更为重要的是他们没有只停留在认识上,而在付诸实际,力推机制建设,比如通报、会商制度,监测纳入考核体系,与北京、山西建立了上下游监测联络工作机制等,其内在的东西值得研究。四是,一支过硬的队伍——打造了张家口市局环境监测的组织构架。张家口市局注重监测队伍的建设、人才的培养,在培养人才上舍得投入。监测工作人员采用聘用制,采取再培训、再学习、再提高的方式,全面提升人员素质,以应对新形势和新工作。

"四个一",是张家口的经验。经验是如何取得的,我认为有四点启示:

一是始终坚持明确的建局方向,把做好环保工作建筑在能力建设的基础之上。能力建设是立局之基,建局之本,强局之策。这个方向是必须明确的,环保工作到了这样一个时期,没有能力是不行的。这个能力是综合能力,硬件的、软件的,设备的、人员的。方向明确,是由弱变强的基本要求,这里,最重要的是思想基础和工作基础。不把能力建设放在首位的领导不是高明的领导,也是不会有建树的。

二是始终坚持监测推动战略,把提升监测能力作为提高环境监管能力的关键。环保工作监测是基础,我们是靠监测起家的,靠监测来说服人的,靠监测来决策的,只要抓住监测这个链条就能把环保工作做大、做强。现在,中央、地方严格控制楼堂馆所建设,但是环境监测的基本建设,上级是批准的。省站规划要搞全省环境监测的"航空航母",实现这个目标,就是一种力量,它是力量的所在,力量的象征,实力的体现。美国的航母不就是这样的吗?近年来,张家口市局正是抓住了监测这个引擎,带动推进其他建设。这不能不说是个成功之举。

三是始终坚持创造性的工作,把先进的理念和能动的实践相结合。只有理念没有实践等于零,没有先进的理念去干可能是盲目。张家口市局把先进的理念和实践很好地结合起来。包括尾矿库突发事件环境应急演练,通过应急演练,把监测、监控、网络等现代化的手段运用到具体的工作中,并且建立起了一套实际运行的体系。张家口市局能在短的时间内能编出技术指南,仪器设备搞得这么尖端,演练搞的这么流畅是难能可贵的,这本身就是一种创造。做常规的工作不难,做创造性的工作是最难的。张家口市局瞄准了国际国内先进监测水平真抓实干、敢想敢为,为发展监测事业创造一切条件。比如开展中瑞合作、张京合作,引进了很多资金项目和仪器设备。他们不但靠内生力量,还搞合作外联。他们协调本级政府部门,将排污费50%用于监测能力建设等经验,值得各市学习借鉴。他们积极争取国家尾矿库环境应急管理试点,以推动环境应急工作的开展。对此,克强副总理都有批示,张家口市局抓住机遇,落实克强副总理批示要求,又发展壮大了自己。所以说,工作是有连续的,不能做了上一步不做下一步。只有把工作创造性的,连续不断地往深里做,才会取得实际的效果,才会做大、做强。

四是始终坚持严格管理,把制度建设、机制建设、精细化管理做为加强监测队伍建设的重要措施,真抓不放。包括责任制、监督考核、全局干部协调协作紧密的关系。包括这次会议接待工作,工作、生活都安排非常到位,让人感动。这反映一个单位的工作作风、精神状态、严谨程度。

二、监测工作的形势

从目前环保的定位和职责来看,我体会主要是三件事。一是总量减排,这是主线。二是解决环境问题。三是保障环境安全。减排工作是经济层面的问题,是经济领域的问题,是参与结构调整、转变发展方式的问题,也是国家宏观战略的问题。环保能纳入国家综合决策的,纳入约束性指标的就是减排。解决环境问题主要是解决群众关心、关注,影响人民身体健康的环境污染问题。生态安全是国家层面关心的问题,主要是防止外来物种侵入。作为地方环保工作主要是前两项工作,环境监测工作也要围绕这两项工作来做,服务于工作重点。环境监测工作面临什么样的形势,我从三个方面来分析:

第一是大势。党的十七届五中全会提出今后我国发展的方针必须以科学发展为主题,以加快转变经济发展方式为主线。今年全国人代会通过的十二五规划,勾划了未来发展的蓝图。这个蓝图,对污染减排和环境保护提出了具体明确的要求,特别是减排作为国民经济发展的约束性指标,由"十一五"的二项增加为四项,而且增加了农村减排的任务。从"十二五"四项污染物的减排基数来看,全省减排任务很重。从环境问题来看,国家日益重视重金属污染、危险化学品污染及土壤污染问题。这方面,我省虽不属于重点地区,但也绝不可掉以轻心。这样的形势就决定了今后包括环境监测在内的环保工作,将由城市向农村延伸、由工业向农业延伸、由环境保护向生态文明延伸。环保的概念,其内涵外延不断扩大。这是我们面临的大势。

第二是强势。就河北来说,加快发展、提升发展水平处在一个强势时期。我省总体发展战略重点,包括"四个一批"。我们要围绕"四个一批",研究监测工作出现的新问题，包括各县权力下放后如何监管，如何县市联动，如何建立监测体系。河北城镇化大踏步前进，在三年大变样的基础上，提出“十二五”三年上水平的新构想。三年能否上水平，约束性指标的完成情况都要靠环境监测来反映。今后五年，河北减排力度会更大。在“十一五”“双三十”基础上，重新筛选结构调整任务重、节能减排潜力大的三十个县、三十家企业，深入开展“双三十”工程，这无疑也为环境监测工作提出了新任务。因为这是我省偏重的产业结构使然。通过节能减排这个倒逼机制，推动结构调整和发展方式转变。实现科学发展是省委、省政府已经明确了的重大战略措施，并且在年初已经确定。

第三是走势。国家“十二五”监测规划中确定，2015 年实现“市县能监测、省市能应急、区域能预警、国家能监督”的四个目标，同时明确了法规制度、体制机制、经费投入、人才队伍、科研支撑五大保障措施。监测工作要实现这样一个目标要求，面临七个方面的挑战。一个是环境监测的前置地位更加突出。环保要有地位，监测首先要有声音，监测起着支撑决策、保障民生的作用。随着污染减排工作的开展，监测数据在总量核定、验证工作中的作用进一步突出。随着经济社会和环保工作的发展，环境质量将逐步纳入约束性指标，监测在环境质量考核中的作用将进一步增强。提高生态文明水平，改善人民生活，环境监测作为满足公众知情权的一种手段将成为政府公共服务的重要内容。我们与此要求还有差距。二是监测的范畴拓宽。“十二五”期间的减排，首次把农业源和机动车污染等纳入约束性指标管理的范围，在这些领域，我们基础能力还比较薄弱，环境监测手段有待加强。农村环境监测问题，包括环境质量和污染源，要提到议程，与减排挂钩。三是监测对象不断增加。监测内容由水、气、声、固体废弃物增加到土壤、生态、生物、重金属等。内容不断发展，不断扩大充实。要求提高能力建设时，瞄准监测发展的趋势，根据内容的变化，不断的充实和加强。已经达标的监测站，是低水平的，要在新的阶段重新起步和发展，能力建设没有终点。四是监测任务趋于繁重。突显了机构建设、队伍建设的重要性、迫切性。大家确实很累，经过梳理，目前全省监测工作涉及六方面 25 项具体工作。每一项都是大量的监测任务，非常繁重。五是监测手段不断更新。如今手段已向更高层次，更现代化方向发展。比如互联网发展，远程操作等，应该说设备更加先进、更加便携、更加准确、功能更加齐全，对操作技术的要求越来越高，需要相应配套设施的建设，以及办公自动化、移动实验室、信息传输设备及先进的指挥系统等。六是监测标准日益严格。随着环境标准的日趋严格,对监测技术和环境质量的要求越来越高。全国监测会议上确定,十几个标准需要修订,对环境质量的评价方法也正在试点改进。七是工作要求越来越具体。要实现三个说清的要求,特别是说清变化的趋势和风险,需要更高级的人才,实现能监测会分析是人材培养的方向。

三、抓好五个落实

转型落实。要落实中国环境监测总站关于转型发展的纲要,研究如何围绕转型纲要,来推进我省的转型工作,这是个认识问题。我曾经提出"科学建站、技术兴站、服务强站",按照这样的指导思想,要创新工作思路,实现从传统到现代、粗放到精准、地面到天地一体化、分散封闭到集成联动、现状监测到预测预警的全面深刻转型。具体讲,应该实现四个方面的转变:

首先要实现由单纯的技术型向管理和技术并重转变,把管理作为提升监测技术的关键来抓。监测管理管什么?主要是:一管环境质量的监督考核。凡是有环境质量考核目标的,都可以考核,这是行政管理内容。二管环境监测行为。凡是环境要素有的没有规范的都要制定,有缺口要补。三管环境监测机构。不光是系统的,包括社会的、企业的机构都要管,管人员资质,管人员培训。四管环境监测质量。制定考核办法,实验室认证,其报告水平高低都要有评判。五管应急监测工作。管理的五条手段:一是监测人员上岗证管理,二是环境质量管理,三是监测站标准化验收管理办法,四是减排监测体系考核办法,五是污染源自动监测数据有效性审核。以上是管理内容,除此是监测站内部工作。管理是方向、是路径、是机制、是体制、是政策。其次是要由出数型向数据分析型转变。这里,监测成果运用至关重要,各级环境监测站要深化对环境监测数据的综合分析,不断提高监测成果的转化能力。建立环境质量与污染源监测情况的分析制度。要进一步提高监测成果的服务水平和能力。把环境管理工作的要求作为实现环境监测"三个说清"的主攻方向。要合理有效地运用监测成果,针对不同的服务对象,合理总结基础材料,提供有针对性的监测信息。三要由被动型向主动型转变。这方面深有体会,总感觉常常处于被动状态,让人牵着走的感觉。本来属于前段工作,结果跑到了末段。要按照环保上水平,监测要有声音的要求,把监测工作做的更主动、更积极、更超前是十分必要的。四要由单兵作战型向系统作战型转变。加强整体工作的能力和水平。加大加强考核力度,解决管理断层断档问题。打破行政界限,实现省、市、县监测队伍一条龙,强化流域区域监测的合作。

规划落实。“十二五”监测规划要认真做，凡是没在盘子里，很难得到支持。未来五年规划要大思路、大手笔、大框架、大目标，按照“四大”来设计未来。各市要重视规划与国家、省对接，要上下贯通。规划编制要体现理念新、思路宽、盘子大、项目实四点要求。

任务落实。全省监测工作要点中做了具体要求，不再重复，要把任务落实好。

组织落实。包括机构和队伍，各市要在今、明两年建立监测科（处），这是行政管理的需要，也是上下理顺的需要。队伍建设也要按一定的素质要求来培养人材。县级监测站的建设情况，省厅要在今年年底全面摸底。重点加强六十个“双三十”县建设。

投入落实。各地不仅要借助专项工作解决监测仪器设备这些硬件问题，还要申请足够的业务经费，保障各类仪器设备的正常运行。特别是根据当地实际，储备足够的应急监测设备以及试剂，以应对突发环境事件，做到及时响应，拉出去，打得赢。各地要结合监测站标准化建设要求，尽快解决实验室用房不足问题，有关标准化建设将列入全省环境保护目标考核。

（2011 年 4 月 22 日，根据录音整理）

李葆副厅长在全省建设项目环境管理研讨会暨项目管理软件培训班上的讲话

同志们：

最近一段时间，省环境督查中心与各市集中力量，按照省厅部署，对近年来国家和省审批的建设项目“三同时”落实情况进行了检查。为了更好地总结经验，加强建设项目管理工作，把大家组织起来进行研讨，这个创意和形式很好。

刚才，俊明同志介绍了前一段时间关于建设项目“三同时”检查的情况，分析了项目环境管理当中存在的一些问题，提出了一些建设性的意见，希望大家有所认识、有所警觉，下力解决好工作中的薄弱环节。赵军同志从环评以及批、管、验整个体系建设上讲了意见，总结了多年来在项目审批和管理工作中的成功经验和存在问题，讲得到位、重要。希望两位同志讲的能在今天研讨会中给大家以启发，起到开阔思路的作用。对其中提出的一些工作要

求,希望大家抓紧落实。下面,我结合这次检查,就做好建设项目环境管理工作讲三点意见:

一、关于这次检查的主要收获

在省厅机构改革中,为解决项目环评审批后的管理链条短、力量弱的问题,把"三同时"管理的一部分工作交给了督查中心,这标志着项目环境日常管理有了一支专门的队伍。督查中心就项目管理工作连续发了几个文件,并推进了一些方面的工作。督查中心和环评处同属于环境保护项目批、管、验的一个工作的整体,督查中心职能的调整,把环评处工作延伸了,链条拉长了,力量强化了。综观这次项目"三同时"检查,可以说,不但强化了项目管理工作,而且还取得了一些重要收获。

1.这次检查,是对我省"十一五"经济发展,特别是项目建设的一次深入透视。"十一五"时期,我省经济取得大踏步发展,经济增长速度为12.8%,GDP达到2万多亿元,财政收入2400多亿元。通过项目建设解决了大量人员就业、结构调整、经济增长质量等问题,其中渗透了全省环保人对环评工作付出的大量心血,是对我省经济建设和发展的重大贡献。同时,通过检查,也发现在项目建设中存在一些问题,说明我省的项目建设当中仍有软肋。最为明显的就是审批的项目数量上去了,实际建设的、开工的、投产的还有差距,有些地方在项目建设上存在"纸上谈兵"。通过这次检查和分析,可以对我省"十一五"时期经济发展情况、项目建设情况有所透视,从中总结经验,正视问题,研制对策,加强监管工作,使"十一五"时期建设的项目,在"十二五"时期发挥重大效益。

2.这次检查,是对我省经济结构调整和转变发展方式的一次深入了解。这次检查,涉及两千多个项目的结构情况、运行情况、投产情况,特别是结构情况。据调查显示,"十一五"时期,我省粗放型的经济增长方式开始加快转变,但还没有得到根本转变,高排放、高污染、高能耗的项目仍占较高比重。特别是焦化、水泥、化工、钢铁、发电这些行业存在环境保护问题还比较多,这反映出我省尚处于半粗放半集约型增长方式阶段,转变发展方式的任务还很艰巨。"十一五"期间,厅环评处每季度对项目的审批都有分析报告呈递给省委、省政府领导。通过对项目审批的分析,使省委、省政府了解河北经济结构变化情况。建议各市也要建立项目审批、管理分析呈报制度,让市委、市政府领导了解本地在项目数量、质量上,在全省项目建设上处于什么位置,并提出科学发展的建议。

3.这次检查,是对项目建设执行环保法律法规情况一次深入体检。总体来看,这两千多个建设项目,多数按照审批的要求去建设,按照“三同时”去运行,执行环保法律法规情况是好的,这也反映了环保监管人员做出的努力。但是我们也应该看到,仍有30%的项目是批而未建,20%未按环评审批要求去落实,10%的项目污染防治设施没有上或不按要求上。这说明我们在监管上有盲区、盲点,缺少健全的项目管理信息系统。也说明,在执法上缺乏刚性,起码缺乏执法机构的上下、左右之间的贯通和相互协调。这需要我们在今后工作中认真加以解决,逐步使之完善。

4.这次检查,是对各级政府落实科学发展观和树立正确政绩观的一次深入考察。科学发展观与正确政绩观紧密相关,正确的政绩观是贯彻落实科学发展观的基础和前提。要落实科学发展观,就必须树立和坚持正确的政绩观。科学发展观解决了要不要发展、如何发展的问题,而正确的政绩观则要解决发展为什么、为谁而发展的问题。但是,在一些地方,政绩考核就看GDP增长,就看招商引资建设项目的完成数额,可是结构调整、发展方式如何,工程项目是否实实在在建设了,是否科学建设了,政府对项目审批的承诺是否落实了,是否维护了群众的环境权益,坚持了以人为本,等等。这里,环保部门对当地党委、政府有提请、协助、影响之责,退避等于失职。这次项目检查,会使大家有所认识,有所警悟。

二、充分认识项目环境管理在经济发展中的重要性

我省“十一五”发展和环境保护都打下了一个坚实基础。进入“十二五”,我省的发展也面临大好机遇。一是“京津冀一体化”和“环首都绿色经济圈”列入了国家战略,河北沿海经济带也将列入国家战略。这意味着河北在国家全局中的位置越来越重要了,会有更多的生产要素流向河北。二是我省确定了“12345”的发展战略思路。“一个主题、一条主线”:坚持以科学发展观为主题,以转变发展方式为主线;“两项任务”:加快发展,加速转型;“三化联动”:新型工业化、新型城市化与农业现代化联动发展;“四项重点”:环首都绿色经济圈、沿海隆起带,冀中南经济区和一批销售收入上千亿元的大企业、大园区;“五大举措”:项目和园区建设、城市建设上水平和新农村建设,科技创新、重大基础设施建设,改革开放和体制机制创新。这是全省发展的形势和思路。

那么,全省环保目标和任务是什么呢?年初,在全省环保工作会议上,姬振海厅长提出了污染减排和大气、水污染防治的三大目标,环保的三项重点工作和五大举措。我想大家都很清楚。全省环保目标和要求与全省发展思路是一致的,是促进的。但是,这里仍然存在一个环保与发展的关系问题,特别是在我省要实现大发展、大跨越的时期,如何更好地使环保与经济相互融合,相得益彰,是实现经济又好又快发展,实现环境质量明显改善这样一个大战略、大目标,这是"十二五"期间摆在我省环保工作面前一个必须解决好的重要和首要问题。而项目环评审批和项目的环境监管,特别是项目的"三同时"管理,在经济和环境双赢中,承担着前置性、基础性、关键性的作用。对此,我们必须保持清醒认识。省环境督查中心要勇于承担起这样一个历史性的责任,全省从事项目环境管理的同志,理应担负起这样的责任。

我再往深里阐述一下,为什么姬振海厅长下这么大的决心来加强项目"三同时"管理和督查工作?因为这项工作在环保整体工作中太重要了。首先,项目督查管理直接关系到环保项目审批的各项要求能不能落到实处。这是从机制上解决"重批轻管"的一项重要措施。现在项目批了很多,但我认为只是做了工作的一半,督查监管要跟上去,做好另一半的工作,这才能把事情做完整。第二,项目督查监管直接关系到环保部门的公信力。项目审批了,发了批文,公示于众了。如果环评批复的要求不能落实,或者不严格落实,一方面企业会认为环保就是一纸批文,靠这个批文要地、要电、要资金、要开工证,当作项目建设的一块"敲门砖",并未把改善环境、落实"三同时"当作大事;另一方面,会影响环保部门在老百姓心中的威信,认为环保执法是"纸老虎"。第三,项目督查监管关系环保、减排重要措施的实现。现在环保、减排指标的实现,越来越多地依赖于源头把关、源头治理,特别是在我省产业结构仍以工业为主导,资源环境压力突出,"十二五"污染减排任务艰巨的历史阶段,尤为重要。在项目督查监管中落实环保、减排的技术措施、技术路线、技术工艺、技术标准,是我们督查和项目监管人员工作的应有之责。第四,项目督查监管关系到环保工作的行政效率。有的项目长期不验收或超期试生产,看似是一个企业行为,但从环保执法的角度来看,就是一个行政执法效率和效能问题。这一点,必须明白。

三、积极探索项目管理的长效机制

*1.要把握督查工作规律,掌握项目管理的主动权。*通过前段的项目督查和监管,我们发现了一些问题,主要包括批而不建、批小建大、批大建小、改变工艺、重批轻诺等等,我们不难发现,主要是在项目的监管上存在问题。是不是还有其他的问题?我们要及时总结归纳和概括,这样工作才有主动权。工

作要研究规律,什么叫规律?规律就是普遍存在的,就是拿来可以用的。只有掌握了规律才有主动权,才会把工作做在前面,不至于打被动仗。比如说,在对待批而不建的问题上,要通过环保的途径和恰当的方式把问题反映上去,但是如果把批而不建当做一个问题来处理,还不是我们环保部门应该做的事情,因为我们只是从环保的角度发现其批而未建,项目的管理应该是有关部门的责任。而批小建大,增加了排放量,就应该责令其重新进行环评审批,或者依法做出相应的处理。

2.要做好综合协调,加强项目管理的宏观指导。主要是指省厅,无论是国家批的项目还是省批的项目,要综合、分类来进行指导,要给市、县提出管理要求,在宏观层面上,要理性、严肃、全面、具体地拿出政策性的、技术性的、指导性的意见,把每年需要做的工作进行排列,列入日程,提出工作目标要求,抓好落实。这就涉及督查中心和环评处的密切配合,一个是授让方一个是接受方,要建立一个循环的工作模式,实现封闭回路式管理。

3.要健全激励约束机制,严格项目管理目标责任。首先要建立纵向的省、市、县三级的项目管理目标责任。每年要对项目管理工作进行评估,要分出不同的档次,建立好、中、差的评价体系,要在全省进行通报,问题严重的要进行责任追究。同时,在内部要建立科学的体制,按照批验分离的原则来调整机构职能,划分职责权限,明确任务和工作要求。这里,还有一个重要方面,就是从细做好制度性监管工作,比如建立举报、约谈、督导、预警制度,完善执法机制,对项目管理从底数、排查、制度、落实等方面进行细致监管。

4.要积极选树典型,切实加强示范推广工作。主要有项目审批的示范、日常监管的示范、执法的示范、协调联动的示范、抓好落实的示范。一定要树立典型,做的好的要号召全省向之学习。各地方也一定要注意创造经验,无论是从理念上、设计上、体制上、队伍上、管理上、制度上都要注意研究这方面的工作。真正树立一批各具特色的先进的管理模式,并推而广之。这样,就会使我们的工作导向更加明确,工作推进上更加有力,工作成效上更加明显。

5.要推进现代化的管理,及时有效地处置发现的问题。这次要进行的软件培训,就是为现代化的管理提供了一个重要的平台,大家一定要进行认真研究和学习,掌握这方面的情况。同时还要强调的一点,就是在项目的日常监管中,对发现的问题一定要按照环保法律法规及时的处置。要给去现场调查和处置的人员一定的行政处罚权力。有了这个软件之后,要围绕其进行一些有效的必要的工作,软件和实际的现场工作要相结合,要建立与软件管理相配套的一些政策、制度和工作机制。当前急迫的,是要规范建设项目环境管理程序,建立环评管理与环境督查、行政处罚、竣工验收的联动体制。同时要与有关部门协调联动。

6.要加强相关知识的学习,不断提高队伍素质和工作能力。项目的审批、管理、验收工作会涉及方方面面的知识、方方面面的政策,对队伍建设提出了很高的工作要求。我们必须善于学习,刻苦学习,丰富自己,提高自身的思想素质、政治素质、政策素质、法律素质、执行素质,以适应环保工作新形势、新任务的要求,做一名有能力的项目环境监管人员。还要把握三个问题:一是项目管理和项目的环境管理。项目管理是大概念,项目的环境管理是职责所在,要把项目的环境管理作为项目管理的重要内容。二是项目的管理与减排的问题。现在环保工作的主题主流主线就是减排,这是一面旗帜。要把减排放在项目管理当中的一个重要位置,使两者充分衔接好。三是项目审批与项目“三同时”管理的问题。其中包括体制问题、职能问题、责任问题、理顺关系问题,都要正确处理和对待。这里,还要强调一点,就是廉政问题。项目监管、验收,直接与企业打交道,我们的同志只有做到自身正,才能确保处事公、执法硬。所以必须严守行政管理规定、廉政规定、职业道德规范,自觉接受公众监督,树立起良好的形象。

同志们,建设项目管理工作任务繁重,责任重大。我们必须紧紧把握发展大局,认清当前形势,明确目标任务,理顺管理体制、建立工作机制、强化工作职能、抓好工作落实、解决薄弱环节、强化工作阵地,全面提高建设项目管理工作水平,为贯彻落实科学发展观,促进经济方式转变和全省经济又好又快发展做出积极贡献。

李葆副厅长在2011年
全省污染减排培训暨工作调度会上的讲话

同志们:

这次我们在张家口市召开全省污染减排会议,目的,一是减排培训,二是工作调度。昨天,环保部石处长和几位专家就“十二五”减排和脱硝技术、机动车及农业源污染削减做了系统的讲解,相信对大家会有启发帮助。今天上午,各设区市就减排推进情况及下一步工作打算进行了交流。总的看,半年来各地的工作是有成效的，下一步工作的思路是可行的，所提建议是积极的。两天来，大家很辛苦。我们的会开的紧张有序、有效率、有收获。下面，我就我省“十二五”减排形势与基本思路及今年来减排情况与下步工作要求讲几点意见，希望能给大家一些启发。

一、“十二五”减排形势与基本思路

“十一五”期间，污染减排工作完成的比较圆满。主要表现在既实现了减排的任务目标，又没有因为减排影响全省经济发展，也没有因为总量控制影响新上项目，在结构调整上也发挥了应有作用。但从污染减排总体要求和趋势来看，相对于“十一五”，我省“十二五”的减排形势更加严峻，难度更大。

一是从减排内容和目标上看，在“十一五”化学需氧量（COD）和二氧化硫（SO_2）两项主要污染物的基础上，“十二五”期间国家将氨氮（NH3－N）和氮氧化物（NOx）纳入总量控制指标体系，把上述四项主要污染物列入国民经济发展规划约束性指标，实施国家总量控制，统一要求、统一考核。同时，首次把农业源和机动车等纳入减排管理范畴。国家下达我省的“十二五”减排目标为：到2015年，全省化学需氧量、氨氮、二氧化硫和氮氧化物排放量分别控制在128.3万吨、10.1万吨、125.5万吨和147.5万吨以内，比2010年分别削减9.8％（其中工业和生活排放量减少10.8％）、12.7％（其中工业和生活排放量减少12.6％）、12.7％和13.9％。应该说，减排内容增加了，减排指标仍在高位运行。

二是从污染削减能力看，主要是工程减排的空间和潜力收窄。到“十一五”末，全省累计建成运行3352万千瓦燃煤电厂脱硫设施，脱硫机组比例从2005年的22％提高到99.8％；累计建成城镇污水处理厂190座，日处理能力达到了850万立方米，全省城镇污水集中处理率由2005年的36.14％提高到2010年的80％，基本实现了县县都有污水处理厂的目标；钢铁烧结机烟气脱硫设施由零增加到76台。此外，“十一五”期间我省一些地方实施了一系列严于国家标准的淘汰落后产能政策，一大批落后产能被淘汰。因此，就我省当前主要污染物存量而言，“十二五”期间，通过新建治污工程的减排潜力变小，将主要依靠进一步加大产业结构调整力度和加强管理提高设施运行效率及达标水平，充分发挥政策、管理和科技减排的效益。

三是从减排累加比例看，“十一五”期间，得益于各地采取强力措施，加大工作力度，工程减排、结构减排和管理减排三大措施全面发挥效益，全省化学需氧量和二氧化硫排放总量分别下降17.34％和17.53％，均超额完成15％

的减排任务。“十二五”期间，这两个指标再分别减排9.8%和12.7%，与2005年相比，两项污染物的减排比例将分别达到27.14%和30.23%，二氧化硫削减量是“十一五”时期实际减排量的10.7倍，化学需氧量是7.9倍，减排任务是相当艰巨的。

四是从减排管理范畴看，“十二五”期间，首次把农业源和机动车等纳入约束性指标管理范围，但农业源和机动车污染排放监管体系还有待建立和完善。以化学需氧量为例，我省农业源排放量占排放基数的67.4%，而其中畜禽养殖又是主要的污染来源，占农业源排放量的95%。我们在谋划农业源减排时，既要考虑到畜禽养殖污染治理技术和经济可行性，又要确保农产品生产和农民收入不受到影响，难度可想而知。

五是从控制污染物增量来看，“十二五”时期我省国民生产总值预期突破30000亿元、年均增长8.5%左右，人均生产总值比2000年要翻两番；全部财政收入、地方一般预算收入年均分别可比增长11%，财政收入占生产总值的比重提高1－2个百分点，经济增长速度和效益高于全国平均水平。随着全省经济持续较快增长，能源资源消耗随之增加，污染物排放量在不断增加。与去年同期相比，今年上半年，GDP增速已达到11.2%，超出增速预期。面对既要削减存量、又要控制增量的总体形势，我省面临的减排压力会不断加大。

六是从调结构转方式来看，我省以钢铁、装备制造、石化、医药、建筑建材等“十大主导产业”为核心的产业体系带有明显的重化工特征，产业结构偏重的状况比较突出。2010年污染源普查动态更新调查数据显示，全省的造纸、化工、制药、皮革、纺织、食品加工六个行业化学需氧量排放量占全省工业排放量的74.2%，氨氮排放量占全省工业排放量的78.1%；电力、冶金、建材、化工四个行业二氧化硫排放量占全省工业排放量的89.7%，氮氧化物占全省工业排放量的93.2%。重污染行业结构调整和增长方式的转变需要一个过程，由此带来的结构性污染问题将会在较长时期内存在，这在一定程度上给污染减排带来了不小的难度。

七是从环境监管任务来看，“十一五”大量治污基础工程及污染防治设施投入运行，在实现污染减排和改善环境质量中发挥了突出作用，但同时也不同程度地存在着运行不稳定、减排效能发挥不充分的问题。能否抓好这些治污工程、治污设施的运行管理，保证其发挥减排效益，真正把“减排能力”转化为“减排实力”，确保污染物稳定达标排放，将成为我们减排目标任务实现的重点和难点。

另外，全面完成“十二五”减排目标，要在消化五年经济社会发展带来的污染物新增排放量的基础上实现。经测算，考虑消化新增量后，四项主要污染物削减量占2010年排放基数的比例分别为40.8%、45.7%、28.1%、41.4%，减排任务是相当艰巨的。应该说，这四项指标减起来都很难，但经过仔细测算，难度最大的还是氮氧化物。因为二氧化硫和化学需氧量通过过去五年的真抓实干，形成了一套行之有效的方法，一些保障污染减排的经济政策已经到位，如脱硫电价、城镇污水厂建设“以奖代补”、污水收费和淘汰落后产能财政补贴政策。氨氮和化学需氧量减排具有很强的协同性，也就是说，化学需氧量减排的同时，也不同程度的减少了氨氮的排放。减排氮氧化物排放量主要集中在火电、钢铁、水泥和机动车行业，分别约占38.7%、13.1%、9.5%和31.2%，要完成我省氮氧化物削减13.9%的目标，就主要依赖这四个行业的减排。目前全省近4000万千瓦的火电机组仅300万千瓦机组上了脱硝设施，脱硝改造需要大量的建设资金和运行费。现在已经建成脱硝装置的火电厂，由于尚没有脱硝电价的政策支持，致使生产和减排成本难以背负。除了要继续推进电厂新上脱硝工程外，目前钢铁、水泥行业脱硝尚无成熟技术，这两个行业的氮氧化物减排会出现迟滞退后的局面。此外，机动车减排主要靠淘汰黄标车、提高油品质量、提高排放标准等措施来实现，但现在机动车增长非常快，黄标车淘汰的难度很大，供应国Ⅳ排放标准的油品需要大部分炼油企业进行技术改造。

对当前减排形势的判断，既包括清醒认识面临的困难，也包括要充分看到推进减排工作的有利因素。

一是要看到减排体系已初步形成。“十一五”的减排成果之一，就是为减排工作奠定了经济基础、政治基础、思想基础、社会基础、政策基础、工程基础和环境基础，构建了“十二五”减排工作较为完整的推进体系。

二是要看到省委、省政府一以贯之的高度重视。大家知道，“十一五”省委、省政府坚持把节能减排做为调整结构的重要抓手，大力实施“双三十”示范工程，出台一系列政策、法律、行政措施，严格考核奖惩，创建了具有河北特色的减排机制。进入“十二五”，省委、省政府站在新的历史高度抓节能减排。7月份召开了全省节能减排大会，省四大班子出席会议，大力表彰“十一五”节能减排及“双三十”单位的模范、先进集体和个人，书记、省长发表重要讲话，全面总结“十一五”，统筹部署“十二五”，为节能减排创造了极为重要的政治氛围,指出了极为明确的工作要求,营造了极为有利的工作环境。

三是要看到减排理念的导向作用日渐凸显。随着科学发展观的进一步深化,以环境优化发展、以减排加快结构调整的思路越发清晰,特别是淡化GDP、强化民生指数的经济指向,会使GDP的虚拟增幅在合理水平线运行,减排的增量将逐步趋于理性。

四是要看到宏观调控和市场法则对转方式的推力不断增强。从进入"十二五"的经济运行来看,我省同全国一样,从偏快增长向自主增长有序转变。宏观调控不再支持"两高一资"行业发展,资源性价格成本上升,企业高额利润时代已成为过去。现在一个300万-500万吨产能的钢铁厂,生产一个月要亏损1000万、2000万左右。"两高一资"行业面临调整结构的重大选择,客观上形成企业减排的能动支持。

五是要看到减排工作的发展空间得到不断拓展。科学发展的主题、主线,调结构、转方式的深层内涵和内生动力,将会使污染减排出现结构性突破的新局面。宏观上会不断出台有利于减排工作的政策。比如,"十二五"期间,在煤炭消耗上,国家要给省里下达一个"天花板"总量指标,不能突破。这样就要求各地在选择新建项目时,不但要选择排放量小的项目,还要选择那些燃煤量小的项目,才能得到审批。对电力、钢铁、造纸、印染等行业实行主要污染物排放总量控制。也就是说,以后在新建项目主要污染物排放总量指标替代上,这几个行业要实行行业排放总量替代。例如,要上一个造纸企业,其增加的化学需氧量、氨氮排放指标,要从造纸行业内去置换。在工程减排方面,要求新建燃煤机组全部安装脱硫脱硝设施,现役燃煤机组必须安装脱硫设施,不能稳定达标排放的要进行更新改造,烟气脱硫设施要按照规定取消烟气旁路。单机容量20万千瓦及以上燃煤机组全部加装脱硝设施。钢铁行业全面实施烧结机烟气脱硫,新建烧结机配套安装脱硫脱硝设施。石油炼化、建材等重点行业实施脱硫改造;新型干法水泥窑实施低氮燃烧技术改造等。

我们对2010年污染源普查动态更新数据库,做了一个全面的分析。"十二五"期间,全省共谋划了1785项重点减排项目,其中包括220项城镇污水处理厂项目、180项工业治理水污染减排项目,593家养殖企业重点实施水污染控制工程;64台装机20万千瓦以上的电力发电机组安装烟气脱硝设施,76台90平米以上的钢铁行业脱硫烧结机安装烟气脱硫设施,18台180平米以上的钢铁行业脱硫烧结机安装烟气脱硝设施,28条日生产规模为2000吨以上水泥旋窑生产线安装脱硝设施，5 套炼油设施进行脱硫改造，16 项建材炉窑烟气脱硫项目，59 项燃煤锅炉低氮燃烧示范工程项目等。为便于安排工作，我们把这些项目实施的具体要求，都已分解到了各设区市。

深入分析形势，目的是为了更好的谋划我省“十二五”污染减排工作的总体思路。我们总的思路可以概括为“四要、三推”。“四要”：一要向结构减排要空间；二要向工程减排要能力；三要向管理减排要效益；四要向科技减排要潜力。“三推”：一是推进三大工程，即“双三十”节能减排示范工程、千家重点企业污染防治工程、农村污染综合治理工程；二是推进三个机制，即激励、联动、考核三大减排保障机制的创新完善；三是推进三项改革，即管理体制，投融资和总量资源化、市场化改革。

关于“四要”

一要向结构减排要空间。《河北省淘汰落后产能工作考核实施方案》，已将全省炼铁、炼钢、焦炭、铁合金、锌冶炼、水泥、玻璃、造纸、酒精、制革等 10 个工业行业淘汰落后产能年度计划分解到了各设区市和重点企业。同时明确对未完成淘汰落后产能目标任务的设区市，严格控制国家和省安排的投资项目，实行建设项目“区域限批”，吊销排污许可证，建议银行业金融机构不得提供任何形式的新增授信支持。加快淘汰老旧汽车、机车、船舶，对达不到国三排放标准的转入车辆，不予办理转入。

二要向工程减排要能力。结合国家“十二五”总量减排总体要求，对列入目标责任书的 628 项重点减排工程，包括新建城镇污水处理厂 101 座，新增废水日处理能力 288.45 万吨；建成 66 座燃煤电厂烟气脱硝设施；建成 79 台钢铁行业烧结机烟气脱硫设施；实施 130 项工业废水和 69 台工业锅炉烟气治理工程、122 项农业畜禽养殖废水处理工程，进行细化分解，全部落实到具体市、县、企业。在省政府与各地签订“十二五”减排责任书时，明确重点减排工程的技术要求和建成时限，并实行工程建设月调度、半年通报制度，确保“十二五”重点减排工程按期完成。

三要向管理减排要效益。一是制定“十二五”期间旨在加强管理减排的实施性文件，把企业污染防治设施运行正常与否，排放达标与否，监管到位与否，作为核定总量减排的刚性依据。二是把总量指标作为建设项目审批的前置条件，对新建限制类和允许类项目的污染物排放总量实施“减二增一”，对鼓励类实施“减一增一”。三是改革和强化排污许可证管理，提升和硬化排污许可证在环境管理减排和调整结构中的约束性作用。将原“两级发证、三级管理”改为“三级发证、属地管理”,严格审查把关,提高审批效率,加强稽查工作。四是着力开展火电企业(特别是享受脱硫电价的火电企业的专项督查行动)、污水处理厂运行和农业畜禽污染等专项整治行动。

四要向科技支撑要潜力。组织企业走出去、请进来,加大减排关键技术研发和引进工作力度。特别是要组织专家深入燃煤电厂等重点企业,研究脱硫改造、脱硝工程建设,解决推进脱硝工程建设中的关键、共性技术难题,为电力和非电企业脱硝工作提供技术支撑。结合“双三十”和“双千工程”打造一批示范工程,提供节能减排集成解决方案。要组织好专项论坛,着力建立科技支撑互动平台,构筑减排科技服务体系。

关于“三推”

着力推进“三大工程”

推进“双三十”节能减排示范工程。经测算,新老“双三十”共120家单位,占全省污染减排任务量近80%。我省在“十一五”节能减排中,创造性地实施了“双三十”示范工程,对推动完成节能减排目标任务和结构调整发挥了重要作用。省委、省政府决定,在“十二五”期间,继续深入开展“双三十”节能减排示范工程。我们必须紧紧抓住并大力实施好这个战略性的举措,科学下达目标责任,强化调度与指导,切实发挥好“双三十”的龙头带动作用。对新选“双三十”单位实行季度指导、半年调度、年度考核制度,落实严格的奖惩制度,督促其落实目标责任,强化工作措施,确保完成目标任务;对原有“双三十”单位继续下达目标任务,实行常态化管理与考核,促其继续巩固提高,强化其对全省节能减排的支撑作用。

推进千家重点企业减排工程。千家重点监控企业主要污染物化学需氧量、氨氮、二氧化硫和氮氧化物排放量分别占到全省工业企业排放量的72.5%、69.1%、78.3%和85.9%,是全省减排的主战线、主战场,必须紧盯严防,加大工作力度。要专门出台千家重点企业污染防治及减排监督管理办法,对重点企业实行严格的主要污染物排放量化管理。依据主要污染物排放总量控制计划,核定重点企业的排污总量。加强对重点企业的日常环境执法监督,建立企业环境信用评估制度,定期向社会公布。建立严格的考核制度,要将千家企业的减排情况作为企业评先创优、市场准入、新建项目审批、总量调配、专项治理资金补助等方面的重要依据。每年组织对千家企业减排完成情况进行评价考核,并向社会公布。

推进农业畜禽减排工程。大力推行清洁养殖,按照农业生产力科学确定养殖规模，优化调整养殖场布局。推广农牧结合和生态养殖模式，提高养殖小区专业化集中度，鼓励养殖小区专业户和散养户污染物统一收集，统一处置，统一综合利用。推动全省规模化畜禽养殖场和养殖小区配套完善畜禽粪便和污水贮存处理设施，保障污染物达标排放。在重点区域和流域实施农业面源总量控制试点示范，建设户用(联户)沼气50万户。

着力推进三个机制

推进激励机制的完善。从组织上、行政上、经济上等多角度建立健全推进减排的工作机制，充分调动各级各部门和各企业单位抓减排的积极性和主动性。全方位建立有利于减排工作推进的扶植政策，真正在机制上鼓励减排真抓、结构真调、方式真转、增长质量真正提高的地方和企业，形成减排的积极氛围。

推进联动机制的构建。污染减排是一项涉及领域广、覆盖面宽的系统工程，需要各级各部门统筹协调、联动互促。坚持与发改、国土、工信、财政、公安等有关部门的沟通，在项目建设、淘汰落后、资金支持上进一步明确程序、细化措施、加强对接，以强化各部门在推进污染减排中的协调管控作用。建立部门协调会制度，共同推进污染减排目标任务的完成。

推进考核机制的约束。研究制定适应“十二五”减排要求的，以四项主要污染物减排为核心内容、以“双三十”节能减排示范工程为龙头的考核体系。把五年规划目标与年度目标考核统一起来，把政府责任与部门职责统一起来，把政府责任与党委的联动责任统一起来，把考核结果与考核结果的使用统一起来。建立健全以上述“四统一”为整体的减排考核机制，就会实现真正意义上的约束性制度，发挥考核对于污染减排的反动力作用。

着力推进三项改革

推进管理体制改革。探索并推进适应减排要求的行政管理体制，把政府责任与部门推动有机结合起来，细化分解减排职责、目标、任务，构筑统一、联动、互促、同责、共赢的网状管理格局。进一步加大行政管理力度，增大组织管理强度，拓展环境管理深度。

推进投融资改革。按照“污染者付费、治污者受益”原则，积极引导社会资本和企业参与环境基础设施建设和运营。进一步健全环保、金融信息共享机制和平台，提升环境管理科技水平。健全价格引导机制，建立反映资源稀缺程度、供求关系和环境成本的价格形成机制。完善环保投融资机制，建立健全政府、企业、社会多元化投融资机制。

推进总量资源化、市场化改革。环境总量作为一种公共的、有限的资源,需要在市场经济条件下进行合理配置。以排污权交易中心为平台,在排污权交易和有偿使用方法的科学性和操作流程的适用性上不断实践,不断加以完善。在这里我要强调一下,污权交易工作是污染减排工作改革和发展的产物,是与总量减排工作的发展相伴而生的,是总量资源化、市场化管理的重要尝试。我们要逐步推进排污权有偿使用,细化完善排污权交易和有偿使用的管理措施,探索总量资源化、市场化新道路。

二、上半年减排目标完成情况及下一步工作安排

我省确定的2011年减排目标为:全省化学需氧量、氨氮和二氧化硫、氮氧化物排放量分别比2010年净削减2.133万吨、0.174万吨、2.157万吨和2.57万吨,四项污染物削减比例均为1.5%。

我省2011年上半年化学需氧量排放量69.54万吨,比去年同期(71.10万吨)下降2.20%,其中工业和生活化学需氧量排放量21.65万吨,比去年同期(22.78万吨)下降4.97%;氨氮排放量5.71万吨,比去年同期(5.81万吨)下降1.55%,其中工业和生活氨氮排放量3.40万吨,比去年同期(3.49万吨)下降2.58%;二氧化硫排放量71.12万吨,比去年同期(71.90万吨)下降1.08%;氮氧化物排放量91.26万吨,比去年同期(85.65万吨)上升6.55%。四项主要污染物削减率在华北六省市中,分列第一、第一、第五和第四,综合排名第二。全国31个参与考核的省(市)中,除北京外,其他30个省(市)的氮氧化物排放量是不降反升的,全国大概增加了6%,我省增长率高于全国平均水平0.55个百分点。

如果单从排名上来看,我省的减排形势似乎还可以,但从增量、减排潜力分析来看,形势不容乐观,完成今年的减排任务形势严峻,任务艰巨。

*一是污染增量快速上升。*今年以来,全省经济持续较快增长,能源资源消耗随之增加,污染物排放量在不断增长。据统计,与去年同期相比,今年上半年,我省粗钢、水泥、焦炭产量分别比去年同期增长15.1%、33.1%、13.9%,分别增加了1195万吨、1631万吨、375万吨;火力发电量增长10.2%,全省燃煤量增加了974万吨,机动车增加了78364台,由此带来的二氧化硫、氮氧化物新增量达到了5.18万吨、6.3万吨。据测算,从2011年起,GDP每增长1%,主要污染物排放量也相应增长1%,而年削减量要相应增大1.3%。我省的钢铁行业增加值每增长或减少1%,GDP将增加或减少0.1%,二氧化硫排放量将增加或减少2%。化工、火力发电行业与钢铁相似。因此,上述产业既是

GDP 的贡献者,也是污染物主要排放者。

二是“十二五”安排的重点减排工程项目尚未启动。今年能够核算减排量的项目大多是“十一五”期间接转到今年的减排项目,今年新建成投运的项目很少,造成下半年减排潜力还要远小于上半年。比如,电力企业烟气脱硝工程、农业源减排工程等,因为国家相关政策尚未出台,所以,这些重点减排工程上半年均未启动。再加上,国家对机动车的控制政策还不明朗,也影响了氮氧化物减排的效果。

三是部分减排工程不能稳定运行。从上半年国家考核的情况来看,“十一五”减排任务全面完成后,今年上半年,无论是我们环保部门,还是企业,都不同程度的放松了对重点减排设施,尤其是污水处理厂、燃煤电厂脱硫设施的运行监管。部分污水处理厂进水浓度高、排水不达标、运行负荷低,不能正常运行,在线监测设施显示数据不正常甚至弄虚作假、污泥随意堆放等问题比较突出。“十二五”期间,污水处理厂、燃煤电厂、钢铁行业将实行全行业全口径统计,也包括“十一五”以前建成的,只要不正常运行,都要扣减已认定的减排量。

从目前全省减排进度看,工程减排潜力十分有限,控制增量难度较大,减排形势非常严峻,实现减排目标尤其是氮氧化物减排目标不容乐观。为确保完成全年减排任务,后四个月各地要重点抓好以下六个方面的工作:

一是抓主动,保目标。2011 年是新老五年规划的转接年,也是实施新的五年规划的起步年、关键年。今年工作量很大,既要总结“十一五”、谋划“十二五”,又要抓好今年工作。但不管怎样,也要确保今年工作落实,目标实现。年度的减排目标已下到各市,目前各市大都制定了“十二五”减排规划和年度工作安排。但由于国家有关减排的方案、细则、政策还没下达,容易使大家产生等待、观望的思想。这种想法,会导致工作放慢、甚至停滞,对“十二五”起好步,开好局,完成今年目标任务是不利的。从上半年国家核查情况看,凡是主动抓的地方,情况就好,差的,一般都反映出等待观望的问题,缺乏主动出击的精神。现在距年底还有四个月时间,国家减排实施方案和核算细则出台可能还要等一段时间,但国家减排大的方向、方针、目标和原则是明确的,省里工作要求是明确的、具体的。所以,我们工作决不能等,更不能懈怠。各地要对照全年目标,分析工作进度,找出工作节点,制定推进措施,全力推进落实,确保完成全年目标任务。

二是抓减量,控增量。在抓减量方面,根据各市减排计划编制情况,省厅筛选了年底前需要完成的200项重点减排工程,很快就会下达。各级环保部门要切实加强领导,采取有力措施,精心组织,强化重点减排项目的督察和调度,帮助解决项目建设中存在的问题,督促企业加快项目实施进度。要责令企业按照要求的时限完成,抓紧制定治理实施方案,积极筹措资金,合理安排工期,明确各环节各阶段责任人,层层抓好落实,确保如期或争取提前完成。减排工程一旦具备验收条件,环保部门抓紧进行验收,使其尽快形成减排能力。9月份,保定、廊坊、沧州、张家口、唐山5个市,要下大力抓好辖区已建成的300万千瓦脱硝机组的稳定运行,确保9月底之前达到减排核查要求。今年计划实施低氮燃烧改造的电厂,要抓紧安排,尽早投运。年底前全省要完成炼铁860万吨,炼钢1550万吨,焦炭290万吨,水泥2500万吨,平板玻璃1100万重量箱,造纸110万吨,制革58万标张,酒精3万吨,铁合金1万吨,锌冶炼2.3万吨的落后产能淘汰任务,省工信厅已将任务分解到了各设区市、各有关企业,各市要紧盯不放。在控增量上,从我们初步测算的结果看,完成今年的二氧化硫和氮氧化物减排目标,下半年全省粗钢、水泥、焦炭产量必须控制在7000万吨、6500万吨和2800万吨以内,我们将尽快分解和下达各市这些高耗能高排放产品产量的控制指标。在此给大家打个招呼,8月底省对各市上半年减排目标完成情况就能有一个初步结果,对增幅较快的市,要实施黄牌警告或减排预警。

三是抓监管,保运行。针对当前减排工程运行存在的问题,省厅近日印发了《关于进一步加强污染防治设施运行监管工作的通知》。各地一定要落实好文件精神,严格按照国家和省污染减排相关核查要求,尽快对辖区污水处理厂、燃煤电厂、钢铁行业烧结机脱硫等重点减排工程开展一次运行情况大排查。大排查的主要内容包括关键设备运行情况、污染物排放达标情况、监控中心建设和运行情况、污染物在线监控设备运行情况、产生固体废物处理处置情况,减排台账建立情况等。在排查中,发现属企业故意不正常运行污染防治设施,或没经批准擅自停运污染防治设施的,要及时纠正,提出限期整改要求,从严处罚。属于在线监控设备第三方运营单位在监测数据上弄虚作假,或与排污单位联手数据作假,造成数据失真失实的,除要进行经济处罚外,环保部门要按照相关规定提出取消其在本辖区运营的资格,严重的要提出吊销其运营资质的建议;存在当地政府或委托方不及时拨付运营资金问题的,环保部门要及时提请当地政府按期拨付运营资金,或督促委托企业限期拨付,必要时可向上一级环保部门报告。同时,要对本辖区污染源在线监控设施第三方运营情况进行一次彻底摸底调查，建立完善第三方运营单位及运营记录档案。要强化对第三方运营单位运营情况的现场核查，每月至少核查一次，重点核查数据采集和传输的准确性、有效性，核查是否按照要求进行了数据有效性校核。在对污水处理厂的核查中，还要核查比对进出口流量计数据的准确性、一致性。核查结果计入第三方运营单位运营档案，作为年终对其考核的重要依据。

四是抓机制，严奖惩。严格落实燃煤电厂脱硫电价扣罚政策。省厅正在对全省享受脱硫电价的机组脱硫设施投运率进行统计，近期将公布结果，对不正常运行脱硫设施的电厂，要严格按照相关规定扣罚脱硫电价款。实施严格的排污许可证制度，9 月份，组织一次全省排污许可证制度执行情况检查，对无证排污、超证排污的企业，按照相关规定进行严厉处罚。最近，省厅发证的企业中，发现有监测报告弄虚作假现象，监测数据存在明显错误，今天就不点名了，如果再发现类似数据作假问题，省环保厅将收回该单位的排污许可证监测权。今年将以省政府名义印发《河北省城镇污水处理厂运行监督管理办法》，实施后，所有污水处理厂减排核查运行情况，要作为核拨运行费用的依据。

五是抓示范，带全局。目前，省厅基本确定了“双三十”单位“十二五”减排目标，起草了“双三十”减排目标责任书，再次征求各设区市意见，报经省政府同意后，省政府将与各单位签订“十二五”减排目标责任书。各地一定要将“双三十”减排纳入全市减排工作之中，切实负好责任，作为重中之重来抓。9 月份，省里要召开“十二五”“双三十”第一次调度会，10 月份，开始预考核。年底兑现奖惩。

六是抓探索，重推进。“十二五”新课题很多。比如脱硝、畜禽减排、机动车排放减排等。减排总会有新问题、新课题出现，不断探索，勇于实践，应该是减排工作的应有之义。只有各地的实践才会更加丰富全省减排工作的经验。比如：这次会上，有的市介绍机动车尾气减排的做法，我认为是积极的、成功的，体现了探索的精神，也体现了不等不靠的主动精神。机动车尾气在我省氮氧化物减排中占到了 31.13%的比重。目前全省机动车使用量达到 1500 万辆，预计到“十二五”末将达到 2600 万辆。机动车减排涉及多个部门，如何协调推进，在关键环节上突破，是我们需要研究的问题。总之，从现在起，各项工作都不能等，要积极探索、主动推进。不但要瞄准今年的目标，而且要为“十二五”减排趟出路子。

同志们,在省委、省政府正确领导下,在我们大家共同努力下,全省“十一五”减排工作已经画上了圆满的句号。“十二五”减排的号角已经吹响,今年开局之年的战场已经铺开,我相信,经过全省上下的共同努力,经过我们脚踏实地的奋战,今年我们一定会取得初战告捷的好成绩,“十二五”的减排工作会更加辉煌。

(2011 年 8 月 25 日)

李葆副厅长在全省燃煤电力企业烟气脱硝工作推进会议上的发言(提纲)

同志们:

近期,省政府办公厅下发了《关于下达燃煤电力企业烟气脱硝限期治理任务的通知》(办字〔2011〕146 号)。为切实抓好《通知》精神的落实,今天,我们在这里召开全省燃煤电厂烟气脱硝工作推进会议,以强化相关燃煤电力企业进一步明确责任,落实目标,在全省氮氧化物总量减排工作中发挥先锋攻坚作用。下面,我讲几点意见:

一、充分认识火电企业在全省氮氧化物减排中的重要作用

火电企业是我省国民经济和社会发展重要基础,“十一五”期间,河北省火电企业为全省经济社会发展提供了源源不断的动力,有力地保障了我省经济的快速发展。火电企业在为我省国民经济做出巨大贡献的同时,也为我省“十一五”污染减排工作做出了重大贡献。“十一五”期间,全省已上脱硫设施的燃煤机组总装机容量 3352 万千瓦,占火电总装机容量的 99.8%。全省 172 台火电企业脱硫设施机组烟气旁路全部进行了铅封。火电企业完成了全省“十一五”二氧化硫任务的 65%,成为了我省“十一五”污染减排的生力军。

“十二五”期间,国家在化学需氧量(COD)和二氧化硫(SO_2)两项主要污染物的基础上,将氨氮(NH3-N)和氮氧化物(NOx)纳入总量控制指标体系,作为国民经济发展规划约束性指标,实施总量控制,统一要求、统一考核。国家下达我省的“十二五”减排目标为:到 2015 年,全省化学需氧量、氨氮、二氧化硫和氮氧化物排放量分别控制在 128.3 万吨、10.1 万吨、125.5 万吨和 147.5 万吨以内,比 2010 年分别削减 9.8%、12.7%、12.7%和 13.9%。在四项控制指标之中，氮氧化物(NOx)既是新增减排指标，又是削减比例最大的一项指标。根据2010年环境统计数据，我省电力、热力的生产和供应业氮氧化物(NOx)产生量达到66.2万吨，占全省工业氮氧化物排放量的57.39%。我省要求20万以上燃煤机组都要进行烟气氮氧化物治理，按照这个要求我省需进行治理机组共79台，装机容量达2753万千瓦。项目完成后，预计可实现氮氧化物减排量35万吨，约占全省“十二五”氮氧化物减排量的65%。因此，燃煤电力企业氮氧化物治理，在我省主要污染物减排中，地位十分突出，作用十分重要，将直接影响我省污染减排工作的成效，因此，必须作为全省“十二五”减排工作的重中之重来抓。

最近，在国务院下发的《关于加强环境保护重点工作的意见》中，明确提出对电力行业实行二氧化硫和氮氧化物排放总量控制，继续加强燃煤电厂脱硫，全面推行燃煤电厂脱硝，新建燃煤机组应同步建设脱硫脱硝设施。省委、省政府对火电企业脱硝治理工作一直给予高度重视，张庆黎书记在前不久召开的第八次党代会上，强调坚持以工程带动治理，重点整治工业污染。张庆伟省长在听取环保工作汇报时，提出要加快推进火电企业脱硝治理工作。

目前，全省仅有8台火电机组上了脱硝设施，并且从上半年国家核查情况看，运行的非常不理想。因此，我省氮氧化物减排面临的形势非常严峻，任务非常艰巨。面临新形势、新任务，我们电力企业一定要以强烈的社会责任感和完成任务的紧迫感，一如既往地抓好环保治理工作，采取有力措施，全力推动火电企业脱硝治理工作。

二、火电企业氮氧化物减排需要抓好的几个重要环节

省政府下发的《关于下达燃煤电力企业烟气脱硝限期治理任务的通知》明确提出，“十二五”期间，全省20万千瓦及以上在役燃煤火电机组全部建成烟气脱硝设施并投入运行，综合脱硝效率达到70%以上；20万千瓦以下燃煤机组实行低氮燃烧改造，并确保达标排放；新建燃煤机组须同步配套烟气脱硝设施，综合脱硝效率达到80%以上；已获批复建设，没有要求同步建设烟气脱硝的燃煤机组，在验收后一年内建成脱硝设施，综合脱硝效率达到80%以上的任务目标。要切实落实好《通知》的要求，需要抓好几个重点环节：

一是要高标准设计建设。近日，环保部出台了《火电厂大气污染物排放标准》(GB13223－2011)，对火电企业污染物排放提出了更为严格的排放限值：到2014年7月1日起，所有燃煤机组烟尘排放要达到30mg/m^3，二氧化硫排放浓度达到200mg/m^{3}以下，氮氧化物排放浓度达到100mg/m^{3}以下。

同时,新标准还规定了特别排放限值标准,在国家规定的重点区域,火力发电烟尘排放要达到20mg/m^3以下,二氧化硫排放浓度达到50mg/m^3以下,氮氧化物排放浓度达到100mg/m^3以下。我省目前燃煤电厂二氧化硫、烟尘、氮氧化物排放水平,与上述标准还有相当大的差距。相当一部分电厂脱硫设施设计先天不足,特别是近年一些电力企业实际用煤硫份已远远超过设计硫份,超标现象时有发生;烟尘治理方面,除近年新投产且采用布袋除尘的电厂外,多数电厂烟尘排放浓度均达不到30mg/m^3的新标准要求。因此,我们火电企业在作可研和设计时就要高起点设计、高标准建设。在施工建设时一定要对照新标准、新要求,达标施工,达标建设,以确保满足减排和环保要求。新建项目一定要建成优质工程、精品工程、放心工程、满意工程。对于仅进行低氮燃烧技术改造的机组,低氮燃烧改造前氮氧化物浓度取值不得高于按2010年污普动态更新填报的排污系数折算出的氮氧化物排放浓度,原则上不得高于锅炉出厂时设计的最高氮氧化物排放浓度,并要以锅炉性能考核报告中氮氧化物排放浓度作为参考。

二是要科学选定最适宜的工艺。各燃煤电力企业要根据机组特点、燃烧器类型分类选择脱硝工艺和工程方案,烟气脱硝工程建设符合减排核查核算要求的,原则上参照环境保护部《火电厂氮氧化物防治技术政策》(环发〔2010〕10号)的要求,使用低氮燃烧器(LNB)、选择性催化还原法(SCR)、选择性非催化还原法(SNCR),或列入《国家先进污染防治技术示范名录》和《国家鼓励发展的环境保护技术目录》的工艺技术。原则上,机组选用选择性催化还原法(SCR)脱硝设施的综合脱硝效率不超过80%,选择性非催化还原法(SNCR)脱硝设施的综合脱硝效率不超过45%,低氮燃烧技术改造的氮氧化物去除率不超过35%。总的要求是现役机组综合脱硝效率不得低于70%,新建机组综合脱硝效率不得低于80%。

三是要保证工程时间进度。对列入省"双三十"重点企业的燃煤电力企业明确一台燃煤机组列入全省脱硝试点,于2012年3月底前完成试点机组脱硝设施建设前期准备工作,并开工建设。没有列入"双三十"工程的燃煤电力企业(包括已采用低氮燃烧技术的燃煤电厂),按照分步实施的原则,根据省政府通知中要求的时间进度建设,最迟于2015年3月底前全部建成烟气脱硝设施。采用循环流化床锅炉技术但达不到《火电厂大气污染物排放标准》要求的燃煤电力企业,要在2014年底前配套建设烟气脱硝设施。对未列入全省燃煤电力企业烟气脱硝限期治理名单的燃煤电厂,各设区市可根据省政府下达的主要污染物总量减排任务，自主下达烟气脱硝限期治理任务。对列入“十二五”烟气脱硝限期治理和关停计划的机组，限期治理时限滞后于关停计划时限的，按照关停计划时限予以关停；关停时限滞后于限期治理时限的，按照限期治理时限予以关停。各发电公司、燃煤电力企业要根据通知要求，在60日内，抓紧向省环保厅总量处及所在设区市环保局提交治理计划，并按照限期治理时限要求抓紧制定治理方案，在保证电网安全运行和安全供电的前提下安排机组实施改造，确保在限期内完成治理任务。

*四要配套建设在线监测设施。*按照国家和省有关要求，所有燃煤火电企业必须安装烟气连续在线监测仪器，实时监测监控燃煤机组二氧化硫、烟尘、氮氧化物等污染物排放情况及烟气脱硝、脱硫、除尘等环保设施的投退、效率等运行情况，要与省、市环保部门在线监控平台联网并传输数据，相关运行参数同时纳入电厂环保设施运行DCS系统，按规定保存至少1年的历史数据。省环保厅还将以在线配套建设及运行情况作为脱硫和脱硝电价审核的重要依据。已建成烟气脱硝设施的机组，不符合要求的，必须于2011年12月底前完成整改。

三、切实形成合力积极推进氮氧化物减排

*一是要开辟审批绿色通道落实扶植政策。*各级环保部门要积极为企业污染治理项目创造条件，对本级审批的治理项目开辟绿色通道，按照精简高效、依法规范的要求，特事特办、高效审批，推动减排项目，特别是火电企业脱硝治理项目早落地、早开工。为了积极推进脱硝工作进程，省环保厅将会同省发改委、省工信厅、河北电监办等有关部门制定相应的推进政策，落实国家发改委《关于调整华北电网电价的通知》中关于开展脱硝电价试点的有关要求。省环保厅将抓紧出台脱硝电价试点审核办法，对积极开展脱硝治理的燃煤电厂，将在环保专项资金上给予重点支持，对已建成并正常运行的脱硝机组，加快审核给予脱硝电价支持。已建成脱硝设施的电厂，环保部门要及时核减氮氧化物排污费。

今年，国家财政部和环保部批准我省为排污权有偿使用和交易试点省。排污权交易工作将重点从电力行业全面开展，新建电力项目必须通过排污交易取得主要污染物排放总量指标后方可审批环境影响评价文件。下一步，新上电力项目氮氧化物排放指标，也将列入排污权交易范围。

*二是要加强管理确保稳定运行。*工程设施上了能不能达到减排核定要求，能不能给予脱硝电价审核批复，确保稳定正常运行是关键。各发电企业

要加强环保设施运行维护管理,不仅要加强脱硝设施的运行管理,对脱硫除尘设施也不能放松。要继续加强脱硫设施旁路档板铅封管理,同时,省环保厅将抓紧出台旁路拆除的限期要求。我们鼓励有条件的电厂先期组织拆除旁路,省环保厅还将对按期拆除旁路的企业给予一定补助。在自动监控设施的维护方面,企业要发挥责任主体的作用,自动监控设施出现问题,首先是企业的责任。要严格执行环保设施停运报告制度,坚决杜绝在运行过程中弄虚作假,以正确的心态对待问题,对存在问题不回避,既要有解决问题的积极态度,更要有实际行动。从环保部对我省今年上半年污染减排核查情况看,电厂脱硫、脱硝设施运行都有一定问题。主要是投运率不足,停运次数多,效率偏低。各相关电厂要切实重视存在问题,认真落实整改要求。从下个月起,省环保厅将成立脱硫、脱硝投运核查组,每季度对享受脱硫电价的机组和脱硝机组进行现场核查,并以此作为脱硫电价扣缴和脱硝电价审批的重要依据。

*三是要全面加强氮氧化物总量控制。*从我省主要污染物排放情况看,氮氧化物排放主要来自四个行业,一是燃煤电厂,二是水泥行业,三是机动车尾气排放,四是钢铁及其他行业。今年上半年,全省污染减排指标中,化学需氧量、氨氮两项指标完成好于计划目标,但二氧化硫排放量下降率低于计划目标0.42个百分点,氮氧化物排放量不降反升,升幅达6.5%。因此,全面抓好氮氧化物减排放控制就成为了我省四项主要污染物减排中的重点、焦点和难点。要加快形成以削减火电行业排放为核心的工业氮氧化物防治和以削减机动车排放为核心的城市氮氧化物防治体系。电力行业要全面实施低氮燃烧技术,新、扩、改建机组必须配套烟气脱硝设施,现役火电机组全面实施脱硝设施改造,综合脱硝效率要达到70%以上,新建燃煤机组脱硝效率要达到80%以上;180平方米以上烧结机必须上脱硝设施,脱销效率达到70%;规模大于2000吨熟料/日的新型干法水泥窑上脱销设施,综合脱硝效率达到70%;35吨以上的燃煤锅炉上脱硝设施,脱硝效率达到30%;加强机动车氮氧化物控制,严格实施机动车环保检验和环保标志管理,严格执行老旧机动车强制淘汰制度,全部淘汰“黄标车”。“十二五”期间,全省范围内严格实施国家第四阶段机动车排放标准,根据京津冀区域大气污染联防联控规划要求,在我省环京津区域逐步实施国家第五阶段排放标准。

四、当前要抓好的几项工作

今天,在座的除了电力企业外,还有我们各设区市环保局减排的主管领导，在这里我要再强调一下减排工作。今年是“十二五”开局之年，做好今年的减排工作，对巩固和扩大“十一五”减排工作成果，实现“十二五”减排工作目标至关重要。在前不久召开的省政府党组（扩大）会议上，张庆伟省长强调，要抓好节能减排工作，确保实现我省今年单位生产总值能耗降低3.66%，化学需氧量、氨氮、二氧化硫、氮氧化物排放量均下降1.5%的目标。现在，年末已至，国家1月4日就将组织2011年减排核查，借此次会议机会，我再强调几点。

一是重点行业开展全口径统计的问题。根据环保部的要求，“十二五”期间，国家将对电力、钢铁、造纸、印染等行业以及城镇污水处理厂开展全口径核查核算，从前三季度看，部分地市上报的全口径数据仍存在遗漏。各地要结合2010年污染源普查动态更新数据库完善全口径数据，并与当地统计部门宏观数据进行对比分析，确保口径一致。

二是农业源和机动车减排问题。今年是第一次考核农业源和机动车减排，各地要将其作为一项重点工作来抓。一方面，要加强与农业部门的沟通协调，要确保统计数据科学可用。根据环保部初步确定的机动车减排政策，各地要加强与公安部门的协调，要加大黄标车特别是重型柴油车的淘汰，并按照环保部机动车减排核查数据要求，获取更详尽的基础数据。

三是加快年度重点减排项目建设。各地要对2011年的重点减排项开展一次大梳理。所有项目都要对照国家的减排核算细则过筛子，完成了的一定要把台账做实，还有问题的要挂账推进，务必确保高标准完成，不能丢分。

四是建好减排台账问题。各设区市要按照国家“十二五”减排核算细则的要求，认真组织好辖区减排台账，尤其是进行全口径考核的造纸、印染、电力、钢铁等行业的2011年度的基本资料，包括生产和环保设施运行的相关基础资料。

五是组织好核算表格的填写。“十二五”国家要实行新的核算表格，分水、气两部分，内容很具体。12号环保部要专门组织对各地核算表格填报的培训。下周，省厅会专门布置核算表格的填报工作。基础表格的填报是做好减排考核的基础，各设区市一定要高度重视。

今年工作即将收尾，明年工作即将展开。在全面做好收尾工作的同时，各地一定认真谋划好明年减排工作。要深入研究“十二五”减排的新政策、新措施、新要求，深入总结今年减排的工作经验，特别是存在的问题、难点，从中找出规律，研究出新的对策，制定出更加符合实际的工作思路和举措，切实把明年工作谋划好，起动好，更加主动、更加积极、更加有效地开展减排工作。

谢谢大家。

(2011年12月9日)

宋春婴巡视员在全省辐射安全监管工作座谈会上的讲话

同志们：

从刚才几个市介绍的情况看，去年座谈会以来，全省和各市的辐射安全监督管理工作都取得了进展，为我们做好今后的工作打下了良好的基础。刚才，唐山、承德、邢台、保定、廊坊市和霸州市、迁安市环保局分别介绍了他们辐射安全监督管理的一些做法和经验，希望大家认真学习和借鉴。尽管各市开展这项工作时间不长，但其他市的同志们在实际工作中也有不少好的、管用的做法，在下午的座谈讨论中，继续进行交流。下面，我讲几点意见。

一、全国辐射安全经验交流会的主要精神

2011年7月5日至9日，环境保护部核安全司在内蒙古呼伦贝尔市召开了2011年度辐射安全经验交流会，来自部核安全中心、辐射监测技术中心以及各省、自治区、直辖市环保厅(局)主管辐射的领导、辐射处、站长等140余人参加了会议。我省宋春婴巡视员、刘步芳核总工、辐射处张运国副处长、辐射站轩少伟站长参加了会议。

会上，江苏、黑龙江、浙江、福建、广东和内蒙古环保厅做了典型发言，分别从国家核技术利用辐射安全管理信息系统和辐射审批管理结合提高辐射管理效率、构建辐射安全保障体系、加强废旧金属熔炼企业放射性检测、实现核与辐射监管能力新突破、加强辐射安全制度建设以及提高核与辐射安全监管水平等方面介绍了经验。

会议还就“十二五”辐射安全监管有关工作、如何使用好“全国核技术利用申报系统”和“国家核技术利用辐射安全监管系统”使其发挥作用、《国家核技术利用辐射安全监管系统运行管理办法》、《放射性同位素与射线装置安全和防护管理办法》(部18号令)有关配套文件《核技术利用项目辐射监测机构资质条件》和《个人剂量监测机构评估实施细则》等进行了讨论。

环境保护部核安全司刘华司长做了总结讲话。刘司长强调，一是要高度重视核与辐射安全工作，日本311地震引起的福岛核事故是有自然灾难引发的核灾难，这次核事故突现了它的突发性、后果严重性、难以感知性和社会高度依赖性。因此，核无小事，核无国界，必须严格监管。二是各地要以福岛核事故为契机，做好"十二五"规划和辐射机构队伍和能力建设工作，完善法律法规建设，建设部分省重点实验室和国际接轨，能力建设要扩展到市一级。

最后刘司长就一些具体工作提出了要求：

（一）《辐射安全许可证》到了换证周期，核技术利用项目环评的内容可适当简化，但新改扩项目严格按要求审批。

（二）严格按照《放射性同位素与射线装置安全与防护条例》（国务院449号令）等严格要求和管理；希望各省都要充分利用好国家核技术利用辐射安全监管系统，实现放射源全国动态管理。

（三）放射性废物库项目启动已经好几年了，大部分省已经完成并通过验收，希望未完成的省抓紧时间，十月底完成。刘华司长强调：今年十月底为国家放射性废物库项目结束时间，到时进行项目决算，环保部不在等未完成的项目。

（四）2010年核安全司对五个省辐射站进行了监测能力评估，今年又进行了三个。这八个省级辐射站在全国属于比较好的，今年要对剩余省级辐射站继续进行监测能力评估，评估标准按上述八个辐射站的平均水平进行，对达到评估标准要求的辐射站，授予环保部实验室的称号，对达不到要求的辐射站，给三年的缓冲整改期，三年后，各省辐射站必须达到相应的辐射环境监测能力。

（五）我国发展核电的方针不变，但围绕核电质量，建设速度要慢下来，核电监测是环保的责任，各地要重视，核电外围监测设施要达标，对达不到标准要求的核电机组不能装料运行。

二、去年以来辐射安全监管工作进展情况

总的来看，去年以来，全省辐射安全的形势很好，主要体现在：一是辐射安全实现了零事故。去年以来，全省820余家放射源销售使用单位、6000余枚放射源、3000余家射线装置使用单位，没有发生一起放射源被盗、丢失、误照等事故。二是行政许可实现了高效能。全年省厅共审核环评文件259项，验收项目36个，核发《辐射安全许可证》105个，放射源异地使用备案98件，放射源转让297件；废源送贮总计173件。全年累计审核行政许可等事项

768项。没有发生一起超时限办理等不符合规定的问题。在前三个季度我省效能办组织的检查中,省效能办对省听辐射处行政许可归档材料规范完善两次给予肯定和表扬。各设区市环境保护局积极开展辐射项目验收、换发许可证、环评审批等工作,各项工作也取得了很大进展。三是辐射安全监管得到了加强。在省厅的督促指导下,经过各设区市环保局领导和同志们的积极努力,全省已有10个设区市局成立监管机构,开展了行政许可等监管工作。制定完善了《河北省环保厅辐射事故应急预案》等一系列规范性文件,使监管工作有章可循,有规可依。两次组织全省监管人员参加国家级的培训,使他们的业务能力和知识水平大大提高。坚持既依法办事,又切实保障群众合法环境权益的原则,妥善处理了大批群众对辐射污染的投诉举报案件和电话咨询、网上咨询等问题。

安全是辐射安全监管的生命线。为实现这一目标,保障人民安全和社会安宁,我们主要抓了以下工作:

(一)狠抓了执法检查。去年,我们组织全省500余名辐射安全监管人员,对820家放射源销售使用单位全面开展的拉网式的检查。省厅领导亲自带队,赴廊坊、张家口、承德、唐山、秦皇岛、衡水、邯郸等市重点用源单位,深入现场,严格检查,对存在问题和隐患提出严格要求。各设区市环境保护局领导高度重视,主管局长亲自安排部署,亲自带队检查。通过市、县监督指导,使检查中发现的问题及时得到整改。

今年上半年,我们又开展了以购买、使用放射性药品、换发《辐射安全许可证》、辐射项目竣工环保验收为主要内容的辐射安全检查。各设区市环保局及时成立执法检查领导小组,下发执法检查通知,开展全面细致的检查,从各市的汇报看,执法检查取得了预期的效果。

(二)狠抓了辐射安全许可工作。通过环评、验收、转让、审批等抓手,强化对放射源使用单位严格管理,对不符合规定且不按要求整改的,坚决不批。

一是集中开展了辐射项目的竣工环保验收工作。近年来,由于环保部门统一监管时间短、发放许可证、监管力量薄弱、应对突发事件、用源单位不积极等原因,我省辐射项目批多验少,批而不验的问题比较严重。辐射处做过统计,约有三分之二已批环评的项目没有申请验收。针对这一情况,年初,省厅下发了《关于开展辐射项目环保验收工作的通知》,对这项工作进行了安排部署。目前,这项工作正在全面展开。

二是开展了《辐射安全许可证》的延续换发工作。2006年我省开展辐射安全许可工作以来，陆续有辐射工作单位的《辐射安全许可证》到期，按照有关法律法规要求和环保部的安排部署，结合我省情况，省厅下发了《关于开展辐射安全许可证延续工作的通知》，在全省开展了《辐射安全许可证》的延续工作。从各地反应看，这项工作正在积极稳妥开展。

（三）解决了大型放射源使用单位的退役问题，开展了废旧放射源的收贮工作。2009年河南、广东等省辐照中心接连发生卡源事件，震动全国，引起中央领导的重视。为汲取这一沉痛教训，我们对省卫生监管局、石家庄中核石辐两个辐照中心提出了严格要求。通过积极工作，特别是石家庄市环保局主管局长和辐射处的同志多次督导，石家庄中和石辐辐照中心20万居里钴60放射源已安全转移，辐照场所已经环保部批准退役，可以无限制对外开放。省卫生监督局辐照中心4千居里的放射源已经安全送贮。

同时，各地环保局通过检查督促，使大批闲置、废弃放射源送贮，极大地消除了事故隐患。

（四）妥善处置了一批突发事件。去年以来，先后处理了浙江放射性物质流入我省承德、秦皇岛事件、外省放射性药品流入石家庄长途客运站事件、张北同顺生物养殖基地违法购买、使用放射性药品案件等。

2000年11月，在处理石家庄长途客运站放射性物品过程中，省厅辐射处、辐射站会同石家庄市局的同志，冒着被放射性药品照射的危险，在严寒中苦战两个半小时，克服了种种困难，终于将其安全收贮。并会同公安部门连夜奋战，将违法分子藏匿在窝点的放射性药品全部安全收贮，防止了事故的发生，维护了群众的安全。

2011年1月14日，张家口察北同顺生物养殖基地的人员到省厅申请转让放射性同位素时，辐射处经认真核对该企业提供的文件资料，发现该企业所提供的转让申请是扫描件，且中国同位素有限公司加盖的公章颜色不一致。1月17日，辐射处电话与中国同位素有限公司联系，核实有关情况时，中国同位素有限公司公司的人却称，我厅已经于14日完成审批。辐射处马上请中国同位素有限公司将审批件传真过来。经仔细核查，传过来的审批文件是伪造的公文。1月20日，省厅辐射处、辐射站和环监局的有关人员赴北京中国同位素有限公司进行调查了解。经查，中国同位素有限公司提供了自2008年9月以来张家口察北同顺生物养殖基地《放射性同位素转让审批表》7份，经核实，仅1份转让审批表为省厅依法审批，其他6份转让审批表均为伪造。

鉴于张家口察北同顺生物养殖基地涉嫌伪造行政许可审批公文和非法购买放射性同位素且数量较大,可能构成犯罪,省厅已移交公安部门查处。省厅依法吊销了该单位的《辐射安全许可证》。

2011 年 4 月 26 日,北京市环境保护局向我厅发函称:北京明科电通电力设备有限公司向承德供电公司(555 支)、秦皇岛供电公司(240 支)销售了含放射性物质熔断器,熔断器铜铸件含人工放射性核素钴－60,来自嘉兴市信达电力设备铸造厂。承德、秦皇岛环保局接省厅通知后,高度重视,迅速查清了含放射性物质熔断器的储存地点和安装地点,并进行监测核实。在市政府的领导下,协调公安部门对此货物的安全防盗进行重点防范,对已接触放射性货物的人员到指定的医疗机构进行身体健康检查。在省厅的协调下,本着谁污染谁治理的原则,熔断器的销售方北京明科电通电力设备有限公司委托有资质的的单位分别于 2011 年 5 月 1 日和 2 日将秦皇岛供电公司 240 支和承德供电公司 555 支含放射性物质熔断器运往嘉兴市信达电力铸造厂统一处理。圆满的完成了辐射应急工作。

(五)辐射环境应急监测工作成效显著。今年 3 月 11 日,日本本州岛附近海域发生里氏 9.0 级强烈地震,导致福岛第一核电站发生爆炸。2011 年 3 月 12 日上午,接环保部核与辐射事故应急办电话短信应急指令后,省厅领导高度重视,立即召集有关人员研究部署,及时启动辐射事故应急预案,组织开展辐射应急监测工作。应急监测人员及时到位,当天上午 12∶00 就开始向环境保护部上报自动站空气辐射 γ 剂量率监测数据。自 3 月 12 日开始,省辐射站在站办公楼和辐射自动监测站点实行值班制度,应急监测人员 24 小时昼、夜不间断值班,时时了解辐射监测数据变化,及时向环保部核与辐射事故应急办上报数据。

在开展辐射自动站连续监测的基础上,自 2011 年 3 月 15 日开始,派出移动监测小组开始在辖区沿海公路进行应急移动巡测,并组织辖区秦皇岛、唐山、沧州三个沿海地区环保局在市区和沿海区域设立固定监测点位开展了辐射应急监测工作。2011 年 3 月 17 日～20 日,省站站长及分管副站长带队赴秦皇岛市、唐山市、沧州市对辐射应急监测工作进行了具体部署和检查。

根据环保部核与辐射事故应急办应对日本地震第 17 号应急指令要求,我省自 3 月 26 日开始监测空气气溶胶中人工放射性核素分析。因省站不具备该项目的监测分析能力,只能采集样品后,委托外协机构进行实验室分析。3 月 26 日－4 月 12 日,委托中国原子能科学研究院进行了样品分析。4 月

13 日—5 月 22 日，委托核工业航测遥感中心计量站进行了样品分析。

此次辐射应急监测工作，由于监测范围广，项目参数多，数据上报频次大，省辐射环境管理站全体动员，全力以赴，应急监测人员克服困难，加班加点，坚守应急一线。为保证辐射自动监测站正常运行，强化与环保部核与辐射事故应急办、沿海各市通讯联络和数据接收上报，省站应急监测人员在站办公楼和辐射自动监测站点 24 小时昼、夜不间断值班，由于各市沿海区域监测点距离市区较远，应急监测人员也基本是昼夜值守，省站移动监测小组移动巡测平均每天行车 700 公里。

应对日本福岛核电事故应急监测工作期间，我省共接收环保部核与辐射事故应急办应急指令 18 个。对于每条指令都是及时部署落实，严格贯彻执行，一旦接到指令，保证做到及时出动，按时开展工作，准确上报监测数据。

（六）组织完成了青龙铀矿矿区及周边环境监测工作。根据环境保护部《关于中核北方铀业公司青龙铀矿下游部分河道废水污染应急治理等相关问题的复函》（环办函〔2011〕401 号）要求，2010 年 4 月 26 日～30 日，组织开展了青龙铀矿矿区及周边环境现场布点监测工作。布点监测区域包括青龙铀矿矿区、矿区周边村庄、水系的上下游及干支流交汇点等，监测对象包括空气、地表水、地下水、底泥、土壤、动植物等，监测工作综合考虑了铀矿污染物排放特征、环境影响后评估技术要求、近年来针对青龙铀矿污染纠纷所涉及的区域和监测项目。监测采集样品 200 多个，分析项目 20 多项。青龙铀矿监测工作为开展环境影响后评估及污染纠纷处理提供了有力技术依据。

上述成绩的取得，是全省辐射安全监管战线的同志们辛勤工作、共同努力的结果，在此，我代表省环保厅向同志们表示崇高的敬意和衷心的感谢！

三、扎实工作，全力确保我省的辐射安全

（一）贯彻落实好环保部会议和有关文件精神

全国辐射安全监管工作经验交流会强调了以下几项工作：一是《辐射安全许可证》延续工作；二是利用好核技术利用安全管理信息系统；三是加强废旧金属冶炼企业放射性检测；四是提高辐射安全监管能力；五是加快放射性废物库验收步伐。

关于《辐射安全许可证》延续工作。一方面，我们在审批过程中，要严格把关，对确实存在问题和隐患的单位，要通过换发许可证，督促其近期整改，确保安全。另一方面，对各方面都符合要求的单位，要简化手续，提高办事效率。

关于全国核技术利用安全管理信息系统的使用问题。江苏省的做法是将该系统与辐射审批管理相结合,融为一体,大大提高了管理效率。通过在全国这次会上了解,在全国来讲,我省利用国家核技术利用安全管理信息系统的情况是比较好的,从省厅到各市局,包括用源单位,都在积极使用这个系统。希望各地在今后的工作中,要继续坚持使用,并逐步走向规范化。

关于在废旧金属回收冶炼企业加强放射性监测问题。要从两方面做好工作:一是各位局长、科长都是建设项目审查委员会成员,在审查新建设项目时,对这类企业、项目要认真把关,凡涉及回收、冶炼废旧金属的,都要对安装、使用放射性监测设备提出要求,否则,向领导提议这类项目不予通过;二是对已有的项目,加强督导检查,提出明确要求,限期安装、使用放射性监测设备。对不按要求安装、使用的,要按照《放射性同位素与射线装置安全和防护管理办法》(环保部令第18号)有关规定予以查处。

关于辐射安全监管能力建设问题。各市对监测问题、设备问题、机构问题等都提出了不少的意见和建议。辐射处、辐射站要做为一项重要工作,认真谋化,提出对策和意见,并抓紧督促落实,争取在十二五期间使全省的能力建设大大提高。省辐射站要加快放射性废物库建设的后期工作,根据环保部要求按期完成任务。

要学习贯彻好《放射性同位素与射线装置安全和防护管理办法》(环保部令第18号)。环保部18号令已于今年5月1日起施行,这个办法对辐射安全管理中面临的问题提出了明确要求,内容包括:场所安全与防护、人员安全与防护、废旧放射源与被放射性污染物品管理、监督检查、应急处理等内容,是环保部关于辐射安全管理的最新文件。希望大家认真学习,结合我们的具体工作,抓好落实。

(二)抓好辐射项目的验收、《辐射安全许可证》的延续和换发工作

辐射项目特别是核技术应用类项目的环境保护竣工验收和《辐射安全许可证》的延续和换发工作都是今年全省辐射环境管理的重点工作。

核技术应用类项目大都附属于主体项目中,往往是主体项目的一部分。大家都知道,建设项目环保竣工验收是反映建设项目实施工程中,环保设施与主体工程"同时设计、同时施工、同时运行"结果的标志,对预防和减少环境影响起到至关重要的作用,建设项目环保竣工验收是我国环境管理的基本制度之一。同样,核技术应用类项目也要遵守这一制度,各市环保局要高度重视核技术应用类项目环保验收工作,解决目前普遍存在的"重环评审批、轻竣

工验收”现象，使核技术应用类项目“三同时”制度和环保竣工验收制度得到更好的落实。

各市环保局在核技术应用类项目验收审批过程中要严格执行国家的有关规定，对验收单位要进行现场检查，核实验收单位的放射源、射线装置，按照环评文件的内容、批复的要求，并结合今年5月1日起施行的环保部令第18号《放射性同位素与射线装置安全和防护管理办法》相关要求和《辐射安全许可证》的发放条件，检查验收单位的组织机构、人员资质、辐射环境监测和应急程序等落实情况，切实把好辐射安全关；对存在安全隐患的，一律不得通过辐射环境验收，并要要求核技术应用项目单位限期整改，对整改不及时不到位的，可以暂停核技术应用项目使用，切实把好辐射安全关。

由卫生部门颁发的《放射卫生许可证》向环保部门发放的《辐射安全许可证》的转换已经五年了。从今年开始，环保部门发放的《辐射安全许可证》陆续到了延续或换发的时间，请各市环保局即要严格按照国家有关《辐射安全许可证》的发放延续条件进行，也要加快核技术应用单位的延续或换发时间。

需要强调的是，除沧州市外，省厅已将Ⅳ、Ⅴ类放射源和Ⅲ类射线装置核技术单位的《辐射安全许可证》的发放工作委托给各设区市环保局，原省环保厅(局)颁发的Ⅳ、Ⅴ类放射源和Ⅲ类射线装置单位的许可证的延续或换发工作由各市负责，许可证的延续和换发编号按各市的编号要求从新编号，不再使用原许可证编号；各市要及时将收回的原省环保厅(局)颁发的许可证正、副本送省环保厅辐射处统一归档。

(三)切实搞好辐射安全执法检查工作

省环保厅《关于开展辐射环境安全检查的通知》下发后，各地环保部门高度重视，立即组织开展了检查。从各市反馈的情况看，这次为期一个多月的检查主要收获如下：一是提高了基层环保部门领导和辐射工作单位领导对辐射安全工作的重视程度。二是进一步摸清了放射源底数，使所有辐射工作单位都纳入了管理，为今后辐射安全管理奠定了基础。三是及时发现、清除了一批辐射事故隐患。四是督促辐射工作单位逐步完善了人防、物防、技防的措施，提高了安全管理水平。总而言之，通过这次检查，使我省的辐射安全进一步得到了保障。

同时，在检查中也发现了一些突出的问题，主要表现在：(1)个别辐射安全规章制度不健全，辐射工作场所的警示标识不明显。(2)部分辐射工作场所报警装置和防护措施有待完善。(3)少数辐射工作单位对辐射安全仍然认识不够,重视不够,安全防护措施有待进一步完善。(4)不少单位没有独立的放射源暂存库,放射源与其他物品混放。(5)不少单位应急预案内容简单,可操作性太差,应付了事,出了事故根本用不上。(6)个别单位放射源管理台账和运行记录内容不全,记录不规范。以上这问题,需要我们高度重视,采取措施认真解决。

关于执法检查,我再强调几点:一是把执法检查作为常态的工作,长期地坚持下去。抓安全工作最有效的措施之一就是执法检查,辐射安全监管工作也不例外。前一段温州高铁事故发生后,中央电视台评论员讲了一个"海恩法则",大致意思是,每一起重大、特大事故发生前,都会有许多的事故隐患存在着,都会有许多小事故可能发生。我们通过持续不断、深入细致的检查,就能够及时发现、消除事故隐患,防患于未然,最大限度地防止事故的发生。所以,执法检查要深入、持久地开展下去。除了省里组织的检查外,市、县(区)环保部门都要经常组织开展检查。同时,要督促企业自查自纠。二是及时解决问题。对检查中发现的问题,要有书面的整改通知,加强督导,及时跟踪,限期解决,不允许用源单位拖延。三是要严格执法,查处违法行为。对发现的违法行为,要依法进行查处。

(四)进一步提高应急处置能力

2010年以前,我省几乎每年都发生辐射事故。2010年以来,由于全省辐射安全监管工作战线上的同志们的辛勤工作、共同努力,到目前为止,还没有发生辐射事故。但突发事件不少,而且谁也不敢说今后不会发生事故或不发生突发事件。这几年,我们先后处理了一大批突发事件。同志们都经受住了考验,圆满完成了任务。通过过去的应急处置,我感觉在应对突发事件时,要做到五"要"。

(1)反应要迅速。接到事故和突发事件的报告或通报后,要立即行动,该去现场的立即赶赴现场。

(2)报告要及时。按程序及时向领导和上级机关报告。

(3)职责要明确。突发事件涉及部门、单位较多,比如公安、卫生、媒体、辐射工作单位等等。我们一定要明确自己的职责,既不越位,更不失职,同时配合好其他部门的工作。

(4)手段要优先。要处理好事故,首先要保护好自己。放射性污染的不可感知性要求我们必须把监测、个人防护放在优先位置,报警设备在先,人员在后,在确保安全的前提下,才能更好地处理突发事件,又保护好自己。

(5)程序要合规。尽管是应急,但我们作为执法部门要严格按有关法律、法规和制度办事,这样在处置过程中才不会出现纰漏和问题。

(五)进一步加强辐射监管、监测能力建设

日本福岛核电事故应急监测工作开展,使我们辐射监测系统的仪器、装备、程序和队伍都受到了锻炼和考验,也暴露出现有辐射预警和信息发布体系不健全,应急响应能力不足等问题。这些问题都有待在今后工作中进一步改进和完善。

一是积极推进核与辐射应急平台体系建设。应急平台建设要坚持统筹规划、搞好衔接、标准规范、整合资源的原则。应急平台要具备监测监控、预测预警、信息报告、辅助决策、调度指挥和总结评估等功能。建立健全辐射环境预警和信息发布体系。

二是辐射突发事件增多,核与辐射应急能力面临挑战。重点提升自动监测能力,加强自动站建设,实施放射源在线监控。加强辐射环境突发事件应急能力建设,配备应急指挥、移动监测车辆和仪器,形成区域性应急监测处置能力,建立结构合理、功能齐全、信息通畅的辐射污染应急信息系统和辐射环境信息系统,有效监控辐射污染物的排放,预警辐射事故和事件,为政府宏观决策及辐射环境安全提供支持和保障。

三是狠抓辐射技术能力建设,增强发展后劲。定期举办各类辐射环境监测技术培训班;认真落实《辐射环境监测能力评估方案(暂行)》(环办函〔2011〕152号),积极拓展辐射监测项目开展;严格辐射环境监测质量保证工作,通过组织的各类能力验证和技术比对,切实提高辐射监测人员的技术水平。

四是积极开展辐射环境科研工作。提出核与辐射监测管理基础性、方向性和前沿性的科研计划,结合全省核与辐射监管迫切需要解决的问题立项,开展放射性废物处置、核应急响应、辐射防护技术等重大问题研究。同时,积极开展国内外核与辐射科技交流与合作,及时跟踪研究国外环境科技发展水平,依靠科技进步确保核与辐射环境安全。

五是群众的环保权益意识日益增强,但辐射环境保护宣传教育跟不上。大力普及辐射科普常识,增强社会公众的防护意识;大力宣传贯彻放射性污染防治法,强化辐射单位的安全责任意识和守法观念;加强专业技术培训,增强从业人员安全生产能力,提高环境管理人员的执法水平。

(六)继续加强队伍建设

要继续推进机构建设。已经成立机构的,要积极争取配齐配强人员和设备。没有成立机构的,要抓紧向领导反映,说明情况,说明责任,取得理解,争取尽快建立。辐射安全监管任务重的县(市),霸州、迁安等已经设立了辐射科(股),其他的县(市)也要积极争取,市局要加强督导。

要进一步提高人员素质。积极组织辐射监管人员认真学习有关的法律法规和辐射安全的基本知识,积极参加各级各类培训。同时,要切实搞好辐射安全监管人员的自身防护,各位局长回去后,要向主要领导争取,为一线监管人员配备必要的防护设施。

要加强党风廉政建设。今年2月15日,环境保护部在京召开反腐倡廉警示教育大会,通报吴波、王磐璞严重违纪违法案件,部署环保领域党风廉政建设和反腐败工作。环境保护部党组书记、部长周生贤在讲话中指出,吴波、王磐璞案件,是环境保护部组建以来发生的严重违纪违法案件,在系统内外产生了极坏的影响。环保系统党员干部特别是领导干部要痛定思痛、引以为戒,时刻警醒自己,倍加珍惜政治生命,常修为政之德,力戒权力滥用;倍加珍惜荣誉名声,常怀律己之心,力戒放纵自我;倍加珍惜家庭亲情,常思贪欲之害,力戒见利忘义;倍加珍惜平凡生活,常弃非分之念,力戒浮华攀比。千万不要因为贪图物质利益、追求奢华享受而丢掉人格,失去人身自由;千万不要因为违纪违法而葬送政治前程,落得身败名裂;千万不要因为超越道德底线,给亲人和家庭造成无法抚平的伤害。周部长的讲话语重心长,发人深省。希望同志们认真学习,深入领会,在工作中时刻做到自重、自省、自警、自励,严格要求自己,做廉洁自律的表率。

我省的辐射安全监管工作任重而道远。但是我相信,只要全省同志们坚定信心,扎实工作,恪尽职守,迎难而上,就一定能够开创辐射环境安全的新局面。

(2011年8月25日)

河北省环境保护规章、重要文件

中共河北省委办公厅
河北省人民政府办公厅
关于深入实施“双三十”节能减排
示范工程的意见

冀办发〔2011〕15号

省委、省政府决定,“十二五”期间在巩固深化已有“双三十”工程基础上,重新筛选单位能耗高、排放总量大、示范作用强的30个县(市、区)和30家企业,继续深入实施“双三十”节能减排示范工程,进一步扩大和强化节能减排的引领带动作用。经省委、省政府领导同意,现就推进实施工作提出如下意见。

一、指导思想

坚持以科学发展为主题,以加快经济发展方式转变为主线,紧紧围绕实现全省“十二五”节能减排任务目标,按照“巩固提升、深化拓展、示范带动、全面推进”的原则,以“双三十”节能减排示范工程为引领,坚持改革创新,建立长效机制,完善配套政策,严格考核奖惩,以更大的决心和力度,推动我省经济社会科学发展,产业结构转型升级。

二、目标任务

(一)重点县(市、区)目标任务

1.完成节能减排目标。完成省、市政府下达的“十二五”节能减排目标任务,行政区域内列入省“双千企业工程”的重点节能企业和省控重点排污企业完成“十二五”节能减排目标任务,实施“对标行动”及清洁生产审核。

2.降低能耗排放强度。行政区域内单位GDP能耗、单位GDP排污强度逐年降低;节能建筑占比、第三产业增加值占GDP的比重逐年提高,高耗能行业增加值占规模以上工业增加值的比重逐年下降;当年实施技术改造项目和淘汰落后产能项目形成的节能减排能力应占到本行政区域当年节能量和减排量的比例有明显提升。

3.实现淘汰落后要求。严格执行国家产业政策,按期按要求关停、淘汰落后生产设备和产能,切实推进区域产业结构优化升级和转型,结构调整取得实质进展。

4.提升污水处理能力。2012年底前,建立完备的城镇污水汇集、处理系统,县城污水处理厂完成升级改造和深度治理,具备脱磷除氮功能,确保出水稳定达到国家《城镇污水处理厂污染物排放标准》一级标准A标准。县城污水处理率不低于85%,中水回用率不低于20%;2013年底前,行政区域内省级重点镇和现状人口1万人以上的镇建成污水处理厂。

5.建成垃圾处理体系。2013年底前,建成"村收集、乡运转、县处理"城乡一体的城镇垃圾无害化处理体系,县城生活垃圾无害化处置率不低于85%,垃圾处理系统做到安全运行和达标运行;工业园区(或密集区)实现污染集中治理,并稳定达标达量运行。

6.控制畜禽养殖污染。控制农业污染,行政区域内规模化畜禽养殖场和养殖小区建设养殖场沼气工程和畜禽养殖粪便资源化利用工程,污染排放符合总量减排要求。

7.严格执行政策法规。行政区域内固定资产投资项目严格执行节能评估与审查、排污总量核定、环境影响评价和"三同时"制度,严格遵守核准、备案有关程序,无违规新建高耗能、高污染项目。

8.环境整治取得成效。实施烟粉尘综合治理工程,逐步取消县城建成区内小型燃煤锅炉,实现集中供热和热电联产,大吨位燃煤锅炉限期安装脱硫设施。县城环境空气质量逐年改善,到2014年,稳定达到二级标准;行政区域内水环境质量逐年改善,到2014年,主要地表水域水质达到环境功能区划要求,跨界河流主要监控断面水质稳定达到省、市规划目标要求。

(二)重点企业目标任务

1.按期完成各级政府下达的"十二五"节能减排目标任务。

2.污染治理设施稳定运行。到2011年底前,完成安装污染源自动在线监测系统并与环保部门联网,确保污染物达标达量排放。

3.淘汰落后生产设备和产能。对国家明文规定的落后生产设备和产能,确保按时限要求完成关停淘汰任务。实施节能技术改造项目和淘汰落后产能项目形成节能能力,在本企业当年节能量中占比达到一定比例。

4.开展节能减排“对标”行动。推行清洁生产，实现主要产品单位能耗、排污强度（指主要污染物）逐年降低，到2013年，主要工序能耗达到省定先进标准，主要产品排污强度达到国内清洁生产先进水平。

5.严格贯彻执行国家、省产业政策和节能环保法律、法规和规定。

（三）下达方式

各市组织“双三十”单位拟定《“十二五”节能减排目标任务责任书》，经省“双三十”节能减排工作领导小组审核，报省政府批准。省政府与“双三十”单位分别签订责任书。

三、考核机制

（一）基本要求

1.明确责任主体。“双三十”节能减排的责任主体是县（市、区）政府和企业法定代表人。有关县（市、区）要把目标任务纳入本地经济社会发展“十二五”规划，层层分解落实到相关乡（镇）、部门、企业和重点工程措施。有关企业要把目标任务逐项落实到相关部门、车间和具体工程措施。

2.强化年度预审。“双三十”单位每年2月15日前将上一年度本地本企业节能减排年度目标完成情况的自查自评报告报所在地市政府预审，并分报省发展改革委、省环保厅。各市政府于2月底前将预审意见报省“双三十”节能减排工作领导小组办公室。

3.公布考核结果。省“双三十”节能减排工作领导小组负责对“双三十”单位上一年度节能减排目标完成情况进行考核，并于每年3月底前将考核结果报省委、省政府审批。考核结果通过主要新闻媒体向社会公布。未经省“双三十”节能减排工作领导小组办公室审定，“双三十”单位节能减排数据不得自行发布。

（二）考核制度

1.总体要求。实行“每年一考核、两年一奖惩、五年算总账”制度。省“双三十”节能减排工作领导小组办公室负责制定考核实施办法和年度考核细则。每年第四季度初组织预考核，预考核结果作为年终考核的重要依据。

2.考核原则。以“双三十”单位节能减排责任书和每年实施计划为依据，坚持总体考核与年度考核相结合，目标完成与实际成效相结合，任务轻重与变化程度相结合，工作考核与群众评判相结合。

3.考核方法。由省“双三十”节能减排工作领导小组组成考核组，采取材料审查、现场核查和重点抽查相结合的方式进行。

(三)奖惩制度

考核结果分优秀、完成目标和未完成目标三个等次。优秀等次从完成目标的“双三十”县(市、区)和企业中按考核得分排名各取8—10名(各不超过1/3)。考核结果纳入干部绩效考核,作为对党政领导班子和领导干部综合考核评价的重要依据,实行问责制和一票否决制。

1.年度考核优秀的,省委、省政府分别授予“河北省‘双三十’节能减排优秀单位”、“河北省‘双三十’节能优秀单位”和“河北省‘双三十’减排优秀单位”称号,并颁发奖牌、奖金。节能减排目标年度考核为双优秀的、连续2年考核为单项优秀的、连续3年考核为完成等次的“双三十”单位,县(市、区)党政主要负责人、分管负责人可享受省委有关激励干事创业的政策,重点企业主要负责人在评选劳动模范等荣誉称号时优先予以考虑。

2.年度未完成节能或减排目标任务的单位,由省“双三十”节能减排工作领导小组办公室下发预警通知,并约谈政府主要负责人和企业法人代表,提出限期整改要求。整改期间实行区域和企业建设项目禁(限)批;连续2年未完成节能或减排目标任务的单位要向省政府作出书面检查,在省内主要新闻媒体上对县(市、区)党政主要负责人和政府分管领导、企业法人代表通报批评,取消年度评先评优资格,年度内实行区域和企业建设项目禁(限)批;连续3年或5年算总账时未完成节能减排目标任务的,县(市、区)党政主要负责人、政府分管负责人要引咎辞职,国有企业法人代表就地免职,民营企业停产整顿。

3.对在节能减排考核工作中瞒报、谎报情况的地区和企业予以通报批评,对直接责任人员依法追究责任。

四、保障措施

(一)加强组织领导。省“双三十”节能减排工作领导小组及其办公室继续作为“十二五”期间全省“双三十”节能减排工作的组织领导机构,全面负责“双三十”节能减排工作日常管理和考核评价工作。大力加强基层统计基础工作和队伍建设,建立适应节能减排考核要求的省、市、县三级统计体系。各市要加强对行政区域内“双三十”节能减排工作的督导和支持,负责日常监管,及时调度和协调解决存在的问题。各相关部门要切实发挥职能作用,形成协调联动、合力推进的工作机制。各“双三十”单位要把节能减排工作摆在首要位置,列入重要议事日程,主要领导要亲自谋划和组织推动,建立健全组织领导和责任考核体系,确保节能减排工作的顺利开展。

（二）层层分解落实。根据目标任务责任书，“双三十”单位制定本行政区域、本企业未来5年和分年度节能减排实施方案，将目标责任进行层层分解，任务落实到具体项目，责任落实到具体部门和相关人员，建立层层负责、齐抓共管的推进机制和责任体系。

（三）完善督导体系。对“双三十”节能减排工作继续实行季度督导、半年调度、年度考核制度。省政府每半年组织一次工作调度，督促进度，协调解决重大问题。省“双三十”节能减排工作领导小组办公室每季度组织一次现场检查和业务技术帮扶活动，每半年通报一次各单位节能减排重点工程项目建设和运行情况，每年底组织对各单位年度工作计划完成情况进行评估考核。

（四）建立激励机制。省“双三十”节能减排工作领导小组成员单位都要结合部门职能，制定出台扶持“双三十”节能减排工作的政策措施（具体激励措施另行制发）。各级政府要结合本地实际，大力推进改革创新，强化政策机制保障，切实落实激励措施，全方位予以帮扶。“双三十”单位实施的节能减排项目在报请省主管部门同意后可先行启动，再补办有关手续，各级各有关部门在项目审批、土地安排、要素供应、排污权交易等方面给予倾斜，在税费减免、资金扶持、绿色信贷等方面优先支持。鼓励“双三十”单位积极探索节能减排有效机制，适时总结推广实际工作中行之有效的特色做法。对在“双三十”节能减排工作中作出突出贡献的集体和个人给予表彰奖励。

（五）开展争先创优。结合重点目标任务推进要求，有计划地开展“双三十”环境质量改善奖、环境综合整治奖、结构调整推进奖和十佳环保守法企业、十佳节能创新企业、十佳污水处理厂、十佳垃圾处理场、十佳节能工程、十佳减排工程、十佳工业园区、十佳减排设施运行单位、十佳清洁生产单位、十佳“对标”单位等专项评选活动。

（六）强化宣传教育。深入总结和推广“双三十”节能减排示范工程的成功经验，组织开展节能减排管理和技术进步经验交流，提高全社会的节能环保意识。适时组织研讨和观摩活动，开展分层次、大规模培训，培养一批具有较高专业素质的节能减排工作队伍，提升节能减排工作水平。

各市要按照国家与省有关节能减排工作的部署要求，结合“十二五”时期本地经济社会发展规划和推进节能减排任务需求，抓紧组织和督促本地“双三十”单位研究制定具体的工作任务和目标，做到任务目标定量化、项目化、责任化，具有操作性、可达性。“十一五”期间的“双三十”单位依然是全省节能减排的重点,继续下达未来5年目标任务,实施常态化管理和考核,每年度一评估,每两年一考核,五年算总账。其日常督导与考核评估工作由所在地市政府依照本意见和省有关“双三十”的其他要求组织实施。省“双三十”节能减排工作领导小组负责定期检查、抽查,汇总审核各市考核情况,提出考核结果建议,报省委、省政府批准后向社会公布。

各市、县(市、区)都要确定本地直接管理考核的能耗和排污大户,作为节能减排工作的实施重点,明确目标,强化措施,加大投入和监管力度,实行责任奖惩制,全力确保“十二五”期间节能减排各项目标任务的完成。

附件:1.“双三十”节能减排重点县(市、区)名单

2.“双三十”节能减排重点企业名单

附件1

“双三十”节能减排重点县(市、区)各单

石家庄

晋州市、赵县、井陉县、新乐市

承德

隆化县、承德县

张家口

怀来县、下花园区、怀安县

秦皇岛

青龙满族自治县

唐山

遵化市、滦南县、迁西县、乐亭县

廊坊

大城县

保定

涿州市、徐水县、清苑县、安国市

沧州

任丘市、河间市、南皮县

衡水

深州市、景县

邢台

内丘县、南宫市、临城县

邯郸

涉县、魏县、磁县

附件 2

“双三十”节能减排重点企业名单

石家庄市

1.河北华电石家庄热电有限公司

2.华能国际电力股份有限公司上安电厂

3.河北西柏坡发电有限责任公司

4.石家庄正元化肥有限公司

承德市

5.承德盛丰钢铁有限公司

6.兴隆矿务局

张家口市

7.大唐国际发电股份有限公司张家口发电厂

8.河北盛华化工有限公司

秦皇岛市

9.秦皇岛浅野水泥有限公司

10.秦皇岛安丰钢铁有限公司

唐山市

11.河北大唐国际王滩发电有限责任公司

12.河北省首钢迁安钢铁有限责任公司

13.唐山长城钢铁集团九江线材有限公司

14.大唐国际发电股份有限责任公司陡河发电厂

廊坊市

15.国华三河发电有限责任公司

16.河北前进钢铁集团有限公司

保定市

17.大唐保定热电厂

18.河北旭阳焦化有限责任公司

沧州市

19.河北国华沧东发电有限责任公司

20.中海石油中捷石化集团有限公司

21.河北金牛化工股份有限公司

衡水市

22.河北衡丰发电有限责任公司

23.冀州银海化肥有限责任公司

邢台市

24.河北中煤旭阳焦化有限公司

25.中钢集团邢台轧辊有限公司

26.沙河市安全实业有限公司

邯郸市

27.新兴铸管股份有限公司

28.中国国电集团公司邯郸热电厂

29.河北太行水泥股份有限公司

30.武安市文丰钢铁有限责任公司

河北省人民政府关于印发河北省“十二五”节能减排综合性实施方案的通知

冀政函〔2011〕112 号

各设区市人民政府，各扩权县(市)人民政府，省政府有关部门：

为确保实现《河北省国民经济和社会发展第十二个五年规划纲要》提出的节能减排约束性指标，现将《河北省“十二五”节能减排综合性实施方案》印发你们，请结合本地、本部门实际，认真贯彻执行。

省发展改革委、省环保厅要认真履行节能减排工作主管部门的职责，加强指导协调和监督检查。省工业和信息化厅、省住房和城乡建设厅、省交通运输厅、省农业厅、省公安厅、省商务厅、省直机关事务管理局等部门要明确本领域“十二五”及各年度目标任务，并强化工作措施，确保如期完成。省有关部门要密切配合，形成合力，并结合各自职责，完善具体配套措施。各设区市要在 2011 年 8 月 15 日前，提出本地贯彻落实的具体方案并报送省节能减排工作领导小组办公室备案。

河北省人民政府

二〇一一年七月十二日

河北省“十二五”节能减排综合性实施方案

“十二五”时期，全省节能减排工作的总体要求是：以科学发展为主题，以加快转变经济发展方式为主线，以确保实现约束性目标为核心，更加注重能耗总量控制与标准限额约束，更加注重结构节能减排与工程节能减排，更加注重重点领域突破与整体协调推进，综合运用经济、行政、法律、思想、舆论、组织等手段，使节能减排贯穿于生产、建设、流通、消费的各个领域、各个环节，加快构建资源节约、环境友好的生产方式和消费模式，促进经济社会又好又快发展。主要工作目标是：2015 年，全省万元 GDP 能耗比 2010 年降低

18%,比2005年降低34.5%;化学需氧量和氨氮排放总量分别控制在128.3万吨和10.1万吨以内,比2010年的142.2万吨和11.6万吨分别减少9.8%和12.7%;二氧化硫和氮氧化物排放总量分别控制在125.5万吨和147.5万吨以内,分别比2010年143.8万吨和171.3万吨减少12.7%和13.9%。

一、强化目标责任约束

(一)分解目标任务。综合考虑各地经济发展水平、产业结构现状、资源环境容量、节能减排潜力及重大产业布局等因素,合理分解各设区市"十二五"及各年度节能减排目标。省工业和信息化厅、省住房和城乡建设厅、省交通运输厅、省农业厅、省公安厅、省商务厅、省直机关事务管理局按照"条块结合"的原则,明确本领域"十二五"及各年度节能减排目标。各设区市要将省下达目标逐级落实到各县(市、区)、各乡(镇)及各企业。继续实行单位GDP能耗年度下降率、累计下降率及能耗增量三重控制,各地各部门各单位要确保完成任务达到时间进度要求,避免出现前松后紧的被动局面。(省发展改革委、省环保厅、省工业和信息化厅、省住房和城乡建设厅、省交通运输厅、省农业厅、省公安厅、省商务厅、省直机关事务管理局、各设区市政府负责)

(二)认真督导考核。坚持年初部署、年中督导、年底预考核,实行半年及全年公报制度。完善节能减排考核办法,把设区市目标考核与省直部门目标评价相结合,把落实5年目标与完成年度目标相结合,把年度目标考核与进度跟踪相结合。省政府每年对各设区市进行节能减排目标评价考核,并向社会公布考核结果。省有关部门每年要向省政府报告节能减排措施落实情况。(省发展改革委、省环保厅、省统计局、各设区市政府负责)

(三)严格兑现奖惩。坚持把节能减排目标完成和措施落实情况作为领导班子和领导干部综合考核评价的重要内容,纳入政府绩效管理,实行问责制。建立节能减排表彰奖励制度,对做出突出成绩的地区、单位和个人给予奖励。对未完成年度节能减排目标的地区和企业,限期进行整改,实行建设项目禁(限)批,取消授予该地区和企业及其主要负责同志、主管节能环保方面的荣誉称号。(省发展改革委、省环保厅、省监察厅负责)

二、强化重点区域、企业和领域节能减排

(一)深入实施"双三十"示范工程。在巩固深化已有"双三十"工程基础上,重新筛选单位能耗高、排放总量大、示范作用强的30个县(市、区)和30家重点企业,继续深入实施"双三十"节能减排工程,进一步扩大和强化节能减排的引领带动作用。对新选"双三十"单位实行每年一考核、两年一奖惩、五年算总账制度，严格兑现奖惩措施，强化工作措施，确保完成目标任务。对原有“双三十”单位实行常态化管理和考核，每年一评估、两年一考核、五年算总账，促其继续巩固提高，严防出现反弹。（省环保厅、省发展改革委负责）

（二）加大“双千”企业推进力度。组织1000家重点耗能企业开展能源审计，编制节能规划，加快改造步伐，加强基础管理，力争“十二五”实现节能量2000万吨标准煤；对1000家环保重点监控企业实施全程监管，严格执行行业排放标准和清洁生产标准，力争“十二五”实现化学需氧量和氨氮排放量分别削减20%，二氧化硫和氮氧化物分别削减30%。每年组织对“双千”企业节能减排目标完成情况进行评价考核，并向社会公布考核结果。（省发展改革委、省环保厅、省工业和信息化厅负责）

（三）深挖工业行业节能减排潜力。严控新上“两高”项目，严控“两高”行业过快增长，加大工业行业结构调整力度，加快企业技术改造步伐，开展能耗污染对标行动，降低单位产品能耗和排污强度。2015年全省规模以上工业万元增加值能耗比2010年下降20%以上。实行电力、钢铁、造纸、印染等行业主要污染物排放总量控制，新建燃煤机组全部安装脱硫脱硝设施，现役燃煤机组必须安装脱硫设施，不稳定达标排放的要更新改造，烟气脱硫设施要按照规定取消烟气旁路。单机容量20万千瓦及以上燃烧机组全部加装脱硝设施。钢铁行业全面实施烧结机烟气脱硫，新建烧结机配套安装脱硫脱硝设施。石油炼化、建材等重点行业实施脱硫改造。新型干法水泥窑实施低氮燃烧技术改造，配套建设烟气脱硝设施。加强重点行业、区域和流域重金属污染防治。（省工业和信息化厅、省环保厅、省发展改革委负责）

（四）推动建筑领域节能减排。开展绿色建筑行动，每个设区市建成3个以上、每个县级市建成1个以上绿色建筑示范小区。新建建筑严格执行强制性节能标准，设计、施工阶段建筑节能标准执行率分别达到100%。加快既有建筑节能和热计量改造，5年完成改造面积5000万平方米。落实热计量收费制度，所有新竣工建筑和完成热计量改造的既有建筑，全部实行热计量收费。推动可再生能源与建筑一体化应用，可再生能源建筑规模化应用比例达到38%以上。到2015年，全省城镇节能建筑在建筑面积中占比提高10个百分点。加强城市照明管理，严格控制过度装饰和亮化。（省住房和城乡建设厅负责）

（五）强化交通运输领域节能减排。加快构建节能型综合交通运输体系，开展低碳交通城市试点，构筑以快速、大运量公交为主体的城市公共交通体系。组织“车船路港”千家企业低碳交通运输专项行动,推行甩挂运输和不停车收费。落实道路运输车辆燃料消耗量准入制度,普及驾驶员节能技术,提升车用油燃用品质。加快电动汽车充电设施建设,推广节能与新能源汽车。加快淘汰老旧汽车、机车、船舶,2012 年以前全省实行国Ⅲ排放标准,对达不到国Ⅲ(不含)排放标准的转入车辆,公安交通管理部门将不予办理转入手续,2015 年底前全部淘汰 2005 年以前注册的运营黄标车,加速提升车用油燃油品质。全面推行机动车环保标志管理,严格实施第四阶段机动车排放标准,加快实施第五阶段排放标准。(省交通运输厅、省公安厅、省环保厅、省商务厅负责)

(六)加强农业农村领域节能减排。加快淘汰老旧农用机具,推广使用节能型机械、设备和渔船。推进农村节能型住宅建设,推广省柴节煤灶,推动农作物秸秆综合利用,建设户用(联户)沼气 50 万户。治理农业面源污染,加强农村环境综合整治,实施农村清洁工程,畜禽标准化规模养殖场和养殖小区配套建设废弃物处理设施,鼓励污染物统一收集、集中处理。因地制宜推行农村污水处理设施建设。推广测土配方施肥,鼓励使用高效、安全、低毒农药。(省农业厅、省环保厅负责)

(七)推进商贸流通领域节能减排。在零售业等商贸服务和旅游业开展节能减排行动,加快设施节能改造,严格用能管理,引导消费行为。宾馆、饭店、商场、超市等商贸流通企业要积极采用节能、节水、节材型产品和技术,严格执行夏季、冬季空调温度设置标准。超市、商场等场所要推行节能标签,引导居民购买使用高效节能家电、照明产品,减少一次性用品的使用和消费。2015 年商贸流通能耗率比 2010 年下降 15%。(省商务厅负责)

(八)抓好公共机构节能减排。公共机构新建建筑实行更加严格的建筑节能标准。加快公共机构节能改造,完成办公建筑节能改造 150 万平方米。推进公务用车制度改革,严格用车油耗定额管理,实行单车能耗核算和节能奖励。组织实施公共机构百家示范单位创建工程、绿色照明工程、零待机能耗工程、资源综合利用工程等。建立完善公共机构能耗统计、能源审计、能效公示和能耗定额管理制度,加强能耗监测平台和节能监管体系建设。到 2015 年,以 2010 年公共机构能源资源消耗为基数,人均能耗下降 15%,单位建筑面积能耗下降 12%。(省直机关事务管理局负责)

三、推进结构性节能减排

(一)严把项目准入关口。所有新上工业项目必须采用国内最先进技术工艺，必须按照循环经济理念考虑产业链的延伸，必须达到同行业能耗和排污先进水平，必须将能耗和排污总量控制在核定范围内。对拟建的没有能耗增量来源的高耗能项目，各级投资主管部门一律不得审批、核准和备案；严格控制新增污染物排放量，把污染物排放总量作为环评审批的前置条件，对没有主要污染物总量指标来源的项目，各级环保部门一律不得审批环评报告。对未完成年度节能减排目标、重点减排项目未按目标责任书落实的地区和企业，实行阶段性能评、环评限批。未通过环评、能评的项目一律不得开工建设，对违规建设的"两高"项目，由所在设区市政府责令停止建设，金融机构不得发放贷款。严肃查处越权审批、分拆审批、未批先建、边批边建等行为，情节严重的依法依规追究有关负责同志及相关责任人员的责任。（省发展改革委、省环保厅、省工业和信息化厅、省金融办、省监察厅、各设区市政府负责）

（二）坚决淘汰落后产能。我省将"十二五"淘汰落后产能任务按年度分解下达各设区市，落实到具体企业、具体设备。完善落后产能退出机制，综合运用经济、法律、技术和行政等手段，支持各地淘汰落后产能工作。建立淘汰落后产能公告制度，对未按期完成淘汰任务的地区，严格控制国家、省安排的投资项目，暂停对该地区"两高"行业建设项目的核准、审批和备案；对未按期完成淘汰任务的企业，依法吊销排污许可证、生产许可证和安全生产许可证；对虚假淘汰行为，依法依规追究企业负责人和地方政府及有关部门和人员的责任。（省工业和信息化厅、省发展改革委、省环保厅、省质监局、省安监局、省监察厅负责）

（三）改造提升传统产业。落实产业结构调整指导目录。加快用先进适用技术改造冶金、建材等传统优势产业，支持对产业升级带动作用大的重点项目和重污染企业搬迁改造，优化工艺流程，延伸产品链条，加快兼并重组，调整生产布局，推动设备大型化、工艺连续化、生产集约化、产品高端化。（省发展改革委、省工业和信息化厅负责）

（四）加快发展服务业和新兴产业。加快发展现代物流、文化旅游、金融保险、商贸流通等服务业，到2015年服务业增加值占GDP的比重达到38%。加快发展新能源、新一代信息、生物医药、高端装备制造、新材料、节能环保等战略性新兴产业，到2015年高新技术产业增加值占GDP的比重达到10%。（省发展改革委、省工业和信息化厅负责）

（五）优化能源消费结构。发展燃煤热电联产机组，加快建设30万千瓦超临界热电联产机组，到2015年设区市集中供热率达到80%以上。促进煤炭清洁化、高效化、低碳化利用,到2015年煤炭在一次能源消费中的比重下降到85%以下。发展风能、太阳能、生物质能、地热能等可再生能源,到2015年非化石能源占能源消费总量比重达到6%。(省能源局负责)

四、推进工程性节能减排

(一)实施节能重点工程。谋划实施锅(窑)炉改造、电机系统节能、能量系统优化、余热余压利用、节约替代石油、建筑节能、绿色照明等节能技改工程,以及节能技术产业化示范工程、节能产品惠民工程、合同能源管理推广工程和节能能力建设工程。每年竣工节能技改项目500项,形成年节能能力300万吨标准煤。"十二五"时期,全省高炉、转炉煤气回收率分别提高3个和20个百分点,窑炉、工业锅炉平均运行效率分别提高2个和5个百分点,电机系统运行效率提高2—3个百分点。(省发展改革委、省工业和信息化厅、省财政厅负责)

(二)实施污染减排重点工程。实施城镇污水处理设施及配套管网建设工程,县(市、区)和重点建制镇基本实现具备污水处理能力,改造提升现有设施,强化脱氮除磷工艺,推动污泥处理处置。到2015年,全省新增污水处理能力300万吨/日,新建配套管网4000公里,城市污水处理率平均达到80%,其中设区城市达到90%,县城达到85%,建制镇达到50%,再生水利用率达到20%,形成削减化学需氧量和氨氮能力78万吨、9.2万吨。实施规模化畜禽养殖场污染治理工程,形成削减化学需氧量和氨氮能力15万吨和0.5万吨。实施脱硫脱硝工程,推动燃煤电厂、钢铁行业脱硫,形成削减二氧化硫能力16.9万吨;推动燃煤电厂、水泥行业、机动车脱硝,形成削减氮氧化物能力21万吨。(省住房和城乡建设厅、省环保厅、省农业厅、省公安厅负责)

(三)实施循环经济重点工程。实施资源综合利用、废旧商品回收体系、"城市矿产"示范基地、再制造产业化、餐厨废弃物资源化、产业园区循环化改造、清洁生产等循环经济重点工程,开展资源节约环境友好型企业试点示范。推进循环经济示范工程,抓好3个示范市、20个示范县、50个示范园区企业和50个示范项目建设。(省发展改革委、省工业和信息化厅、省商务厅、省住房和城乡建设厅、省环保厅负责)

五、推进循环性节能减排

(一)加强宏观指导。出台加快发展循环经济的意见。编制"十二五"循环经济发展专项规划和重点领域专项规划,指导各地做好规划编制和实施工作。深化循环经济示范试点,分类型、分行业推广循环经济典型模式。(省发

展改革委负责）

（二）推行清洁生产。编制清洁生产推行规划，围绕主要污染物减排和重金属污染治理等突出环境问题，全面推进农业、工业、服务业清洁生产，从源头和生产过程减少资源消耗和污染物排放。发布清洁生产审核方案，公布清洁生产强制审核企业名单，鼓励企业进行自愿性清洁生产审核。实施清洁生产示范工程，推广应用清洁生产技术。（省环保厅、省工业和信息化厅、省发展改革委负责）

（三）推进资源综合利用。加强共伴生矿产资源及尾矿综合利用，建设绿色矿山。推动煤矸石、粉煤灰、脱硫石膏、冶炼和化工废渣、建筑和道路废弃物以及农作物秸秆、农林废物资源化利用，大力发展利废新型建筑材料，到2015年工业固体废物综合利用率达到70%以上。加快发展节能新型墙体材料，禁止使用实心粘土砖，逐步拆除粘土砖窑，积极推进粘土墙体制品的减量和淘汰，2015年新型材率达到70%，比2010年提高10个百分点。继续推广散装水泥，大力发展预拌混凝土和预拌砂浆，在城市城区内禁止现场搅拌混凝土和砂浆，2015年散装水泥率比2010年提高13.5个百分点。（省发展改革委、省工业和信息化厅、省住房和城乡建设厅、省国土资源厅、省农业厅、省环保厅负责）

（四）推动再生资源产业化利用。加快建设城市社区和乡村回收站点、分拣中心、集散市场“三位一体”的再生资源回收体系，抓好5个“城市矿产”示范基地建设，推进再生资源规模化利用。完善再制造旧件回收体系，重点发展汽车零部件及机电产品再制造，推动再制造产业化发展。（省发展改革委、省工业和信息化厅、省商务厅、省财政厅负责）

（五）加快垃圾资源化利用。建立健全城市生活垃圾分类回收制度，完善分类回收、密闭运输、集中处理体系，鼓励垃圾焚烧发电和供热、填埋气体发电、餐厨废弃物资源化利用。鼓励工业过程协同处理城市生活垃圾和污泥，抓好石家庄国家级餐厨废弃物资源化利用城市试点工作，制定火电厂掺烧污泥鼓励政策。（省发展改革委、省住房和城乡建设厅、省环保厅负责）

（六）建设节水型社会。加强用水总量控制和定额管理。推广普及高效节水灌溉技术，农业灌溉水有效利用系数提高0.02。加快重点用水行业节水技术改造，提高工业用水重复利用率，限制高耗水服务业发展。加强城乡生活节水，推广应用节水器具。推进再生水、矿井水、海水、苦咸水等非传统水资源利用。实施海水淡化及综合利用示范工程，加快曹妃甸、渤海新区海水

淡化基地建设。2015年单位工业增加值取水量比2010年下降27%。(省水利厅、省国土资源厅负责)

六、推进技术性节能减排

(一)研发一批共性关键技术。提高节能减排技术研发经费在各级科技专项计划中的占比。推进节能减排科技专项行动,组织高效节能、低成本减排、废物资源化、零排放等共性、关键性和急需技术攻关。鼓励有实力的大企业或企业集团组建工程技术研究中心,建立以企业为主体、产学研相结合的节能减排技术创新与成果转化体系。(省科技厅负责)

(二)实施一批产业化技术。实施节能减排重大技术与装备产业化工程,重点支持稀土永磁无铁芯电机、半导体照明、低品位余热利用、地热和浅层地温能应用、烧结机脱硫、生物脱氮除磷、烟气脱硫脱硝一体化、高浓度有机废水处理、污泥和垃圾渗透液处理处置、废弃电器电子产品资源化、金属无害化处理等关键技术与设备产业化。扶持重点企业,建设基地园区,加快节能环保产业发展步伐。(省发展改革委、省环保厅、省科技厅、省工业和信息化厅负责)

(三)推广一批先进适用技术。认真执行国家节能减排技术政策大纲,鼓励企业生产或采用国家重点节能技术推广目录和国家鼓励发展的重大环保技术装备目录推荐产品、技术。以实施节能减排技改工程为抓手,每年滚动推广50项重大节能减排技术,加强与有关组织机构、科研院所的交流与合作,引进、消化、吸收、创新先进节能环保技术,加大推广力度。(省发展改革委、省工业和信息化厅负责)

七、推进政策性节能减排

(一)深化价格和环保收费改革。积极推进资源性产品价格改革,理顺煤电油气等产品价格关系。推行居民用水、用电阶梯价格,完善电力峰谷分时电价办法。加大差别电价、惩罚性电价实施力度,对违规建设的高耗能项目及超能耗限额标准用能的企业,执行惩罚性电价政策;对超过能(电)耗限定指标用能的企业,执行差别电价政策。惩罚性电价、差别电价收费专项用于节能减减排和产业结构调整。进一步完善环保收费制度,按照补偿治理成本原则,适时、适当提高排污费收费标准,专项用于污染治理;提高城镇污水处理费标准,将污泥处理费用纳入城镇污水处理成本。(省发展改革委、省住房和城乡建设厅、省环保厅负责)

(二)健全财政激励政策。加大对节能减排、循环经济、合同能源管理财政支持力度，所征收的惩罚性电费专项用于支持节能减排。深化“以奖代补”、“以奖促治”以及采用财政补贴方式推广高效节能产品等支持机制。推行政府绿色采购，充分利用强制采购和优先采购制度，逐步提高节能环保产品比重，促进政府节能环保服务采购。（省发展改革委、省财政厅、省环保厅负责）

（三）落实税收调节政策。全面落实国家支持节能减排、循环经济的增值税、所得税优惠政策。推进资源税费改革，适时将原油、天然气和煤炭资源税计征办法由从量征收改为从价征收并适当提高税负水平。积极推进环境税费改革，选择防治任务重、技术标准成熟的税目开征环境保护税，逐步扩大征收范围。（省国税局、省地税局、省财政厅负责）

（四）强化金融支持政策。鼓励各类金融机构创新适合节能减排项目特点的信贷管理模式，大力支持节能减排“双千”企业、循环经济示范单位、合同能源服务公司及国家、省节能减排、循环经济重点项目。引导各类股权投资企业、社会捐赠资金和国际援助资金加大对节能减排的投入力度。提高“两高”行业贷款门槛，将企业超限额用能、环境违法等信息纳入人民银行企业、个人征信系统和银监会信息披露系统，与企业信用等级评定、贷款及证券融资联动。推行环境污染责任保险，重点区域涉重金属企业应当购买环境污染责任保险。（省金融办、人行石家庄中心支行、河北省银监局、省发展改革委、省环保厅负责）

八、推进市场性节能减排

（一）建立“领跑者”标准制度。研究以高耗能产品和终端用能产品能效领先水平为目标的“领跑者”标准，制订“领跑者”能效指标，明确实施时限。将“领跑者”指标与新上项目能评审查、节能产品推广应用相结合，推动企业技术进步，促进能效水平快速提升。（省发展改革委负责）

（二）加强节能环保发电调度和电力需求侧管理。大力推进差别电量计划和替代发电，优先安排水电、风电、太阳能发电等非化石能源以及余热余压、煤层气、填埋气、煤矸石和垃圾等发电上网。按照能效水平和污染物排放绩效排序，优先安排节能、环保、高效发电机组上网。研究推行发电权交易。落实电力需求侧管理办法，制定配套政策，实施重点项目，推行能效电厂。（省发展改革委负责）

（三）推行合同能源管理和治污设施特许经营。落实财政、税收和金融等扶持政策，引导专业化节能服务公司采用合同能源管理方式为用能单位实施节能改造;研究建立合同能源管理项目节能量认证和交易制度,培育第三方评估审核机构;鼓励大型重点用能单位利用自身技术优势和管理经验,组建专业化节能服务公司;引导和支持各类信用担保机构提供风险分担服务。总结燃煤电厂烟气脱硫特许经营试点经验,完善相关政策措施;鼓励采用多种建设运营模式开展城市污水垃圾处理、工业园区污染物集中治理,确保处理设施稳定高效运行;实行环保设施运营资质许可制度,推进环保设施的专业化、社会化运营服务。(省发展改革委、省环保厅负责)

(四)开展排污权和温室气体排放权交易。稳步推进主要污染物排污权有偿使用和交易,建设项目需要新增主要污染物年度许可排放量的、污染物排放量指标必须通过交易取得。以电力行业为试点行业,重点开展二氧化硫和氮氧化物的排污权有偿使用和交易,以沿海隆起带(主要包括秦皇岛、唐山、沧州市)为试点区域,重点开展化学需氧量和二氧化硫排污权有偿使用和交易。在部分高耗能行业,探索开展温室气体排放权交易。(省环保厅、省发展改革委负责)

九、推进管理性节能减排

(一)完善法规规章。制定《河北省城镇污水集中处理设施运行监督管理办法》和《河北省千家环保重点企业监督管理办法》,修订《河北省排放污染物许可证管理办法》、《河北省节约能源条例》、《河北省固定资产投资项目节能评估审查暂行办法》。(省发展改革委、省法制办、省环保厅、省住房和城乡建设厅负责)

(二)完善标准体系。全面落实国家节能环保标准,在重点行业制定更为严格的地方标准。修订重点行业单位产品能耗限额、产品能效和污染物排放等强制性标准,提高准入门槛。制定主要工业行业循环经济评价标准及流通企业节能、节水、节约包装材料等标准,编制省直节约型公共机构示范单位建设和评价标准,出台实施绿色建筑标准。(省质监局、省发展改革委、省商务厅、省住房和城乡建设厅负责)

(三)严格依法监督。加大对重点用能单位和重点污染源的执法检查、高耗能特种设备节能标准执行情况、建筑施工阶段标准执行情况、机关办公建筑和大型公共建筑节能监管体系建设的监督检查,以及节能环保产品质量和能效标识监督抽查。对严重违反节能环保法律法规,未按要求淘汰落后产能、违规使用明令淘汰用能设备、虚标产品能效标识、减排设施未按要求运行等行为,公开通报或挂牌督办,限期整改,对有关责任人依法依规进行严肃处理。实行节能减排执法责任制，对行政不作为、执法不严等行为，严肃追究有关主管部门和执法人员责任。（省发展改革委、省环保厅、省监察厅负责）

（四）加强能（电）耗调控。各设区市要根据省下达的能耗增量，核定下达重点用能企业全年用能（电）量限定指标。坚持实行能（电）耗季度通报制度，对能（电）耗增长过快的地区和企业，及时预警调控。按照国家统一部署，逐步推行能源消费总量控制。（省发展改革委、省统计局负责）

（五）强化环保监管。严格排污许可证管理。强化重点流域、重点地区、重点行业污染源监管，适时发布主要污染物超标严重的国控、省控企业名单。列入国家、省重点环境监控的电力、钢铁、造纸、印染等重点行业的企业要安装运行管理监控平台和污染物排放自动监控系统，定期报告运行情况及污染物排放信息，推进污染源自动监控数据联网共享。加强城市污水处理厂监控平台建设，做好运行情况和污染物削减评估考核，考核结果作为核拨污水处理费的重要依据。对城市污水处理设施建设严重滞后、收费政策不落实、污水处理厂建成后一年内实际处理水量达不到设计能力60%的，以及已建成污水处理设施但无故不运行的地区，暂缓审批该地区项目环评，暂缓下达有关项目的国家、省支持资金。（省环保厅、省住房和城乡建设厅、省发展改革委、省财政厅负责）

（六）改进统计制度。加强能源生产、流通、消费统计，建立和完善建筑、交通运输、公共机构能耗统计制度。实行全部规模以上工业企业能源消费月报，加强预测预警，搞好统计分析，提高能源统计的及时性和准确性。探索并适时建立循环经济统计制度。充实基层统计人员，尤其是加强"双三十"县统计队伍建设，提高统计能力。修订减排统计监测办法，加强氨氮、氮氧化物统计监测能力建设，建立农业源和机动车统计监测指标体系。推动落实重点用能单位按要求配备计量器具，推行能源计量数据在线采集、实时监测。推动国家城市能源计量中心（河北）建设，为节能减排提供准确数据支持。（省统计局、省环保厅、省住房和城乡建设厅、省交通运输厅、省直机关事务管理局、省质监局负责）

（七）提升监管能力。健全节能管理、监察、服务"三位一体"的节能管理体系，加强省、市、县三级节能监察队伍建设，加强人员培训，提高执法能力。推进环境监察机构标准化建设，强化污染源监测、机动车污染监控和农业源减排管理能力，建立完善省、市、县减排监控体系。（省发展改革委、省环保厅负责）

十、推进社会性节能减排

(一)加强节能减排宣传教育。把节能减排、发展循环经济纳入社会主义核心价值观宣传教育体系以及基础教育、高等教育、职业教育体系。组织好全国节能宣传周、世界环境日等主题宣传活动,加强日常性节能减排宣传教育。新闻媒体要积极宣传节能减排的重要性、紧迫性以及国家、省采取的政策措施及取得的成效,宣传先进典型,普及基本知识和方法,加强舆论监督,营造促进节能减排的良好社会氛围。(省发展改革委、省教育厅、省广电局负责)

(二)深入开展节能减排全民行动。抓好家庭社区、青少年、企业、学校、军营、农村、政府机构、科技、科普和媒体等10个节能减排专项行动,通过典型示范、专题活动、展览展示、岗位创建、合理化建议等多种形式,广泛动员全社会参与节能减排,倡导文明、节约、绿色、低碳的生产方式、消费模式和生活习惯。(省发展改革委负责)

(三)政府机关带头节能减排。各级政府机关要,健全节能减排的规章制度,落实岗位责任,细化管理措施,树立节约意识,践行节约活动,做节能减排的表率。(省直机关事务管理局负责)

财政部、环境保护部 关于同意河北省开展主要污染物排污权有偿使用和交易试点的复函

财建函〔2011〕21号

河北省人民政府:

你省《关于请将我省列为全国排污权交易试点的函》(冀政函〔2011〕64号)收悉。经研究,现函复如下:

一、原则同意你省以电力行业为试点行业,重点开展二氧化硫和氮氧化物的排污权有偿使用和交易;以沿海隆起带(主要包括秦皇岛、唐山、沧州三市)为试点区域,重点开展化学需氧量和二氧化硫排污权有偿使用和交易。

二、试点工作要以环境容量和污染物排放总量控制为前提,以建立充分反映环境资源稀缺程度和经济价值的环境有偿使用制度为核心,以促进污染减排、提高环境资源配置效率为目标,通过改变主要污染物排放指标分配办

法和排污权使用方式，建立健全排污权交易市场、逐步实现排污权行政无偿取得转变为市场方式有偿占有，推进形成既符合市场经济原则，又充分反映污染防治形势的环境保护长效机制，实现环境资源的优化配置。

三、请你省切实加强试点工作的组织领导，抓紧制定完善相关配套政策，加快启动和推进试点工作，并将试点工作进展情况及时报送财政部、环境保护部备案。

财 政 部

环境保护部

二〇一一年五月十一日

河北省人民政府办公厅关于印发河北省机动车氮氧化物总量减排实施方案的通知

办字〔2011〕161号

各设区市人民政府，各扩权县(市)人民政府，省政府各部门：

《河北省机动车氮氧化物总量减排实施方案》已经省政府同意，现印发给你们，请结合本地本部门实际贯彻执行。

河北省人民政府办公厅

二〇一一年十二月三十一日

河北省机动车氮氧化物总量减排实施方案

为有效消减全省机动车氮氧化物排放总量，防治以酸雨、灰霾和光化学烟雾为特征的复合型大气污染，改善我省区域空气质量，保障人民群众身体健康，根据《中华人民共和国大气污染防治法》、《国务院关于印发“十二五”节能减排综合性工作方案的通知》(国发〔2011〕26号)和《河北省人民政府关于印发河北省“十二五”节能减排综合性实施方案的通知》(冀政函〔2011〕112号)规定,制定本实施方案。

一、总体目标和主要任务

以科学发展观为指导,全面加强机动车污染防治,消减机动车氮氧化物,改善区域空气质量。到2015年,全省完成机动车氮氧化物排放总量消减10%的总体目标。

(一)淘汰高排放黄标车。各设区市要采取有效措施,加快淘汰未达到国Ⅰ标准的汽油车和未达到国Ⅲ标准的柴油车进程。严格执行老旧机动车强制淘汰制度,加强营运车辆强制报废的有效管理和监控,严格废旧汽车拆解回收监管。各设区市要因地制宜地制定激励政策和淘汰黄标车时间表,促进运营车辆更新淘汰,鼓励提前报废老旧汽车和黄标车。到“十二五”末,淘汰全省所有注册的黄标车。

(二)提高新注册机动车准入门槛。全省新车注册登记同步执行国家规定的阶段排放标准,鼓励有条件的设区市提前实施下一阶段机动车排放标准。到2013年7月1日前,实施国家第Ⅴ阶段轻型汽油车排放标准和国家第Ⅳ阶段摩托车排放标准。不断扩大在售汽车环保监督管理,确保我省销售汽车达到排放标准要求。自2013年起,全省建立新车注册登记、在用车尾气排放检测及维修网络监管体系。

(三)加强外地车辆转入管理。申请转入我省的外地机动车,要达到国家现阶段执行的阶段排放标准,并经机动车尾气检测合格后,方可办理转入手续;对达不到国家规定的阶段排放标准或经机动车尾气检测不合格的,相关部门不予办理转入手续。

(四)推动油品配套升级。加快车用燃油低硫化步伐,自2012年3月31日起,全省全面供应国Ⅲ标准的车用汽油;自2012年12月31日起,全省全面供应国Ⅲ标准的车用柴油;自2013年6月30日起,石家庄、唐山、廊坊3市供应国Ⅳ标准的车用汽油;自2013年12月31日起,全省全面供应国Ⅳ标准的车用汽油和车用柴油,将普通柴油含硫率降低至350ppm以下,实现车、油同步升级。建立健全油品质量抽查监管制度,加强对社会加油站销售燃油的抽查监督,全面保障油品质量。省发展改革委要会同中石化河北石油分公司、中石油天然气河北销售分公司和省有关部门,及时确定我省不同阶段的成品油供应方案,并向国家有关部委申请出台我省不同阶段的车用成品油价格政策。环境保护部门要会同有关部门继续实施对加油站、储油库、油罐车油气回收工作，推进油气回收综合治理。

（五）提高在用机动车环保检验率。各设区市要严格依照国家城考和《河北省机动车环保检验机构发展规划（2011－2015 年）》要求，加快机动车尾气检验机构委托和建设工作，全面推行机动车环保定期检验，提高全省机动车环保定期检验率，落实黄绿标分类管理制度。加快环保检验在线监控设备安装进程，推进环保检验机构规范化运营。

（六）逐步推行简易工况法检测。到 2012 年 9 月底前，省环境保护部门会同省质监部门制定完成我省机动车排气简易工况法地方标准。到 2013 年底前，各设区市城区机动车尾气检测实施简易工况法检测，定量反映机动车氮氧化物排放量，为机动车氮氧化物排放工作提供科学、准确的数据支撑。

（七）强化环保标志管理。继续做好全省环保检验合格标志管理工作，建立健全机动车环保标志数据库。适时推进机动车环保信息“电子绿卡”管理工作，开展环保标志电子化、智能化管理。在用机动车未按规定进行排气污染定期检测或定期检测不合格的，不予核发机动车环保检验合格标志。

（八）实施高排放“黄标车”限行。各设区市根据实际开展黄标车在主要路段、主要时段进行限行划定工作，保障城市主城区空气环境质量。到 2012 年底前，石家庄、唐山、廊坊、邯郸市主城区黄标车限行。到 2013 年底前，各设区市城市主城区黄标车限行。各地可根据大气污染防治需要，按环保分类标志，对机动车采取相应的限行区域、时段或车型的交通管制措施。

（九）加强超标排放机动车管理。各级环境保护、公安、交通运输部门要密切配合，实行网络互联互通，信息共享，加强对超标排放机动车的管理。加强压路机、推土机、挖掘机等非道路移动机械的环保管理，确保达标排放。对规模化运营并且使用频率高的城市公交车、出租车、客运车、运输车等，大力推进集中治理或更新淘汰，杜绝车辆“冒黑烟”现象。各地要建立机动车超标排放举报制度，鼓励公众举报“冒黑烟”车辆。

（十）严格机动车注销拆解管理。对按照要求淘汰的黄标车，公安部门做好注销登记工作，及时更新注销机动车数据库。对于达到报废年限的营运机动车，要强制报废拆解，同时回收机动车环保标志。污染物排放超标且无法修复的在用机动车，依法由相关部门办理注销登记和拆解回收工作。相关部门的注销机动车数据库和拆解机动车数据要衔接一致。

（十一）完善机动车维修企业管理制度。机动车维修企业要按照《机动车维修管理规定》（交通部令 2005 年第 7 号）获得所在地交通运输部门的经营许可,并按照技术规范进行机动车维修,使在用机动车达到规定的污染物排放标准。维修企业弄虚作假的,由交通运输部门依法进行处理。完善机动车I/M制度(检验与维修),探索汽车环保维修设备和配件环保管理措施。

(十二)建立机动车排气监督管理网络。各设区市依托现有资源,完善机动车排气污染管理体系,协调环境保护、公安、交通运输等部门,加快建立机动车排气污染防治综合信息数据库和传输网络,加强机动车安全检验、环保检测、车辆维修维护等信息的统一管理。各设区市环境保护部门要定期发布本地机动车排气污染防治和机动车定期检测、抽测信息,方便群众查询。

(十三)大力发展公共交通。完善城市交通基础设施,落实公交优先发展战略,加快建设公共汽车、电车专用道(路)并设置公交优先通行信号系统。划定高污染车辆限行区域、调整停车费,提高机动车通行效率,降低机动车排放强度。改善居民步行和自行车出行条件,鼓励选择绿色出行方式。

二、组织领导和部门职责

成立以省环境保护厅、省公安厅、省商务厅、省发展改革委、省财政厅、省委宣传部、省工业和信息化厅、省住房和城乡建设厅、省交通运输厅、省工商局、省质监局、省法制办及中石化河北石油分公司、中石油天然气河北销售分公司分管负责同志为成员的省机动车氮氧化物总量减排工作领导小组,领导小组办公室设在省环境保护厅。

省环境保护厅负责全省机动车氮氧化物减排工作的牵头落实;配合商务、财政、公安等部门做好本行政区域机动车淘汰计划;会同质监、物价部门制定简易工况法地方标准,完成简易工况法检测线的资质认定和检测费用核准工作;会同宣传部门完成对机动车污染防治的宣传工作;会同法制部门起草制定机动车氮氧化物减排政策;负责机动车氮氧化物减排信息网络平台建设工作。省公安厅负责对符合国家环保车型目录的新车注册,办理外地转入车辆业务,制定实施“黄标车”限行措施,负责尾气超标排放车辆的强制报废工作;制定禁止无环保合格标志上路行驶具体措施;配合环境保护部门进行机动车排放网络联网工作。省商务厅负责牵头制定推动老旧机动车及“黄标车”的淘汰和补贴政策,向社会公布供应达标车用成品油的加油站名单,组织开展加油站、储油库、油罐车油气回收综合治理;监督回收拆解报废车辆。省发展改革委负责协调制定国Ⅳ成品油定价和供应方案,核定和审批机动车尾气检测收费标准。省财政厅负责机动车氮氧化物减排经费保障工作。省工业和信息化厅负责新能源汽车行业准入和推广,实施与环保达标车型目录的对接工作。省住房和城乡建设厅负责改善城市道路网和建立完善的道路管理体系。省交通运输厅负责对出租车、公交车等营运车辆的达标排放和机动车辆维修企业的监督管理,会同环境保护部门组织机动车排气检测培训。省工商局负责对车用燃油质量和汽车排放控制装置监督管理。省质监局负责机动车环保检验机构资质认定,组织实施国家机动车排放控制标准。省法制办负责机动车氮氧化物减排政策的指导工作。

三、保障措施

(一)健全标准和制度。根据国家新出台的有关机动车排气污染防治的法规、政策、措施和标准要求,结合我省实际,及时修订完善相关政策和标准,加快编制和实施《点燃式发动机在用汽车排气污染物排放标准(简易工况法)》等机动车排放地方标准。

(二)加大资金投入。根据地方财力情况,提供黄标车提前报废、以旧换新、机动车排气监督管理网络建设的资金支持,加大对机动车路检抽查设备、运行费用和机动车检验机构标准化建设的资金支持。各设区市根据机动车氮氧化物减排工作实际,加大资金投入力度,强化专项资金使用管理,加快机动车氮氧化物减排基础设施和重点工程建设。

(三)提高监管能力。加强机动车氮氧化物减排的组织和技术保障体系建设。各设区市和机动车保有量较大的县(市),要根据当地机动车氮氧化物减排工作实际,加强机动车排气污染防治监管力量建设。省环境保护部门要切实履行统一监管职责,加强与省有关部门的协调配合,规范检测机构的资质认定和委托管理,指导督促各设区市、县(市)加强机动车氮氧化物减排工作。

(四)加强宣传教育和社会动员。各地各有关部门要大力宣传机动车氮氧化物消减的重要性,引导机动车所有人和驾驶人员加强机动车维护保养,鼓励公众有序参与和监督机动车氮氧化物减排。大力倡导“少开一天车”和“绿色出行”等活动,鼓励使用节能型低排放和新能源机动车,有效减少机动车氮氧化物排放量,努力改善空气环境质量。

附件：

河北省淘汰高污染“黄标车”时间表

时间	淘汰黄标车机型	淘汰黄标车年限
2012 年	柴油车	2002 年 12 月 31 日前登记注册的
	汽油车	1995 年 12 月 31 日前登记注册的
2013 年	柴油车	2004 年 12 月 31 日前登记注册的
	汽油车	1998 年 12 月 31 日前登记注册的
2014 年	柴油车	2006 年 12 月 31 日前登记注册的
	汽油车	1999 年 12 月 31 日前登记注册的
2015 年	柴油车	2007 年 12 月 31 日前登记注册的
	汽油车	2000 年 12 月 31 日前登记注册的

我省强调，现阶段“黄标车”是指达不到国家第Ⅰ阶段排放标准的汽油和达不到国家第Ⅲ阶段排放标准的柴油机动车。

河北省环保厅重要规范文件

河北省环境保护厅
关于公布保留和废止的规范性文件
目录的通知

冀环办发〔2011〕31号

各设区市环保局：

为维护法制的统一和政令畅通，更好地适应加快法治政府建设和环境保护依法行政的要求，按照省政府统一部署，我厅对2010年7月1日以前印发的规范性文件进行了清理，决定对符合法律、法规、规章规定及国家和我省政策要求，适应经济社会发展要求，可以继续适用的224件文件予以保留（见附件一）；对主要内容与新的法律、法规、规章等上位法或国家、我省的政策规定相抵触的，或者依据的法律、法规、规章等上位法已经废止的，或者已被新制定的或修订后的法律、法规、规章等上位法所涵盖的，或者已被新制定的规范性文件所替代的，或者已不适应经济社会发展要求的，或者超过适用期限的，调整对象已消失的46件文件予以废止（见附件二）。请你们遵照执行。

本通知印发后，凡是我厅2010年7月1日前印发的，未列为保留规范性文件的一律无效，不得再继续适用。我厅和我厅与其他厅局联合印发的技术规范、标准等除外。

附件一：河北省环境保护厅保留的规范性文件目录

附件二：河北省环境保护厅废止的规范性文件目录

河北省环境保护厅办公室

二〇一一年二月二十一日

附件一：

河北省环境保护厅
保留的规范性文件目录(224 个)

文号	文件名称
冀环法〔2002〕196 号	环境项目招标投标管理办法(试行)
冀环〔2005〕3 号	关于印发贯彻落实《河北省人民政府关于扩大部分县(市)管理权限的意见》的实施意见的通知
冀环〔2005〕12 号	关于印发《22 个扩权县(市)环境监测站标准化建设实施方案》的通知
冀环办〔2005〕46 号	关于确认环保模范城市考核水、气监测点位的批复
冀环办〔2005〕119 号	关于印发《河北省铀矿冶放射性污染专项行动实施方案》的通知
冀环办〔2005〕194 号	关于进一步加强环境科学学会工作的意见
冀环然〔2005〕278 号	关于加强病原微生物实验室安全管理的通知
冀环办发〔2005〕123 号	关于进一步加强建设项目风险评价的通知
冀环办发〔2005〕115 号	关于开展创建“河北省环境友好企业”的通知
冀环办发〔2005〕104 号	关于建设子牙河流域水质自动站有关问题的通知
冀环办发〔2005〕68 号	关于加强电镀行业监管的通知
冀环办发〔2005〕72 号	关于加强污染监控体系管理的通知
冀环办发〔2005〕58 号	关于印发《省环保局排污费征收管理制度》的通知
冀环办发〔2005〕35 号	关于接待新闻媒体采访有关问题的通知
冀环管函〔2005〕243 号	关于对建设项目环境影响报告书进行技术评估问题的复函
冀环办函〔2005〕57 号	关于征收污水排污费有关问题的复函
冀环〔2006〕8 号	关于切实做好全面整顿和规范矿产资源开发秩序工作的通知
冀环控函〔2006〕1 号	关于唐山市环保局调整城考点位申请的批复
冀环办函〔2006〕22 号	关于征收铁选矿排污费有关问题的复函
冀环监函〔2006〕68 号	关于贯彻落实国务院关于推进产能过剩行业结构调整意见的函
冀环法函〔2006〕77 号	关于张家口市环保局请示居民楼底商能否兴办餐馆业问题的复函
冀环法函〔2006〕145 号	关于对高音喇叭噪声扰民查处有关问题的复函
冀环管函〔2006〕148 号	关于高阳县城镇污水处理厂污水处理排放标准问题的复函
冀环管函〔2006〕157 号	关于秦皇岛市第二污水处理厂卫生防护距离问题的复函
冀环管函〔2006〕187 号	关于邢台旭阳焦化有限公司煤化项目卫生防护距离问题的复函
冀环办函〔2006〕222 号	关于征收煤粉尘排污费有关问题的复函
冀环办发〔2006〕14 号	加强对子牙河水系的环境管理确保水质稳定达标的通知
冀环办发〔2006〕17 号	关于加强化工、石化等建设项目环境保护管理防范环境风险的通知
冀环办发〔2006〕29 号	关于污水超标准排污费有关问题的通知
冀环办发〔2006〕33 号	关于印发《河北省环境信访事项办理程序(暂行)》的通知
冀环办发〔2006〕42 号	关于进一步做好自动监控设备联网工作的通知

文号	文 件 名 称
冀环办发〔2006〕59 号	关于调查钢铁企业周边环境敏感总距离的通知
冀环办发〔2006〕64 号	关于印发省环保局机关效能建设四项重点工作实施方案的通知
冀环办发〔2006〕66 号	关于印发《河北省环境保护局关于推进社会主义新农村建设的七项措施》的通知
冀环办发〔2006〕73 号	关于进一步做好台风等灾害性天气水污染防治工作的通知
冀环办发〔2006〕79 号	关于印发《河北省环境保护行政执法责任制实施方案》的通知
冀环办发〔2006〕86 号	关于开展水质自动监测周报的通知
冀环办发〔2006〕119 号	关于机动车尾气检测工作有关问题的通知
冀环办发〔2006〕124 号	关于印发《建设项目环境保护技术评估报告编制要点》的通知
冀环办〔2006〕56 号	关于辛集市环保局环境质量监测点位申请的批复
冀环科〔2006〕72 号	关于印发《河北省清洁生产审核机构考核(试行)办法》通知
冀环办〔2006〕102 号	关于开展环境教育基地创建活动的通知
冀环办〔2006〕236 号	关于对承德市等城市环境质量监测点位增设或设置申请的批复
冀环法〔2006〕243 号	关于进一步规范环保行政处罚工作的通知
冀环办〔2006〕270 号	关于进一步做好全省环境保护污染监控体系建设有关问题的通知
冀环办〔2006〕312 号	关于进一步规范紧急情况重大环境事件报告工作的通知
冀环办〔2006〕339 号	关于石家庄市环境空气自动监测点位变更的请示的批复
冀环控〔2006〕347 号	关于印发《河北省环境保护模范城市考核指标》、《河北省环境保护模范城市考核指标实施细则》和《河北省环境保护模范城市创建与管理规定》的通知
冀环科〔2006〕375 号	关于加强环境科技工作增强自主创新能力的若干意见
冀环〔2007〕2 号	关于落实国家环境保护政策控制信贷风险有关问题的通知
冀环〔2007〕5 号	关于印发《关于涉嫌环境犯罪案件移送的若干具体规定》的通知
冀环〔2007〕8 号	河北省环境保护局环境保护挂牌督办和区域限批试行办法
冀环控函〔2007〕57 号	关于加强进口废五金电器、废电线电缆和废电机定点加工利用企业规范化管理的通知
冀环办函〔2007〕83 号	关于建设河北省重点流域水质自动监测站的通知
冀环办函〔2007〕100 号	对石家庄市环保局关于正定县蓝保机动车排放检测中心检测资质申请的批复
冀环办函〔2007〕145 号	关于征收秦皇岛秦热发电有限责任公司排污费有关问题的通知
冀环办函〔2007〕156 号	关于征收国电怀安热电有限公司排污费有关问题的通知
冀环办函〔2007〕157 号	关于征收沧州华润热电有限公司排污费有关问题的通知
冀环控函〔2007〕159 号	关于加强全省饮用水水源地环境保护工作的通知
冀环人函〔2007〕206 号	关于唐山市曹妃甸新区环境保护管理体制的意见
冀环人函〔2007〕244 号	关于沧州市渤海新区环境保护管理体制的意见
冀环控函〔2007〕257 号	关于调整陡河水库饮用水水源保护区范围和级别意见的复函
冀环法函〔2007〕259 号	关于对露天烧烤实施处罚的复函
冀环评函〔2007〕265 号	关于责令停止利用渗坑排放污水的通知
冀环法函〔2007〕279 号	关于建设项目环境违法案件处罚权限的复函
冀环科函〔2007〕327 号	关于严格执行《城镇污水处理厂污染物排放标准》的通知
冀环办发〔2007〕15 号	关于开展电力企业环境监督员制度试点工作的通知

文号	文件名称
冀环办发〔2007〕34号	关于对全省钢铁行业烧结排污现状进行全面减排整顿的通知
冀环办发〔2007〕39号	关于开展施工工地扬尘监测验证和排污费模拟测算工作的通知
冀环办发〔2007〕41号	关于加强环境污染纠纷行政调解工作的通知
冀环办发〔2007〕44号	关于进一步加强环境应急工作的通知
冀环办发〔2007〕54号	关于进一步加强钢铁行业建设项目环境管理工作的通知
冀环办发〔2007〕62号	关于进一步加强环境污染纠纷行政调解工作的意见
冀环办发〔2007〕65号	关于印发《建设项目环境保护管理若干问题的暂行规定》的通知
冀环办发〔2007〕70号	关于印发《建设项目环境保护技术评估报告编制要点》的通知
冀环办发〔2007〕79号	关于加强清洁生产审核质量管理的通知
冀环办发〔2007〕117号	关于印发《河北省环境监察标准化建设项目实施方案》的通知
冀环办发〔2007〕122号	关于印发《河北省环境保护局行政处罚工作流程(试行)》的通知
冀环办发〔2007〕153号	关于切实加强重点监控企业环境监督管理的通知
冀环办发〔2007〕155号	关于加快实施《全国危险废物和医疗废物处置设施建设规划》的通知
冀环办发〔2007〕163号	关于印发《关于加强环境影响评价文件编制工作管理的有关规定》的通知
冀环办发〔2007〕168号	关于印发《河北省重点企业环境监督管理实施方案》的通知
冀环办发〔2007〕173号	关于印发《河北省环境保护局环境保护挂牌督办和区域限批试行办法》的通知
冀环办发〔2007〕185号	转发国家环保总局《关于加强环境污染治理设施运营管理工作》的通知
冀环办发〔2007〕186号	关于在全省开展生态环境监察试点工作的通知
冀环管〔2007〕29号	关于进一步加强白洋淀及周边地区建设项目审批管理工作的通知
冀环管〔2007〕40号	关于进一步加强全省建设项目环境保护管理工作的通知
冀环控〔2007〕63号	关于进一步加强子牙河水系污染防治工作的通知
冀环人〔2007〕81号	关于辐射环境管理职能调整的通知
冀环控〔2007〕101号	关于核发排污许可证有关问题的通知
冀环办〔2007〕120号	关于承德市环保局调整空气质量检测点位请示的批复
冀环控〔2007〕236号	关于进一步加强危险废物管理工作的通知
冀环办〔2007〕260号	关于对保定环保局《关于允许民营环境监测公司从事排污许可证监测工作的请示》的批复
冀环控〔2007〕268号	关于进一步加强火电厂燃煤机组烟气脱硫设施环保验收与运行管理的通知
冀环辐〔2007〕363号	关于印发《河北省环境保护局辐射事故应急预案》的通知
冀环〔2008〕4号	关于落实"三严要求"强化环境执法的意见
冀环〔2008〕6号	关于加快环保审批制度改革积极推动全民创业的实施意见
冀环〔2008〕8号	关于落实绿色信贷环境政策将企业环境违法信息纳入中国人民银行信贷征信系统的通知
冀环控函〔2008〕57号	关于做好排污许可证管理工作的通知
冀环辐函〔2008〕87号	关于加强抗生素发酵菌渣管理的紧急通知
冀环评函〔2008〕108号	关于进一步强化钢铁行业烧结机(球团)工程减排整顿工作监督检查的通知
冀环办函〔2008〕430号	关于加强重点监控企业自动监控核查工作的通知
冀环办函〔2008〕439号	关于进一步加强水洗企业环境监管的函
冀环办函〔2008〕448号	关于煤炭装卸和堆存煤粉尘排放量核定问题的复函

文号	文 件 名 称
冀环办发〔2008〕20 号	关于印发《河北省重点污染源自动监控项目实施方案》的通知
冀环办发〔2008〕58 号	关于印发《河北省设立重点企业环境监督员实施方案(试行)》的通知
冀环办发〔2008〕93 号	关于印发《省环保局建设项目环境影响后评价备案管理办法》的通知
冀环办发〔2008〕98 号	关于规范重点污染源自动监控设施验收工作的通知
冀环办发〔2008〕105 号	关于建设项目环评现状监测和验收监测有关事项的通知
冀环办发〔2008〕139 号	关于进一步加强抗生素发酵菌渣管理的通知
冀环办发〔2008〕140 号	关于加强“双三十”工作中三十家重点企业监测工作的通知
冀环评〔2008〕4 号	关于进一步规范省级建设项目环评文件审批程序的通知
冀环控〔2008〕37 号	关于对我省涉奥地区加油站、储油库、油罐车油气污染进行限期治理的通知
冀环办〔2008〕251 号	关于印发《河北省国控重点污染源自动监控现场端建设实施方案》的通知
冀环办〔2008〕294 号	关于印发《河北省重点污染源自动监控管理工作实施方案》的通知
冀环控〔2008〕305 号	关于印发《河北省重点监控企业环境行为评价实施方案(试行)》的通知
冀环评〔2008〕314 号	关于精简环保行政许可审批事项的通知
冀环办〔2008〕332 号	关于印发《河北省重点污染源自动监控系统数据传输与联网实施办法》的通知
冀环办〔2008〕410 号	关于全省工业污染源自动监控数据传输网络整合工作的通知
冀环办〔2008〕491 号	关于转发省物价局、财政厅调整排污费征收标准的通知
冀环办〔2008〕523 号	关于加强环境监察标准化建设工作的通知
冀环法〔2008〕544 号	关于进一步强化建设项目环境监管工作的通知
冀环评〔2008〕634 号	关于下放部分环评行政审批事项的通知
冀环评〔2008〕641 号	关于严格“两高”项目审批的通知
冀环评〔2008〕656 号	关于认真落实《水污染防治法》切实强化重污染行业建设项目监督管理的通知
冀环法〔2008〕749 号	关于调整省环保局实施的行政许可事项的意见
冀减排〔2008〕10 号	关于加强新建燃煤机组项目监管的通知
冀减排〔2008〕11 号	关于加强燃煤电厂二氧化硫总量减排工作的通知
冀减排〔2008〕26 号	关于进一步加强燃煤电厂脱硫设施运行监管的通知
冀减排〔2008〕40 号	关于全省主要污染物总量减排核算规则和认定方法说明的函
冀减排〔2008〕70 号	关于实施主要污染物总量减排预警制度的通知
冀环〔2009〕4 号	关于印发《河北省城镇污水处理厂设施运行环境监督管理实施意见》的通知
冀环办函〔2009〕87 号	关于加强空气质量日报监测质量控制的通知
冀环法函〔2009〕181 号	关于保留县级市城市环境综合整治定量考核的函
冀环评函〔2009〕306 号	关于建设项目环保审批有关问题的复函
冀环评函〔2009〕421 号	关于加快房地产开发项目环评审批有关问题的通知
冀环评函〔2009〕454 号	关于化工等重污染项目环评审批相关问题的答复
冀环办函〔2009〕475 号	关于加强邯郸市辖区内小炼油摊点环境监管的函
冀环办函〔2009〕505 号	关于曹妃甸新区矿石煤码头征收排污费有关问题的函
冀环辐函〔2009〕515 号	关于河北省农林科学院储源井水排放有关问题的复函
冀环辐函〔2009〕564 号	关于承德市第三医院辐射安全防范有关问题的复函
冀环控函〔2009〕639 号	关于邢台市变更部分城考水环境质量监测点位的批复
冀环控函〔2009〕649 号	关于承德市增设城考空气环境质量监测点位的批复

文号	文 件 名 称
冀环控函〔2009〕662 号	关于晋州市城市环境质量监测点位的批复
冀环控函〔2009〕663 号	关于沙河市城市环境质量监测点位的批复
冀环控函〔2009〕664 号	关于泊头市城市环境质量监测点位的批复
冀环控函〔2009〕665 号	关于藁城市城市环境质量监测点位的批复
冀环控函〔2009〕681 号	关于安国市城市环境质量监测点位的批复
冀环控函〔2009〕682 号	关于河间市城市环境质量监测点位的批复
冀环控函〔2009〕683 号	关于南宫市城市环境质量监测点位的批复
冀环办发〔2009〕25 号	加强淘汰消耗臭氧层物质管理及能力建设工作的通知
冀环办发〔2009〕48 号	关于加强环境执法后督察工作的通知
冀环办发〔2009〕59 号	河北省环境保护厅关于规范和监督“环保八项权力”运行的实施意见
冀环办发〔2009〕70 号	关于印发《河北省典型乡镇饮用水水源地基础环境调查和评估工作方案》的通知
冀环办发〔2009〕84 号	关于加强危险废物排查工作的紧急通知
冀环办发〔2009〕96 号	关于印发《省直收电力企业排污费征收工作程序》的通知
冀环办发〔2009〕102 号	关于印发《河北省环保厅执行“十个严禁”的具体要求》的通知
冀环办发〔2009〕109 号	关于加强汛期环境安全工作的通知
冀环办发〔2009〕113 号	关于加强辐射源安全监管的通知
冀环办发〔2009〕114 号	关于加强行政许可网上审批实现服务窗口亮化工程的通知
冀环办发〔2009〕116 号	关于开展监测点位认证工作的通知
冀环办发〔2009〕121 号	关于加强 24 个县级监测站能力建设的通知
冀环办发〔2009〕131 号	关于加快城镇污水处理厂中控系统建设的通知
冀环办发〔2009〕133 号	关于排污申报与排污收费工作涉密有关问题的通知
冀环办发〔2009〕135 号	关于督导加快省级工业园区、产业聚集区规划环评工作的通知
冀环办发〔2009〕143 号	关于做好省重点监控企业污染源自动监控设备安装运行工作的通知
冀环办发〔2009〕148 号	关于严肃查处新增违规高炉等钢铁生产设备的通知
冀环办发〔2009〕169 号	关于加强重点污染行业排污费稽查工作的通知
冀环办发〔2009〕178 号	河北省环境保护厅行政处罚工作的若干规定
冀环办发〔2009〕180 号	关于印发《河北省环境保护厅挂牌督办内部工作程序(试行)》和《河北省环境保护厅区域(流域)限排内部工作程序(试行)》的通知
冀环办发〔2009〕181 号	关于加强全省城市环境空气质量自动监测质量控制工作的通知
冀环控〔2009〕4 号	关于印发《河北省城市集中式饮用水水源保护区划分》的通知
冀环控〔2009〕5 号	关于印发《河北省城市集中式饮用水水源地环境保护规划(2008—2020年)》的通知
冀环控〔2009〕9 号	关于在全省七大水系推行跨界(设区市及县、市、区)断面水质目标责任考核并扣缴生态补偿金政策有关事项的通知
冀环辐〔2009〕42 号	关于委托设区市环境保护局颁发辐射安全许可证工作有关问题的通知
冀环评〔2009〕80 号	关于进一步规范海洋工程建设项目环评文件备案管理的通知
冀环控〔2009〕98 号	关于进一步加强饮用水水源地环境保护工作的通知
冀环评〔2009〕114 号	关于印发《河北省环境保护厅建设项目环境影响评价文件审批程序规定》的通知
冀环控〔2009〕129 号	关于进一步加强进口废物管理工作的通知

文号	文 件 名 称
冀环评〔2009〕137 号	关于进一步做好房地产项目环评审批服务工作的通知
冀环办〔2009〕161 号	关于做好进京车辆尾气检测及环保标志管理工作的通知
冀环辐〔2009〕195 号	关于做好放射性同位素和射线装置安全管理工作的通知
冀环评〔2009〕480 号	关于加强违规新建钢铁生产设施环境监管的通知
冀环法〔2009〕518 号	关于加强城镇污水处理厂环境管理的通知
冀环控〔2009〕523 号	关于进一步加强引滦入津流域水环境管理的通知
冀环规〔2009〕525 号	关于印发《河北省环境质量改善和重点污染源监管考核奖励办法》的通知
冀环办〔2009〕530 号	关于基本建设监督管理暂行办法的通知
冀减排〔2009〕24 号	关于建设项目主要污染物排放总量控制指标核定有关问题的通知
冀减排〔2009〕33 号	关于昌黎县空气质量监测点位变更的复函
冀减排〔2009〕34 号	关于加强享受脱硫电价发电企业机组及脱硫设施运行监督管理的通知
冀减排〔2009〕49 号	关于享受脱硫电价燃煤发电机组烟气在线监测系统限期联网和规范上传数据的通知
冀减排〔2009〕59 号	关于辛集市城市污水处理厂进水口设置流量计有关问题的复函
冀减排〔2009〕73 号	关于无极县城市综合污水处理厂有关问题的复函
冀减排〔2009〕82 号	关于印发《河北省燃煤发电机组脱硫电价及脱硫设施运行管理暂行办法》的通知
冀环〔2010〕1 号	关于全省七大水系主要河流跨界断面 2010 年水质考核目标的通知
冀环〔2010〕7 号	关于进一步加强环境监测工作的意见
冀环科〔2010〕106 号	关于印发《火力发电及供热企业环境保护执法技术指南(试行)》和《城镇污水处理厂环境保护执法技术指南(试行)》的通知
冀环评〔2010〕123 号	关于印发《河北省矿山整合工程生态环境调查报告编制技术规范(试行)》的通知
冀环办〔2010〕131 号	关于印发《河北省机动车环保检验机构管理实施意见》的通知
冀环评〔2010〕191 号	关于印发《河北省环境保护厅建设项目“三同时”监督检查和竣工环保验收管理规程(试行)》的通知
冀环防〔2010〕217 号	关于进一步加强危险废物环境监管的通知
冀环防〔2010〕230 号	河北省环境保护厅关于印发《河北省落实《关于推进大气污染联防联控工作改善区域空气质量指导意见》实施方案》的通知
冀环然〔2010〕257 号	关于印发《河北省省级生态村创建标准(试行)》的通知
冀环辐〔2010〕267 号	关于印发《河北省环境保护厅辐射事故应急预案》的通知
冀环法〔2010〕268 号	关于加强绿色信贷和企业环境信用信息系统建设工作的通知
冀环办〔2010〕277 号	关于加快国控重点污染源自动监控能力建设项目工作的通知
冀环评〔2010〕289 号	关于进一步加强环境影响评价从业人员管理的通知
冀环评〔2010〕290 号	河北省环境保护厅关于认真落实省政府办公厅通知要求,进一步做好规划环评工作的通知
冀环办发〔2010〕10 号	关于进一步规范行政许可网上审批有关环节的通知
冀环办发〔2010〕45 号	关于印发《环境监测质量管理三年行动计划(2009—2011 年)》2010 年实施方案的通知
冀环办发〔2010〕49 号	关于进一步加强全省主要河流跨界断面水质目标责任考核与扣缴生态补偿金相关环境监测工作的通知
冀环办发〔2010〕51 号	关于印发河北省有毒化学品进出口环境管理登记地方预审及年度备案实施方案的通知

文号	文件名称
冀环办发〔2010〕59号	关于进一步加强尾矿库环境安全管理和隐患排查工作的紧急通知
冀环办发〔2010〕66号	关于进一步加强重点行业试生产环境管理检查的通知
冀环办发〔2010〕82号	关于省重点企业污染源自动监控设施第三方运营试点工作有关事宜的补充通知
冀环办发〔2010〕83号	关于印发《河北省环保厅行政许可事项办理流程时限表》的通知
冀环办发〔2010〕84号	关于加强移动通信基站环评管理的若干意见
冀环办发〔2010〕122号	河北省环保厅2010年行政权力运行监控机制建设工作实施意见
冀环办发〔2010〕130号	关于进一步做好国控重点污染源自动监控能力建设工作的紧急通知
冀环办发〔2010〕133号	关于进一步做好国家重点监控企业污染源自动监测数据有效性审核工作的通知
冀环办发〔2010〕135号	关于进一步加强全省环境宣传教育工作的实施意见
冀环办发〔2010〕140号	关于印发《河北省尾矿库环境应急管理试点工作实施方案》的通知
冀环办发〔2010〕143号	关于印发《河北省农村环境保护政策与适用技术指南》的通知
冀环办字函〔2010〕5号	关于加强环境监察标准化建设的函

附件二：

河北省环境保护厅 废止的规范性文件目录(46个)

文号	文件名称
冀环〔2005〕1号	关于认真学习贯彻《河北省人民政府关于建设环境保护“四大体系”的实施意见》的通知
冀环法〔2005〕162号	关于开展环境保护行政处罚案卷评查活动的通知
冀环法〔2005〕158号	关于印发《河北省环境保护局关于开展环境执法四项基本功训练活动的实施方案》的通知
冀环然〔2005〕26号	关于进一步做好生态示范区建设工作的通知
冀环办发〔2005〕17号	关于进一步抓好环境保护模范城市创建工作的通知
冀环管〔2005〕4号	转发关于加强建设项目环境影响评价分级审批的通知
冀环办发〔2005〕44号	关于转发河北省人民政府办公厅《关于进一步做好规划环境影响评价工作的通知》
冀环管函〔2005〕201号	转发国家环保总局《关于开展国家环境友好工程评选活动的通知》
冀环办发〔2005〕109号	关于加强排污许可证管理工作的通知
冀环办函〔2006〕238号	关于确认省城市放射性废物库设施建设项目配备的辐射环境监测仪器的函
冀环办发〔2006〕23号	关于辐射安全许可证发放工作的通知
冀环办发〔2006〕5号	关于参加2006年环境影响评价工程师职业资格考试有关问题的通知
冀环办发〔2006〕21号	关于对全省钢铁行业进行环境保护专项检查的通知
冀环控〔2006〕164号	关于贯彻实施《河北省危险废物经营许可证审批管理程序》的通知
冀环办发〔2006〕7号	关于开展环境污染治理设施运营资质执法检查工作的通知

文号	文件名称
冀环办发〔2006〕127号	关于开展河北省环境科技信息和需求项目调查工作的通知
冀环辐〔2007〕363号	关于印发《河北省环境保护局辐射事故应急预案》的通知
冀环办发〔2007〕50号	关于加快生态示范区建设工作的通知
冀环评〔2007〕101号	关于核发排污许可证有关问题的通知
冀环评函〔2007〕263号	关于对《河北省环境敏感区支持、限制及禁止建设项目名录》执行中有关问题的解释
冀环办发〔2007〕130号	关于进一步加强规划环境影响评价工作的通知
冀环管〔2007〕33号	关于印发《河北省环保局建设项目环境影响评价文件审批程序规定》的通知
冀环评〔2007〕244号	关于建设项目环境影响评价审批权限划分的通知
冀环办〔2007〕265号	关于印发《河北省污染源普查宣传工作方案》的通知
冀环办发〔2007〕192号	关于转发《关于商请协助开展再生资源行业污染源产排系数核算工作的函》的通知
冀环办发〔2007〕127号	关于加强污染源普查工作信息交流的通知
冀环控函〔2007〕97号	关于规范我省排污许可证核发工作的通知
冀环办发〔2007〕73号	关于开展创建河北省行业清洁生产示范企业活动的通知
冀环评函〔2008〕21号	关于对《河北省环境敏感区支持、限制及禁止建设项目方案》限制建设项目执行中有关问题的解释
冀环评函〔2008〕85号	关于开展白洋淀周边涉水项目"三同时"监管排查活动的通知
冀环评函〔2008〕128号	关于督导违反环保"三同时"项目尽快整改的函
冀环评函〔2008〕413号	关于加快污水处理厂建设的函
冀环办发〔2008〕10号	关于评选优秀清洁生产审核方案的通知
冀环办发〔2008〕49号	关于继续开展全国生态示范区建设工作的通知
冀环办发〔2008〕101号	关于印发《河北省建设项目试生产环保"三同时"专项检查及动态管理培训会议纪要》的通知
冀减排〔2008〕29号	关于调整"双三十"减排项目的复函
冀减排〔2008〕30号	关于调整部分减排项目完成期限的函
冀环办发〔2008〕3号	转发《关于印发〈污染源普查档案管理办法〉的通知》的通知
冀环办函〔2008〕104号	关于做好全省污染源普查工作的通知
冀环办函〔2008〕105号	关于开展全面普查阶段质量核查工作的通知
冀环科函〔2008〕331号	关于加强社会发展领域科技计划项目督导的通知
冀减排〔2009〕37号	关于"双三十"重点企业定期报送建设项目有关情况的通知
冀减排〔2009〕46号	关于对部分重点污染减排项目实施预警的通知
冀环科〔2009〕118号	关于加强重点企业清洁生产审核工作的通知
冀环办发〔2009〕75号	关于开展"送法进企"活动的通知
冀环辐函〔2009〕224号	关于对《辐射安全许可证》核发工作进行督导检查的紧急通知

关于印发《关于加强危险废物和医疗废物监管工作的实施方案》的通知

冀环防〔2011〕130号

各设区市环保局、卫生局:

为切实加强我省危险废物的污染防治工作,全面提高危险废物监管水平,保障人民群众健康,根据环境保护部、卫生部《关于进一步加强危险废物和医疗废物监管工作的意见》(环发〔2011〕19号)有关要求,结合我省实际,制定了河北省《关于加强危险废物和医疗废物监管工作的实施方案》。现印发给你们,请你们认真贯彻,并抓好落实。

附件:关于加强危险废物和医疗废物监管工作的实施方案

附件:

关于加强危险废物和医疗废物监管工作的实施方案

为切实加强我省危险废物(含医疗废物)的污染防治工作,全面提高危险废物监管水平,保障人民群众身体健康,根据环境保护部、卫生部《关于进一步加强危险废物和医疗废物监管工作的意见》(环发〔2011〕19号),结合我省实际,制定本实施方案。

一、指导思想

以科学发展观为统领,紧紧围绕全省环境保护中心工作,认真贯彻环境保护相关法律法规,以解决突出环境问题、确保环境安全为立足点,以实施环保"十二五"规划和危险废物(医疗废物)处置项目建设规划为载体,努力促进危险废物"减量化、资源化、无害化";以产生、利用、处置危险废物的单位为监管重点,全面落实危险废物管理制度,切实强化全过程监控;进一步加强监管能力建设,完善危险废物监管体制机制,创新监管手段,保障人民群众身体健康,促进河北经济社会又好又快发展。

二、主要目标

到2015年，摸清全省重点危险废物产生单位以及利用、处置单位情况，建立健全危险废物管理信息系统；进一步规范危险废物管理，产废单位规范化管理抽查合格率达到90％，经营单位危险废物规范化管理抽查合格率达到95％；发展一批危险废物利用处置骨干企业，取缔一批非法利用处置危险废物企业，淘汰一批落后的利用处置设施；设区市和县级市危险废物、医疗废物基本实现无害化处置，有效遏制危险废物引发的突发环境问题。

三、任务要求

（一）加强产生单位危险废物的环境监管

1.全面开展排污申报登记。2011年上半年，启动全省危险废物排污申报登记工作，建立危险废物管理数据库。全省行政区域内所有产生危险废物的企事业单位，凡排放列入《国家危险废物名录（2008版）》中的49类危险废物，以及经鉴别为危险废物的，均需逐级向环境保护部门申报登记。申报登记内容包括：危险废物种类、产生、综合利用、处置、贮存、排放以及废物接纳单位等有关内容。

自2012年起，产生危险废物的单位于每年3月底前，向所在地县级以上环保部门变更申报危险废物的种类、产生量、流向、贮存、处置等有关资料。

2.确定危险废物监管重点源清单。2011年底前，建立危险废物产生单位监管重点源清单。确定重点源的原则：年产或贮存危险废物100吨以上的单位，列为国家级重点源；年产或贮存危险废物10吨以上的单位以及产生和贮存危险废物的“双三十”企业列为省级重点源；年产或贮存危险废物1吨以上的单位，列为市级重点源。产生含氰等剧毒类危险废物以及被剧毒化学品污染的废弃包装容器的单位，纳入市级以上地方环保部门的重点监管范围。

3.强化危险废物产生企业规范化管理。各级环保部门要高度重视产生单位危险废物规范化管理工作，对纳入监管重点源的企业抽查率不低于30％。同时，积极开展危险废物规范化管理专项整治行动，严肃查处违法违纪行为，推动落实各项危险废物管理制度。

①危险废物产生单位要设置专门的监控部门或专（兼）职人员，并建立相应的管理制度。2011年6月底前，制定《危险废物管理计划》、《意外事故防范措施和应急预案》，报所在地县级以上环保部门备案。省环保厅将组织对全省危险废物重点源管理计划和应急预案进行排查和评估，并对重点企业应急演练执行情况和应急装备配置情况进行现场检查。

②依据《固体废物鉴别导则》、《国家危险废物名录》和《危险废物鉴别标准》(GB5085),正确鉴别和分类收集危险废物。危险废物贮存场所依据《危险废物贮存污染控制标准》(GB18597)中规范建设,并设置危险废物标识。对盛装危险废物的容器和包装物,确保无破损、泄漏和其他缺陷。加强危险废物贮存期间的环境风险管理,危险废物贮存时间不得超过一年。

③建立危险废物管理台账,如实、详细地记录危险废物的产生、贮存、利用、处置等情况,并向环保部门申报。

④严格执行危险废物转移联单制度。禁止将危险废物提供或委托给无危险废物经营许可证的单位从事收集、贮存、利用、处置等经营活动。严禁委托无危险货物运输资质的单位运输危险废物。加强危险废物跨地区转移的监控,自 2011 年起,确需实行跨省转移的,省环保厅将组织对转入地(处置和利用单位)或转出地(产生单位)的资质、处置能力、管理状况、数量等情况现场核查合格后审批。对实行跨市转移的,省环保厅将视情况进行抽查。同时,2011 年起,全省实行危险废物跨界转移登记季报制度,各市要将本辖区内每季度的跨界转移情况于下季度第一个月的 15 日前报省环保厅。

⑤自建危险废物贮存、利用、处置设施的,要符合《危险废物贮存污染控制标准》(GB18597)、《危险废物填埋污染控制标准》(GB18598)、《危险废物焚烧污染控制标准》(GB18484)等相关标准要求,依法进行环境影响评价并遵守国家有关建设项目环境管理要求,并定期对利用处置设施污染物排放进行监测,其中对焚烧设施二恶英排放情况每年至少监测一次,结果上报环保部门。

4.加大重点源的监督检查力度。各级环保部门要围绕重点行业、重点区域、重点企业,建立正常的监督检查制度,对确定的省级及以上重点源,检查频次为每季度不少于一次;对市级重点源每年不得少于二次。要结合环保专项行动,以危险废物转移联单制度落实情况为重点,严厉打击非法转移危险废物行为。同时,各地要把产生废矿物油和铅酸蓄电池的机动车维修企业为重点,加强对流通领域危险废物产生单位的监管,坚决取缔污染严重的废弃铅酸蓄电池非法利用设施。

各地要组织对危险废物产生单位自有危险废物利用处置设施开展一次全面排查和评估,2011 年 11 月底前将有关情况报省环保厅。

5.强力推行危险废物行政代处置。各级环保部门要切实加强产生单位危险废物贮存、处置情况的管理,对超期贮存危险废物的产生单位,责令限期处置；逾期不处置或处置不符合规定的，由所在地的县级以上环保部门指定单位代为处置，处置费用由危险废物产生单位承担。拒不处置且不承担处置费用的，由环保部门责令其限期改正，并依法处代为处置费用一倍以上三倍以下罚款。研究制定《河北省加强危险废物管理推行代处置的意见》。

6.完善建设项目危险废物环评审批和验收。建设产生危险废物的项目，应当严格进行环境影响评价，合理分析危险废物的产生环节、种类、危害特性、产生量、利用或处置方式，科学预测其环境影响。对危险废物产生强度大以及所产生的危险废物分析不清、无妥善利用或处置方案和风险防范措施的建设项目，不予批准其环评文件。建设项目竣工环境保护验收时，应对危险废物产生、贮存、利用和处置情况，风险防范措施，管理计划等进行核查。

（二）加强经营单位危险废物环境监管

1.严格把关，不断完善经营许可证的审查审批。按照《危险废物经营许可证管理办法》、《危险废物经营单位审查和许可证指南》（环境保护部公告2009年第65号）和省环保厅《关于危险废物经营单位审查和许可办理程序》要求，不断规范和完善危险废物经营许可证的审查和审批。对新申请办理危险废物经营许可证的单位，除必需的材料外，还需提供开展清洁生产审核的证明材料，否则不予受理危险废物经营许可申请。各市环保部门一定要按规定程序，严格审核把关，凡出现把关不严、弄虚作假的，将对该市暂停办理危险废物经营许可证一年。

2.严格执法，强化对危险废物经营单位运行情况监督。2011年起，省环保厅每年将结合年审，组织对危险废物经营单位经营和污染防治情况，逐一进行现场检查评估。检查评估的主要内容包括：是否按照经营许可证规定，从事危险废物收集、贮存、利用、处置经营活动；是否建立符合环保要求的危险废物经营情况记录；是否建立并落实危险废物管理、监测制度；是否制定并落实突发环境事件的防范措施和应急预案；是否建立台账；是否开展清洁生产审核等。对管理不到位和存在严重问题的单位，不予年审，一律限期整改，逾期没有完成整改任务的，收回或吊销危险废物经营许可证。对不按照经营许可证规定从事收集、贮存、利用、处置危险废物经营活动的，责令停止违法行为，没收违法所得，并处违法所得3倍以下的罚款，由发证机关吊销危险废物经营许可证。

3.规范操作，实行职业资格证书制度。重点对危险废物填埋和焚烧设施操作人员逐步实行职业资格证书制度，由省环保厅组织有关培训、考试，对通过培训、考试的人员颁发职业资格证书,未取得职业资格证书的人员不得从事相关工作。

(三)加强医疗废物监管

1.建立医疗废物管理责任制。医疗卫生机构负责医疗废物产生后的分类收集管理并及时将医疗废物交由医疗废物集中处置单位处置。医疗废物集中处置单位负责从医疗卫生机构收集医疗废物并进行无害化处置。医疗卫生机构和医疗废物集中处置单位的法定代表人为第一责任人。第一责任人要切实履行职责,防止因医疗废物导致疾病传播和环境污染事故,特别是防止医疗废物流向社会非法加工利用。

2.加大对医疗废物的监管力度。各级卫生、环保部门要认真贯彻《医疗废物管理条例》和《医疗废物管理行政处罚办法(试行)》,加强医疗卫生机构医疗废物管理和医疗废物集中处置单位、设施的监管,特别是加强对小规模医疗废物焚烧处置设施的监督性监测力度,对不能稳定达标的,要在2011年底前依法淘汰或者关停。不具备集中处置医疗废物条件的农村等偏远地区,自行就地处置医疗废物的,应当符合《医疗废物管理条例》规定的基本要求。

四、保障措施

(一)切实强化组织领导。各级环保、卫生部门要充分认识加强危险废物和医疗废物监管工作的重要性,进一步加强领导,明确责任,落实分工。要加强与公安、交通、安监等相关部门的沟通,建立和完善部门联席会议制度,强化协调合作,创新工作举措,联合打击危险废物非法转移、利用和处置的行为,确保监管到位。要切实加强对各市、县执行国家和省危险废物污染防治政策、规划、法规、标准情况的监督检查,及时报告有关情况。加强危险废物管理考核,自2012年起将危险废物规范化管理合格率纳入对市县环境保护目标考核的指标体系。因规范化管理合格率指标达不到要求,危险废物管理不到位引发突出环境问题、造成恶劣社会影响的,取消该地区与环境保护评比创建有关的评先评优资格。

(二)不断完善法制建设。积极推进固废地方立法,结合实际,制定加强固体废物特别是危险废物污染防治方面的法规或规章,进一步强化地方政府的污染防治职责,明确部门分工,细化危险废物(医疗废物)监管、进口废物管理、电子废物利用等方面的措施规定,明确产品生产者在废弃物回收利用方面的责任,积极构建资源回收管理资金使用框架。积极完善配套政策制度,围绕重点领域,出台推进危险废物处置产业化、医疗废物监管、规范进口废物等方面的政策制度，会同财政、价格等相关部门制定完善危险废物处理处置收费政策，保证集中处置设施的正常运行。

（三）认真落实规划项目。各地要认真落实全国“十二五”危险废物污染防治规划，分年度制定实施计划，切实明确责任，加大资金投入，积极推进我省集中处理处置设施建设。省环保部门会同相关部门抓紧研究制定危险废物填埋设施选址规划，保障中长期危险废物填埋设施建设用地；采取技术措施和经济手段，控制危险废物填埋数量。

（四）努力强化宣传培训。各级环保部门要结合实际，针对辖区内危险废物重点行业、重点区域制定实施年度培训计划，及时宣传贯彻国家和省出台的环境保护相关法律、法规和政策，切实增强环保部门和企业相关人员的环境意识。各级环保部门要认真落实固体废物污染防治信息发布制度，大力推行信息公开，定期公开危险废物的种类、产生量、利用和处置状况，监督管理情况等信息。充分利用报刊、广播电视、网络等多种媒介，大力宣传我省危险废物管理、利用、处置等方面的做法，宣传先进典型，及时曝光违法行为，加强舆论监督，鼓励社会公众积极参与。

（五）积极提升能力建设。强化各级固体废物管理队伍建设，制定设区市和县固废管理机构建设标准，省级固体废物管理机构于2011年年底前完成标准化建设，设区市和重点县抓紧设立专门的固废（危险废物）监管机构。全面提升危险废物鉴别能力，建设河北省危险废物鉴别中心和登记交换中心。以危险废物经营单位为依托，建设区域性危险废物应急处置中心。不断创新监管手段，建立全省危险废物管理信息系统，逐步实现危险废物网上申报登记、转移管理和经营许可证审批；逐步实施电子监控，全过程跟踪监管危险废物产生、贮存、转移、利用、处置情况。

（六）大力推进技术研发。各级环保部门要积极组织和引导科研院所、大专院校、企业和社会力量，加大对固废减量化、资源化和无害化关键和共性技术研发力度。重点加强含重金属盐类危险废物、阴极射线管的含铅玻璃、生活垃圾焚烧飞灰、废氯化汞触媒和废弃含汞荧光灯，以及铬渣、砷渣、镉渣和氰渣等危险废物的污染防治和利用处置，水泥窑等工业窑炉共处置危险废物，以及危险废物污染场地评估与修复等技术等方面的研发，并依托重点工程项目组织开展试点示范。研究制定河北省不同种类危险废物利用的环境准入政策，分类指导企业进行技术和装备革新。

本实施方案于印发之日起执行，具体内容由省环保厅和省卫生厅负责解释。

关于印发《河北省环境保护厅河北省海洋局关于建立完善陆海统筹海洋环境保护工作机制的意见》的通知

冀环防〔2011〕305号

沿海各设区市环境保护局、海洋局：

现将《河北省环境保护厅河北省海洋局关于建立完善陆海统筹海洋环境保护工作机制的意见》印发给你们，请参照执行。

二〇一一年十月十二日

河北省环境保护厅、河北省海洋局关于建立完善陆海统筹海洋环境保护工作机制的意见

为深入贯彻落实科学发展观，加强海洋环境保护工作，根据《中华人民共和国环境保护法》、《中华人民共和国海洋环境保护法》等法律法规和省政府“三定”规定，省环境保护厅和省海洋局研究决定，建立完善我省陆海统筹的海洋环境保护沟通合作工作机制，请沿海各级环保和海洋部门在工作中认真贯彻落实。

一、海洋环境保护规划和环境功能区划

按照环境保护部和国家海洋局的统一部署，双方加强《海洋海洋环境保护规划》和《近岸海域环境功能区划》管理工作的沟通协调，根据海洋环境保护要求，做好规划与区划在监督与管理中的合理衔接和统一协调，相互提供规划和区划编制时所需数据、资料。

二、重点海域污染控制

按照“陆海统筹、河海兼顾”的原则，促进近岸海域污染防治和陆域、流域环境保护的相衔接，双方加强重点海域和入海口氮、磷、石油类及重金属污染

防治工作，共同开展污染物排海状况和海域环境容量评估，以及重点海域排污控制研究工作。

三、海洋环境保护监督管理

双方按照《海洋环境保护法》的规定，做好我省海岸工程、海洋工程建设项目和海洋倾废的环境保护工作，规范工作程序，提升工作水平。海洋行政主管部门在核准涉海工程项目环评报告书后要及时报环保行政主管部门备案。环保部门在批准设置入海排污口之前征求海洋部门的意见。环保行政主管部门在开展工程项目环保竣工验收时，涉及向海洋排污或项目营运可能对海洋环境造成影响的应邀海洋行政主管部门参加。

四、海洋生态保护

省环境保护厅积极支持和指导监督省海洋局开展我省海洋系统自然保护区的建设管理和海洋生态环境保护与建设工作。省海洋局积极支持和配合省环境保护厅负责的生态保护规划编制、政策制定工作和自然保护区综合管理工作。

五、海洋突发环境应急管理

双方加强重、特大环境污染和生态破坏事件调查处理工作的沟通协调，对可能影响海洋环境的陆源突发环境事件，省环境保护厅按职责及时向省海洋局通报相关信息，省海洋局按职责将赤潮、绿潮等海洋灾害和海上溢油事故等海洋突发事件的相关信息及时向省环保厅通报。必要时双方相互配合，共同采取有效措施开展工作

六、建立海洋环境保护数据与技术共享机制

双方共同建立海洋环境保护数据共享机制，互相提供海洋环境管理、环境监测、监察等方面的有关数据，共同建立海洋环境监测信息的共享数据库，逐步建立环境监测数据的统筹分析共同评价机制和合作信息交换平台。合作开展海洋环境保护领域科学技术研究工作。

七、探索建立联合执法工作机制

双方会同有关部门定期和不定期有针对性地开展海洋环保联合执法专项行动，并逐步制度化，查处海洋环境污染和生态破坏违法行为。对沿海地区各级政府和各涉海有关部门开展的各项海洋环境保护工作进行监督检查。

八、联系协商工作机制

省环境保护厅和省海洋局分管领导和相关部门成立海洋环境保护工作协调小组，小组成员不定期会晤，统筹协商和组织领导双方合作的具体工作。

具体工作由省环境保护厅污染防治处和省海洋局海洋环境保护处承担，相互之间保持密切的日常联系。

九、其他事宜

对于法律法规尚未明确界定的部门职责及本意见未涉及的工作领域，双方本着相互配合、优势互补的原则，协商一致后共同开展工作。

河北省环境保护厅转发环保部关于进一步加强农村环境保护工作的意见的通知

冀环然〔2011〕128号

各设区市环保局，各县(市、区)环保局：

现将环保部《关于进一步加强农村环境保护工作的意见》(环发〔2011〕29号)转发给你们，结合我省实际，提出以下意见，请一并落实。

一、认真组织学习，深化提高加快推进农村环境保护工作的认识。农村环境问题，关系到广大农村居民的身体健康和农村经济社会的可持续发展。加强农村环境保护，是贯彻落实科学发展观，构建和谐社会，保障和改善民生，促进农村经济社会协调发展的必然要求和重大任务。国家实施农村环境保护“以奖促治”政策，大力推进农村环境综合整治，就是加强农村环境保护工作的重大举措，对于统筹实施城乡发展规划，加快解决农村突出环境问题，改善农村生态环境质量，推进农村生态文明建设等具有十分重要的意义。各地要认真组织学习，充分领会文件精神，准确把握国家推进农村环境保护的总体思路、工作重点和目标要求，结合我省实际和各地区域特点，有针对性地谋划工作方案，制定落实措施，加强组织领导，加快改善农村地区环境质量。

二、找准工作重点，创造性地积极开拓农村环境保护新思路新途径。我省农村环境保护工作基础薄弱，农村环境治理的任务艰巨。各地要认真分析当地农村环境保护的现状和形势，找准重点、突出难点、把握关键点，优先治理解决群众反映强烈、严重危害群众身体健康的突出环境问题。各地要认真研究国家推进农村环保以“奖”促治、以“创”促治、以“减”促治、以“考”促治的“四轮”驱动创新措施，细化落实开展农村环境执法、环境监测、环境宣传“三下乡”等加强措施。今年，在完成全省“百乡千村”环境综合整治行动计划“试点村庄”治理任务基础上，今后，全省将按照点、线；面相结合的原则，进一步整合资源力量，推进全省农村环境综合整治重点，由试点村、镇向集中连片整治推进，不断扩大治理规模效应。

三、加强组织指导，巩固完善提高农村生态保护系列创建活动成果。生态县(市、区)、生态乡(镇)、生态村和环境优美城镇等创建活动，是探索农村环境保护、推进农村生态文明的重要抓手和载体。各地要充分认识农村地区生态村、镇和环境优美城镇等示范创建活动，在综合改善农村环境质量、提升农村环保工作水平等方面的独特优势，并紧紧抓住国家对农村环保实施“以奖促治”、“以奖代补”的资金政策机遇，加强组织领导，指导辖区基础条件较好的一些重点乡(镇)和村庄，积极开展国家级和省级生态乡(镇)、生态村等创建活动，更好地突出本地区的工作重点和工作特色。已命名的环境优美城镇和生态村镇，要加强监督检查和动态管理，进一步巩固完善提高创建成果。

四、做好督导服务，确保全省“百乡千村”行动计划试点村庄治理任务完成。今年，是全省“百乡千村”行动计划实施的第三年。根据各设区市环保局的汇总统计，目前，列入全省计划的1000个“试点村庄”，已完成治理任务的450个，正在施工的280个，由于一些原因尚未动工、或进度缓慢的仍有三分之一。各地要加强对“百乡千村”行动计划进展情况的督导落实，加强“试点村庄”治理工作的技术指导和服务。各地在组织申报、安排农村环保“以奖促治”专项资金项目时，应优先、集中向“百乡千村”试点村庄倾斜，确保各地“试点村庄”按照方案计划完成治理任务，并切实发挥试点、示范的引领带动作用，推进全省农村环境污染防治工作全面开展。

附件：环境保护部关于进一步加强农村环境保护工作的意见

河北省环境保护厅
二〇一一年五月十八日

附件:

环境保护部关于进一步加强农村环境保护工作的意见

环发〔2011〕29号

各省、自治区、直辖市环境保护厅(局),新疆生产建设兵团环境保护局,计划单列市环境保护局,辽河保护区管理局:

近年来,各地认真贯彻落实全国农村环境保护工作电视电话会议精神,大力实施“以奖促治”政策,扎实开展农村环境综合整治,农村环境保护取得重要进展,一批严重危害农村居民健康、群众反映强烈的农村突出环境问题得到有效解决,农村环保工作机制逐步建立,农村环境监管能力得到加强。但是,农村环境保护形势依然严峻,基础薄弱,任务繁重。为贯彻落实党的十七届五中全会精神,进一步加大农村环境保护工作力度,积极探索农村环保新道路,加快解决农村突出环境问题,现就进一步加强农村环境保护工作提出以下意见:

一、明确今后一个时期加强农村环境保护的总体思路和目标要求

(一)总体思路

以科学发展观为指导,以提高农村生态文明水平、保障和改善民生为主题,以深化“以奖促治”政策为主线,以开展农村生态建设示范的“以创促治”、推进农村污染减排的“以减促治”、实行农村环境综合整治目标责任制的“以考促治”为抓手,加强规划指导,夯实工作基础,推广实用技术,健全机构队伍,推进协调联动,着力解决危害群众身体健康和影响农村可持续发展的突出环境问题,有效遏制城市和工业污染向农村地区转移,努力改善农村环境质量,为全面建设小康社会提供环境安全保障。

(二)目标要求

到2015年,完成6万个建制村的环境综合整治,严重危害群众健康的农村突出环境问题基本得到治理;农村饮用水水源地水质状况和管理状况得到改善,农村生活污水和生活垃圾处理、规模化畜禽养殖场(小区)、散养密集区污染治理水平显著提高,农村土壤环境保护和农业面源污染防治得到加强,农村环境质量初步改善;农村环境监管能力和农民群众环保意识明显提升。

到 2020 年，农村环境和生态状况明显改善，农村环境与经济、社会协调发展。

（三）正确把握和处理好几个关系

统筹规划和突出重点的关系。农村环境污染量大、面广、点多，各地要在统筹规划的同时，重点抓好农村饮用水水源地保护、生活污水和垃圾处理、畜禽养殖污染防治、农村土壤环境保护和农村地区工矿污染监管。

激励引导和约束监督的关系。对农村饮用水水源地保护、散户生活污水治理、生活垃圾处理、历史遗留的农村地区工矿污染治理等，主要通过“以奖促治”和“以创促治”，进行激励和引导；对集镇生活污水治理、规模化畜禽养殖场污染治理、现有农村地区工矿污染防治等，主要通过“以减促治”和“以考促治”，加强环境监管，落实环保措施。

分散治理和连片整治的关系。针对存在群众反映强烈、严重危害农民群众健康的突出环境问题的村庄，要优先治理，集中力量，整治一个见效一个；针对重点流域、区域和环境问题突出地区开展集中连片治理，实现设施共建共享，降低治污成本，提高治理成效。

设施建设和运行管理的关系。农村环境污染治理设施“三分在建，七分在管”，前期建设是基础，后期管理是关键。已建成的农村生活污水和生活垃圾治理等环境基础设施，各地要加强监管，建立日常管护制度，保障运行维护资金，确保治理设施正常运行，发挥效益。

普遍推动和分类指导的关系。我国农村地域广阔，东中西部自然条件、环境状况、经济水平、工作基础各不相同，各地要从实际出发，因地制宜，采取针对性的农村环境保护对策和措施，创造性地开展工作，切忌千篇一律、形式主义，以有效改善当地环境质量。

二、着力解决突出的农村环境问题

（四）切实抓好农村饮用水水源地环境保护

科学划定农村饮用水水源保护区或保护范围。各地要在开展部分农村饮用水水源地环境状况调查评估工作的基础上，进一步拓展调查、监测与评估范围。针对调查评估工作中发现的饮用水源水质污染严重、对群众身体健康构成严重威胁的农村地区，要抓紧制定和启动相应的污染防治措施。同时，要依据相关标准、技术规范、技术指南的要求，科学划定农村集中式饮用水水源保护区和分散式饮用水水源保护范围，按照《水污染防治法》中关于饮用水水源地保护的有关要求，制定严格的保护措施。

加大农村饮用水水源地环境监管力度。开展专项执法检查，依法取缔农村集中式饮用水水源保护区内的排污口,禁止有毒有害物质进入保护区。抓紧建立和完善农村饮用水水源地环境监测体系,发布水质监测信息。编制农村饮用水水源保护区突发环境事件应急预案,组织开展应急演练,强化水污染事故的预防、预测预警和应急处置,确保饮水安全。

加强农村饮用水水源地的环境治理。各地在实施"以奖促治"政策过程中,要优先治理农村饮用水水源地周边的生活污水、生活垃圾、工矿污染、畜禽养殖和农业面源污染,消除威胁和隐患,改善水源地环境质量。

(五)加强农村生活污水治理

开展农村生活污水污染状况调查。各地要抓紧开展农村生活污水污染状况调查,摸清农村生活污水污染现状和治理设施情况,为统筹安排农村生活污水治理提供依据。

加强农村生活污水治理设施的建设和管理。各地要加强村镇生活污水处理设施的建设。纳入污染源普查范围和主要污染物总量减排范畴的集镇和规模较大村庄应建设集中污水处理设施;城市周边村镇的污水可纳入城市污水收集管网;对居住比较分散、经济条件较差村庄的生活污水,可采取分散式、低成本、易管理的方式进行处理。各地要加强农村生活污水治理设施的运行管理,县级人民政府作为"以奖促治"政策落实的责任主体,要结合本地实际,积极建立政府、企业、社会多元化资金投入机制,保障日常运行经费,确保设施稳定运行。

(六)加大农村生活垃圾处理力度

摸清农村生活垃圾污染状况。各地要抓紧开展农村生活垃圾污染状况调查,摸清农村生活垃圾污染现状和处理设施情况,为合理布局农村生活垃圾处理设施建设提供依据。

强化农村生活垃圾处理设施的建设和运行维护。因地制宜开展生活垃圾治理,逐步推进县域垃圾处理设施的统一规划、统一建设、统一管理。积极推广户分类、村收集、乡(镇)运输、县处理的方式,提高垃圾无害化处理水平。居住分散、经济条件差、边远地区的村庄,建立就地分拣、综合利用、就地处理的垃圾治理模式。各地要加强农村垃圾处理设施的运行维护,建立稳定的运行维护资金渠道,配备专职人员,建立规章制度,切实发挥处理设施的效益。

(七)大力推进畜禽养殖污染防治

科学划定畜禽养殖禁养区。各地环保部门要积极会同有关部门推动本地畜禽养殖禁养区的划定,国家水污染防治重点流域和区域范围内的县(市、区)要在2013年前完成禁养区划定,开展禁养区环境专项整治工作。

严格畜禽养殖业环境监管。各地要加强源头控制,严格环保审批。对新建、改建、扩建的规模化畜禽养殖场(小区)必须严格执行环境影响评价和“三同时”制度。加强对畜禽养殖集中区域的环境监测。各地环保部门要加大对畜禽养殖污染防治的督查力度,开展畜禽养殖污染专项执法检查。

加强畜禽养殖污染治理。鼓励建设规模化畜禽养殖场有机肥生产利用工程,继续做好各种实用型沼气工程,实现畜禽养殖废弃物的减量化、资源化、无害化。对不能达标排放的规模化畜禽养殖场实行限期治理等措施。鼓励养殖小区、养殖专业户和散养户进行适度集中,对污染物统一收集和治理。到2015年,全国80%以上的规模化畜禽养殖场和养殖小区要配套完善固体废物和污水贮存处理设施,保证设施正常运行。

(八)积极开展农村土壤环境保护

加强土壤环境保护基础性工作。开展全国粮食主产区、瓜果和蔬菜产地以及矿产资源开发影响区等重点地区土壤污染加密调查,建设和完善全国土壤环境信息管理系统。建立土壤环境功能区划指标体系和区划方法,构建土壤环境分区分类管理体系。在农村环境综合整治目标责任制试点地区和“以奖促治”政策实施村镇开展土壤环境监测试点,逐步建立和完善国家、省、市三级土壤环境监测网络,加强土壤突发环境事件应急能力建设,建立土壤突发环境事件预防预警工作协调机制。

加大农用地土壤环境保护力度。以基本农田、重要农产品产地特别是“菜篮子”基地为重点,开展农用地土壤环境监测、风险评估与安全性划分,建立农用地土壤环境质量档案。严格控制农业区和农产品产地周边工业污染,防止废气、废水和固体废物对农用土壤的污染。严格控制主要粮食产地和蔬菜基地的污水灌溉。按照《食用农产品产地环境质量评价标准》、《温室蔬菜产地环境质量评价标准》和《畜禽养殖产地环境评价规范》等环保标准的要求,开展农产品产地环境质量状况评价,推进保障食品安全工作。按照《化肥使用环境安全技术导则》、《农药使用环境安全技术导则》、《农业固体废物污染控制技术导则》等环保标准要求,强化对农药、化肥及其废弃包装物,以及农膜使用的环境管理。

积极防范农村地区污染场地环境风险。开展农村地区污染场地调查与评估,建立农村地区污染场地清单,严格控制污染场地再开发利用的环境风险。以癌症高发区、地方病流行区、环境纠纷多发区等环境热点地区,以及以地下水为水源地的地区、集中式饮用水水源保护区等为重点,开展污染土壤治理修复示范工程。组织筛选农用土壤、农村地区工业污染场地土壤治理修复技术,通过“以奖促治”等政策措施,加快农村地区历史遗留工业污染场地治理修复。

积极防治农业面源污染。各地要加强粮食主产区和国家水污染防治重点流域、区域农业面源污染评估与监控。大力发展循环农业、生态农业和有机农业,积极推进有机农产品基地建设,采取技术、工程、管理措施控制农业面源污染,建立一批农业面源污染防治示范区和示范工程。加大秸秆露天焚烧监管力度,推进秸秆综合利用,改善区域环境空气质量。

三、强化农村环境保护工作措施

(九)深入实施“以奖促治”

建立健全“以奖促治”协调联动机制。建立部省上下联动机制,及时掌握和沟通“问题村”和连片整治信息,形成上下配合的环境整治方案,确保农村突出环境问题得到解决。建立部门联动机制,联合相关部门开展专项整治行动。建立内部联动机制,形成环保部门内部密切协作、共同推进的工作局面。加强“以奖促治”项目的指导和督查,省、市级环保部门要加大对县、乡级政府、村级组织在规划编制、制度建设、项目申报与管理、治理技术选择、项目实施等方面的指导力度,加强监督检查和成效评估。

加大“以奖促治”资金投入。各地要在中央农村环境保护专项资金的引导下,抓紧建立政府、企业、社会多元化投入机制。各省(区、市)环保部门要积极推动建立本省农村环境保护投入渠道,未设立省级农村环保专项资金的,要抓紧设立;已设立的,要进一步扩大资金规模。市县环保部门也要积极推动设立本级农村环保专项资金。引导社会力量和农民参与、支持农村环境综合整治,鼓励企业与村庄建立环境整治帮扶关系和农民出资出力。

深入推进农村环境连片综合整治。重点选择工作基础较好、资金配套充足、示范效应明显的地方开展农村环境连片综合整治。做到“点面结合,大小结合”,同时推进“问题村”治理和连片治理,根据治理目标和区域实际情况,确定连片治理区域,既有小连片,也有大连片。积极推动当地政府整合相关涉农资金,集中投入连片治理区域,提高治理成效,有效改善区域环境质量。

(十)大力推进“以创促治”

深化农村生态示范建设。中西部地区要加大农村生态示范建设力度,逐步缩小与东部地区的差距。东部地区要在已有工作基础上进一步提升建设质量。各省(区、市)环保部门要制定完善省级生态乡镇、生态村建设标准及管理制度;完善省内申报国家级生态乡镇、生态村程序,规范申报与审查工作,加强监督检查和动态管理,确保质量。

加强农村自然生态保护和恢复。以保护和恢复生态系统功能为重点,营造人与自然和谐的农村生态环境。各地要在新农村建设和村庄拆并过程中,切实保护好农村地区的天然湿地、水源涵养区等具有重要生态功能的区域。强化对矿产、水力、旅游等资源开发活动的监管,努力遏制新的人为生态破坏。加强对外来有害入侵物种和转基因生物的环境安全管理,严格控制外来物种在农村的引进与推广,保护农村地区生物多样性。积极开展农村地区河流、湿地、矿山等生态恢复。

(十一)着力抓好"以减促治"

做好农村集镇生活污水和规模化畜禽养殖场(小区)污染减排工作。集镇生活污水和规模化畜禽养殖场(小区)是农村污染减排的重点,要按照国家"十二五"主要污染物减排要求,做好农村集镇生活污水和规模化畜禽养殖场(小区)化学需氧量和氨氮减排工作,确保减排目标和任务的实现。

建立农村污染减排的监测、统计、考核体系。抓紧建立农村集镇生活污水和规模化畜禽养殖场(小区)化学需氧量和氨氮减排的监测、统计、考核体系,把农村污染减排工作落到实处。

(十二)全面推行"以考促治"

切实做好农村环境综合整治目标责任制试点工作。各试点地区要按照试点工作部署和要求,切实做好试点工作,环境保护部将于2011年下半年对各试点地区农村环境综合整治目标责任制完成情况进行考核。没有开展试点的省(区、市)可结合本地实际,参照国家试点工作要求,开展对本省下辖市的农村环境综合整治目标责任制试点工作。

全面推行农村环境综合整治目标责任制。在试点工作基础上,建立和完善农村环境综合整治目标责任制考核指标和办法。到2015年,在全国各地全面推行农村环境综合整治目标责任制,形成一级抓一级、层层抓落实的农村环境保护工作局面。

(十三)加强规划指导和完善农村环保法规、政策、标准

编制实施全国农村环境保护"十二五"规划。会同国务院有关部门编制全国农村环境保护"十二五"规划,明确农村环境保护的目标、任务和措施。各地要结合当地实际,抓紧编制实施本地农村环境保护"十二五"规划,将规

划目标和任务纳入当地国民经济和社会发展“十二五”规划。做好土壤环境保护、畜禽养殖污染防治等规划编制和实施工作。

抓紧开展农村环境保护立法工作。积极推动畜禽养殖污染防治条例和土壤环境保护法的立法工作,为畜禽养殖污染防治和土壤环境保护提供法律保障。各地也要加强本地农村环境保护的立法工作。

落实和完善农村环境保护政策、标准和规范。抓紧落实《农村生活污染防治技术政策》和《畜禽养殖业污染防治技术政策》,全面落实农村环境保护与污染防治工作的相关环境标准,修订完善土壤环境质量标准。各地要抓紧研究制定地方性农村环境保护标准和规范。

(十四)开展环境执法、环境监测、环境宣传“三下乡”

加大农村环境监督执法力度。严格建设项目环境管理,依法执行环境影响评价和“三同时”等环境管理制度。禁止不符合区域功能定位和发展方向、不符合国家产业政策的项目在农村地区立项。加大农村环境监督执法力度,严肃查处违法行为,开展整治农村地区工业企业污染、农业污染专项督查工作。提高农村环境风险防范意识和环境应急能力,保障农村环境安全。

加强农村环境监测。抓紧建立和完善农村环境监测、评价体系,开展农村环境监测、评价,定期公布全国和区域农村环境状况。各地要在国家水污染防治重点流域、区域和实施“以奖促治”项目的村镇开展农村饮用水水源地水质、环境空气、土壤环境监测,掌握农村环境综合整治成效。

强化农村环境保护宣传培训。开展多层次、多形式的农村环境保护知识宣传教育,使农村环保宣传教育进入学校、社区、家庭,提高农民的环境意识,调动农民参与农村环境保护的积极性和主动性,推广健康文明的生产、生活和消费方式。大力实施千乡万村环保科普行动计划,印发农村环境保护手册和挂图,加强“以奖促治”工作培训,推广典型经验和模式。

努力推进农村环境保护机构和队伍建设。环境保护部将会同有关部门开展农村环境保护工作机构建设的调查和研究,提出加强农村环境保护工作机构建设的意见,努力推进农村环境保护工作机构建设。地方各级环保部门要把农村环境保护摆在重要位置,积极协调有关部门加强机构和队伍建设,确保农村环境保护工作有人管、有人干。

(十五)增强农村环保科技支撑作用

加强农村环保实用技术的研究、开发和推广。各地要尽快建立和完善农村环保科技支撑体系,大力研究、开发和推广农村生活污水和垃圾处理、农业面源污染防治、农业废弃物综合利用等方面的环保实用技术。

积极培育农村环保产业。各地要加快推进农村环保科研成果转化，研发一批适合农村环境保护的低成本，效果好、易操作的治理设备。积极推动农村地区污染治理设施的第三方专业化运营，培养专业化的农村环保技术服务队伍。

中华人民共和国环境保护部

二〇一一年三月十五日

河北省环保厅重要公告及通报

河北省环保厅关于拟申报 2011年河北省科学技术奖项目的公告

按照河北省科学技术厅《关于2011年度河北省科学技术奖推荐工作的通知》要求，我厅推荐申报2011年河北省科学技术奖励项目《河北省多环芳烃及有机氯农药环境特征研究》、《抗生素废水关键处理技术应用研究与示范》、《石家庄市PM10、PM2.5污染途径、防治办法及相关政策研究》，现予以公告。如有异议，请于2011年4月28日前以书面形式向省环保厅科技与对外合作处反映。

联系电话 0311—87908520

特此公告。

附件：拟申报河北省科学技术奖项目公告内容

2011年4月18日

拟申报河北省科学技术奖项目公告内容

序号	项目名称	主要完成单位	全部完成人及排序	申报奖种
1	河北省多环芳烃及有机氯农药环境特征研究	河北省水环境科学实验室、河北省环境科学研究院、北京大学城市与环境学院、石家庄市环境监测中心	王靖飞、陶澍、王路光、田在峰、吴亦红、刘夜月、李洪波、孙志强、郝明亮、刘文新、赵琪、王亚芝、赵靖宇、任毅彬、刘洁、高远、王海英、刘钰、冀志国、曹健、郭贺献、张晓燕、栗建勇、刘占伟、左谦、摆亚军、赵智亮、刘书臻、李尧	自然科学奖
2	抗生素废水关键处理技术应用研究与示范	国家环境保护制药废水污染控制工程技术中心、华北制药集团环境保护研究所、河北省环境科学研究院	陈平、王勇军、冯海波、邢书彬、韩滨、周崇晖、王靖飞、耿增福、崔伟、田云	科技进步奖
3	石家庄市PM10、PM2.5污染途径、防治办法及相关政策研究	河北省环境监测中心站	徐远春，宋文波、魏君、严永路、闫栋华、张春雷、刘晓强、周旌、牛利民	科技进步奖

河北省杀虫剂POPs废物管理能力建设项目信息公开报告

为履行《关于持久性有机污染物的斯德哥尔摩公约》义务和落实国家实施计划，加强河北省持久性有机污染物（以下简称POPs）废物处置管理能力和完成所辖区域内杀虫剂POPs废物处理处置，拟实施河北省杀虫剂POPs废物管理能力建设项目。该项目将处置我省现存约1400吨POPs废物，消除其对生态环境和人体健康的威胁，同时促进我省POPs废物环境可持续管理水平的提高。项目第一期主要对邢台市农药公司暂存的约650吨含DDT农药废物进行无害化处置。现将该项目基本情况公开如下：

对上述杀虫剂类POPs废物按照环保部推荐的技术路线，拟采取水泥窑共处置的技术方法进行无害化处置。处置单位经由环境保护部环境保护对外合作中心公开招标确定为河北金隅红树林环保技术有限责任公司。该公司隶属于北京金隅集团，是河北省唯一一家利用水泥窑共处置工业废弃物的环保公司，处置能力处于省内领先水平，并具有河北省环保厅颁发的《河北省危险废物经营许可证》，在技术、人员和管理等方面均满足本项目需求。根据本项目整体实施计划，拟在2011年8－10月完成邢台市农药公司全部650吨废物的清运和处置工作。省固体废物管理中心、产废企业和处置企业所在地环保部门对全过程进行监督。

项目实施过程中欢迎公众进行监督或查询，如果您有意见或建议可与河北省固体废物管理中心联系。

本项目工作和宣传热线：0311－83016298

河北省固体废物管理中心地址：石家庄市南二环西路35号双维商务楼八楼。

2011 年河北省环境状况公报

【综述】

2011 年,全省各级环保部门在省委、省政府的正确领导下,以科学发展观为统领,紧紧围绕科学发展的主题、加快转变经济发展方式的主线和提高生态文明水平的新要求,把加强环境保护与转方式调结构、惠民生促和谐结合起来,以解决影响可持续发展和损害群众健康的突出环境问题为重点,开拓创新,拼搏进取,各项工作取得积极进展,为完成"十二五"环保目标任务奠定了良好基础。

这一年,我们强化工作落实,圆满完成了年初既定的目标任务。突出示范引领,以点带面活跃和带动了全局,坚持源头把关,充分发挥了环境保护优化经济发展的推动作用,狠抓重点工作,有力促进了区域流域环境质量改善,锐意改革,进一步增强了环保工作的生机和活力。

2011 年我省污染减排工作取得了新进展,全省化学需氧量、二氧化硫和氨氮排放量均削减 1.5%以上,氮氧化物的削减率高于全国平均水平,均完成了年初的既定目标。全省环境质量持续改善,全省省辖城市空气二级以上天数达到 339 天,11 个设区城市空气质量达到二类区环境质量标准;全省七大水系三类和好于三类水质的断面比例达 45.2%,四类水质比例为 17.5%,五类及劣五类水之比例 37.3%。水库水质良好,满足功能区要求。近岸海域水质基本保持良好。声环境质量总体评价为较好。全省生态环境质量总体评价为一般。

水环境

【状况】

七大水系水质总体为中度污染。Ⅰ－Ⅲ类水质比例为 45.2%,比上年下降了 2.0 个百分点;Ⅳ类水质比例为 17.5%,比上年上升 5.5 个百分点;Ⅴ类水质比例为 10.3%,比上年上升 3.1 个百分点;劣Ⅴ类水质比例为 27.0%,比上年下降 6.6 个百分点。与上年相比,全省七大水系的化学需氧量浓度均值和氨氮浓度均值分别下降了 12.8%和 28.0%。

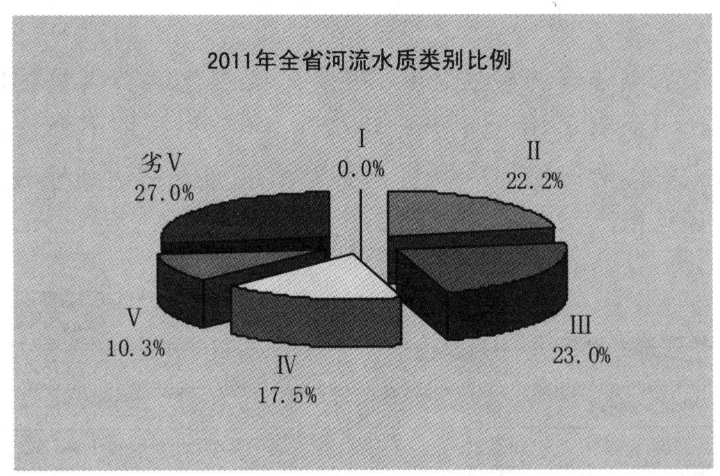

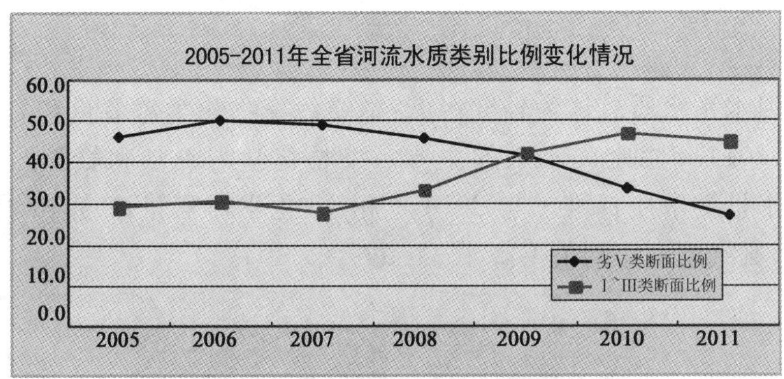

【河流】

2011 年全省河流水质总体为中度污染,主要污染物为氨氮、总磷和化学需氧量。七大水系中,滦河水系和永定河水系为轻度污染,大清河水系和漳卫南运河水系为中度污染,北三河水系、子牙河水系和黑龙港运东水系为重度污染。

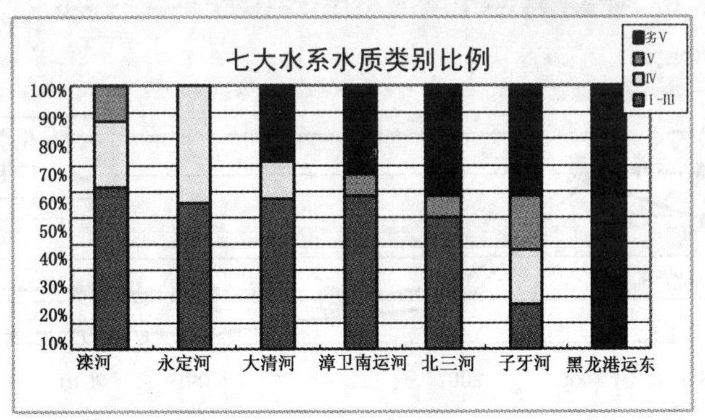

滦河水系

滦河水系水质总体为轻度污染；主要污染物化学需氧量浓度呈下降趋势；氨氮 2005 年至 2007 年呈上升趋势，2008 年以后浓度下降较大。2011 年滦河水系的主要污染物化学需氧量和氨氮浓度均值均达到地表水Ⅲ类水质标准，与 2010 年相比，分别降低了 12.1％和 37.5％。

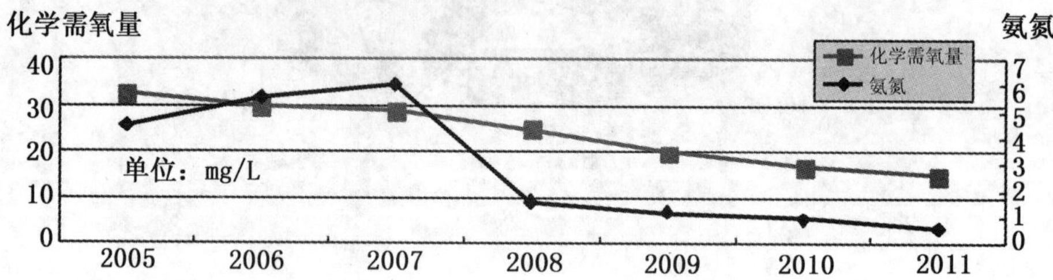

永定河水系

永定河水系水质总体为轻度污染；主要污染物化学需氧量和氨氮浓度呈下降趋势；2011 年永定河水系的主要污染物化学需氧量和氨氮浓度均值均达到地表水Ⅲ类水质标准。与 2010 年相比，化学需氧量浓度年均值与上年基本持平，氨氮浓度年均值下降了 31.0％。

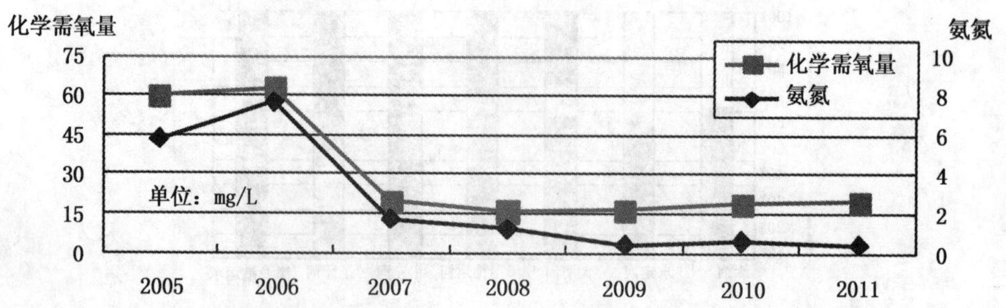

大清河水系

大清河水系水质总体为中度污染；主要污染物化学需氧量浓度和氨氮浓度总体呈下降趋势。与 2010 年相比，化学需氧量浓度年均值和氨氮浓度年均值分别降低了 25.4％和 51.0％。

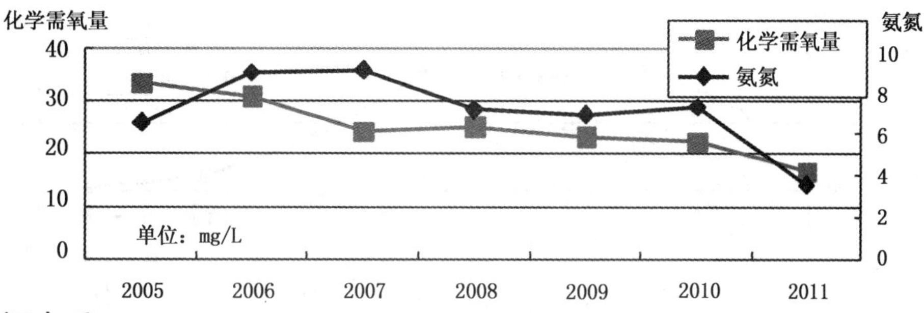

北三河水系

北三河水系水质总体为重度污染；主要污染物化学需氧量和氨氮浓度呈下降趋势。与 2010 年相比，化学需氧量浓度年均值和氨氮浓度年均值分别降低了 11.6％和 24.3％。

漳卫南运河水系

漳卫南运河水系水质总体为中度污染；主要污染物化学需氧量和氨氮浓度呈下降趋势。与 2010 年相比，化学需氧量浓度年均值和氨氮浓度年均值分别降低了 10.4％和 12.7％。

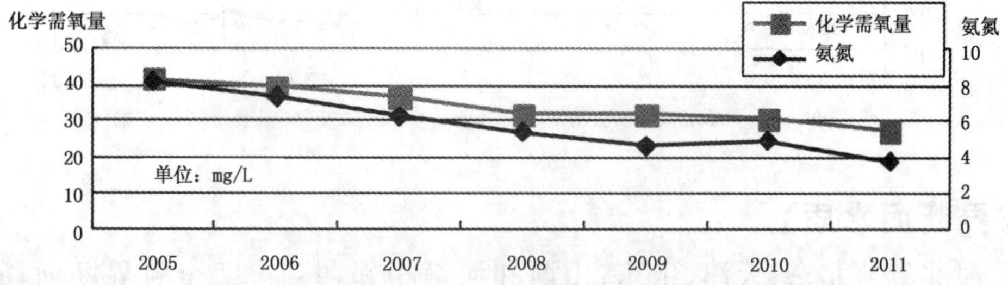

子牙河水系

子牙河水系水质总体为重度污染;主要污染物化学需氧量总体呈下降趋势,氨氮浓度基本持平,但2011年下降幅度较大。与2010年相比,化学需氧量浓度年均值和氨氮浓度年均值分别降低了25.8%和21.3%。

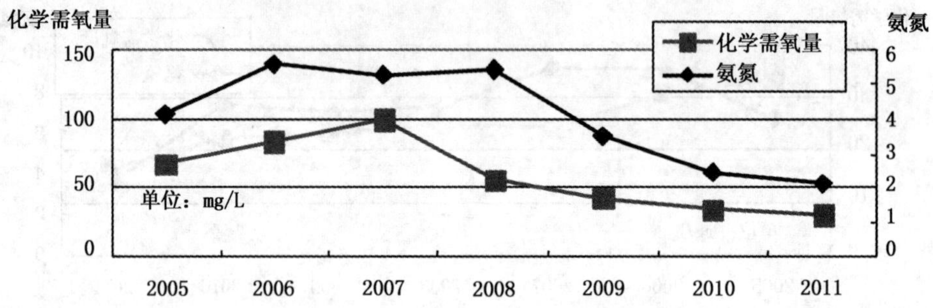

黑龙港运东水系

黑龙港运东水系水质总体为重度污染;主要污染物化学需氧量浓度波动较大,2007年出现了较大升幅;氨氮浓度总体呈下降趋势。与2010年相比,化学需氧量浓度年均值升高了17.6%,氨氮浓度年均值降低了31.2%。

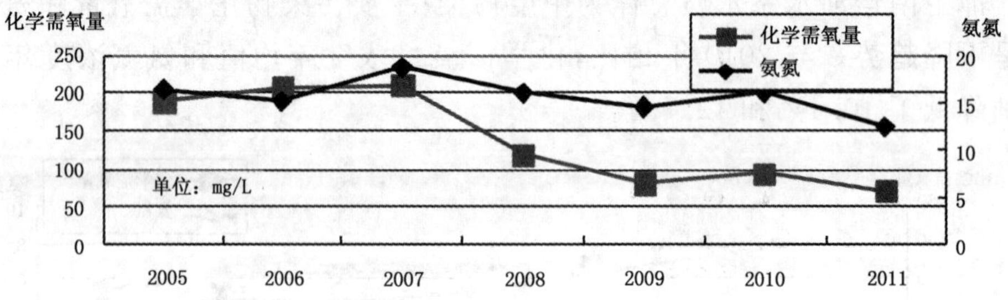

【省界断面水质】

河北省与北京、天津、山东、山西和河南相邻,共有37个省界断面,其中包括19个入境断面和18个出境断面,出境断面水质好于入境断面水质。

18个出境断面中入北京的水质较好,基本能够满足功能区要求。

19个入境断面中山西来水水质较好,河南、北京、山东来水较差,不能满足功能区要求。

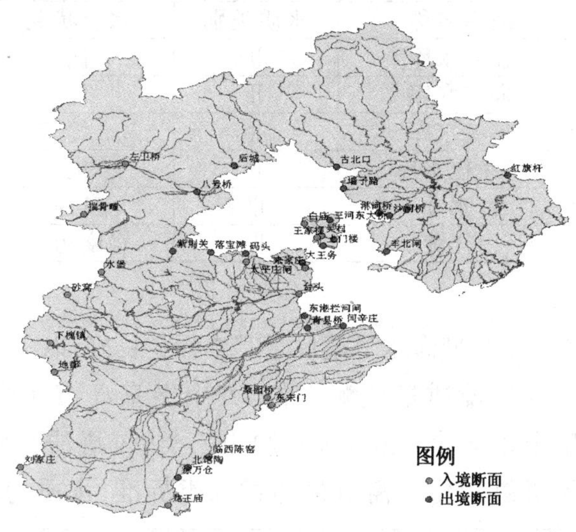

【湖库淀水质】

2011 年我省对 14 座水库和白洋淀、衡水湖进行了监测。

不计总氮，11 座水库水质达到了Ⅱ类水质标准，邱庄水库、安格庄水库和龙门水库水质为Ⅲ类（总磷超Ⅱ类水质标准）；衡水湖水质为Ⅲ类；白洋淀水质在Ⅳ类—劣Ⅴ类之间，主要污染物是化学需氧量、总磷和高锰酸盐指数。

对湖库淀水质进行富营养化评价，岗南水库、黄壁庄水库、陡河水库、邱庄水库、石河水库、洋河水库、王快水库、西大洋水库、安格庄水库、龙门水库、岳城水库、临城水库和朱庄水库为中营养，东武仕水库、衡水湖和白洋淀为轻度富营养。

2011 年河北省湖库淀水质状况表

所属城市	湖库名称	水质类别	水质状况	富营养化程度
石家庄	岗南水库	Ⅱ	优	中营养
石家庄	黄壁庄水库	Ⅱ	优	中营养
唐山	陡河水库	Ⅱ	优	中营养
唐山	邱庄水库	Ⅲ	良好	中营养
秦皇岛	石河水库	Ⅱ	优	中营养
秦皇岛	洋河水库	Ⅱ	优	中营养
保定	王快水库	Ⅱ	优	中营养
保定	西大洋水库	Ⅱ	优	中营养
保定	安格庄水库	Ⅲ	良好	中营养
保定	龙门水库	Ⅲ	良好	中营养

所属城市	湖库名称	水质类别	水质状况	富营养化程度
邢台	临城水库	Ⅱ	优	中营养
邢台	朱庄水库	Ⅱ	优	中营养
邯郸	岳城水库	Ⅱ	优	中营养
邯郸	东武仕水库	Ⅱ	优	轻度富营养
衡水	衡水湖	Ⅲ	良好	轻度富营养
保定	白洋淀	Ⅳ	轻度污染	轻度富营养

【近岸海域水质】

2011 年河北省近岸海域海水环境质量基本保持良好，以一、二类水质为主。

全省共 8 个海水环境质量监测点位，其中秦皇岛市 4 个点位，水质均为一类，清洁水质；唐山市 3 个点位，水质均为二类，较清洁水质；沧州市 1 个点位，水质为三类，无机氮和化学需氧量超过二类标准，水质为轻度污染。

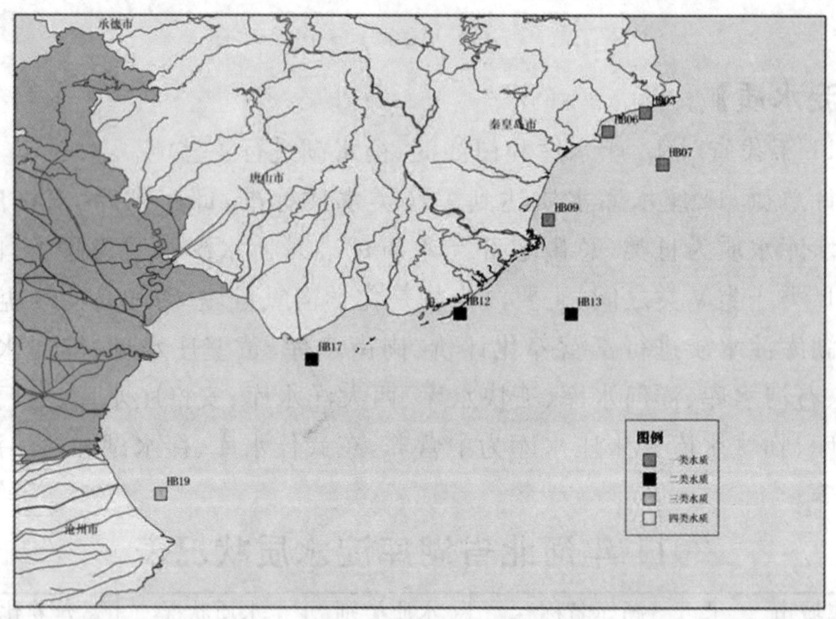

【地下水水质】

保定市地下水水质优良，邢台、唐山、廊坊、秦皇岛、衡水和张家口六个城市地下水水质良好，石家庄、承德、沧州和邯郸四个城市水质较差，其中石家庄、邯郸、沧州水质较差是由于地质原因造成的。石家庄总硬度超标，超标率为 75.8％；邯郸总硬度和溶解性总固体超标，超标率分别为 68.4％和 31.6％；沧州氟化物超标，超标率为 100％；承德氨氮、总硬度和总大肠菌群超标，超标率分别为 22.0％、75.6％和 29.3％。

【废水和主要污染物排放量】

2011年，全省废水排放总量为275347.6万吨；化学需氧量排放量为138.88万吨，其中工业和生活排放量为44.01万吨，农业源排放量为94.08万吨，集中式治理设施为0.79万吨；氨氮排放量为11.43万吨，其中工业和生活排放量为6.78万吨，农业源排放量为5.0万吨。

【措施与行动】

进一步健全和完善了全流域跨界断面水质考核与财政扣缴补偿金挂钩的生态补偿机制，着力强化地方政府和排污企业的责任意识，有力地推进了水污染治理。截至2011年底，累计扣缴生态补偿金10860万元。

认真开展了全省地级以上城市集中式饮用水水源环境状况评估，建立健全了水源地应急管理机制，加大了水源保护区排污企业综合整治力度，取缔排污口98个，并对部分水源保护区进行了调整。

联合省发改委、国土资源厅等八部门开展了海洋环境保护联合执法检查，加强了陆源污染的环境监管，对31个陆源入海排污口进行排查，查处一批环境隐患问题。

为加强全省水质监测，到2011年底，我省共建成31个水质自动监测站(含3个国家级站)，这些水质自动站的正常运行，为我省水污染防治决策提供了有力的数据支撑。

大气环境

【状况】

全省空气质量总体良好,全省设区市平均达到或优于Ⅱ级的优良天数逐年增加。

达到或好于二级的优良天数 2011 年全省设区市平均达到或优于Ⅱ级的优良天数为 339 天;与 2010 年相比,优良天数增加了 2 天。

2005年-2011年全省平均达到或好于II级的优良天数

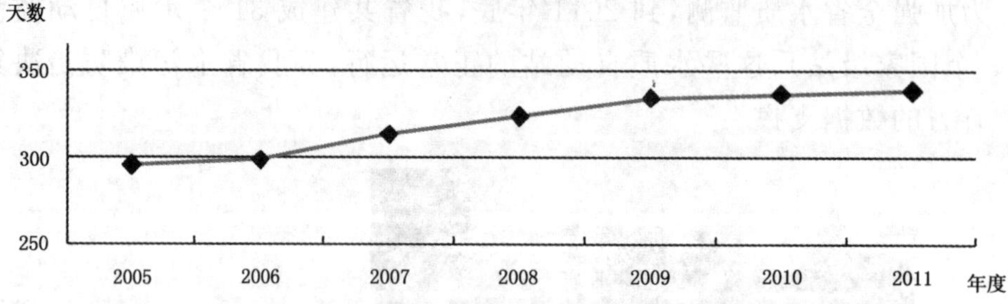

全省设区市平均污染物浓度总体下降。

可吸入颗粒物(PM10)浓度为 0.076mg/m^3,与 2010 年相比降低 1.30%;各市年均值范围在 0.055－0.099mg/m^3 之间,均达到国家二级标准 0.10mg/m^3 的限值;

二氧化硫(SO_2)浓度为 0.042 mg/m^3,与 2010 年相比降低 6.67%;各市年均值范围在 0.035－0.055mg/m^3 之间,均达到国家二级标准 0.06mg/m^3 的限值;

二氧化氮(NO_2)浓度为 0.028 mg/m^3,与 2010 年相比降低 3.45%;各市

年均值范围在 0.022—0.041mg/m³ 之间，均达到国家二级标准 0.08mg/m³ 的限值。

主要污染物浓度变化情况

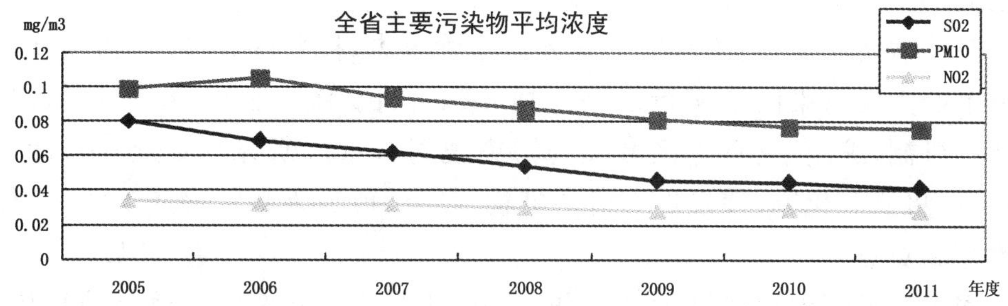

【酸雨】

2011 年全省共获得 585 个降水样本，pH 范围在 4.47—9.0 之间，最低值出现在秦皇岛市，最高值出现在唐山市。

全省酸雨发生频率为 2.91%，比上年下降了 2.94 个百分点。秦皇岛、保定和承德 3 个市共出现 17 次酸性降水，其他城市未出现酸雨。

与 2010 年相比，出现酸雨的频率以及酸雨的强度均有所下降。

【废气中主要污染物排放量】

2011 年全省二氧化硫排放量为 141.21 万吨；氮氧化物排放量为 180.12 万吨，其中机动车排放量为 56.18 万吨。

【措施与行动】

以城镇面貌上水平为动力，着力推进了城市环境综合定量考核，进一步强化了“四调五治”，有力地推进了城市空气质量达标和分级管理。截至目前，已经完成污染搬迁项目13个，新建县级大气自动监测站15个，完成城市污染减排工程19项。

坚持联防联控，突出区域大气环境监管重点，按照国家要求，为建立京津冀城市群大气污染防治实行统一规划、统一监测、统一监管、统一评估、统一协调的机制，编制了《重点区域大气污染规划》，重点研究制定规划目标和工程项目，将氮氧化物、挥发性有机污染物、臭氧、可吸入颗粒物和PM2.5作为新增控制重点。

深入开展环保模范城创建工作，廊坊市通过国家级环保模范城复核，秦皇岛市和承德市完成国家级环保模范城规划论证，石家庄市明确了创建国家环保模范城的目标。

目前，全省共建成53个城市空气自动监测站，2011年完成了所有空气自动站的联网改造工作，实现了所有空气自动站通过vpn传输方式与河北省环境监测中心站联网，大大提高了工作效率。

声环境

【状况】

2011年与上年相比，全省声环境质量基本持平，生活噪声和交通噪声是影响城市声环境质量的主要噪声源。

【城市区域环境噪声】

2011年全省区域环境噪声平均值是52.6dB(A)，与去年相比基本持平。区域环境噪声平均等效声级分布在50.7—54.9dB(A)之间，11个设区市区域声环境均为较好。

【城市交通噪声】

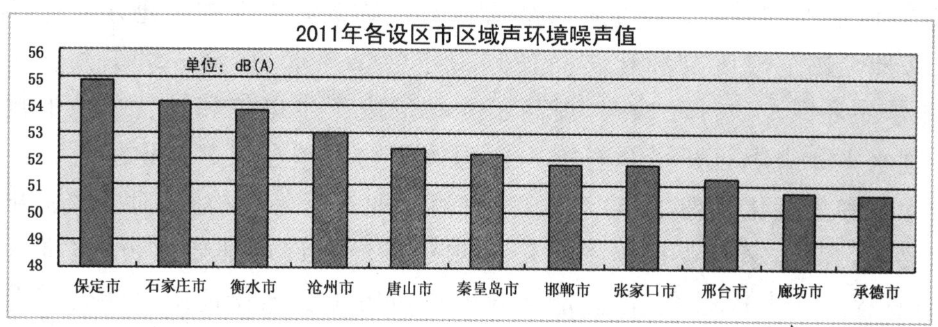

2011年全省道路交通噪声平均值为67.3 dB(A)，比去年上升了1.6 dB(A)。全省11个设区市道路交通噪声平均等效声级分布在63.0—68.8dB(A)之间，全部达到国家标准。石家庄市道路交通声环境为较好，其余10个设区市为好。

【城市环境噪声源构成】

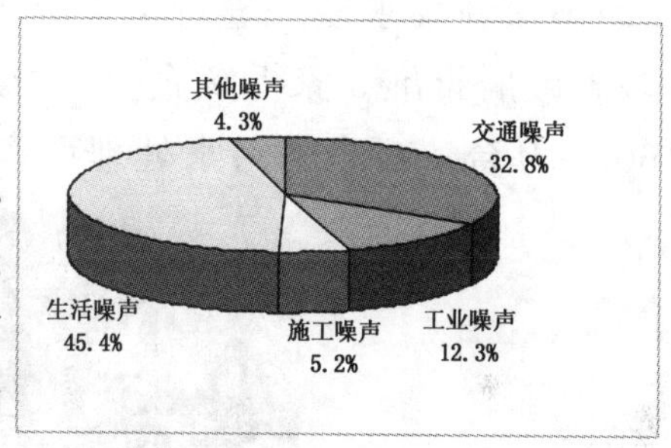

2010年影响城市区域环境的噪声源主要分为生活噪声、交通噪声、工业噪声、施工噪声和其他噪声五类，分别占45.0%、32.9%、12.7%、5.1%和4.3%。影响面广的噪声源是生活噪声和交通噪声，两者之和占了77.9%，污染强度大的噪声源是交通噪声。

固体废物

【状况】

2011年，全省一般工业固体废物产生量为45140.8万吨，处置量为6236.4万吨，综合利用量为18833.6万吨，倾倒丢弃量为0.40万吨；危险废物产生量为50.7万吨，处置量为18.48万吨，综合利用量为32.27万吨，倾倒丢弃量为0。

【措施与行动】

河北省环保厅组织相关人员赴各设区市和30多个县(市)进行调研，针对制药、炼油、钢铁、煤化工等行业医废危废处置情况进行调查，完成了《全省固体废物排放及管理情况分析报告》，从其产生、收集、贮存、转移、处置等环节进行全过程分析,提出“十二五”时期加强固废危废管理的对策建议。会同省卫生厅制发了《关于加强危险废物和医疗废物监管工作的实施方案》。

按照全国危险废物和化学品视频工作会议要求,在全省组织开展了危废、化学品环保专项行动检查,提高了我省危废产生单位和经营单位的规范化管理水平。组织召开了全省第一次固体废物管理会议。强化了危废经营资质审查和规范化管理工作,对 45 家许可企业进行逐个检查,对 6 家提出了整改要求。对 2 家企业提出了重新申领危废经营许可证要求,严格准入门槛、审查程序和审核标准,在规定期限内进行审批。强化危险废物转移监督管理,严格执行转移联单制度,对转移路线和运输资质实行了严格管制,达不到要求的一律不予转移。

开展二恶英类持久性有机污染物(POPs)重点行业更新调查,对两家农药厂历史留存的废物利用国际赠款进行了处置。对进口废物的 105 家企业,按照国家新要求逐一进行了省级审核、上报。开展家电以旧换新拆解试点工作,省政府批准 3 家拆解企业,截至 2011 年 12 月 11 日回收 172.5 万台,拆解 160.3 万台。对全省污水处理厂产生的污泥实行了季报告管理。

辐射环境

【状况】

2011 年全省辐射环境常规监测表明,全省 11 个设区市的环境地表 γ 辐射空气吸收剂量率为 43.4～91.9nGy/h,平均值为 57.9nGy/h。位于石家庄的辐射环境自动站监测的连续环境地表 γ 辐射空气吸收剂量率为 75.3～119.6nGy/h(未扣宇宙射线响应值),平均值为 91.7nGy/h(未扣宇宙射线响应值)。环境 γ 辐射水平与 1983－1990 年全国环境天然放射性水平调查的监测值相比,无显著升高,维持本底水平。土壤放射性核素和空气气溶胶总 α、总 β 放射性水平监测表明,未发现人工放射性核素污染。环境中电磁辐射污染源数量增长较快,电磁辐射环境质量总体上保持稳定,满足国家相关电磁辐射环境保护规定。

【辐射环境质量监测工作】

根据环境保护部辐射环境监测网国控点位建设工作安排，我省共优化布设了辐射环境监测国控点26个，其中：自动监测站1个，陆地辐射监测点位12个，土壤监测点7个，水体监测点2个，电磁监测点4个。监测对象涉及空气、气溶胶、沉降物、土壤、水体以及移动通信基站和高压输变电工程，监测项目包括瞬时γ辐射空气吸收剂量率、γ辐射累积剂量、电磁场强度、总α、总β以及放射性核素分析等。全年共报送辐射环境监测数据10万多个。

为规范全省辐射环境监测工作开展，2011年10月17日至21日，在承德市举办了全省辐射环境监测仪器比对及技术培训会议，组织对各市配备的辐射环境监测仪器进行了刻度比对，同时对各市辐射监测负责人及技术人员40多人进行了业务培训。通过开展比对培训，统一了监测规范，提高了设区市环保机构辐射监测人员的技术水平。

【应急计划与应急监测】

2011年3月11日，日本本州岛附近海域发生里氏9.0级强烈地震，导致福岛第一核电站发生爆炸。3月12日接环保部核与辐射事故应急办应急指令后，我省立即启动辐射事故应急预案，组织开展了全省辐射应急监测工作。

2011年3月15日开始，我省派出移动应急监测小组开始在辖区沿海公路进行应急移动巡测，并组织辖区秦皇岛、唐山、沧州三个沿海地区环保局在市区和沿海区域设立固定监测点位开展了辐射应急监测工作，并实时上报每天监测数据。

【城市放射性废物库异地扩建工程】

2004年1月,河北省城市放射性废物库异地扩建工程项目经河北省发改委、国家发改委批准立项,2008年10月28日奠基开工。截至2011年5月底,实验楼、废物库、配套附属设施主体工程全部完工,并通过鹿泉市建筑工程质量监督站验收,达到了设计要求,库区废源(物)自动吊装设备、在线监控系统以及实验室配备的20多台(套)辐射监测应急设备全部安装配备到位,并于2011年6月开始试运行。2011年9月,环境保护部验收组对我省城市放射性废物库异地扩建工程进行了现场验收检查,2011年10月18日,环境保护部下发《关于河北省城市放射性废物库异地扩建工程竣工环境保护验收意见的函》(环验[2011\]294号),批复项目竣工环境保护验收合格,准予投入正式运行。

【放射性废物的收贮和管理】

为确保辐射环境安全,加强对核技术利用单位的监督管理,强化对闲置废弃放射性废物(源)的收贮,有效消除辐射安全事故隐患。我们进一步健全了放射性废物的申报登记制度,积极做好闲置、报废放射源及放射性废物的收贮工作,全年涉源单位送贮的放射性废源、废物收贮率达到100%。

自然生态环境

状况 全省生态环境质量总体评价为一般。其中承德和秦皇岛两个市生态环境质量评价为良。其余九个市生态环境质量评价为一般。

水资源 2011年全省平均降水量486.6mm,比上年减少39.3mm,比多年平均值减少45.1mm,属偏枯年份。全省各河天然年产水量多属偏枯或枯水,部分河道为平水。

2011年末,河北省平原区浅层地下水平均埋深16.19m。与上年同期相比,浅层地下水位平均下降0.10m,地下水蓄存量减少8.94亿m^3。深层地下水位平均埋深:邢台中东部平原55.84m、衡水56.93m、沧州58.30m。与上年同期相比,邢台中东部平原、衡水和沧州深层地下水位分别上升0.10m、4.01m、0.02m。

2011年末,省辖大、中型水库蓄水35.02亿m^3,比年初增加7.25亿m^3。海委管辖的潘家口、大黑汀和岳城三座大型水库2011年末总蓄水量为19.03

亿 m^3，比年初增加 7.38 亿 m^3。2011 年末白洋淀蓄水量为 1.41 亿 m^3，比年初增加 0.81 亿 m^3；2011 年末衡水湖蓄水量 1.14 亿 m^3，比年初增加 0.54 亿 m^3。

2011 年，河北省地表水资源量约为 67.34 亿 m^3，水资源总量约为 152.69 亿 m^3。

农业资源 2011 年河北省粮食播种面积为 6286.11 千公顷，产量 3172.6 万吨。2011 年农用化肥施用量（折纯）为 326.28 万吨；农药使用量为 8.3 万吨；农用塑料薄膜使用量为 123785 吨，其中地膜使用量 65900 吨，地膜覆盖面积达 1096.6 千公顷。与 2010 年相比全省农药、化肥、地膜的使用量呈上升趋势，大量及不合理地使用农药、化肥、农膜等农业投入品，造成土地肥力下降，土壤质量退化，部分地方农业环境污染问题突出，农产品质量不安全因素增加。

森林资源 全省共有林地 11154 万亩，占国土面积的 39.6%。现有森林面积 7313 万亩，森林覆盖率 26%，森林蓄积量 1.2 亿立方米。全省果树种植面积 2363 万亩，居全国第 1 位。2011 年完成造林 430 万亩，中幼林抚育 416 万亩；全省林业产业总产值 746 亿元，果品总产量 124 亿公斤。

野生动植物和湿地保护 加快推进自然保护区和湿地公园建设，平山驼梁晋升为国家级自然保护区，新建宣化黄羊滩、井陉南寺掌 2 个省级自然保护区，全省林业系统自然保护区达到 33 个，面积 933 万亩，占国土面积的 3.3%。开展了全省第二次湿地资源调查，秦皇岛北戴河、丰宁海留图湿地公园晋升为国家级。

京津风沙源治理工程 全年完成造林 141 万亩，其中京津风沙源治理工程林业建设项目 116 万亩，“再造三个塞罕坝林场”项目完成营造林 10 万亩，完成退耕还林工程完成匹配荒山造林建设任务 15 万亩，有利改善了项目区的生态环境。

气候特点与受气象灾害影响特点 2011 年（2010 年 12 月～2011 年 11 月），河北省天气气候特点为：全省年平均气温较常年偏高 0.4℃，属正常年份；春、夏两季气温偏高，夏季高温天气较少；冬、秋两季气温接近常年，冷暖交替频繁。全省年平均降水量较常年偏少 1%，属正常年份；春季降水偏少，秋季偏多，冬、夏两季正常；年内降水量时空分布不均，年初降水异常偏少，大部分地区发生严重气象干旱。全省年日照时数比常年偏少 195.7h，属显著偏少年份；春季日照时数比常年偏多，冬、夏、秋三季均比常年偏少，受持续阴、雨、雾、雪天气影响秋季日照异常偏少。

2011 年,河北省受气象灾害影响特点为:连阴雨天数明显偏多;阶段性干旱明显;高温、沙尘、大雾、雷暴、暴雨日数少于常年,但局部降水强度大,3 个站点日最大降水量突破近 30 年以来历史极值;大风、冰雹和强降温寒潮天气较常年明显偏少。总体而言,2011 年灾情属于"中等偏轻"年份。

【措施与行动】

实施农村环境综合整治工程 截至去年 11 月底,已有近 800 个"试点村庄"完成治理任务,试点村庄环境面貌有了明显改善。积极推进生态示范创建工作,承德市被批准列为"全国生态文明建设试点",栾城县等 11 个县(市)被环保部命名为国家级生态示范区,鹿泉市鹿泉镇等 11 个乡镇获"全国环境优美乡镇"称号,迁西县巴家峪村等 6 个村获"国家级生态村"称号,60 个村庄建成首批省级生态村,500 多个镇编制完成了环境规划。同时,还组织开展了"全省生物多样性评估"调查和全省自然保护区建设与管理情况调研检查,组织申报省级自然保护区 4 处,晋级国家级保护区 2 处。

建设农业清洁工程示范村 为实现农村"水源清洁、田园清洁、家园清洁,农村废弃物资源化利用"的目标,通过建立科学考核制度,整合资源,建立长效运行机制等措施,在示范村推广了清洁生产技术,重点建设了生活污水净化池、生活垃圾收集池、田间垃圾收集池、垃圾发酵池、集雨池、节水型生态厕所及乡村物业管理站等设施,示范村在村容村貌改善、无公害农产品生产、乡规民约建设等方面出现了可喜的变化。截至目前,全省共建设完成省部及农村清洁工程示范村 88 个,其中省级示范村 15 个,部级示范村 73 个,受益农户近 4 万户,遍布全省 11 个地级市,其中邢台、保定、石家庄等市呈现出连片集群的发展态势。

发展畜禽清洁养殖 我省积极开展畜禽标准化规模场(区)建设,全面推行畜禽标准化生产。按照"重点突破,全面推进"的发展思路,加大了畜禽养殖场(区)标准化改造力度,有效改善畜禽生产的环境和条件,改进畜舍结构和生产设施,建设固体废物和废水贮存、处理利用设施;推进干湿分离、雨污分流,从设施和工艺上尽可能减少污水浓度和排放量,推广沼气化处理技术,促进畜禽养殖废弃物的减量化处置、无害化处理和资源化利用。到 2011 年末,创建部、省级畜禽养殖标准化示范场 1023 个,其中部级 158 个。另外,以规模化养殖场(区)为重点,大力推行农牧结合生态养殖模式,推广“畜—沼—果”,“畜—沼—粮”等生态循环养殖技术,为种植业提供大量优质有机肥,实现种养有机结合,进一步加大了对畜禽粪污的资源化利用力度。

城市市政公用基础设施建设

城市园林绿化 2010年设区市新增绿地3416.9公顷,完成植树1343万株,建成省级园林式单位151个、省级园林式小区115个、省级园林式街道76条,新增游园134个、创建省级园林城市(县城)29个。

城市市政建设 2010年城市人均道路面积达到15.8平方米,建成区道路网密度达到6公里/平方公里。按照“路面平整、排水畅通、路灯明亮、街容整齐”的标准,部署并开展城市支路背巷三年整治工作,2010年完成改造411条,2008—2010累计2109条,长度585公里,超额完成三年大变样支路背巷整治任务。

城市环境卫生 2010年4月份,组织开展了“以明查暗访、发现问题、督促整改”为主要方式的城市容貌综合整治“鲶鱼行动”,进行了四次巡查和两次普查。活动开展以来,11个设区城市共清理卫生死角1511处,清除积存垃圾28.3万吨,取缔店外经营10883处,规范马路市场91个,整治户外广告牌匾2976块,整治交通标识1241个,拆除超期临建1.75万平方米,拆除实体围墙1万米,取缔露天烧烤943处,整治线缆90.27千米,改造既有建筑108幢。

环保专栏

节能减排 2011年,我省着力深化“双三十”节能减排示范工程,一是启动了新一轮“双三十”示范工程,建立健全了化学需氧量、氨氮、二氧化硫、氮氧化物排放量分别占全省44.15%、45.92%、65.07%、50.17%的(削减量分别占47.7%、49.24%、79.27%、77.75%)新老“双三十”为龙头的示范带动机制,完善新老“双三十”的考核和管理体制,进一步改进了督导和奖惩工作,强化激励引导措施,形成新一轮强力攻坚污染减排的新态势。二是强力推进千家重点企业污染防治工程。筛选了化学需氧量、氨氮、二氧化硫和氮氧化物排放量分别占全省工业企业排放量72.5%、69.1%、78.3%和85.9%的1000家企业作为监控重点,通过实行环境信用评价,实施清洁生产审核,开展环境绩效评估,实现在线自动监控,强化执法监督考核等措施,以点带面,深化污染治理。目前千家重点监控企业的污染源自动监控率达100%,自动监控设施在线率上升到85%。

建设项目环境影响评价 在战略环评方面,以河北省沿海地区为对象,以资源环境承载力为约束,以保障重要生态功能区结构和功能为红线,积极开展了重点产业发展战略环评,提出了基于“生态功能不退化、资源环境不超载、排放总量不突破、环境准入不降低”的沿海经济发展调控方略,为我省沿海地区发展战略顺利通过国务院审批贡献了力量。在规划环评方面,印发实施了《关于进一步加强规划环境影响评价工作的通知》,联合省发改等部门建立完善了规划环评的激励约束机制。截至目前,全省共有228个园区和工业聚集区完成了规划环评审查。我们还加大环评审批把关力度,实行建设项目“三会联审”,严格“七个不批”,做到了全面把关、民主决策,确保审批质量。2011年,全省共审批项目环评21195个,涉及投资11674.9亿元,与2010年同期相比,项目数增加15.2%,投资额增加15.1%。同时,全省共对不符合要求的80个项目不予受理、不予审批、暂缓审批或退回环评报告,涉及投资363.0亿元。

重点项目竣工验收 竣工环保验收方面,在严格执行“七个不验”的同时,进一步规范了验收流程,今年10月印发了《河北省环境保护厅建设项目竣工环保验收工作流程》(冀环办发〔2011〕218号)。2011年,全省共验收项目4044个,涉及投资1661.1亿元,与2010年同期相比(3273个,948.1亿元),项目数增加了23.6%,投资额增加了75.2%。其中省级验收项目251个,涉及投资689.1亿元,与2010年同期相比(205个,431.4亿元),项目数增加了22.7%,投资额增加了59.7%。

环境执法 持续开展了环保专项行动,严厉打击环境违法行为,促进环境问题的解决,维护了人民群众的环境权益。全省出动执法人员15万人次,检查企业6万多家,取缔关闭企业431家,停产、限期治理233家,分两批对16起典型环境违法案件实施了省级挂牌督办,并在新闻媒体予以公布。组织开展了重金属排放企业百日严查行动,取缔16家铅蓄电池企业,停产整治

93 家，对 10 家企业实施了省级挂牌督办。对 850 家放射源销售、使用单位进行了拉网式检查，收贮废旧放射源 150 余枚，妥善处置了辐射应急事故和辐射污染纠纷案件。

排污权交易 2011 年 5 月，河北省机构编制委员会办公室批准成立河北省污染物排放权交易服务中心，出台了《河北省主要污染物排放权交易管理办法（试行）》，并成功交易 6 笔，在排污权市场化改革上迈出重要步伐。

绿色保险试点 15 家企业分别与中国人民财产保险股份有限公司保定市分公司签订了“环境污染责任保险单”。同时，积极推进环境污染损害鉴定评估试点工作，目前技术支撑机构和专家库已初步组建完成。

绿色信贷 “企业环境保护信用信息系统”从各市手工分散采集转变为全省一口自动采集，实现了与征信系统的一口对接。同时，将企业清洁生产审核等五类信息通过网上审批系统进入社会信用体系信息库，丰富和完善了信息内容。

地方环境立法 以河北省人民政府令出台了《河北省城镇污水集中处理设施环境保护监督管理规定》，对城镇污水处理厂的建设、运行、监督管理提出明确要求，该《规定》已经 2011 年 12 月 28 日省政府第 99 次常委会通过，并自 2012 年 3 月 1 日起施行。同时，还起草了《河北省陆上石油勘探开发环境保护管理条例》、《白洋淀水污染防治条例》，并已经省政府法制办审核通过，待省人大批准通过后施行。

“流域生态补偿机制”获大奖 我省申报的“流域生态补偿机制”，经过现场陈述、答辩和选拔委员会投票，从 213 个项目中脱颖而出，获得第六届（2011－2012 年度）“中国地方政府创新奖”，成为全国首个获得“中国地方政府创新奖”的环保类项目。自 2008 年 4 月起，我省运用财政和环保两个手段,率先在子牙河水系实施跨界断面水质目标考核生态补偿机制,即“河流水质超标,扣缴上游财政资金,补偿下游地区损失”。借鉴子牙河流域生态补偿的经验做法,省人民政府自 2009 年 4 月起,在全省七大水系 56 条主要河流实行跨界断面水质目标考核生态补偿金扣缴政策。该项机制的实施,在全国实现了“四个首次”:首次试行;首次在省级行政区域全流域实施;首次被环保部确定为全国全流域生态补偿唯一试点省份;首次以地方法规的形式予以明确,写入《河北省减少污染物排放条例》。

企业上市(融资)环保核查 按照核查规定和工作程序认真审核,出具核查意见,全面推行上市环保核查信息公开,实行季报告制度。全年共核查企业 14 个上市公司 27 家企业,同时,加强上市公司环保后督察工作,配合华北督察中心重点开展了重金属排放行业的上市公司进行后督察,对上市公司开展严格环境管理的同时,做到了服务并重。按照环保部的要求对稀土企业、制革企业和部分钢铁企业进行了环保核查。

基础能力建设 积极争取中央财政资金 8.9 亿元,其中专项用于 119 个县级环境监察标准化建设 5142 万元,支持项目个数及金额在全国居首。全省新增购置执法车辆 350 台,其他设备 3742 台套。实现了 402 家 1000 多个污染物排放口的日常监控,全省重点污染源自动监控率达 88.67%,企业自动监控设施在线率由年初的 62%上升到 85—90%。加快推进了全省县级监测站标准化建设工作,24 个县级监测站通过标准化建设验收。河北省城市放射性废物库异地扩建工程项目通过环保部验收,正式投入运行。

环境科技 《海河南系子牙河流域(河北段)水污染控制与水质改善集成技术与综合示范实施计划》列入国家“十二五”水专项课题。发布了《河北省钢铁工业大气污染物排放标准》,印发了《2011 年度河北省环境保护技术示范工程名录》,完成了2010年环保产业情况调查。

环境应急监测演练 2011年8月环保部组织了突发污染事故应急监测全国演练活动。我厅领导高度重视此项活动,这项任务承担单位河北省环境监测中心站,认真谋划、积极动员,以此次应急演练为契机,对全省的应急监测资源进行整合,进一步完善了《河北省站环境应急操作手册》,新购置水质应急监测车等应急监测设备,整个演练活动紧张有序,忙而不乱,处理及时,方法得当。

环保部的复函中明确指出:我厅任务下达指令明确、信息完整,各参演单位准备充分,应急响应及时高效;监测方案科学周密,工作部署及人员分工较为明确合理、监测布点及频次设置合理、特征污染物的评价标准和评价方法选用适当、质量保证及质量控制措施运用合理、工作计划完整;监测数据较为准确,定量分析准确率为83%,实验室采用原子吸收分光光度法对其分析,定量分析准确率为83%;监测报告完整可行,并对监测结果及环境污染程度进行了评价,简要提出了处置建议,为应急决策提供了科学依据。

环保信访工作 全省各级环境保护部门共受理有效信访举报12744件,办理12744件,与去年同期13717件相比,减少937件,减少率6.8%。其中,受理举报电话9304件,来访397批、773人次,来信583件,网上举报2146件,领导批办367件。按污染类别分,反映大气污染的5975件,水污染的3225件,噪声污染的3054件,其他污染的647件。

排污费征收情况 2011年,全省排污费开征户数为23416户,比去年减少了4557户,征收入库为14.87亿元,比2010年增长1.15多亿元,增长了8.38%。其中:重点排污单位16545户,征收金额为14.12亿元;小型三产6099户,征收金额为0.58亿元;建设施工单位685户,征收金额为2229.04万元。2011年,全省36家省直收电力企业累计征收排污费3.66亿元,较去年增加2300万元,增长率为6.47%。

环境宣传教育 始终把握宣传河北环保工作的主旋律,大力宣传报道我省环境保护工作中的新思路、新机制、新举措和所取得的新成就、新经验。中央媒体共刊发报道我省环境保护工作新闻稿件86篇(条),省级主要媒体刊发各类稿件587余篇(条)。《中国环境报》共发表稿件380篇,其中头版刊发稿件91篇,头版头条22篇,发稿数量位居全国之首。组织举办了形式多样、丰富多彩的环保主题宣传活动。启动了第四批"十百千"环境宣传教育工程试点工作,开展了第二批省级环境教育基地创建工作。

规划、计划与基本建设

【综述】 环境保护规划财务工作是履行宏观调控、经济调节、公共服务职责的一项重要工作，对实现环保任务目标、有效配置公共资源具有十分重要的意义。

河北省环境保护厅规划财务工作紧紧围绕全省环保重点，以科学发展为主题，以加快转变发展方式为主线，充分发挥规划财务管理工作对规划项目、重点工程的作用，确保实现环保目标任务。工作中，始终坚持一个原则，即着眼于环保大局，服从服务于厅重点工作，为各项业务的顺利开展提供有力支持和有效保障；充分发挥两大职能，即规划和财务管理，积极组织编制全省环境保护规划，审核协调各类专项资金使用，承担负责机关及直属单位预算管理、国有资产管理和内部审计工作；紧紧围绕五项任务，即深入推进主要污染物减排、切实改善重点流域水质和城市空气质量、大力加强重点领域环境风险防控、努力提升环境监管能力建设水平、不断推进经济强省、和谐河北建设。

【河北省环境保护规划编制情况】 按照国家环境保护部和河北省人民政府的统一部署，河北省环境保护厅于2009年10月，正式启动了《河北省生态环境保护"十二五"规划》(以下简称《规划》)的编制工作。《规划》经专家评审并广泛征求意见，已报省政府待批(已于2012年1月4日批准)。

《河北省生态环境保护"十二五"规划》作为河北省"十二五"期间环境保护工作的纲领性文件，对于我省环保事业的进一步发展，具有全面指导性作用。《规划》明确指出，"十二五"期间河北省生态环境保护总体目标为：主要污染物排放总量显著减少，重点行业产排污强度明显降低，城乡环境质量明显改善，生态环境总体恶化趋势得到基本遏制，确保核与辐射安全，环境监管能力明显提升。

《河北省生态环境保护"十二五"规划》作为指导我省中长期环境保护工

作的纲领性文件,与全省国民经济和社会发展第十二个五年规划纲要以及“十二五”期间国家环境保护的总体要求保持一致。《规划》统领10个环境保护专项规划(主要污染物总量控制、海河、渤海、重金属、持久性有机物、固体废物、京津冀大气联防联控、农村环境综合整治、环保科技发展、环保能力建设规划),是我省生态环境保护领域的宏观性、综合性和指导性规划,体现了我省对环境保护工作的总体要求。

《规划》共分六个章节,分别为:“十一五”规划实施情况;“十二五”期间面临的重大机遇和挑战;规划指导思想、基本原则与总体目标;规划重点任务;重点工程项目;规划实施方案。与“十一五”规划相比,“十二五“规划在总体构架和基本思路方面,都有较大的调整。《规划》目标明确,重点突出,任务具体,保障措施有力,具有较强的前瞻性、针对性和可操作性。

【全省环境规划财务工作会议】 2011年7月28—29日,全省环保规划财务工作会暨项目资金申报管理培训班在昌黎召开。各设区市环保局主管规划财务工作的副局长、规划财务科(处)室负责人,财政直管县环保局主管局长及负责专项资金项目申报工作的同志共260余人参加了会议及培训。

会议在认真总结“十一五”规划财务工作的基础上,对如何进一步做好“十二五”规划财务工作进行了研究探讨和安排部署。

会上,杨智明副厅长做了重要讲话。他要求,在“十二五”开局之年,要重点做好四个方面的工作:一是全力以赴抓好“十二五”环保规划编制收尾工作,要进一步做好环保规划的可达性分析、项目的科学性分析和规划的衔接工作;二是严格把关选准环保专项资金项目,要清楚环保专项资金渠道,所申报项目要符合申报要求、符合规划需要、突出支持重点、切实收到实效;三是依法依规用好环保专项资金,要确保资金有效使用、实现全程监管、建立奖惩机制;四是切实加强资金使用管理的“四项制度”建设,要建立和完善项目报告制度、进一步健全项目检查制度、逐步完善项目资金验收制度、积极推行绩效管理制度。

【环境保护资金预算及专项资金管理情况】 按照省人大批复的《2011年河北省环境保护厅部门预算》、年中追加预算批复以及中央下达资金情况,2011年预算资金共计134567.11万元,其中省级预算资金45995.11万元,中央补助资金 88572 万元。

2011 年，环保专项资金管理工作紧紧围绕污染减排、区域流域污染防治、城乡环境质量改善，进一步加大了对规划项目、重点工程、新老“双三十”及执法能力等方面的支持力度，取得了积极成效。

一是积极争取国家环保资金。2011 年，经多方努力，我省共争取到中央各类环保资金 88572 万元。其中县级环境监察标准化建设专项资金支持额度 5142 万元、支持项目 119 个，项目支持个数及金额均在全国居首。同时，还向国家积极申报了湖泊生态环境保护试点等重大项目。

二是管好用好环保专项资金。对环保专项资金，严格依法依规实施管理，充分发挥专家审查作用，不断提高资金使用效益。在主动谋划、积极沟通、深入论证的基础上，对国家领导人关注的易县石家统村、张北喜顺沟村、围场御道口乡、滦平偏桥村给予了大力支持；对省领导关注的滹沱河、西柏坡、赵州桥周边环境治理等项目给予了重点投入；对减排工程、新老“双三十”重点单位予以了政策倾斜；完成了环保部要求的援疆、援藏任务及省民宗厅要求的滦平、隆化两民族县环保项目任务。相关项目实施后均收到了积极的经济、社会和环保效益。

三是创新了环保资金管理制度。根据杨智明副厅长在“全省环保规划财务工作会暨项目资金申报管理培训班”上要求，为进一步加强环境保护专项资金项目实施监管工作，建立和完善环保专项资金项目长效管理机制，充分发挥环保专项资金效益，对完成环保重点工作目标任务提供有力的保障和支持，根据国家及我省有关规定，结合环境保护专项资金项目实施中存在的实际问题，省环保厅拟定了《关于实行四项制度强化环保专项资金项目实施监管的意见》(项目报告制度、项目检查制度、资金验收制度和绩效管理制度)。

四是强化了资金管理业务指导。在全面收集有关政策及规定的基础上，继 2010 年《河北省环境保护专项资金管理指南(第一册)》印发之后，又编辑了《河北省环境保护专项资金管理指南(第二册)》，将专项资金管理中涉及到的财政、环保、基建、招投标等各项法律法规、规章制度汇集成册，为环保专项资金管理人员提供了又一部实用的工具书。

【财政支出绩效评价工作】 河北省环境保护厅高度重视绩效自评工作，根据河北省财政厅《关于做好 2011 年度省直部门财政支出绩效评价工作的通知》(冀财预〔2012〕10 号)要求,环保厅按照《河北省预算绩效管理办法(试行)》和《河北省财政支出绩效评价管理办法》的有关规定,就 2011 年度发展性支出项目,积极组织开展绩效自评工作,将财政支出项目绩效自评工作列入了重要议事日程,成立了自评工作小组,以确保自评工作顺利开展。在绩效评价工作实践中,始终遵循"追踪问效"、"事前定目标、事中重跟踪、事后看绩效"的原则,认真谋划,采取有力措施,引入专家参与制度,积极推进绩效自评工作。

2011 年共组织了 566 个项目的绩效自评工作。通过自评,项目管理绩效评价得分平均为 95.9 分,为"优"评价等级。项目实施后可形成 COD62816.03 吨/年、$SO_2$31333.7 吨/年、氨氮 4351.94 吨/年、氮氧化物 378.38 吨/年削减能力,取得了明显经济、环境效益。

通过自评,逐步建立了科学、规范的部门和项目绩效指标体系,进一步提高了绩效评价工作的科学性和可操作性。

污染减排工作
(双三十减排示范工程)

【综述】 2011年我省确定的减排目标为:全省化学需氧量、氨氮、二氧化硫和氮氧化物排放量分别比2010年净削减2.133万吨、0.174万吨、2.157万吨和2.57万吨,四项污染物削减比例均为1.5%。

一年来,我省按照强化结构减排,细化工程减排,实化管理减排的要求,深入推进各项污染减排工作,目标任务总体完成理想,环境质量明显改善。

【减排目标完成情况】 2011年,我省列入国家减排责任书的项目共34项,其中工业废水减排项目23项、废气减排项目3项、农业源减排项目8项。除2项养殖小区养殖规模变小,达不到规模化养殖场标准,不再需要治理外,其他32个项目均已建成运行。经初步核算,与上年相比,2011年全省化学需氧量、氨氮和二氧化硫排放量分别削减6.61%、14.55%、10.18%,氮氧化物排放量增长了2.82%。

环保部初步核算结果,2011年全省化学需氧量、氨氮、二氧化硫排放量分别削减2.33%(全国削减1.98%)、1.53%(全国削减1.41%)、1.8%(全国削减2.21%),分别完成了年度任务的155.3%、102%、120%;氮氧化物排放量增长了5.12%(全国增长5.69%)。我省完成了年度减排任务(环保部将氨氮和氮氧化物不作为2011年度考核指标)。

【环境质量改善情况】 2011年,全省11个设区城市环境空气二级以上天数平均达到339天,比去年同期增加1天。全省空气综合污染指数平均为1.81,比上年同期下降了3.72%;全省监测河流断面中达到或好于三类的水质断面比去年同期下降了2.0个百分点,四类水质断面比去年同期上升了5.5个百分点,五类水质比去年同期上升了3.0个百分点,劣五类水质断面比去年同期下降了6.5个百分点。所有断面主要污染物氨氮的平均浓度为3.88毫克/升,比去年同期下降了28.01%;化学需氧量的平均浓度为37.56毫克/

升,比去年同期下降了12.79%。

【“双三十”节能减排工程】 “双三十”示范工程是省委、省政府在“十一五”推进全省节能减排工作中实施的一项重要举措。省委、省政府决定,“十二五”期间,继续深入实施“双三十”工程。2011年4月6日,省委、省政府两办联合印发了《关于深入实施“双三十”节能减排示范工程的意见》(冀办发[2011]15号)。省环保厅会同省发改委重新筛选了单位能耗高、排放总量大、示范作用强的30个县(市、区)和30家企业,作为新“双三十”示范工程单位,与“十一五”老“双三十”的30个县(市、区)和30家企业共120个单位,一并列入节能减排督导考核的重点和大户。新老“双三十”的能源消耗量接近全省的80%,主要污染物化学需氧量、氨氮、二氧化硫(不含机动车)的排放基数分别占全省总量的44%、46%、65%、73%(同口径相比),削减量分别占全省任务的48%、49%、79%、78%,在全省节能减排中,地位突出,作用重要。

2011年是我省继续深入实施“双三十”节能减排示范工程的第一年,各级各部门特别是“双三十”单位认真贯彻落实省委、省政府决策部署,按照“巩固提升、深化拓展、示范带动、全面推进”的原则,以科学发展为主题,以加快经济发展方式转变为主线,科学谋划,精心部署,强化组织领导和责任奖惩,狠抓目标分解和措施落实,完成了“双三十”节能减排目标任务,为全省节能减排开好局、起好步发挥了积极作用。据考核统计,2011年度,“双三十”单位共完成节能项目367项,实现节能量350万吨标准煤;完成减排项目668项,削减化学需氧量18023吨、氨氮1244.86吨、二氧化硫13199.7吨,与上年相比分别下降2.92%、2.45%、2.12%,氮氧化物排放量增长幅度较全省低1.16个百分点。

【工程、结构、管理减排】 在工程减排上,我省确定“十二五”期间实施674项重点减排工程。包括新建城镇污水处理厂101座,新增废水日处理能力288.45万吨;建成66座燃煤电厂烟气脱硝设施;建成79台钢铁行业烧结机烟气脱硫设施;实施130项工业废水和69台工业锅炉烟气治理工程、122项农业畜禽养殖废水处理工程。另外,还计划建成38台钢铁行业烧结机和23条水泥旋窑熟料生产线烟气脱硝示范工程。12月份,省政府印发了《河北省燃煤电厂烟气脱硝限期治理任务的通知》,并召开了启动大会,对79台总装机 2753 万千瓦燃煤机组提出氮氧化物控制要求,明确了完成时限和责任单位,项目完成后,预计可实现氮氧化物减排量 35 万吨,约占全省“十二五”氮氧化物减排量的 65%。

在结构减排上,印发了《河北省淘汰落后产能工作考核实施方案》和《2011 年淘汰落后产能年度计划》,将全省炼铁、炼钢、焦炭、铁合金、锌冶炼、水泥、玻璃、造纸、酒精、制革等 10 个工业行业 2011 年淘汰落后产能计划分解到了各设区市和重点企业。省政府通过在市场准入、要素限制、资产处置、人员安置等方面制定了严格的政策措施,大力淘汰落后。到 2011 年 11 月底,全省共完成炼铁 936 万吨(完成年度任务 109%),炼钢 1608 万吨(完成年度任务 104%),焦炭 293 万吨(完成年度任务 101%),水泥 2696.8 万吨(完成年度任务 108%),平板玻璃 1197 万重量箱(完成年度任务 109%),造纸 112.46 万吨(完成年度任务 102%),制革 58.2 万标张(完成年度任务 1 00.3%),酒精 3 万吨,铁合金 1 万吨,锌冶炼 2.3 万吨的落后产能淘汰任务。

在管理减排上,一是省政府出台了《河北省城镇污水集中处理设施运行监督管理办法》,对城镇污水处理厂的建设、运行、监督管理等提出了明确要求。二是筛选了 1000 家排放量大、污染减排任务重的企业,列为“十二五”重点监控企业。目前千家重点监控企业的污染源自动监控率 100%,企业自动监控设施在线率由年初的 70%上升到 85%。三是坚持把主要污染物总量控制作为建设项目审批的前置条件。2011 年,全省共对不符合要求的 80 个项目不予受理、不予审批、暂缓审批或退回环评报告,涉及投资 363 亿元,其中省级否决 58 个,涉及投资 358.4 亿元。四是进一步改革排污许可证管理,将原“两级发证、三级管理”改为“三级发证、属地管理”,强化了对污染排放的管控。五是 10 月份,我省启动了排污权交易试点工作。目前,已成功交易 6 笔,在排污权市场化改革上迈出了重要一步。六是加大执法力度,2011 年,省直接查处环境违法案件 320 件,分两批对 16 起典型环境违法案件实施了省级挂牌督办,并在新闻媒体公布。

【省节能减排工作】

(一)科学分解目标,抓好开局工作

国家下达我省的“十二五”减排目标为:到 2015 年,全省化学需氧量、氨氮、二氧化硫和氮氧化物排放量分别比2010年削减9.8%、12.7%、12.7%和13.9%。省委、省政府正确分析了“十二五”全省经济社会发展形势和减排任务,组织有关部门谋划编制了“十二五”总量控制规划,制定了工作措施。按照各地减排存量、基数与实际减排潜力相结合;区域经济发展现状与产业调整任务相协调;区域发展战略与全省经济发展总体部署相统一;区域环境质量改善与全省环境质量改善目标相匹配的四条原则,对各设区市“十二五”减排目标进行了测算,并分解下达到各设区市和县(市、区)。我省分配给各设区市的化学需氧量、氨氮、二氧化硫和氮氧化物削减率分别为10.4%、13.8%、14.3%和15.5%,排放量分别控制在127.41万吨、10.01万吨、123.24万吨和144.75万吨以内。各设区市也均按照要求编制了辖区“十二五”主要污染物总量控制规划和2011年主要污染物总量减排计划。

省委、省政府将污染减排纳入全省“十二五”发展大局,把抓好污染减排作为落实科学发展、改善民生、调整经济结构、转变发展方式、建设和谐河北的重要内容和战略任务来抓。按照省委、省政府要求,我们提出的“十二五”污染减排工作总体思路是,“四要、三推”。“四要”:一要向结构减排要空间;二要向工程减排要能力;三要向管理减排要效益;四要向科技减排要潜力。“三推”:一是推进三大工程,即“双三十”节能减排示范工程、千家重点企业污染防治工程、农村污染综合治理工程;二是推进三个机制,即激励奖惩、部门联动、考核问责三大减排保障机制的创新完善;三是推进三项改革,即管理体制,投融资和总量资源化、市场化改革。

(二)营造政治氛围,强力推进污染减排

省委书记张庆黎在省第八次党代会上强调,要狠抓环境保护与生态建设。坚持经济发展与环境保护、生态建设统筹推进,加快建设资源节约型、环境友好型社会。继续强力实施新老“双三十”节能减排示范工程,坚决落实领导责任,坚决有序淘汰落后产能,坚决禁止新建违规项目。坚持以大工程带动大治理,重点整治工业污染,综合治理城市大气和流域水污染,有效防治农村面源污染,加大环保监测和综合执法力度。省委副书记、代省长张庆伟在全省节能减排工作电视电话会议上强调,节能减排是推进科学发展的必然要求,是检验经济发展质量的重要标准。要毫不动摇地推进节能减排工作,努力走出一条创新发展、绿色发展、低碳发展和可持续发展之路。副省长张杰辉在年初召开的全省环保工作会议上,以遇到的挑战前所未有,付出的努力前所未有,取得的成绩前所未有,来概括我省“十一五”的污染减排工作,并对抓好“十二五”污染减排工作提出明确要求。

为坚定节能减排的决心和信心,表彰先进,营造氛围,省委、省政府对“十一五”节能减排工作中涌现出的先进集体和先进个人进行了大力表彰。省委、省政府两办印发了《关于表彰河北省“节能减排工作模范集体、先进集体和模范个人、先进个人”的决定》和《关于表彰河北省“双三十”节能减排工作模范集体、先进集体和模范个人、先进个人的决定》,对全省在节能减排工作中做出突出贡献的325个模范、先进集体,51家企业,583名模范、先进个人进行了表彰,受表彰的模范个人享受省级劳动模范和先进工作者待遇,先进个人省政府记二等功和享受市级劳动模范待遇,并给予了一定的物质奖励。这一举措,对推进全省“十二五”节能减排,激励节能减排工作热情和干劲都起到了重要作用。

(三)加强协调配合,全面启动机动车减排

我省机动车氮氧化物排放量占全省氮氧化物排放量的31%。为明确有关部门在机动车污染控制工作中的职责,合力抓好减排,省政府办公厅印发了《河北省机动车氮氧化物排放总量减排实施方案》,协调25个相关部门,从减少“新增量”和挖掘“减排量”两个方面下功夫,制定了提高新车注册标准、淘汰高污染黄标车、油品配套升级、加强在用车管理、大力发展公共交通五大方面、13条具体措施。为加强外地转入机动车辆管理。省环保厅联合省公安厅印发了《关于加强外地转入机动车辆管理的通知》,规定自2011年12月1日起,转入我省的外地机动车辆必须达到国三标准,并经具有资质的检验机构检验合格方可准入,以此杜绝周边区域高污染、老旧机动车转入我省。同时,加强了对机动车环保检验机构的监督检查,有效规范了检测机构的检测行为。

环境政策与法规

【综述】 2011年,全省环境政策法制工作本着服务全局、开拓创新、强化执法的理念,紧紧围绕环境保护依法行政,深化污染减排,加快推进地方环境立法,加大环境行政处罚力度,积极创新环境经济政策,较好地完成了全年各项目标任务,各项工作均取得了新的成绩和新的进展。

【环境政策创新】

绿色信贷

自从绿色信贷环境政策正式实施以来,河北省环保部门与金融部门加强合作,将绿色信贷作为强化环境执法监管、打击违法排污行为的重要手段,绿色信贷政策按照计划有条不紊地逐步实施,并取得了非常良好的效果。

河北省环保厅于2007年率先开始筹备建立环境违法企业"黑名单"制度;2008年创立了"两级填报,季度报出"的工作机制,将企业环境违法信息纳入中国人民银行信贷征信系统;2009年又进一步扩大范围,将原来定期向人民银行征信系统单纯报送企业违法信息,扩大到包括企业新建项目环评审批、环保设施"三同时"验收情况、现有企业超标排污、超总量排污、未依法取得排污许可证或不按许可证规定排污,以及环保认证、清洁生产审计、环保奖励等信息,形成了更为完整的环境信息系统。

河北省还建立了环保部门和金融监管部门的联席会议制度和重大环境违法案件的信息特报制度。环保部门定期向银监局通报全省重大环境违法事件、挂牌督办环境违法案件等。对所涉及的企业和项目,向银行业金融部门进行风险提示和信息通报。同时,将重大环境问题通报、通告、新闻发布、污染减排工程、重点节能环保项目等相关信息抄送人民银行石家庄中心支行和银监会河北监管局,将全省726家重点企业"环境保护信用评级"结果,向银行业金融部门进行通报。

此外,为加大绿色信贷环境政策执行力度,近年来,河北省环保厅还联合人民银行、银监局,建立了绿色信贷执行效果考评制度,对各商业银行执行绿色信贷政策的情况进行年度考评,结果向全社会公布。通过考评,大大强化了各银行业金融机构对绿色信贷政策的重要意义的认识,保证了绿色信贷环境政策的执行力度。

根据省政府关于建设以政府部门政务信息相互联通为基础的社会信用体系的工作要求,结合落实绿色信贷环境政策工作实际,省环保厅研究开发了“河北省企业环境信用信息”数据管理平台,并已实现省环保信用信息系统与人民银行征信系统一口对接,将绿色信贷所要求的数据信息作为子信息纳入企业信用信息系统之中,实现了信息实时更新,同步传输,动态交互的功能。

通过人民银行征信系统这一权威的信息平台,以及河北银监局向银行业内部的定期通报和风险提示,绿色信贷已发挥出巨大威力。全省通过绿色信贷环境经济政策制衡,促使多年的环保问题得到妥善解决的案例大 30 多起,绿色信贷的实际效果逐步显现。

环境污染责任保险试点

2009 年开始实施的《河北省减少污染物排放条例》,就将环境污染责任保险写进了有关条款。2010 年完成了环境污染责任保险的前期研究和开展环境污染责任保险试点工作的探索。2011 年,为使环境污染责任保险试点工作稳妥实施,省环保厅经认真研究后,决定从社会普遍关注的重金属、危化行业开始试点,率先由保定市环保局在相关行业开展试点工作。

2011 年底,我省在重金属、危险化学品生产等重点行业开展环境污染责任保险试点工作正式启动。保定市在河北省保险业界没有一家办理过环境污染责任保险的情况下,要求从事生产、经营、储存、运输、使用、排放有毒有害化学品企业,危险废物产生、收集、运输、存贮、处置企业,排放重金属企业率先开展环境污染责任保险试点工作。

在深入细致的调查研究、宣传发动,强有力的组织领导和保障工作基础上,保定市的试点工作顺利推进。截止到 2011 年底,全市共有 3 个行业 52 家企业完成了环境污染责任保险的投保工作,承保责任限额为 5900 万元。

污染损害鉴定评估

2011 年,河北省被环保部列为“环境污染损害鉴定评估试点”,对造成环境污染损害的企业,开展鉴定评估和生态环境治理恢复工作。遵照环保部试点工作方案要求,我省按照“先易后难、积极稳妥、循序推进”的原则,陆续开展了和试点有关的前期工作。我们的总体构想为:2011年至2012年间,初步建立起河北省环境污染损害鉴定评估综合管理体系。通过实际案例的工作实践,探索环境污染损害鉴定评估相关工作的创新模式和运行机制。

河北省环保厅分别以河北省环境监测中心站和河北省环境工程评估中心为依托,组建成立了“河北省环境污染损害鉴定技术中心”和“河北省环境污染损害评估中心”两个技术支持机构。目前,两个技术机构基本具备了开展相关工作的基础条件。

此外,我们根据试点工作方案的部署,建立“河北省环境污染损害鉴定评估专家库”。通过向省直有关部门、各大专院校、研究机构,以及相关工程技术单位,发出了申报加入专家库的函,广泛吸纳环保、经济、水利、农业、林业、畜牧水产、地质矿产等多个领域、各个学科专家参与,对“环境污染损害鉴定评估报告”进行技术审核把关,增加了环境损害鉴定评估报告的科学性、权威性,为环境污染责任保险提供有力的技术支持。

根据环保部发布的2012年环境污染损害鉴定评估工作要点,河北省环保厅准备在2012年由政法处牵头,协同评估中心、环监局、省监测站根据既定方案和分工部署,拟定工作日程,加快推进环境污染损害鉴定评估试点工作。

针对目前河北省的污染损害鉴定评估工作缺乏必要的法律基础支撑的问题,学习借鉴昆明市和江苏省取得司法鉴定机构认证的成功经验,和司法部门积极协调,争取尽快取得鉴定评估法律资质。

针对河北省化工企业多,矿山多以及水污染、重金属污染等业分布广、问题多的特点,提出有针对性的工作思路,突出河北省行业特点,主动出击,选取重点行业实施“环境污染损害鉴定评估”的试点。主要行业和领域为:涉重金属企业、化工医药制造业、冶金建材业、矿山开发开采等。我们准备选取若干有代表性、规模适当的典型案例开展损害鉴定评估工作,以保证案例完整性和操作性,确保成功率。并与环保部加强沟通和合作,争取技术指导和资金支持,做好预算,做好人员组织和培训,保障污染损害评估鉴定工作顺利进行。以积极稳妥的原则,按照部署切实推进试点工作,以争取年内形成污染损害评估总体工作能力。

【环境立法】 结合“十二五”污染减排的新形势、新任务,针对在城镇污水集中处理设施运行过程中仍然存在的一些急需解决的问题,起草了《河北省城镇污水集中处理设施环境保护监督管理规定》，经与省政府法制办多次修改，并反复征求相关部门和地方政府意见，2011 年 12 月 28 日已经省政府常务会审议通过。在组织起草完成《白洋淀水污染防治条例》草稿的基础上，积极配合省人大常委会城建环保工作委员会进行调研、论证和修改。根据省政府法制办要求，对《河北省现行有效省政府规章目录》中环保厅起草实施的 6 个政府规章，对《河北省人民政府关于公布省政府规范性文件清理结果的通知》（冀政[2011]19 号）中环保厅起草实施的 8 个省政府规范性文件，9 个省政府办公厅规范性文件，逐个逐项进行了认真清理，修改并按时报送了《河北省环境保护条例》、《河北省陆上石油勘探开发环境保护管理办法》的修订草案。

【环境执法】 一是认真办理行政处罚案件。2011 年，政法处共办理各类行政处罚案件 82 件，共处罚款 396 万元。二是严格挂牌督办。为严肃环保法律法规，严处违法建设和违法排污企业，深入推进污染减排，分两批对 16 起典型环境违法案件实施了省级挂牌督办，并在新闻媒体予以公布。三是统一文书格式。为进一步规范行政处罚工作，根据环境保护部、省政府法制办公室发布的行政处罚法律文书格式，结合我省环保系统办案实际，制定了在全省环境保护系统统一使用的行政处罚法律文书格式，经省政府法制办公室备案后已印发各地执行，作为 2012 年全省环境行政处罚案件案卷评查的文书标准和依据。四是规范自由裁量权。根据法律、法规和规章的规定，起草了《河北省环境保护厅环境行政处罚自由裁量权裁量标准》。五是开展处罚案卷评查。从市环保局法制机构抽调精干力量，组织对各市及及 42 个县（市、区）环保局的 593 份行政处罚案卷进行了联查、互查。检查中，就评查中发现的具体问题与办案人员进行逐卷交流和探讨，指出存在问题，进一步促进了处罚工作的规范化。同时，妥善处理了 4 起行政复议案件和 1 起行政诉讼案件。

【行政许可服务大厅】

1. 精简审批事项，规范权力运行

针对我厅原有的 82 项行政权力，从权力名称、法律依据、实施条件、办理程序、公开方式、实施主体等环节，对行政权力进一步清理、下放。2011 年 4

月,制定和发布了《河北省环境保护厅行政权力目录和行政权力运行流程图》(冀环办发[2011]10号),根据现有法律法规的变更、废立,将重新清理后确定的87项行政权力制定了运行流程图,并根据省政府关于省环保厅新的"三定"方案实施意见,对相关责任单位进一步明确,对各项行政权力的办理方式、办理流程、办理时限、办理责任等,进行了进一步规范,做到"年年审核、动态管理",确保行政权力的合法、规范、公开透明运行。

2. 进一步规范政务窗口管理,改善服务质量,提高行政效能

2011年,我厅行政许可服务大厅转变工作作风,对已有的内部管理制度进行了规范。从受理登记、材料流转、用章管理、补正办理等方面,重新划定了管理流程,明确了岗位职责。对"行政许可办文专用章"实行专人管理,对受理登记实行一月一封存,强化了经办人的责任,避免了漏登、补登等不规范行为。针对原网上审批流程中缺少"退办补正"办理流程,对审批系统进行了升级改造,规范了补正告知程序,强化了一次性告知的岗位责任,从而实现了内部管理的规范化约束,推动行政效能和服务水平的进一步提升。今年5月初,在省效能办的推荐下,省教育厅政法处一行三人来我厅参观学习,学习我厅在政务窗口建设中的先进经验和做法。

3. 网上审批规范、高效运行

我厅行政许可、非行政许可、行政监管共计40项。2011年6月,我厅下发了《关于〈河北省环保厅实施非行政许可事项网上审批工作方案〉的通知》(冀环办发[2011]138号),印发了印发了《河北省环保厅行政许可限时办结流程表》、《河北省环保厅非行政许可限时办结流程表》等一批规范管理文件,切实提高行政效能。2011年6月29日,召开"行政许可、非行政许可网上审批技术培训会",污防处、环评处等10各处室和单位有关人员参加了培训,标志我厅实施非行政许可事项网上审批工作正式开展。

目前,13项行政许可事项、12项非行政许可事项,已实现了网上审批和同步审查,具备了远程申报和传递等功能。其余15项行政监管事项的网上审批程序正在制定中,将严格按照《河北省人民政府关于印发建设河北省网上行政服务中心工作方案的通知》(冀政[2010]102号)所规定时限要求按期完成。

截止到12月14日,我厅通过行政许可服务大厅受理各类行政许可、非行政许可1651件,办结1544件,在办事项107件,无超期办理现象。其中环评审批663件,办结594,在办69件;排污许可证228件,办结220件,在办8

件;辐射安全许可证 741 件,办结 717 件,在办 24 件;危险废物经营许可证 4 件,办结 4 件。非行政许可事项受理 15 件,办结 9 件,在办 6 件。受理非行政许可 10 件,办结 6 件。

【环保目标考核】 2011 年,省环保工作领导小组办公室根据省政府办公厅印发的考核办法设定的指标框架体系,按照持续促进环境质量改善、体现污染减排最新要求,突出环境基础设施运行管理,进一步加强农村和生态保护的原则,结合全省环保工作要点,在征求各地和相关部门意见的基础上,制定下发了考核指标和计分细则,作为 2011 年度环保目标考核的主要依据。

经省政府批准,省环保厅会同省发改委、省监察厅、省财政厅、省工业和信息化厅、省国土资源厅、省住房和城乡建设厅、省水利厅、省农业厅、省卫生厅、省国资委、省林业局、省质量技术监督局,抽调厅级、处级干部和工作人员 30 余人,组成 6 个考核组,于 2012 年 2 月上旬对全省 11 个设区市 2011 年度环境保护目标完成情况进行了现场考核。考核工作按照听取汇报、查阅资料、现场检查、交换意见等程序进行。在考核过程中,各考核组共查阅各类文件资料 1000 多份,现场检查了包括污水处理厂、垃圾处理场、矿山生态恢复在内的各类企业和治污减排工程 100 多个,同时抽查了部分县(市)环保目标的完成情况。从考核情况看,各地坚持以科学发展观为统领,紧紧围绕科学发展的主题、加快转变经济发展方式的主线和提高生态文明水平的新要求,以"削减污染总量,改善环境质量,防范环境风险"为重点,积极创新举措,不断加大力度,较好地完成了 2011 年度各项环保目标任务。

在组织现场核查工作的同时,按照考核办法要求,由省环保工作领导小组有关成员单位结合各自掌握情况,对各设区市环境基础设施建设、造林绿化、矿山生态环境治理等考核指标完成情况进行了打分评定,并收集了有关数据资料。考核工作结束后,省环保工作领导小组办公室组织人员对有关部门提供的数据资料和各考核组的工作报告、核查数据进行了认真汇总和研究,在部分指标上综合考虑日常工作掌握的数据信息,严格按既定的计分办法进行了打分排名。

经过考核,11 个设区市均完成了年度工作目标。其中,廊坊、承德、衡水、沧州四市成绩比较突出。这几个市的突出特点是:廊坊市环境质量继续居于全省前列,并通过国家环保模范城现场复核检查,对全省环保模范城市创建起到了有力的带动作用。同时，坚持以规划环评引领园区绿色发展，倒逼产业结构调整和经济发展方式转变，推进20个省级园区完成了规划环评，促进了园区环境基础设施建设和持续健康发展。承德市从自身资源禀赋特色和工作实际出发，按照“生态优先、绿色崛起”的执政理念，坚持“规划引领十创建支撑”的生态文明建设模式和“三促一帮”的农村环境综合整治模式，出台生态文明建设试点行动计划、重要水源涵养区生态功能区规划、承德市生态功能区划等重要文件，全力推动生态文明试点建设。同时，把环保模范城、生态乡镇、生态村创建作为生态文明建设的细胞工程，逐步开创了由点到面、全面推进的环保创建工作局面。衡水市以建设“北方生态湖城”为指引，始终把衡水湖的水质保护作为头等大事来抓，取缔了湖区所有燃油机动船只和周边污染企业，并下力降低衡水湖水质内源性污染，加强衡水湖周边的农村环境综合整治工作，确保了衡水湖水质保持在三类标准。同时，成立“衡水市域内河流督查中心”，强化对滏阳河沿线排污企业的集中监管，减排监察系数工作在全省居于前列，也促进了重点河流水质的改善。沧州市谋划实施了新一轮“8755”减排示范工程，制定了更为严格的考核、奖惩和推进措施。建立了新老“双三十”减排“传、帮、带”机制，推动污染减排工作齐头并进、互促共赢。创新管理措施，出台了《关于对全市电镀行业进行集中整治的指导意见》，促使全市电镀行业环境保护有了较大提升和改观。同时，环境信访管理方面也很有特色，取得了较好成效。此外，张家口市环保工作与上年度相比，也取得了明显进步。该市进一步加大污染减排推进力度，超前实施了一批重点减排示范工程，目标完成情况也较好。同时，持续深化环境应急工作，推动尾矿库三级防控体系建设向纵深发展，在全市重点流域11条支流的11个断面，分类建设了拦截坝、滞污塘等三级防控工程，在流域重点部位打造了水质自动站、拦截点、物资库“三位一体”的流域环境应急管理模式，得到了环保部的肯定。根据打分结果，张家口市排名比上年度前进四位。其他几个市的环境保护也各具特色，工作力度也很大，并取得了积极成效，各项指标基本不存在硬伤。应该说，去年各市都做了大量工作，也取得了很大成绩，推动我省的环保工作整体上了一个新台阶。

鉴于上述考核情况，为激励先进，更好地落实环境保护目标管理责任，根据省政府办公厅印发的考核办法，省环保工作领导小组会议决定，授予廊坊、承德、衡水、沧州四市为“2011年度河北省环境保护目标管理优秀市”，颁发奖牌，并各奖励人民币5万元；授予张家口市为“2011年度河北省环境保护目标管理进步较大市”，颁发奖牌，并奖励人民币 3 万元。对县(市、区)的考核，依据各设区市的考核结果，按照 15%左右的比例，授予石家庄晋州市、高新技术产业开发区、鹿泉市、新华区，承德平泉县、隆化县，张家口怀来县、宣化区、桥东区，秦皇岛海港区，唐山遵化市、滦县、迁西县，廊坊三河市、霸州市，保定涿州市、高阳县、清苑县、新市区，沧州泊头市、肃宁县、河间市，衡水冀州市、安平县，邢台沙河市、隆尧县、邢台县，邯郸武安市、磁县、峰峰矿区等 30 个县(市、区)为“2011 年度河北省环境保护目标管理优秀县(市、区)”，由省颁发奖牌并各奖励人民币 1 万元。

根据省环保工作领导小组议定意见，省政府以冀政函[2012]41 号文件对考核结果进行了通报，并在 4 月份召开的全省第八次环境保护大会上对优秀单位进行了公开表彰。

机构改革与人事

【重要人事任免】 2011 年 8 月 15 日,中共河北省委决定:吕竹青同志任省环境保护厅党组成员。

2011 年 10 月 20 日河北省人民政府决定:任命吕竹青为河北省环境保护厅副厅长(排殷广平同志之后)。

【事业单位机构调整】 2011 年 5 月 31 日,河北省机构编制委员会办公室冀机编办〔2011〕88 号文《河北省机构编制委员会办公室关于设立河北省污染物排放权交易服务中心的批复》:同意设立河北省污染物排放权交易服务中心,为省环保厅所属相当处级事业单位。核定事业编制 12 名,处级领导职数 1 正 2 副,经费形式为财政性资金基本保证。主要职责是负责全省主要污染物排放权交易的技术性、事务性工作;负责全省排污权交易网络及平台建设、管理及维护工作;为主要污染物排放权交易活动提供相关服务。所需 12 名事业编制中新增 5 名,厅内部调剂 7 名(其中省环境监测中心站调剂 3 名,省环境科学研究院调剂 2 名,省环境信息中心调剂 1 名,省环保厅机关服务中心调剂 1 名)。调剂后,省环境监测中心站事业编制 82 名,省环境科学研究院 50 名,省环境信心中心 12 名,省环保厅机关服务中心 23 名。

【干部管理】 2011 年河北省环境保护厅机关共有 9 名公务员晋升职务,其中 3 名晋升领导职务,6 名晋升非领导职务;涉及处级干部 4 人,科级干部 5 人。同时,直属事业单位 63 人进行了调整,其中提拔晋升 50 人,平级调整 13 人。2011 年共接收军转干部 4 名。截至 2011 年底,河北省环境保护厅共有公务员 78 名,其中博士学位 4 人,硕士学位 14 人,女干部 30 人。

继续开展干部挂职工作,2011 年选派 1 名处级干部到环保部挂职。

【干部培训】 2011年省环境保护厅举办了全省环保系统市、县(市、区)新任环保局长培训班和县(市、区)长环保专题培训班,共有140余人参加了培训。

2011年按照省委组织部、省委党校、省人事厅、行政学院的通知,组织厅机关公务员和事业单位处级干部参加省委党校、行政学院的各种培训14人(次),其中厅局级干部4人(次),处级干部7人(次),科级干部3人(次)。

【专业技术人员结构】 截至2011年底,河北省环境保护厅直属事业单位专业技术人员共计171人,其中高级职称99人,中级职称47人,初级职称25人,分别占专业技术人员总数的58%、27%、15%。在专业技术人员中,硕士42人,本科及以下129人,分别占专业技术人员总数的25%、75%。

【地方环保干部双管】 2011年河北省环保厅党组配合各市委组织部门完成了9个市级环保局领导班子20名领导干部的调整工作。

【专业技术职务管理】 2011年继续开展环境保护工程专业技术职务任职资格评审工作。完成了全省环境工程类58个高级职称、28个中级职称、3个初级职称的评审报批工作。

【事业单位岗位设置】 截至2011年底,河北省环保厅直属10个事业单位(不含参公单位)的所有工作人员,按照管理岗位、专业技术岗位、工勤技能岗位三种类别全部完成岗位聘用。

环境科技管理、环境科学、环保产业

【综述】 2011年,河北省环境保护工作坚持"以科技示范引导企业环境治理,制定标准支撑环境管理"的指导思想,环境科技管理、环境标准、环境科学、环保产业等方面取得了一些成就。

环境科技管理

【环保科技工作】 水专项"白洋淀流域污染负荷削减技术与工程示范"课题,中央财政资金4000万元已全部到位,各课题全面进入总结验收阶段。基本完成课题"十一五"期间考核指标。

——谋划的《海河南系子牙河流域(河北段)水污染控制与水质改善集成技术与综合示范实施计划》,涉及石家庄、衡水、邢台、邯郸四市,已列入国家"十二五"水专项课题,于2012年启动。中央资金预算3200万元。在国家水专项项目平台下,形成了我省的核心队伍,提升了我厅环科院的研究水平。

积极实施技术示范与推广工作,引导企业应用先进、成熟的环保技术,规范技术市场。印发了《2011年度河北省环境保护技术示范工程名录》,并安排专项资金500万元用于项目的建设与推广。会同生态处召开了农村环境综合整治技术示范工程现场会。对乐亭县赵蔡庄村进行了学习和观摩。

【环境科技发展规划】 由科技与对外合作处组织省环科院编制并印发了《河北省科技发展"十二五"规划》。组织产业协会向发改委提供了《河北省环境保护产业发展规划》草稿。完成了2010年环保产业调查。

【地方标准制定及相关工作】 由省环保厅提出列入2011年河北省地方标准制修订计划的共3项,分别是《工业炉窑大气污染物排放标准》、《石灰行业大气污染物排放标准》和《河北省重点企业清洁生产审核评估、验收导则》,

目前，三项标准项目承担单位都已编制完成征求意见稿并已开始征求有关单位意见。至此，环保厅组织制订并已经省政府发布实施的环境保护地方标准、技术规范达到8项，执行国家标准最高限值的1项(制浆造纸标准特别排放限值)，列入计划尚在制定中的地方标准8项。其中，污染物排放标准10项，空气质量标准2项，其他类标准、技术规范5项，标准涉及行业涵盖了钢铁、医药、造纸、矿山开采等，初步建立了符合我省工业结构环保要求的地方标准体系，对改善我省环境质量状况、推进我省污染减排起到了重要作用。其中，针对我省钢铁行业发展过程中出现的生产能耗高、污染物排放量大，产业结构不合理、企业市场适应能力低、综合竞争能力差，以及现行污染物排放标准不适应新形势环境管理要求等一系列问题，科技与对外合作处组织编制的《河北省钢铁工业大气污染物排放标准》，现已待批准发布。这一标准的实施，将对促进我省钢铁产业结构的优化升级，实现河北由钢铁大省向钢铁强省转变有着重要的意义。

【运营资质管理工作】 2011年，共受理、预审并向环保部申报各类环境污染治理设施运营资质单位20家，截至2011年11月，我省获得国家环境污染治理设施运营资质的单位87家，资质单位覆盖了11个设区城市。运营类别涉及生活污水、工业废水、除尘脱硫、工业废气、工业固体废物、生活垃圾、自动监测等七大类，年运行污染治理设施项目共计约600余个，合同金额近亿元。

2011年，省环境科学学会、环保产业协会两家培训机构围绕运营资质认定和岗位再教育工作的中心任务，共举办各类污染治理设施运营培训班17期，培训人员1210人，考核通过率达到96%以上。污染治理设施岗位培训对保证设施的正常稳定运转，发挥减排效益起到重要促进作用。

【外事工作】 河北省环科院和瑞典环境研究院签订了合作备忘录。会同省水利厅、省外办，在南荷兰省海牙成功举办了“第三届南荷兰省—河北省水利环保合作论坛”。推动了省环科院和英国环境研究咨询公司在大气扩散模型和共同开发环境管理软件上的合作。办理厅机关及所属事业单位有关人员出访18余人次。

【科普工作】 组织环科会成功举办了多次科普活动。我厅获得了“河北省全民科学素质工作先进单位荣誉称号”。环科会荣获“全国科协系统先进集体”。“河北省社会组织创先争优、争创‘双百’活动优胜红旗单位”荣誉称号。

河北省环境科学研究院科技建设

【综述】 2011 年,河北省环境科学研究院按照“大科研、大规划、大环评、大民生”的原则,瞄准国内、国际、省内的先进标准,深入开展“对标行动”,构建环科院科研建设体系。准确把握我省环境科技需求和重大环境问题,以为政府决策服务、为经济建设服务和为社会发展服务为目标,在环保科研、环境规划、环境咨询工作等方面取得显著成果,河北省环境科学研究院的科技建设能力得到全面提升。

【环境科技研究】2011 年,河北省环境科学研究院牵头的《白洋淀流域污染负荷削减技术与工程示范》课题通过三部委督导检查;《海河南系子牙河流域(河北段)水污染控制与水质改善集合技术与综合示范》课题通过国家水专项办专家论证;《环淀中村水体营养盐循环削减关键技术与示范》各专项课题进入报告编制阶段;《制药工业污染防治技术政策》通过了环保部召开的审议会;《制药行业难降解工业废水污染防治技术评估研究》课题实施方案通过了专家论证;863 计划《工业锅炉循环流化床半干法脱硫脱硝脱汞技术与示范》课题完成申报;《河北省矿山开发生态环境监察与生态建设研究》课题通过验收。完成了《白洋淀水产与畜禽养殖清洁生产技术与工程示范》研究技术报告、《制药行业(化学合成类、发酵类及制剂类)污染防治技术发展报告》、《制药行业水污染防治技术现场验证报告》、制药行业特性污染物生物安全性评价技术手册》、《化学合成类制药工业水污染防治技术工程技术规范》(建议稿)、《制剂类制药工业水污染防治技术工程技术规范》(建议稿)、构建了制药行业污染防治技术信息数据库。

【为政府决策服务】 1.规划编制工作。完成了《河北省环境保护“十二五”规划》初稿并通过专家论证;编制完成的河北省落实国家环境保护部“十一五”规划中期报告被国家综合分析报告采纳,报国务院审定;编制完成《河北省环首都绿色经济圈生态环境保护规划》、《河北省沿海地区生态环境保护规划》;《河北省城市水源地环境基础调查与评估报告》和《河北省城市水源地环境基础调查与评估报告》通过环保部验收;《河北省“十二五”大气联防联控规划》编制完成初稿;我院承担的《河北省海河流域水污染防治“十二五”规划》经过国家初审,纳入国家规划。《河北省重金属污染防治“十二五”规划》、《河北省环境影响评价“十二五”规划》、《河北省科技发展“十二五”规划》已经省环保厅印发实施。《河北省海河流域水污染防治“十二五”规划》已通过国家初审,纳入国家规划;《河北省主要污染物总量控制“十二五”规划》、《河北省环境保护能力建设“十二五”规划》、《“十二五”海洋污染防治规划》等专项规划的编制工作进展顺利。河北省落实国家环境保护“十一五”规划终期考核报告,已经省政府同意后报环保部,被国家综合分析报告采纳。通过规划编制,进一步明确了十二五期间我省环境保护各项工作的目标任务,落实了保障措施和工程项目,我院的工作也进入了环保工作的主战场,更好地为环保中心工作服务。

2.建设项目环境保护“三同时”动态管理。2011年,共收到环评报告210卷,验收报告228卷,后评价报告62卷,国批项目报告20卷,规划环评报告30卷。“三同时”管理系统软件方面,完成了全省所有设市区安装工作,并申报“三同时”动态管理软件课题环保部科技进步奖。

3.固体废物管理。全年共完成进口废物风险评价98项。完成《二噁英重点排放行业更新调查技术报告》和《河北省非电力行业含多氯联苯电力设备及其废物调研技术报告》并通过国家审核。协助中国环科院完成《全国典型电子废物集中处置场地调查与环境风险评价报告》编制工作,并通过环保部审查。配合省厅有关人员,对省级颁发危险废物经营许可证的42家持证单位经营管理情况进行了年检,按企业逐一编写了核查报告。

4.钢铁整顿工作。河北省环境科学研究院专门成立钢铁整顿办公室具体负责钢铁整顿工作,完成《钢铁行业排污节点和污染治理措施汇总》等较为完善的技术文件编制规范;11月30日,钢铁办编制的《钢铁工业大气污染物排放标准》正式发布实施;全年多次参加了我省钢铁项目产能排查、在建项目清理清查等行动。

5.志、鉴、丛书编纂工作。编纂完成了《河北省志·环境保护志》(1979—2005)稿件编纂工作,上报环保厅政法处审查;《河北省环境保护丛书》根据中国环境科学出版社丛书编委会要求队书稿进行了修改,书稿付梓印刷;《河北环境保护年鉴》(2009)编纂完成,并已付梓印刷。

【国家制药废水污染控制工程技术中心建设】 2011年,按期向环保部提交了,"国家环保制药废水污染控制工程技术中心"年度报告(2010年度工作总结及2011年度工作计划)及工作报告("十一五"工作总结及"十二五"工作计划),完成了2010年度年审;与华药环保所、河北科技大学联合申报了省科技支撑计划项目《抗生素菌渣无害化、资源化成套技术集成》课题、联合华药环保所就"抗生素废水关键处理技术应用研究与示范"共同申报了2011年度河北省科学技术进步奖;参加了环保部组织召开的"医药行业及'两危'督查工作座谈会"、环境经济杂志社在北京召开的"全国制药工业废水处理及污泥处置技术大会";对"国家中心"《信息简报》进行了全面改版,更名为《信息简讯》,出版发行了第5期。

【河北省水环境科学实验室建设】 2011年水环境科学实验室购置了连续流动化学分析仪、纯水机、COD测定仪、紫外分光光度计、电子分析天平、原子荧光分光光度计等21台(套)仪器设备,提升了实验基础条件。其中,从德国引进的连续流动化学分析仪,实现了常规化学分析的自动化,大大提升了测试效率,满足了课题研究短时间测定大批量数据的要求,新购置的原子荧光分光光度计与液相色谱联用填补了我院非金属元素形态分析能力的空白。开展资料查询、监测项目及技术方法选定、实验设备维护检查等工作,同时聘请了省认证协会王建军会长等专家对实验室的实际情况进行了勘察和指导。按照法律法规规范要求,对《质量手册》、《程序文件》、《记录表格》修订改版,完善实验室管理制度和仪器设备布局、工作条件建设等内容。

【学术交流与对外合作】 2011年,河北省环境科学研究院积极加强对外交流与合作,先后与天津、山西、江西、贵州、江苏省(市)环境科学研究院就"十二五"发展规划以及体制机制改革、管理模式、实验室建设、技术创新等问题进行了广泛交流,交换合作意见;与瑞典皇家环境研究院签订了关于环保交流与合作的谅解备忘录;与北京正实同创环境工程科技有限公司签订了合作意向书。

10月,河北省环境科学研究院成功承办了由中国环境科学研究院主办在我省召开的“第四届环境保护科研院所长会议”，来自环保部南京所、华南所以及全国31省、市、自治区、新疆生产建设兵团、计划单列市、辽河管理局、部分省会城市环科院所长近200人参加了会议。

全年共发表学术论文43篇，其中被SCI收录5篇，国内核心期刊11篇。《河北省多环芳烃和有机氯农药环境特征研究》成果申报了2011年河北省自然科学奖，填补了河北省域内多环芳烃与有机氯农药研究的空白。

（孙莎莎）

环境科学

【综述】 2011年，河北省环境科学学会秉承“为广大科技工作者服务，为经济社会可持续发展服务，为提高公众科学文化素质服务”的宗旨，团结广大会员和环境科技工作者，积极开展科研课题、学术交流、科学普及、技术培训及咨询等工作，为推动经济建设，促进学科发展，发挥了积极作用，得到了各级领导部门的关注和肯定，

荣获“全国科协系统先进集体”、“河北省社会组织创先争优、争创“双百”活动优胜红旗单位”、“河北省科协信息工作先进单位”、“大学生志愿者暑期环保科普行动优秀组织单位”等荣誉称号。此外，还在福特汽车开展的“福特汽车环保奖”评选活动中，“大学生志愿者暑期环保科普行动”荣获“自然环境保护—传播奖”提名奖。在中国环境科学学会主办的第三届“环保科普创新奖”中，学会创作的科普作品《绿色能源科普挂图——大自然的恩赐》荣获三等奖。

2011年，河北省环境科学学会共有单位会员285家，个人会员755家。有环境监测分会、环境评价分会、环境与健康分会、清洁生产分会4个分支机构。

为保证学会健康持续发展，制定了《学会劳动纪律、工作纪律管理办法》，完善了考核、表彰、奖惩制度。扩大了办公场所，增添了办公设施。2011年学会新增研究生1名，中级工程师、高级工程师、正高级工程师各2名，提高了学会的科研及技术服务能力，为学会的发展壮大提供了保障。

【承担科研课题】 随着学会技术力量的日益雄厚，社会影响力的逐步扩大，省环科会受上级主管部门及科研机构的委托承担了以下科研课题及项

目,为我省的环保行政管理部门提供了科技支撑。

一是针对重点企业清洁生产的审核验收工作,承担了《河北省重点企业清洁生产审核评估、验收技术导则》(以下简称《导则》)及《河北省重点企业清洁生产审核评估、验收管理办法》课题。其中《导则》经省环保厅报省质监局列入河北省地方标准。二是针对国家火电锅炉排污新标准实施,承担了《河北省火电企业大气污染物排放研究》课题,为科学合理核算大气污染排放量找到了计算方法,为火电企业现有大气污染防治设施的增容改造和污染防治新技术的采用提供技术和实例参考,为我省“十二五”期间污染物治理工作提供决策依据。三是承担了环保部环境监察局组织制订的《火电企业现场执法指南》研究课题,本指南为首次发布,适用于全国各级环境监察机构对燃煤火电企业实施现场环境监察工作。四是针对重点企业清洁生产动态监管需求,承担了《河北省清洁生产强制审核监督管理信息传输平台建设》研究课题,对及时监督管理全省开展强制性清洁生产审核的重点企业的实况,规范咨询机构为企业实施清洁生产审核的行为,促进各市(区)、县级环境保护行政主管部门对所属辖区强制性清洁生产审核工作的推进具有科技支撑作用。该项目研究的初步成果已受到国家环保部清洁生产中心的重视与肯定,拟在全国范围推广采用。

在承担实施课题研究的同时,还组织编写了《重点企业清洁生产审核管理与实践》培训教材,并由河北人民出版社出版,为重点企业清洁生产管理者的学习培训提供了很好的素材。

【环保科普活动】 开展环保科普活动,是省环科会的一项主要职能。为深入贯彻落实《全民科学素质行动纲要》,省环科会积极组织各项科普宣传活动。

1.组织开展“暑期大学生科普志愿者农村环保科普行动”。该项活动是中国环科会于2006年倡导发起的,2008年河北省环科会响应号召,与河北农业大学首次合作开展活动,到2011年已连续举办了4年,参与的高校增加到7所,分别是河北农业大学、河北科技大学环境科学与工程学院、河北医科大学公共卫生学院、河北工业职业技术学院、石家庄学院、石家庄经济学院、河北师范大学。这项活动得到了河北省环保厅和河北省科协的认可和支持,从2009年开始,两部门均以主办单位的名义参与。

2011 年暑期“大学生科普志愿者农村环保科普行动”,7 所高等院校组建了 64 支重点科普小分队,分赴全省 100 多乡村开展以“清理污染源,建设新农村,享受好生活”为主题的农村环保宣传活动。大学生志愿者深入到农村通过开展环保知识讲座、张贴科普挂图、赠送环保图书、开展知识竞赛等多种形式向村干部、企业管理人员、农民、中小学生、进行环保科普宣传。活动期间,学会领导与高校领导一起分赴各个科普重点活动区域对科普开展情况进行视察,并利用学会和各高校的影响力通过各种关系与当地有关部门联系沟通,以争得他们的支持,为大学生志愿者开展科普活动提供了较好的周边环境,学会网站和学会会刊对活动做了及时宣传报道。

活动结束后,总结撰写了河北省 2011 年暑期大学生科普活动总结,编辑制作了活动和典型案例光盘,向中国环科会推荐了优秀组织单位、优秀社团、优秀小分队、优秀指导老师、优秀志愿者、优秀案例、优秀征文。省环科会等 5 个单位获中国环科会颁发的优秀组织单位奖。

2. 积极参与科技周活动。5 月 15 日上午,科技活动周启动仪式在科技大厦广场举行。学会积极参与了此次活动,布展和发放了自己编印的“绿色新型能源”科普挂图,“核辐射小知识”、“低碳 99 问答”等宣传资料,向群众宣传环境科技支撑作用和低碳环保科普知识。

在启动仪式后,学会还参加了省环保厅组织与草场街小学联合举办的以“携手共创新型国家”为主题的环保科普活动,在活动中,省环科会派员为小学生做了题为“珍惜生命之水倡导低碳生活”的环保科普知识讲座。在活动中,向小学生们赠送了《低碳 99》、“碳足迹计算罗盘”、环保背心、环保文具等宣传资料和学习用品。

3. 组织开展全国科普日重点活动。9 月 22 日,在新华区绿荫广场,学会与石家庄市环保局、环科会,新华区环保分局联合组织开展了以“认识新型能源,倡导低碳生活”为主题的全国科普日重点活动。我会及石家庄市环科会、新华区环保分局的有关领导亲自到现场给群众们进行环保科普宣传。在活动中共计发放“低碳 99”环保知识手册 400 本、碳足迹计算罗盘 300 个、环保纸袋 300 个。另外,还通过展示“绿色新能源”、“低碳小常识”等科普挂图,向群众宣传新型能源及有关低碳环保方面的科普知识。同时邀请了省环保厅的专家进行现场咨询。

【开展学术交流】 学术交流是学会的立会之本,省环科会高度重视并认真组织各项学术活动,为会员开阔视野、把握动态、交流信息、提高素质创造条件。

10月10日—15日,华北五省市区环境科学学会在山西省人大会议中心召开了第十七届学术年会。年会的主题是"经济发展与环境保护—加快经济转型,走可持续发展之路"。本届年会由山西省环境科学学会承办。河北省环科会主要负责我省论文的征集评审及论文集编印工作,共收到论文85篇。根据华北五省市环境科学学会第十七届年会学术委员会的要求,学会组织有关人员对论文进行了评审,产生出我省本届年会论文的一等奖6篇、二等奖12篇、三等奖18篇。同时择优55篇刊发在学会会刊《河北环境科学》。

8月18日—19日,以"加快经济发展方式转变——环境挑战与机遇"为主题的中国环境科学学会2011年学术年会在新疆维吾尔自治区乌鲁木齐市召开。本次年会,我部积极配合中国环科会做好论文征集工作,共向大会递交学术论文二十三篇,均被大会采用。

【技术培训工作】 根据省环保厅的工作部署,2011年继续加强污染治理设施运营培训和清洁生产审核师培训工作。

在省环保厅科技处、环监局的支持下,省环科会共举办了10期污染治理设施运营机构和排污企业污染治理设施的现场管理及操作人员培训班、3期"河北省30万千瓦以上电力企业脱硫设施运营培训班"和2期"水污染自动监测系统、烟尘烟气自动监测系统运行管理人员培训班",共计1000余人参加了培训,其中900多人通过省环保厅组织的考核,获得了国家环保部颁发的合格证书,通过率达到96%。提升了企业的运营管理水平,有利地促进了我省环境污染治理和节能减排工作。

受省环保厅委托,省环科会与国家清洁生产中心密切配合,分别在石家庄、沧州、秦皇岛、张家口等地共举办"国家清洁生产审核师培训班"8期,来自省内环保管理部门、清洁生产技术咨询服务机构和企业的环保管理人员498人参加了培训,共有472人通过了国家清洁生产中心组织的考核,获得了国家环保部颁发的"清洁生产审核师培训合格证书"。为我省培养了一批高水平、高素质的清洁生产管理、审核队伍,提升了我省清洁生产审核总体水平,为全省清洁生产审核工作的顺利开展提供了重要保障。

【会员联谊活动】 省环科会非常重视会员服务工作，经常组织多种形式的活动。4月下旬，学会与密封技术网联合举办烟气脱硫研讨会，来自电力和钢铁行业的50多家会员单位参加了会议，研讨会采取专家讲座、技术推介、产品展示、经验交流、现场答疑等多种方式，对烟气脱硫技术展开了深入探讨。12月15日至22日，学会组织专家学者及会员单位赴台湾省与台湾环境管理协会进行交流探讨，并参观台湾企业有毒有害工业废弃物处理项目和废水、废气处理项目，加强了与台湾环境管理协会的交流与合作。

选派经验丰富、责任心强的人员组成专家组，为企业提供优质高效的清洁生产审核服务，取得了良好的环境效益、经济效益和社会效益。其中，完成了09年及10年启动的唐山国丰钢铁有限公司等13家企业清洁生产审核项目，承担了河北华电石家庄热电有限公司等9家企业的清洁生产审核工作，各项目均按照审核计划进行中。

【环境科技及优秀科技工作者推介】 省环科会推介的2项技术——上海瑞惠机械设备制造有限公司的《辛集市澳森钢铁有限公司烧结机烟气镁法脱硫示范工程项目》和河北彤源环保有限公司的《大中型设备节能减排技术》被列入《2011年河北省环境保护技术示范工程项目名单》，授予河北省环境保护技术示范工程牌匾，同时由省厅安排专项资金予以支持。

根据中国环境科学学会部署，组织开展第五届优秀环境科技实业家候选人评选工作，推荐唐山达丰焦化有限公司副总冯引军等三位环境保护科技工作者为第五届优秀环境科技实业家候选人。

【《河北环境科学》期刊】 《河北环境科学》是学会会刊，为双月刊。2011年，继续坚持“传播最新思想理念，推介先进科学技术”的办刊宗旨，在内容上，严把稿件和投递质量关，坚决杜绝抄袭现象，力争做到观点新颖，内容丰富，可读性强，在设计上，狠抓期刊外观质量，每期选登一副节能环保、科技含量高、画面优美的照片，并在“封面图说”栏目中对封面的照片予以说明，图文并茂地向读者介绍环保知识和理念。响应新闻出版部门的要求，在每期封底选登一幅环保公益广告图，加强生态环保意识，引导绿色生活习惯。自2006年至今，本刊已连续5年被评为“省会优秀内部资料性出版物”，连续三年荣获省会“双十佳”内部资料性出版物提名奖。2011年《河北环境科学》封面为

200 克铜版纸、内文 80 克铜版纸全彩色印刷,共出版正式刊 6 期,增刊 2 期,发行 1700 份。

(环境科学学会　翟晓宁)

环保产业

【综述】 2011 年,河北省环境保护产业协会与时俱进,开拓创新,深入学习实践科学发展观,认真贯彻执行国家和河北省有关环保政策法规;坚持为政府服务、为行业服务、为企业服务,积极维护会员的合法权益、维护公平竞争的市场秩序;充分认识并紧紧抓住环保产业发展的战略机遇,秉承“宣传政策、引导舆论、指导工作、交流经验、服务产业、开拓创新”的工作理念,充分发挥行业协会作用,努力开拓河北环保产业市场。

2011 年,河北省环境保护产业协会新发展会员单位 154 家,其中外省会员 12 家,省内会员 142 家。规范了环保产品和环境工程设计推荐办法、认证程序和证书发放等工作;协助省发改委修改完善《关于加快节能环保产业发展的实施方案》,根据方案要求提供环保政策和企业名单;深入研究、贯彻执行国家环保部发布的《关于环保系统进一步推动环保产业发展的指导意见》和省厅的《贯彻意见》通知等文件;完成了 2009 年环保产业调查和大气污染治理设施运行现状调查的统计分析工作,组织开展了“2010 年河北省百家重点监控企业污染源在线自动监控系统调查”和“2010 年河北省环境保护及相关产业调查”工作;拟定并修改《河北省鼓励发展和限期淘汰的环保产品、设备及工艺评选和推荐方案(草案)》;受省环保厅委托共组织 6 次清洁生产评估验收工作;协助申请成立环境监理技术审核中心,起草《河北省建设项目环境监理资质管理暂行办法》和动态信息管理办法;为加强我省环境污染治理设施运营的社会化、专业化、市场化管理,向省环保厅报送了拟成立“河北省环保产业协会环境污染治理设施运营分会”的请示,并开始了为期近半年的筹备工作;举办了八期环境污染治理设施运营培训班;为了加强我省环保产业协会工作的沟通交流,省环保产业协会于 9 月在邢台成功召开了“2011 年度河北省环保产业协会秘书长联席会”。会议由省厅科技处王鲁处长主持,轩水林巡视员出席了会议。会上总结 2010 年协会工作,布署了 2011 年协会重点工作并表彰“2010 年度河北省环境保护产业协会系统优秀工作者”、

“2010 年度《河北环保产业》优秀通讯员”和“2010 年度河北省环保产业协会调查工作先进集体和先进工作者”；为了进一步了解和解决影响和制约我省环保产业健康发展的一些深层次因素，对全省各市环保产业情况进行了调研。在听取了各市产业工作情况后，召开了不同企业类型参加的座谈会 11 个，听取了 67 家环保企业的建议和意见，并进行实地考察，对各市环保产业基本情况和企业现状有了初步了解，同期又赴河南环保产业协会和浙江环保产业协会进行了调研，交流工作经验；内部期刊《河北环保产业》被石家庄市新闻出版局评为“2010 年度省会优秀内部资料性出版物”。

【环保产品认定和环境工程设计认定】 截至 2011 年 12 月 6 日，新发展会员单位 154 家，其中外省会员 12 家，省内会员 142 家；进行产品认定的企业有 100 家，外省 8 家，其中锅炉产品认定 42 项，大气污染治理设备认定 49 项，监测仪器认定 3 项，环保水处理产品认定 3 项，双层油罐 2 项，其它类产品认定 3 项。环境工程设计认定企业有 96 家，其中废气类认定的有 52 项，废水类认定的有 43 项，噪声类认定的有 13 项，固废类认定的有 8 项。与去年同期相比，产品认定变化不大，环境工程设计类认定有所增加。

【优秀环保产品技术推介工作】

1. 协助河北聚良环保公司组织申报“荒煤气（高氧煤气）回收及烟尘净化技术”科技成果转化项目，并获得了由河北省科学技术厅颁发的“河北省科学技术成果证书”。

2. 河北省环保产业协会于 2011 年 4 月中旬与河北省冶金行业协会共同举办了“河北钢铁工业烧结工序减排论坛”，会上专家对 2011 年工业节能减排技改专项关于申报项目核准、备案、投资导向、竣工验收、财政贴息等政策进行了详细解读，对烧结烟气脱硫专利进行了分析，开展了烧结工序减排（脱硫、脱销、除尘等）的技术交流，收到了非常好的效果。

【环保产业信息平台】 河北省环保产业协会结合实际情况，制订了《信息公开制度》，明确了信息公开事项和具体要求。

会员代表大会、理事会或常务理事会的决议、对行业发展可能产生重大影响的信息、协会每年的财务情况、协会接受政府职能委托、授权、转移情况、协会开展评比、达标、表彰活动的情况、协会每年开展的重点工作和计划、会员单位及认定情况等都要形成定期报告或临时信息披露机制。协会最新动态、开展的活动、举办的会议、新发展会员情况、企业宣传和产品技术信息等发布都在协会内部刊物《河北环保产业》和网站等载体上及时公布和更新。

【《河北环保产业》期刊情况】 今年共完成出版发行《河北环保产业》期刊6期、印刷12000余份、邮寄9000份。期刊主要侧重于紧跟环保新形势,发布环保产业信息,加强环保新产品和新技术的推荐,为环保企业服务。2011年"热点关注"和"自然生态"有了新内容,"热点关注"主要加强了对环保热点实事问题的关注,侧重于展现环境保护和环保产业工作的新突破和新亮点;"自然生态"增加了省内旅游景点的宣传介绍,结合优美的景区图片,给人一耳目一新的感觉。今年第三期还对期刊进行了改版,在版面设计、栏目设置、文章内容上都有很大进步,增加了"产业链接"和"产品推荐"等栏目,介绍国家和其他省份在环保产业工作中的先进经验和先进典型以及新产品、新技术的发布,供读者进行技术方面的交流,为环保产业发展和环保工作的开展服务。

《河北环保产业》被石家庄市新闻出版局评为"2010年度省会优秀内部资料性出版物"。

【环保产业相关技术规范】 为进一步规范河北省环保产业市场发展,根据《河北省环境保护产业管理办法》的相关规定,加强了对申报河北省环保产品和环境工程设计推荐企业的现场考察工作,并制订了相应的现场考察表及委托书。对河北省河北省环境保护产业协会会员单位到省外开展业务,除出具河北省环保产品推荐证书或河北省环境工程设计推荐证书,如对方有要求还同时出具河北省环境保护产业协会的推荐信,从而提高了企业的信誉程度,方便了会员单位对业务工作的开展。

(产业协会　王颖)

污染防治

【综述】 2011年,污染防治工作以“为发展服好务,为环境把好关,为群众健康尽好责”为原则,以改善环境质量为目标,以“争先创优”活动为契机,紧紧围绕水、气、声、渣和土壤等环境要素,坚决扭住重金属、化学品和危险废物环境安全监管,统筹考虑流域和区域两个层面污染防治工作,科学运用城市环境综合整治定量考核和环保模范城市创建两个抓手,开拓创新,勤奋工作,圆满地完成了年度工作目标任务。

【大气污染防治工作】

1. 2011年全省大气环境质量状况

全省空气质量总体良好,全省设区市平均达到或优于Ⅱ级的优良天数逐年增加。

达到或好于二级的优良天数2011年全省设区市平均达到或优于Ⅱ级的优良天数为339天;与2010年相比,优良天数增加了2天。

2. 2011年大气污染防治工作重大举措

京津冀已经被国务院确定为大气区域联防联控重点区域,在规划编制过程中,多次与国家对接,重点研究制定规划目标和工程项目,氮氧化物、挥发性有机污染物、臭氧、可吸入颗粒物和PM2.5将作为新增控制重点。国家要求建立京津冀城市群大气污染防治实行统一规划、统一监测、统一监管、统一评估、统一协调机制。对城市空气质量实行分级、达标管理,未达标的城市要制定达标方案,采取针对性措施,实施重点治理项目,如期实现空气质量达标。

3. 全省大气污染防治工程落实情况。

全省设区市平均污染物浓度总体下降。可吸入颗粒物(PM10)浓度为0.076 mg/m^3,与2010年相比降低1.30%;各市年均值范围在0.055-0.099mg/m^3之间,均达到国家二级标准0.10mg/m^3的限值;二氧化硫(SO_2)

浓度为 0.042 mg/m^3,与 2010 年相比降低 6.67%;各市年均值范围在 0.035－0.055mg/m^3 之间,均达到国家二级标准 0.06mg/m^3 的限值;二氧化氮(NO_2)浓度为 0.028 mg/m^3,与 2010 年相比降低 3.45%;各市年均值范围在 0.022－0.041mg/m^3 之间,均达到国家二级标准 0.08mg/m^3 的限值。

2011 年全省共获得 585 个降水样本,pH 范围在 4.47－9.0 之间,最低值出现在秦皇岛市,最高值出现在唐山市。全省酸雨发生频率为 2.91%,比上年下降了 2.94 个百分点。秦皇岛、保定和承德 3 个市共出现 17 次酸性降水,其他城市未出现酸雨。与 2010 年相比,出现酸雨的频率以及酸雨的强度均有所下降。

【水污染防治工作】

1.2011 年全省地面水环境质量及污染源状况

河流水质状况。2011 年全省河流水质总体为中度污染,主要污染物为氨氮、总磷和化学需氧量。Ⅰ－Ⅲ类水质比例为 45.2%,比上年下降了 2.0 个百分点;Ⅳ类水质比例为 17.5%,比上年上升 5.5 个百分点;Ⅴ类水质比例为 10.3%,比上年上升 3.1 个百分点;劣Ⅴ类水质比例为 27.0%,比上年下降 6.6 个百分点。与 2010 年相比,全省七大水系的化学需氧量浓度均值和氨氮浓度均值分别下降了 12.8%和 28.0%。

湖库淀水质。2011 年我省对 14 座水库和白洋淀、衡水湖进行了监测。不计总氮,11 座水库水质达到了Ⅱ类水质标准,邱庄水库、安格庄水库和龙门水库水质为Ⅲ类(总磷超Ⅱ类水质标准);衡水湖水质为Ⅲ类;白洋淀水质在Ⅳ类－劣Ⅴ类之间,主要污染物是化学需氧量、总磷和高锰酸盐指数。

近岸海域水质状况。2011 年河北省近岸海域海水环境质量基本保持良好,以一、二类水质为主。全省共 8 个海水环境质量监测点位,其中秦皇岛市 4 个点位,水质均为一类,清洁水质;唐山市 3 个点位,水质均为二类,较清洁水质;沧州市 1 个点位,水质为三类,主要污染物为无机氮和化学需氧量,水质为轻度污染。

地下水水质状况。保定市地下水水质优良,邢台、唐山、廊坊、秦皇岛、衡水和张家口六个城市地下水水质良好,石家庄、承德、沧州和邯郸四个城市水质较差,其中石家庄总硬度超标,邯郸总硬度和溶解性总固体超标,沧州氟化物超标,承德氨氮、总硬度和总大肠菌群超标。

2.2011年水污染防治工作重大举措实施情况

(1)在总体工作思路上,突出规划引领。按照“有限目标,突出重点;远近结合,标本兼治;政府主导,明确责任”的原则,制定下发了《河北省海河流域水污染防治“十一五”规划》、《河北省饮用水水源地环境保护规划》、《河北省子牙河水系水污染综合治理实施意见和实施方案》,强化了水污染防治工作的目标要求和刚性措施。成立了由分管副省长任组长的海河流域水污染防治考核领导小组,制定了考核办法,建立了落实规划的定期调度、通报和考核制度。省环保厅等六部门联合出台了《河北省海河流域水污染防治规划实施情况考核暂行办法》,形成了推进规划目标任务落实的环保、发改、建设、财政等部门联动机制。

(2)在流域污染治理上,突出机制创新。在2008年子牙河水系成功试点基础上,2009年起在全省七大水系全面实行跨界断面水质目标考核并与财政挂钩的生态补偿制度,并分三次逐步调严了考核断面水质标准。补偿机制的实施,强化了地方政府治理责任,促进了主要河流水质的持续改善。据2011年监测数据显示,三类及以上水质比例为45.2%,劣五类水质比例为27.0%,与2007年相比,分别提高17.5个百分点和下降22.2个百分点。这一机制2011年荣获中国地方政府创新奖。同时,明确各地政府对本行政区域内的河流水环境质量负责,实行严格的领导包河的“河长制”。子牙河水系5个设区市,由14位市领导分包了辖区内主要河流污染综合治理任务。

(3)在饮用水水源地水质安全上,突出严格保护。按照国家《饮用水水源保护区划分技术规范》,完成了88个城市集中式饮用水水源地保护区划分工作。加大对饮用水源地的监测频次和环境监察力度,开展了一系列水源地环境整治专项行动,关闭一、二级保护区内排污口108个。同时,各地都制定了饮用水源污染事故的应急预案,强化了重大突发污染事件的物资和技术储备,开展应急演练,设立了备用应急水源,有效保障了饮用水安全。

(4)在近岸海域水质改善上,突出源头防控。制定了《北戴河及近岸海域污染防治与生态修复实施方案》,将对水质状况影响较大的淀粉、造纸、食品制造业作为重点行业,将水污染物排放量大的沿海企业作为重点企业,将对北戴河水质产生直接影响的区域作为重点区域,大力削减入海污染物。截至2011年底,总计关停企业781家;中央和省级环保专项资金支持11.7亿元,用于沿海工业污染源治理和环境监管能力建设。同时,省环保厅与相关部门制定了《关于共同加强河北省近岸海域水质监测的协议》,建立了部门合力改善海域环境的联动机制。

(5)在基础能力提升上,突出“三个建设”。一是强力推进污水处理厂建设。截止2011年底,全省累计建成城镇污水处理厂193座,比2005年增加158座,实际日处理能力达805.8万吨,比2005年增加577.9万吨,实现了县县污水处理厂和垃圾填埋场全覆盖的目标,设区城市污水处理率达86%,县城污水处理率达76%。同时,出台了《河北省城镇污水集中处理设施运行监督管理办法》,进一步明确了地方政府和相关部门的监管责任。二是切实强化水质监测能力建设。2009年,我省与周边省市主要跨界断面,以及省内11个设区市重点监控断面,全部实现水质自动监测。到2011年,全省各级监测站达到163家,有75家达到国家标准化建设要求;建成环境监控中心12个,全部通过省和国家验收。三是加强重点流域环境监管机构建设。2007年以来,先后成立了省子牙河白洋淀环境保护督查中心、省固体废物管理中心和省污染物排放权交易服务中心,又为省环境监测中心站增加了人员编制。机构的不断完善和人员力量的增强,对促进我省流域水污染治理发挥了重要作用。

城市环境管理

【综述】 城市是经济社会发展的最有效载体，是人口、资本、生产和消费聚集的地方，是现代文明的象征，也是我们环保工作的重点。2011年，我省城镇化战略实施取得新进展。全省城镇人口达3301.7万人，城镇化水平达45.60%，比上年提高1.1个百分点，有6个设区市城镇化率超过45%；有16个县级市和19个县城镇化率超过40%。（来源：河北省统计局发布的2009年社会发展水平综合评价报告）。

【全省"城考"工作情况】 2011年，我省33个设市城市全部纳入到"城考"体系中来。我省积极各市开展"城考"工作，加大"城考"信息公开力度，健全和完善城市环境综合整治的管理体制，"城考"工作各具特色，稳步推进。

2011年，全省城市"城考"各项工作取得重大进展，多项指标较上年有较大进步。全省设区城市的环境质量得到进一步的改善，设区城市全年空气优良天数比例平均为92.80%，比2010年提升0.4个百分点，二级以上天数平均达到339天，比去年同期增加2天。全省空气综合污染指数比上年下降3.72%。县级城市可吸入颗粒物浓度年均值平均为0.08mg/m^3，二氧化硫浓度年均值平均为0.04mg/m^3，二氧化氮浓度年均值平均为0.03mg/m^3。水环境质量总体稳定，全省各市集中式饮用水水源水质情况良好，水源地各水质指标均稳定达到国家二级标准。工业污染控制水平稳步提高，全省城市工业固体废弃物处置利用率比2010年提高0.31个百分点。重点工业企业各项污染物的排放达标率均有上升，其中2010年全省重点工业企业废水、烟尘、二氧化硫、粉尘平均排放达标率分别比上年提高了0.13、0.18、0.92和0.27个百分点。

11个设区城市的综合排名情况：唐山、承德、廊坊、秦皇岛、石家庄、邯郸、邢台、保定、张家口、沧州、衡水；22个县级城市的综合排名情况：迁安、定州、鹿泉、冀州、霸州、黄骅、涿州、沙河、遵化、安国、泊头、晋州、河间、三河、高碑店、南宫、新乐、武安、任丘、辛集、藁城、深州。

【城市环境综合整治情况】

1.全省城市环境空气质量情况

2011年,全省设区城市全年空气优良天数比例平均为92.80%,比2010年提升0.4个百分点,二级以上天数平均达到339天,比去年同期增加2天。全省空气综合污染指数比上年下降3.72%。全省11个设区市全部达到了大气环境Ⅱ类功能区要求。

2.城市区域环境噪声和交通干线噪声状况

2011年声环境质量稳定,全省城市的区域环境噪声平均值为52.6dB(A),与上年度持平。全省城市的交通干线噪声平均值为65.0dB(A),比上年提高了0.2 dB(A)。

3.城市建成区的绿化覆盖状况

全省城市建成区绿化覆盖率平均值为41.37%,比2010年下降了0.52个百分点。

农村环境保护

【综述】 河北毗邻首都北京，是京津重要的水源地和生态屏障。河北又是农业大省，全省7000多万人口中农业人口占近4000万。由于历史原因，农村生产经营方式粗放，环境保护基础建设投入不足，农村环境污染治理相对滞后。我省被环保部列为全国农村环境综合整治目标责任制考核“试点省份”后，全省进一步加大了农村环境保护和综合整治工作的组织、领导和推进力度。省政府成立了“农村环境综合整治工作领导小组”，确定由11个相关职能部门为成员单位，并结合河北实际，对照环保部的考核要求，制定了具体考核“工作方案”和“实施办法”，从组织领导、任务分解、责任认定、资金保障等方面，研究了加强措施。各地结合辖区实际，科学规划，突出重点，因地制宜，分类指导积极开展农村环境综合整治。

【环境综合整治行动】 我省自2009年开始启动实施的“百乡千村”环境综合整治三年行动计划，2011年是行动计划实施的第三年，省定的1000个“试点村庄”，已有近800个完成治理任务。一些项目因受冬季气温影响，完工时间延至2012年春季。“百乡千村”环境综合整治三年行动计划实施以来，在全省农村环境整治方面起到了示范带动作用，推动了全省农村环境综合整治工作的开展。

通过实施环境综合整治，我省一些村、镇脏、乱、差的环境面貌，得到了明显改观。不少经济、环保基础条件较好的村镇，开展环境整治的同时，同步实施交通道路硬化、街景亮化美化、庭院村庄绿化等生态建设，取得了较好成效。比如，困扰多年的农村垃圾污染问题开始得到解决，整治成效逐步显现；生活污水和养殖废弃物对饮用水威胁开始得到消除，监控力度在逐步加大；农村环境综合整治工作机制开始形成，实践探索在逐步深化。2011年底，环保部对我省农村环境综合整治目标责任制试点考核工作情况，进行了核查验收。环保部和省政府对试点工作的组织开展和成效，均给予了充分肯定。

生态环境保护

【生态省建设工作】 省环保厅牵头组织省生态省建设领导小组成员单位,谋划了“2011 年全省生态省建设工作要点”,确定了 6 大项重点工作、25 项具体任务,经省政府审批后,将工作任务分解落实、印发到各设区市政府和省直相关部门执行。

各地围绕生态省建设目标任务,以“生态文明”为引领,积极探索生态示范建设的途径和机制。承德市作为我省首个“全国生态文明建设试点”地区,于 2011 年 7 月份在贵阳召开的“全国生态文明建设试点经验交流会”上,代表河北作了典型发言;2011 年 10 月份,石家庄市成立了“生态文明建设”推进指导委员会,制定了工作规划,确定了攻坚任务;秦皇岛北戴河区,经过几年努力,基本达到“国家级生态区”建设标准,目前正按照程序申报。

2011 年环保部又命名我省一批国家级生态示范区和生态镇、村,目前,我省已批建国家级生态示范区 30 个,国家级生态乡镇(环保优美乡镇)26 个,国家级生态村 11 个;我省命名省级环境优美城镇 91 个、省级生态村 60 个。

各地在认真实施生态市、生态县(市)建设规划的同时,生态示范建设工作不断向村、镇延伸开展。2011 年我省又有 40 多个乡镇编制了“城镇建设环境规划”,目前全省 900 多个建制镇中,已有 500 多个镇编制了环境规划。全省生态示范区建设工作不断深化。

【自然资源生态保护】 为贯彻落实国务院、环保部关于做好自然保护区管理有关工作的通知(国办发[2010]63 号、环发[2011]65 号)精神和要求,省环保厅组织对全省保护区建设与管理情况,进行了重点抽查和调研。通过调研检查,基本摸清了我省自然保护区管护能力、水平现状情况,为加强自然保护区管理提供了决策依据。同时针对调研发现的突出问题,研究制定了加强工作和管理的措施、办法。

2011 年,我省又新批建 4 处省级自然保护区。同时,申报晋级国家级保护区2处(其中青崖寨保护区已通过国务院审批,辽河源保护区晋级工作正在整改完善报批材料中)。截至目前,我省自然保护区建设总数已达45处。其中,国家级13处、省级25处、市、县级7处,保护区总面积70.31万公顷,占到全省国土总面积的3.74%。

【生物多样性评估】 2011年,我省还组织开展、完成了"全省生物多样性评估调查"工作。经专家评估分析,我省属于全国生物多样性丰富的省份,动、植物种类共有3001种。其中,野生维管植物2324种(隶属于151科,748属。其中,蕨类植物100种,裸子植物18种,被子植物2206种);野生高等动物676种(隶属于126科,350属。其中,哺乳动物83种,鸟类动物483种,两栖动物8种);我省辖区有中国特有植物429种、特有动物42种;共有国家级保护植物151种(Ⅰ级保护植物有3种,Ⅱ级保护植物47种,Ⅲ级保护植物7种),省级保护植物259种;共有国家Ⅰ、Ⅱ级保护动物93种,省级保护动物126种。通过此次调查与评价,不仅了解和掌握了我省的生物多样性现状、空间分布及其变化趋势,还明确了我省的生物多样性保护工作重点和方向。

辐射环境管理

【综述】 我省是放射源使用大省。全省共有850余家放射源销售、使用单位、6000余枚放射源。今年以来,没有发生一起放射源被盗、丢失、误照等事故。自2009年下半年以来,我省已经连续两年半实现了辐射零事故,履行了我们的承诺,确保了全省的辐射安全。安全是辐射安全监管的生命线。

【辐射安全监督管理】 全年共审核环评文件165项;验收项目40个;核发、变更《辐射安全许可证》95个;放射源异地使用备案82件;放射源转让337件;废源送贮登记105件。对每一个项目都严格审查,提前或按时办结,没有发生一起超时限办理等不符合规定的问题。通过环评、验收、转让、异地使用备案、废源收贮等抓手,对放射源使用单位严格要求,对不符合规定且不按要求整改的,坚决不批。通过对放射源从生到死的全过程严格监管,努力实现了辐射安全。

【辐射管理机制建设】 一是督促全省10个设区市局和部分县成立了监管机构,开展了行政许可等监管工作。二是在辐射站的大力支持下,克服困难、积极使用"全国放射源监管系统组织"进行审批和监管,据环保部的通报,我省这项工作在全国排第三位。三是大力组织全省监管人员、辐射工作单位人员参加培训,使他们的业务能力和知识水平大大提高。四是坚持既依法办事,又切实保障群众合法环境权益的原则,妥善处理了大批群众对辐射污染的投诉举报案件和电话咨询、网上咨询等问题。在不久前召开的全国第四次辐射安全监管工作会议上,张运国、郝凤兰被授予"全国辐射安全监管先进个人"称号。

【辐射安全执法检查】 全省共出动辐射安全监管人员1200余人次,对850家放射源销售、使用单位全面开展拉网式的检查。春婴巡视员亲自带队，赴廊坊、承德、唐山、秦皇岛、衡水、邯郸、邢台等市重点用源单位，深入现场，严格检查，对存在问题和隐患提出严格要求。通过市、县监督指导，使检查中发现的问题及时得到整改。

各地环保局通过检查督促，使大批闲置、废弃放射源送贮，在厅辐射站的共同努力下，全年共收贮废旧放射源150余枚，极大地消除了事故隐患。

【辐射事故处理】 今年“五一”期间，由宋春婴巡视员带队，及时、妥善处置了含放射性物质的高压熔断器流入我省承德、秦皇岛事件，将900个含放射性物质的高压熔断器退出我省，妥善处理，避免了事故的发生，这项工作得到了省领导的批示表扬。积极协调解决青龙铀矿废水外排引发的大规模群众上访，维护了社会稳定。

环境监测

【综述】 2011年是“十二五”开局之年,环境监测是环保事业发展的基础性工作。环境监测要在推进生态文明建设、探索环保新道路中再立新功,必须按照监测管理一盘棋、监测队伍上下一条龙、监测技术天地一体化,做到说清环境质量及其变化趋势、说清污染源排放状况、说清环境风险的总体要求,进一步提升保障和服务水平。

河北省环境监测中心站作为全省环境监测的技术中心、网络中心、信息中心和培训中心,担负着对全省环境质量监测数据和污染源监督性监测数据的汇总、管理、综合分析,形成各类专题报告,以满足环境管理的需要;承担生态补偿监测、重点污染企业监督性监测;环境应急监测、污染纠纷和污染仲裁监测;“三同时”项目竣工验收监测;排污许可证监测;污染源在线比对监测;以及各类专项监测等8大类26项监测工作。面对繁重的任务,干部职工努力工作,锐意进取,不仅圆满地完成了各项工作任务,同时也展现了一个团结奋进、积极向上、朝气蓬勃的良好团队形象。

【环境监测队伍建设】 按照环境保护部统一部署,河北省环保厅组织河北省环境监测中心站、石家庄市环境监测中心站、省宣教中心等相关部门,于2011年8月16日在正定县滹沱河柳林铺大桥附近开展了2011年环境应急监测演练活动。通过此次演练,实战检验了河北省环境监测中心站环境应急监测方案的科学性、响应的及时性、数据的准确性和报告的可行性,达到了规范程序、强化应急、提高质量、完善机制的预期目的,取得了良好效果。演练活动紧张有序,忙而不乱,处理及时,方法得当,受到了环保部专家组和厅领导的肯定和好评。

河北省监测中心站组织开展了以“当代雷锋——志愿者在行动”为主题的志愿者服务活动、“党的历程党的光荣传统党性党风党纪”三项教育活动、党建征文活动以及庆祝建党90周年系列活动、深入开展“为民服务创先争优”活动等，送技术下乡活动。

【环境监测网络建设】 目前，全省环境监测队伍有三千多人，是环保工作的主力军和基础力量，“十二五”环境监测队伍还要大发展。到 2011 年底省级设中心站(一级站)，十一个地级市都设立了监测站(二级站)。全省共 172 个县(市、区)，现有 151 个三级站。省站和 11 个设区市监测站全部通过了计量认证(石家庄市站还通过了实验室认可)，10 家二级站已通过省厅标准化建设验收。三级站中 126 个通过了认证，74 家通过了标准化建设验收。

省、市、县三级监测站能力建设得到了长足发展，省市两级监测站已经形成基本的常规监测和应急监测体系，县级监测站基本具备了满足县级监测管理的能力。

目前，地表水环境河流监测点位共 151 个(其中国控 22 个，省控 129 个)，湖库监测点位 40 个(其中国控 9 个，省控 31 个)，环境空气监测点位 51 个(其中国控 27 个，省控 24 个)，功能区噪声监测点位 86 个，道路交通噪声监测点位 1232 个，区域环境噪声监测点位 2251 个，酸雨监测点位 25 个，地表水饮用水源地监测点位 8 个(其中国控 6 个，省控 2 个)，地下水饮用水源地监测点位 30 个(其中国控 11 个，省控 19 个)，近岸海域水质监测点位 20 个，包括环境质量监测点位 8 个，功能区监测点位 18 个(其中两种属性兼有的点位有 6 个)，地下水监测点位 139 个。

【“三同时”验收监测工作】 2011 年完善了建设项目竣工环境保护验收监测项目管理工作程序，提升验收监测工作质量，组织参加了总站验收监测培训，提高了项目负责人队伍和素质，为项目完成的进度和效果提供了保障。全年收到验收项目 170 个，在规定期限内出具 150 个项目的监测报告。

【污染调查与监测】 2011 年，省国控重点污染源已达 726 家，此项工作的特点是工作任务重，时限要求严格，经常接受省、部领导部门的监督检查。河北省环境监测中心站统筹安排、集中监测，确保了 4 个季度的监测工作如期完成。每次监测结果均按单位分别编制了重点污染源季度监测报告、在线比对报告、有效性审核报告，全年共出具监测报告 200 份。同时，还进行了全年 2 次近 150 家重点污染源质控抽测工作，确保了此项工作的圆满完成。

【监测机构项目建设】 **环境质量监控体系运行项目**:根据《环境监测管理办法》(国家环境保护总局令第39号)和《河北省环境监测管理办法》(河北省人民政府令(2007)第5号)要求,河北省监测中心站承担着全省11个设区市及省监测站的12个监控中心平台、104个城市空气质量自动监测子站、31地表水水质自动监测子站的自动监控网络管理和维护,保证自动监测数据的实时传输,确保储存的自动监测数据的安全,并对监测数据进行统计汇总和分析,为环境质量管理提供数据基础。

省重点流域水质自动站运行项目:根据《关于建设环境保护"四大体系"的实施意见》、《国家环境保护"十二五"科技发展规划》、《国家地表水自动监测站运行管理办法》要求,各级政府和部门在加大水污染治理的同时,要加强地表河流水系水质监控,设区市地表水饮用水源地,以及环境敏感河流跨省、市界重点断面安装水质自动监测系统,对全省河流断面水质状况进行连续在线监测,反映河流水质状况及变化趋势。河北省环境监测中心站每年承担全省31座水质自动监测站的运营管理、站房安全、后勤保障以及水站仪器的维修和维护工作,保证水质自动监测仪器稳定运行,实时监测地表水质现状及变化趋势。每周编写水质自动监测周报,不定期编写水质异常情况报告,为环境管理提供技术支持。

七大水系生态补偿考核监测项目:2009年4月,省政府决定在全省各流域推广实行跨界断面水质目标责任考核,并印发了《关于实行跨界断面水质目标责任考核的通知》(办字〔2009〕50号),将扣缴生态补偿金政策扩展到全省七大水系的56条河流、201个断面进行考核。河北省环境监测中心站作为全省最高的环境仲裁监测机构,承担省考核断面的每月至少一次的监测工作,并负责对全省201个考核断面的数据进行汇总上报,为全省跨界断面水质目标责任考核提供技术数据。

主要污染物减排国控、省控重点污染源省级在线监测比对项目:根据《污染源自动监控设施运行管理办法》(环发[2008]6号)、《关于印发2009年国家重点监控企业名单的通知》(环办[2009]34号)、《河北省重点污染源自动监控管理工作实施方案》(冀环办[2008]294号)的要求,河北省环境监测中心站负责对全省30多家30万千瓦以上火电厂污染源排放状况开展监测,同时对自动监控设备进行比对监测,并负责每季度全省重点源监测结果的汇总上报工作,降低火电行业对环境的污染,保证在线监测设备出具数据的有效性,为排污收费及环境管理提供技术支持。

全省生态现状解析调查项目：根据《河北省环境监测管理办法》（河北省人民政府令(2007)第5号)、《生态环境状况评价技术规范(试行)》(HJ/T192—2006)、《全国生态环境监测与评价实施方案》要求，河北省环境监测中心站每年需对上年度全省卫星遥感数据进行解析，对典型的地物进行现场调查核查，依据解析数据和调查结果对全年全省的生态环境状况进行评价，编写年度全省生态环境遥感监测与评价报告，掌握全省的生态环境质量现状和动态变化情况并上报中国环境监测总站和省环境保护厅，为改善全省的环境质量和生态省的建设提供技术支持。

污染事故应急监测项目：近年来，河北省突发环境事件时有发生，尤其是一些重大环境污染事件引起了各级领导高度重视和社会的极大关注。同时，河北省拱卫京津，战略位置十分重要，不断提高对环境突发事件的应急监测能力，在事件发生时能够迅速对污染物的性质、危害、影响范围作出判断供领导决策，对于保护群众生命安全，保卫河北省环境安全，具有十分重要的政治意义。根据《先进的环境监测预警体系建设纲要(2010—2020年)》(环发[2009]156号)、《河北省环境监测中心站突发环境污染事件应急监测预案》要求，各级监测站必须加强应急监测能力建设，保障在第一时间赶赴事故现场，快速、准确出具监测数据，为政府部门制定应急处置办法。2011年，河北省环境监测中心站共完成应急监测任务8起，完成承德不明气体泄露事故，阜平县、灵寿县交界处不明物体倾倒事故，高阳、任丘交界处四氯化硅倾倒事故，兴隆县钼矿尾矿库溃坝事故等应急监测工作，科学准确及时出具监测数据，为最大程度减少污染造成的损失提供了技术支持。

【机动车尾气检测工作】 为有效削减全省机动车氮氧化物(NOx)排放量，改善全省区域空气质量，保障人民身体健康，河北省人民政府办公厅印发了《河北省机动车氮氧化物总量减排实施方案的通知》。到2011年底有41家机动车环保检验机构，112个机动车尾气检测站，235条检测线，完成机动车环保检测131.2092万辆；发放机动车环保检验合格标志128万枚；2011年举办了4期机动车环保检验机构上岗人员培训，共培训上岗人员325名，颁发和更换到期上岗证260套，全省705名上岗人员做到持证上岗。

【室内检测】 室内监测主要有两个方面:一是民用建筑工程室内环境污染监测;二是为满足人们需求,服务于社会的监测业务。2011 年,民用建筑工程室内环境污染监测工程共有 26 个,从样品采集、数据分析到出具报告等各个环节均严格按照《民用建筑工程室内环境污染控制规范》(GB 50325—2010)标准进行。室内环境监测按照《室内空气质量标准》(GB/T 18883—2002)规定的要求进行采样、分析等工作。全年共为 133 个家庭或单位提供了室内环境检测服务。

【监测管理及学术活动】 2011 年,河北省监测科研取得了明显的成效,共完成科研课题 4 项。其中《智能水质采样系统的研制及应用》获省级科技成果证书,《新型生物胶——三赞胶》项目获省级科技进步三等奖。

全省监测技术人员积极撰写论文,参加学术交流活动,营造了浓厚的学术氛围。2011 年参加的第十次全国环境监测学术交流会,河北省监测系统共 14 篇论文在会上交流并被收录论文集。

环境影响评价与建设项目环境管理

【综述】 2011年，省环评处围绕落实《关于做好2011年环境影响评价管理工作的通知》（冀环评[2011]102号）和《2011年全省环境保护工作要点》（冀环领办[2011]3号）的要求，按照《河北省环境保护厅2011年重点工作目标任务分解方案》（冀环办发[2011]68号）的部署，积极创新环评工作思路、工作理念、工作方法，不断完善环评全程管理体系，大力推进环评队伍和能力建设，努力"为发展服好务、为环境把好关、为群众尽好责"，各项环评工作都取得了积极进展。

坚持把服务大局、推进科学发展作为环评工作的重要价值取向，积极创新环评融入主渠道的路径，努力探索宏观层面解决环境问题的方法。深入探索战略环评，为区域发展领航掌舵。按照环保部要求，以河北省沿海地区为对象，以该区域资源环境承载力为约束，以保障重要生态功能区结构和功能为红线，探索开展了重点产业发展战略环评，提出了基于"生态功能不退化、资源环境不超载、排放总量不突破、环境准入不降低"的沿海经济发展调控方略，为我省沿海地区发展战略顺利通过国务院审批贡献了力量。全面推动规划环评，发挥宏观指导作用。省委、省政府高度重视规划环评，在一系列重要会议、重要文件、重要批示中都明确要求加强规划环评。省政府印发实施的《关于加快工业聚集区发展的若干意见》、《关于加快河北省环首都经济圈产业发展实施意见的通知》、《关于加快沿海经济发展促进工业向沿海转移实施意见的通知》等一系列文件中，均采纳了我厅提出的"先规划环评、后项目审批"的建议，并要求将区域资源禀赋和环境容量作为区域发展的硬约束，科学引导产业，合理设置发展规模，进一步强化了规划环评的宏观引导作用。省政府在2005年印发《关于进一步做好规划环境影响评价工作通知》的基础上，于2011年又印发实施了《关于进一步加强规划环境影响评价工作的通知》，要求综合性规划和专项规划要组织开展规划环评，并将环评结论作为规划审批决策的重要依据。省级产业聚集区审批中实行发改、国土、环保等部门联合办公,坚持规划环评"一票否决"。围绕贯彻落实《规划环境影响评价条例》和环保部、省政府加强规划环评的工作部署,坚持以71家省级工业聚集区和111家省级及以上工业园区(经济技术开发区、高新技术开发区)为重点,全力推进重点区域发展规划环评;坚持以钢铁、火电、水电、矿山采选、交通等行业为重点,努力开展重点行业发展规划环评。经过努力,全省100个产业聚集区、44个省级园区中,122个完成规划环评审查,13个正在编制规划环境影响报告书。其他类别聚集区,116个完成了规划环评审查。创新完善政策机制,持续推动规划环评。在规划环评推进中,加强了政策机制创新,建立和完善了责任考核制、重点督办制、捆绑推动制、部门联动制、公众参与制、补充评价制、跟踪评价制。在原则把握上,提出并实行了未进园区的工业类项目不审批、未列入产业规划的项目不审批的"两个不批"和第一个入园项目未完成基础设施建设前不再审批第二个项目环评的"不批第二"原则。制发了《河北省环境保护厅组织规划环境影响报告书(篇章、说明)审查办法》,细化了规划环评组织审查程序和要求。在园区联审中,强化了环保一票否决,对未开展规划环评和未落实规划环评要求的一律不予通过,在申报的148家园区中直接否决了59家。在特色服务中,组织开展了环评审批"一函一册"服务央企的的活动,通过给央企发一份友情函、送一本服务册,使央企负责人了解环评审批制度、服务措施、廉洁自律要求和审批权限、程序等,顺利地开展项目环评报批工作,此次活动中,给入驻河北的96家央企发送96份友情函和178本服务手册,有效的加快了央企项目在我省的推进速度。在改进作风中,会同政法处、总量处、污防处、监察室、督查中心、环科院、评估中心等处室、单位,开展了入园进区、上门服务活动,走访了11个设区市16个园区和38家企业,现场帮助解决了19个实际问题,向园区和企业赠送了240册环评资料,并征求了加强环境保护、提供服务效能的建议和意见。此次活动使我们进一步了解了基层现状,明确了工作重点,也缩短了环保部门同企业间的距离,融洽了政企关系。据统计,2011年省市两级环保部门共开展入园进区服务1000多人次,督促138个园区开展了规划环评,促进了111个园区进一步完善环保基础设施。我省规划环评工作的开展得到了环保部领导的肯定,认为有层次、有力度、有特色、有成效,并在全国环评会上作了典型发言。

【环评宏观调控作用】 紧紧围绕工作作风转变和经济社会发展大局，一手抓加大服务项目建设力度，一手抓规范环评审批程序，寓服务于把关，以把关强服务。提高环评审批服务效能。针对省重点战略支撑项目、新型战略产业项目、节能减排工程和国家鼓励类项目，建立健全了“绿色通道”、特事特办、首问首办等七项服务措施。2011 年，全省共审批项目环评 21195 个，涉及投资 11674.9 亿元，与 2010 年同期相比(18404 个，10146.7 亿元)，项目数增加 15.2%，投资额增加 15.1%，省级审批项目环评 230 个，涉及投资 1484.6 亿元。加大环评审批把关力度。在程序上，实行建设项目“三会联审”，做到全面把关、民主决策，确保审批质量；在内容上，严格“七个不批”，着力强化总量控制、公众参与等内容，建立了项目环评审批与主要污染物总量减排挂钩制度，并逐步规范了“两公开、一公示、一听证”的环评公众参与程序，制发了《建设项目环境影响评价技术审核报告编制要点》(冀环办发〔2010〕250 号)，以环境保护促进和优化发展的力度显著加大。2011 年，全省共对不符合要求的 80 个项目不予受理、不予审批、暂缓审批或退回环评报告，涉及投资 363.0 亿元，其中省级否决 58 个，涉及投资 358.4 亿元。狠抓重点行业试生产管理。在试生产管理方面，实行“五个不准”。2011 年，在全省范围内组织开展了建设项目试生产检查专项行动，对 2006 年以来省批的 2151 个建设项目进行了试生产、“三同时”检查，对“三同时”环保设施存在问题的建设项目逐一进行了梳理，对发现的 52 个如期未验的项目下达了限期验收通知，对 34 家逾期不验的企业进行了立案查处。紧抓重点项目竣工验收。竣工环保验收方面，在严格执行“七个不验”的同时，进一步规范了验收流程，今年 10 月印发了《河北省环境保护厅建设项目竣工环保验收工作流程》(冀环办发〔2011〕218 号)。2011 年，全省共验收项目 4044 个，涉及投资 1661.1 亿元，与 2010 年同期相比(3273 个，948.1 亿元)，项目数增加了 23.6%，投资额增加了 75.2%。其中省级验收项目 251 个，涉及投资 689.1 亿元，与 2010 年同期相比(205 个，431.4 亿元)，项目数增加了 22.7%，投资额增加了 59.7%。

【环评执法监管】 坚持把加强环评执法作为解决突出环境问题、改善民生环境的重要手段，矢力强化。组织了重点行业环评执法。围绕落实国家淘汰落后产能和抑制产能过剩行业过快增长的部署，组织开展了省域范围的钢铁、水泥、平板玻璃、多晶硅、煤化工、石油化工、有色金属等重点行业建设项目试生产环境管理情况检查。开展了重点区域环评执法。结合全省“强化污染防治设施运行管理年”活动部署,对子牙河流域、石家庄和环京津重点城市,深入开展了环评执法,全面检查了环保“三同时”制度落实和规划环评开展情况,并对部分企业进行了挂牌督办。实施了重点领域环评执法。对工程建设领域突出问题清理整治工作,我省坚持全面自查和加强督查相结合、查处典型案件和构建长效机制相结合、强化内部监察和深化外部监督相结合,大力完善建设项目动态管理、审批科学决策、信息公开、环评公众参与、诚信体系建设“五大机制”,多次召开调度会议和印发整改通报,推进问题项目整改,截至今年年底,134 个项目完成了整改,其余 5 个未完成整改的项目下发了停产通知。加强了重点项目环评执法。对“十一五”以来审批的 2151 个项目,强化了专项检查,实行了“五个一批”,即限期验收一批、限期整改一批、立案查处一批、挂牌督办一批、停产一批,并将处理情况通报全省。今年对检查中发现的 52 个未如期验收的项目下达了限期验收通知,对 34 家逾期不验的企业进行了立案查处。

【环评管理模式方法】 坚持运用创新的思维,加强和改进环评管理,完善和推广了项目“三同时”动态管理系统,完成了全省 11 个设区市级建设项目“三同时”动态管理系统建设和运行工作。截至 2011 年 12 月 10 日,全省 11 个设区市已全部完成建设项目“三同时”动态管理系统安装和数据录入工作,共录入 8000 余个建设项目,真正实现了全省联网实施、全程动态管理、信息共享使用。这项工作受到了环保部和省领导的肯定。

【环评队伍能力建设】 坚持把环评队伍和能力建设作为环评事业发展根基,长抓不懈。推进环评审批和评估队伍建设。注重从思想、组织、作风、业务、制度、廉政等方面加强环评队伍建设,要求从业人员做到“五个绝不”,即绝不向任何单位指定环评机构,绝不参与任何有偿中介活动,绝不接受任何形式的咨询费、评审费、专家费,绝不收取任何礼品、礼金、有价证券,绝不参与任何不合规定的娱乐活动。全年组织参加了环保部举办的多次培训,进一步加强了环评工作人员的业务能力水平和对“五个绝不”等廉政工作要求的认识。加强环评资质单位管理:转发部加强环评资质单位建设意见,推进了职业道德建设和行业自律。制发环评资质单位信息公开目录,加强了诚信体系建设。加大了环评资质单位日常检查和考核力度，对环评文件不负责任的，一次警告，两次通报，三次报部建议吊销或暂停资质；对新申请环评资质的单位，坚持严把现场核查、属地审查、集体会查“三道关”。注重提升环评文件质量。编制《建设项目环境保护技术评估报告编制要点》，从区域环境问题、环保措施可行性、风险防范措施、清洁生产水平、项目实施环境影响、公众参与等方面规范了建设项目环境保护技术评估报告内容。印发《关于进一步强化建设项目公众参与工作的通知》，进一步规范了“两公开、一公示、一听证”公众参与程序。推进信息公开和诚信体系建设。在信息中心的技术支撑下，在我厅网站上公布了环评单位和从业人员信息，加强了环评单位、环境工程设计单位信用体系建设。同时，建立健全了环评单位守信激励和失信惩戒制度。

2011年，我省围绕落实环保部安排部署，着眼提升“三同时”制度执行效力，坚持以“五个不准、七个不验”为准绳，以完善推广建设项目“三同时”动态管理系统为抓手，以加强试生产管理和规范竣工环保验收为重点，进一步强化了项目环评批后管理，推进了批、管、验三位一体的全程监管体系建设。

【环保“三同时”管理和验收工作】 2011年，我省对2001年以来以来部批项目进行了摸底，处于“三同时”期间项目95个，其中设计阶段30个，在建项目43个，处于试生产阶段项目14个，信息不祥项目8个(见附表)。为加强部批项目监管提供了基础数据。

2011年，我厅共完成部批项目试生产核查14个，其中经华北督查中心同意后批准试生产项目10个，未同意投入试生产项目3个，对于未同意投入试生产的项目，积极督促建设单位进行整改。

2011年我省完成了机场建设项目管理情况的调查。“十五”以来，我省机场建设项目共8个，其中环保部审批项目3个，省厅审批项目4个，市级环保部门审批项目1项。在8项机场建设项目中，已完成验收2个，正在办理验收2个，其他4个处于建设期。配合环境保护部，完成了对2001年至2010年环保部委托我省验收的建设项目审批信息汇总统计。2001年至2010年，环保部共委托河北省厅验收建设项目24项，已全部完成验收。

在省级建设项目实现批管验一体的“三同时”动态管理之后，按照部环评司的要求，2011年，把建设项目“三同时”动态管理系统进行了推广普及，完成了全省11个设区市级建设项目“三同时”动态管理系统建设和运行工作。截至2011年12月10日,11个设区市共录入8000余个建设项目,完成了初步建档工作,实现了省、市级建设项目审批后的动态管理。省级建设项目共录入2245个,其中设计阶段项目260个,土建阶段项目147个,安装阶段项目99个,试生产阶段项目117个,已验收项目445个,已注销项目19个。

在《河北省环境保护厅建设项目“三同时”监督检查和竣工环保验收管理规程(试行)》(冀环评〔2010〕191号)的基础上,进一步制发了《河北省环境保护厅建设项目竣工环保验收工作流程》(冀环办发〔2011〕100号),明确了建设项目验收受理程序,明确了“一次性告知”和验收时限,强化了与河北省子牙河白洋淀环境保护督查中心的衔接措施,要求在受理建设项目验收申请材料之日起20个工作日内办理验收审批手续,用于规范各级环境保护部门验收管理。建设项目环评审批完成后,根据项目建设期特点制作了《建设项目“三同时”执行情况表》,逐一发放到每一个建设单位手中。定期以厅办文的形式将建设项目“三同时”和环保验收监督检查的任务下达给省督查中心。2011年,共下达检查项目2301个,大大加强了审批后管理的规范性。

从2011年初开始,我厅印发了《关于进一步推进规划环评入园进区上门服务活动的通知》(冀环办发[2011]99号文),组织市、县环保部门开展了一系列入园进区上门服务活动。今年省市二级环保部门共开展入园进区服务1000多人次,督促138个园区开展了规划环评,促进111个园区进一步完善了基础设施,同时建立了与项目环评的捆绑机制。对项目在任何一个阶段出现与批复要求不一致的情况,及早提醒建设单位纠正或向原审批部门申请变更,避免了项目由擅自重大变动产生的程序违法行为,避免了对环境造成不可逆影响。

以“五个不准”为标准,严格试生产检查。即环保措施与主体工程不能实现“三同时”的不准;项目建设地点、性质、规模、采用的生产工艺或者防治污染、防止生态破坏的措施发生重大变动且未取得原审批部门批复同意的不准;未落实项目环评审批时当地政府承诺(拆迁安置、集中供热、供水等)的不准;要求开展环境监理且未提供(阶段性)监理报告的不准;有信访问题、环境违法违规行为且未整改到位的不准。2011年,省厅开展了建设项目试生产检查专项行动,对2006年以来省批的2151个建设项目进行了试生产“三同时”检查,对“三同时”环保设施存在问题的建设项目逐一进行了梳理,对发现的52个未如期验收的项目下达了限期验收通知,对34家逾期不验的企业进行了立案查处。

以“七个不验”为标准，严格建设项目环保验收。即“三同时”动态档案不齐全的不验，出现变更未补充评价的不验，未提交试生产意见（市局、子牙河白洋淀督查中心）不验，超期试生产未批准延期的不验，违法行为处理未结案的不验，有信访问题且未整改到位的不验，要求监理但未提交环境监理报告的不验。2011 年，全省共验收项目 4044 个，涉及投资 1661.1 亿元，与 2010 年同期相比（3273 个，948.1 亿元），项目数增加了 23.6%，投资额增加了 75.2%。其中省级验收项目 251 个，涉及投资 689.1 亿元，与 2010 年同期相比（205 个，431.4 亿元），项目数增加了 22.7%，投资额增加了 59.7%。

环境监察

【综述】 2011年,全省环境监察部门紧紧围绕环保中心工作和经济社会发展大局,围绕科学发展、加快转变经济发展方式和提高生态文明水平主题主线的新要求,以解决影响科学发展和危害群众健康的突出环境问题为重点,转变执法理念,加大执法力度,创新执法举措,为改善民生、促进污染减排、服务科学发展做出了积极贡献。

【开展环保专项行动情况】 2011年环保专项行动中,全省出动执法人员15万人次,检查企业5.9万家,取缔关闭环境违法企业431家、停产整治217家、限期治理16家,省级挂牌督办重金属污染企业10家。

重金属污染整治全面启动,省政府成立了河北省重金属污染防治工作领导小组,编制了《河北省重金属污染综合防治"十二五"规划》,省环保厅制定了重金属污染防治工作分工方案。3至6月份,全省开展了重金属排放企业百日严查行动;7至9月份,开展了重金属污染企业集中整治活动,截至11月底,全省共有涉重金属排放企业433家,按数量分布:保定市136家、石家庄市50家、沧州市52家、张家口市38家、衡水市29家、廊坊市31家、承德市26家、邯郸市21家、邢台市19家、唐山市17家、秦皇岛市11家。

在重金属污染企业集中整治活动中,全省出动执法人员150846人次,检查企业59192家次,取缔关闭环境违法企业431家、停产整治217家、限期治理16家,省级挂牌督办重金属污染企业10家。

铅蓄电池企业整治成效明显,严格落实了国家环保专项行动要求,对铅蓄电池违法企业采取"零容忍"态度,坚决打击环境违法企业,严格执行国家环保专项行动"六个一律"标准,全省取缔铅蓄电池企业16家。截至11月底,全省铅蓄电池企业共计105家,其中停产整治93家,正常生产只有12家;分别为保定市51家,停产45家;廊坊市15家,停产11家;石家庄市13家,停产12家;沧州市10家,全部停产;邯郸市5家,全部停产;唐山市3家,停产 2 家;邢台市 6 家,全部停产;衡水市 1 家,已停产;张家口市 1 家,已停产。

污水处理厂运营管理不断加强,截至 11 月底,全省共建设运行城镇污水处理厂 194 座,实现了县县有污水处理厂的目标,设计日处理能力 761.85 万立方米,污水处理率达 80%,2011 年新建成投入运行 3 座,在建、扩建及配套管网 96 个,深度治理 39 个。为加强污水处理厂运行管理,河北省环保厅制定出台了《河北省城镇污水处理厂设施运行环境监督管理实施意见》。污水处理厂运行基本正常,大部分日处理量基本上达到了设计规模要求,全部安装了进出口在线监控设施,并与环保部门联网,产生的污泥也得到了有效处理。

燃煤电厂脱硫减排进一步深化,全省坚持对装机容量 30 万千瓦以上电力企业 90 台(套)污染防治设施的运行情况每季度至少进行一次监督性检查,对其他电力企业不定期进行抽查。2011 年以来,省环保厅共出动执法人员 80 余人次,历时 90 多天,核查电力企业 54 家次,脱硫设施 216 台(套),从核查情况看,全省燃煤机组脱硫设施投运率均维持在较高水平,机组脱硫效率达到了环评批复要求。全省涉及旁路挡板铅封的电力企业共计 84 家,铅封旁路挡板 172 个,已经全部按环保部门要求进行了铅封,并严格执行旁路挡板铅封、启封挡制度。脱硫设施投运率达到 95%以上,综合脱硫效率达到 85%以上;燃煤电厂重点污染源污染防治设施主要污染物稳定达标排放,自动监控设施安装率、验收合格率、与省、市环保部门联网率、数据有效审核率均达到 100%,污染防治设施管理和操作人员全部做到持证上岗。

通过开展环保专项行动,解决了一批突出环境违法问题,推动了减排工作深入开展,促进了全省环境质量的持续改善。据环保部核查结果,上半年全省化学需氧量比上年同期相比削减 2.20%,二氧化硫排放量比上年同期相比消减 1.08%,截至 10 月底,全省设区城市空气质量二级以上天数平均达到 294 天,城市空气综合污染指数平均为 1.63,比去年同期 1.65 相比下降 1.2%。

【排污费征收与管理】 2011 年我省加大排污收费征收力度,经过不懈努力,排污费征收工作取得了明显成效,排污费征收额达到了历史最高水平,全省共征收排污费 14.87 亿元,其中省本级征收 3.66 亿元。比 2010 年度(13.72

亿元)增长了1.15亿元,增长8.38%。

(一)基本情况

2011年,河北省排污费开征户数为23416户,比去年减少了4557户,征收入库为14.87亿元,比2010年增长1.15多亿元,增长了8.38%。其中:重点排污单位16545户,征收金额为14.12亿元;小型三产6099户,征收金额为0.58亿元;建设施工单位685户,征收金额为2229.04万元。

全省按企业类型收费额依次为:重点排污单位、小型三产、建设施工。其中重点排污单位征收金额14.12亿元,占征收总额的95%;小型三产征收金额0.58亿元,占4%;建设施工征收金额2229.04万元,占1.5%。

按污染类别收费额依次为:废气、噪声、污水和固体废物类。其中废气类排污费征收金额13.60亿元,占征收总额的91.05%;噪声类排污费征收金额6818.05万元,占4.57%;污水类排污费征收金额5268.58万元,占3.53%;固体废物类排污费征收金额1279.85万元,占0.85%。

按重点行业收费额依次为:火力发电、钢铁、化工、水泥。其中火力发电行业排污费征收金额3.99亿元,占征收总额的26.71%;钢铁行业排污费征收金额3.38亿元,占22.62%;化工行业排污费征收金额6737.89万元,占4.51%;黑色金属采矿行业排污费征收金额6036.29万元,占4.04%;水泥行业排污费征收金额3258.41万元,占2.18%;其他行业排污费征收金额6.29亿元,占42.11%。

按污染因子收费比例依次为:废气依次为二氧化硫、氮氧化物、工业粉尘和烟尘。其中二氧化硫排污费征收金额5.40亿元,占征收总额的36.14%;氮氧化物排污费征收金额3.48亿元,占23.29%;工业粉尘排污费征收金额8895.52万元,占5.95%;烟尘排污费征收金额8831.99万元,占5.91%;其他征收金额4.28亿元,占28.69%。

污水类排污费依次为:化学需氧量、石油类和氨氮。其中化学需氧量征收金额4193.83万元,占征收总额的2.81%;石油类征收金额430.82万元,占0.29%;氨氮类征收金额240.82万元,占0.16%;其他类征收金额403.11万元,占0.27%。

全省11个设区市排污费征收额依次为:唐山、秦皇岛、邯郸、石家庄、张家口、保定、沧州、承德、邢台、衡水、廊坊。

全省11个市2011年排污收费额均较2011年指导意见有所增长(详见图1)

单位： 万元

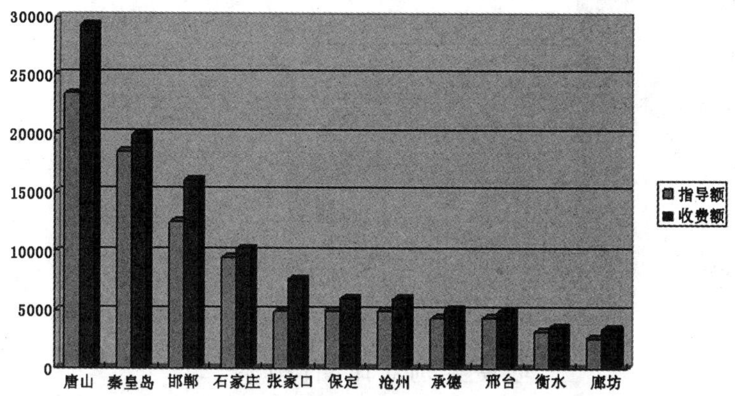

2011 年收费额与收费指导意见对比图(图 1)

(二)全省 2010 年、2011 年排污收费数据对比及分析

从 2010 年、2011 年排污收费数据对比分析可以看到：

1.2011 年征收户数减少了 4557 户。减少的主要原因为小型三产较 2011 年减少了 4158 户，主要是大部分市、县已建成污水处理厂，小型“三产”企业污水排入城市管网后，就不再缴纳排污费。

2.2011 年与 2010 年排污费征收额对比

废气类排污费增长了 12207 万元，比上年增长了 9.85%。主要原因：一是加大省直收电力企业排污费征收力度。充分利用高科技手段——“环保移动执法系统”，真正实现了排污费核定与计算的分离，消除人为因素造成的误差，从根本上杜绝了人情收费、协商收费。二是对各设区市、县的排污收费工作进行了规范，每季对 11 个设区市排污费征缴情况进行调度分析、通报，对进度落后地区加强现场督查和指导。三是进一步加大排污收费稽查工作力度，结合全省排污费月报和季度通报情况，对重点县市、重点行业进行排污费征收稽查。

污水类排污费减少了 1090.2 万元，比去年减少了 17.14%。污水因子排污费减少原因分析：一方面加大对企业排放污水的严格管理，削减排污量；一方面各县市区污水处理厂相继投入运行，从而造成废水类排污收费额大幅下降。

噪声类排污费增加了 922.33 万元，比上年增长了 15.6%。固体废物类排污费增加了 93.21 万元，比上年增加了 7.85%。

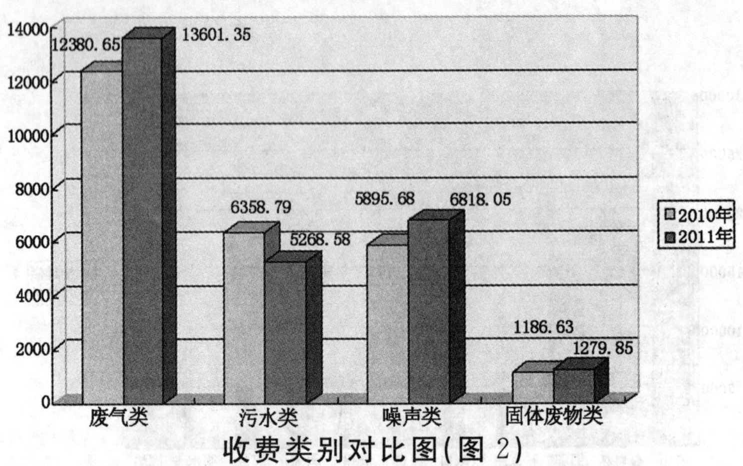

收费类别对比图(图 2)

3.废气征收因子排污费征收额 2011 年与 2010 年对比

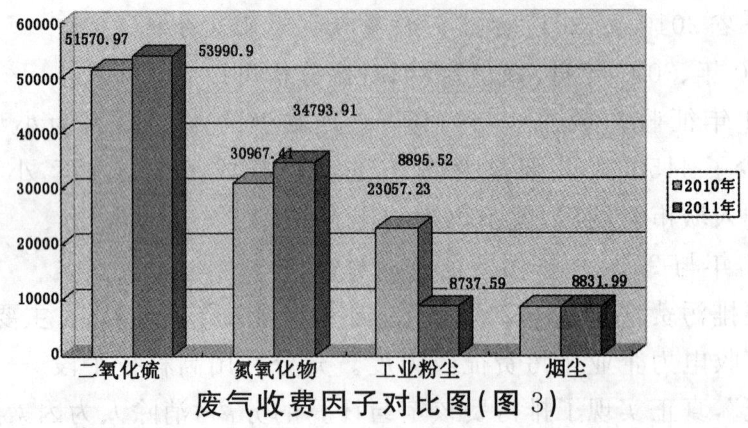

废气收费因子对比图(图 3)

废气 SO_2 增加了 4.69%;NO_X 增长了 12.35%;烟尘增加了 1.08%;工业粉尘下降了 18.05%。

4.污水征收因子排污费征收额 2011 年与 2010 年对比

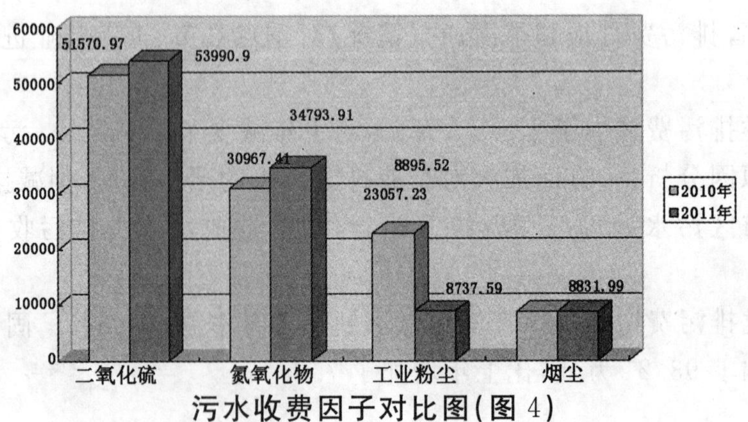

污水收费因子对比图(图 4)

COD 增加了 15.6%;石油类增加了 126%;氨氮类减少了 37.1%。

5.重点行业排污费征收额 2011 与 2010 年对比

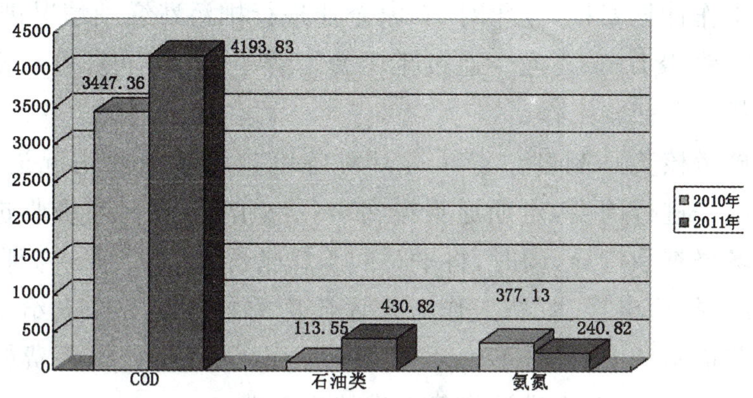

在重点行业排污费征收中,火力发电行业排污收费比 2010 年增加了 1742.37 万元,增长了 4.56%;钢铁行业排污收费比 2010 年增加了 6382.22 万元,增长了 23.30%;水泥行业排污收费比 2010 年增加了 346.56 万元,增长了 11.90%;造纸行业排污收费比 2010 年减少了 130.07 万元,减少了 44.80%。

钢铁行业排污收费增加了 23.30%,整个行业征收 6382.22 万元,是 2010 年排污收费增长的主要因素,造纸行业排污费减少原因是污水处理厂的建设和关停的力度加大。

(三)采取的主要措施

1.规范了省本级排污收费。排污费核算时,我们充分利用高科技手段——“环保移动执法系统”,真正实现了排污费核定与计算的分离,消除人为因素造成的误差,从根本上杜绝了人情收费、协商收费,工作效率显著提高。2011 年,全省 36 家省直收电力企业累计征收排污费 3.66 亿元,较去年增加 2300 万元,增长率为 6.47%。根据环保部使用自动监控数据收费的要求,我们及时对移动执法系统进行了修改、补充,为省直收电力企业利用自动监控数据核定排污费做好了技术准备。在排污费征收过程中,我们坚持做到“现场检查全面、核定程序严格、计算审核规范、统筹兼顾、实事求是”,进一步校准和审核企业实际排污量,排污费核定采取自动监控数据、企业申报数、物料衡算数相结合,三数进行比对,确定合理数值,真正做到了应收尽收。

2.加大了排污费稽查工作力度。研究制定了《2011 年排污费日常稽查工作方案》,结合全省排污费月报和季度通报情况,对重点县市、重点行业进行排污费征收稽查。同时从各市抽调部分专业技术人员,进行了系统培训,建立了排污费稽查人才库,为有效开展排污费稽查工作打下了坚实的基础。依据年度工作计划安排,今年对10家企业进行排污费缴纳情况进行了稽查,共追缴排污费681.35万元。通过排污费稽查工作的开展,进一步规范和促进了当地排污费征收工作。

3.实施考核奖励制度。省厅每月对各市排污费征收情况进行整理、汇总、分析,统一进行调度,定期通报排污费征缴情况,及时对征收进度落后地区加强现场督查和指导,同时,将平时的工作情况都纳入年终考评。今年,我们对2010年排污申报、收费工作考核评比优秀的单位和个人给予了表彰和奖励。这些措施的实施,不仅使我们及时全面掌握全省排污费核定征收进度,还极大地促进了各市排污收费工作的积极性。

4.强化业务培训工作。为了更好的使用排污费征收软件,规范、透明开展排污费征收工作,有效提高排污收费数据质量。2011年6月,我们在西安交大,组织了两期"河北省排污费征收管理系统及排污申报核定与排污费征收报表报送、汇审考核"培训班。全省环境执法监察系统共计240人参加了培训,为我省排污申报及排污费征收工作向更深层次推进提供了更为坚实的保障。

2011年,全省所有排污申报、污染物排放量核定、排污费计算、排污费征收数据已全部使用《排污费征收管理系统》,有力地推动了排污费征收的规范化。认真组织各市落实国家排污费征收工作报告制度,并完成了排污费的季报、年报工作,

【污染源自动监控系统建设】 全省重点企业有排污口3109个,已安装自动监控设施2464套,安装率88.67%。自动监控设施在线率达85-90%。对重点企业1000余个排放口实行了监控,发现和通报数据不正常、超标企业1500家(次),排放口上万个,责成设区市环保局或组织现场处置274家,确认违法立案处罚15家;对全省11个设区市的28个城市污水处理厂留取超标水样433批,移交市环保局检测162批水样,确认超标立案处罚5家24批;上报监控周报42期,下发监控简报8期,组织召开厅重点污染源自动监控领导小组会议3次,组织全省自动监控工作调度会3次,培训一期;组织自动监控第三方运营工作和污水自动采样装置专题调度会6次。

贯彻环保部《2011 年主要污染物减排专项新增主要污染物自动监控能力建设项目建设实施方案》的要求，2011 年 9 月下发了关于《做好国省控重点企业污染源自动监控建设工作》的通知。

全年召开三次培训和调度会，推广了保定市环保局监控中心日常监控的方法、监控台账、异常数据处理、移送等做法，解决了全省监控系统长期监控内容程序不统一、监控数据管理不规范的问题。

在全省监控中心工作中规范统一了十项制度：一是报告制度。建立监控周报、月报、季报制度，重大事项及时报告制度。二是台账制度。规范和统一省、市两级监控中心工作台账。三是强化落实改正违法行为决定书制度。四是异常情况移交制度。自动监控设施发生重大异常情况，要按照工作职能分工，及时移交环境监察、信息、监测等业务部门依法处理。五是档案管理制度。国、省控重点污染企业一企一档专人管理。六是培训和考核制度。每年组织相关内容的培训，并纳入年度工作计划。七是工作调度制度。每季对各市监控情况进行调度，解决问题，规范监控。八是会审制度。组织专家对专业技术、业务问题定期会诊，找出问题症结，集中力量解决。九是监控平台定期升级制度。十是信息公开制度。

创刊了《河北省重点污染源自动监控工作简报》，每月一期发各设区市环保局、部分重点县环保局、自动监控领导小组各成员相关处室。

在我省 72 家城镇污水处理厂安装了水质自动采样装置，对全省 11 个设区市的 28 个城市污水处理厂留取超标水样 433 批，移交市环保局检测 162 批水样，反馈确认超标 5 家污水处理厂 24 批，均已由市环保局立案处罚。

2011 年度参与运营的电力企业和家城镇污水自理厂自动监控第三方运营下发了《重点污染源自动监控第三方运营管理办法》和《重点污染源自动监控第三方运营考核细则》，按照管理要求，我们今年调度第三方运营公司召开会议 6 次，解决了运营人员不足、站点少、装备不全、制度不健全、运营行为不规范和突出问题，已经对运营公司运营不规范和违约行为进行扣分三次，扣除运营费用 11 万元。

参与现场调查环境信息舆情 34 期关于无极制革废水形成“千岛湖”奇观报告厅领导并对店尚皮革公司立案处罚；参与石家庄经济技术开发区污水处理厂违法行为调查取证工作；对邢台、邯郸市 5 家 30 万千瓦以上电厂进行三次自动监控数据有效性审核。主持和参加了违法企业处罚听证会三次。

【全省环境监察队伍素质和能力建设】 积极协调国家环监局等有关部门,争取国家2011年环境监察能力建设项目资金5142万元,带动地方配套资金3430万元,共计预算8572万元,全省有119个县级环保部门得到了国家的支持。新增购置执法车辆350台,其他设备3742台套,为"十二五"全省环境监察标准化建设奠定了坚实的基础。按照《全国环境监察标准化建设标准》和《环境监察标准化建设达标验收暂行办法》的要求,依照东部地区的标准,全面加强基层环境监察机构能力建设。承德市、廊坊市、衡水市、秦皇岛市、张家口市通过了设区市二级标准化验收,全省应通过环境监察标准化验收的163个市、县级监察机构,达到三级以上标准的有105个,达标率为64.4%。

积极开展环境监察稽查试点工作。按照环保部的部署和要求,积极开展以规范污染源现场监察和环境违法案件现场调查取证,查找和解决环境执法中存在的突出问题,提升环境执法水平和执行力为目标的环境监察稽查试点工作。在环保部组织的验收中,取得了优异成绩。

加强岗位培训工作,制定了"十二五"期间全省环境监察岗位培训计划,组织了8期岗位培训班,培训约1100多人。组织各地参加环保部培训11期72人次,其中,岗位培训8期38人次,远程培训1期20人,省级环境监察人员培训1期3人次,转业军人业务培训4期8人次,环境监察师资力量培训班1期3人次,有效提高了执法人员的业务素质和执法水平。

【环境监察发展规划】 2011年编印了《河北省环境监察执法和环境应急能力建设"十二五"规划》,对全省环境监察、环境应急能力的现状、问题和需求进行了客观分析,明确了"十二五"期间环境监察、环境应急工作的指导思想、目标任务、重点工程及保障措施等,本规划的实施将进一步提升全省环境监察执法能力,加快实现环境监察执法从末端向作全方位执法的转变,从传统型向现代化、信息化执法的转变,从粗放式向精细化、科学化执法的转变。

环境信访

【综述】 2011年环境信访工作在环保部和厅各级领导的坚强领导下，按照“突出重点、抓好关键”的指导思想，紧紧围绕环保工作大局，深入开展进京访和重复访整治，大力推动和开展积案化解、领导包案等工作措施落实，认真筹备和召开了全省环境信访工作现场会，谋划出台了《环境信访工作考核办法》和《考核细则》。通过各级齐心协力，努力工作，实现了年度全省信访总量逐步下降，较好地完成了年度目标任务。

【环境信访概况】 2011年，全省各级环保部门共受理有效信访举报12744件，办理12744件。与去年同期13717件相比，减少937件，减少率为6.8%。其中，受理举报电话9304件，来访397批、773人次，来信583件，网上举报2146件，领导批办367件。按污染类别分，反映大气污染的5975件，水污染的3225件，噪声污染的3054件，其他污染的647件。按信访发生量全省倒排顺序：石家庄市2916件，唐山市2063件，承德市1081件，秦皇岛市838件，保定市669件，邢台市537件，沧州市533件，邯郸市462件，衡水市442件，张家口市341件，廊坊市278件。省环保局直接受理的案件未列入各市排序。

【本级来信来访办理】 2011年，厅信访举报中心共受理各种环境污染举报事项2456件，比去年同期的1329件增加了1127件(增加量均为网上投诉举报)。其中承办厅领导批办群众来信237件(环保部信访办转办90件)，受理省长举报电话309件，办理省厅信息中心受理的网上举报1835件，接待群众来访75批180人次。另外，办理和督办环保部监察局“12369”转办件107件。

【及时解决群众反映强烈的、社会关注的突出问题】 2011年年初，为确保春节和全国两会期间安全稳定，信访办针对群众反映强烈的邯郸小化工反弹问题,先后2次向邯郸市环保局发出督察通知,要求邯郸市环保局立即开展调查,严肃处理相关问题,并按时报告和公开处理结果。通过该市上下联动,积极整治,区域污染反弹问题得到了有效遏制,当地群众对此拍手称快。为巩固整治成果,邯郸市环保局还制定和完善了环境信访考核办法,对重复访、进京访、赴省防等重要事项,采取百分制,列入年度市政府考核目标等措施,实行了环境信访"一票否决"。此项工作,得到了张杰辉副省长的肯定,殷广平副厅长还专门实地调研,并要求省环监局在邯郸的全省环境信访现场会上推广该市做法,形成全省有效机制,推动全省信访工作上台阶,出成效。省委群工办也将邯郸经验做法列为了群众工作亮点,并向国家信访局做了推荐。

【坚持厅领导接待日制度】 2011年,厅长接待日共接待群众来访17批17人次。对经由厅领导接待的来访,我厅全部按照谁接访谁负责,谁接访谁包案的原则,对受理案件全部实行了包案办理。为推动包案事项的妥善解决,我们还按照省联席会议的要求开展了"五包"活动,即:"包解决问题、包协调调度、包思想疏导、包稳定控制、包帮扶困难"。通过厅领导接访和包案,一批来访案件得到了及时处理,群众合理诉求得到了维护,全省的稳控工作更加扎实。

【全力做好敏感时期的环境信访工作】 2011年3月份,为确保全国"两会"期间全省环境安全和社会稳定,在3月2日(两会前夕),专门向各设区市下发了《关于做好全国"两会"期间环境信访工作的紧急通知》,要求各地高度重视两会期间的环境信访工作,细致搞好环境污染纠纷排查化解;坚持领导干部接访下访制度,确保及时就地解决各类环境信访问题;加强两会期间的环保热线值班工作,确保信息畅通。"两会"期间,信访办启动了信息日报应急程序,实行了"有事报情况,无事报平安"的信息日报制。通过各地严密细致的工作,"两会"期间全省未出现突出环境信访问题。

【集中攻坚化解积案】 2011年上半年,按照环保部和省厅确定的13件进京访积案名单(2009年以来未办结事项)。我们对邢台市隆尧县尹村镇屯里村群众反映玉珠淀粉有限公司废水直排,臭气熏天,井水不能饮用案;廊坊市大厂县夏垫镇二里丰村群众反映金铭公司轧钢厂污染地下水，两个女儿因饮用受污染的井水案和廊坊市文安县新镇镇西庄村群众集体上访反映文安县新钢公司废水、废气、粉尘、噪声污染严重案等实行了一一包案，集中化解。各相关市县对辖区案件采取了重新立案、重新调查、明确领导、包案解决等方式，使各案均得到了较好的解决，基本完成了“息诉息访”、“案结事了”的阶段性工作任务，积案化解初见战果。

【推动全省环境信访工作整体上台阶】 按照厅领导对全省环境信访工作提出的“整体上台阶，管理有创新，工作出成效”的要求，结合邯郸市创新环境信访工作模式，信访办拟定了《全省环境信访工作考核办法》和《环境信访工作实施细则》。本办法从“重要事项办理、落实各项制度、自身能力建设、工作绩效奖惩”等四个方面，制定和规范了环境信访工作指标标准，并连同其他制度一起，形成了全省的环境信访管理长效机制。目前，我省的环境信访考核工作已经列入全省环境保护目标考核细则中，环境信访工作的优劣将成为一项约束性指标。省厅将对环境信访工作考核不合格的设区市和对其辖区内的环境信访考核不合格的末位县(市)实行项目环评审批、专项治理资金发放、年度部门单位评优等“一票否决”。

【利用问政平台服务群众】 2011 年，环监局先后三次参加了省行风办与省电台组织的“阳光热线”直播栏目，现场受理听众环境污染投诉 24 件，环保法律法规及各项咨询 33 条。对听众的投诉和各类咨询事项，我们均在节目播出的当天安排相关市县执法人员现场直查、汇总结果、回复采访。在 2011 年 3 月 3 日的第一期节目直播后，我们还会同石家庄市环保局跟随河北电台记者对灵寿和辛集两投诉事项进行了现场追踪调查，当日解决了反映的问题。经回访听众，对处理结果非常满意。

【开展社会管理创新活动】 2011 年 3 月 10 日，根据省三项办《关于“加强和创新社会管理”调研的通知》，就《如何预防和处置环境保护方面引发的社会问题》课题进行了专题调研，为完成本次调研，我们结合省政府提出的三项重点工作责任分工内容，积极探索分析了在为民服务创先争优、应对突发群体性上访事件和开展社会稳定风险评估等方面面临的形势、任务及问题，分析现状,查找难点,提出了解决问题的对策。此项调研成果上报后,得到了省委课题组充分肯定。

2011 年 3 月份,按照省群众工作领导小组要求,及时汇总上报了我厅《关于群众工作进展情况的汇报》。在工作汇报中,具体介绍了我厅制定《群众工作实施意见》及方案情况,实行民生工程公开承诺情况和启动阶段工作小结等。并制定了如下主要任务目标:以群众工作为统领,强化责任分工,严格落实解决群众反映强烈的环境污染问题工作责任。结合年内环保专项行动,严厉打击各类环境违法行为;深入开展社会管理创新,认真搞好建设项目环保审批和环保重大决策社会稳定风险评估,从源头化解污染纠纷;大力开展党政领导干部接待群众来访活动,全力推动"事要解决",切实维护群众环境权益;深入开展矛盾纠纷排查化解活动,下大力减少和降低进京访、赴省访和重大集体访,实现环境信访大幅度下降;积极推动社会矛盾化解,建立示范县、乡、村三级群众工作网络,提高化解处理复杂疑难问题的能力,进一步密切党群干群关系。

按照上述目标任务,我们具体开展了三项工作:一是大力开展了环境污染纠纷排查化解工作,紧盯问题化纠纷。二是认真坚持领导干部接访制度,及时就地解决各类环境信访问题。三是充分发挥 12369 环保热线作用,热情服务群众,及时做好污染投诉受理工作。

在全年的群众工作中,我们 2 次向省群工办推荐了群众工作典型案例,推荐了邯郸市环保局、饶阳县环保局和鹿泉市环保局开展群众工作的"亮点"案例,受到省群工办的好评。

【积极谋划和开展"12369"环保投诉热线建设工作】 按照环保部年初下发的《环保局保热线工作管理办法》(部令第 15 号),为规范和完善全省热线建设,1 月 12 日,信访办以《通知》方式,专门向各设区市转发《办法》,并强调各地要进一步加大环保举报热线工作机构建设力度,做到合理设置机构,配备人员,稳定队伍,工作到位。同时,要求各地进一步加强环保举报热线工作的规范化管理,建立健全工作制度,形成运行可靠、管理规范的窗口平台。

为加快开通省厅"12369"受理热线,环监局还派员专门赴外地学习外省市先进做法,回来后,及时谋划方案,制定措施,并按照环保部提出的年底前全国开通省级“12369”受理热线要求，在 2012 年 1 月 1 日开通了省本级的“12369”环保投诉热线。目前，投诉平台运行平稳，后续相关工作仍在建设完善中。

对外交流与合作

河北省环科院和瑞典环境研究院签订了合作备忘录。会同省水利厅、省外办,在南荷兰省海牙成功举办了“第三届南荷兰省—河北省水利环保合作论坛”。推动了省环科院和英国环境研究咨询公司在大气扩散模型和共同开发环境管理软件上的合作。厅机关及所属事业单位有关人员出访18余人次。

环保系统行风建设

【综述】 2011 年度,全省环保系统紧紧围绕省委、省政府决策部署,以“创先争优”活动为契机,围绕“为发展服好务、为环境把好关、为群众解难题”的宗旨,认真落实省厅加强环保系统行风建设工作要求,将其列入重要议事日程,明确分工,采取有效措施,加大领导力度,使环保中心工作与行风建设工作整体推进。全省各级环保部门在行风建设工作中,突出工作重点,健全规章制度,规范工作行为,强化服务意识,狠抓工作落实,不断提高环保队伍整体素质,较好地促进了环境环保护工作目标任务的完成。尤其是在深入开展“三查一促”主题活动中,群众对环保部门评议的满意度得到提高,收到明显成效。

【行风建设部署】 2011 年 4 月 6 日召开了全省环保系统党风廉政建设工作视频会议,省环保厅机关全体干部、直属各单位领导班子全体成员在主会场参加了会议;各设区环保局设分会场,机关全体干部、直属各单位主要负责人,各县(市、区)局局长收听收看了会议。传达学习省纪委七届七次全会和全国环保系统党风廉政建设工作会议精神,姬振海厅长作了重要讲话,总结了 2010 年全省环保系统党风廉政建设工作,明确了 2011 年行风建设目标和任务。

按照省民主评议办公室 2011 年民主评议工作的具体规定,为进一步加大全省环保系统行风建设工作力度,确保全省环保系统民主评议工作扎实有效开展,2011 年 6 月 16 日省环保厅制定并印发了《河北省环境保护厅 2011 年民主评议工作实施方案》,明确厅党组统一领导全省环保系统行风建设工作,负责组织、协调、部署、检查、督导、落实工作。各位党组成员、领导班子成员,要按照实行“一岗双责”和“两手抓”的要求,对分管处室和单位行风建设工作负责,结合业务管理和环境执法工作,抓好行风建设指导、督促、检查、落实。

为进一步推进民主评议工作,采取厅领导班子成员和处室包市办法,加强对各市县环保局行风建设的检查、督促,定期深入所包市进行行风建设工作调研和指导,深入落后县与当地党委、政府主要领导和主管领导沟通情况,征求意见,取得支持。尤其是在每半年进行一次的问卷测评之前,要督促所包市局开展大型便民服务活动,大力宣传环保,提高人民群众的满意度。同时,提出了20条具体要求和措施,确保今年行风建设各项工作任务的顺利完成。

【重点处室评议】 根据省委、省政府2011年民主评议工作安排,按照省民主评议办公室《关于组织机关重点处室和直属单位开展民主评议活动的意见》要求,为扎实开展民主评议省厅重点处室和直属单位活动,进一步提高政风行风建设水平。省环保厅按照《河北省政府民主评议工作方案》要求,组织开展了重点业务处室单位民主评议活动,充分利用自主开发的网上评议系统,实行了评议过程全自动、无人为干预,提高了民主评议工作的科学化水平。民主评议参评单位有环评处、污防处、总量处、规划财务处。直属单位有环监局、督查中心。

民主评议内容主要是以下五个方面:

1.依法行政。贯彻落实科学发展观,认真执行省委、省政府优化发展环境、保障和改善民生的一系列政策和措施。依法行使权力,履职尽责,提高执行力和公信力,维护人民群众的合法权益。坚决纠正执法不公,监管失职,违规办事,以及利用职能或行业优势设置障碍、指定服务等侵害企业和群众权益的问题。

2.政务公开。实行权力公开透明运行,公开政务信息,公开办事程序,公示办事结果,推行网上权力运行,落实人民群众的知情权,主动接受群众监督。对涉及群众切身利益和社会关注的热点问题,加大公开力度,提高时效,及时回应。

3.行政效能。积极创新服务方式方法,简化程序,优化流程。实行首问首办负责制、一次性告知、一站式服务等制度,采取网上审批、热线咨询等多种手段提高办事效率。

4.服务质量。着力解决市场主体和人民群众生产生活中的实际问题,为市场主体和人民群众提供优质高效服务。坚决纠正乱检查、乱收费、乱罚款、吃拿卡要报等不正之风行为。

5.廉洁从政。落实群众的监督权和评议权，拓宽监督渠道，接受社会监督，积极整改群众反映强烈的问题。严肃查处在公务活动中接受礼金和各种有价证券，接受影响公正执行公务的宴请、旅游、娱乐等问题。

重点处室评议的特点：一是科学制定评议方案。制定《关于对省环保厅重点处室和直属单位进行民主评议的实施办法》，选定 9 个机关处室和 2 个直属事业单位为本年度参评对象，要求其组织开展公开承诺，网上晒权、阳光服务、自查自纠、公开践诺等经常性活动，自觉接受群众监督。二是科学选定评议人员。为保证评议结果真实、客观，具有广泛代表性，建立起环保民主评议员信息库。突出企业，将 1000 家国省重点监控企业的负责人全部纳入评议员库。突出基层，该库涵盖全省 172 个县(市)区环保局负责人和 11 个设区市环保局领导班子成员，充分反映基层呼声。突出机关，厅机关全体公务员、厅属事业单位负责人全部列为民主评议员。三是科学开展网上评议。评议前，组织参评单位开展大型入园进企上门服务活动，主动接受企业质询，听取企业对环保工作的意见建议，为开展评议工作做好宣传。评议过程中，为突出公正性，从 1500 人构成的评议员信息库中随机抽取 600 名参加评议。通过评议系统将评议网址和登陆密码发送至评议员手机，每人凭密码在评议期内可以随时在任何一台电脑上连接互联网登陆进行评议。密码由系统随机生成，具有一次性和唯一性特点，仅供本人一次登陆使用，有效的防止了拉票现象发生。评议结束后，统计结果由系统自动汇总生成，任何人不得改动结果。既提高了工作效率，又保证了结果真实。四是科学运用评议结果。12 月 30 日中午 12 点，评议活动圆满结束。评议员参评率超过 40%，11 个参评处室单位群众满意率均在 96.15% 以上。处于末位的单位(群众满意率为 96.15%)，将由厅领导与其负责人谈话，督促其进行整改。厅监察室对各参评处室和直属单位的年度民主评议满意度进行通报。评议结果将与党风廉政建设责任制考核、年度工作考核、评优评先等结合运用。

【公开承诺】 2011 年 3 月 17 日，河北省环境保护厅公开承诺，主要内容：

1.全面完成主要污染物减排年度目标。进一步强化污染减排目标责任制，全面落实减排措施，持续深化工程减排、结构减排和管理减排，完善减排激励约束机制。重新选择能耗高、排放量大的 30 个县(市、区)和 30 个企业，深入实施“双三十”节能减排示范工程。启动千家重点企业减排行动计划,推进排污权交易试点。全省化学需氧量、二氧化硫、氨氮、氮氧化物排放量比2010年削减1.5%。

2.努力改善城市大气环境质量。坚持城乡统筹、陆海统筹,制定实施城镇建设三年上水平环保行动计划、环首都经济圈生态建设和环境保护规划,推进城乡环境综合整治,建立区域污染联防联控机制。实行城市空气质量达标和分级管理,加大颗粒物、挥发性有机物污染防治力度,严控机动车尾气污染,确保9个、力争11个设区城市环境空气质量稳定达到国家二级标准,全年二级(含二级)及以上天数不低于85%。

3.认真抓好重点流域水环境治理。完善全流域跨界断面水质目标考核并扣缴生态补偿金制度,落实《全国城市饮用水水源地环境保护规划》、《渤海碧海行动计划》,加强重点流域、海域污染治理和饮用水源地保护。全省地表水省控监测断面好于三类(含三类)水质的比例达到48%以上,劣五类水质断面降至33%以下,设区城市集中式饮用水源地水质稳定达标。

4.积极促进产业结构调整和发展方式转变.加快推进钢铁、焦化、水泥、矿山、水电、火电、石化、化工等重点行业和工业聚集区、开发区(园区)等重点区域规划环评。严控高耗能、高排放行业低水平重复建设,加快落后产能淘汰和兼并重组步伐。进一步严格重点行业项目环评审批。认真落实服务发展大局的“七项”措施,组织开展入园进区上门服务活动,帮助解决难题。

5.认真解决危害群众健康的突出环境问题。继续开展整治违法排污企业保障群众健康环保专项行动。对重金属、危险废物处置企业环境违法行为进行集中整治,开展针对各类开发区、工业园区的专项执法检查,对钢铁行业、重金属企业、污染减排工程整治情况进行后督察。充分运用挂牌督办、新闻曝光、责任追究等手段,促进环境违法行为整改。对群众举报的环境违法案件查处率达到100%。

【践诺公示】 2011年11月30日河北省环保厅践诺公示:今年以来,全省各级环保部门深入贯彻落实科学发展观,认真践诺年初五项承诺,不断强化环境执法,积极推进行风建设,有力促进了环境质量改善。一是污染减排工作扎实推进。上半年,经环保部检查,全省化学需氧量排放量69.54万吨,比去年同期下降2.20%;氨氮排放量5.71万吨,比去年同期下降1.55%;二氧化硫排放量 71.12 万吨，比去年同期下降 1.08%；氮氧化物排放量增幅明显减缓。二是城市大气环境质量持续改善。2011 年 1—10 月全省省辖城市空气二级以上天数平均达到 294 天，与去年同期持平达到 96.7%，明显高于全年二级以上天数不低于 85%的要求。石家庄市空气二级以上天数达到 280 天，比去年同期增加 1 天。全省空气综合污染指数平均为 1.63，比去年同期的 1.65 下降了 1.21%。三是重点流域水环境质量不断好转。2011 年 1—10 月全省共监测河流断面 124 个，其中达到或好于Ⅲ类的水质断面为 57 个，占监测断面总数的 46.0%，比去年同期上升了 3.1 个百分点；劣Ⅴ类水质断面为 34 个，占监测断面总数的 27.4%，比去年同期下降了 9.3 个百分点。总体水质与去年同期相比略有好转。四是积极促进产业结构和发展方式转变。推进规划环评，严格环境准入，助力产业结构调整。提高审批效能，服务经济更好更快发展，将环评报告书、报告表、登记表法定审批时限 60、30、15 日，分别缩短为 30、15、5 日，审批时限提高 75%以上。2011 年 1—10 月省厅审批建设及辐射项目 446 项，均在承诺审批时限办结。认真落实服务发展大局的“七项”措施，组织开展入园进区上门服务活动，帮助解决难题。五是严厉查处环境违法行为。组织开展了以重金属污染企业集中整治为重点的整治违法排污企业保障群众健康环保专项行动，解决了一批突出环境问题。据统计，全省出动执法人员 150846 人次，检查企业 59192 家次，取缔关闭环境违法企业 431 家、停产整治 217 家、限期治理 16 家，省级挂牌督办重金属污染企业 10 家，并在新闻媒体予以公布。

【民主评议通报】 2011 年我省环保系统认真按照省委、省政府和省纪委关于做好民主评议工作的部署要求，积极开展民主评议活动，落实各项制度规定，圆满完成了年度评议工作。省民主评议办公室公开对落实承诺践诺、阳光服务、重点处室评议、政风行风热线、自查整改、质询评议等经常性工作情况进行了考核，并将考核结果进行了通报。全省环保系统经常性工作考核综合满意度排在行政执法类第三名，综合满意度为 90.23%，分别是县级平均满意度为 90.08%、市级均满意度为 91.90%、省级满意度为 100%。

【阳光热线】 2011 年 6 月 5 日是第 40 个世界环境日，世界环境日的中国主题是“共建生态文明，共享绿色未来”。当天，省会各界代表在石家庄法制公园隆重集会,举办2011年纪念“6.5世界环境日”宣传活动。宣传活动由省环保厅、河北人民广播电台主办,并在活动现场同步直播“阳光热线—6.5世界环境日特别节目”,省市环保部门干部职工、环保志愿者代表、企业职工代表、绿色学校、绿色社区、民间环保组织代表共计600人参加活动。活动现场设立了展板展区、摄影图片展区、环保手工艺品展区等,宣传“十一五”以来我省在推进污染减排、探索环境保护新途径方面所取得的成就,同时开展环保法律法规、科技知识宣传咨询活动,进一步引导广大公众树立生态文明理念,积极参与环境保护,并通过“阳光热线”直播节目回答群众咨询投诉电话,查处了一批群众反映的污染问题。河北环保联合会会长陈慧、河北省人大常委会城建环资工委主任马静、河北省政协人资环委主任路富裕、省环保厅厅长姬振海参加了宣传活动。

6月5日,河北人民广播电台《阳光热线》“纪念6月5日世界环境日大型现场直播——用绿色妆点未来”在省会西清公园广场进行了现场直播。省环保厅党组副书记、副厅长杨智明及总量控制处、环境影响评价处、政策法规处、环境监测站、环境监察局举报中心、辐射环境管理站负责同志做客直播间,听取了广大听众对环保工作的意见和建议,受理并解答了来自现场及热线电话的投诉。杨智明副厅长通过电波向全省广大听众介绍了我省“十一五”环保工作取得的成就,并就污染减排、双三十、生态补偿机制、三严执法、生态建设等重点工作进行了详细介绍。

2011年3月3日省环保厅参加了河北人民广播电台第三十三轮《阳光热线》直播节目,由省环保厅党组书记、厅长姬振海同志带队,污染物排放总量控制处处长孙京敏、省环保厅污染防治处处长孙学军、省环境执法监察局局长赵根喜等同志参加了这次直播节目,姬振海厅长介绍了我省污染减排“十一五”目标完成情况及取得成效,“十二五”减排工作新要求,并接受了听众咨询和环境污染举报。节目结束后省环境监察局和有关市县环保局调查处理。

2011年7月26日省环保厅参加了河北人民广播电台第三十四轮《阳光热线》直播节目。由省环保厅党组成员、副厅长殷广平、省环境执法监察局正处级调研员刘运山、省环保厅污染防治处副处长赵宪伟、省固体废物管理中心副主任高练同等同志参加了这期节目。重点话题介绍了今年全省开展的重金属污染防治工作的意义、措施及成效,并接受了听众咨询和环境污染举报。节目结束后省环境监察局和有关市县环保局调查处理。

2012年5月24日,河北省民主评议领导小组引发表彰《阳光热线》工作先进单位先进个人和先进听评员的通报,省环境保护厅党组书记厅长姬振海、省环境保护厅环监局党委副书记、纪检书记黄占箐两位同志为《阳光热线》工作先进个人,予以表彰。

环境宣传教育

【综述】 2011年,是"十二五"开局之年,河北省环境宣传教育工作,坚持以科学发展观为统领,以落实《全国环境宣传教育行动纲要(2011—2015)》为主线,以加强新闻宣传、开展主题活动、构建全民环境教育体系、推进公众参与等为重点,紧紧围绕全省环保中心工作,不断研究和探索加强新形势下环境宣传教育工作的新思路、新方法,各项工作取得了新进展,实现了新突破、迈出了新步伐,为"十二五"全省环境保护事业发展开好局、起好步,提供了的舆论支持,营造了良好的社会环境。

【环境新闻宣传】 2011年,环境新闻宣传工作注重把握宣传河北环保工作的主旋律,紧紧围绕我省环保重点工作,积极谋划、协调中央及省内主流媒体,通过召开新闻发布会、组织专题采访等形式,采写了大量有高度、有深度和前瞻性的新闻报道,大力宣传报道我省环境保护工作中的新思路、新机制、新举措和所取得的新成就、新经验。2011年,我省重点围绕新"双三十"、绿色信贷、环境污染责任保险试点、流域生态补偿、排污权交易等环境政策、机制的创新举措,加强了宣传报道,形成规模效应。共举办新闻发布会4次,发布新闻通稿19篇,组织新闻采访活动15次,厅领导接受媒体专访4次。中央媒体共刊发报道我省污染减排和环境保护工作新闻稿件86篇(条)(不包括中国环境报),其中,人民日报16篇,光明日报13篇,新华社15篇,中央电视台2条,中国青年报6篇,法制日报1篇,经济日报15篇,科技日报18篇,中央人民广播电台1条。省内主要媒体也对我省环境保护工作给予了全方位的关注,刊发各类稿件587余篇(条),其中河北日报183篇(不含生态文明专版),河北经济日报79篇,河北工人报25篇,河北法制报16篇,燕赵都市报93篇,河北青年报37篇,燕赵晚报23篇,河北电视台新闻联播82条,河北人民广播电台49条;协调中国环境新闻工作者协会,组织策划"中国生态城乡行—河北行"绿色信贷采访活动,人民日报、中央电视台、光明日报、科技日报、金融时报、中国环境报等媒体记者对我省绿色信贷工作进行了专题采访，均以较大篇幅报道了我省绿色信贷的成功做法，国内多家主流门户网站转载，起到了良好的宣传效果。同时，启动了“蓝天碧水城乡行”宣传活动前期准备工作。另外，对《河北日报》“生态文明”专版，从内容、版面设置进行严格的审核把关，确保严谨、准确、无差错。既全面系统地宣传全省环保工作，又弘扬先进典型、曝光违法行为，为生态文明建设鼓与呼，传播力、影响力正逐步扩展。中宣部新闻月评局第706期《新闻月评》对该专版进行详细评述，给予了较高的评价。此外，积极向省委宣传部报送新闻线索和在中央媒体发稿情况127条、及时更新门户网站动态信息98条。2011年，我省《中国环境报》宣传报道取得新突破，发稿数量位居全国前列。全年共发表稿件381余篇，其中头版刊发稿件91篇，约占发稿数量的24%，含头版头条20篇，报眼位置24篇，其他版面头条101篇。2011年我省《中国环境报》的发行数量稳中有升，首次突破了20000份。10月12—15日，记者站积极配合中国环境报社在石家庄成功举办“2011年全国环保局长石家庄论坛”。记者站被中国环境报社评为2011年度先锋记者站。姬振海厅长被评为特别贡献奖，周迎久同志被评为卓越成就奖。

【“六五”世界环境日宣传活动】 2011年6月5日是第40个世界环境日，环境宣传教育中心围绕“共建生态文明，共享绿色未来”的中国主题，精心部署，在发动媒体的宣传基础上，突出重点，打造亮点，开展了形式多样、特色鲜明、内容丰富的主题活动。

印发了《关于开展2011年纪念“六五”世界环境日宣传月活动的通知》。要求全省各地在宣传月活动中，紧紧围绕加快转变经济发展方式的主线和提高生态文明水平的新要求，以宣传建设生态文明、树立绿色发展理念、走可持续发展之路的重要意义为重点，开展了丰富多彩、形式多样的环境宣传教育活动，有力地推进了环保宣传进企业、进农村、进商场、进学校、进军营、进机关、进社区、进公园、进街道。

参加了环保部“十一五”环保成就展。按照《关于参加“十一五”环保成就展的通知(环宣函〔2011〕1号)》要求，根据我省十一五”环保工作的特色，以《蓬勃发展的河北环保》为题，从“双三十”唱响河北治污减排主旋律、城镇面貌“三年大变样”营造蓝天碧水硬环境、生态补偿机制破解水污染防治难题、

“三严执法”切实维护人民群众环境权益、典型引路推进生态河北建设、环境政策机制创新增强“环保活力”等六个方面精心组织参选内容,全面展示了我省“十一五”环保工作取得的成就,取得较好效果。

组织了河北省“十一五”环保成就图片展。为充分展示“十一五”期间我省各地环境保护工作取得的成就,环境宣传教育中心制作了八个专题及11个设区城市的展板70余块,从领导关怀、政策机制创新、四大体系建设、污染减排措施与行动、生态建设等方面,展示了河北省环境保护在促进经济结构调整,转变发展方式,改善环境质量,建设生态文明方面取得的成就,为开创环境保护工作新局面营造了良好的舆论氛围。

举办了省会2011年纪念“六五”世界环境日大型宣传活动。6月5日,省环保厅与石家庄市人民政府在省会西清公园共同主办了“共建生态文明,共享绿色未来”——2011年纪念“六五”世界环境日宣传活动。活动现场展出各种宣传展板150余块,各种环保手工作品70余件,发放宣传单1000余份,环保宣传册600余册,环保书籍800余册,直接受教育人数达4000余人。省人大、省政协和省环保厅、石家庄市政府的有关领导,以及来自省会大专院校环保志愿者、企业职工、绿色学校、绿色社区、民间环保组织代表1000余人参加了此次活动。

与河北人民广播电台《阳光热线》共同举办“用绿色妆点未来”——纪念“六五”世界环境日大型户外直播活动。省环保厅党组副书记、副厅长杨智明及总量控制处、环境影响评价处、政策法规处、环境监测站、环境监察局举报中心、辐射环境管理站负责同志做客直播间,听取了广大听众对环保工作的意见和建议,受理并解答了来自现场及热线电话的投诉。同时,结合全省各地开展的“六五”世界环境日宣传活动,阳光热线记者现场连线基层环保工作者、环保志愿者;结合我省环保重点工作的介绍,阳光热线记者连线“双三十”重点县领导、“双三十”重点企业的法人,介绍了我省节能减排的带来社会效益和经济效益;同时,结合听众的热线投诉,连线当地环保执法人员快速响应,处理群众反映的环境污染和违法案件等等,受到了较好的宣传效果。

联合中国移动、中国联通、中国电信共同举办纪念“六五”世界环境日公益短信发送活动。6月5日当天,围绕“共建生态文明,共享绿色未来”世界环境日中国主题,向200多万手机用户发送环保短信。倡导全社会积极行动起来,每一个公民、每一个家庭都成为环境保护的宣传者、实践者,树立绿色发展理念,推动整个社会走上生产发展、生活富裕、生态良好的文明发展道路,共创绿色美好未来。

此外,环境宣传教育中心还注重借题造势,营造环保宣传的浓烈氛围。

6月2日,李葆副厅长做客长城网。通过视频就环境问题与广大网民交流互动,宣传了环保理念,展示了环保工作成就。广大网民踊跃参与,发贴量达到了500余贴,李葆副厅长就其中比较典型的问题认真进行了解答。

6月3日、4日、5日,河北电视台《河北新闻联播》连续三天对我省环保工作进行宣传报道。6月3日,以《我省挂牌督办9起环境违法案件》为题,对严重违反环境影响评价制度和“三同时”规定或在污染防治工作中存在严重问题的省级挂牌督办案件进行了报道;6月4日,以《河北11设区市空气质量首次全部达到二级国标》为题,对我省2010年的环境状况进行了报道;6月5日世界环境日当天,《河北新闻联播》头条以《变废为宝做大“绿色产业”》为题,介绍了我省节能减排的取得的经济效益。

6月3日,召开了《2010年河北省环境状况公报》新闻发布会。杨智明副厅长介绍了2010年我省环境状况并就相关问题回答了记者提问。新华社、人民网等分别以《2010年河北设区市空气质量二级以上天数比上年增10天》、《河北发布2010年环境状况公报污染减排工作取得突破性进展》、《河北:低碳减排让生活更美好》等为题对我省污染减排与环境保护工作所取得的新进展、新成就进行了深入报道。《河北日报》、《河北经济日报》、《河北电视台》、《燕赵都市报》等省内媒体也以较大篇幅进行了详细解读。

6月3日,召开了《2011年违反“三同时”制度的省级挂牌督办案件》新闻发布会。杨智明副厅长介绍了在项目建设中严重违反环境影响评价制度和“三同时”规定或在污染防治工作中存在严重问题的9家企业的违法事实和督办要求。新华社、中央电视台驻河北应急报道点、中央电台驻河北记者站等中央驻冀媒体和河北日报、河北电视台、河北电台、长城网等省内主要媒体进行了宣传报道。

6月7日,河北日报《生态文明》专版刊登姬振海厅长署名文章《坚决打好“十二五”污染减排攻坚战》。向广大公众介绍了“十二五”期间,我省将把污染减排作为调结构、转方式的突破口和重要着力点,确保我省“十二五”四项减排约束性指标的全面实现,并号召全社会行动起来,积极关注和参与环境保护,为创建环境友好型社会做出更大的贡献。

【环境教育培训】 2011年,环境宣传教育中心通过各种方式和途径,不断加强环境保护系统和社会公众的环境教育培训活动,并在工作中不断充实内容,改进方式,推动环境教育工作向深度和广度发展。

组织参加各类环境教育活动。组织参加全国青少年科技发明ITT水科技比赛活动,两件作品共六名同学获奖;与环保部环境宣传教育中心在石家庄和唐山两市共组织了80家学校和社区参加的“送三精蓝瓶回家”活动;组织全省学校参加全国低碳45分钟环境教育讲义征集活动,其中石家庄和唐山两市两名教师获得大奖;配合部环境宣传教育中心和瑞典马尔默环境教育考察团在唐山市省级绿色学校的参观交流活动;组织参加全国青少年持久性有机污染物环保艺术大赛;组织参加环境小记者项目新闻作品大赛;组织30余名环境友好使者参加培训和主题活动;与环保部环境宣传教育中心共同组织“酷中国”低碳行动在河北保定的启动仪式等;组织作品参加了“杜邦杯”环保摄影比赛,并获得业余组个人一等奖。推荐参加中国水网杯摄影邀请赛的作品也获得组委会的好评。这些活动对于提高公众环境意识起到了积极的推动作用。

加强环境新闻宣传业务培训。为提高全省环境宣传教育工作者的业务技能,8月22日至23日,我省在张家口市举办了全省环境新闻宣传培训班,各设区市环保局主管副局长、环境宣传教育中心(科、处)负责人、负责新闻宣传工作人员及“十一五”和“十二五”“双三十”重点县(市、区)环保局的新闻宣传工作负责同志百余人参加了学习培训。培训班邀请环保部宣教司新闻处白志军处长、《中国环境报》新闻部黄勇主任和高级记者王亚京分别就环境突发事件舆论引导、环境新闻采访与写作、环境摄影理论知识和技巧进行专题授课。通过培训,进一步增强了环境新闻宣传工作者的的新闻意识和新闻宣传工作能力,为培养一支政治素质好、业务水平高的环境新闻宣传工作队伍发挥了积极作用。

加强对“绿色学校”创建工作的指导。2011年,为深化工作,巩固成果,环境宣传教育中心对全省已命名的1—3批省级绿色学校进行了复查,通过档案审查、现场验收、评比审定等程序,最终确定5所学校为环境教育优秀学校。复查工作中,专门吸纳了三名市级创建主管参加了复查工作,既检查了学校,也锻炼了环境教育队伍;既发现了创建工作中的问题,又总结出了一批好的做法和经验,为绿色学校创建工作打下良好的基础。按照教育部门为主体、环保部门配合的工作机制，把课堂渗透、课外活动、社会实践作为进行环境教育的主要形式，把创建“绿色学校”活动作为重要载体，积极开展中小学环境教育师资培训，并专门在石家庄市平山县温塘镇组织举办了全省绿色学校创建工作培训班，培训人员150余人，对于解决环境教育工作中出现的各类问题，使环境教育这项培训未来环境主人的“希望工程”始终沿着健康的轨道不断发展，起到了很好的辅助作用。此外，结合学校和学生的具体情况和特点，在全省选出五所有示范作用的幼儿园、小学、中学，根据他们开展环境教育的特点、作法和成效，以专题片的形式在河北电视台的《绿色家园》和《今日资讯》栏目中播出，收到了好的宣传效果。同时，积极开展了绿色学校成果征集活动，共收到作品500余份，经过初选和评审，共有50份作品被评为优秀以上奖励。

继续抓好“十百千”环境保护宣传教育工程试点工作。2011年11月2日，环境宣传教育中心在石家庄市鹿泉市举办了“十百千”推进会，总结“十一五”期间试点工作的成绩和经验，表彰了试点工作的先进单位和个人，并为“十二五”确定的第一批试点单位授旗。

抓好“环境教育基地”建设。2011年，环境宣传教育中心逐步完善环境教育基地评估体系，积极引导符合条件且基础较好的单位加入到创建行列中来，继2008年命名表彰第一批7个省级环境教育基地之后，今年全省又有13个单位申报了省级环境教育基地，通过档案审查、现场验收、评比审定等程序，初步确定7个单位为第二批河北省环境教育基地。在此过程中，将创建标准和每个申报单位的实际情况相结合，在检查中帮助申报单位想办法，出主意，既检查了申报单位现有水平，也提升了他们开展环境教育的思路和办法，促进了全省各地环境教育基地的建设水平，对于下步各地申报国家级环境科普基地，打下良好的基础。

【《绿色家园》栏目】 2011年，环境宣传教育中心不断整合《绿色家园》栏目资源，优化栏目板块，丰富栏目内容，特别是加强了对重大环保时事、群众关心的环境难点热点问题的深度报道和追踪报道。节目质量不断提高，栏目影响力日益扩大。截止到11月底，《绿色家园》收视率分别以省网最高10点多、市网最高5点多，排在河北电视台所有栏目前五名。此外，还在河北电视台《河北新闻联播》、《今日咨讯》栏目播出了几百条环境资讯类节目，并为厅机关处室、直属单位制作多部专题片,保障各项活动、会议几十次。

【环境保护期刊】 2011 年,共编辑出版《河北环境保护》期刊 12 期,采写稿件 500 多篇,图片 1000 多张,编辑文字达 60 余万字。工作中,着重在提高刊物质量上下功夫,进一步加强了组织策划,突出政策性、综合性、指导性,坚持突出刊物优势,把新闻做深、做透的指导思想,调整设置了特别报道、权威访谈、环境前沿等 10 多个各具特色的栏目,分别从不同的视角为读者介绍、解读我省环境保护工作;改为全彩版面,内文编排中,运用了大量的插图,美化版面、提升视觉冲击力;每期都针对当前的环保热点进行专题策划,通过多种方式对话题进行深度解析,成为了本刊的一大特色,使刊物的影响力得到进一步的扩大,充分发挥了本刊作为省环保厅工作指导、法律咨询、政策引导的功能和作用,在宣传环保工作方面取得比较显著的成效。此外,2011 年,我省对《河北环保文摘》内容进行了精简,加强了对主流媒体的跟踪和舆情分析,充分发挥其信息量集中、时效性强的优势,为领导和有关部门决策提供了有益借鉴和参考。共编印《河北环保文摘》24 期,审阅各类媒体刊稿 3 万余条篇,收摘各类环境新闻报道 1600 余篇,总计 290 余万字。

【社会表彰】 按照厅领导要求,环境宣传教育中心积极组织申报材料,参加"中国地方政府创新奖"评选活动。我省的"流域生态补偿机制"项目在 213 个申报项目中入围前 25 名,并顺利完成了组委会组织专家来我省的实地考察,其新颖性、真实性、可操作性、可借鉴性获得了专家的一致好评,随行的国家广电总局、二十一世纪经济报道、中广新闻网记者都给予大篇幅报道。2012 年 1 月 8 日厅领导率代表团进京进行了陈述和答辩,顺利进入前十名,获得第六届"中国地方政府创新奖",这是该奖项设立以来首个环保类获奖项目。

【环保公众参与】 2011 年,环境宣传教育中心充分发挥河北环保联合会的桥梁和纽带作用,加强了与环保 NGO 组织的配合,集聚环保民间社团的力量,积极支持和参与各类环保公益活动的开展,为环境保护的公众参与注入了新的活力,受到了社会各界的普遍认同。先后组织参与了"建设生态文明再现秀美山川"义务植树公益活动、2011 年环境与维权座谈会、"地球一小时"熄灯活动、"绿色金融座谈会"、2011 河北省绿色信贷评估技术研讨会、

“第四届中国环境与健康宣传周”活动(环境宣传教育中心荣获第三届中国环境与健康宣传周活动突出贡献奖)、“河北省第四届环境权益保护”征文活动、河北省第四届环保与金融论坛、“生存环境与公众健康”—河北省第二届“环境与健康”论坛、2011 年暑期大学生志愿者农村环保科普行动等系列活动。

环境信息化建设

【综述】 2011年,河北省环境信息化工作以实施国家环境信息与统计能力建设项目为重点和抓手,各方面工作取得明显成效,进一步提升了环境管理的信息化支撑和服务能力。积极推进国家环境信息与统计能力建设项目,圆满完成项目试点省工作。完成了部、省、市、县四级环境保护业务专网和安全系统建设,完成了省市两级数据传输与交换平台,具备了全省各级环保部门网络通信和数据传输和交换能力,全省完成562台套网络设备和软件的安装和部署,配发环境统计专项设备1282台套,加快了环境信息化进程。推进环保业务信息化。全省市级以上环保部门正常运行的各类业务应用系统56套,2011年省厅开发了《全省排污许可证管理系统》、《重点污染行业现场核查系统》、《省级环境数据中心二期》等业务系统,提高环境保护业务管理工作效率和现代化水平。继续完善重点污染源自动监控系统建设。做好数据传输和监控中心平台运行维护,开展了39家5万吨以上污水处理厂的视频监控系统建设,对全省近1500台数采设备维护开展第三方运维,全省数据采集仪平均在线率长期稳定在85%以上,保证了国家、省、市三级监控平台之间数据的正常传输。深化电子政务应用。2011年全省11个设区市、114个县(市、区)环保局建设网站并运行正常,省环保厅门户网站开发了网站手机版,发布信息12000余条,开展设区市级环保政府网站绩效评估工作,建设省、市、县三级环保系统电子公文传输系统,开展环保网络舆情信息服务,提高环境信息服务能力。加强人才队伍、科研能力建设。完成环保部《物联网和三网融合技术在环境监管能力建设中应用研究》科研课题。举办全省电子公文传输系统、重点污染源联网运行、网上审批等培训班,不断提高环境信息化队伍素质。

【环境信息机构与建设】 机构规范化建设进一步加强,全省11个设区市中,除秦皇岛市、保定市外有9个市成立环境信息中心,其中廊坊和邯郸为2011年新成立环境信息中心。全省环保系统县(市、区)级环保局已有37个成立独立(或内设)环境信息机构,比2010年增加18个。全省专职环境信息工作人员93人,全省

2011年投入3323万元，其中省级投入2020万元。省环境信息中心工作职责进一步充实，增加牵头负责全省污染源自动监控工作内容；在人事安排上，增加一名总工，重新规范了科室，调整为综合科、网络科、网站科、应用科四个内部科室。

河北省环境信息机构综合情况表

级 别	信息机构	编制(人)	现有人员(人)	2011经费投入(万元)	用房情况(m^2)	车辆情况(辆)	县级信息机构数量
省厅	全额事业独立设置	12	15	2020	800	3	
石家庄市	全额事业独立设置	10	17	386	255	1	18
承德市	全额事业独立设置	7	9	200	60	1	
张家口市	全额事业独立设置	11	17	201	600		3
秦皇岛市	无		4		40	1	
唐山市	全额事业独立设置	7	7	215	215	1	3
廊坊市	全额事业独立设置	4	5	180	300	1	
保定市	无		2	40	80		
沧州市	全额事业独立设置	5	4	15	100		8
衡水市	全额事业独立设置	5	4	36.73	163	1	1
邢台市	全额事业独立设置	7	4	20	175		3
邯郸市	全额事业独立设置	10	5	10			

【环境信息与统计能力建设项目】《国家环境信息与统计能力建设项目》是落实国家污染减排“三大体系”建设中的四个能力之一，是环境信息化建设的一项重大基础工程。2010年项目正式启动，2011年是实施建设的关键年，全面开展了分项实施和应用示范与推广。一是圆满完成项目试点省工作。河北省被列为环保部项目建设试点省，基础软硬件联合实施、数据传输与交换平台等六项试点工作都作为全国项目实施的第一站，全部圆满完成。石家庄市和邢台市作为试点市对项目实施给予大力支持，为项目在全国范围内顺利实施奠定了良好的基础。二是完成项目实施任务。省环保厅、各市网络机房大部分进行改造建设，完成了部、省、市、县四级环境保护业务专网和安全系统建设，部署完成了省市两级数据传输与交换平台，省环保厅共完成136台套网络设备和软件的安装和部署，全省已达到562台套，具备了全省各级环保部门网络通信和数据传输和交换能力。全省各级环保部门配发环境统计专项设备1282台套，统计基础能力取得了长足发展。大大提高了各级在应用系统支撑平台、环境统计业务系统、建设项目管理系统业务应用支撑能力，实现数据交换与共享。由各市环保局自行建设的城域网络按照环保部要求全部建设完成。

2011年项目建设任务及设备配置情况表

建设任务	建设内容	省级	市级	县级
国家、省、市、县四级全省环境保护业务专网	建设完成连接省厅(及环监、监测、评估机构)、11个设区市环保局(及环监、监测)、172个县市环保局的全省环保业务专网	网络及安全设备14台(套)	每市网络设备5台(套),各市环保部门城域网络建设全部完成	每县网络设备2台(套)
基础软硬件环境基础设施建设	数据库平台系统软件、备份软件、小型机、PC服务器、存储设备、地理信息系统平台、减排应用系统支撑平台	七个分项共40台套设备和软件		
部署数据传输与交换平台	配置基础软硬件前置机设备(服务器、中间件、数据库等)	4台套(含软件)	前置机每市1台	
网络安全体系建设	入侵检测、网络与数据库审计系统、漏洞扫描系统、防病毒服务器、机柜等	安全设备6台(套)	安全设备每市8台(套)	
环境统计专项设备	PC机、笔记本、一体机、打印机、传真机、无线上网卡、移动硬盘	笔记本电脑1台	每市7台(套)	各县7台(套)
部署国家统一下发的环境统计业务系统、建设项目管理系统	环境统计业务系统全省下发,2011年在石家庄、邢台两市试点应用;建设项目管理系统下发到市级。			

【重点污染源监控中心建设】 2011年主要进行了监控中心及污染源联网的规范化运行管理,污染源自动监控平台软件升级完善,重点污染源的视频监控平台及联网建设等。一是做好数据传输和监控中心平台运行维护,升级完善了自主开发的自动监控平台软件,全年共解决各类问题105次,办理联网证明188个,保证了国家、省、市三级监控平台之间数据的正常传输。二是继续开展国控、省控污染源视频监控系统建设,2011年开展了39家5万吨以上污水处理厂的视频监控系统建设。三是开展国控、省控污染源自动监控现场端数采设备运维工作,对全省近1500台数采设备维护采取第三方运维方式,经过一年多的运维,数采仪在线率明显提高,全省平均在线率长期稳定在87%左右,邯郸市、衡水市经常能够保持在90%以上。四是加强各市自动监控系统建设,张家口建立了污染源自动监控一企一档;承德市建设了重点脱硫企业和城镇生活污水处理厂污染治理设施工况在线监控系统,编制了《工矿在线监控系统数据传输标准》。

【环保门户网站建设】 完善各级环境保护部门政府网站，为社会和公众提供规范化环境信息服务。一是拓展省厅网站功能，维护省环保厅网站、省政府信息公开平台。开发了网站手机版，包括环境新闻、重要文件、公告公示、领导简介、空气质量等信息，提供网上办事结果查询，同时具有在线咨询、手机举报等互动功能，为公众提供新的服务方式。制作“六五世界环境日“、“重点行业环境专项整治”等专题版块。制作“工程建设领域信息公开”平台。增加网站高级搜索、网站地图等功能，提供方便、快捷、准确的信息检索。二是做好网站日常维护工作。2011年省厅网站发布信息12000余条，采编省内环保工作动态6915条。受理咨询类信息266条，回复信息256条，受理网上举报1921条，答复网上举报1632件，在线办事受理1658件，办结1539件。扩大了信息公开的深度广度，增强了公众互动的力度和在线办事的能力。维护省政府信息公开平台，共发布信息近2000条。三是进一步加强网站建设与管理，2011年印发了《河北省环境保护厅网站安全管理制度》，使省厅网站制度更加完备。转发了环保部关于加强环保系统政府网站建设和管理工作的通知，对市县级网站建设提出要求，开展2011年度设区市级环保政府网站绩效评估工作。

综合评估优秀网站：石家庄市、唐山市、邢台市、承德市、邯郸市

信息公开较好网站：石家庄市、唐山市、承德市、廊坊市

在线办事较好网站：邢台市、唐山市、石家庄市

公众互动较好网站：唐山市、邢台市、石家庄市、邯郸市、张家口市

2011年度设区市环保门户网站绩效评估情况一览表

城市	信息公开指标得分	在线办事指标得分	公众参与指标得分	网站建设指标得分	政务信息上报指标得分	绩效得分
石家庄市	39.50	9.50	9.50	11.20	10.00	79.70
唐山市	35.30	12.00	11.00	10.40	6.00	74.70
邢台市	29.10	15.00	11.00	8.85	10.00	73.95
承德市	34.90	5.60	6.50	9.50	4.00	60.50
邯郸市	27.10	5.00	8.00	8.55	10.00	58.65
廊坊市	33.55	3.80	4.10	9.80	3.00	54.25
沧州市	25.80	3.80	5.90	9.90	7.00	52.40
张家口市	21.90	4.20	7.00	11.70	6.00	50.80
衡水市	22.86	2.80	4.00	9.45	6.00	45.11
保定市	20.45	5.00	5.40	9.25	4.00	44.10
秦皇岛市	23.35	2.4	3.5	8.85	4.0	42.10

【环境信息网络建设】 2011年,完成部、省、市、县四级环境保护业务专网建设和省、市、县三级环保系统电子公文传输系统的部署和安装,全省环境信息基础能力进一步提升。随着国家环境信息与统计能力建设项目实施,网络安全系统、软硬件支撑环境、环统专项等建设任务的完成,全省各级环保系统信息化基础设施水平有了质的飞跃,软硬件设备配置能力大幅度提高。完成厅机关、环监局、督查中心、评估中心新办公楼局域网连接,完成固废中心、排污权交易中心、开发服务中心新办公地点的网络布线,在厅新办公楼建成了楼内及楼外的广播系统。对省厅中心机房UPS系统进行了升级改造,省厅互联网带宽从50兆扩充至150兆,全厅及各部门使用视频会议达30次。

河北省环境信息机构基础设备配置情况表

级别	计算机				网络与通信设备				存储		基本系统软件		
	服务器(台)	图形工作站(台)	微机(台/人)	笔记本电脑(台/人)	路由器(台)	交换机(台)	网络安全系统(台套)	因特网接入带宽(Mbs)	存储系统(套)	存储容量(TB)	数据库系统(套)	地理信息系统(套)	系统开发软件(套)
省厅	50	1	1	1	5	45	13	150	2	20	2	1	
石家庄市	12	1	1	1	3	42	19	50	1	1	12	1	
承德市	23	1	1	1	2	6	1	20	1	2	9	1	6
张家口市	23	4	1	0.5	5	30	8	100	1	1.4	1	1	1
秦皇岛市	71	0.25	2	6	1	10	1	1	7				
唐山市	14	1	1	0.5	4	8	3	16	2	1.2	1	1	
廊坊市	101	1	4	40	7	30	1	2	1				
保定市	12	1	1	110	2	3	1	1	1				
沧州市	61	0.8	4	15	3	20	1	0.2	2				
衡水市	131	1	2	13	9	10	1	1	1	1			
邢台市	91	0.5	3	11	2	20	1	1	1				
邯郸市	151	0.2	3	10	4	10	11						

【环境信息安全】 加强网络安全基础性工作。配合厅办公室对省厅涉密计算机、涉密介质、全厅及各事业单位的网络系统和全部应用信息系统进行安全保密检查,并解决了检查中发现的问题,保障了省厅信息系统的安全运行。按照《河北省环境保护局网络与信息安全事件应急处置预案》,组织了应急处理演练,进一步加强了整体的网络和信息系统安全。

【政务信息平台建设】 启动建设省、市、县三级环保系统电子公文传输系统,进行系统实施和培训,2011年已启动省市两级应用,2012年全省环保专网建成后,将开展县级部署和培训。进一步完善环保厅行政许可网上审批系统,增加5个非行政审批事项的网上受理、办理及反馈,并组织了使用人员的培训。拓展企业环境保护信用信息系统功能,增加了省厅用户的功能,满足了现有工作需要。对全省环保产业调查系统系统进行升级，增加了调查项目，顺利完成2011年度调查任务。

【环保应用系统建设】 2011年，全省市级以上环保部门正常运行的各类业务应用系统56套，应用范围覆盖了环境管理和业务的多个方面，为各项环境管理业务工作和政务办公提供技术支持和服务。省环保厅2011年主要完成的应用系统有：《全省排污许可证管理系统》、《重点污染行业现场核查系统》、《省级环境数据中心（二期）》、《河北省国家环境信息与统计项目管理信息平台》。各市开展了各具特色的业务应用系统的建设和应用，取得良好应用效果和工作创新。石家庄开发建设了《石家庄市环境行政效能监管平台》；张家口数据库增加风险源管理内容，更新了卫星遥感数据信息，《张家口市环境三维全景地理信息系统》获国家计算机软件著作权证书，档案自动化管理通过三星级认定；唐山烟气黑度视频监控系统实现对56家钢铁、焦化、电力等企业的24小时实时监控，三年来处罚1000多万元；衡水市在全省率先开展了“行政处罚自由裁量辅助决策支持系统”研究工作，并被环保部确定为全国“环保行政处罚裁量权”五家推广试点单位之一。

已投入使用的业务应用系统情况统计表

单位	系统名称
省厅	省级行政许可事项网上审批系统、建设项目“三同时”管理系统、河北省环保电子政务综合办公平台、国控省控重点污染源自动监控平台、河北省重点污染源移动执法监控系统、河北省企业环境保护信用信息系统、排污申报管理系统、环境监察直报系统、畜禽养殖直报系统、环保产业调查系统、河北省电厂脱硫投运率直报系统、河北省环境保护厅企业基础信息平台
石家庄市	办公自动化系统、环境地理信息系统、环境应急指挥系统、移动执法系统、行政许可网上审批系统、环境效能监管系统、12369信访举报系统、污染源在线监控系统
承德市	环保业务办公系统、污染源在线监测系统、地理信息系统、突发环境应急系统、放射源在线监控系统、污染减排综合信息管理系统、环境质量信息管理系统、移动办公执法系统、污染治理设施工作运行状况在线监控系统
张家口市	污染源自动监控系统、环境应急决策支持系统、环境地理信息系统、尾矿库动态管理系统、环境三维全景地理信息系统、环境风险源识别与监控系统
唐山市	烟气黑度视频监控系统、唐山市大气环境管理平台、陡河水库饮用水源地水质预警监控系统、企业全面达标建设动态管理系统、污染源在线监控系统、办公自动化系统、放射源实时监控系统
衡水市	全市环保系统内网办公平台、建设项目管理系统、国控重点污染源在线监控系统、环境综合管理地理信息系统、环保行政处罚自由裁量辅助决策支持系统、网上行政审批及电子监察系统、12369环境污染举报电话自动受理系统
保定市	污染源自动监控系统
秦皇岛市	污染源自动监控系统
沧州市	污染源自动监控系统

单位	系统名称
廊坊市	污染源在线监控系统、空气在线、水质在线监控系统
邢台市	污染源自动监控系统
邯郸市	污染源自动监控系统

【环境信息服务】 开展环保网络舆情信息服务,搭建了河北环保舆情监控系统,加强环保舆情网络信息的收集、分析和处置,2011年共编发《互联网环保舆情》51期,《环保舆情专刊》5期,为领导决策和应对突发事件提供决策参考。

【系统行业管理】 河北省环保工作领导小组办公室首次在"2011年度环境保护目标管理考核责任指标及计分细则"中增加"环境信息机构规范化建设、国家环境信息与统计能力建设项目"两项环境信息化工作考核指标,促进各级领导对环境信息化工作的重视,提升了信息化工作地位。2011年初河北省环保厅印发了《2011年全省环境信息化工作要点》,年底开展了2011年度全省环境信息化工作总结考核,评选出全省环境信息化工作先进单位5个(石家庄、承德、张家口、唐山、衡水)、全省环境信息机构规范化建设特别奖2个(廊坊、邯郸)、全省环境信息化工作先进个人22名。在2011年度河北省环境保护工作会议上对全省环境信息化工作情况进行通报,对全省信息化起到很大的促进作用。

【人才队伍建设】 开展了饮用水环境管理系统、全省"12369"系统、信访举报系统、全省环境信息机构规范化建设等工作调研。举办全省电子公文传输系统、重点污染源联网运行、网上审批等培训班,培训人员近200人次;与有关专家、公司等开展了网络与信息安全等级保护、GIS、数据库、舆情监控等方面的专题交流,不断提高环境信息化队伍业务素质。2011年部信息中心举办国家环境信息与统计能力建设项目有关各类会议培训33期,全省参加培训达到90人次,充分理解和掌握了项目基本建设内容和技术要求,提高技术人员业务水平。

【科研能力建设】 承担环保部《物联网和三网融合技术在环境监管能力建设中应用研究》科研课题,2011年9月完成结题验收。河北省环境信息中心承担国家环境信息与统计能力建设项目两项技术规范的编写:《"减排综合数据库"数据报表设计技术规定》、《"减排综合数据库"专题图设计技术规定》,报送报批稿,待批准发布。

2011 年环境保护大事记

1 月

4 日　姬振海厅长在厅机关主持召开 2011 年第一次常务会议，传达贯彻全省经济工作会议和三年大变样总结表彰会议精神，传达全国环保系统纪检组长座谈会议精神，研究关于解除部分环境违法案件挂牌督办的请示等相关事宜。

5 日　河北省 2010 年及“十一五”污染减排工作汇报会在世纪大酒店召开，张杰辉副省长出席会议并致辞，于万魁副秘书长主持会议，姬振海厅长、李葆副厅长参加会议，姬振海厅长代表省政府向张力军副部长带队的国家污染减排考核组汇报我省污染减排工作。

杨智明副厅长参加省委七届扩大会议。

殷广平副厅长组织召开“首秦龙汇矿业有限公司”环境问题专题会。

6—20 日　姬振海厅长、李葆副厅长、宋春婴巡视员陪同环保部张力军副部长及国家污染减排考核组分赴石家庄、唐山、廊坊、保定、沧州、衡水、邢台、邯郸等地检查。

7 日　殷广平副厅长赴保定市参加全省群众工作现场交流会。

7—9 日　杨智明副厅长赴承德市围场县御道口乡调研。

10 日　杨智明副厅长、彭芳专员出席 2010 年度十大环境新闻评选会。

殷广平副厅长在省委参加全省污水和垃圾处理设施建设工作电视电话会议。

11 日　杨智明副厅长列席政协河北省第十届委员会第四次会议。

12 日　杨智明副厅长在亚太大酒店出席“实现双跨越建设新河北”专题座谈会。

13—14 日　姬振海厅长赴京参加 2011 年全国环境保护工作会议。

17 日　姬振海厅长在厅机关主持召开第二次常务会议，传达贯彻 2011 年全国环境保护工作会议精神、我省“两会”会议精神，会议研究并原则同意河北省环境保护厅关于开展制度廉洁性评估工作的实施意见等相关事宜。

殷广平副厅长在河北会堂参加全国信访局长电视电话会议。

18日　姬振海厅长、杨智明副厅长、彭芳专员、殷广平副厅长、宋春婴巡视员、轩水林巡视员参加中国共产党河北省环境保护厅第一次党员代表大会。

20日　姬振海厅长在河北会堂参加省领导会见中国华电集团公司总经理一行暨签署深化战略合作框架协议有关活动。

杨智明副厅长在颐园宾馆参加省十一届四次人大会议代表建议交办和2010年度代表建议先进承办单位表彰会议。

殷广平副厅长在石家庄参加全省工业和信息化暨深化“对标行动”工作会议。

21日　姬振海厅长在省委参加省文明委第十六次全体(扩大)会议。

杨智明副厅长在石家庄参加2011年全省交通运输工作电视电话会议。

彭芳专员在省委大楼参加省文明委第十六次全体(扩大)会议。

23日　姬振海厅长在北京参加环首都绿色经济圈规划与北京市政府对接会。

24日　彭芳专员在石家庄参加河北省“金牌工人、能工巧匠”座谈会。

25日　省环保厅召开老干部新春茶话会。厅领导与老干部、老同志欢聚一堂，共叙新春。会后由姬振海厅长与宋春婴巡视员带队慰问了厅局级离退休老干部。

26日　姬振海厅长在河北会堂参加河北省文化建设工作会议。

27日　宋春婴巡视员在河北会堂参加全省食品安全专项整治行动动员和安全生产电视电话会议。

27—28日　姬振海厅长、彭芳专员在河北会堂参加省纪委七届七次全会。

28日　杨智明副厅长在河北会堂参加河北省民营经济第一次全体会议。

李葆副厅长赴北京与环保部减排考核组就我省2010年减排目标完成情况交换意见。

30日　姬振海厅长在中国大酒店参加省委省政府召开的2011年春节团拜会。

2月

10日　姬振海厅长在厅机关主持召开第三次常务会议。传达贯彻省政府第81次常务会议精神，传达了省纪委七届七次全会精神，研究了贯彻落实意见，听取关于“双三十”下一步工作安排的汇报等相关事宜。

杨智明副厅长在省中小企业局参加河北省民营经济领导小组第一次全体会议。

11日　殷广平副省长在石家庄市参加省城镇建设三年上水平工作领导小组成员会议。

12日　姬振海厅长赴西柏坡参加西柏坡干部学院工程开工奠基仪式。

殷广平副厅长在省委参加河北省群众工作领导小组第一次会议。

受姬振海厅长委托,李葆副厅长主持召开省环保厅专题会议,决定从厅机关及直属单位抽调李志勇、李红彦等6人组成省污染物排放权交易筹备组办公室,即日起开展污染物排放权交易的前期有关工作。

14日　殷广平副厅长赴北京同环保部对外合作中心洽谈POPS国际赠款合作项目。

16日　姬振海厅长在河北会堂参加河北省对外开放大会。

李葆副厅长在白楼宾馆参加全省食品安全整顿评估考核工作会议。

16—18日　杨智明副厅长在河北省直党校参加中组部考评中心在我省开展的领导干部考试测评工作。

17日　姬振海厅长赴保定市参加赵勇常务副省长主持召开的现场办公会。

殷广平副厅长在河北会堂参加全省安全生产工作电视电话会议。

18日　姬振海厅长在石家庄市参加城镇面貌三年大变样总结表彰暨城镇建设三年上水平工作动员部署大会。

李葆副厅长赴涿州市参加一季度环首都片重点建设项目调度会暨环首都绿色经济圈领导小组第二次会议。

轩水林巡视员在省政府参加杨崇勇副省长主持召开的领导干部因公出访推动项目建设联席会议。

21日　杨智明副厅长在河北会堂参加全省处理信访突出问题及群体性事件联席会议2011年第一次全体会议。

21—25日　彭芳专员、殷广平副厅长、宋春婴巡视员分别带队赴相关市进行环保目标考核。

22—23日　李葆副厅长赴西安市参加全国环境监测工作会议。

23日　姬振海厅长在河北会堂参加河北省党风廉政建设责任制电视电话会议。

杨智明副厅长在颐园宾馆参加全省能源工作会议。

24日　轩水林巡视员在白楼宾馆参加省委组织部召开的帮扶偏桥、御道口和石家统村协调会议。

25 日　宋春婴巡视员在省发改委参加省政府召开的全省钢铁产能普查部署工作会议。

24—25 日　轩水林巡视员在河北会堂参加全省农村工作会议。

27 日　姬振海厅长在省委办公厅参加省委常委(扩大)会议。

姬振海厅长在省政府参加省政府 83 次常务会议。

28 日　姬振海厅长赴北京参加环保部召开的环境保护部领导班子和领导干部 2010 年度考核大会。

杨智明副厅长赴邯郸市参加省政府召开的全省工业企业技术改造现场会议。

轩水林巡视员在河北会堂参加河北省科学技术奖励大会。

3 月

1 日　殷广平副厅长在厅机关参加环保部召开的重点流域水污染防治专项规划 2010 年度实施情况目标考核视频会议。

殷广平副厅长在厅机关参加环保部召开的 2011 年全国环境信访工作视频会议。

1 日　宋春婴巡视员在河北会堂参加省委、省政府召开的全省教育工作会议。

2 日　彭芳专员在河北会堂国际会议礼堂参加省妇联举行的河北省纪念“三八”妇女节大会。

彭芳专员在省财政厅参加省委召开的全省“创先争优”活动推进会。

李葆副厅长在白楼宾馆参加省政府召开的全省贯彻四项制度推进依法行政工作会议。

3 日　姬振海厅长在河北人民广播电台参加“阳光热线”节目。

4 日　姬振海厅长在厅机关主持召开第四次常务会议，研究 2011 年全省环境保护工作会议文件和筹备工作，会议学习了周生贤部长在环保部廉政警示教育大会上的讲话，研究并原则同意 2011 年厅会议和培训计划。

8 日　省环保工作领导小组全体会议召开。会议由张杰辉副省长主持，于万魁副秘书长、姬振海厅长、殷广平副厅长等领导同志出席会议。

李葆副厅长在河北会堂参加省政府召开的河北省旅游业发展电视电话会议。

9—10 日 2011 年全省环境保护工作会议在河北会堂召开，张杰辉副省长到会并作重要讲话，姬振海厅长作环保工作报告，杨智明副厅长、彭芳专员、殷广平副厅长、李葆副厅长、宋春婴巡视员、轩水林巡视员等领导同志出席了此次大会。

12 日 杨智明副厅长赴香河县参加省政府召开的环首都绿色经济圈总体规划审定会。

14—21 日 姬振海厅长根据环保部的安排率团赴台湾就固废管理工作进行考察。

15 日 杨智明副厅长在石家庄参加省治理工程建设领域突出问题领导小组召开的省工程建设领域项目信息公开和诚信体系建设工作调度会。

16 日 李葆副厅长主持召开省环保厅专题会议，会议听取了《河北省主要污染物排放权交易实施细则(试行)》的起草过程和主要内容，专题研究了排污权交易的范围、交易量来源及认定依据、排污权有效期时限、排污权交易与总量管理工作的衔接等内容。

17 日 杨智明副厅长在河北会堂参加省政府召开的调度“十二五”末销售收入意向超千亿元企业的会议。

轩水林巡视员在河北会堂参加省政府召开的河北(香港)经贸洽谈会筹备会。

18 日 杨智明副厅长在省委列席省委常委扩大会议。

杨智明副厅长在省政府参加省政府 84 次常务会议。

彭芳专员在省委参加省纪委召开的落实 2012 年底前惩防体系建设工作要点电视电话会议。

20—22 日 殷广平副厅长赴北京参加环保部召开的 2011 年全国环境执法工作会议。

21 日 杨智明副厅长在河北会堂参加省民营经济领导小组办公室召开的民营经济考核评选评审会议。

杨智明副厅长在省政府参加省长办公会议。

彭芳专员在河北会堂参加省委组织部、省直工委召开的河北省机关党建工作会议。

李葆副厅长主持召开《河北省主要污染物排放权交易实施细则(试行)》

征求意见座谈会,研究了排污权交易的范围、交易量来源及认定、交易管理机构组建,交易机构认定、交易资金管理、排污权交易与总量管理、环评审批工作的衔接等内容。

22日—23日 杨智明副厅长陪同赵勇常务副省长赴邢台市现场办公。

23日 姬振海厅长在厅机关主持召开厅第五次常务会议,听取《关于全省贯彻四项制度推进依法行政工作会议精神》的汇报,研究了《关于向环境保护部报送申请环境污染治理设施运营资质单位的请示》、《关于石家庄市兴康化工厂危险废物经营许可证审查情况的报告》等相关事宜。

24日 姬振海厅长陪同张杰辉副省长赴保定参加国家海河流域水污染防治考核组对我省的考核。

杨智明副厅长在河北会堂参加全省金融工作电视电话会议。

25日 姬振海厅长在河北会堂参加省政府召开的收听收看国务院第四次廉政工作会议。

杨智明副厅长在河北会堂参加省政府召开的全省深化医药卫生体制改革工作会议。

彭芳专员在石家庄参加全省"促发展、助转型,建功十二五"创先争优劳动竞赛启动电视电话会议。

27日—4月1日 姬振海厅长赴香港参加省政府组织的2011年河北省(香港)投资贸易洽谈会。

28日 于万魁副秘书长、殷广平副厅长在河北会堂参加环保部等九部委召开的2011年全国整治违法排污企业保障群众健康环保专项行动电视电话会议。会后,接着召开了全省整治违法排污企业保障群众健康环保专项行动电视电话会议,于万魁副秘书长代表省政府讲话。

杨智明副厅长在河北翠屏山迎宾馆参加省委、省政府召开的河北.内蒙古经济社会发展合作座谈会。

28—29日 李葆副厅长赴北京参加全国农村环保工作会议。

29日 杨智明副厅长在省政府参加省长办公会议。

30日 杨智明副厅长赴沧州参加黄骅港综合港区二期工程暨重点项目开工奠基仪式。

环保部核与辐射应急办督导组对我省应对"3·11"日本地震核电事故应急监测工作进行督导检查,宋春婴巡视员参加了检查督导汇报会。

轩水林巡视员在省政府参加研究协调暑期重点项目建设工作会议。

轩水林巡视员在厅机关会见瑞典环境部环保署来宾。

31日　杨智明副厅长陪同赵勇常务副省长赴沧州市现场办公。

彭芳专员、李葆副厅长、宋春婴巡视员、轩水林巡视员在厅机关参加2011年全国环保系统党风廉政建设工作视频会议。

4月

1日　杨智明副厅长赴沧州参加省政府召开的一季度沿海片重点建设项目调度会和沿海地区开发建设领导小组第二次会议。

1日—2日　李葆副厅长赴保定参加环保部召开的华北片区“十二五”污染减排规划座谈会。

2日　杨智明副厅长在石家庄机场参加省政府举行的京石客运专线石家庄机场站开工仪式。

杨智明副厅长在河北会堂参加省政府召开的河北省沿海地区发展规划工作部署会议。

6日　2011年全省环保系统党风廉政建设工作视频会议召开。姬振海厅长作重要讲话，杨智明、彭芳、殷广平、宋春婴等厅领导出席会议。

轩水林巡视员参加河北省城乡社区建设领导小组会议。

7日　姬振海厅长在省政府参加省政府85次常务会议。

7—8日　彭芳专员赴北京参加环保部召开的2011年全国环境宣传教育工作会议。

殷广平副厅长参加省处理信访突出问题及群体性事件联席会议办公室召开的处置非正常进京上访专题会议。

李葆副厅长主持召开座谈会，王路光总工参加了会议，会议讨论修改了《河北省主要污染物排放权交易实施细则(试行)》。

8日　李葆副厅长赴保定易县参加省委召开的石家统村帮扶工作协调会。

轩水林巡视员在石家庄参加省科协举办的第26届河北省青少年科技创新大赛活动开幕式。

10日　杨智明副厅长在河北会堂参加省政府召开的全省安全生产工作电视电话会议。

11日　姬振海厅长陪同陈全国省长赴廊坊固安县调研。

杨智明副厅长赴西柏坡参加省政府举行的西柏坡至阜平高速公路开工奠基仪式。

殷广平副厅长赴平山参加省委、省政府召开的大西柏坡建设协调会。

11—13日　轩水林巡视员赴厦门参加全省环评单位座谈会。

12日　杨智明副厅长在石家庄参加省医药卫生体制改革领导小组会议。

13—14日　殷广平副厅长赴唐山参加全省环境执法监察工作会议。

姬振海厅长陪同张云川书记赴衡水调研。

14日　河北省人民政府向财政部、环境保护部递交了《河北省人民政府关于请将我省列为全国排污权有偿使用和交易试点的函》。

15日　彭芳专员在石家庄参加2011河北绿色信贷评估技术研讨会。

18日　姬振海厅长在厅机关主持召开第六次常务会议，审议《河北省生态环境保护“十二五”规划(报审稿)》，听取《关于参加省直机关规范津贴补贴检查工作动员部署会议有关情况的汇报》、《关于参加全国农村环境保护工作会议有关情况的汇报》，并研究贯彻落实意见等相关事宜。

杨智明副厅长在河北会堂参加全省纠风工作电视电话会议。

19日　姬振海厅长在省政府参加全省一季度经济形势分析会议。

彭芳专员赴北京参加环境保护部召开的2010年年度考核表彰暨“创先争优”经验交流会。

李葆副厅长、省财政厅副厅长郭秀堂带队赴财政部跑办申请主要污染物排放权有偿使用和交易试点事宜。

20日　姬振海厅长赴邯郸参加省政府召开的一季度冀中南片重点建设项目调度会。

殷广平副厅长在石家庄参加河北省货币信贷执行委员会2011年一季度例会。

20—22日　李葆副厅长赴张家口参加全省监测工作会议。

轩水林巡视员在石家庄参加省食安办向国务院食品安全整顿工作评估考核组的汇报会。

21日　杨智明副厅长赴北京就河北沿海地区发展规划有关问题与环保部进行沟通。

21日　轩水林巡视员在石家庄市颐园宾馆参加省全民科学素质工作领导小组第六次会议。

22日　姬振海厅长在河北会堂参加全省一季度经济形势分析电视电话会议。

25日　姬振海厅长在河北会堂参加省纪委召开的加快推进全省惩防体系建设电视电话会议。

李葆副厅长在河北会堂参加秦皇岛旅游综合改革试点实施方案汇报会。

26日　彭芳陪同省领导考察石家庄市环城水系工程暨滹沱河生态园、现代农业观光园。

宋春婴巡视员在河北会堂参加省政府第四廉政工作会议。

26日－28日　杨智明副厅长赴围场县御道口村参加省直单位帮扶项目集中开工仪式。

殷广平副厅长赴衡水参加省人大城建环资委召开的一湖一淀立法征求意见座谈会。

26－29日　姬振海厅长、李葆副厅长赴唐山参加华北督查中心召开的华北地区“十二五”主要污染物减排对策措施交流会。

27－28日　轩水林巡视员赴山东省青岛市参加环保部召开的中国环境与发展国际合作委员会2011年圆桌会议。

28日　杨智明副厅长在河北会堂参加赵勇常务副省长听取环首都绿色经济圈总体规划汇报会。

殷广平副厅长在河北会堂参加赵勇常务副省长、张杰辉副省长对清理违规在建钢铁项目进行安排部署的会议。

宋春婴巡视员在河北会堂参加全省民营经济表彰大会。

28－29日　宋春婴巡视员赴承德对承德市外购高压变电站用熔断器含人工放射性核素钴－60情况进行调查。

29日　杨智明副厅长在石家庄参加省政府召开的环首都绿色经济圈建设工作调度会。

5月

4日　姬振海厅长在厅机关主持召开第七次常务会议，传达省政府第四次廉政工作会议精神，研究《监察室起草的河北省环保厅2011年纠风工作实施方案》，听取宣教中心《关于开展“蓝天碧水燕赵行”宣传活动筹备情况的汇报》等相关事宜。

杨智明副厅长在河北会堂参加全省森林草原防火工作紧急电视电话会议。

5日　殷广平副厅长在石家庄参加全省维护稳定工作会议。

轩水林巡视员在石家庄市参加全省水利普查电视电话会议。

5—6日　杨智明副厅长陪同赵勇常务副省长赴张家口市现场办公。

6日　彭芳专员参加河北省省直职工健步走活动。

6—7日　姬振海厅长陪同赵勇常务副省长赴张家口市现场办公。

7—14日　殷广平副厅长在清华大学参加“加强和创新社会管理”专题研讨班。

10日　姬振海厅长在省政府参加首批省级工业聚集区审查会议。

李葆副厅长在省政府参加赵勇副省长主持研究河北省2011年经济体制改革重点工作安排意见的会议。

省环保厅组织机关离退休干部由宋春婴巡视员陪同,前往平山县东方巨龟苑景区踏青游。

轩水林巡视员在石家庄出席我省与南荷兰省园艺产业代表团工作会议

10—11日　全省环评工作会议在石家庄市召开,姬振海厅长、杨智明副厅长出席会议并讲话。

11日　李葆副厅长在省测绘局参加成立河北省地图集审查会议。

12日　杨智明副厅长赴北京参加河北省沿海地区总体规划方案汇报会。

13日　李葆副厅长在省政府参加编制省专项应急预案应用手册工作协调会。

轩水林巡视员在省政府参加西柏坡干部学院项目建设专题会议。

14—15日　姬振海厅长、李葆副厅长陪同环保部人事司赴曲阳县开展“走进基层走进农村走进群众”国情教育暨创先争优党日活动。

宋春婴巡视员陪同环保部华北督察中心赴保定、廊坊两市检查专项资金项目落实情况。

15日　轩水林巡视员在石家庄出席2011年河北省暨石家庄市科技活动周开幕式。

16日　姬振海厅长在省政府参加研究清理钢铁产能专题会议。

殷广平副厅长在省政府参加研究河北省金融产业“十二五”发展规划专题会议。

16—20日 杨智明副厅长陪同环保部相关领导赴我省沿海地区对港口、石化等项目环评进行调研。

17日 姬振海厅长在厅机关主持召开厅第八次常务会议，会议研究并原则同意污防处起草的《关于加强电石法生产聚氯乙烯及相关行业汞污染防治工作的通知》、《2011年第一批省级环保挂牌督办案件》、《关于2006—2010年省级审批建设项目环保“三同时”检查情况的报告》等相关事宜。

轩水林巡视员在省政府参加研究全省高尔夫球场综合治理整治工作方案专题会议。

17—18日 宋春婴巡视员陪同环保部华北核与辐射安全监督站赴唐山检查工作。

18日 姬振海厅长赴廊坊出席“中国·廊坊国际经济贸易洽谈会”开幕式及相关活动。

19日 宋春婴巡视员在省政府参加省食品安全专项整治行动领导小组会议。

20日 宋春婴巡视员在河北会堂参加中央纪委召开的加快转变经济发展方式监督检查工作电视电话会议河北分会场会议。

宋春婴巡视员在河北会堂参加河北省开展清理和规范庆典、研讨会、论坛活动工作和党政机关公务用车问题专项治理工作电视电话会议。

23日 杨智明副厅长在河北会堂参加河北省创先争优化解信访积案工作视频会议。

24日 杨智明副厅长赴秦皇岛市协调关于环保部责令天津至秦皇岛客运专线项目停止建设事宜。

宋春婴巡视员参加省政府86次常务会议。

25日 宋春婴巡视员在石家庄参加全省文物安全工作厅际联席会议第一次会议。

27日 姬振海厅长在石家庄参加“全省规范土地管理电视电话会议”。

彭芳专员赴京参加第三届“中国环境与健康宣传周颁奖典礼”暨“第四届中国环境与健康宣传周”活动仪式。

李葆副厅长带队到河北环境能源交易所考察。

30日 《河北省机构编制委员会办公室关于设立河北省污染物排放权交易服务中心的批复》(冀机编办[2011]88号)印发，同意设立河北省污染物排放权交易服务中心，为环保厅所属相当处级事业单位，核定事业编制12

名,处级领导职数1正2副,经费形式为财政性资金基本保证。主要职能是负责全省主要污染物排放权交易的技术性、事务性工作,负责全省排污权交易网络及平台建设、管理及维护工作,为主要污染物排放权交易活动提供相关服务。

31日　姬振海厅长在河北会堂参加工业企业调结构、转方式座谈会。

姬振海厅长参加省政府第87次常务会议。

杨智明副厅长在河北会堂参加河北省民主评议暨机关效能建设工作电视电话会议。

6月

1日　杨智明副厅长在省政府参加民航工作调度会议。

轩水林巡视员赴京参加福田汽车铸造中心项目签约仪式。

1—3日　宋春婴巡视员带领工作组赴秦皇岛对在建钢铁项目整改措施落实情况进行跟踪督导。

2日　姬振海厅长在石家庄参加省直部门对口指导石家庄市社会管理创新综合试点工作对接会议。

杨智明副厅长参加河北省钢铁产业结构调整思路及对策研究调研提纲会议。

殷广平副厅长参加危险化学品安全管理条例宣贯工作视频会议河北分会场会议。

3日　姬振海厅长在河北会堂参加全省保障性安居工程第三次推进会议。

5日　姬振海厅长、杨智明副厅长出席省会纪念第40个“六五”世界环境日宣传活动暨“用绿色妆点未来”纪念“六五”世界环境日河北人民广播电台《阳光热线》大型户外直播活动。

杨智明副厅长主持召开2010年全省环境质量状况新闻发布会。

李葆副厅长做客长城网,接受长城网在线访谈,就“十一五”环保工作成就、“十二五”环保工作展望、“双三十”节能减排示范工程、环保公众参与等有关问题进行了解答。

6日　杨智明副厅长赴京出席中英低碳科技示范园签约仪式。

7日　姬振海厅长赴曹妃甸参加中日曹妃甸生态园区建设领导小组会议和曹妃甸新区开发建设领导小组会议。

杨智明副厅长参加省政府第88次常务会议。

彭芳专员赴京出席“十一五”环保成就展暨第十二届中国国际环保展览会开幕式仪式。

8—10日　殷广平副厅长赴济南参加中国环境宏观战略研究成果应用培训班。

9日　姬振海厅长、杨智明副厅长、彭芳专员在河北会堂参加全省加快转变经济发展方式监督检查工作电视电话会议。

10号　姬振海厅长主持召开厅第九次常务会议，听取办公室《关于集中开展保密工作检查有关情况的报告》，研究审议了《河北省“千家”重点监控企业名单》等相关事宜。

杨智明副厅长在河北会堂参加全省“小金库”治理工作电视电话会议。

李葆副厅长在河北会堂参加全省电力迎峰度夏电视电话会议。

12—14日　轩水林巡视员赴廊坊三河市安次区对民主评议工作进行督导检查。

14—15日　杨智明副厅长赴廊坊陪同环保部环评司有关领导检查“京沪高速铁路河北段环保“三同时”执行情况。

殷广平副厅长赴邯郸调研环境信访工作。

15日　姬振海厅长参加省政府第89次常务会议。

16日　姬振海厅长在河北会堂参加省政府领导主持调度列入“十二五”规划重点培育的超千亿元园区有关事宜的专题会议。

杨智明副厅长参加省政协十届四次会议“1号提案”督办座谈会。

李葆副厅长在石家庄参加国家防沙治沙目标考核电视电话会议河北分会场会议。

17日　姬振海厅长参加陈全国省长主持召开的听取省文化厅关于燕赵成语典故主题公园项目有关工作情况的汇报会议。

杨智明副厅长在河北会堂参加全省医药卫生体制改革工作调度会议。

彭芳专员在石家庄参加“党旗飘扬·希望河北”省直机关纪念建党90周年合唱比赛。

18—19日　姬振海厅长、杨智明副厅长率办公室人员赴保定与环保部办公厅及保定市环保局联合开展党日活动。

20日　姬振海厅长在厅机关主持召开厅第十次常务会议,研究重金属污染综合防治“十二五”规划(上报稿)等相关事宜。

21日　姬振海厅长在省政府参加省长办公会议。

22日　彭芳专员在河北会堂参加迎接国家“两纲”终期评估检查工作会议”

李葆副厅长赴邢台调研污染减排工作。

轩水林巡视员在河北会堂参加研究河北省三项重点工作“十二五”规划和河北省科技和技术发展“十二五”规划专题会议。

24日　杨智明副厅长赴张家口市张北县参加帮扶张北县喜顺沟村工作调度会议。

轩水林巡视员陪同省领导赴黄骅港现场办公。

26日　轩水林巡视员在石家庄经济学院出席“暑期大学生农村环保科普活动”启动仪式。

27日　姬振海厅长赴新疆参加全国环保系统对口援疆工作会议。

殷广平副厅长参加政协河北省第十届委员会常务委员会第十五次会议。

28日　杨智明副厅长参加全省城镇居民和新型农村社会养老保险试点工作电视电话会议。

李葆副厅长参加我省大运河保护和申遗市厅际会商小组第一次会议。

30日　杨智明副厅长、彭芳专员在河北会堂参加河北省庆祝中国共产党成立90周年暨“两优一先”表彰大会。

纪检专员彭芳与宋春婴巡视员带队探望了建国前老党员、老干部并送去了厅党组的关怀与温暖及慰问金、慰问品,感谢他们为党、为人民作出的贡献。

李葆副厅长参加2011年上半年主要污染物减排核查核算视频会议。

7月

1日　姬振海厅长在河北会堂出席河北省庆祝中国共产党成立90周年文艺晚会。

李葆副厅长带队与省物价局张立霞局长商议主要污染物排污权基准价事宜。

2 日 殷广平副厅长在秦皇岛市主持召开秦皇岛市环境监察支队标准化建设达标验收会议。

4 日 姬振海厅长参加省政府第 91 次常务会议。

5 日 杨智明副厅长陪同省领导赴滹沱河生态园现场办公。

5—9 日 宋春婴巡视员赴内蒙古市参加 2011 年度辐射安全经验交流会。

6 日 杨智明副厅长在省政府参加研究河北省国土资源“十二五”规划专题会议。

李葆副厅长在省政府参加研究衡水湖湿地恢复与保护及经济社会发展规划专题会议。

7 日 姬振海厅长在河北会堂参加全省加强预算管理工作电视电话会议。

轩水林巡视员参加“河北省民营企业、社团组织创先争优表彰大会”。

7—8 日 彭芳专员赴吉林省长春市参加全国环保系统纪检组长座谈会，并作题为《提升“四力”注重实效深入推进全省环保系统民主评议工作》的大会发言。

8 日 殷广平副厅长在河北会堂参加中央水利工作会议第一次全体电视电话会议河北分会场会议。

11 日 姬振海厅长在厅机关主持召开厅第十一次常务会议，研究 2011 年环保目标考核指标及计分办法等事宜。

2011 年上半年主要污染物总量减排核查核算工作汇报会在石家庄召开，姬振海厅长向国家污染减排考核组汇报了我省 2011 年上半年主要污染物减排目标完成情况。李葆副厅长出席了会议。

11—15 日 杨智明副厅长赴黑龙江省参加环保部组织的重点地区建设项目环评管理工作调研。

12 日 姬振海厅长参加省政府第 92 次常务会议。

彭芳专员在河北会堂参加河北省实施国家妇女儿童发展纲要工作情况汇报会及座谈会。

彭芳专员参加迎接国家妇女儿童发纲要评估检查工作。

轩水林巡视员在河北会堂参加全省上半年金融工作形势分析会议。

12—20 日 李葆副厅长陪同国家减排考核组赴各设区市进行现场核查。

13 日 姬振海厅长在石家庄出席中国共产党河北省第七届委员会第七

次全体会议。

姬振海厅长、李葆副厅长在河北会堂参加河北省节能减排工作电视电话会议。

14日　姬振海厅长在全国政协机关参加落实中央领导重要批示,推动衡水湖湿地保护与发展汇报座谈会。

宋春婴巡视员在河北会堂参加全省保障性安居工程工作会议。

宋春婴巡视员在省政府参加研究北京新机场建设专题会议。

轩水林巡视员在河北会堂参加全省上半年经济形势分析会。

15—17日　李葆副厅长赴贵州省贵阳市参加2011年生态文明贵阳会议。

16日　轩水林巡视员赴秦皇岛市参加暑期重点项目现场验收等相关活动。

18—22日　姬振海厅长赴北戴河参加省委理论学习中心组学习会议。

彭芳专员赴云南参加2011年全国环境新闻发言人培训班。

殷广平副厅长陪同环保部有关领导对我省的环保专项行动开展情况进行督察。

21日　殷广平副厅长赴邯郸参加2011年全省环境信访工作现场会。

23日　姬振海厅长在北戴河参加河北省城镇建设三年上水平工作会议。

24日　姬振海厅长、李葆副厅长陪同环保部吴晓青副部长视察北戴河浴场水质。

24—25日　姬振海厅长赴辽宁省葫芦岛市参加渤海环境保护省部际联席会议第二次会议。

25—28日　姬振海厅长、杨智明副厅长、李葆副厅长率石家庄、秦皇岛、唐山市环保局及厅办公室、人事处、总量处、离退休处、环监局有关负责同志赴环保部东北环保督查中心及辽宁省环保厅等单位学习考察。

26日　殷广平副厅长在石家庄参加南水北调中线干线工程建设两侧水源保护区划定工作座谈会。

28—29日　全省环保规划财务工作会暨项目资金申报管理培训班在昌黎召开。杨智明副厅长到会并做重要讲话。

彭芳专员率政法处、监察室有关负责同志赴环保部参加《环境保护廉洁执法手册》书稿审稿会。

宋春婴巡视员赴山西环保厅对放射性废物库建设工作进行调研。

8 月

1 日　姬振海厅长、杨智明副厅长赴京参加“环首都绿色经济圈生态建设和环境保护规划”专家评审会。

2 日　姬振海厅长在厅机关召开厅第十二次常务会议，传达中共河北省委七届七次全会精神等事宜。

3 日　李葆副厅长在省委参加河北省蔬菜产业发展领导小组会议。

5 日　姬振海厅长在河北会堂参加全省安全工作电视电话会议。

杨智明副厅长陪同省领导在石家庄市调研工业聚集区建设有关工作。

殷广平副厅长参加省社会管理工作领导小组成员单位对口指导石家庄市社会管理创新综合试点工作调度会。

8 日　杨智明副厅长赴隆化、滦平两个民族县现场办公。

9—10 日　姬振海厅长、杨智明副厅长、彭芳专员、殷广平副厅长李葆副厅长、宋春婴巡视员赴承德市参加全省环保系统重点工作调度会.

10 日　轩水林巡视员在石家庄参加中国海洋石油总公司汇报蓬莱 19—3 油田溢油事故的会议。

11 日　轩水林巡视员在石家庄参加省委召开的帮扶工作汇报交流会。

12 日　轩水林巡视员参加省政府第 93 次常务会议。

15 日　姬振海厅长在厅机关主持召开厅第十三次常务会议，研究《省环保厅政务信息工作管理办法》、《省环保厅关于对重点处室和直属单位进行民主评议的实施办法》等事宜。

彭芳专员在石家庄参加河北省惩防体系建设座谈会。

彭芳专员在石家庄参加河北省民主评议工作培训班。

省委决定：吕竹青同志任我厅党组成员。

16 日　姬振海厅长、殷广平副厅长、李葆副厅长出席观摩环保部组织的省环境监测站举办的突发环境污染应急监测实战演练活动。

宋春婴巡视员赴沧州走访省人大代表。

17 日　杨智明副厅长赴邢台市参加 2011 年二季度冀中南片重点建设项目调度会。

李葆副厅长主持召开专题会议，会议宣布排污权交易服务中心正式运行。

18日　姬振海厅长在省委参加全国窗口单位和服务行业为民服务创先争优视频会议。

杨智明副厅长赴邢台参加京港澳高速公路石家庄至磁县(冀豫界)段改扩建工程开工动员大会。

19日　杨智明副厅长赴唐山参加2011年二季度沿海片重点建设项目调度会。

彭芳专员参加中共河北省第八次代表大会代表选举工作会议。

轩水林巡视员参加高尔夫球场补办手续的会议。

22日　轩水林巡视员出席石家庄省级开发区(园区)集中揭牌仪式。

23—25日　省环保厅直属单位党务干部培训班在石家庄举办,彭芳专员出席开班仪式并讲话。

23—27日　全省2011年污染减排工作暨业务培训会议在张家口召开,李葆副厅长出席会议并讲话。

24日　轩水林巡视员陪同环保部华北督察中心有关领导赴邢台德龙钢铁集团就烧结机脱硫有关工作进行调研。

24—28日　杨智明副厅长赴西藏参加全国环保系统对口援藏工作会议。

25日　殷广平副厅长在省委参加加快转变经济发展方式监督检查领导小组第一次会议。

25—26日　全省2011年辐射安全监管工作座谈会在唐山乐亭县召开。宋春婴巡视员出席会议并讲话。

26日　轩水林巡视员在河北会堂出席河北省高铁安全工作汇报会。

28日　姬振海厅长在太行国宾馆参加河北省领导干部会议。

29日　彭芳专员在河北会堂参加中共河北省第八次代表大会代表选举工作会议。

30日　杨智明副厅长在河北会堂出席亚洲水泥项目签约仪式。

殷广平副厅长赴京参加环境污染损害鉴定评估试点工作启动会议。

轩水林巡视员在石家庄参加全民科学素质行动实施工作电视电话会议河北分会场会议。

31日—9月2日　宋春婴巡视员赴辽宁丹东参加环渤海地区核与辐射安全监管工作研讨会。

9月

1号　殷广平副厅长参加危险废物污染防治视频工作会议河北分会场会议。

2日　杨智明副厅长赴京参加环保部学习胡锦涛总书记“序言”精神暨《生态文明建设与可持续发展案例教材》出版座谈会。

殷广平副厅长参加省群众工作领导小组第二次会议。

2—4日　杨智明副厅长陪同环保部生态司有关领导赴承德围场、隆化对生态保护和农村环境保护区工作进行调研。

3日　姬振海厅长在河北会堂参加省委全委扩大会议。

4日　彭芳专员在河北会堂参加省纪委全委扩大会议。

4—24日　李葆副厅长赴上海中国浦东干部学院参加“资源节约型和环境友好型城市建设”厅局级干部专题研究班学习。

5日　姬振海厅长陪同省领导赴沧州进行调研。

姬振海厅长赴衡水市饶阳县调研指导创先争优工作。

6日　杨智明副厅长陪同省领导赴石家庄医药园区现场办公。

6日—7日　轩水林巡视员赴邢台参加全省环保产业协会秘书长联席会议。

7日　殷广平副厅长赴邢台出席“河北省杀虫剂类持久性有机污染物废物处置项目”启动仪式。

8日　姬振海厅长主持召开厅第十五次常务会议，会议传达了省常委会议纪要第147号、张庆伟同志在省政府党组（扩大）会议上的讲话、研究《关于河北省“十二五”节能减排综合性实施方案任务分解情况的报告》、《关于印发河北省环境保护模范城市创建与管理工作规定和河北省环境保护模范城市考核指标及其实施细则的请示》等事宜。

9日　杨智明副厅长赴衡水陪同环保部有关领导考察衡水生态环境建设工作。

殷广平副厅长在河北会堂参加全省安全生产工作电视电话会议。

13日　姬振海厅长、杨智明副厅长在河北会堂参加省委加快转变经济发展方式监督检查工作领导小组会议。

殷广平副厅长参加河北省处理信访突出问题及群体性事件联席会议

2011年第二次会议。

13—15日　环保部组织专家验收组对河北省城市放射性废物库异地改扩建工程进行竣工环境保护验收,宋春婴巡视员参加了现场验收会。

14日　姬振海厅长在河北会堂参加河北省领导干部会议。

杨智明副厅长在石家庄参加中国联通华北(廊坊)基地建设情况的汇报会议。

轩水林巡视员赴廊坊参加全省城镇建设三年上水平工作调度会议。

15—20日　彭芳专员赴海南省、贵州省参加环保部、监察部联合检查组,对环评审批工作专项执法情况进行检查。

17日　姬振海厅长、杨智明副厅长、殷广平副厅长、宋春婴巡视员、轩水林巡视员在省政府向省领导汇报我厅工作情况。

19日　姬振海厅长主持召开厅第十六次常务会议,研究河北省钢铁工业大气污染物排放标准(报批稿)、《关于解除部分环境违法案件挂牌督办的请示》等事宜。

姬振海厅长在河北会堂参加省政府食品安全委员会第一次全体会议。

轩水林巡视员参加全省外资外贸工作调度会。

20—23日　2011年全省县(市、区)长环境保护专题培训班在石家庄举办,姬振海厅长出席开班仪式并为培训班授课

轩水林巡视员陪同省人大有关领导赴唐山市对加快经济结构调整推进经济发展方式转变进行调研。

21日　杨智明副厅长在省政府参加重点专项规划汇报会。

杨智明副厅长为"2011年全省县(市、区)长环境保护专题培训班"授课。

殷广平副厅长出席省政府食品安全委员会办公室揭牌仪式。

22日　河北省固体废物管理工作会议在石家庄召开,姬振海厅长、殷广平副厅长出席会议,并分别作重要讲话。

姬振海厅长在河北会堂参加学习贯彻总书记"七一"讲话精神深入推进创先争优活动座谈会。

杨智明副厅长参加省医改领导小组第六次会议。

23日　姬振海厅长在厅机关主持召开全省环保系统领导干部视频会议,传达省政府领导听取省环保厅工作汇报时的指示精神,并安排部署贯彻落实意见。

26日　姬振海厅长在石家庄出席中国国电集团公司与河北签署合作框

架协议仪式暨国电河北分公司揭牌仪式。

26－28日　殷广平副厅长赴沈阳参加区域环境监察工作座谈会。

李葆副厅长陪同环保部监测司有关领导到省监测站、衡水检查环境监测质量管理工作。

27日　杨智明副厅长赴京参加中国绿色信贷政策评估启动会暨座谈会。

27日　姬振海厅长在省委参加全国节能减排电视电话会议河北分会场会议。

李葆副厅长参加全国节能减排电视电话会议河北会堂分会场会议。

我厅组织离退休老干部前往石家庄东南环水系乘坐新型游船欣赏水系建设情况。

28日　杨智明副厅长参加省政府第九十四次常务会议。

彭芳专员在石家庄参加省交通运输系统窗口单位“为民服务创先争优”活动誓师大会。

李葆副厅长陪同贵州省环保厅有关领导就污染减排工作经验进行调研和座谈。

29日　姬振海厅长在省政府参加研究河北省钢铁行业发展专题会议。

彭芳专员在石家庄参加省直机关“创先争优”活动推进会。

30日　姬振海厅长列席省委常委会议(7届150次)。

姬振海厅长主持召开厅第十七次常务会议，研究2011年第二批省级挂牌督办环境违法案件、关于深入开展“为民服务创先争优”活动的实施方案等事宜。

李葆副厅长主持召开省环保厅专题会议，商议我省首笔省级排污权交易启动事宜。

10月

1日　姬振海厅长在民心广场参加省会庆祝中华人民共和国成立62周年升国旗仪式。

8日　姬振海厅长在省政府参加研究河北省钢铁行业的发展专题会议。

9日　姬振海厅长参加省政府第九十五次常务会议。

10－11日　姬振海厅长在河北会堂参加河北省水利工作会议。

11 日　姬振海厅长在人民会堂出席石家庄市推进生态文明建设暨环保模范城创建动员大会。

杨智明副厅长赴承德陪同环保部环评司有关领导出席全国环境影响评价管理人员培训班开班仪式。

12—14 日　殷广平副厅长赴山西朔州参加全国环境保护与公安消防应急联动机制建设工作交流会。

13 日　姬振海厅长在石家庄参加 2011 年全国环保厅局长石家庄论坛。

李葆副厅长主持召开省环保厅专题会议,研究参加我省首笔省级排污权交易项目及交易有关的宣传材料。

轩水林巡视员在石家庄参加河北省治理工程建设领域突出问题工作领导小组工作会议。

13—14 日　彭芳专员率监察室有关人员赴西柏坡陪同环保部监察局有关领导和相关人员开展党日活动。

13—15 日　彭芳专员在石家庄参加 2011 年全国环保厅石家庄论坛和中国环境报社宣传工作会议。

15 日　姬振海厅长赴北京出席河北省人民政府与中国石油化工集团公司战略合作框架协议签约仪式。

16—17 日　姬振海厅长赴西安参加 2011 年"第二届传统文化与生态文明国家研讨会"暨中国环境科学学会"第三届生态文明学术沙龙"会议,并作了"创新政策机制,建设生态文明"的大会发言,介绍了我省生态文明建设实践探索的相关情况。

17—23 日　彭芳专员赴沧州、衡水检查干部廉洁自律情况。

18—20 日　宋春婴巡视员在承德市参加全省辐射环境监测仪器比对技术培训班。

19 日　河北省首笔排污权交易正式启动,财政部经建司副司长柯风、环保部总量司副司长胡克梅、省政府副省长张杰辉、省政协副主席王玉梅出席启动仪式,姬振海厅长参加启动仪式并讲话,李葆副厅长主持启动仪式。

20 日　杨智明副厅长赴易县出席"狼牙山·石家统第二届金秋柿子节暨心连心艺术团慰问演出活动"。

殷广平副厅长向省人大汇报转变经济增长方式环保工作情况。

省政府决定任命吕竹青为河北省环境保护厅副厅长(排殷广平同志之后)。

21—22日　李葆副厅长赴重庆参加2011年全国环境监测分管厅(局)长座谈会暨全国环境监测技术委员会成立大会。

21—25日　轩水林巡视员在石家庄参加全国环保系统会议。

22日　杨智明副厅长参加裕西小区大气环境治理专题会议。

23日　姬振海厅长出席第四届环保科研院所长联谊会议并讲话。

杨智明副厅长陪同省领导赴井陉县调研困难中小企业发展情况。

23—26日　轩水林巡视员在石家庄参加第四届全国环保科研院所长联谊会议。

24日　杨智明副厅长在石家庄参加全省工业经济运行调度会。

杨智明副厅长、彭芳专员在河北会堂参加全省惩治和预防腐败体系建设工作电视电话会议。

李葆副厅长在石家庄参加全省“双三十”节能减排工作调度会。

24—28日　宋春婴巡视员陪同国家能源局、环保部华北督察中心有关领导对沿海地区陆源溢油污染风险进行检查。

24—30日　殷广平副厅长赴台湾参加绿色能源服务产业专题培训并进行相关考察。

25日　杨智明副厅长与世界银行集团金融公司水项目技术援助组商讨在高效水资源利用(节水)与污水处理方面的合作前景。

吕竹青副厅长在河北会堂参加裕西区域内驻军单位集中供热问题的会议。

25—28日　2011年全省市、县新任环保局长岗位培训班在石家庄举办，杨智明副厅长、李葆副厅长分别出席开班仪式并授课。

26日　杨智明副厅长在省政府参加省会规划建设委员会第八次全体会议。

为庆祝建党90周年，进一步丰富离退休干部的精神文化生活，发挥离退休干部的积极作用，我厅组织机关离退休干部赴湖南参观学习及生态考察。

26日—11月4日　姬振海厅长率河北环境合作代表团赴英国、荷兰考察。

27日　吕竹青副厅长率领生态处相关人员赴衡水参加滏阳河流域综合治理情况和衡水湖湿地保护与发展座谈会。

李葆副厅长参加省节能减排工作领导小组会议。

28日　杨智明副厅长在河北会堂参加曹妃甸千万吨级炼油项目协调推

进会。

李葆副厅长参加全省节能减排电视电话会议。

27—28日　全省环保系统政务公开和政务信息工作会议在邯郸武安市召开,杨智明副厅长出席会议并讲话。

31日　宋春婴巡视员陪同环保部华北核与辐射安全监督站有关领导对我省辐射环境管理能力建设进行调研。

11月

1日　杨智明副厅长在省政府参加研究唐山市政府关于日本驻华大使馆来函咨询事项的回复意见的专题会议。

彭芳专员参加中国共产党河北省省直机关代表大会。

李葆副厅长参加研究北戴河近岸海域污染防治工作专题会议。

李葆副厅长参加省河北省城镇建设三年上水平工作领导小组会议。

2日　杨智明副厅长在省政府参加研究《河北省财政发展“十二五”规划》和《河北省“十二五”重点领域改革规划》专题会议。

吕竹青副厅长在河北会堂参加全国冬春农田水利基本建设电视电话会议。

3日　杨智明副厅长在石家庄无极县出席污水处理厂开工仪式。

殷广平副厅长参加国家六部门“黑心棉”查处督察组检查工作汇报会。

李葆副厅长到创先争优联系点辛集市环保局进行调研。

2—4日　彭芳专员出席在石家庄鹿泉市召开的全省环境保护宣传教育工作会议暨“十百千”环境宣教工程推进会议并讲话。

8日　姬振海厅长在石家庄参加中国共产党河北省第七届委员会第十次全体会议。

9日　姬振海厅长参加省政府第95次常务会议。

10日　杨智明副厅长在省政府参加冀蒙合作有关问题汇报会。

10—11日　姬振海厅长在石家庄陪同省领导就深入学习贯彻党的十七届六中全会精神,推动经济社会各项事业健康快速发展;切实做好当前工作,迎接省第八次党代会召开进行调研。

彭芳专员赴石家庄市正定县、辛集市进行民主评议工作督导检查。

殷广平副厅长赴京参加第七届区域空气质量管理国际研讨会。

吕竹青副厅长赴重庆参加全国农村环境连片整治工作现场会。

轩水林巡视员赴衡水、沧州参加全省农业产业化工作会议。

11日　杨智明副厅长赴京参加中国生态文明研究与促进会成立大会。

李葆副厅长赴沧州参加清洁生产促进法修正案草案座谈会。

宋春婴巡视员在省委参加全省经济工作会议讲话材料起草工作专题会。

11—12日　姬振海厅长、杨智明副厅长赴保定陪同环保部人事司有关领导及党员干部开展“深入基层、转变作风、服务群众”创先争优主题党日活动。

14日　姬振海厅长在河北会堂参加国务院深入推进行政审批制度改革工作电视电话会议河北分会场会议。

14—16日　宋春婴巡视员赴广东大亚湾核电站和广西防城港核电站调研。

16—17日　全省环保科技工作暨农村环境综合整治示范工程现场会在唐山乐亭县召开，吕竹青副厅长出席会议并讲话。

18—22日　姬振海厅长在石家庄参加中国共产党河北省第八次代表大会。

23日　姬振海厅长主持召开厅第十九次常务会议，研究《传达贯彻河北省第八次党代会精神》、《关于解除部分环境违法案件挂牌督办的请示》等事宜。

殷广平副厅长接待中国政府创新奖组并汇报我省生态补偿机制情况，并陪同考核了邢台、衡水、石家庄三市。

23—26日　杨智明副厅长在石家庄参加省十一届人大常委会第二十七次会议。

25日　姬振海厅长在石家庄参加“央企走进河北战略合作恳谈会”。

25—27日　吕竹青副厅长赴南京参加环保部和江苏省人民政府共同举办的2011中国(南京)国际环保产业博览会。

28日　姬振海厅长在河北会堂参加中央扶贫开发工作电视电话河北分会场会议。

殷广平副厅长在河北会堂参加全省加强基层党风廉政建设，促进社会管理创新工作电视电话会议。

29日—12月1日　轩水林巡视员赴河北霸州市、永清县进行民主评议工作督导检查。

12 月

1 日　姬振海厅长、杨智明副厅长、李葆副厅长在省政府就全省环保工作进展情况向省政府领导作专题汇报。

1—2 日　轩水林巡视员赴重庆参加 2011 年大学生志愿者千乡万村环保科普行动经验交流研讨暨表彰会。

3 日　姬振海厅长在河北会堂参加河北省振兴中医药事业大会。

5 日　姬振海厅长在河北会堂参加省政府常务会议。

姬振海厅长主持召开厅第二十次常务会议,传达学习张杰辉副省长在听取环保厅工作汇报时的讲话精神,听取《2012 年预算有关情况的报告》、《关于参加全国农村环境连片整治工作现场会有关情况的报告》,研究审议《河北省机动车氮氧化物排放总量减排实施方案》、《河北省环境监测重量管理实施细则》、《河北省环境监测人员持证上岗考核办法》等事宜。

杨智明副厅长在省政府参加西柏坡干部学院建设项目协调会。

5—9 日　宋春婴巡视员赴秦皇岛、张家口陪同华北核与辐射安全监督站有关领导对北方铀矿、沽源铀矿进行检查。

6 日　杨智明副厅长在河北会堂参加央企走进河北恳谈会项目跟踪落实暨推进全省铁路建设调度会议。

殷广平副厅长组织召开省会大气环境质量改善专题调度会。

8 日　殷广平副厅长在省委参加北戴河海域综合整治与环境保护研讨会议。

8—9 日　彭芳专员赴广州参加 2011 年全国环保系统纪检监察工作会议,并作题为《创新措施精心谋划科学推动环境保护廉洁执法》的大会发言。

吕竹青副厅长赴苏州参加国家生态工业示范园区建设工作会议。

9 日　殷广平副厅长赴京参加关于中央办公厅北戴河近岸海域环境治理工作会议。

轩水林巡视员在石家庄参加省直(中直)单位离退休干部情况通报会。

11 日　姬振海厅长在监测站主持召开厅第二十一次审议常务会议,研究《关于 2011 年全省环境监察执法能力建设项目执法车辆和仪器设备技术参数征求意见会有关情况的报告》、《关于厅东院大门和专家公寓建设项目有关情况的报告》等事宜。

13日　杨智明副厅长在省社科院参加2011－2012河北经济形势分析报告会。

14日　宋春婴巡视员赴京参加开滦集团转型发展经验暨发展规划座谈会。

14－16日　姬振海厅长赴黑龙江省漠河县出席2011年环境新闻宣传暨地方新闻研讨会。

15日　杨智明副厅长在河北会堂参加与北京市政府参事室“共同经济圈环境生态”课题组调研考察座谈会。

轩水林巡视员在河北会堂参加高尔夫球场清理整治工作专题会议。

15－16日　全省环保系统民主评议工作调度会在邯郸涉县召开，彭芳专员出席会议并讲话。

16日　杨智明副厅长参加省政府第九十八次常务会议。

宋春婴巡视员在石家庄参加省直(中直)单位离退休干部党支部书记培训班。

17－18日　姬振海厅长赴江苏苏州市参加环保部组织的中国生态文明研究与促进会第一届年会，并作了《绿色发展方式绿色转型的有益探索和实践》的大会发言，介绍了河北省探索生态文明建设的做法和体会。

19日　姬振海厅长参加省委常务(扩大)会议，会议传达了中央经济工作会议精神。

杨智明副厅长在太行国宾馆参加2011年河北十大经济新闻暨年度十大经济风云人物评选活动定评会。

殷广平副厅长在石家庄参加省领导会见中央信访工作督导组的活动。

20日　杨智明副厅长在河北会堂参加河北省政府绩效管理试点工作动员会议。

杨智明副厅长在河北会堂参加加快转变经济发展方式监督检查工作领导小组第二次会议。

殷广平副厅长在河北会堂参加向中央信访工作督导组汇报的会议。

20－21日　姬振海厅长赴京参加第七次全国环境保护大会。

21日　姬振海厅长赴京参加2012年全国环境保护工作会议。

杨智明副厅长参加省领导主持研究对保定市白沟新城建设区域性中心城市综合配套改革试点总体方案的专题会议。

彭芳专员赴邢台南和县参加2011年省直“三下乡”集中示范活动。

殷广平副厅长出席全省电力企业环保工作调度会议并讲话。

22—23日 姬振海厅长、杨智明副厅长带领我厅30名处级干部在石家庄参加河北省经济工作会议。

姬振海厅长参加全省保障性安居工程工作会议。

23日 殷广平副厅长赴秦皇岛参加北戴河及关联区域近岸海域污染防治工作会议。

24日 姬振海厅长在河北会堂参加河北省信访工作会议。

李葆副厅长赴京参加2011年全国环境统计工作视频会议分会场会议。

25—31日 彭芳专员在河北行政学院参加市厅级领导干部网络舆情管理与公共事件危机公关专题培训班。

26日 姬振海厅长列席省委常委会议。

姬振海厅长主持召开厅第二十三次常务会议。传达第七次全国环境保护大会会议精神并研究贯彻落实意见,听取《关于参加省委加快转变经济发展方式监督检查工作领导小组第二次会议的情况报告》、《关于环保系统进一步推动环保产业发展的指导意见》等相关事宜。

26—27日 宋春婴巡视员赴京参加第四次全国核与辐射安全监管工作会议。

27日 殷广平副厅长在省政府参加北戴河及近岸海域海水治理专题会议。

姬振海厅长、李葆副厅长参加2011年主要污染物总量减排核查核算与重金属年度考核视频会议河北分会场会议。

杨智明副厅长在河北会堂参加河北省深入推进行政审批制度改革工作电视电话会议。

杨智明副厅长在河北会堂参加全省财政工作电视电话会议。

殷广平副厅长在省政府参加省领导组织召开的北戴河近岸海域水质保障调度会。

28日 姬振海厅长参加省政府第九十九次常务会议。

殷广平副厅长在石家庄参加省政府应急管理工作座谈会。

轩水林巡视员在省政府参加曹妃甸开发建设支持政策的专题会议。

29日 姬振海厅长在石家庄参加环保部生态司核查我省农村环境综合整治目标责任制试点考核工作座谈会。

姬振海厅长在省政府参加民营企业座谈会。

杨智明副厅长赴沧州参加神华集团建设现代绿色物流链示范项目启动仪式和黄骅港吞吐量突破亿吨庆典暨集装箱马头通航仪式。

殷广平副厅长在石家庄参加打击岗南水库非法采砂工作调度会。

31日 姬振海厅长参加省委省政府农村工作领导小组暨扶贫开发工作领导小组会议。

各设区市环境保护

石家庄市环境保护

【概述】 2011年,石家庄市环境保护工作,围绕全市“中东西”发展战略,以污染减排为主线,以大气和水环境治理为重点,不断强化省会意识、创新意识、争先意识和服务意识,“市委统揽、人大监督、政府主导、政协支持、环保组织、部门联动、企业履责、公众参与、舆论推进”模式,用高标准、新机制、强措施推进环境综合整治,启动环保模范城和生态市创建,着力实施以“洗城净天”和“清源净流”为主要内容的“蓝天碧水”行动计划,全面开展环境综合整治,有效地解决了一批影响城市发展的环境问题,省会整体环境质量取得实质性改善。

污染物减排目标如期实现。“十二五”四项主要污染物减排基数,以全国污染源普查动态更新数据为基础,按全省年度减排目标和省环保厅要求,石家庄市确定的2011年减排目标为:化学需氧量、氨氮和二氧化硫、氮氧化物排放量分别比2010年净削减0.360万吨、0.025万吨、0.312万吨和0.406万吨,四项主要污染物削减比例均为1.5%。(石家庄市2010年化学需氧量、氨氮、二氧化硫、氮氧化物排放总量分别为24.01万吨、1.67万吨、20.81万吨、27.08万吨)

2011年,石家庄市整体环境质量进一步改善。三项主要大气污染物达到国家空气质量二级标准要求,实现年初既定的力争工作目标。市区环境空气质量优良天数达到320天,与上年相比增加1天;其中Ⅰ级36天,增加2天。在全国47个重点城市中,优良天数排在第35位,好于北京、济南、郑州、太原等周边城市。

重点流域水环境质量保持平稳。石家庄市五条主要河流滹沱河、汪洋沟、洨河、邵村排干渠出境断面COD浓度同比2010年分别下降13.2%、25.4%、48.7%、4.59%。

饮用水水质情况良好。集中式饮用水源地水质合格率为100%,地下饮用水源和地表饮用水源全部达到国家标准要求。

【重要活动】

1月

5日—6日,由国家环保部副部长张力军、环保部东北督查中心主任文毅带队的环保部"十一五"及2010年度总量减排核查核算组一行莅临石家庄市,对石家庄市主要污染物总量减排工作进行核查并指导工作。环保部总量减排核查核算组一行先后实地察看了西柏坡电厂、上庄污水处理厂、石钢集团和石药集团河北中润制药有限公司以及滹沱河生态综合整治工程部分河段。现场检查企业减排工作措施和效果,查看污染物处理设施运行情况,听取企业汇报,并与企业相关负责人深入交谈,了解污染物处理设施在运行中出现的问题和解决方案。

10日,根据市政府要求,《石家庄市人民政府关于提请批准〈石家庄市滹沱河地下水源地调整后饮用水水源保护区划分方案〉的请示》(石政函〔2010〕95号),经省政府同意,河北省环境保护厅于2010年12月28日下发《关于石家庄市滹沱河地下水源地调整后饮用水水源保护区划分方案的复函》(冀环防函〔2010〕880号),对石家庄市滹沱河地下水水源保护区调整方案进行了批复,同意石家庄市修订完善后的《石家庄市滹沱河地下水源地调整后饮用水水源保护区划分技术报告》。

30日上午,2011年《环保大讲堂》第二讲在市政府第三会议厅隆重举办。此次讲座专门邀请中国环境科学院柴发合副院长和中国人民大学环境学院马中院长为石家庄市开展大气环境综合治理工作进行把脉,对石家庄市创建国家环保模范城和污染减排工作进行指导,对石家庄市的生态环境问题进行探讨研究。各县(市)区人民政府、市直相关部门主管负责同志,以及市环保局、各县(市)区环保局500余人参加讲座。

2月

2日,市环境监察支队荣获2010年度全省排污申报核定工作一等奖。荣获2010年度全省排污费征收工作三等奖。

20—22日,省国土资源厅副巡视员刘宝奎带领省环保厅、省卫生厅、省国土资源厅相关人员组成的省环保目标考核组一行5人，对石家庄市2010年度环境保护工作目标完成情况进行为期三天的考核。考核期间，省环保目标考核组采取听取汇报、现场核查、查阅资料等形式对石家庄市环保工作进行了检查。并分别现场检查了桥西污水处理厂、中润制药、辛集污水处理厂等重点监控企业。

25日，石家庄市环保局门户网站在全省11个城市环保网站评比中获得总分第一名。

3月

9—10日，省政府召开"2011年全省环境保护工作会议"，石家庄市被省政府授予"2010年度河北省环境保护目标管理优秀市"称号(全省4家)，同时被授予"2010年度河北省环境保护目标管理优秀县(市、区)"称号的有鹿泉、灵寿、辛集和裕华区。其中，市本级是自1994年河北省有环保考核以来首次获此称号。会上，衡水、沧州、石家庄、邯郸作大会典型发言，市委常委、副市长王大虎代表石家庄市作了题为《综合施策攻坚克难，全力加快建设绿色生态城市》的典型发言。

13日上午，河北生物化工股份有限公司五车间1号精胺储罐发生爆炸。石家庄市环保局总工牛新国带领监测人员和应急人员紧急赶赴事故现场处置。

21日上午，由市政府举办、市环保局承办的石家庄市2011年"地球一小时"暨第二届"低碳宣传周"活动在省会先天下广场正式启动。省会各界环保志愿者代表、绿色单位代表、"环保十进"行业代表，以及省、市新闻单位记者参加。

21日下午，在长安区谈固小学，市环保局与长安区环保分局、长安区教育局共同举行了"环保十进"进学校主题宣传教育活动；在空军第四飞行学院，举行了由市环保局与新华区人民政府主办，新华区环保分局、空军第四飞行学院承办的"环保十进"进军营主题宣传教育活动。

23日上午，针对无极县9家制革企业存在不同程度的环境违法行为或对环保要求执行不到位现象，导致无极县污水处理厂出水水质重金属离子(六价铬)超标、滹沱河枣营断面检测出重金属。艾文礼市长在对石家庄市环保局呈送的调查报告做出了重要批示："严肃对待、不能功亏一篑"。为有效遏制涉重金属企业的环境污染市，石家庄市环保局组织召集无极县环保局及无极县9家制革企业负责人集中约谈。

26日上午，石家庄市环保局党组书记、局长张炬做客市政府门户网站，以在线交流的形式，围绕石家庄市2011年“地球一小时”暨第二届“低碳宣传周”活动和如何做好环境保护宣传教育工作等众多网民关心的热点问题与网民进行了对话、沟通。张炬局长对网民的实时提问和市政府门户网站《意见征集》栏目征集到的市民关于石家庄市2011年“地球一小时”暨第二届“低碳宣传周”活动的有关意见、建议进行了在线解答。详细介绍了石家庄市2011年“地球一小时”暨第二届“低碳宣传周”活动的组织、筹备情况、主要活动内容和开展这次活动的意义，以及如何正确倡导低碳理念，践行低碳生活。

26日晚上，在人民广场举行了石家庄市2011年“地球一小时”熄灯仪式暨大型公益演出活动。“地球一小时”活动于3月26日21时30分结束。当晚，全市24各县(市)区内也共同开展了这一活动。

31日，市环保领导小组召开2011年度第一次会议，传达学习全省环保工作会议和省委常委、市委书记孙瑞彬在全市污染减排工作调度会议上的讲话精神。审议通过《石家庄市2011年环境保护工作实施方案》、《石家庄市2011年蓝天碧水行动计划》和《石家庄市2011年农村环境综合整治试点工作实施方案》；对2011年度石家庄市环境保护工作领导小组成员进行调整和补充。通过了《石家庄市2010年环境保护目标考核先进个人、先进单位名额分配方案》和《表彰2010年环保专项行动工作先进集体和先进个人的安排意见》。会议决定授予石家庄市环境保护局“市长特别奖”称号。

4月

20日上午，石家庄市召开2011年环境保护工作会议。市委常委、副市长王大虎，副市长王大军，市政协副主席韩宪章以及市环保工作领导小组成员，各县(市)、区政府分管负责同志、环保局局长，省“双三十”涉及企业和市重点节能减排企业法人代表或董事长，市环保局中层以上干部约260人参加会议。大会对2010年全市环保工作中涌现出的先进单位和个人进行了表彰，授予市环境保护局市长特别奖，与各县(市)区和相关部门签订了《市长环保目标责任书》。会议由副市长王大军主持。省委常委、市委书记孙瑞彬致信大会，向全市环保战线的同志致以诚挚的问候和衷心的感谢！

22日，在第42个“地球日”来临之际，由省环保厅主办，市环保局承办，三精制药有限公司协办的，以“善待地球，关爱家园”为主题的环保宣传走进绿色社区及“送三精蓝瓶回家”公益项目启动仪式在石家庄市水榭花都小区正式启动。省会绿色社区居民,绿色学校师生、志愿者代表共计300余人参加。

27日上午,石家庄市生态文明建设促进会正式成立。标志着石家庄市生态保护建设事业,开始由政府负责向政府主导、全社会共同参与转变。市生态文明建设促进会由市环保局、河北科技大学环境学院牵头发起,首批会员单位110余家。在全省11个设区市中,石家庄市是第一个成立生态文明促进会的城市。

5月

3日下午,市政府组织召开打击非法倾倒化学品废液环境突发事件专题调度会。市监察局、公安局、工商局、环保局、安监局、市政府督查室以及正定县、灵寿县、栾城县政府分管领导参加了会议。

12日,市政府副市长王大军在市政府办公厅、市环保局、平山县政府、西柏坡管理局、省岗黄水库管理局等单位主要负责人的陪同下到岗南水库现场调研,研究解决水库水质污染治理问题。在对岗南水库污染情况进行现场调查后,召开了岗南水库污染治理现场协调会。协调会上市环保局、平山县政府、西柏坡管理局和省岗黄水库管理局分别结合各自工作实际,对岗南水库非法采砂船作业污染治理情况进行了汇报。协调会由市政府副秘书长杨智勇主持,省水利厅副厅长位铁强出席了协调会。

24日,由石家庄市人大常委会组织的2011年“燕赵环保世纪行在石家庄”活动正式启动,市人大常委会副主任郭领域出席启动仪式并讲话。启动仪式由市人大常委会城建环资委主任康德忠主持。市人大常委会城建环资委副主任潘明文,市环保局党组成员、副局长岳存义,市环保局党组成员、副局长张智华及市人大城建环资委部分委员和石家庄市各家新闻媒体代表共计30余人参加了启动仪式。启动仪式上,市环保局党组成员、副局长张智华代表市环保局向市人大和各家新闻媒体介绍了石家庄市环境保护工作的有关情况。

6月

5日上午,由河北省环境保护厅、石家庄市人民政府、河北人民广播电台主办,河北省环境保护宣传教育中心、石家庄市环境保护局承办,河北环保联合会、石家庄市生态文明建设督促进会协办的省会2011年纪念“六五”世界环境日宣传活动在西清公园举行。省环保联合会会长陈慧,省人大常委会城建环资工委主任马静，省政协人资环委主任路富裕，省环保厅厅长姬振海、副厅长杨智明、监察专员彭芳，省电台副台长魏雁志，市人大常委会副主任郭领域，市政府副市长王大军、副秘书长杨智勇，市人大环资委主任康德忠，市政协财政经济委主任周书献，市环保局局长张炬等有关领导出席本次活动。省、市环保部门干部职工、大专院校环保志愿者代表、企业职工代表和民间环保组织代表共600余人参加活动。河北人民广播电台《阳光热线》栏目在活动现场组织了“用绿色装点未来——纪念六·五世界环境日大型户外直播”。省环保厅副厅长杨智明、市环保局局长张炬等领导先后作客直播现场，接受新闻媒体采访，并与听众进行互动。本次活动，共接受群众咨询300余人次，发放环保宣传单1000余份，环保宣传册600余册，环保书籍800余册，直接受教育人数达4000余人。

15日，市环境保护工作领导小组召开第二次会议，市委副书记、市长、市环保工作领导小组组长艾文礼要求，全面提升污染治理水平和防控能力，确保完成全年各项目标任务，为“十二五”环保工作开好局、起好步。市委常委、常务副市长、市环保工作领导小组副组长栗进路，副市长、市环保工作领导小组副组长刘明轩、王大军，以及市环保局、城管委等市环保工作领导小组成员单位参加了会议。会上，市环保工作领导小组听取了上半年石家庄市环保工作汇报，并就“城考”和“创模”工作、总量减排工作、洨河水质稳定达标工作、建立环保和公安联合执法机制等亟须解决的环保工作重点难点问题，进行了讨论研究。

6月28日上午，石家庄市人大常委会首次开展专题询问。市环保局局长张炬同志就“保护水源，防治污染是环保局的重要职责，在民心河、环城水系、滹沱河综合整治工程水污染防治方面采取了哪些措施，如何防止向环城水系内排污?”作了回答，受到与会人员的好评。具体内容是：民心河、环城水系、滹沱河综合整治工程属市政工程，有专门的负责机构，石家庄市尚未出台相应的水污染防治条例。依照《中华人民共和国水污染防治法》规定，一旦发现偷排偷放污水行为，将坚决予以查处。对未经水行政主管部门或者流域管理机构同意，在江河、湖泊新建、改建、扩建排污口的，移交县以上水行政主管部门或者流域管理机构依据职权、规定采取措施、给予处罚。对违法违规设置排污口或者私设暗管的，由县级以上环保部门责令限期拆除，处二万元以上十万元以下的罚款；逾期不拆除的，强制拆除，所需费用由违法者承担，处十万元以上五十万元以下的罚款；私设暗管或者有其他严重情节的，提请县以上政府责令停产整顿。

为防止向环城水系内排污,市环保局加强了监督检查,对发现的偷排污水行为,依照有关法律法规严肃处罚。积极配合环城水系管理部门,做好排污口的封堵和查处。同时规范企业排污,督促相关县(市)区政府建立污水管网,规范所有沿环城水系污水排放企业的排水去向,污水必须进入相应的污水管网。

7月

11—14日,由环保部华北督查中心副主任宋刚带队的总量减排核查核算组一行10人莅临石家庄市,对石家庄市2011年上半年主要污染物总量减排工作进行核查并指导工作。市政府副市长王大军,局长张炬、副局长岳存义、耿富顺陪同检查。在石家庄市核查期间,核查组查阅了石家庄市2011年上半年主要污染物总量减排档案,并分组抽查河北西柏坡发电有限责任公司、河北钢铁集团敬业钢铁有限公司、平山县污水处理厂、桥西污水处理厂、桥东污水处理厂、河北华电石家庄裕华热电有限公司、石家庄高新技术产业开发区污水处理厂、石家庄经济技术开发区污水处理厂等企业,现场检查企业减排工作措施和效果,查看污染物处理设施运行情况,确保总量减排落到实处,有力地促进了石家庄市污染减排工作的开展。

18日上午,国家环保部环监局副局长齐铭率国家环保专项行动第九督查组来石家庄市督查环保专项行动工作。督查组一行听取了市政府关于《石家庄市整治违法排污企业保障群众健康环保专项行动工作汇报》,并到企业现场进行了实地督查。省环保厅副厅长殷广平,市政府副秘书长杨智勇以及局党组成员、副局长岳存义,调研员苏庆春参加督查活动。

8月

4日,石家庄市在人民会堂召开全市推进重点企业环保公开承诺工作会议。副市长王大军出席会议并讲话,市政府副秘书长杨志勇主持会议。市环保局党组书记、局长张炬,市环保局党组成员、副局长耿富顺,市环保局党组成员、总工程师牛新国出席会议。市公安局有关领导,各县(市)区政府主管领导、环保局局长,全市141家重点企业负责人和环保机构负责人参加会议。

8日至14日,按照市委、市政府的统一部署,以石家庄市政府办公厅、市公安局、市环保局、市水务等部门领导为督导组,由平山县政府和省岗南水库管理局组织牵头,针对岗南水库吸铁船非法采砂行为进行了为期一周的专项打击取缔行动，取缔岗南水库吸铁船联合专项行动圆满结束。本次联合执法行动中，共出动300余名执法人员，分水、陆两路对非法吸铁船进行了严厉打击，市特警支队出动100名特警维持现场秩序。

19日上午，在石家庄市环保局举行石家庄环保治安办公室成立揭牌仪式，成立石家庄环保治安办公室（即“环保110”），进驻市环保局。省环保厅副厅长殷广平、省排调办副主任毛力偶、市政府副市长王大军、市政府副秘书长杨智勇、省环保厅政法处处长张桂生、市综治办副主任王彦钗、市公安局副局长王云才以及市环保局、公安局执法人员110人参加揭牌仪式。揭牌仪式由市环保局局长张炬主持。省环保厅副厅长殷广平、市政府副市长王大军为“石家庄环保治安办公室”揭牌。

9月

15日，石家庄市召开节能减排工作会议。市委常委、常务副市长王大虎，市委常委、组织部长王俊钟，副市长刘晓军、王大军，市政协副主席韩宪章出席会议。王大虎主持了会议。会上，市委常委、常务副市长王大虎代表市政府与县（市）、区代表，签订了《“十二五”节能减排目标责任书》；副市长刘晓军通报了2011年上半年全市节能减排工作完成情况和当前重点减排工程进展情况；副市长王大军宣读了《关于表彰“十一五”节能减排工作先进单位、先进企业和模范个人、先进个人的决定》。

10月

11日，石家庄市在人民会堂召开“推进生态文明建设”暨“创建环保模范城”动员大会。河北省委常委、石家庄市委书记孙瑞彬出席会议，石家庄市委副书记、市长艾文礼主持会议。全市环保局系统干部职工及市直有关部门、社会各界1000余人参加大会。

12日—15日，石家庄市举办2011年全国环保局长石家庄论坛暨中国环境报社宣传工作会议。

13日，石家庄市举行“以绿色发展——‘十二五’的突破与变革”为主题的2011年全国环保局长石家庄论坛暨中国环境报社宣传工作会议。环境保护部副部长潘岳出席论坛并发表演讲。河北省委常委、石家庄市委书记孙瑞彬，河北省人民政府党组副书记张和，河北省人民政府副秘书长于万魁，石家庄市委常委、常务副市长王大虎，市环保局党组书记、局长张炬等出席论坛开幕式及有关活动。张和、王大虎分别致辞。环境保护部污防司司长赵华林，环境保护部“两委”委员、中国社会科学院城市发展与环境研究所所长潘家华,联合国环境规划署中国总代表张世钢,石家庄市副市长王大军在论坛上做了主旨演讲。论坛与会人员还参观了石家庄市生态文明建设暨“十一五”成就展及环保新产品、新工艺展。

11月

7日,2011年中国·石家庄国际投资合作洽谈会、绿色产业发展合作对接会在石家庄市隆重举行。会议的主要内容是以“低碳经济与绿色城市”为主题,推介石家庄在绿色能源、低碳经济、绿色服务业等方面的产业基础和优势,并就以上领域的合作新项目和新成果进行对接洽谈。参加对接会的有石家庄市政府领导、相关部门负责同志、本地相关企业代表,国内嘉宾中国绿色发展联盟代表团、台商代表团以及国外嘉宾日本商会代表团等80余人。石家庄市副市长王大军出席了本次对接会,石家庄市环保局局长张炬出席会议并做了《石家庄市绿色产业基础及优势》的重要演讲。晚宴后,中国绿色发展联盟代表与石家庄市相关企业进行了小范围的对接洽谈,深入探讨,并对一些事宜达成初步意向。

10日,为进一步完成好环保部对石家庄市农村环境综合整治目标责任制试点工作的考核,石家庄市环保局组织市发改委、国土局、建设局等12个市直成员单位召开农村环境综合整治目标责任制试点考核市直成员单位协调会。副局长梁国发参加协调会。

22日,召开18个县(市)区农村环境综合整治调度会。听取各地的具体工作情况汇报会,对17项考核指标的计算方式进行了统一,确定了抽查的部分试点。

12月

27日,经石家庄市第十二届人大常委会第三十二次会议审议通过,决定自2012年起,将每年9月16日设立为“石家庄生态日”。设立生态日后,每年将组织举办相关活动,且每次生态日活动都将有一个主题,确定相应的主题词,并围绕主题设计活动内容;充分发挥创造性,围绕年度生态日主题,设计内容丰富、内涵丰厚、形式新颖、吸引力强的活动。同时,在发挥政府部门主导作用的前提下,动员和依靠全社会的力量,大力营造浓厚的公众参与氛围,使公众能够参与、乐于参与。通过这一活动,激发广大市民建设生态文明和保护生态环境的热情,并把这种热情转化为建设生态文明和保护生态环境的实际行动。设立生态日，是进一步贯彻科学发展观，实现城镇建设三年上水平，推进全市生态文明建设的重要举措。

【完成“十二五”规划编制工作】 为完成“十二五”规划编制工作，在征求各相关部门、各编写单位意见的基础上，围绕总规划和专项规划筛选、修改、完善确定石家庄市“十二五”规划重点工程项目分为水污染减排工程，大气污染减排工程，固体废物污染减排工程，有毒、有害重金属污染防治工程，生态环境保护工程和环境保护能力建设与环境管理工程六大类。共计 117 个项目，预计投资 628825.01 万元。

【环境规划编制特点】 一是建立创新的编制思路拓展规划编制体系。改变以往规划只出一个总本子的做法，确定除编制规划总报告外，还额外另行编制技术报告。

总报告采用规划编制的常规格式，主要围绕石家庄市“三年上水平”各项工作部署、组团城市与主城区的快速一体化发展、东、中、西发展新格局以及以“低碳、生态、智慧”为主题的正定新区的启动开发等一系列大手笔城市建设规划，确定以各组团城市与主城区环境保护一体化发展和打造低碳省会城市作为石家庄市环保“十二五”规划的特色内容，围绕水、气、声、固废、重金属、危险化学品、核与辐射、农村环保、生态建设以及总量减排等内容逐一确定“十二五”时期全市环保工作的各项目标和任务。

技术报告主要是通过模型实验、公式计算、数据对比、统计分析、理论推理等方式方法，对总报告中的各项目标、任务及规划内容从技术角度进行必要性、必然性、可行性和可达性分析。

二是以完备的专项规划丰富规划编制体系。以总规划作为支撑，参考国家、省环保“十二五”规划基本思路，并结合“十二五”时期石家庄市环保工作的重点和着力点，石家庄市环保局选择编制了《主要污染物总量控制规划》、《水环境保护规划》、《大气环境保护规划》、《危险废物防治规划》、《重金属污染防治规划》、《农村环境保护规划》、《生态环境保护规划》、《环境监管能力建设规划》和《环境科技体系建设及环保产业规划》九个专项规划作为整个“十二五”规划的补充，与总规划组成体系。对由于受篇幅限制在总规划中不能展开的内容，在各专项规划中一一全面地加以分析、论述，使其与总规划一起形成一个完整、详实的规划体系。

三是以扎实、严密的基础性工作作为规划编制超前完成的保障。由于总报告、技术报告和九个专项规划组成的规划体系本身就体量庞大,编写任务十分艰巨,加之“十二五”时期总量减排指标直到2011年7月才最终确定,因此规划编制进度一度受到影响。市环保局通过扎实、细致的基础性工作作为保障,克服重重困难,在2011年10月完成全部编写和评审工作,时间进度名列全省其他兄弟城市首位。

四是以更高、更宽的规划编制站位延展规划体系。除了《石家庄市环境保护“十二五”规划》体系外,2012年石家庄市又投资400万元,通过公开招标,确定由中国人民大学编制《石家庄中、东、西生态建设战略规划》和《石家庄市创建环保模范城规划》,将这两个规划作为全市“十二五”环境保护规划的延伸和补充,使全市的“十二五”环保规划体系进一步完善,全市的环保重点工作方向进一步明确,以推动全市环保工作有力、有序地开展。

【源头控制,加强建设项目环保审批】 工作中严把“四关”,包括:“政策关”、“布局关”、“总量关”、“监管关”。

【优化发展环境下放审批权限】 石家庄市环保局于2011年4月以《关于污染防治设施的拆除或闲置的审批等行政许可事项下放的通知》(石环保〔2011〕174号)将关于污染防治设施的拆除或闲置的审批等行政审批事项下放至各县(市)区环保局审批。完善行政许可事项,将行政许可事项的法律依据、办理流程、法定时限、申请材料等整理为一次性告知书,提供给申请单位,同时削减行政审批环节。

【建设项目审批与验收】 在建设项目审批上,通过环评审批权限下放,石家庄市环保局审批建设项目数量同比减少,但投资总额增加;县级环保部门审批建设项目数量、投资总额双增加。2011年石家庄市全年共完成审批项目3978个,总投资1667.57亿元,同比分别增加14.9%和25.8%。其中市环保局完成审批项目126个,总投资486.02亿元,同比分别增加-35.05%(主要是下放审批权限的原因)和7.5%;县级环保部门完成审批项目3852个,总投资1181.55亿元,同比分别增加20.75%和50.44%。

共完成建设项目验收775个，完成投资81.63亿元，同比分别增加3.2%和76.77%。其中市局验收审批项目62个，总投资26.82亿元，同比分别增加3.3%和44.76%；县级环保部门完成验收项目713个，总投资54.81亿元，同比分别增加－4.6%和83.3%。

2011年共配合国家环保部、省环保厅初审建设项目50项，参与验收43项。市环保局共拒接或否决建设项目37项。

【严格过程监管强化项目竣工环保验收】 2011年，进一步强化了新建项目的试生产检查，狠抓了“三同时”制度的落实。加大建设项目设计、土建、安装、试生产等环节的全过程环境监管力度，项目试生产（试运行）坚持“五个不准”原则，不断提高石家庄市环评执行率和“三同时”执行率。采取定期检查的形式，确保建设单位在建设主体的施工同时，做到环保设施同时建设；在调试主体设备的同时，调试环保设施，从源头上杜绝污染物超标排放污染现象的产生。

【推进规划环评，督促完善园区基础设施建设】 石家庄市建设33个产业聚集区（开发区）。其中国家级开发区1个，省级产业聚集区（开发区）21个。截至2011年底，除矿区工业园区、西柏坡经济开发区外，均已编制完成规划环境影响报告书。在县级产业聚集区中，除井陉县、平山县外，其他县（区）完成工业园区规划环评工作。未完成的主要原因是涉及市区饮用水水源保护区的环境保护问题。石家庄市工业聚集区规划环评基本完成，但部分园区存在基础设施不完善和建设缓慢的现象。将采取多项措施，促进各地工业园区基础设施建设，鼓励建设项目向园区集中，保障实现转型升级。

【启动创建全省依法行政示范单位】 为推进依法行政工作，按照全省依法行政创建标准，石家庄市环境保护局于年初印发了《创建全省依法行政示范单位实施方案》，共涉及48项措施，逐项落实到相应的单位。为确保创建目标实现，7月和11月分别召开“创建全省依法行政示范单位”工作调度会，对各单位创建工作进行了点评，对一些“亮点”工作给予了充分肯定，同时要求各单位在年底前要做好应查准备，12月19日石家庄市依法行政工作考核组对石环保局2011年度依法行政工作进行了考核，认为市环保局依法行政基础工作扎实,资料齐全,亮点突出,示范作用明显,具备列入创建省依法行政示范单位条件。

【进一步规范行政执法行为】 相继制定了《关于建立行政处罚案件集体审查制度的规定》、《环境行政处罚后督察工作实施方案》、《环境违法案件挂牌督办工作程序》、《关于严厉打击偷排偷放危险化学品及危险废物行为保障环境安全的紧急通知》、《关于建立优化发展环境行政执法服务提示和反馈制度》、《关于首次不罚暂行规定》。

2011年全系统共办理行政处罚案件991件,罚款总额1708.84万元,个案均值为1.72万元,与上年相比案件数增加36件,罚款额增加491.435万元,个案均值增加0.45万元。

【推进社会管理创新】 根据河北省综治委《省直部门对口指导石家庄市社会管理创新综合试点工作实施方案》精神,针对市环保局工作上存在的薄弱环节和难点问题,会同省环保厅共同研究制定并印发《全市环保系统社会管理创新工作实施方案》,积极开展环境社会管理体制、机制、政策创新,提出了措施,明确了责任人。

1.建立环保公安联动机制。2011年8月19日,石家庄市政府在市环保局举行石家庄环保治安办公室成立揭牌仪式,环保治安办公室挂牌后立即开展工作。先后对5名责任人给予了行政拘留,2名责任人移交司法机关追究刑事责任,较好地实现了行政执法与司法衔接的目标。

2.对建立环保法庭、环保检察处设想进行了研究和探索。

3.建立违法违规企业负责人约谈、问责和挂牌督办机制。2011年已先后分4批对21家企业负责人进行了约谈,讲明企业环境违法事实及危害,企业法人及法人代表应当承担的法律责任,提出整改明确要求。

4.建立行政执法公开运行和监督反馈机制。对涉及环评审批及排污许可证事项,实行友情提示制度;对较大数额罚款及重大行政处罚实行集体研究,并上报市法制办备案。要求各受委托执法单位在作出行政处罚决定后3日内,填写反馈卡报市环保局政法处备案。制作了行政执法和环境监测服务征求意见卡,定期和随时向相对人发放,主动征求社会各界的意见。

【规范排污许可证发放】 为进一步规范石家庄市排污许可证管理工作，认真落实市委、市政府优化发展环境的具体要求，2011 年 4 月，在省环保厅有关规定基础上，石家庄市环保局印发了《关于下放排污许可证审批权限优化发展环境的通知》，最大限度的下放了审批权限。在市环保局网站向社会及时公布排污许可证的核发、换证和年度核查情况。建立健全提示督促机制，对于排污许可证即将到期的企业，提前 1—3 个月发放办理排污许可证需提供相关材料的友情提示卡，以便企业及时办理。2011 年，严格按照入行政服务大厅窗口办理程序，提高审批效率、提升工作质量，共办理排污许可证 756 个。

【空气质量稳步有升】 依据石家庄市大气环境特点，下发执行了《石家庄市冬季大气污染专项整治行动实施方案》和《省会大气污染专项整治行动实施方案》，加大了对西北建材粉尘治理工作，开展建材行业摸底调查工作，并对鹿泉市建材企业进行了现场调研，明确了治理标准。加大大气污染控制示范区专项治理力度。从 1 月 18 日起，开展了创建省会裕西大气环境综合治理示范区工作，各部门协调联动、多措并举，起到明显效果。省市领导多次协调调度，有序推进。

同时，针对扬尘污染综合整治及市区大气污染控制示范区建设，将降尘监测点调整到各区内国家大气自动监测点。各区在监测点周边均划定为大气污染控制示范区创建区域，分别制定了详细的《创建工作实施方案》，对示范区内的各类污染源进行细致摸排，对点源进行治理。

2011 年，石家庄市区二级以上优良天数 320 天。一级天数 36 天，二级天数 284 天，优良天数同比上年增加 1 天，一级天数增加 2 天。

【控制扬尘污染推广低硫煤】 针对 4 月份空气质量变化情况，“五一”前后，组织开展了以扬尘、煤烟、机动车尾气污染治理为重点的省会空气质量整治特别行动。按照石家庄市政府的部署，市内五区及高新区及周边四县(市)、市直有关部门积极行动，通过活动深入开展，主要大气污染物日均浓度同比活动前期有了不同程度下降。

会同市发改委研究制定了《石家庄市三环以内禁止燃用高硫煤工作方案》，并于 4 月底印发。召开了推广低硫煤调度会，市环保局配合市发改委将全市推广使用620万吨的全年任务,向责任单位下发了责任书,签订了责任状。截至12月底,各县市区、重点企业普遍完成低硫煤推广任务。

秸秆禁烧作为阶段性的中心工作,全面部署,严密组织,狠抓落实,有效控制了秸秆焚烧,取得了明显成效,经国家卫星遥感监测显示,石家庄市秸秆焚烧火点个数为零,成为河北省11个地市唯一没有发生秸秆焚烧着火点的地区。

【城市环境质量概述】

1.石家庄城市环境空气以“煤烟型”污染为主,呈现由“煤烟型”污染向“复合型”污染转化的趋势,主要污染物为可吸入颗粒物。2011年石家庄城市Ⅱ级及好于Ⅱ级的天数达到320天,城市环境空气为轻度污染水平,较2010年度未发生较大变化。

石家庄市域内地表水体总体呈“有机污染型”,各地表河流受沿途工业污染源污染较重,城市(镇)下游河段水质多超过地表水功能区划标准。2011年Ⅴ类和劣Ⅴ类水质的河段占常年有水河段的52.9%,主要污染物为氨氮、生化需氧量、石油类、总磷等。

石家庄城市地下水环境质量不容乐观,总硬度超标较普遍。受工业和生活废水排放的影响,硫酸盐、氨氮、氯化物、硝酸盐与溶解性总固体等指标出现超标现象。地下水质量总体变化不大。

石家庄市饮用水源地水质状况良好,2011年饮用水源地水质达标率100%。

石家庄市岗南水库、黄壁庄水库均为Ⅱ类水体,水质状况优。

石家庄城市声环境以交通噪声和生活噪声为主要噪声源,城市功能区噪声昼间基本达到国家标准要求,夜间仍存在超标现象。区域环境噪声平均等效声级值为54.1分贝,同比2010年上升3.9分贝。道路交通噪声平均等效声级值为68.6分贝,同比2010年上升了3.0分贝。

石家庄市工业固体废弃物主要为粉煤灰、炉渣等无机固体废物,处置利用率为93.28%,其他固体废弃物基本上可得到妥善处理。

2011年度石家庄市废水、废气重点污染企业监督性监测达标率均为100%,城镇污水厂监督性监测达标率为99.38%,有超标现象出现。

2.环境空气质量

2011年石家庄城市环境空气呈现“煤烟型”污染特征,城区环境空气综合污染指数为0.88，污染等级为轻污染，主要污染物为可吸入颗粒物。可吸入颗粒物、二氧化硫和二氧化氮的年日均值为0.099毫克/标立方米、0.051毫克/标立方米、0.041毫克/标立方米，同比2010年可吸入颗粒物上升了1.0%，二氧化硫下降了5.6%，二氧化氮持平。

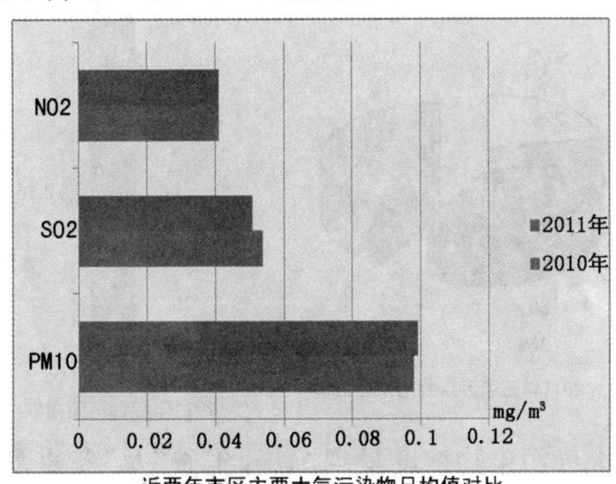

近两年市区主要大气污染物日均值对比

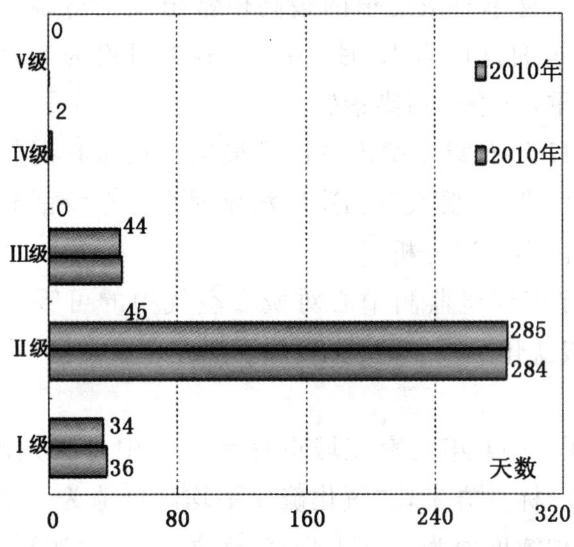

近两年市区空气污染等级统计结果比较

2011年石家庄城市环境空气质量处于II级及优于II级的天数为320天，占总天数的87.7%，其中I级天数为36天，占总天数的9.9%，Ⅱ级天数为284天，占总天数的77.8%，III级天数为45天，占总天数的12.3%，无IV级、V级天。优良天数同比2010年增加1天，其中I级增加2天，Ⅱ级减少1天。

2011年石家庄城市空气污染指数为2.36,其中可吸入颗粒物、二氧化硫污染指数分别达0.99、0.86,两者的污染负荷分别占42.0%、36.2%,可吸入颗粒物所占污染负荷最高。

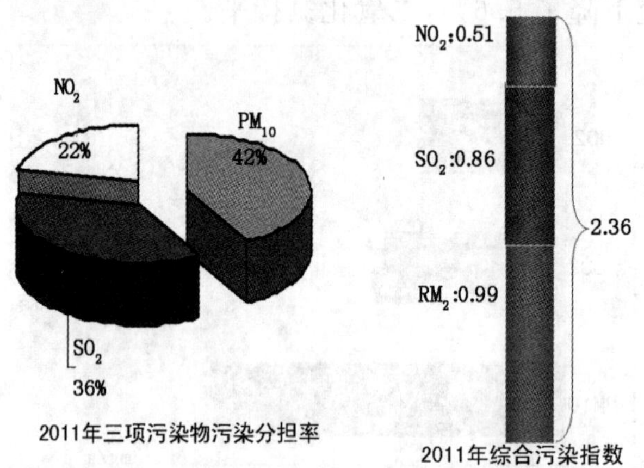

石家庄城市大气污染物浓度呈现"晨峰午谷"及"冬重夏轻"的污染变化规律。一天中,污染物小时浓度值的最高值常出现于清晨,最低浓度多出现在午后;污染最严重的月份为12月,污染最轻的月份为8月;全年四个季度中,四季度污染最重,三季度污染最轻。

综上所述,2011年石家庄城市总体环境空气质量状况较2010年变化不大,污染等级为轻污染,主要大气污染物浓度时空分布特征显著。

(1)环境空气污染状况分析

2011年石家庄市环境监测中心对城市空气中的可吸入颗粒物、二氧化硫、二氧化氮、硫酸盐化速率、降尘、一氧化碳、臭氧和降水等指标进行了例行监测。

监测结果表明,2011年石家庄城市环境空气中可吸入颗粒物年平均浓度值为0.099毫克/标立方米,二氧化硫年平均浓度值为0.051毫克/标立方米,二氧化氮年平均浓度值为0.041毫克/标立方米,均达到国家二级标准。

表2—1　2011年大气污染物监测数据统计　浓度单位:毫克/标立方米

项　目	浓度值范围	年均浓度	超标率(%)	二级标准
可吸入颗粒物	0.021—0.298	0.099	11.0	0.10
二氧化硫	0.010—0.462	0.051	4.5	0.06
二氧化氮	0.012—0.126	0.041	2.8	0.08

项　目	浓度值范围	年均浓度	超标率(%)	二级标准
降　尘	3.86—26.90	10.55	7.6	19.00
硫酸盐化速率	0.206—1.995	0.680	/	/
一氧化碳	0.100—11.978	1.946	8.8	4.00
臭　氧	0.001—0.166	0.028	0	0.20

* 降尘浓度单位:吨/平方公里·30天,硫酸盐化速率浓度单位:毫克SO_3/100平方厘米碱片·日,臭氧为小时均值

2011年度石家庄城区环境空气中各项主要污染物的污染状况分析如下:

可吸入颗粒物:2011年石家庄城市环境空气中可吸入颗粒物年日均值为0.099毫克/标立方米,达到国家二级标准,全年日均值超标率为11.0%,年平均浓度与2010年相比上升1.0%。

2011年城区可吸入颗粒物污染程度由高到低的排序为:四季度>二季度>一季度>三季度。

二氧化硫:2011年石家庄城市环境空气中二氧化硫年平均值为0.051毫克/标立方米,达到国家二级标准,全年日均值超标率为2.5%,年平均浓度与2010年相比下降5.6%。

2011年城区二氧化硫污染程度由高到低的季节排序为:一季度>四季度>二季度>三季度。

二氧化氮:2011年石家庄城市环境空气中二氧化氮年日均值为0.041毫克/标立方米,达到国家二级标准,全年日均值超标率为0.3%,年平均浓度与2010年相比持平。

2011年城区二氧化氮污染程度由高到低的季度排序为:一季度>四季度>二季度>三季度。

降尘:2011年石家庄城市降尘年月均值为10.55吨/平方公里·30天,与2010年相比下降33.4%。降尘最大值出现在化工学校点位,监测值为26.90吨/平方公里·30天;全年四个季度降尘量由高到低的排序为:二季度>四季度>三季度>一季度。

硫酸盐化速率:2011年石家庄城市硫酸盐化速率月均值为0.680毫克SO_3/100平方厘米碱片·日,与2010年相比下降38.6%;硫酸盐化速率最大值出现在平安电站监测点位,监测值为1.995吨/平方公里·30天;全年四个季度污染程度排序为:一季度>二季度>四季度>三季度。

一氧化碳:2011 年石家庄市城市一氧化碳年均值为 1.946 毫克/标立方米,与 2010 年相比上升 60.7%,全年四个季度一氧化碳污染程度排序为:三季度>四季度>一季度>二季度。

臭氧:2011 年石家庄城市臭氧年均小时值为 0.028 毫克/标立方米,与 2010 年相比持平,全年四个季度臭氧浓度由高到低的排序为:三季度>四季度>二季度>一季度。

(2)污染物时空变化

大气污染物时间变化分析

石家庄城市主要大气污染物的浓度变化具有明显的季节特征,总体上呈现"采暖期重于非采暖期"和"冬重夏轻"的污染特征。

受采暖期燃煤量增大影响,采暖期空气中可吸入颗粒物、二氧化硫及二氧化氮浓度均大于非采暖期。可吸入颗粒物采暖期浓度(0.114 毫克/标立方米)为非采暖期的 1.24 倍,二氧化硫采暖期浓度(0.083 毫克/标立方米)为非采暖期的 2.31 倍,二氧化氮采暖期浓度(0.055 毫克/标立方米)为非采暖期的 1.62 倍。

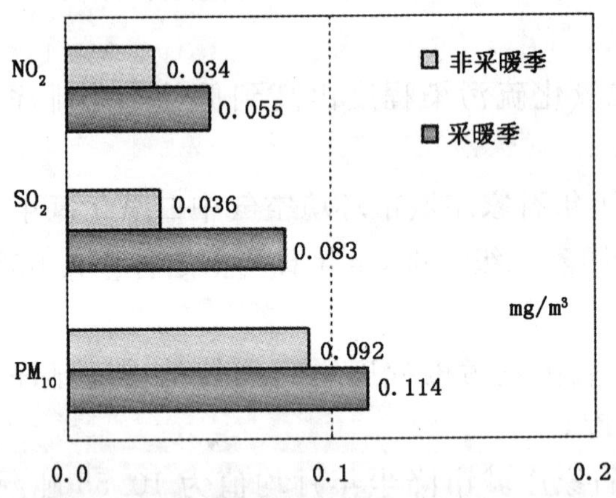

2011年采暖期与非采暖期大气污染物浓度变化

受气候变化和气象因素的影响,春、冬季尘污染严重,空气中可吸入颗粒物明显增高。冬春季(12 月~5 月)与夏秋季(6 月~11 月)相比,可吸入颗粒物、二氧化硫、二氧化氮三项污染物分别高 0.13 倍、1.09 倍和 0.55 倍。夏季是一年中空气污染最轻的季节,污染物降低幅度明显。

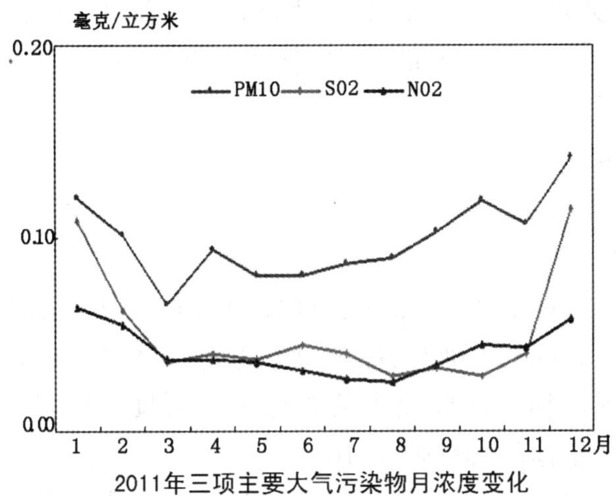

2011年三项主要大气污染物月浓度变化

石家庄城市大气污染物浓度日变化呈现"晨峰午谷"的污染规律。一天中污染物小时浓度值最高值常出现于清晨，最低浓度多出现在午后。

大气污染物的空间分布特征

污染物的空间分布与污染源的分布情况、气象条件、建筑结构、城市布局及污染物的迁移扩散特征有密切关系。二氧化硫和二氧化氮的空间分布，受工业污染源和生活污染源的局部影响很大。

数据分析表明：

可吸入颗粒物的污染程度空间分布为：西南高教＞西北水源＞平安电站＞化工学校＞监测中心＞职工医院＞高新区；

二氧化硫的污染程度空间分布为：职工医院＞平安电站＞监测中心＞高新区＞西南高教＝化工学校＞西北水源；

二氧化氮的污染程度空间分布为：西南高教＞监测中心＞化工学校＞高新区＞职工医院＞平安电站＝西北水源。

2011 年各县(市)、区环境空气综合污染指数最大的为赞皇县，可吸入颗粒物污染最重的为赵县与灵寿县，二氧化硫污染最重的为赞皇县，二氧化氮污染最重的为赞皇县。

(3)降水情况

2011 年石家庄市共获取大气降水样品 97 个，酸雨样品为 0 个，酸雨频率为 0.0%，降水 pH 最小值为 6.02。

(4)大气环境质量国内、省内排名

国内排名 2011 年，石家庄城市环境空气质量优良天数在全国 47 个重点城市中,与天津并列排在第35位,高于北京、济南、郑州、太原等周边城市。

省内排名2011年度,在河北省11个设区市中,石家庄城市环境空气质量优良天数排在最后一位。

3.水环境质量

(1)地下水环境质量

地下水环境现状

2011年石家庄市环境监测中心对城市16眼地下水井的25项指标进行了监测,结果表明,总硬度、硫酸盐、氨氮、氯化物、硝酸盐、溶解性总固体共6项指标出现超标。超标较重的指标为总硬度(75.79%),溶解性总固体(26.32%),其余指标超标率低于10%。

采用《地下水环境质量标准》(GB/T14848－93)中推荐的地下水质量综合评价,对石家庄市区地下水质进行评价及污染程度分级。在获得监测数据的16眼井中没有水质优良、水质较好和水质极差的井,地下水质量良好的井数为3眼,占18.75%;地下水质量较差井数为13眼,占81.25%。

地下水污染特征与污染趋势

石家庄市地下水质超标指标基本上为常规性理化指标总硬度、溶解性总固体、硝酸盐氮等,超标区域主要分布在市区西南部和中南部,超标井位分布呈"片状"和"点状"特征,地下水中总硬度和溶解性总固体浓度值较高,并呈"带状"分布特征,超标井位主要位于市辖区的西南部。

石家庄市地下水质量除总硬度呈显著上升趋势外,其它主要污染指标无明显变化趋势。

(2)城市饮用水源地水环境质量

地表集中式饮用水源地

石家庄市地表饮用水源为岗南水库出口,按照《地表水环境质量评价办法(试行)》的要求,2011年岗南水库出口水质类别为Ⅱ类,水质状况优,满足《地表水环境质量标准》(GB3838－2002)Ⅲ类标准要求。

地下集中式饮用水源地

石家庄市地下饮用水源为市内的5个水厂,2011年地下饮用水源水质全部达标,满足《地下水质量标准》(GB/T14848－1993)III类标准要求。

(3)河流水环境质量

绵河一冶河

2011年度绵河一冶河水体水质属Ⅳ类,水体综合污染指数为7.14,绵河一冶河各断面污染程度排序为地都＞岩峰＞平山桥。首要污染断面为地都断面，污染分担率占到38.40％；其次为岩峰断面，污染负荷为37.76％；平山桥断面污染较轻，污染负荷为23.84％。

2011年度绵河一冶河水体主要污染指标及其污染分担率分别为石油类28.56％、氨氮15.95％、生化需氧量11.81％等。

石津渠

2011年石津渠水体综合污染指数2.29。采用断面水质类别比例法进行评价，Ⅰ类～Ⅲ类水质比例为20％，劣Ⅴ类水质比例为0％，石津渠水质状况为轻度污染。

石津渠市区段上游的监控断面的污染程度变化不大，而市区下游的污染程度较上游略重。石津渠各断面污染程度排序为南张村＞兆通＞运河桥＞杜北＞黄壁庄桥。首要污染断面南张村断面，污染负荷为28.45％，其次为兆通断面，污染负荷为23.95％。2011年度石津渠主要污染指标为石油类、生化需氧量、氟化物等，其污染分担率分别为18.99％、16.94％、13.59％。

洨河

洨河全程污染严重，水质为劣Ⅴ类，水体综合污染指数为43.60。洨河各断面污染程度排序为石板桥＞大石桥＞总退水渠口。首要污染断面为石板桥，污染负荷为37.63％；其次为大石桥断面，污染负荷为34.48％；总退水渠断面污染负荷为27.90％。

2011年度洨河水体主要污染指标依次为氨氮、总磷、生化需氧量，其污染分担率分别为50.07％、14.09％、12.63％。

2011年度洨河出境断面的化学需氧量年均值为130毫克/升，较2010年均值(238毫克/升)有所下降，能满足考核指标(150毫克/升)要求。

滹沱河

2011年度滹沱河水体水质为劣Ⅴ类，水体综合污染指数为30.10。滹沱河各断面污染程度排序为枣营＞固营桥＞张村桥＞下槐镇。首要污染断面为枣营，污染负荷为40.02％；下槐镇断面污染程度最轻，污染负荷为3.11％。

滹沱河水体主要污染指标为氨氮、生化需氧量、总磷，其污染分担率分别为50.68％、20.65％、12.61％。

2011年度滹沱河出境断面的化学需氧量年均值为136毫克/升，较2010年均值(154毫克/升)略有降低，能满足考核指标(150毫克/升)要求。

汪洋沟

2011年度汪洋沟水体水质为劣Ⅴ类，水体综合污染指数为23.87。水体中主要污染指标为氨氮、总磷、生化需氧量，污染分担率分别占37.43%、20.07%、14.46%。

2011年度汪洋沟出境断面的化学需氧量年均值为86.8毫克/升，较2010年均值(118毫克/升)有所降低，能满足考核指标(150毫克/升)要求。

邵村排干渠

2011年度邵村排干渠水体水质为劣Ⅴ类，水体综合污染指数为47.64。水体中主要污染指标为氨氮、生化需氧量、总磷，污染分担率分别占67.77%、8.74%、8.58%。

(4)湖库水环境质量

按照《地表水环境质量评价办法(试行)》进行评价，2011年度岗南水库、黄壁庄水库的水质类别均为Ⅱ类，水质状况优。

岗南水库水质监测自动站2011年共报出水质周报52期，评价指标(水温、pH值、溶解氧、高锰酸盐指数、TOC、氨氮、电导率、浊度)测定结果均符合《地表水环境质量标准》(GB3878－2002)Ⅱ类标准。

4.声环境质量

(1)功能区噪声

按照石家庄市辖区不同区域的功能特点，将噪声功能区划为四类。2011年度不同功能区噪声监测结果统计见表4－1。

表4－1　2011年功能区噪声监测数据统计　单位:dB(A)

分区	1类区			2类区			3类区			4类区		
季度	Ld	Ln	Ldn	Ld	Ln	Ldn	Ld	Ln	Ldn	Ld	Ln	Ldn
一季度	52.9	43.7	53.2	57.8	49.5	58.5	62.9	54.6	63.6	67.8	54.8	67.0
二季度	55.4	45.0	53.4	58.7	49.6	58.0	63.6	54.9	63.6	69.4	55.9	67.3
三季度	53.5	44.7	54.0	58.3	49.5	58.8	64.4	54.7	64.5	68.3	54.6	67.4
四季度	52.9	43.9	53.2	57.9	49.0	58.3	62.9	53.9	63.3	67.5	54.7	66.8
全　年	53.7	44.3	53.5	58.2	49.4	58.4	63.5	54.5	63.8	68.3	55.0	67.1
标准值	55.0	45.0		60.0	50.0		65.0	55.0		70.0	55.0	
测点数	3			3			2			4		

监测结果表明，1类区昼间噪声平均等效声级值2季度均超标，2类区昼间、夜间噪声平均等效声级值各季度均达标，3类区昼间、夜间噪声平均等效声

级值均达标，4 类区昼间噪声平均等效声级 2 季度均超标。各测点年平均昼间等效声级值的最大值为 69.4 分贝，夜间平均等效声级值的最小值为43.7分贝。

比较 2011 年和 2010 年功能区噪声年均值，2011 年市区平均等效声级值较 2010 年基本持平，其中昼间等效声级值上升 0.1 分贝，夜间等效声级值上升 0.1 分贝，昼夜等效声级值下降 0.2 分贝。

表 4—2 **功能区噪声年均值比较** **单位**:dB(A)

时间	年份	1 类区	2 类区	3 类区	4 类区	全市
昼间	2011	53.7	58.2	63.5	68.3	60.9
	2010	52.5	57.6	63.8	69.4	60.8
夜间	2011	44.3	49.4	54.5	55.0	50.8
	2010	43.7	48.7	54.9	55.6	50.7
昼夜	2011	53.5	58.4	63.8	67.1	60.7
	2010	52.9	58.0	64.2	68.5	60.9

(2)道路交通噪声

2011 年石家庄市环境监测中心在市区 8 条主干线，23 条次干线，37 条支路，其他道路 129 条，合计 197 个路段，总长 387.675 公里的道路上共布设了 368 个道路交通噪声监测点位，测试结果显示，测试结果显示，市区的道路交通噪声值为 60.9 分贝～78.6 分贝，平均等效声级为 68.6 分贝。同比 2010 年上升了 3.0 分贝。

经统计，2010 年度市区道路平均车流量为 1790 辆/小时。道路交通流量较 2010 年有所上升，2011 年统计不同等效声级值段下路段分布情况见表 4—3。

表 4—3 2010 **年暴露在不同等效声级下路段分布情况**

声级范围 dB(A)	55 以下	56～60	61～65	66～70	71～75	76～80	81 以上	超过 70 分贝的干线
路段长度(公里)	/	/	26.985	283.035	70.150	7.860	/	93.595
占交通干线总长度的%	/	/	6.96	73.01	18.10	2.03	/	24.08

2011 年与 2010 年相比，超过 70 分贝的干线长度上升由 16.25%上升为 24.08%，噪声声级值主要集中在 66 分贝～70 分贝，占道路总长度的73.01%。

(3)区域环境噪声

经统计，2011 年度区域环境噪声值变化范围为 47.2 分贝～63.7 分贝，平均等效声级为 54.1 分贝，同比 2010 年上升 3.9 分贝，上升明显。

表4—4　　2011年区域环境噪声数据统计

网格大小(米×米)	网格(测点)总数	网格覆盖人口数(人)	Leq		L10		L50		L90	
			平均	σ	平均	σ	平均	σ	平均	σ
1000×1000	400	2377300	54.1	2.23	56.2	2.48	53.1	2.24	51.0	2.13

表4—5　2011年暴露在不同等效声级下的面积和人口分布状况

声级范围 dB(A)	36～40	41～45	46～50	51～55	56～60	61～65	66～70	71～75	76～80	81～85
声级覆盖面积(公里^2)	/	0	1.5	42.5	44.25	10	1.5	/	/	/
占总网格面积的%	/	0	1.5	42.5	44.25	10	1.5	/	/	
声级覆盖人口(万人)	/	/	/	/	/	/	/	/	/	/
占总网格人口的%	/	/	/	/	/	/	/	/	/	/

区域环境噪声值集中分布于51分贝～60分贝声级值段，66分贝以上声级覆盖区域出现6个声级覆盖面积1.5平方公里，暴露在不同等效声级下的面积和人口分布状况比例较2010年变化较大，暴露在高分贝区域增加较为明显。

2011年城市内的声源构成为交通运输、建筑施工、日常生活及其它噪声，以交通噪声和生活噪声为主，各种声源所占比例较2010年持平。

表4—6　石家庄市区域环境噪声源构成

噪声源分类		交通	工业	施工	生活	其他
影响的测点数		275	47	18	53	6
噪声源构成比%		68.75	11.78	4.51	13.28	1.50
L10		55.0	60.18	62.87	56.70	55.03
		1.71	1.58	2.55	2.62	0.56
L50		52.0	56.56	59.36	53.59	52.20
		1.56	1.38	2.58	2.41	1.27
L90		50.0	54.19	56.51	51.48	50.30
		1.53	1.22	2.58	2.32	1.60
Leq		53.0	57.78	60.34	54.59	53.07
		1.53	1.27	2.41	2.41	1.07

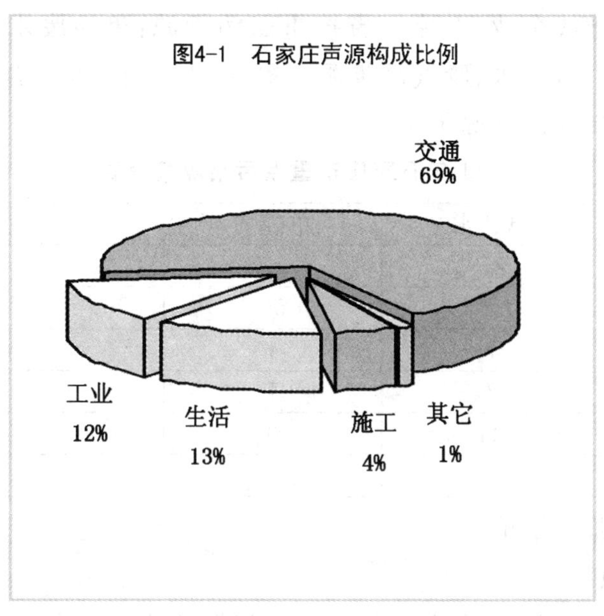

图4-1 石家庄声源构成比例

5.固体废物

(1)工业废物

2011年各类工业固体废弃物产生量 单位:万吨/年

指标名称	实际产生量	指标名称	实际产生量
一般工业固体废物产生量	1520.2294	一般工业固体废物综合利用量	1516.6615
一般工业固体废物处置量	9.0534	一般工业固体废物贮存量	123.6852
危险废物产生量	24.6727	危险废物综合利用量	12.4476
危险废物处置量	12.2479		
危险废物内部年综合利用/处置能力	0.734		

(2)生活垃圾

根据市城管委统计资料,2011年全年产生生活垃圾94.9万吨,无害化处理率86.73%,填埋处理量45.62万吨,焚烧处理量35.07万吨,堆肥1.62万吨。

(3)医疗垃圾

石家庄市区全年产生医疗垃圾2000吨,由市焚烧站统一清运,统一焚烧,无害化处理率为100%。

6.重点污染源监督监测

(1)重点污染源概述

2011年石家庄市重点污染源共213家,分为国控污染源、省控污染源、城镇污水处理厂和“双三十”重点企业。其中,国控重点污染源:单纯废水污染源85家,单纯废气污染源30家,废水、废气污染源4家;城镇污水处理厂24

家;涉及重金属排放企业50家。省控重点污染源:单纯废水污染源7家,单纯废气污染源4家,废水、废气污染源1家。“双三十”重点企业:单纯废水污染源7家,单纯废气污染源1家。

表6-1　　2011年石家庄市重点污染源统计表

类别	单纯水	单纯气	水+气
国控	85	30	4
涉重金属企业		50	
省控	7	4	1
“双三十”	7	1	0
污水厂	24	0	0
合计	163		

(2)监督性监测结果

废水污染源

2011年度,石家庄市废水污染企业监督性监测达标率100%,全部达标。

废气污染源

2011年度,石家庄市废气污染企业监督性监测达标率100%,全部达标。

城镇污水处理厂

2011年度,石家庄市城镇污水处理厂监督性监测达标率99.38%,只有石家庄经济技术开发区污水处理厂出现过1次超标。

7.结论

(1)大气环境质量

2011年度石家庄城市环境空气污染呈现由“煤烟型”污染向“复合型”污染转化的趋势。可吸入颗粒物为主要污染物。城市环境空气为轻度污染水平,全年环境空气质量处于II级及优于II级的天数为320天,较2010年增加1天。

(2)水环境质量

石家庄市地下水总硬度超标较重,污染物呈“点状”、“片状”污染分布特征。

石家庄市饮用水源地包括岗南水库及市区内五个地下水厂,饮用水源水质全部达标。

石家庄市岗南水库、黄壁庄水库均为Ⅱ类水体,水质状况优。

石家庄市地表河流受城市工业废水和生活污水大量排放的影响,各水体均受到不同程度的污染，以氨氮、生化需氧量、石油类、总磷等为主要污染物。水体受沿线工业企业污水排放影响，洨河、滹沱河、汪洋沟水体属劣Ⅴ类水质。

(3)声环境质量

2011年石家庄市道路交通噪声平均等效声级为68.6分贝，同比2010年上升了3.0分贝。道路交通噪声声级值集中分布于66.0分贝～70.0分贝之间，超过70分贝的路段(超标路段)长度占总路段长度的24.08%。城市区域环境噪声平均等效声级值为54.1分贝，比2010年上升3.9分贝。影响城市声环境质量的因素仍然是交通噪声和生活噪声。

(4)重点污染源

2011年石家庄市废水、废气重点污染企业监督性监测达标率均为100%，城镇污水厂监督性监测达标率为99.38%，有超标现象出现。

【水污染防治】 2011年石家庄市主要地表河流滹沱河、洨河、汪洋沟的出境断面均值分别为150、130、86.8，分别下降了2.5%、45.3%、26.2%；邵村排干渠的出境断面均值为98mg/L，上升了8.43%；磁河断流。

2011年1—12月集中式饮用水源地水质达标率为100%(不考虑总氮)。

2011年1—12月份，省扣缴石家庄市生态补偿金610万元，同比2010年扣缴1550万元，下降了61%；石家庄市扣缴有关县(市)、区生态补偿金300万元。

【饮用水源地保护】 清理整顿岗南水库中吸铁船。针对岗南水库违法作业吸铁船作业污染水库水质的情况，通过分管市长调度、研究工作部署，全天候不间断巡查和联合执法行动，共捣毁吸铁船81艘，整治行动取得了阶段性成效，从根本上遏制了吸铁采砂船污染饮用水质的势头，切实保护了省会水源地。

【噪声污染防治】 一是在中、高考期间，加强建筑施工噪声管理，为广大考生营造良好的学习环境。二是以“石环保〔2011〕358号”文件下发了《关于加强噪声污染防治工作的通知》，布置市内六区环保分局开展噪声达标区复测工作和安静居住小区创建工作。

【固体废物污染防治】 组织全市265家主要危险废物产生单位上报了危险废物管理计划，对225家危险废物产生单位的危险废物转移计划进行了审查。为进一步规范危险废物管理工作，制定并下发了《石家庄市危险废物规范化管理工作实施方案》(石环保〔2011〕328号)文件。为动态更新石家庄市危险废物产生的基础数据，组织各县(市)区环保局、市环境监察支队开展危险废物申报登记工作。并对现有7家省环保厅核发危险废物经营许可证单位的年检材料进行初审并进行了现场核实。

2011年，石家庄市工业固体废物1520.23万吨，综合利用量1516.66万吨，处置量9.05万吨，贮存量123.69万吨，排放量0万吨，处置利用率91.86%。

2011年2月制定石家庄市城镇污水处理厂污泥污染防治工作实施方案。按照环保部、省厅要求，整理全市25座正式运行集中式污水处理厂污泥处置情况，发布石家庄市2010年城镇污水处理厂污泥处置信息的公告。结合石家庄市现况，制定并印发了《石家庄市城镇污水处理厂污泥污染防治工作实施方案》。为进一步推进污泥污染防治工作，7月18日，以"石环保〔2011〕331号"文件下发了《关于进一步加强全市污水处理厂污泥污染防治工作的通知》，对污泥污染防治工作的要求进一步明确。

【电子废物监管】 按照《废弃电器电子产品回收处理管理条例》的规定，石家庄市环保局依法设立了"废弃电器电子产品处理资格审批"行政许可审批事项，进驻石家庄市行政服务中心审批大厅进行办理。组织开展了河北海晶再生资源开发有限公司电子废物拆解资质专家论证会，并提出整改要求。拟对其核发废弃电器电子产品回收处理经营许可证。按照环保部和省厅的要求，每周将其电子废物的接受、拆解、库存情况报省环保厅。按照国际履约工作要求。完成了废弃物焚烧、制浆造纸、水泥窑处置固体废物等10类持久性有机污染物重点排放源，共计172家企业的统计工作。

【重金属污染防治】 完成了重金属污染综合防治"十二五"规划的编制。为加强对重金属行业的管理，有效控制重金属污染，积极与相关市直部门进行沟通，对河北省重点项目进行了确定，指导辛集市、无极县完成重金属污染综合防治"十二五"规划的编制工作，并通过了省环保厅的审查。制定了石家庄市2011年重金属污染防治年度计划。通过了环保部重金属污染防治年度考核。

开展了汞污染排放源现状调查工作。按照河北省环境保护厅《关于开展河北省汞污染排放源现状调查摸底的通知》(冀环办发〔2011〕93 号)要求,为彻底摸清石家庄市涉汞企业的底数,向县(市)、区下发了《关于对涉汞企业进行排查的函》,督导各县(市)、区环保局立即开展汞污染源现状调查工作,要求采取拉网的方式,必须排查到位、不留死角。通过这次排查,摸清了石家庄市涉汞企业的底数,主要有石家庄市科创助剂有限公司、藁城市瑞丰有色金属有限公司、藁城市泰昌有色金属有限公司等三家企业。同时,加强了对这三家企业的监管,提出了严格要求,严格控制汞污染源。

【机构改革】 2011 年石家庄市环保局下辖 11 个分局 9 个局属单位,即:石家庄市环境保护局高新技术产业开发区分局、石家庄市环境保护局长安区分局、石家庄市环境保护局桥东区分局、石家庄市环境保护局桥西区分局、石家庄市环境保护局新华区分局、石家庄市环境保护局裕华区分局、石家庄市环境保护局正定新区分局、石家庄市环境保护局藁城分局、石家庄市环境保护局鹿泉分局、石家庄市环境保护局正定分局、石家庄市环境保护局栾城分局;9 个局属单位是:石家庄市环境监察支队(2011.1—2011.4.22)、石家庄市环境稽查大队(2011.1—2011.4.22)、石家庄市环境监测中心、石家庄市岗黄监督监测中心(石家庄市重点河流环境保护督查中心)、石家庄市环境科学研究院、石家庄市环境信息中心、石家庄市环境宣传教育中心、石家庄市环境教育基地。

依据石家庄市机构编制委员会 2011 年 4 月 22 日“关于组建市环境综合执法支队的批复”(石编〔2011〕8 号),为理顺执法体制,合理配置机构编制设置,经研究并报省编办批复,石家庄市环境监察支队与石家庄市环境执法稽查大队合并的基础上,组建市环境综合抗法支队,为副县级事业单位。主要职能:负责石家庄市环境执法监察管理;排污费的征收与管理;负责污染事故的调查与应急处理等相关工作。

其余 14 个县(市)、区环保局均属于双重管理,即辛集市环境保护局、晋州市环境保护局、新乐市环境保护局、井陉县环境保护局、无极县环境保护局、深泽县环境保护局、行唐县环境保护局、灵寿县环境保护局、平山县环境保护局、赵县环境保护局、元氏县环境保护局、高邑县环境保护局、赞皇县环境保护局、矿区环境保护局。其中,辛集市环境保护局、平山县环境保护局为扩权县(市)局,具有石家庄市环境保护局同等审批权限。

【人事年度考核】 2011年,石家庄市环保局机关考核:根据市委组织部、市人力资源和社会保障局《关于开展2011年全市机关工作人员年度考核和实施奖惩工作的通知》(石组通字〔2011〕69号),今年共有195名行政机关工作人员参加考核,其中考核优秀人员35名。

事业单位考核:根据市委组织部、市人力资源和社会保障局《关于2011年事业单位工作人员年度考核和实施奖惩工作的通知》(石组通字〔2012〕3号,今年共有320名事业单位工作人员参加考核,其中考核优秀人员55名。

【县处级班子考核】 经石家庄市委考核组对市环保局领导班子及成员的考核,石家庄市环保局被市委、市政府评为2011年度好班子,张炬、耿富顺同志被为2011年度优秀等次市管干部。

受石家庄市委考核办委托,石家庄市环保局组成的考核组对高新区环保分局领导班子及成员2011年度工作完成情况以及落实党风廉政建设情况进行了考核,对于高新区环保分局班子总体评价好为19张,落实党风廉政建设情况总体评价先进为18张,较好1张。梁振青同志为2011年度高新环保分局优秀等次县级干部。

【培训教育】 按照上级统一安排,石家庄市环保局相继组织了参加了全市科级公务员任职培训、公务员素质建设培训、知识产权培训。

为提高系统在职干部职工的文化素质和学历层次,经石家庄市环保局党组研究决定,与河北科技大学环境科学与工程学院联合开办在职干部职工的学历、学位提升教育工程,2010年我局共有49人参加环境工程专业硕士学位研究生学习,2011年在职教育继续进行。

【城考情况】

环境质量

1. API指数≦100的天数占全年天数比例

二级及好于二级以上天数达到320天,占全年天数的87.7%,比2010年多一天。

空气中三项主要污染物可吸入颗粒物、二氧化硫、二氧化氮的年均浓度稳定到国家二级标准。

2.集中式饮用水水源地水质达标率

2011年石家庄市着力实施以“洗城净天”和“清源净流”为主要内容的“蓝天碧水”行动计划，全面开展环境综合整治，大力实施饮用水安全工程。本年市各集中饮用水源地共取水14400.33万吨，其中达标水量为14400.33万吨，集中式饮用水水源地水质达标率实现100%。

3.城市水环境功能区水质达标率

石津渠作为石家庄市农业灌溉渠，平时干涸无水，仅在灌溉黄壁庄水库放水时才有水。2011年石家庄市按“城考”要求，在石津渠有水时进行了加密监测，2011年石家庄市地表水功能区水质达标率为100%。

4.区域环境噪声平均值

2011年，石家庄市对400个区域环境噪声认证点位进行了监测，经监测石家庄市区域环境噪声平均值为54.12dB(A)，比去年略有升高。

5.交通干线噪声平均值

2011年，石家庄市对22条交通干线、367个点位进行了监测，经监测石家庄市交通干线噪声平均值为68.78dB(A)，比去年略有升高。

污染控制

1.机动车环保定期检测率

2011年石家庄市新增机动车环保检测机构3家，机动车环保检测数量大大增加，2011年石家庄市机动车注册登记数为1821402辆，其中环保检测数达1400693辆，机动车环保定期检测率为76.9%，比上年略高。

2.工业固体废物处置利用率

2011年石家庄市共产生工业固体废物1544.9021万吨，处置21.3113万吨，综合处置利用1529.1091万吨，工业固体废物处置利用率为92.59%，比上年略有减少。

3.危险废物集中处置率

2011年石家庄市危险废物集中处置率为100%。

2011年石家庄市工业危险废物产生量为24.6727万吨，集中处置量12.2479万吨，综合利用量为12.4476万吨，其中综合利用往年贮存量0.0225万吨，工业危险废物处置利用率为100%。

2011年石家庄市市区医疗废物产生量为2000吨，集中处置量2000吨，医疗废物集中处置率为100%。

4.重点工业企业排放达标率

环保部要求该指标使用2010年的数据,因此指标与去年相同。2010年石家庄市重点工业企业废水、烟尘、二氧化硫和粉尘分别排放16507.36万吨、28054.15吨、118597.08吨和12142.42吨,排放达标率全部实现100%。

5.万元工业增加值主要污染排放强度

此项指标考核为2010年度数据。来源于环境统计和统计局,2010年石家庄市工业增加值为13400914万元,工业废水排放总量、工业废水中化学需氧量排放总量、工业烟尘排放总量和二氧化硫排放量分别为192540900吨、40855.15吨、32630.61吨和137973.54吨,万元工业增加值排放强度分别为14.37吨/万元、0.003049吨/万元、0.002435吨/万元和0.010296吨/万元。

环境建设

1.城市生活污水集中处理率

生活污水排放量=生活用水量×90%

2011年石家庄市生活污水排放量=10222×90%=9200万吨,其中通过污水处理厂进行集中处理的生活污水为8895.68万吨,集中处理率为96.69%,处理率比上年略低,但石家庄市桥西污水处理厂二期项目一级排放已经验收,一级处理排放的滹沱河污水处理厂开始全部处理市区生活污水,因此处理质量更加提高了。

2.生活垃圾无害化处理率

该指标来源于城管局。2011年石家庄市生活垃圾产生量为94.9万吨,其中通过无害化处理82.31万吨,无害化处理率为86.73%,河北富华康土特环保有限公司被批准于2011年试运行进行生活垃圾堆肥处理,处理量较少,因此生活垃圾无害化处理率略低于上年。

3.建成区绿化覆盖率

该指标来源于园林局和统计局。2011年石家庄市绿化覆盖总面积虽然扩大为95.66平方公里,但同时石家庄市建成区面积由201平方公里扩大为203平方公里,绿化覆盖率为47.12%,较上年增加3.05%。

环境管理

1.环境保护机构建设

2011年石家庄市所辖区域内的区、县级市和一、二类县12个,环保机构独立数12个;三、四类县7个,环保机构独立数7个。石家庄市辖区的环保机构全部独立。

2.公众对城市环境保护的满意率

按照环保部要求，2011年度公众对城市环境保护满意率指标，只要开展调查的城市，此项指标得分均计满分。调查工作由国家统计局社情民意调查中心组织开展，根据《国家统计局社情民意调查中心关于送交2011年公众对城市环境保护满意率调查结果的函》(民调函[2012]01号)，石家庄市公众对城市环境保护的满意率为63.22%，较上年略有提高。

【推进生态文明建设暨环保模范城创建】 石家庄市推进生态文明建设暨环保模范城创建以召开动员大会为标志，经市委办公厅、市政府办公厅10余个处室，进行了20多次的协调，组织了4次征求意见会、6次调度会历时4个多月准备，于10月11日胜利圆满召开。此次大会，突出实现了五项任务目标。一是将生态文明建设纳入石家庄市第九次党代会重要内容；二是以市委、市政府名义出台了《关于加强生态文明建设的决定》；三是以市政府名义印发了《石家庄市创建国家(省)环保模范城市实施方案》《石家庄生态市中期(2011年—2015年)建设实施方案》；四是成立了由省委常委、市委书记孙瑞彬同志为主任的生态文明建设暨环保模范城创建指导委员会；五是为全国环保局长石家庄论坛成功举办提供了铺垫并营造了浓厚的舆论氛围。这五项任务的实现对石家庄市环境保护工作具有里程碑性的意义，开创了石家庄环境保护史上的新局面、新高峰。特别是以市委、市政府名义出台的《关于加强生态文明建设的决定》和孙瑞彬同志在动员大会上的重要讲话，是指导当前和今后一个时期石家庄市生态文明建设的纲领性文献，对石家庄市环保工作意义更为深远。

2011年10月11日，石家庄市委、市政府在人民会堂召开推进生态文明建设暨创建环保模范城动员大会。河北省委常委、石家庄市委书记孙瑞彬，河北省环保厅党组书记、厅长姬振海出席会议并讲话，石家庄市委副书记、市长艾文礼主持会议。市政府印发了《石家庄市创建国家(省)环境保护模范城市实施方案》。

石家庄市为贯彻落实科学发展观，全面实施可持续发展战略，努力把石家庄市建成繁华舒适、现代一流的省会城市，市委、市政府决定力争2013年达到省环境保护模范城市水平；2016年把石家庄市建设成为经济快速发展、资源合理利用、环境质量好转、生态良性循环、城市优美洁净的国家环境保护模范城市。

“创模”工作坚持以人为本,以科学发展观为指导,以创建国家和省环境保护模范城市为载体,以城市环境质量上水平和促进经济“转型升级、跨越赶超”为出发点,进一步优化城市功能和产业布局,着力解决全市突出的环境问题,建设生态宜居城市,实现经济社会可持续发展。

成立了“市生态文明建设暨环保模范城创建指导委员会”,委员会下设办公室和专家咨询委员会,办公室主任由副市长王大军兼任,副主任由市委副秘书长高尘、市政府副秘书长杨智勇、市环保局局长张炬兼任。办公室设在市环保局。市委、市政府要求五个县级市同步开展省环保模范城市的创建工作。

“石家庄市创建国家环境保护模范城市规划”委托中国人民大学环境学院编制。

【高标准完成生态创建】 生态创建工作是生态市建设的重要内容,也是环保重点工作。2011年,围绕生态创建工作,组织进行了2次调研学习,对各县市区主管生态工作的人员进行了专题培训,召开了4次调度会,进行了23次督导检查,制定出台了《石家庄市市级生态村创建标准(试行)》,全年有25个乡(镇)和42个村,通过了省厅组织的国家级、省级生态乡镇和生态村申报材料的专家评审。2011年10月27日,石家庄市栾城县被环保部授予“国家级生态示范区”称号。2011年10月13日石家庄市辛集市辛集镇和鹿泉市获鹿镇被环保部授予“全国环境优美乡镇”称号。

【自然保护区建设】 对井陉县、平山县、赞皇县、灵寿县国家级、省级自然保护区建设工作进行了督导。2011年4月26日,石家庄市驼梁自然保护区经国务院批准成为国家级自然保护区。2011年3月10日,井陉县南寺掌自然保护区经省政府批准成为省级自然保护区。

【扎实推进农村环境综合整治】 2011年,围绕农村环境综治着重抓三个方面的工作,一是按照国家环保部《关于开展农村环境综合整治目标责任制试点工作考核的通知》要求,开展了迎接国家农村环境综合整治目标责任制试点工作考核准备工作,下发了通知,分别召开了各县市区环保局、市农村环境综合整治领导小组成员单位、局机关有关处室和部门调度会和专题培训会，对农村环境综合整治目标责任制试点工作16项指标，200多项数据逐一进行了计算、核对、评分，对18个县(市)矿区的自查报告进行了评审，起草完成了全市农村环境综合整治目标责任制试点工作自查报告并上报省厅。同时，规范整理了农村环境综合整治资料，建立了资料盒和档案，印刷装订了资料汇编。二是按照《石家庄市2011年环境保护工作方案》要求，对54个农村环境综合整治示范村建设进行了检查指导，召开了4专题调度会。晋州市周家庄乡、灵寿县同下村、无极县东丰庄村、深泽县西小封村、赞皇秦家庄村、藁城市只照村等示范村已形成亮点，起到推广示范作用。三是制定出台了《石家庄市农村环境综合整治示范村验收标准(试行)》，正式启动了认定评选工作。

【清洁生产审核】 制定清洁生产审核年度工作计划，推行清洁生产。根据河北省环保厅《关于公布全省2011年实施清洁生产审核重点企业名单的通知》，全市共计92家重点企业列入2011年清洁生产审核名单。4月12日组织召开了由24个县(市)区环保局局长、主管局长和科长及列入2011年实施清洁生产审核的92家重点企业负责人参加的全市2011年度清洁生产审核工作会议。截至12月31日，92家重点企业中除14家停产或申请暂缓开展，28家已通过省厅组织的评估验收以外，其余50家企业已完成清洁生产审核工作。同时，加强对清洁生产咨询服务机构监督管理。对全市38家咨询服务机构备案、年检进行初审并上报省厅，29家咨询公司通过年检。

【清洁生产审核】 制定清洁生产审核年度工作计划，推行清洁生产。根据河北省环保厅《关于公布全省2011年实施清洁生产审核重点企业名单的通知》，全市共计92家重点企业列入2011年清洁生产审核名单。4月12日组织召开了由24个县(市)区环保局局长、主管局长和科长及列入2011年实施清洁生产审核的92家重点企业负责人参加的全市2011年度清洁生产审核工作会议。截至12月31日，92家重点企业中除14家停产或申请暂缓开展，28家已通过省厅组织的评估验收以外，其余50家企业已完成清洁生产审核工作。同时，加强对清洁生产咨询服务机构监督管理。对全市38家咨询服务机构备案、年检进行初审并上报省厅，29家咨询公司通过年检。

【例行监测】 全面贯彻落实国家、省、市工作计划和监测制度，按时、保质、保量地完成了各月、各季度水、大气、噪声、辐射等常规监测任务；加大了对国、省控重点污染源，市(县)区污水厂监督性监测的力度；并着重开展了地表水和涉重企业的重金属专项监测工作。全年共报出各类常规监测数据达886510个，其中，报出环境空气质量常规监测数据606715个，水环境质量常规监测数据69961个，农村环境综合整治监测数据32706个，重点污染源和“双三十”企业监督性监测及在线比对监测数据54016个，区县考核断面水质监测数据3036个，县(市)区环境质量常规监测数据209777个。圆满完成了“环境质量常规监测”、“重点污染源及双三十企业监督性监测”、“集中式饮用水源地水质监测”、“河北省生态补偿跨界断面水质监测”、“石家庄市水质目标责任考核监测”、“‘双三十’重点县环境质量监测”、“1＋4组团大气降尘监测”、“农村环境综合整治监测”、“国家重点城市空气质量试点监测”、“南水北调应急供水工程监测”、“以奖促治农村生态环境监测”、“岗南水库石油类污染专项监测”、“元氏县地下水污染专项监测”、“铅蓄电池企业专项监测”、“洨河污染源追踪专项监测”等多项例行性和突击性监测工作，按时完成了数据的汇总、分析和上报，为环境管理和环境执法提供了坚实的技术支持。

针对石家庄市地表河流水污染严重的现状，不断加大对重点河流断面的污染排查力度。首先，对市域内滹沱河、洨河、磁河、石津渠、汪洋沟、邵村排干渠等主要河流的39个重点控制断面实施了每旬至少1次的加密监测，并且对污染最突出的洨河开展了夜间不间断排查采样，全面了解沿线主要排污口的排放规律，为开展洨河沿线重点污染防治工作提供了技术依据。其次，每月对主要河流监测断面的例行监测数据进行综合分析和会商，编制水环境质量监测简报，及时向市局有关领导和部门通报异常水质监测结果，原因分析及对策建议，使环境管理部门及时掌握重点河流断面的污染动态，有的放矢地开展环境监督和环境执法。如岗南水库出现的吸铁船污染问题、部分河段出现的重金属超标问题等，监测中心都及时向市局上报并积极组织开展污染专项排查，充分发挥环境监测为环境管理服务的职能，为防止石家庄市发生较大的环境污染事故起到了哨兵和耳目的作用。

针对石家庄市国、省重点污染源数量多，范围广，监测工作量大的现实情况，为提高工作效率，全面完成重点污染源监督监测工作，采取了“区片包干，化整为零，自主安排，灵活掌握”的工作方法，合理安排监测任务，在解决“人少，工作量大，摆布不开”上找突破，挖潜力，较圆满地完成了163家国、省控重点污染源的监督监测及123台(套)重点污染源在线监控设备的比对监测工作。而且，根据河北省和石家庄市环境管理需要，按照国家有关技术规范要求每季度至少监测一次，对所有污水处理厂每两个月至少监测一次，同时对污水厂进出口安装的在线监控设备也进行比对监测。及时汇总污染源监督监测数据，每个月编制污染源监督监测简报并针对污染源企业超标排放情况、在线比对不合格等情况，提出了高效利用监测数据的合理化建议。

为提高环境监测为环境管理服务的水平。在不仅强调“测得准”，更在“说得清”上下功夫，着力提高监测数据的综合分析能力。针对石家庄市今年的环保重点工作，以环境空气质量分析、重点流域水质分析为突破口，大力加强环境综合分析能力建设。除空气质量日报、预报、周报和环境质量月报、季报、年报及公报外，增加了环境质量专报，水自动站监测数据周报，环境监测要情等监测信息分析报告，加强对城市环境空气质量对比分析，对重点流域、出市断面、县考断面、集中式饮用水源地、南水北调中线应急供水工程水质分析，对环境污染事件或重点区域流域分析等，2011年，石家庄市环境监测中心共发出环境质量综合性分析报告149份，污染源自动监测数据有效性审核材料381份，国(省)控重点企业监测报告519份，各类常规、污染源监测数据报表167份。其中多项内容被作为环境要情和政府快报上报。使有关领导和部门及时掌握最新动态，正确开展环境管理和环境决策。

【指令监测】 石家庄环境监测中心积极配合市管理部门和执法部门，做好各项指令性监测工作，不讲条件，不计代价认真完成各项指令性监测任务。全年配合执法部门完成监察、稽查及各环保分局委托性监测306批次，1416家单位，出具监测数据2823个，监测报告及监测数据汇总表219个；完成市局各部门委托检测水样862个，煤质样品530个；完成污染纠纷仲裁监测2家；为“城考”、“模范城创建”、“生态市建设”等提供了各类环境质量数据和分析报告。

【专项监测】 为实现与省生态补偿监测工作的对接，完善石家庄市地表河流生态补偿机制，持续改善子牙河流域的水环境质量，根据工作部署，完成了滹沱河的藁城张村桥、无极西庄泵站、晋州龙泉固村、深泽马铺村，洨河的市区入河断面、栾城出境断面、赵县出境断面,汪洋沟的高新区出境断面、藁城市出境断面等9个水质自动监测站地选址、基础站房和仪器设备指标等一系列前期工作,经过积极协调和催办,站房土建施工除藁城的出境断面外均已完成。

建于石家庄市世纪公园电视塔上的大气梯度监测站经过近两年的运作和公开招标,于2010年9月底正式投入运行。该项目总预算投资1500万元,建设了4个层级大气监测平台,开创了我国环境监测系统立体监测的先河。经过大量的监测数据统计分析,已形成初步成果,并在两次国家及研讨会上进行了交流,受到国内外专家的高度关注和认可。此外,以梯度站为平台,石家庄市已与中国环科院达成了共建城市区域大气环境研究综合实验室的意向,为开展区域性研究奠定了基础。

石家庄市作为环保部新的《环境空气质量评价方法》试点城市之一,从2011年6月份开始进行TSP、PM2.5、CO、O_3、Pb、B[a]P等污染因子的试点监测工作,为做好试点监测工作,分别在石家庄市人民会堂和环境监测中心完善了子站设施,并在人民会堂子站安装了PM2.5、PM10双通道监测仪及CO、O_3监测仪,试点期间的监测数据按要求及时上报了环保部监测司及中国环境监测总站。

【机动车尾气排放管理】 与石家庄市交管局沟通,加快两网合并、黄标车限行、示范街建设等工作。2011年全市16个检测机构开展了年检、新车检、外籍转入、延期、本地过户等九项机动车环保检测工作。全年检测在用机动车206314辆,初检合格188918辆,初检合格率91.6%;检测外籍转入石家庄市机动车3949辆,合格3691辆,合格率93.5%;新登记注册车辆发放环保标志44745个。

【应急和预警监测】 进一步建立健全了各项应急监测制度,修订和完善了《石家庄市环境监测中心应急监测工作制度》、《石家庄市环境监测中心突发环境事件应急监测预案》,成立了应急监测小组,明确职责分工,层层落实责任,仪器设备做到妥善放置,位置和管理人员相对固定,车辆、仪器设备、实验试剂、通讯设施等处于良好状态;现场应急监测人员24小时待命,始终保持通讯畅通,按照“第一时间报告,第一时间到达现场,第一时间开展调查、监测，第一时间发布信息”的总体要求，加强了应急和预警监测工作，完善了应急和预警监测管理机制。为提高环境应急监测能力，监测中心本年度先后完成了“岗南水库环境污染”、“化工泄漏环境污染”、“交通运输环境污染”三个应急监测演练方案的编制工作，于8月份配合河北省环境监测监测中心站参加了全国环境监测系统环境应急监测演练，并参加了石家庄市政府液化石油气泄露应急演练以及石家庄市消防支队织开展的全市应急处置力量拉动演练，均取得了良好的效果。

2011年，石家庄市共发生突发环境应急事件18起，应急监测人员均在第一时间赶赴事发现场，及时上报监测数据，为处理突发环境污染事故提供科学依据，使环境突发事件得到妥善处置。

【服务监测】 根据市环保局《关于下放排污许可证审批权限优化发展环境的通知》《石环[2011]117号》文件精神，是环境监测中心对重点工业企业进行了排污许可证的换发监测工作，及时汇总数据并上报。全年签订服务性委托合同976份。完成排污许可证监测440家，“三同时”验收企业213家，现状监测项目83个，其它委托性监测项目339个。

【环境监测质量管理】 监测中心始终将质量管理当作监测工作的生命线，从监测方案编制、现场采样、样品交接、数据分析、报告编制等全过程严格按照质量规范进行，并开展了多项监测质量管理工作。编制《质量控制年度计划》、《内审年度计划》等各类计划；全年完成了两次全要素内部审核，顺利通过CNAS现场监督评审。

根据环保部“环境监测质量管理三年行动计划(2009－2011年)”的文件精神，结合中心工作实际，编制了石家庄市环境监测质量控制与质量管理实施方案和质量管理手册，加强了对全站人员的培训和监管考核，使质控措施得到有效实施的同时，人员素质和监测技术水平得到提升。

【监测能力】 为提升石家庄市的环境监测能力水平，2011年，监测中心实施了对标南京市环境监测中心站发展战略。选派4名业务骨干到南京市环境监测中心站进行了两个月的系统学习，内容覆盖环境管理与监测技术。借鉴南京站先进的环境监测管理及技术经验，编制了《对标南京站近、中、远期工作目标》,在环境监测科研工作、实验室信息管理系统(LIMS系统)、环境应急监测工作等方面设立了发展目标,已全面开展工作。

加强对三级站的技术指导,提升全市环境监测系统的整体能力。全市18个县(市)、区已全部开始上报环境空气质量周报,其中,16个县(市)、区已建成了环境空气质量自动监测系统,并实现与监测中心联网。积极推进市内5区及高新区、正定新区环境监测站的建设工作,编制了7个区监测站的建设要求和投资预算。多数县站通过了计量认证和标准化建设验收,全市环境监测网络体系建设取得了初步成效。

【环境监测科研】 为增强学术范围,提高科研水平,成立了石家庄市环境监测学术委员会。通过公开选拔推选出八位学术带头人,组建了大气环境研究室、生态环境研究室、重金属污染研究室、污染源研究室、现代管理技术研究室、监测技术研究室、自动监测研究室、机动车污染研究室8个科研室,收纳59名技术骨干。委员会确定了科学研究的方向及领域,建成中心"科技文献网络查询系统",方便资料的查询,创办了中心内部刊物并已印刷出版4期,开办了环境监测技术大讲堂,为石家庄市环境监测系统提供了一个学习交流的平台。

通过积极申报科研课题,加强对外合作,促监测工作科研化氛围。申报"恶臭气体源解析及监测分析方法的建立"、"地表水达标关键技术与成本核算研究"、"水资源保护与综合利用研究"3项科研课题,正在申报科研课题11个,包括:石家庄市恶臭污染物追踪方法研究、洨河污染源调查、石家庄市污染源调查与信息管理系统研究、石家庄市水资源保护与综合利用研究、石家庄市城市规划建设管理回顾与持续发展对策研究、3S技术在石家庄市扬尘源分析与污染控制对策研究的应用、滹沱河流域生态环境演变状况分析及综合整治对策研究等。

【科技标准工作】 主要完成以下工作。《洨河污染治理及生态修复技术报告》,并上报市政府。筹备了全国环保厅(局)长论坛环保新技术、新产品相关单位参展工作。开展了抗生素菌渣安全处置研究工作。就安全、稳妥处置抗生素菌渣处置工作,开展调查研究,结合石家庄市实际,提出处置意见。积极寻求污泥减量、农村污水治理等技术成果。组织石家庄市环保企业参加了

“2011年中国·石家庄国际投资合作洽谈会、绿色产业发展合作对接会”。完成了《农药安全使用标准》《钢铁工业大气污染物排放标准》(征求意见稿)、《总烃环保空气质量标准》等标准的意见收集工作,并将修订意见按照要求反馈市政府。开展了2011年国家环保科普基地申报工作,组织河北省科技馆、市植物园等五家单位申报国家环保科普基地。

【环境监察】 2011年,全年监察单位2775家(次),出动执法人员8931人次,检查污染处理设施2000台套,采集煤样169份、采集水样2647份。速测水样1358份。全市征收排污费征收完成10265万元,超额完成省环保厅下达9500万元的征收任务,其中收费较上年增长41%。行政处罚立案98家,处罚金额521.15万元,与上年相比增长76%。

【强化队伍业务素质 建设高效执法环境】 为积极响应全市优化发展环境要求,适应不断变化发展的环境监察工作需要,采取专题培训、业务交流、工作探讨等多种形式,强化执法队伍的业务素质。结合自身工作实际,坚持从改进作风入手,把创新服务作为优化发展环境工作的切入点,注重在提高工作效率、创新服务、改进作风、落实责任制、廉洁自律等方面抓落实,努力实现执法与服务的统一。一是编制“明白册”,下发服务对象。按照工业企业、餐饮业、医院、学校和建筑施工业等进行分类,就其应该遵守和执行的环保法律、法规以及应承担的法律责任,分门别类汇编成“明白册”,作为培训教材,印发企事业单位。一方面,让企事单位明白自身应该遵守和执行的环保法律、法规;另一方面,使企事单位有针对性地对行政执法行为实施有效监督。二是创新执法机制。建立健全约谈和首次不罚制度。2011年,先后约谈企业30余家,及时进行友情提示,企事业单位普遍给予好评。三是推进企业公开承诺,提升企业环保诚信力。经过半年的筹备,8月4日,石家庄市政府召开全市推进重点企业环保公开承诺工作会议,141家重点企业向全市人民做出环保承诺。承诺严格遵守环保法规,切实加强污染防治,牢固树立环保意识,自觉接受社会监督。

【监管力度、手段实现新突破】 1.强化日常监管,确保监察频次。加强对重点企业的现场监督管理力度,保证每月对国、省、市控进行一次以上现场监察,对存在问题的企业每月两次以上的现场监察。严格现场监察,按照“清源净流”的工作要求,努力做到企业产生的污染物查得清、污染物处理量摸得清、污染物排放去向说得清,规范和加强企业产污和治污的管理,使其达标达量排放。2.突出重点,方法灵活,形式多样。采取重点区域市政管网采样、企业上下游掐段监测、在非工作时段突击采样水样等手段,全面掌握企业污染物排放规律,确定重点企业和区域。共组织专项行动15次,严厉打击企业超标排放、偷排偷放等违法行为的发生。3.创新工作机制,提升监管水平。以改善市区水环境质量为重点,在强化监管力度的同时,不断优化监管手段,提升监管水平。一是建立企业负责人约谈制度,提高企业法人环保意识。根据日常环境监察要求,制定重点企业负责人分级约谈制度。二是运用科技手段,强化监管。申请专项资金购置安5台等比例自动采样采样器,在市区重点区域、重点企业进行布控,对恶意违法排污的企业进行有针对性的排查,以确保市区污水水质稳定,有力地遏制偷排偷放等环境违法行为。4.注重精细化管理,逐步实现由“简单执法”向“深度执法”转变、由“浅层次执法”向“深层次执法”转变。执法人员深入企业生产现场,从企业生产工艺、产污节点、处理设施运行等各个层面去发现问题、分析问题、解决问题。通过监察执法,督导企业做到污染物稳定达标排放,进一步实现全市环境质量的改善。

【重点流域综合整治】　以“清源净流”活动为载体,以力争实现生态补偿金“零扣缴”为目标,强化点源控制、河道监管,不断探索流域监管新思路。1.挂图作战,加强点源治理和监管。制作了《滹沱河污水排放示意图》和《洨河污水排放示意图》,标注各流域每一家企业和污水处理厂上游重点企业的水量、水质等情况。工作中,加强对每一个污染点源的控制,督导存在问题的点源进行整改,打击沿岸偷排偷倒违法行为。在洨河沿岸的污水处理厂使用等比例自动采样器实行24小时蹲守,督导其设施正常运行,做到达标稳定排放。2.深挖细究,找出流域污染根本点。洨河流域是石家庄市重污染流域之一,从点源入手,加强洨河河道情况分析,找出流域污染根本点,得出洨河污染是由于个别污水处理厂不能达标排放,河底污泥泛起及蓄水闸蓄水等多种原因造成的,并根据原因确定解决的方案,形成《洨河流域水污染综合治理方案》。3.大力支持,全面推动流域治理。根据《洨河流域水污染综合治理方案》,组织召开洨河流域水污染综合治理调度会,将治理任务下达给市政府各相关部门和有关县区政府。同时加强流域治理督导工作，定期向市环保领导小组办公室进行汇报，并通报各有关单位。

【国控重点源单位的校验】 通过国控校验工具，完成了石家庄市117家国控重点源单位的校验工作，并对每一家重点源单位的所有细节问题进行归类梳理，对排放量与上年相比悬殊30%的重点企业进行文字说明，确保重点企业申报数据中各项指标逻辑关系准确，不丢项、漏项，国控校验数据包及石家庄市国控企业整体情况报告按时保质上报省厅，受到省厅的好评。9至10月，按照工作安排，对市属以上所有产生危险废物的企业单位及大专院校实验室试剂情况进行摸底，制作电子台账并归档保存。起草了《危险废物规范化管理工作实施方案》。

【征缴排污费】 2011年，全市征收排污费征收完成10265万元，超额完成省厅下达的9500万元的征收任务。其中，市本级收费完成1753万元，较上年增加513万元，递增41%。

高度重视排污费征收工作，把排污费征收工作作为全年重要抓手，贯穿于全年工作的始终。做到了早谋划、早安排、早打算。按照“摸清底数、抓住重点、扩大面源、应收尽收”的工作思路，积极主动的开展工作，科学、合理制定2011年度县(市)区收费计划。一是创新征收新模式，依法增加费源。认真梳理有关排污费征收工作的法律、法规，吃透政策和规定，做到有法可依，有法必依，应收尽收，应缴尽缴。在依法深挖费源、扩大收费面上做了大量工作。2011年依法陆续开征了相关企业污水处理设施工艺废气污染因子、燃油、燃气的等项目收费，仅此一项预计全年增收排污费58万元，对重点企业工艺废气排污费增收352万元。同时加大了对“三产”企业的排污费征收力度。对“三产”单位污水排放、噪声等加强监测，对超标排污的征收超标排污费。二是强化督导检查。3月份，组成6个联合检查组，对24个县(市)区2010年申报、收费情况进行核查，合理的制定了2011年全市征收任务。三是加强组织。坚持季报制度，及时汇总全市收费工作的进展情况，掌握征收进度；定期分析排污费征收工作形势，研究对策，积极解决征收工作中出现的问题；精心核定企业排污染物排放量。根据企业的排污申报，结合企业的实际生产情况，对企业的污染物排放量进行认真核定。加大执法力度，对欠缴排污费的企业及时进行催缴。

【生态环境监察】 1.扎实开展了全市畜禽养殖业专项执法检查工作。在2010年开展畜禽养殖专项执法行动的基础上,先后对行唐县、晋州市、辛集市、藁城市等县(市)、区环保局开展畜禽养殖业专项执法检查工作进行了现场督导。为实现畜禽养殖业的精细化、规范化、高效化环境监管,指导各县(市区)认真录入了《畜禽养殖场(小区)环境执法信息系统》,完善了基本信息数据库。5月,根据省厅通知要求,及时向各县(市区)环保局转发环保部办公厅《关于填报畜禽养殖专项环境执法信息的通知》,并且提出了明确要求。同时采取现场督导等方式,指导24个县(市区)录入《畜禽养殖执法信息系统》。经统计,全市录入《畜禽养殖场(小区)专项环境执法系统》的养殖场数量为355家。

为落实省环保厅《关于开展畜禽养殖业自查活动的通知》要求,10月,下发了《关于印发全市开展畜禽养殖业专项环境执法检查工作方案的通知》,要求各县(市)区对辖区内规模以上的畜禽养殖业进一步开展全面自查,按规定填报《畜禽养殖场(小区)专项环境执法系统》。目前,石家庄市畜禽养殖场总数为668家,其中规模化养殖场数量为413家。规模化养殖场数量较多县(市)的是行唐县、辛集市、鹿泉市、藁城市、晋州市。

2.做好驼梁国家级自然保护区的督导检查工作。按照环保部对国家级自然保护区的工作部署,对平山县环保局进行了督导,与主管局长和负责人进行了接洽,摸清了驼梁国家级自然保护区核心区、缓冲区、实验区的划分情况以及环境监管情况,准备了相关汇报材料。

【环保专项行动】 根据全国3月28日国务院九部委召开的2011年全国整治违法排污企业保障群众健康环保专项行动电视电话会议精神、省环保专项行动电视电话会议精神,石家庄市政府高度重视,成立了以副市长王大军任组长,市政府副秘书长杨智勇、市环保局局长张炬任副组长,市委宣传部、市发改委等12部门负责人为成员的环保专项行动领导小组,下设办公室。按照国家、省《环保专项行动方案》精神,结合石家庄市实际,制定了《2011年环保专项行动实施方案》、《石家庄市2011年整治违法排污企业保障群众健康环保专项行动实施方案》。建立了由相关部门和各县(市)、区政府参加的联席会议制度，组织开展了重金属排放企业百日严查行动，着重对2010年重金属排放企业排查整治中发现的环境违法问题进行了集中整治，尤其是对无极县9家制革企业进行了停产治理；对不符合产业政策、达不到环保要求的17家铅蓄电池、制革、电镀及小化工企业进行了关停、取缔。各县（市）、区也都成立了相应机构，一级抓一级，层层抓落实。

【开展专项整治行动】 2011年，先后开展了“重金属排放企业百日严查行动”、“查处无证无照专项行动”“医药及两危企业专项治理”等一系列环保专项行动，累计出动环境执法人员34577余人（次），检查企业10743家，立案查处违法排污企业96家，罚款205万元，2家违法企业法人代表被行政拘留，限期治理企业163家，关停企业178家，查处信访案件3178起，做到了结案率100％。

【对污染减排重点企业环境监管】 污水处理厂监管情况。为了保障排放污水得到及时有效地处理，石家庄市要求，由各县（市）、区政府负总责，定期向市委常委会和政府常务会汇报污水处理厂建设进度。在这项政策的督促下，石家庄市各县（市）区都建成了污水处理厂，并且运行正常，其中鹿泉市、藁城市、栾城市分别建有2座污水处理厂，全市共建成了25座污水处理厂，形成处理能力每日189万吨。在对污水处理厂的监管形式上，采取了错时检查、驻厂检查、突击检查，实行无缝隙监管；在监管手段上，采取随机、快速、不定时的方式；在现场采样的方式上，采取重点企业排污口和市政管网结合采样的检查方式。

【对电力企业环境监管】 石家庄市18家电力企业共有33组脱硫设施。2010年9月按规定对11家企业27个机组脱硫设施旁路进行铅封。为确保铅封工作落到实处，石家庄市环保局不断加大对电力企业的检查频次及力度，重点对DCS数据和自动监测数据进行查验，保证了脱硫设施的正常运行情况，促使电力企业的环境管理水平明显提高。

【对钢铁企业环境监管】 2011年，石家庄市环保局进一步加大了对3家钢铁企业烧结机脱硫设施运行检查力度，从检查情况看，各企业治理设施运行维护和管理情况良好,自动监测系统规范运行。

【挂牌督办】 2011年5月30日,省环保厅下发了《关于做好2011年违反“三同时”制度的省级挂牌督办案件有关工作的通知》,对石家庄市河北九天医药化工有限公司,赵县利民淀粉六厂、赵县福亨淀粉有限公司、石家庄雪龙淀粉科技有限公司和石家庄双环汽车有限公司三起环境违法案进行了挂牌督办。石家庄市主要领导高度重视,艾文礼市长批示:“形势严峻,工作不到位,要加大力度”,并责成市环保局全力督办,按省厅要求尽快整改。截至年底,赵县利民淀粉六厂、赵县福亨淀粉有限公司、石家庄雪龙淀粉科技有限公司问题已经得到解决,河北九天医药化工有限公司、石家庄双环汽车有限公司问题正在解决中。

2011年石家庄市挂牌督办企业情况:

省厅挂牌督办5起:

1.河北九天医药化工有限公司

2.赵县利民淀粉六厂、赵县福亨淀粉有限公司、石家庄雪龙淀粉科技有限公司;

3.石家庄市双环汽车有限公司;

4.石家庄市神州蓄电池厂;

5.石家庄市泰昌有色金属有限公司。

截止到2011年12月31日已摘牌4起,石家庄市泰昌有色金属有限公司尚未摘牌。

石家庄市环保局挂牌督办一起:藁城市良村污水处理厂,已摘牌。

【烟尘控制】 为有效控制石家庄市区大气污染物排放,降低空气综合污染指数,根据《石家庄环境空气质量预警调控应急方案》任务分解通知精神,制定了《市区环境空气质量预警调控后督察方案》,成立了市区环境空气质量预警调控后督察工作领导小组。组织开展了燃煤设施专项检查行动,累计检查企业75家,查处违法企业6家。扎实有效地开展拆除分散燃煤锅炉工作,全年共拆除分散燃煤锅炉81台,计440.5蒸吨,每年可削减燃煤12.5万余吨,削减烟尘1700余吨,削减二氧化硫1900余吨。

【环境应急】 建立健全了各项应急制度，修订和完善了突发环境事件应急处理程序和《环境突发事件应急预案》。按照“第一时间报告，第一时间到达现场，第一时间开展调查、监测，第一时间发布信息”的总体要求，建立了应急值班制度，确保政府指令、群众举报或其他部门通报后，市、县（市）区两级环境应急人员能及时赶赴现场，处理环境污染事件。全年共妥善处置各类突发环境事件 15 起，其中，安全生产引发的 7 起、交通事故引发的 1 起、非法倾倒化学品废液事件 6 起、其他原因引发的 1 起。扎实开展了重点行业企业环境风险及化学品检查工作，在全市范围内，对有危险化学品的化工企业，涉核与辐射企业，尾矿库等重点部位进行了环境隐患大排查，共排查企业 3180 家（处），对 40 家存在环境安全隐患的单位提出了整改建议和要求。为加强化工园区环境安全，编制了《化工园区环境应急预案整体框架》，在化工园区以规范园区及园区内企业环境应急预案为主线构建园区环境安全防控体系。根据《突发环境事件应急预案管理暂行办法》和《石油化工企业环境应急预案编制指南》，帮助化工园区内正常开工企业重新编制了环境应急预案，为预案规范化管理积累了丰富经验。

【秸秆禁烧】 夏秋农作物收割前，抽调专门人员参加秸秆禁烧工作。按照市政府和省《秸秆禁烧实施方案》要求，针对性地制定了石家庄市《2011 年夏（秋）季秸秆禁烧工作实施方案》，成立了农作物秸秆禁烧工作办公室和 4 个秸秆禁烧督导组。各县（市）区也根据市政府提出的要求，把秸秆禁烧工作摆上重要议事日程，成立了相应的秸秆禁烧领导机构，建立健全了目标责任制度，制定了严格的奖惩措施，形成了齐抓共管秸秆禁烧工作的良好局面。经国家卫星遥感监测显示，石家庄市秋季秸秆焚烧火点个数为零，成为我省 11 个地市唯一没有发生秸秆焚烧着火点的地区。

【2011 年全国环保局长石家庄论坛】 全力以赴，精心组织，扎实工作，使本届论坛硕果累累，亮点纷呈，取得了超过预期的效果，赢得了参会代表的高度赞誉，成为历届论坛中参与度最广泛、效果最好的一次盛会。一是精心抓好前期沟通协调工作。为确保论坛圆满举办，在会议召开筹备前期，与中国环境报社多次就论坛召开地点、行程安排、参观考察路线等事项进行沟通协调和现场查看，实现无缝隙对接。同时，早动手、早计划、早分工、早安排，

全力以赴开展工作,确保了筹备工作有序、严密、扎实进行。二是认真抓好论坛组织筹备工作。先后起草制定了论坛市直部门分工方案、市环保局内分工方案、参会代表对口接待方案、论坛宣传工作方案、媒体高峰对话方案等多个专项方案。进一步明确了20大项工作的责任分工。同时,倒排工期,挂图作战,确保了每个环节都做到组织周密,科学严谨,得到了大家的广泛赞誉。参会代表一致认为,本次论坛是历届论坛服务质量最高,服务流程最优,感受最好的一次。中国环境报社杨明森社长总结石家庄论坛时说:"规模最大,人数最多,招待最好,准备最细。"三是精心设计制作石家庄市生态文明建设暨"十一五"环保成就展。论坛期间,精心设计制作了石家庄市生态文明建设暨"十一五"环保成就展,通过形式新颖、设计独特的展览形式,充分展示了石家庄市在谱写生态蓝图和保护生态环境方面做出的巨大努力和丰硕成果,反映了全市人民推进生态文明建设的决心和精神风貌,受到了与会代表的一致好评,进一步扩大了石家庄市环保工作在全国的影响力。四是全力抓好论坛的舆论宣传工作。邀请国家、省、市多家主流媒体对此次论坛进行宣传报道,形成了影、像、字、网四位一体的报道方式。平面媒体共报道24条;省、市电视媒体报道4条、专题2个;广播2条;网站原创、转载300余条,本次活动新闻报道合计330余条。国家、省、市10余家媒体的大篇幅报道,引起了社会各界的广泛关注,产生了较大反响。五是成功组织媒体高峰对话活动。论坛召开期间,副市长王大军和市环保局长张炬作为石家庄市代表,与参会媒体进行了媒体高峰对话,向媒体介绍了石家庄市"十一五"环保工作成就、"十二五"环保工作思路和举措,并在人民网进行了在线图文直播、视频录播,中国环境网对媒体高峰对话同步直播报道。

【围绕重点强化宣传】 加强宣传策划,主动与各级新闻媒体联系对接,先后推出了《中国环境报》对孙瑞彬书记的专访、《石家庄市委书记孙瑞彬部署安排"十二五"减排工作——难度大,决心要更大》、《加速迈向国家环保模范城》、《石家庄成立环保治安办公室》、《石家庄模式——幸福来敲门》等重要稿件,及时对石家庄市环保重点工作进行宣传报道,为全市各项环保工作的开展营造了良好的舆论氛围。截至2011年11月30日,先后协调各级媒体对石家庄市环保局工作采访75批次,在各级媒体刊发新闻稿件670篇,同比上年增加72篇,其中:《人民日报》1篇、《中国环境报》67篇;省级234篇;市级

287篇。省、市电视台、电台播发新闻105条;新浪网、长城网、河北新闻网、石家庄新闻网等网络媒体刊载547篇。此外,还进一步加大了对各县(市)区环境新闻宣传工作的指导,组织召开了石家庄市环保系统县(市)区新闻宣传座谈交流会,提高了各县(市)区环保局。2011年,各县(市)区共在市级以上媒体发新闻稿件190篇(条)。

【环境宣传教育】 2011年,环境宣传以各种环境纪念日为契机,"环保十进"工程为载体,不断丰富环境宣传教育的形式和内容,先后组织开展了石家庄市2011年"地球一小时"暨第二届"低碳宣传周"、"4·22地球日"、"六五"世界环境日宣传月等一系列环境宣传教育活动,提高了公众关注、支持和参与环保工作的积极性,有力地促进了全市各项环保工作的开展。"地球一小时"暨第二届"低碳宣传周"活动期间,全市共进行宣传活动225次,走进80家单位,发放环保宣传单88500份、环保袋11100个、环境保护科普读物3400余本,悬挂条幅686条,设立展牌300余块,发放环保宣传品4000余个,移动、联通、电信三家公司分别向380万个手机用户发送了公益短信;3月26日晚,在市人民会堂南广场,成功举办"熄灭灯光点亮未来""地球一小时"活动熄灯仪式暨大型公益演出,据统计熄灯一小时前后数据对比,全市共节电3.2万度;"4·22地球日"活动期间,在高新区水榭花都社区组织开展了2011年石家庄纪念"世界地球日"走进"绿色社区"主题宣传活动暨"送三精蓝瓶回家"大型环保公益项目启动仪式,绿色学校师生代表、社区居民代表、环保志愿者代表共计300余人参加活动,现场气氛热烈,活动效果显著;"六五"世界环境日宣传月活动期间,先后开展了环境应急大讲堂、环境应急在线访谈、环保公益讲座等一系列内容丰富、形式多样的宣传教育活动。6月5日当天,在西清公园举行了省会2011年纪念"六五"世界环境日环保宣传活动,宣传月期间,石家庄市25个县(市)区均在各自辖区内以不同形式开展了主题新颖、内容丰富的环保宣传活动共65次(项),发放环境保护科普读物及宣传材料30000余册(份),提供环保咨询服务15000余人次,直接受教育群众达78000余人。

【绿色创建】 按照《2011年石家庄市环境保护工作要点》的有关要求,会同市文明办、市教育局、市旅游局、市房管局、市卫生局等有关部门,积极开展绿色创建工作。全市共申报2011年市级绿色单位48家,其中,绿色机关9家,绿色学校24家，绿色医院3家，绿色社区6家，绿色饭店6家。同时，认真抓好省级绿色学校复查及环境教育基地验收的迎查工作，提前与市教育局对石家庄市第一批至第三批省级“绿色学校”进行了实地检查和指导，确保了石家庄市绿色单位的创建质量。

【“十百千”工程】 按照省环保厅总体部署和“九个一”的工作要求，以公众参与为主线，已提高全民环境意识为目的，扎实推进“十百千”工程，激励和动员广大群众积极参与环境保护事业，取得了良好的工作成效，2011年石家庄市环保局被省环保厅评为“环境宣传教育工程‘十百千’试点工作优秀组织奖”。2011年11月2日—4日，全省环境宣传教育工作会议暨“十百千”环境宣教工程推进会在石家庄市试点县鹿泉召开，全省各设区市环保局主管宣教工作的局领导、宣教中心主任、宣教处(科)长，新确定的“十二五”第一批和“十一五”受表彰的“十百千”工程试点县(市)区环保局长对石家庄市“十百千”试点工作进行了现场观摩、学习。市环保局作为先进典型在大会上发言，汇报了石家庄市在“十一五”期间环境宣传教育工作取得的成绩。

【环保大讲堂】 《环保大讲堂》自2010年开办以来，凭借较高的层次和丰富的内容，以及对实际工作的指导作用，得到了全市环保系统干部职工的广泛好评，已逐渐成为石家庄市环保文化的特色品牌和高端品牌。2011年，共组织《环保大讲堂》九期，先后邀请省法制办主任张国钧，中国环境科学研究院副院长柴发合，中国人民大学环境学院院长马中，河北经贸大学教授张忠民，河北科技大学环境科学与工程学院环境科学系主任沈洪艳博士，国家环保部应急办副主任张志敏，国家环保部总工程师万本太，国家环境监测总站总工程师赵银慧，中国人民大学环境学院教授石磊，廊坊市环保局副局长巨振海等专家、学者前来授课、指导，收到了良好的学习效果。

【信访工作】 2011年石家庄市环境举报中心共承接和受理各类有效环境污染举报件为3238件(同比上年4071件下降20%)。其中省厅交办79件(同比上年99件下降21%)；市政府交办19件(同比上年17件增长11%)；新闻媒体6件(同比上年30件下降80%)；接待走访29批59人(同比上年59批94人下降49%)；来信5封(同比上年15封下降76%)，12369共接听群众电话21494个，有效案件为3100件(同比上年3851下降19%)。水污染813件，大气污染1956件，噪声污染492件，还有一部分为反映固废和项目问题的案件，办结率为100%，按时反馈率为99%。通过重点案件办理和大力开展环境信访稳定工作排查及组织大接访活动达到"排隐患、保稳定、促和谐"之目的，做到了全面系统排查、梳理环境信访积案和矛盾纠纷，对环境重点案件、矛盾和纠纷按照"一个问题、一个方案、一名领导、一抓到底"的要求实施领导包案、挂账销号，确保了传统节日和重大政治活动期间未发生重大群体性事件和进京赴省上访问题，维护了社会和谐与稳定。并以"片会"、"现场会"的形式，促进各县(市)区局、各分局的环境信访工作集体出谋划策，共同研究问题解决办法，取得了非常好的成效。

【政务信息】 石家庄市环保局围绕实现思想认识和业务能力两个提高，树立服务发展大局观念，做到人员、职责、任务三个落实，健全管理机制，实现经费投入到位、制度建设到位、督促检查到位、考核奖惩"四个到位"，探索建立任务分解制、培训交流制、按季约稿制、定期通报制、督促检查制、考核奖惩制等六项工作制度，理清工作思路，完善工作机制，加强队伍建设，优化工作手段，提高工作质量，政务信息工作取得了明显进步。紧紧围绕政府重大决策和部署，及时、准确、全面的采编报送政务信息，每年向国家环保部、省环保厅、市委、市政府直报信息700多条，市环保局门户网站点击阅读率大幅增长。2011年在国家环保部62个直报点中名列第3，在省厅11个设区市中名列第1，在市委84个部门中名列第5，在市政府65个部门中并列第4。编印《环境要情》103期、《环境保护简报》53期，为各级领导了解情况、做出决策、指导工作提供了有力服务。

【政府信息公开】 2011年石家庄市环保局政府信息公开工作，按照《中华人民共和国政府信息公开条例》的要求，自2008年6月1日配备了2名兼职工作人员，设立了1个信息申请受理点，工作运行正常，政府信息公开咨询、申请以及答复工作均得到顺利开展。按照市政府政府信息公开领导小组办公室要求，成立了市环保局政府信息公开工作领导小组，设立了政府信息公开工作领导小组办公室，制订并执行《政府信息公开工作实施方案》、《政府信息公开程序规范》和《政府信息公开保密审核办法》。认真整理环保信息，编制出本单位政府信息公开指南和目录，并在石家庄市环境保护局网站和石家庄市政府信息公开平台上依法公开本单位的基本概况、主要职能、领导班子、内设机构、服务承诺、办事指南、收费标准、政策法规、通知公告和工作动态等信息，开通政府信息直通车专线电话，向社会公众、人民群众和各单位依法提供环保信息，提高环保工作的透明度，提高行政管理水平，最大限度地保障广大公民、法人和其他组织的知情权，为社会公众对环保工作的广泛监督提供条件，在加快建设法治政府、服务政府、阳光政府进程中做出应有的贡献。

2011年，累计主动公开政府信息956条，全文电子化率达100%。其中，本年度新增的主动公开政府信息486条(本统计以在“中国石家庄”网站平台发布内容为依据，石家庄市环境保护局网站发布信息未纳入统计范围)。

在主动公开的信息中，环保概况类信息9条，占总体的比例为1.86%；环保政策法规类的信息65条，占总体的比例为13.38%；规划总结类信息43条，占总体的比例为9.88%；工作动态类信息272条，占总体的比例为55.97%；行政执法类信息48条，占总体比例为9.88%；财政财务类信息20条，占总体的比例为4.12%；其他类信息29条，占总体比例为5.97%。业务类信息主要是环保系统工作职能范围内的监测、监察、稽查、行政审批等。2011年度未发生收费问题，对3起依申请公开情况均进行了减免收费。受理到信息公开申请3件。接受群众网上咨询19次。石家庄市环保局2011年度政府信息公开网站访问量为5280次，其中按点击率排序的政府信息公开栏目依次是：环境质量、网上举报(投诉反馈)、污染控制、总量减排、通知公告和工作动态。发生针对本部门有关政府信息公开事务的行政诉讼案1起。

在主动公开信息工作中，为方便公众了解信息，按照市政府领导小组办公室的要求，认真及时在石家庄市环境保护局门户网站上依法公开本单位的政府信息，开通12369环保专线电话，向社会公众、学员和各单位依法提供环保信息，提高环保工作的透明度，提高环保管理水平，最大限度地保障广大公民、法人和其他组织的知情权，为社会公众对环保工作的广泛监督提供条件，在加快阳光政府建设中做出应有的贡献。按照市政府信息公开领导小组办公室要求，自2011年7月份开始，坚持每月向市图书馆、档案局和市行政服务中心报送纸质公开材料七份。

【环境信息化工作】 1.有效保障了国、省控重点污染源在线联网工作。

按照2011年国家新下发的《国、省控重点污染源名单》，对石家庄佳正实业有限公司等22家企业的35台监控设备安装了数据采集仪，经过调试已全部与石家庄市监控中心联网，对符合联网条件的国省控企业已全部联网。在安装新设备的同时还积极协调数据采集仪厂家对石家庄市存在问题的设备进行维护、更换，共维护设备358台(次)。2.高标准组织了重点污染源动态管理平台建设。对重点污染源动态管理平台系统项目，在进行大量的调研工作后提出了项目建设方案。经过3个月的反复讨论与修改，7月份进入试运行，10月份已通过验收。3.认真有效组织了门户网站建设和更新维护。为丰富网站内容、提升网站品味、加强网站管理，从五月份开始组织开展了“环境网站信息“双五·双优”评选活动”。制定了任务、指标和责任，坚持了周提示、月通报，对信息任务完成不好、质量不高的5个单位主要责任人进行了约谈。2011年，石家庄市局门户网站共发布信息10510篇，是2010年同期的194%，信息质量和数量都有较大幅度提高。4.顺利组织实施了石家庄市环境信息与统计能力建设项目。积极配合全国环境信息与统计能力建设项目中标单位，在全市环保系统开展了网络铺设、设备安装、调试联通等工作，出车出人，及时协调，高效高质地完成了国家、省、市、县四级环保专网的开通。

【创新信息亮点】 1.全力打造环境行政效能监管平台。2011年，石家庄市委、市政府提出《关于优化发展环境的若干规定》，并在全市政府机关组织开展“创先争优”活动。石家庄市环境保护局以此为契机，把“科学发展 环保先行”活动向更深、更实、更高层次深入推进，提升理念，创新举措，投资65万元，强力推出石家庄市环境行政效能监管平台建设项目，作为推动创先争优、优化发展环境的重要抓手。该平台建成后将有效实现四个全面。一是行政权力全面公开。通过平台建设，环境行政权力所有事项及行使过程、行使结果全面公开。二是行政效能全面提升。各业务系统与行政效能统计系统相结合，在业务流程上通过定环节、定职责、定人员、定时限，固化行政事项流程，承办事项逾期亮灯警示，实施行政效能统计。执法系统通过定格式、定标准、定模版，规范执法文书制作，全面规范行政执法程序。三是环境监管全面优化。平台集成业务流程，疏通业务联系，实现日常业务协同办理，提高工作效率。通过污染源头实时监控、执法过程全面监控、行政处罚裁量重点监控，全面提升环境监管能力、应急能力。四是廉政约束全面渗透。以平台运行为载体,通过实施移动执法规范化、行政处罚裁量电子化、行政效能统计化,结合系统事前提醒、事中监督、事后完善等功能,全面渗透廉政约束。2.启动石家庄市环境移动执法系统建设,逐步建立数字环保体系。石家庄市环境移动执法系统建设项目是石家庄环保局2011年重点工作之一,在充分调研、收集大量资料,并与多家公司进行了技术交流、论证的基础上,按照项目进度计划6月底完成了可行性方案的编写工作,10月份完成了招投标工作,该项目总投资130万元,年底前完成,2012年正式启动运行。通过创新实施移动执法,强化源头监管,将原本固定在办公室使用的设备随执法人员到执法现场使用,原本存在局内服务器上的企业档案信息,在执法现场远程使用。另一方面规范处罚程序,将处罚从立案到结案全过程网上规范运行,实现行政处罚电子化,全过程监督处罚案件。

【"12369"工作】 12369环保投诉热线主要担负着环境污染案件投诉举报的受理、接待、转办、督办、复查、反馈等工作,且非正课时间和节假日还担负着局行政值班和节假日值班任务。随着经济发展,石家庄市举报量逐年递增,很多环境污染问题牵涉面广,因此,市环保局将环保热线由接转投诉型逐步向咨询服务型发展,制定了环境信访举报工作实施细则,按照"有报必接、有接必查、有查必果、有果必复"的要求,力争一般举报案件转接率、查处率、办结率达到99%以上,反馈率达到100%。

【建议提案办理】 石家庄市环保局高度重视承办工作,在办理过程中认真办理,力求实效,充分利用多年来业已形成局办公室主管,部门、单位具体承办,与会办单位会商,上下贯通、纵横互联的承办工作网络,遵照代表、委员所提问题、建议及办理要求,结合机关各处室、局属各单位工作职能,依责包办,做到了包案领导、处室(单位)承办人、承办内容、办理时限等责任到位。2011年石家庄市环保局接收省、市"两会"交办的人大建议和政协提案承办件共41件,其中省人大建议4件,市人大建议9件(含会办4件),政协提案28件(含会办7件)。涉及石家庄市环保局职能范畴内的水污染治理、大气污染治理、农村生态环境建设、节能减排、异味治理等项工作内容。按照承办工作要求的办理时限全部办理完毕,办结率100%,并对代表、委员逐一进行走访,征求对承办工作意见,走访率100%,满意率87.5%。 (撰稿 严健)

承德市环境保护

【综述】 2011年，承德市环境保护局按照科学发展观的要求，着力提高生态文明建设水平，将环境保护工作作为推进承德国际旅游城市创建和实现产业结构调整、加快经济增长方式转变的“助推器”和“调节阀”，通过深入开展系列环保攻坚工程，环境质量实现持续改善，污染减排目标任务圆满完成，环保能力进一步加强，公众的环境权益得到切实保障，环境保护优化经济发展的综合作用日益显现。承德市环境保护局连续四年被河北省政府授予“河北省环境保护目标管理优秀市”称号；承德市环境保护局在第七次全国环境保护大会上被授予“全国环境保护系统先进集体”荣誉称号；同时，承德市环境保护局还获得“河北省环保系统先进集体”、“承德市环境保护目标管理考核优秀单位”等多项荣誉称号；承德市环境保护局污染物排放总量控制科获得“河北省‘双三十’节能减排工作先进集体”和“河北省‘十一五’节能减排工作模范集体”荣誉称号。

【重要活动】

1月14日　环保部督查中心核查组对承德市的污染减排情况进行核查。

2月18日　承德市环境保护局被市委、市政府评为“2010年度农业农村工作先进单位”。

2月21日　2月21日至22日，省环保目标考核组对承德市2010年度环保工作目标完成情况进行考核。

2月25日　承德市环境保护局被市委、市政府表彰为“2010年度全市信访工作先进单位”。

3月9日　承德市被省政府评为“2010年度河北省环境保护目标管理考核优秀市”的称号。被省环境保护厅授予为“2010年城市空气质量改善奖”。

3月15日　承德市环境保护局开展“3.15环境维权宣传”活动。

3月18日　承德市政府组织召开2011年全市环境保护工作会议。

3月21日　承德市委组织部考核组对承德市环境保护局领导班子进行考核。

3月26日　承德市环境保护局被市政府办公室表彰为“2010年度七项

政务工作考核优胜单位”。

3月31日　承德市环境保护局被人力资源社会保障部和环境保护部授予“全国环境保护系统先进集体”荣誉称号。

4月25日　承德市环境保护局领导班子被评为“全市党风廉政建设责任制先进领导班子”。

5月13日　承德市环境保护局组织召开全市环保系统党风廉政建设工作会议。

6月2日　承德市环境保护局成立“共青团承德市环保局委员会”。

承德市被省环境保护厅评为“2010年度全省城市环境综合整治定量考核优秀市”。

6月3日　承德市环境保护局在市中心广场举行第40个世界环境日纪念活动。

6月24日　承德市环境保护局举办迎接建党90周年红歌大赛。

7月25日　承德市环境保护局被市委评为“2010年度全市先进基层党组织”。

8月9日　全省环保系统重点工作调度会在承德市召开。

8月21日　承德市政府李维副市长、市环保局刘艳东局长及相关人员赴瑞典斯德哥尔摩参加第二十一届世界水周会议。

9月7日　承德市环境保护局举办了2011年自然生态保护培训班。

9月15日　承德市环境保护局战力同志被承德市精神文明建设委员会授予“承德市第三届道德模范·敬业奉献模范”荣誉称号。

9月16日　承德市政府组织召开全市污染减排工作调度会。

10月17日　承德市环境保护局宣教中心荣获2011年度中国环境报宣传工作先进单位称号。

10月21日　承德市环境保护局荣获“承德市2006—2010年法制宣传教育先进集体”。

11月7日　承德市环境保护局被省政府授予“双三十”节能减排工作先进集体荣誉称号。

11月14日至16日　省污染减排领导小组督导组到承德市就2011年污染减排目标完成进度及“双三十”单位减排工作开展情况进行督导调研。

11月24日　承德市环保局召开2011年度班子成员民主生活会。

12月6日　承德市环保局被市财政局评为“2010年度市本级部门决算

工作先进单位”。

12 月 21 日　在全国第七次环境保护大会上，承德市环境保护局被人力资源和社会保障部、环境保护部授予“全国环境保护系统先进集体”称号，刘艳东局长受到李克强副总理、周生贤部长等领导接见并接受荣誉奖牌。

【环境规划】 2011 年，承德市环境保护局积极做好环境规划工作。一是组织编制了《承德市环境保护“十二五”规划》并于 2011 年 11 月 3 日经市政府批准实施；二是组织编制《承德市“十二五”环境监管能力建设规划》和《承德市“十二五”水专项规划》两个专项规划并经承德市环境保护局研究后开始实施；三是按照省环保厅要求，组织编制了《承德市滦河流域水污染防治综合治理方案》，并于 2011 年 2 月将经征求意见并修改后的《承德市滦河流域水污染防治综合治理方案》及筛选的 38 个项目报省环保厅；四是协助省环保厅完成了《河北省环首都绿色经济圈生态建设和环境保护规划》涉及承德有关资料的收集和相关调研工作；五是组织相关部门开展了环境保护“十一五”规划终期评估工作，编制了《承德市环境保护“十一五”规划终期实施评估报告》。

规划环评工作稳步推进，预审省厅审查围场、丰宁、隆化三个工业聚集区规划环评文件，审查了隆化、丰宁三个工业聚集区规划环评文件。全市范围内已完成各类规划环评 22 个。

2011 年，承德市强化责任，服务与管理双向加强，全面提升环境监管水平。一是从管理体系和制度建设入手，完善制度建设，结合建设项目监管工作实际特点，先后制定了《承德市环保局建设项目“三同时”监督检查和竣工环保验收管理办法(试行)》、《承德市环境保护局建设项目“三同时”监督检查和竣工环保验收管理规程》(试行)、《承德市建设项目环境影响后评价备案管理办法》等一系列规程和办法，规范了项目批后监管程序，理顺了项目验收管理流程，使项目监管工作规范化和制度化；二是构建批、管、验三位一体的全过程监管体系。强化施工期环境监理和试生产现场核查，做到“五不准”。抓好竣工验收审查，做到“七不验”。既坚持原则，不降低验收标准，又科学、合理地解决管理中遇到的种种难题，依托专家，严把验收审批关。同时与监察、电力、发改等相关部门做好配合联动，实现联合监管；三是建立了承德市建设项目“三同时”动态管理软件系统，实现省、市、县三级联网，随时掌握项目建设进展情况，及时制定检查计划和竣工验收计划。四是对节能减排项目、基础设施建设项目、关系民生的项目,实施特事特办,急事急办,在不降低管理要求的同时进一步强化服务,提高效能,确保项目如期高质量完成。

【环境法制建设】 2011年承德市环境保护局通过实行网上公开透明机制进一步改进了工作作风,增强了工作透明度,从源头上预防和治理腐败。在重大决策事项上做到民主参与、科学决策,重大环保行政许可、重大行政处罚、企业排污费缴纳、污染防治资金拨付等重大行政事项均通过局长办公会、案件审查委员会集体讨论决定,集中全局智慧,解决工作中的实际问题,不断提高科学决策水平。工作动态、工作成果、重大行政决策事项、工作制度、管理规定及相关法律法规通过自动办公系统、各级环保部门网站、媒体信息等多种形式,实现政务信息公开,自觉接受群众监督。按照《河北省省环保厅关于进一步加强排污许可证管理工作的通知》(冀环办发[2011]49号)要求,承德市环境保护局印发了《承德市环保局关于进一步加强排污许可证管理工作的通知》(承环办[2011]45号),实行了排污证省、市、县(区)三级发放、属地管理的原则,进一步明确了管理权限和办证流程,将排污许可证管理与行政审批有效结合,并将发放情况定期在局内、外网进行公示,便于查询与监督管理。全年共发放生产性排污许可证264家,非生产性排污许可证277家。

承德市环境保护局对环境行政处罚主要文书进行了重新疏理和制作,于2011年3月28日下达了《关于执行环境行政处罚新文书的通知》(承环办[2011]43号)。积极开展整治违法排污企业保障人民健康的环保专项行动,严查各类环境违法行为。全年共出动执法人员15155人次,检查企业1558家,处罚企业76家,罚款总额98.6万元。承德市环境保护局设立了局长接待日,局领导成员轮流到举报中心值班接访,实行接访领导包案,逐案落实、责任到人,全程跟进,并将处理结果及时答复上访人。共受理举报投诉866件,其中省环保厅交办97件,群众来信26件,领导交办10件,接待群众来访19批46人次,举报电话657件,网上举报38件,新闻媒体转办19件。这些投诉举报均做到了及时转办、及时查处、及时反馈,案件查处率为100%,促进了社会的稳定和谐。

【环境质量状况】 2011年承德市环境空气质量持续改善。环境空气综合污染指数年均值为1.74,较2010年相比下降了2.2%。承德市区空气质量优良天数为349天，比2010年增加了2天，其中，Ⅰ级天数为182天，比2010年增加了4天。各县环境空气质量：八个县城区环境空气中的主要污染物浓度值均达到《环境空气质量标准》(GB3095－1996)的二级标准，环境空气质量二级和好于二级的天数超过全年天数的92%。全市7条主要河流26个监测断面，84.6%的断面水质达到水功能区划要求(2011年有一个监测断面断流，实际统计断面数为25个)，较2010年提高了2个百分点，其中64%的断面达到或好于国家地表水环境质量Ⅲ类标准，消除了劣Ⅴ类断面。集中式饮用水水源地水质达标率继续保持100%。武烈河、伊逊河水质较“十一五”期间有明显改善，流域总体水质状况为良好。城区交通噪声平均值为64.88dB(A)，与2010年相比上升了2.1dB(A)，质量等级为良好。固体废物处置情况：全市一般工业固体废物产生量为23770.6584万吨，全部得到安全处置，合理利用，处置利用率100%；工业危险废物主要为废矿物油和废化学药品，产生量88.568吨，送至具有资质单位进行安全处置，工业危险废物处置率100%；医疗废物产生量为548吨，由承环医疗垃圾处理有限公司集中焚烧处理，医疗废物集中处置率为100%；承德市市区生活垃圾产生总量为17.78万吨，由承德环能热电有限责任公司焚烧处理，生活垃圾无害化处理率100%。

【机构改革与人事工作】 承德市环境保护局为市政府组成部门，一级局建制，下设14个职能科室、11个直属事业单位、4个直属分局。截至年底，班子成员由8名同志组成。其中：党组书记1名，局长1名，副局长3名，纪检组长1名，调研员1名，副调研员1名。随着国家对环保工作的越来越重视，承德市的环保队伍也在不断的壮大，始终把“建队伍、聚人才”作为实现环保事业发展的重要保障，把打造一支强有力的环保队伍，作为有效履行工作职责的基础，严格教育、严格管理、严格监督，努力提高环保队伍的整体素质。截至2011年底，全局共有干部职工392名，其中本科以上学历达240多名(含博士研究生1名，硕士研究生13名)。高级职称专业技术人员27名，中级职称专业技术人员51名，初级职称专业技术人员112名，为实现“十二五”良好开局和全面完成省市下达的各项环保目标任务，提供了强有力的组织保障和人才支撑。另外，承德市所辖八县的环保部门，均为县政府的职能部门，科级建制，编制总人数为256人，2011年底实有人数为347人。

【污染减排】 2011年,承德市坚持"减存量、控增量、挖潜力"的减排工作思路,积极推进农业源和机动车减排,强力推进污染减排各项工作。陆续出台了一系列污染减排政策措施,下发了《关于贯彻河北省"十二五"节能减排综合性实施方案的实施意见》、《关于确保完成2011年节能减排目标任务实现和十二五良好开局的九条措施》和《承德市机动车尾气检测治理管理办法》等文件,建立起了政府负总责、相关部门各尽其责,层层负责、责任到人的污染减排工作机制。建立了以《承德市"22221"环境整治工程》,即2个重点县区、2个重点行业、2个园区(工业园区、产业集聚区)、20个重点企业、10个乡镇为节能减排工作的重点;以《承德市污染减排"23334"行动计划》,即"两推、三严、三限、三提、四保"为主要措施的减排工作体系,即推进部门联动和总量资源化机制建设;严格环境准入、执法监管和考核问责;实施区域限批、企业限批和限期治理;提升城镇生活污水处理率、再生水回用率和污染防治设施治理水平;保电力钢铁水泥行业污染减排、畜禽养殖业和机动车减排、农村污染综合治理工程,全力推进污染减排各项工作。

2011年,污染减排共有约束性减排指标四项,分别为化学需氧量、氨氮、二氧化硫、氮氧化物。全年共完成减排项目131项,超出计划24项。其中,考核指标两项:化学需氧量和二氧化硫,排放量分别比2010年下降了1.7%和3.1%。其他两项为氨氮和氮氧化物,只公布完成比例,分别为0.23%和−1.5%。截至2011年底,四项指标化学需氧量、氨氮、二氧化硫、氮氧化物排放量分别为9.01万吨、0.71万吨、9.48万吨、6.68万吨。

【污染防治】 2011年,承德市坚持以"让百姓呼吸上新鲜的空气"为目标,积极推进全市大气污染防治工作。一是积极推进大气联防联控工作。完成了《河北省大气污染联防联控"十二五"规划》相关项目的确定和上报工作。印发了《承德市机动车尾气检测治理管理办法的通知》(承市政办字[2011]96号)、《关于转发河北省环保厅等部门做好2011年农作物秸秆禁烧和综合利用的通知》(承市政办字[2011]117号),市发改委、住建局、公安局、交通局、环保局联合下发了《关于限期禁止在各县(区)城区现场搅拌混凝土的通知》(承发改环资[2011]853号),市环保局、公安局联合下发了《关于加强外埠转入车辆及全市机动车尾气排放管理的通知》(承环字[2011]68号),形成了齐抓共管的大气污染防治联防联控工作机制。二是继续开展城区大气环境整治工作。印发实施了《关于2011年度限期治理和取缔市区燃煤锅炉的通知》(承市政办字[2011]167号)和《关于进一步加强城区大气环境整治工作的通知》(承环发[2011]17号),要求各县区加强对燃煤锅炉取缔和治理工作力度。全年共取缔燃煤锅炉116台,其中市区取缔和治理燃煤锅炉35台。

围绕《海河流域水污染防治规划》的目标任务,以饮用水水源地保护为重点,加大污染源监督管理力度,狠抓重点流域污染防治,扎实推进水污染防治各项工作。一是在完成《海河流域水污染防治规划(2006－2010年)》中各项目标任务的基础上,进行了《海河流域水污染防治"十二五"规划》项目谋划上报工作。二是严格落实跨界断面水质目标责任考核及扣缴生态补偿金政策。每月定期对跨界断面水质监测结果和扣缴生态补偿金情况进行通报。2011年,承德市主要河流跨界断面水质全部达标。三是重点抓好城市饮用水源地的保护。开展集中式饮用水源环境状况评估工作,组织编写了《城市饮用水源环境状况自查评估报告》,建立了集中式饮用水水源地基础信息,为饮用水水源地污染防治工作提供了技术支持。在全市组织开展了以清查影响水质安全的排污企业为重点,严厉打击水源保护区内一切威胁水质安全的违法行为的专项行动,收到了良好的效果。2011年,承德市集中式饮用水水源地水质达标率持续保持100%。

以国控、省控企业为重点,加大环境监管力度,强化工业污染防治,确保污染治理设施稳定运行和污染物达标排放。一是以污染减排工作为推手,开展对重点工业企业的污染治理工作。二是加强现场检查频次和加大执法力度,确保污染处理设施稳定运行。对国家、省、市重点监控企业每月至少进行一次现场检查,对其他污染源监察每季至少一次。对于超标排放、偷排偷放、擅自停运和设备故障不及时维护等违法行为,依法严厉查处,并列入环保"黑名单"。对此类企业,各级环保部门在项目审批、排污许可证核发、环境行为评价、融资信贷等方面予以严格限制,保证了污染治理设施的稳定运行。三是建立健全重点企业监管网络和监督性监测工作,确保污染物达标排放。承德市环境保护局自2008年以来对重点监控企业强制安装自动在线监控设施,共68家重点企业安装了污染源在线监控设备,总计185套,安装数据采集仪145台,全部与监控中心实施了联网,实时监控污染源自动监控系统的运行情况。为了确保在线设备的稳定运行和在线监测数据的有效性,承德市环境保护局制定实施了设施异常监控、数据超标和异常波动监控的日报、周报、月报制度,建立了污染源自动监控运行的快速响应机制,全面提升污染源自动监控工作。市环境监测中心站每季度对国、省控重点企业至少进行一次监督性监测,对发现的问题,及时下达限期整改要求,并监督落实。2011年除部分企业因停产等原因未进行监测外,其余国、省控重点企业污染物排放均达到国家有关标准要求。

2011年,承德市在"百村环境问题调查"的基础上,按照"以奖促治、以创促治、以减促治、以考促治,以企帮治"的"四促一帮"农村环境综合整治模式,全面开展了农村环境综合整治工作。同时,加大了资金投入力度,从市级环保专项资金中拿出30%的资金用于推进农村环境综合整治工作,并积极争取国债资金和中央、省级专项治理资金,拓宽资金投入渠道,广泛吸引外资、民资及其他社会资本,鼓励多元化资金投入。到2011年年底,共争取到位农村环保专项资金5132万元,支持了104个村的环境综合整治工作。经过一年的努力,全市农村环境综合整治工作初显成效:完成了全市农村环境现状情况调查及农村环境监管能力调查。河北省"百乡千村"环境综合整治行动计划中承德市80个试点村庄,完工72个,生活垃圾逐步建立起了生活垃圾"户分类、组保洁、村收集、乡(镇)运转、市(县、区)处理的城乡生活垃圾一体化处置模式;在偏桥村建成了承德市首座生化法处理的农村污水处理厂,环境保护工作初步实现了重城市到城市农村并重的工作格局。

2011年,承德市以保障环境安全为核心,大力推广循环经济,推进固体废物的无害化、减量化、资源化,重点强化危险废物规范化管理,危险废物贮存、处置、利用和转移等各环节逐步规范,全市固体废物管理水平明显提升。一是为加强固体废物管理,印发实施了《承德市危险废物管理办法》(承市政办字[2011]178号)、《承德市城镇污水处理厂污泥污染防治工作实施方案》(承环发[2011]10号)、《承德市加强危险废物和医疗废物监管工作的实施方案》(承环办[2011]159号)和《关于转发"十二五"全国危险废物规范化管理督查考核工作方案和危险废物规范化管理指标体系的通知》(承环办发[2011]28号),明确责任,对固体废物、危险废物进行规范化管理。监督企业严格执行危险废物转移联单制度,加强对危险废物的转移和流向的监督管理,建立了危废转移的工作程序和转移台账。按照《危险废物转移联单管理办法》有关规定,对企业危险废物转移申请相关手续进行审核,并对转移过程进行监督,承德市危险废物全部进行了安全转移。二是制定并印发了《关于开展化学品环境管理和危险废物专项执法检查的通知》(承环办[2011]182号),组织开展了全市危险废物和化学品环境管理专项执法检查工作。三是加大环境基础设施建设力度。“十一五”期间，承德市建设完成了11座城镇生活污水处理厂、11座城镇生活垃圾无害化处理场和10座医疗垃圾无害化储运(处置)中心，两厂(场)一中心实现了11个县区全覆盖。

【城市环境综合整治及“城考”情况】 按照省环保厅《关于报送2011年度城市环境综合整治定量考核结果自查情况的函》(冀环防函〔2012〕227号)相关要求，依据原环境保护总局《“十一五”城市环境综合整治定量考核指标实施细则》和《全国城市环境综合整治定量考核工作管理规定》相关内容，承德市对相关指标和数据进行统计、汇总、分析，所考核的环境质量、污染控制、环境建设、环境管理四类十六项指标值较上年度有较大改善和提高。考核指标满分100分，自评总得分98.05分，较上年显著提高。各指标完成情况详见附表。

【自然生态环境保护情况】 2011年，承德市环境保护局坚持以科学发展观为指导，按照“规划引领＋创建支撑”的生态建设模式、“三促一帮”的农村环境整治模式和“三步走同推进”的创建指导思想，以生态文明建设为统领，以生态市创建为载体，以国家环保模范城市建设、生态乡镇、生态村建设为抓手，大胆创新、攻坚克难，自然生态环境保护建设取得明显成效。

围绕《承德生态文明建设规划》和《承德生态市建设规划》，下发实施了《承德生态文明建设试点行动计划(2011－2020年)》(承政办字[2011]127号)和《关于印发承德市生态市建设2011年工作要点的通知》(承生领办[2011]4号)，建立了生态市19项建设指标的档案。实施了《承德生态市建设规划实施方案(2011－2015年)》(承市政办字[2011]128号)，涉及生态产业、城镇环境建设、农村环境整治、节能减排、生态环境保护、生态文化建设和环境管理能力建设共7方面333项重点工程。2011年，全市有2个城镇被命名为全国环境优美乡镇(宽城镇和隆化镇)，13个城(乡)镇的《城镇环境保护规划》通过了专家论证，6个城(乡)镇、23个村、17个城镇分别通过了国家级生态乡镇、国家级生态村、省级环境优美城镇的考核预验收。

2011年5月30日《承德市生态功能区划》和《承德市重点水源涵养生态功能保护区规划》经市政府第十二届第五十一次常务会议研究通过，批准实施。同时编纂的《承德市生态功能区划研究》一书由中国环境科学出版社出版发行，成为全国首个以专著形式出版的生态功能区划研究。河北省环境保护厅厅长姬振海对此研究的评价是“不仅能够协调承德地区日益突出的发展与生态环境保护之间的矛盾，维护区域经济和资源的可持续发展，还将为全国市级生态功能区划提供指导和典型范例”。

截至2011年底，全市森林覆盖率55.8%，位居全省第一。共建立省级以上各类自然保护区14个，总面积为303490.9公顷，占承德市国土面积的7.7%，其中国家级5个，省级保护区9个。承德市保护区的数量占全省保护区总数的31%，面积占全省保护区总面积的43%，均居全省首位。

【循环经济与清洁生产实施情况】 2011年承德市环境保护局高度重视清洁生产审核工作，成立了清洁生产工作领导小组，并将省厅《关于公布全省2011年实施清洁生产审核重点企业名单的通知》(冀环办发[2011]40号)转发至各县区及重点企业。按照清洁生产审核要求，有组织、有计划的开展清洁生产工作，并将清洁生产审核工作任务列入到各县区政府的年度工作目标中，督促县区和企业积极落实省下达的清洁生产审核工作任务。全年共组织开展宣贯会议70余次，举办了全市第六期清洁生产培训班，对全市60余家企业负责人进行集中培训。2011年，共完成清洁生产审核企业28家，其中已验收10家，另18家已组织相关资料报省厅申请验收。全年审核企业共实施无低费方案484项，中高费方案67项，总投资1.6亿元，产生经济效益1.72亿元，节电8634.87万度，节水333.1万吨、减排固废9400吨、粉尘13000吨、二氧化硫1600吨，环境效益和经济效益明显。

【挂牌整治重点污染源】 承德市为加大对环保专项行动的执法力度，把对群众反映强烈、影响社会稳定、损害群众利益的重大环境污染问题作为重点查处事项，挂牌督办了15起环境违法案件，其中市级挂牌督办案件7起，县级挂牌督办案件8起。9月份承德市以环保局牵头，领导小组各成员单位派出专人组成检查组，对15起挂牌督办案件的整改情况进行了检查；10月底承德市环保专项行动领导小组对7家市级挂牌督办环境违法案件，开展了验收“摘牌”工作，通过验收，7家市级挂牌督办案件全部通过了验收“摘牌”；各县区环保专项行动小组，对各自辖区内的县级挂牌督办案件开展了验收“摘牌”工作，通过验收，8家县级挂牌督办案件全部通过了验收“摘牌”。

【环境监测】 2011年承德市环境保护局不断加大监测站建设力度，进一步增加投入，加强环保基础设施和应急环境监测能力建设，“配精、配强、配齐”相关监测设备，确保环境监测、执法监管到位和环境应急监测到位。同时，注重人才培养，加强业务培训，提高整体素质，大大提高了环境监测能力和水平。2011年承德市环境保护局按照《环境保护部京津冀区域空气质量监测方案》(环办[2009]149号)要求，参与开展了京津冀区域空气质量联动监测工作，利用专项资金268万元购置了先进自动监测设备和高效液相色谱、热解吸系统等分析仪器。并对承德市开发区测点的自动监测站进行了建设，于10月份建成。此站具备了进行TSP、PM10、PM2.5、SO_2、NO_2、CO、O_3、TVOC、气象五参数的监测能力，同时也具备了对Pb、Hg、苯并芘、氟化物的手动监测能力。目前，承德市监测中心站拥有世界最先进的监测仪器设备，包括：原子吸收、气相色谱、气相色谱－质谱仪(配备自动进样、顶空、吹扫、热解析系统)、原子荧光、离子色谱、电感耦合(ICP)离子发射光谱仪、声环境监测设备、应急监测设备及监测用车等环境监测仪器设备120余台套，总价值2000余万元，为环境管理提供有力的技术保障。

承德市环境保护局通过每日在门户网站发布环境空气质量日报、每季度在门户网站发布重点源监督监测情况、每年6月5日前向社会发布《环境状况公报》等形式向社会发布大气、地面水和饮用水源水质状况。

2011年，对承德市辖区内的46家国控重点监控企业污染源进行季度监督监测；对121台套固定污染源废气、废水在线监控装置进行了比对监测；对承德钢厂矾厂等63家企业进行了建设项目竣工环境保护验收监测；对承德新新机械制造有限公司等123家企业进行了排污许可证换发监测；对开滦(集团)承德兴隆矿业有限责任公司选煤厂建设项目等27家企业进行了建设项目环境质量现状评价监测；对承德新新钒钛股份有限公司等72家涉重企业进行了监督性监测；对克罗尼仪表、天星制药等120家企业进行了外协监测。

【环保科技、环保创建、环保产业】 2011年，承德市在环保科技发展方面取得新进展。组织开展了河北省地方标准《石灰窑大气污染排放》的申报及立项批复和编制工作，该项目已于2011年3月通过河北省技术监督局、河北省环保厅的立项申请。按照《关于开展第四届“承德市优秀科技工作者”评选工作的通知》(承市科协[2011]6 号)和《关于开展第七届青年科技奖的通知》(承市科协[2011]5 号)要求,承德市环境保护局积极组织选拔推荐候选人,曹磊同志获得第七届承德市青年科技奖,罗爱民同志获得第四届科技先进工作者称号;在环境保护信息化工程应用科学领域,《承德市环保业务互联网系统》项目获得河北省科学技术成果证书,被评为 2011 年度承德科学技术奖社会公益类一等奖。2011 年 4 月底完成了方圆集团对承德市环境保护局 ISO14001 环境管理工作的年度监审工作。

年内,继续做好各项环保创建工作。一是完善和推进"创模"工作。依据《国家环境保护模范城市考核指标及其实施细则(第六阶段)》的考核指标要求,批准实施《承德市创建国家环境保护模范城市补充规划》,同时印发实施了《承德市创建国家环境保护模范城市 2011 年工作实施方案》和《关于创建国家环境保护模范城市档案整理相关工作的通知》,对创模目标责任进行了分解,对创模档案整理工作进行了安排部署;二是积极做好生态村、生态乡镇等的创建工作。2011 年承德市共有 2 个城镇被命名为全国环境优美乡镇,13 个城(乡)镇的《城镇环境保护规划》通过了专家论证,6 个城(乡)镇、23 个村、17 个城镇分别通过了国家级生态乡镇、国家级生态村、省级环境优美城镇的预验收。三是积极开展绿色创建工作。2011 年滦平县富士施乐环保小学荣获第三批承德市"环境教育基地"称号。围场红松洼国家级自然保护区荣获省级环境教育基地称号。

2011 年圆满完成了全省环保产业调查工作。对承德市 2010 年度环保产业、污染源在线自动监控系统、大气污染污染处理设施运行情况进行了调查。承德市辖区内环保企、事业单位 23 家,其中:国有企业 5 家,有限公司 11 家,私营有限公司 2 家,私营股份有限公司 1 家,其他有限公司 1 家,私营企业 1 家,中外合资企业 1 家,国有独资公司 1 家。参加此次调查的环保产业单位 2010 年的工业总产值为 26183 万元;年产品销售收入 22635 万元;年产品销售利润 1320 万元;环境保护产品生产年工业总产值 18293 万元;环境保护产品生产年工业销售收入为 17736 万元;资源综合利用年工业销售产值为 18293 万元;资源综合利用年产品销售收入为 14818 万元;产品、环境保护服务年总产值为 2226 万元,环境保护服务年总收入为 2226 万元;洁净产品生产年总产值为 240 万元;洁净产品生产年总收入 220 万元。通过调查摸清了底数,为我省未来环保产业的发展、制定相关政策及十二五规划提供了重要数据,同时也为承德市环保产业发展及政府行政管理及决策提供依据。

【环境影响评价】 2011年,承德市严格项目环评,提高审批效能。做到项目早介入,早预防,避免选址不当、布局不合理、污染严重项目的实施。积极对接重点项目、重点工程,服务前移,做好政府参谋,做好项目指导。坚持环评审批政策优先,容量控制,总量前置,规划先行,区域限批,风险兼顾,公众参与,以新带老等8项原则,落实"五零标准",推进"三时服务"。重新划分市级环评审批权限,下放权力,减少审批环节。全年市级共审批新、改、扩建项目96项,总投资101.95亿元,其中环保投资6.41亿元。全年从选址阶段否决生产性建设项目17个,否决非生产性建设项目59个;2011年,承德市严格项目"三同时"管理,对符合环保"三同时"验收条件的建设项目进行验收,全年完成省级建设项目试生产现场核查19个;协助省厅完成省级建设项目验收10个,涉及总投资184706.34万元,环保投资占9340.05万元;全年完成市级"三同时"验收审批建设项目176个,涉及总投资219750.7万元,环保投资占19588.59万元,其中工业项目60个,总投资365228.3万元,环保投资占26000.08万元;非工业项目116个,总投资15361.5万元,环保投资占617.86万元。严格落实了限时办结制度,确保项目竣工环保验收审批不超时限。所有建设项目环境保护竣工验收审批自受理之日起15日内办结;重大项目"三同时"执行率达到100%。

【环境监察】 2011年,承德市环境保护局通过开展整治排污企业保障人民健康的环保专项行动,严查各类环境违法行为,加大惩治力度、加大挂牌督办力度、加大舆论宣传,严肃查处了一批违法排污企业,纠正了企业的环境违法行为。2011年,全市共出动执法人员14735人次(其中国家、省重点监控企业共检查3461人次),检查企业1418家,检查污染防治设施2063台套,下发各类法律文书5824份,处罚企业59个,共处罚款69.3万元,其中市监察支队共处罚17.3万元。国家、省重点监控企业和减排企业现场监察每月至少检查一次,其他污染源监察每季至少检查一次。对即有已运行的减排设施加强监督,及时解决存在的问题,保证稳定达标运行。同时,承德市环境保护局以环境信访举报为切入点,坚决查处环境违法排污行为,2011年共出动执法人员420人次,检查企业140家,立案处罚17件,罚款总额29.3万元,妥善处理了3起一般性环境应急突发事件,切实维护了群众环境权益。2011年全市共完成排污收费5110万元,完成率达118%,其中市支队完成2078万元,占全市总收费数的40%以上,完成率达115%。同时,承德市环境保护局注重强化监察队伍建设,不断加强业务知识学习,组织各类培训,提高监察人员的政治素质和执法水平。2011年环境监察人员培训率达100%,持证上岗率100%。

【专项行动】 2011年,承德市环境保护局继续在全市组织开展整治违法排污企业保障群众健康环保专项行动,重点围绕三方面开展:一是集中开展了对重金属排放企业、化工企业、医药制造企业、建材市场、饮用水源地周边企业、矿山企业的排查整治;二是集中开展了对污水处理厂、电力企业(包括企业自备电厂)、钢铁企业的执法检查;三是对挂牌督办案件、专项整治措施的落实情况进行后督察。全年共出动环境监察执法人员7115人次,共检查企业3382家,查处违法案件58起,罚款总额59.3万元,极大地打击了环境违法行为,切实维护了群众环境权益。

为强化项目监管,集中开展了三次建设项目清查专项行动,一是组织开展了全市2000年以来所有已批未验收建设项目清查工作,规范项目文字档案,完善电子档案,建立项目基础信息数据库;二是协助省厅检查组完成了承德市2006年以来的省批135个项目清查工作;三是配合部、省督查完成了2000年以来承德市部批的16个项目建设项目清查工作。组织开展了四次专题检查,一是垃圾填埋场渗滤液工程检查;二是对2007年以来省批11个未验收的风电项目进行了现场调度;三是对2个限期环保验收项目现场核查;四是根据省厅《2011年度全省重点减排项目的进展情况的通报》,集中时间对通报中所列的7个项目进行了检查。

为保障辐射环境安全,承德市环境保护局在全市组织开展了辐射环境安全专项检查,对全市21家放射源使用单位、229枚放射源进行了清查,共出动环境辐射执法人员200多人次。联合市卫生局对全市236家射线装置使用单位开展了专项整治行动,消除了安全与防护安全隐患。

【环境宣传教育】 2011年承德市继续深化环境宣传教育工作。一是加强新闻媒体宣传。全年共撰写工作信息、环保新闻稿件200余篇,其中在中国环境报、河北日报刊发稿件20篇。在承德电视台共编播环保专题、新闻共70余篇,广播电台《承德新闻》《百姓热线》栏目播出环保稿件60余篇。制作广播电台黄金时段环保公益广告11余篇。二是积极开展各类环境宣传教育活动。“六五”期间，联合市教育局组织开展了全市少年儿童主题环保绘画比赛活动；6月3日，在市中心广场举行了大型宣传纪念活动，现场摆放30块宣传展板、设立群众热点环境问题咨询台，发放《市民环保手册》2500本，接受群众咨询500余人次。举行了以“绿色出行低碳生活”为主题的自行车环城骑行活动；与承德市文学艺术界联合会联合举办了“纪念中国共产党建党九十周年生态文明美术摄影书法精品展”活动；开展了5.12防灾减灾宣传活动等。三是举办了自然生态保护、环保行政执法等培训班。三是深化“绿色学校”创建工作，对已命名的绿色单位，加强指导，总结并上报创建成果，并做好绿色学校复查。四是围绕“十二五”节能减排、生态建设、创建环保模范城等重点工作，继续加强“十百千”环境宣传教育工作，确立了承德市“十二五”第一批“十百千”工程试点为平泉县。

【环境信访和环保政务信息】 环境信访涉及群众切身利益，对此承德市环境保护局把信访稳定工作做为事关全局的一项重要工作列入议事日程，完善工作责任制，及时协调处理信访稳定工作中的突出问题，增加稳定力量，提高处理解决问题的能力。一年来，共受理环境信访案件945件，其中省环保局交办110件、市信访局转办3件，来信来函28件、领导交办10件，接待群众来访22批51人次，举报电话713件，网上举报40件，新闻媒体转办19件，信访案件登记率100%、信访案件查处率100%、反馈率100%。2011年被市委市政府评为2010年度信访先进单位。

2011年承德市环境保护局共接到市政府转来的承德市第十二届人民代表大会四次会议政协委员提案两件，一是“关于汽车尾气应该治理”方面的提案；二是关于“新农村粗放型垃圾集中处理不可取”方面的提案。接到任务后，承德市环境保护局按照思想上高度重视、态度上积极主动、行动上切实有效、程序上合理规范、时间上及早安排的总体工作原则，在办理中突出“实”、“质”、“快”三字方针，保证提案的承办质量，提供满意的提案办理结果。随后承德市环境保护局上门征询了委员们的意见，委员们对承德市环境保护局的答复都表示满意，并得到了市提案科领导的认可。

2011年，承德市环境保护局进一步发挥政务信息的参谋服务作用，及时、全面、准确地向市委、市政府反映承德市环境保护局的工作动态、取得的成绩等情况,全年共编发环保政务信息九十四期。

环境信息化建设是环保能力建设的重要组成部分,是环境管理决策的基本保障。2011年,承德市环境保护局坚持以国务院关于《落实科学发展观加强环境保护工作决定》中“建设先进的监测预警体系和科学的执法监督体系”为目标,在环境信息领域做了大量工作,在提高工作效率,增强环境管理水平等方面发挥了重要作用,全市环保系统信息化建设和应用水平也迅速提高。一是加强网络及信息安全建设。2010年承德市环境保护局对环科院、监察支队、监测站三个直属单位节点进行城域网建设,实现了市直属单位与市局局域网互通,提高了各部门之间的办公效率;建设完成了环保业务专网,实现省、市、县三级环保业务专网互通,为电子公文传输、污染源自动监测、环境统计等工作奠定了安全、稳定的网络基础保障;实现了政务网络互通,提升了承德市环境保护局与市政府的信息交换能力。二是加强门户网站建设。2011年进一步对市级及县区级环保门户网站进行了升级改造,通过近年来门户网站运行,多次受到省厅领导的好评,连续5年荣获河北省“优秀政府门户网站”称号。三是加强信息应用系统建设。2007年以来先后完成了环境综合业务办公系统、放射源监控管理系统、污染源在线监控系统、污染减排综合信息管理系统、突发环境应急决策系统、环境地理信息系统、移动办公执法系统、污染治理设施工作运行状况在线监控系统。

(撰稿 刘力萍)

张家口市环境保护

【综述】 2011年,张家口市环境保护局工作在市委、市政府和省环保厅的正确领导和大力支持下,以科学发展观为统领,以加快转变经济发展方式为主线,以改善环境质量为目标,以污染减排和环境安全为重点,进一步解放思想,创新思路,强化措施,狠抓落实,各项工作都取得了积极进展,有的工作走在了全国、全省的前列。环境质量在巩固上年成果的基础上稳中有升。城市空气质量继续保持二级标准的较好水平。市区空气综合污染指数为1.52,比去年同期下降12.6%。二氧化硫、可吸入颗粒物、二氧化氮分别比去年同期下降23.5%、1.7%、4.3%。II级及好于II级天数340天,比去年同期增加2天,其中一级天数188天,比去年同期增加4天。水环境质量继续保持较好水平。全市主要流域水质监测断面功能区达标率达100%,I—III类水质断面比例达60%,比2010年同期增加10%。永定河入官厅水库前八号桥断面水质稳定达IV类,其中高锰酸盐指数、氨氮均值分别比去年同期下降4.7%、11%。白河后城断面水质稳定在III类标准。污染减排工作开局良好。经国家和省确认,2011年,全市化学需氧量、氨氮、二氧化硫排放量分别比2010年削减3.61%、3.75%、1.54%,均超额完成年度目标的141%、150%、3%(氮氧化物削减未考核),为"十二五"污染减排打下一个良好的基础。通过加大对重点企业、重点流域、重点部位的环境监管,不断加强环境应急管理水平,全年未发生环境事故和进京、赴省上访事件。年终考核,张家口市被省政府授予了2011年度环境保护目标管理进步较大奖。

【重要活动】

1月

2日 中央政治局常委、国务院副总理李克强在中共河北省委办公厅印发的《河北信息》第1866期(2010年10月25日)中反映环保部在张家口市召开的全国尾矿库环境应急管理工作现场会的简报上做出重要批示:"请生贤同志阅。对地方探索建立尾矿库环境应急管理长效机制方面的经验应进一步总结推广,以提高环境隐患治理和应急处置能力。"

3月

28日 国家九部委和省召开了整治违法排污企业保障群众健康环保专项行动电视电话会。会后,张家口市立即召开会议进行安排部署,市长王晓东做了重要讲话。他指出:一要统一思想,深刻认识开展环保专项行动的重要性和紧迫性。二要突出工作重点,扎实开展环保专项行动。着重做好三方面的工作:首先要将重金属排放企业整治作为首要任务,严格督查。其次,要严格污染减排重点企业的监督管理。第三,要严格环保审批执法管理。三是要加强组织领导,确保环保专项行动取得实效。

31日 市政府在市环保局十楼会议室召开全市环境保护工作会议,贯彻落实全国、全省环境保护工作会议和市委九届九次全会精神,总结张家口市2011年和"十一五"时期环保工作,安排部署2011年环保重点工作。市环境保护工作领导小组成员、各县区政府主管环保工作的副县(区)长,察北、塞北管理区管委会、高新区管委会、产业集聚区管委会主管环保工作副主任、各县(区)环保局局长、办公室主任及有关重点企业主要负责人参加会议。宋文玲副市长出席会议并做重要讲话,市政协韩立友副主席主持会议。会议首先演示了《张家口市 2010 年环境质量概要》;其次对获得 2010 年省、市环境保护目标管理考核优秀县区进行通报表彰;第三市政府与部分县区现场签订 2011 年度环境保护目标责任书;第四三个单位做会议发言;第五市环保局邱建国局长作环境保护工作报告;最后宋文玲副市长作重要讲话。

4 月

20 日　全省环境监测工作现场会在张家口市召开。省环保厅李葆副厅长、省厅监测处赵兰奎处长、省环境监测中心站的领导和 11 个地市环保局监测处长、监测站长参加会议。

5 月

20 日　张家口市沃尔沃发动机(中国)有限公司建设项目正式获省环保厅批复。

6 月

28 日　国家 863 计划重大项目"重点环境污染事件风险识别与监控技术"示范区揭牌仪式与交流会在张家口市环保局召开。

30 日　《中共河北省委、河北省人民政府关于表彰河北省"双三十"节能减排工作模范集体、先进集体和模范个人、先进个人的决定》,张家口市受表彰的先进集体 6 个,模范个人 2 名,先进个人 8 名。

7 月

19 日　2011 年 7 月 19 日至 22 日环保部 2011 年上半年减排核查组一行 5 人到张家口市进行了减排工程现场核查,现场共核查 9 项重点减排工程,其中城镇污水处理厂 4 项,结构关停项目 1 项,农业项目 2 项,燃煤电厂脱硫和脱硝电厂各一项,对张家口市农业项目污染治理给予肯定。

25 日　全省 2011 年度污染减排工作暨培训会议在张家口市召开,省环保厅副厅长李葆、总量处、自然处、排污权交易中心、督查中心、监测站、各设区市环保局主管副局长参加会议。

截至 2010 年底,张家口市化学需氧量、二氧化硫两项主要污染物削减率分别完成"十一五"省下达张家口市污染减排任务的 106.59%和 113.18%,被省政府授予"十一五"减排先进市称号。

【污染减排】 通过优化调整产业结构、发展新兴产业、推动产业聚集、淘汰落后产能,加强企业监管等措施,同时实施了电厂脱硝、锅炉脱硫、污水厂提标改造、畜禽养殖业全过程综合治理等 45 项减排工程,经国家和省确认,2011 年,全市化学需氧量、氨氮、二氧化硫排放量分别比 2010 年削减 3.61%、3.75%、1.54%,均超额完成年度目标任务(氮氧化物削减未考核)。

【环境法制建设】 2011 年,为严格执法程序,提高办案率,确保行政处罚案件公正、准确,防止处罚案件出现过错,制定了《张家口市环境保护局行政处罚的若干规定》,对案卷认真进行了清查,补办了申请书、受理通知书和送达回执,并统一了出口,统一了印章。对项目审批档案进行了彻底的整理、归档。建立了对规范性文件进行合法性审查的制度,对全局制定下发的规范性文件进行了合法性审查。深入开展了精通环保法律、了解公共法律、熟悉排污企业、熟练制作文书的环境执法“四项基本功”训练,利用 5 天时间,举办了全市环境执法人员培训班,邀请了省法规处、市监察局、市政府法制办有关人员授课;同时,对全市环境执法案卷进行了检查评比,并组织了部分执法人员进行观摩。2011 年共立案查处各类违法案件 52 件,罚款 206.84 万元,案件数比去年减少 46%。

【环境影响评价与建设项目环境管理】 新建呼和浩特至张家口快速铁路项目环境影响报告书顺利通过国家环保部批复,为项目顺利开工奠定了基础。为规范全市煤栈及河道采选砂秩序,保护和改善环境质量,在全市范围内暂停审批煤栈及河道采选砂类项目。沃尔沃汽车发动机(中国)有限公司建设项目环境影响报告书顺利通过省环保厅批复。举办了全市环评管理人员业务培训班,全市环评系统 70 多人参加了本次培训。进一步下放审批权限,提高审批效率,对具备审批条件的环首都绿色经济圈县区—涿鹿县全部下放环评文件审批权限。全年市本级共审批项目 136 项,按时办结率均为 100%。

【城市环境综合整治】 2011 年,城市环境综合整治工作取得了突破性进展。大气环境质量继续保持较好水平。城市空气质量继续保持二级标准的较好水平。市区空气综合污染指数为 1.52,比去年同期下降 12.6%。二氧化硫、可吸入颗粒物、二氧化氮分别比去年同期下降23.5%、1.7%、4.3%。II级及好于II级天数340天,比去年同期增加2天,其中一级天数188天,比去年同期增加4天,环境空气质量优良天数比例达到93%。水环境质量继续保持较好水平。水环境质量继续保持较好水平。全市主要流域水质监测断面全部达到或好于功能区标准。八号桥出境国家监测断面水质高锰酸盐指数达三类,氨氮达四类。永定河成为海河流域水质最优河流。白河后城断面水质稳定在III类标准。环境基础设施建设目标任务全部完成。张家口市共四个重点镇在三年上水平期间完成污水处理厂建设任务,2011年年底前需完成污水处理厂建设的前期准备工作。怀安县左卫镇、怀安县怀安城镇、蔚县西合营镇、宣化县洋河南镇四镇均已完成前期准备工作(项目立项、规划选址、环评报告、土地预审)。怀安县左卫镇2011年3月3日完成了配套管网施工和监理招投标;4月上旬开工铺设部分管网,目前累计投资1300万元。生活垃圾处理场建设。目前张家口市已建成投运15个县级以上城市垃圾处理场,2009年底前已建成投运并通过验收的有主城区、宣化区2个垃圾处理场;2010年底前下花园区、怀安县、涿鹿县、崇礼县、阳原县、万全县、蔚县、尚义县、沽源县、康保县、赤城县、张北县、怀来县13个县(区)垃圾处理场于全部建成并通过验收。15座垃圾处理场均建有渗滤液处理设施。

【重点河流污染治理】 张家口市地处首都北京上游,辖区洋河是官厅水库主要补给水源,白河和黑河是密云水库主要补给水源。为进一步改善水环境质量,保护首都北京水源,该市不断加大水污染综合治理力度。一是开展《"十二五"海河流域水污染防治规划》前期工作。2011年以来,按照环保部《国家海河流域水污染防治"十二五"规划编制大纲》和省厅有关要求,张家口市环境保护局在认真总结"十一五"《规划》实施情况的基础上,结合张家口市"十二五"环保规划和水污染防治工作情况,研究和谋划目标指标任务、重点防治工作,编制完成了《张家口市海河流域水污染防治综合治理方案(2011—2015年)》初稿,待报市政府审查批准。按程序报批项目32项,所有项目均开展了前期工作。二是继续加强全市11个考核断面的水质监测,严格生态补偿金扣缴和通报制度。全年共扣缴发生超标问题的2个断面所涉及的5个县区生态补偿金80万元。三是加大对重点河流沿岸的日常巡查,对不符合规定的入河排污口予以封堵,督促辖区内所有企业将污水接入城市污水处理厂进行集中处理。由于综合施策，辖区主要河流水质逐年改善，目前白河水质稳定达到地表水Ⅲ类水体标准，永定河入官厅水库前八号桥断面水质达Ⅳ类。

【环保目标责任制】 2011年年终考核，张家口市被省政府授予环境保护目标管理进步较大奖，得到省政府的肯定及奖励。2011年，张家口市继续坚持环境质量市、县(区)、乡(镇)三级负责制以及部门领导环保目标责任制，不断增强考核指标的量化度和可操性，同时将污染减排、环境基础设施建设和生态保护等指标作为责任制的重点考核内容。为贯彻落实科学发展观，进一步增强各级领导班子和领导干部做好环境保护工作的责任感和使命感，根据《河北省环境保护目标管理考核办法》要求，张家口市环保领导小组办公室按照《张家口市2011年度污染减排和环境保护目标管理责任书》和《张家口市2011年度污染减排和环境保护目标管理考核实施细则》确定的内容和标准，对全市各县区2011年度环保工作目标完成情况进行了考核验收，并将考核结果进行了公示。根据考核成绩，怀来县、宣化区、桥东区被评为“2011年度省级环保工作目标考核优秀县区”；张北县、崇礼县、蔚县、涿鹿县、塞北管理区被评为“2011年度市级环保工作目标考核优秀县区”；怀安县、康保县被评为“2011年度环保工作目标考核进步较大县区”。其他县区为考核合格县区。

【工业污染防治】 大气环境质量继续保持较好水平。城市空气质量继续保持二级标准的较好水平。市区空气综合污染指数为1.52，比去年同期下降12.6%。二氧化硫、可吸入颗粒物、二氧化氮分别比去年同期下降23.5%、1.7%、4.3%。II级及好于II级天数340天，比去年同期增加2天，其中一级天数188天，比去年同期增加4天，环境空气质量优良天数比例达到93%。水环境质量继续保持较好水平。水环境质量继续保持较好水平。全市主要流域水质监测断面全部达到或好于功能区标准。八号桥出境国家监测断面水质高锰酸盐指数达三类，氨氮达四类。永定河成为海河流域水质最优河流。白河后城断面水质稳定在III类标准。

【自然生态保护】 2011年12月环境保护部对我省各地市农村环境综合整治工作进全面考核。张北县张北镇新村、怀安县柴沟堡镇园子沟村、阳原县东城镇东城村、万全县孔家庄镇西红庙村、崇礼县狮子沟乡东毛克岭村、尚义县大苏计乡郝家地村达到了省级生态村创建标准。每月对市区饮用水源进行一次监测,并在每年6—7月进行一次水质全分析;在孤石水源地设置了自动在线监测站。

【环境监测】 在全面完成常规监测任务的同时,着重抓好环境污染应急监测工作,重金属污染防治监测工作,饮用水源地保护监测工作以及市重点建设项目的监测工作。环境监测能力建设得到显著加强,完成环境监测计量认证评审复验工作,进一步拓展了监测项目和服务领域。编写张家口市"十一五"环境质量报告书,并荣获河北省优秀《环境质量报告书》二等奖。

【环境科技】 怀来县沙城镇创建国家级生态乡镇,阳原县东城镇、阳原县西城镇、怀安县柴沟堡镇、怀安县左卫镇、崇礼县高家营镇、赤城县赤城镇创建省级环境优美城镇,对各县区申报的2011年度市级绿色单位进行了评比验收,经研究决定命名怀安县卫生局等9个机关、宣化区胜利路小学(幼儿园)等15家学校、桥西区清河园社区等2个社区、涿鹿县开元大酒店等分别为第七批市级"绿色机关"、"绿色学校"、"绿色社区"、"绿色饭店";在污染治理设施社会化运营方面有了较大突破,运营单位将达到13家。今年共为12个成员单位办理了产品认定换证手续,新增省环保产业成员单位2家,为3个单位办理了产品认定和工程设计认定证书。

【环境辐射】 为加强辐射环境管理,修改和完善了辐射环境监管工作制度,对核设施进行有效监管,加强对辐射环境安全监管,着重对铀钼矿本底辐射剂量率水平进行了连续监测,掌握了辐射环境剂量率变化规律,并为辐射应急工作的数据支持做好了准备。举办辐射安全与防护培训班,请省环保厅辐射处领导和环保部专家,对张家口市部分Ⅱ、Ⅲ类射线装置和Ⅱ、Ⅲ、Ⅳ、Ⅴ类放射源的使用和管理,进行授课,提高管理人员的执证率,执证率达到70%左右。组织辐射环境安全检查并对放射源使用单位进行了现场检查督导。

【环境监察】 2011年张家口市环保局对74家国控重点企业进行了1100余人次的现场监察,大部分企业污染防治设施均能正常运行,运行率可达到

98%以上，达标率98%以上，做到达标排放，设施运行记录完整，管理规范。张家口市15家污水处理厂均能够正常运行，运行率达到100%，出水水质达标率95%以上，自动在线监控设备运行率95%以上，并能够与省、市自动监控平台联网。2011年张家口市三级防控体系建设工作、尾矿库动态数据库更新、尾矿库环境安全检查工作扎实推进，取得了很好成绩。2011年全市共建设完成19家涉重涉化企业一、二级防控设施，建设完成万全县等6个县区流域七条拦截坝和三个滞污塘三级防控设施建设。全市尾矿库动态数据库已更新至11个县区465家尾矿库。

【排污收费】 2011年全市共有1479家企业进行了排污申报登记核定，核定工业废水排放量为3577.61万吨、COD排放2653.46吨、悬浮物排放量3210.32吨，工业废气排放量为1168.78亿标立米、二氧化硫3.67万吨、氮氧化物5.09万吨、烟尘1.73万吨、粉尘13.88万吨。全市排污费征收入库7618.25万元.其中污水类排污费征收191万元、废气类排污费征收6643.9万元、噪声类排污费征收728.32万元、固体废物类排污费征收54.98万元。

【环境宣传教育】 围绕“共建生态文明，共享绿色未来”的主题，大力推动环保宣传教育工作，使环保宣传教育工作加深影响，深入基层。先后成立了环保老年晨练队、环保健美操队、环保军乐队等环保组织，加大力度在人民群众中宣传环境保护工作。6月底，张家口市环境保护局成功举办了“庆七一”晚会，并且抽选优秀节目代表华北督查中心参加环保部“庆七一”文艺汇演，取得圆满成功。深入开展“十百千”宣传教育试点工作，创办绿色环保学校。张家口市环境保护局与张家口电视台合办的栏目《环保在线》从原每月两期变更为每周一期，每期十五分钟，从张家口电视台二套转为一套，收看范围更加广泛，影响力度进一步加强，全年共制作《环保在线》36期。加大在中央、省级媒体及张家口市电视台时政栏目的新闻上稿率，据统计，全年在《中国环境报》上稿1篇、《河北日报》上稿10篇、《河北新闻联播》播出新闻18条，《张家口新闻联播》播出新闻52条。

【群众来信来访处理】 2011年，全市共受理环境信访案件294件，其中电话举报193件，来信举报3件，来人举报6件，网上举报31件，领导交办8件，省转案件48件,省转国家5件;查处率达100%,回复率85%(有投诉人姓名和联系方式可供回复的),基本做到了事事有回音,件件有答复,切实解决与群众切身利益相关的环境问题。排查矛盾纠纷14件,已化解12件,接访5批,下访20批。全年未发生因环境污染问题进京、赴省、到市集体上访,异常上访和进京非正常上访情况。

【环境信息化】 政务公开及门户网站建设工作有了较大提升。2011年度张家口市环境保护局门户网站按照省厅考核细则要求进行了改进,完善了网上申报、领导信箱、群众投诉、网上咨询等公众参与的栏目内容。全年上传政务信息1292条,向政府网站报送981条,政务公开内容和数量在全市政府部门排名前三位;全年接受网上投诉及咨询151条,反馈率达98%以上。同时制定实施了《涉密计算机和非涉密计算机保密管理制度》、《涉密和非涉密移动存储介质保密管理制度》、《互联网发布信息保密管理制度》等信息安全制度。信息化基础能力建设得到了较大发展。张家口市环境保护局借助国家环境信息与统计能力建设项目完成了17个区县与市环保局2M光纤的铺设,并为区县配置了必要的网络设备,搭建起了省、市、县的环保专网,实现了省、市、县环保业务及视频的专网传输。开拓创新,以信息技术为环境管理提供便捷服。张家口市环境保护局被中国环境科学研究院确定为“863重大项目课题——环境风险源识别与监控技术”课题的示范区,张家口市环境保护局会同中国环境科学研究院完成了“环境风险源识别与监控技术”张家口市风险源分区、风险源分级及风险源识别三个子课题的研究,并在张家口市环境保护局试运行。2011年6月2日由张家口市环境信息中心独立研发的《张家口市环境三维全景地理信息系统》经中国版权保护中心审核,由国家版权局颁发了计算机软件著作权登记证书(证书号:软著登字第0297568号 登记号:2011SR033894 著作权人:张家口市环境信息中心)。张家口市环境保护局信息中心利用张家口市电子地图及遥感影像,制作完成《张家口市等高线地形图(SRTM30 ″)》、《张家口市流域及污水处理设施分布图》、《张家口市流域防控断面及重点防控企业分布图》、《2010年张家口市水质断面图》、《张家口市腰站堡、吉家房地下水饮用水水源保护区现状划分图》、《赤城白河流域防控图》的GIS专题图。建立TM遥感影像库,完成了1973至2011年不同时期张家口多波段遥感影像85幅,为生态环境保护及其变化规律研究提供技术支持。

秦皇岛市环境保护

【综述】 2011 年，在市委、市政府的正确领导下，全市环保工作以科学发展观为统领，以深入开展创先争优活动为契机，牢牢抓住污染减排、创模攻坚、“七河”治理等工作重点，精心谋划，周密组织，狠抓落实，全面完成了年度各项工作任务。污染减排工作成绩斐然，被评为“2011 年河北省减排工作优秀设区市”。

2011 年，我市环境质量安全稳定。城市环境空气质量达到二级标准以上天数为 354 天(与去年持平)，优良天数比例 97%；综合污染指数为 1.598，比上年(1.64)降低了 2.3%。青龙、卢龙、抚宁和昌黎四个县城环境空气质量稳步提高。全市纳入考核目标的河流 6 个断面全部达到考核要求，水质较上年度明显改善。海水浴场水质均达到环境功能区划要求。集中式饮用水源地洋河水库、石河水库和桃林口水库全年水质稳定达到国家Ⅱ类标准，达标率 100%。声环境质量继续保持良好水平。

【重要活动】 2 月 22 日至 23 日，省环保目标考核组对我市 2010 年环保目标管理工作实施考核，市委常委常务副市长李洪卫、市政府副秘书长陈小虎及市环保工作领导小组成员单位负责同志参加。

3 月 11 日，召开全市环境保护工作会议。传达贯彻全省环境保护工作会议精神，部署年度工作。市委常委、常务副市长李洪卫讲话，市环保局局长杨学功作工作报告。

6 月 3 日，秦皇岛市环保局与海港区环保局、市经济技术开发区环保局等单位联合开展纪念“六五”世界环境日宣传活动。市委常委、常务副市长李洪卫，市人大常委会副主任高文涛，市政协副主席肖明地及市文明办领导参加了此次活动。市人大常委会副主任高文涛讲话，市委常委、常务副市长李洪卫宣布环境宣传月活动启帷。

6 月 21 日市委常委、常务副市长李洪卫带领市人大、市政协、市水务局、市国土局、市环保局、市财政局等相关部门领导对抚宁县“四河”污染综合整治进行了调研。调研组先后视察了县污水处理厂运行、洋河水库水质及防汛及人造河口和洋河口水质情况,对抚宁县“十一五”四河治理取得的显著成效和实施的“一厂一管、集中监测”工程给予了充分肯定和大力支持,并提出了意见和要求。

7月8日,由中国环境监测总站副站长王业耀带队中国环境监测总站第一批青年基层实践探访团20名青年志愿者莅临秦皇岛市环境保护监测站,与我站青年举行了一系列志愿交流活动。

7月24日,环境保护部副部长吴晓青到北戴河调研浴场监测工作,对我市环保监测工作给予了充分肯定,市政府副市长张峰、市环保局局长杨学功等领导陪同。

9月27日,环境保护部副部长李干杰陪同哈萨克斯坦环境保护部部长杜尔玛加别托夫来秦进行工作考察。河北省环境保护厅厅长姬振海,秦皇岛市人民政府市长朱浩文、副市长马宇俊、副市长张峰等领导陪同考察。

10月9日,召开全市创建国家环保模范城市工作调度会,市委副书记杨泰安、市政府副市长张峰出席会议。杨泰安副书记就下一步做好全市创模工作做重要指示,张峰副市长讲话。

12月21日,市人大常委会组织部分人大代表现场视察贾河、人造河等河流污染治理情况,并专程到秦皇岛市环保局听取年度工作情况汇报。市环保局局长杨学功向市人大代表汇报了全市环境保护工作情况。

【环境规划】 2011年,主要完成了秦皇岛市及县区的若干规划编制及技术报告的编写工作。主持编制了《秦皇岛市环境保护“十二五”规划》、《抚宁县环境保护“十二五”规划》以及《卢龙县环境保护“十二五”规划》;为配合秦皇岛市重金属防治工作的开展,切实维护人民群众利益和社会和谐稳定,编制了《秦皇岛市重金属污染综合防治规划》;完成《秦皇岛市桃林口水库饮用水水源保护区划分调整技术报告》,使桃林口水源地的划分更加科学合理,具有可操作性及实用性;编写《秦皇岛市抚宁县牛头崖镇环境规划》,以实现在加速经济发展与城镇化建设的同时,搞好城镇环境保护,实现自然生态的良性循环和全区经济、社会、环境的可持续发展;完成了《老岭自然保护区功能区划》工作,使老岭自然保护区今后的开发建设和保护管理同步发展,为保护区内建设项目开发和旅游资源的合理利用等方面提供管理依据。

【环境法制建设】 2011年注重加强环境法制培训，注重环保执法技能实战演练和业务交流，使秦皇岛市环境执法人员的执法素质有了进一步提高。截止到2011年底，全市环保行政处罚到位金额502万元，下达行政处罚单206件，较2010年有了很大幅度的提高。

【环境质量状况】

1. **大气环境状况**

2011年环境空气质量保持良好水平，全年二级及优于二级的天数为354天(占97%)，三级天数为11天(占3%)。全市空气质量级别为良。

全市城区可吸入颗粒物年日均值为0.06毫克/立方米，符合国家环境空气质量二级标准(0.10毫克/立方米)；二氧化硫年日均值为0.04毫克/立方米，符合国家环境空气质量二级标准(0.06毫克/立方米)；二氧化氮年日均值为0.03毫克/立方米，符合国家环境空气质量一级标准(0.04毫克/立方米)。与2010年相比，2011年全市城市环境空气中可吸入颗粒物、二氧化硫分别下降了1.60%、7.30%，二氧化氮浓度上升了8.00%。

主要污染物排放量

2011年秦皇岛市二氧化硫排放量为77925吨，与去年同期相比减少3.20%，超额完成了河北省政府下达秦皇岛市在2010年基础上削减1.50%的任务指标；氮氧化物排放量为99559吨，与去年同期相比增加3.17%。

2. **水环境状况**

水库水质

2011年秦皇岛市集中式饮用水源地洋河水库、石河水库和桃林口水库水质状况良好，各监测断面水质年均值符合地表水Ⅱ类标准(未考虑总氮)，满足指定水体功能水质级别要求。

河流水质

2011年在石河、汤河、戴河、洋河、饮马河、青龙河、新开河共设各类水质监测断面19个，全年共进行了6次监测，其中水质类别为I类的断面占0.90%，II类的断面占35.10%，III类的断面占37.00%，IV类的断面占9.00%，V类的断面占6.30%，劣V类的断面占11.70%。Ⅴ类及劣Ⅴ类水质主要污染物指标为高锰酸盐指数、化学需氧量、五日生化需氧量、氨氮及总磷。

水资源状况

2011年城市水源地供水19951.35万立方米，其中城市供水11418.84万立方米，农业供水8532.51万立方米；从桃林口水库调水7252.72万立方米。

主要污染物排放量

2011年秦皇岛市化学需氧量和氨氮排放量分别为60250吨和5270吨，与去年同期相比分别减少2.45%和2.83%，以上两项指标均超额完成了河北省政府下达秦皇岛市在2010年基础上削减1.50%的任务指标。

3. 海洋环境状况

海水浴场环境状况

秦皇岛市所有海水浴场水质均优于指定功能标准要求，环境质量界定为清洁级。北戴河浴场环境质量排序为：东海滩浴场、西海滩浴场、中海滩浴场。

海洋赤潮

2011年，秦皇岛市沿海海域共发现4次赤潮，累计面积约240平方公里。

海洋生物多样性

监测到浮游植物59种，隶属硅藻和甲藻2个大类；监测到浮游动物37种，主要类群为桡足类、水母类和幼虫类；监测到底栖生物103种，主要类群为环节动物、甲壳动物、软体动物；浮游生物群落特征异常，浮游动物和浮游植物多样性指数整体偏低。

行动与措施

建立完善了秦皇岛市陆海统筹的海洋环境保护沟通合作工作机制。市环保局牵头组织各相关部门开展了海洋环境联合执法检查，提出了整改措施。组织或参与编制了《秦皇岛市沿海地区开发建设环境保护规划》、《秦皇岛市渤海环境保护行动计划》、《渤海近岸海域“十二五”规划》等一系列规划。认真研究分析北戴河海域环境现状和污染原因，制定了《秦皇岛市北戴河及相邻地区近岸海域环境综合整治工作方案》，谋划了北戴河及相邻地区近岸海域环境综合整治的十大工程项目，全面整治北戴河及相邻地区近岸海域环境。

4. 声环境状况

区域环境噪声等效声级平均值为52.20分贝，声环境质量等级为良好，与2010年相比，城市区域环境噪声等效声级平均值上升了0.10分贝。

城市道路交通噪声等效声级平均值为67.10分贝，符合国家标准(70分贝)。监测道路总长为99.43公里，超过70分贝的路长为3.81千米，占监测道路总长度的 3.80％。

行动与措施

建立了部门联动机制和信息共享机制，强化了社会生活噪声、建筑施工噪声和交通噪声的综合治理，及时查处噪声污染信访案件；有效地与城管、公安、建设、工商开展了联合执法，较好地解决了建筑施工噪声扰民问题。

市政府成立了暑期噪声污染防治工作领导小组，制定实施了《秦皇岛市暑期噪声污染综合治理实施方案》，圆满完成了暑期噪声污染防治任务。

【机构改革与人事工作】

1.概况

秦皇岛市环境保护机构设置是按照市、区两级进行分级管理的，实行双重领导、以地方政府为主的管理体制。目前全市环保机构设置情况如下：

秦皇岛市环境保护局：机关行政人员 35 名，工勤人员 2 名。下属事业单位有：秦皇岛市环境监察支队（参照公务员管理副处级）、秦皇岛市环境保护监测站、市环境保护科学研究所、市环境保护宣传教育中心、市环境保护产业管理中心。

秦皇岛市所辖海港区、山海关区、北戴河区、抚宁县、昌黎县、卢龙县、青龙满族自治县、市经济技术开发区、北戴河新区均设置了具有独立执法资格的环保机构。

2.重要人事任免

2011 年 3 月，李辉同志任市环保局副局长（正处级）（秦皇岛市人民政府通知[2011]11 号）；

2011 年 4 月，马一文同志任抚宁县环保局局长；

2011 年 6 月，李召辉同志任青龙满族自治县环境保护局局长；

2011 年 9 月，李宝明同志任北戴河区环境保护局局长；

3.机关机构调整。

2010 年，三定方案中市环保局内设机构有办公室（人事科）、规划财务科、政策法规科、环境影响评价科、污染防治科、污染物排放总量控制科、自然生态保护科（生物安全办公室）、科技与对外合作科、辐射安全管理科、环境监测与应急科（安全科）、纪检组（监察室）、机关党委。

4.事业单位机构调整

2011 年,市环境监察支队增编 10 人,增设一名副支队长、三个内部科室;市环保监测站增编 15 人,增设一名副站长。

5.干部监督管理与培训

通过开展“乐读在机关”、“创建学习型基层党组织”和“创先争优”活动,组织全体党员干部开展政治和业务学习、局党组中心组理论学习及参加省、市各类理论和业务培训班,提高领导干部的政治素养、业务能力和理论水平,加深对党方针、政策的理解,增强驾驭全局的能力。

坚持每年组织对公务员和专业技术人员进行不低于 70 学时的培训,不断提升干部职工业务素质和解决问题的能力。

利用环保局网站公开局内文件、办公业务内容、工作流程和工作程序,利用机关局域网设置宣传专栏,通过周五学习日开展形式多样的学习,讨论活动,营造了浓厚的创建氛围,连续四年组织全系统干部职工深入开展环保工作调研。结合开展创先争优和干部作风建设活动,引导基层党组织和党员明确争创主题和努力方向。

6.环保政绩考核

2011 年度河北省“双三十”节能减排工作先进集体。(冀字[2011]25 号)

2011 年度河北省“十一五”节能减排工作模范集体

2011 年度中国环境报宣传工作先进集体(环保社[2011]65 号)

2011 年度“十一五”河北省优秀环境质量报告书(冀环办发[2011]216 号)

2011 年度河北省环境监测工作先进单位(冀环站[2011]1 号)

全省环境监察系数考评第三名《关于 2011 年度全省环境监察系数考评情况的通报》(冀环监察[2012]23 号)

全省排污费征收一等奖《关于表彰 2011 年度排污申报核定与排污费征收先进单位和个人的通报》(冀环办[2012]40 号)

全国生态环境监察试点工作通报表扬—省环保厅《关于生态环境监察试点工作情况的通报》(冀环办[2011]27 号)

秦皇岛市人民政府“十一五”节能减排优秀(秦政[2011]173 号)

7.直属单位基本情况

市局直属 5 个财政性资金基本保证经费事业单位。

市环境监察支队(副处级参照公务员管理事业单位):编制 40 人,实有 30 人,领导职数配置支队长 1 名、书记 1 名、副支队长 3 名。

秦皇岛市环境保护监测站(市环保信息中心):编制 54 人,实有 44 人,领导职数配置站长 1 名、书记 1 名、副站长 4 名。

秦皇岛市环境保护科学研究所:编制 14 人,实有 14 人,领导职数配置所长 1 名、书记 1 名、副所长 2 名。

秦皇岛市环境保护产业管理中心:编制 5 人,实有 18 人,领导职数配置主任 1 名、书记 1 名、副主任 2 名。

秦皇岛市环境保护宣传教育中心:编制 6 人,实有 18 人,领导职数配置主任 1 名、书记 1 名、副主任 1 名。

【污染防治】 (1)大气污染防治。加强港口煤尘治理,继续建设秦港九公司南侧防风网工程,该工程总投资 5400 万元,截至年底网片已安装 80%,预计 2012 年 7 月完工;建设煤一期洒水工程,投资 1024 万元,2011 年 9 月开工,预计 2012 年 4 月完工;矿石堆场洒水工程投资 2430 万元,已开工建设,预计 2012 年 7 月完工。积极推进锅炉和窑炉整治工作,秦皇岛耀华玻璃工业园玻璃熔窑改天然气工程,总投资约 800 万元,截至 2011 年 9 月全部完工,并且已开始部分使用天然气。

(2)水污染防治。编制了深化县域"七河"污染综合治理实施方案,共完成污染综合整治工程 15 项,完成投资 6100 万元;积极实施河流跨界断面水质目标考核和生态补偿金机制,全年扣缴生态补偿金 80 万元,促进了各相关县区的河流治理工作;开展了城市集中式饮用水水源地评估工作,进一步加强了水源地上游选矿企业废水治理工程建设,水源保护区设置了系统的标识,水源地管理工作逐步完善;以桃林口水库、洋河水库、石河水库三大水源地上游区域为治理重点,全年完成治理水土流失面积 65.20 平方公里,完成投资 2990 万元;完成了戴河、新河水系连接及新河环境整治一期工程,工程概算投资 1438 万元;投入 1655 万元组织各区开展了城区河道环境治理"百日攻坚"行动。

(3)工业污染防治。调整国、省、市控重点源名单,下放了重点监控企业环境管理权限;加强排污许可证管理,按照省厅和市政府要求,印发了《关于调整排污许可证管理权限的通知》,下放了排污许可证发放权限,规范了办理程序;开展了重点企业环境行为评价,对 45 家省以上重点监控企业进行环境行为评价,评价结果上报省厅;开展钢铁企业核查工作,对纳入国控重点污染源的7家钢铁企业进行了现场核查,提出了存在的问题和整改对策;进一步加强重点污染源规范化管理。在重点监控企业污染防治设施的评估工作基础上,研究制定重点源管理规定和标准化管理体系。

(4)农业污染防治。加大产品认证力度,全年新认证无公害农产品92个,新增无公害农产品产地认定企业62家;认证绿色食品38个,有机食品1个,创建全国绿色食品原料标准化基地3万亩。

突出抓好生猪、肉鸡、毛皮动物三大区域特色主导产业,加快奶业振兴和肉牛、肉羊产业发展,巩固和提高蛋鸡、绒山羊等传统产业。大力推行畜禽标准化养殖,畜牧规模化养殖率、规模养殖场的采标率、畜牧产业化经营率分别达到60%、70%和65%。

在确保有效控制农业有害生物、农产品农药残留在国家标准以下的基础上,对生态环境和对包括天敌在内的非耙标生物的不良影响降低到最低限度,达到“一减二控三保”的效果,即减少用药量,控制有害生物危害和农药残留,保障人、畜、农作物及其产品、生态环境安全。全市病虫害统防统治面积达113万亩次。

开展土壤养分调查工作,明确控制区耕地质量和土壤肥力状况,提出合理的施肥方案及土壤培肥改良措施,满足农业生态环境保护的需要。推广平衡配套施肥技术。根据土壤测试结果、农作物需肥规律、耕地供肥能力和肥料效益,合理确定各种肥料的施肥量。通过推广先进的施肥方法和技术,有效提高化肥利用率,减少环境污染。共推广测土配方施肥面积273万亩。

开展秸秆禁烧和综合利用工作,秸秆综合利用率达到99%以上。

实施生态家园富民工程,全市新建沼气池4000个,建设完成大中型沼气工程10处。

开展农产品产地质量安全状况调查,建立大中城市周边可疑区监测单元,检测样品156个。

稳步推进农村清洁示范工程,推广无公害生产技术、沼气综合利用和秸秆资源化利用技术,实施田园清洁、家园清洁、水源清洁三大工程。建设市级示范村3个。

(5)固体废物及生活垃圾处理。完善固体废物管理工作机制,逐步建立危险废物管理档案,开展了危险废物专项清查工作,加强对危险废物产生、贮存、转移、处置全过程监管,确保危险废物安全处置。对城镇污水处理厂污泥加强了监管,编制了《秦皇岛市城镇污水处理厂污泥处理方案》,实行了转移联单制度,使污水处理厂污泥处置规范化。

【城市环境综合整治及"城考"情况】 圆满完成年度污染减排目标任务。2011年全市完成化学需氧量、氨氮减排工程33项,二氧化硫减排工程16项。化学需氧量、氨氮和二氧化硫分别削减2.45%、2.83%和3.20%,超额完成污染减排年度目标任务,氮氧化物完成情况好于全省平均水平。年度减排工作在全省名列前茅。

继续加强大气污染治理。推进港口煤尘治理工作,秦皇岛港务集团九公司投资5400万元总长度1000米防尘网工程网片已安装80%。煤一期洒水工程投资1024万元、矿石堆场洒水工程投资2430万元,均已开工建设。继续推进锅炉治理工作,2011年全市共淘汰拆除燃煤锅炉60台。耀华北部工业园油改天然气工程已经建成并投入使用。

深入开展河流治理工作。继续开展"七河"污染治理工作。重点督导贾河昌黎安龙工业区污水治理工程、卢龙龙凤河综合治理。加强对抚宁留守营造纸企业深度治理和污水管网改造工程的督导。配合市人大常委会组织对"七河"污染治理进行视察调研,起草了市人大常委会上市政府关于"七河"污染综合治理情况的报告,配合市政府组织召开了"七河"污染治理现场会,现场检查"七河"治理情况,组织相关县区和农业、水务、城管、林业等部门研究制定了"七河"深度治理实施方案,包括66个工程项目,总投资15.52亿元,已经市政府批准印发实施。

加快环境基础设施建设。完成北戴河沙窝及城区、火车站供水管网改造,改建迎宾路等热力管网。市区供水厂、污水厂布局调整和"退城进郊"工作启动。北部工业区、北戴河新区污水处理厂厂址基本确定,市中水回用工程正在进行施工招投标。市医疗垃圾处理厂、市环卫机械设备厂建成运行。完成水、气、热、污水等各类管网改造205公里。完成19个小区、21条街巷路路面、排水、路灯、绿化综合改造。深入实施"花街花城"等一批各具特色、各显风格的精品工程项目。打造了滨海大道、龙源大道、西环路等城市景观廊道。绿化建设改造面积达310万平方米,栽植乔木、花灌木45.363万株,小灌林木104.3449万株,市区绿量和景观效果有了显著提高。

稳步推进生态城市建设。重点解决了垃圾无害化处理率、垃圾处理厂渗滤液处理、污水处理厂污泥处理等问题,切实加强危险废物监督管理、医疗废物集中收集和无害化处置工作。创模工作顺利通过了省环保厅组织的预验收。同时,扎实抓好生态市建设细胞工程,北戴河创建国家级生态区工作通过了省环保厅组织的预验收。全市还有海港区海港镇等3个国家级生态镇、山海关区孟姜镇等5个省级生态镇、抚宁县西单庄等5个国家级生态村和海港区小高庄村等9个省级生态村完成创建工作,进一步擦亮了我市"生态"品牌,提高了生态文明理念。

解决突出环境问题。开展了环保专项行动,集中排查整治重金属企业特别是铅蓄电池企业,逐步规范了重金属排放企业的危险废物管理。对钢铁企业、化工企业、造纸企业、医药行业、近海海岸陆源企业、污水处理厂、涉及危险废物企业进行了专项整治。开展生态环境监察,强化了规模化畜禽养殖污染整治、农作物秸秆禁烧和饮用水源地监察管理。

强化建设项目环境监管。对造纸等重污染企业的新建项目,实行"三同时"治理技术方案专家论证备案制度,提高了治理方案的科学性,确保了环评批复要求的有效落实。对2006年以来省批建设项目进行"三同时"检查,督导存在问题的县区和秦伊铸造、中红三融等存在重大变更的项目完成了整改。对近三年审批的项目开展了专项清查,重点检查工程建设领域的环保问题,督导存在问题的4家企业完成了限期整改。

【创建国家环境保护模范城市情况】 2012年1月8日—9日,受国家环境保护部委托,河北省环境保护厅预验收组对我市国家环保模范城市创建工作进行了预验收。验收组成员听取了我市创建国家环境保护模范城市工作汇报,现场检查了环境基础设施和部分企业环境基础设施,审核了创建工作的基础资料和档案,对公众环境保护满意率进行了现场问卷调查。专家组认为秦皇岛市申报资料齐全,数据有效,各项指标达到了国家环境保护模范城市的标准,同意通过预验收。

【自然保护区和生态城镇及示范区建设】

自然保护区

对昌黎黄金海岸国家级海洋自然保护区进行了监测,监测结果显示:各项水质和沉积物监测因子均符合国家一类质量标准;主要保护对象文昌鱼的最高栖息密度由上年的45尾/平方米增加为270尾/平方米,分布区域基本集中在保护区内，在保护区范围外则呈进一步缩小和破碎化态势，主要原因是养殖污染物沉降造成的沉积物组分改变导致适宜文昌鱼栖息的栖息地面积不断减小；保护区内主沙丘目前大多尚处于活动状态，每年向陆移动1～2米。

生态城镇及示范区

北戴河生态区创建通过了河北省环保厅组织的预审；海港区海港镇和北港镇、抚宁县南戴河开展了国家级生态乡镇创建工作；抚宁县西单庄和龙泉庄、昌黎县西山场村和马芳营村、北戴河车站村5个村开展了国家级生态村创建工作；海港区西港镇、山海关区孟姜镇、抚宁县牛头崖镇开展了省级环境优美城镇创建工作。海港区小高庄、青石山村，抚宁县蟠桃峪村、北街村、南寨村，昌黎徐杜庄村、西王庄村、桃园村、胡草科村9个村开展了省级生态村创建工作。

【环境监测】 2011年，秦皇岛市环境监测整体水平迈上一个新台阶，较好完成了全年各项工作。暑期监测工作受到环保部和中国环境监测总站的表扬，在"十一五"河北省优秀环境质量报告书评比活动中荣获二等奖。一是圆满完成2011年暑期北戴河环境监测工作。除完成往年暑期北戴河环境质量监测工作外，开展了暑期北戴河海水浴场水质全项应急监测、赤潮影响浴场水质应急监测、重点海水浴场水质石油类应急监测及饮用水源地水质全分析等应急监测工作。从5月26日至8月31日，共出动1800人次，报出监测数据14560个，出具暑期环境监测报告128份，暑期专项工作汇报材料10份，圆满完成了2011年北戴河暑期监测任务。二是编制完成秦皇岛市环境质量报告书(五年报)。充分利用"十一五"期间环境质量监测数据、污染源监督监测数据、环境统计数据、环境科研成果以及经济社会发展相关统计数据近200万个，编制完成《秦皇岛市环境质量报告书》(2006～2010年)，为"十二五"期间进一步有限控制环境污染，改善环境质量打下基础。三是圆满完成各项日常监测任务。完成我市大气环境质量监测；河流、饮用水源地、地下水、常规监测。做到定点准确、操作规范、数据可靠、上报及时。加大监督性监测工作力度。包括日常监督性监测和在线监测仪器的比对监测。按照《河北省"双三十"重点县(市、区)和重点企业污染减排监测方案》的要求，完成两家"双三十"企业排污状况监测，两个"双三十"县水质段面、空气质量监测等。完成了多个项目的环评现状、“三同时”验收及换发排污许可证监测工作。四是监测能力建设水平进一步提升。市财政投资近100余万元,完成北戴河暑期监测实验室主体工程建设,增加试验室用房面积400余平方米,并兼顾北戴河暑期空气、噪声自动自动监控中心,暑期北戴河值班市等功能。投资150余万元,基本完成北戴河暑期噪声自动监测系统建设,达到了北戴河重点区域噪声自动监测,实时传输噪声监测数据,为领导决策提供技术支持。

【环保产业】 2011年秦皇岛市辖区内环境保护产业企事业单位61家,其中事业单位6家,企业单位55家。经调查统计,有限责任公司占39.30%,私营企业占32.80%,国有企业占6.56%,中外合资经营企业占4.92%,股份有限公司占3.28%,内资企业占3.28%,其他内资企业占3.28%,集体企业占1.64%,股份合作企业占1.64%,私营有限责任公司占1.64%,外资企业占1.64%。

61家企事业单位2011年工业总产值为497136万元,年工业销售总收入482766.31万元,年产品销售利润49316.02万元。

【环境影响评价与建设项目环境管理】 全年审批、验收各类建设项目397个,其中报告书项目31个,报告表项目207个,登记表项目62个,验收项目97个。对钢铁、水泥、玻璃等重点行业试生产环境管理情况进行现场检查,对2006年以来审批项目进行了清查。安装并运行“三同时”动态管理软件,完成2009－2011年三年新建项目录入。尝试“三同时”治理技术方案专家论证备案。对环境影响报告书进行专家打分并公示。开展了工业聚集区专项检查和服务工作。

加强综合管理,确保“三同时”落实。全市各县区全部安装并运行“三同时”动态管理软件,完成了2009－2011年三年新建项目录入,奠定了动态管理基础;尝试污染物治理技术方案专家论证备案试点工作,开展环评报告书技术评估专家打分公示制度,强化了建设项目的综合管理。利用两天时间组织全市建设项目环境管理人员开展业务培训。

开展项目清理,强化限期验收。组织县区对2007－2009年审批项目开展专项清查工作。督导11家混泥土搅拌站项目进行整改验收。对11家已投产但未验收的企业单位下达了限期验收通知。根据省环保厅要求,组织全市环保系统对2006年以来省批118个建设项目进行了“三同时”现场检查，对14个省批项目进行试生产（试运行）现场检查，协助企业全部在要求时限内通过了省厅验收。

注重指导服务，提高建设水平。根据省厅工作安排，认真开展了入园进区上门服务活动，组织全市11个园区管委主管领导召开座谈会，对园区基本情况进行了解统计。

【环境监察】 环境执法监察工作位居全省第一，污染减排监察系数核定工作全省第三，环境监察信息被环保部采用1篇，河北省环保厅采用7篇，8人分别被环保部、河北省政府、河北省环保厅、市政府评为先进个人。2011年全市共组织现场监察2万余人次，监察企业9000余家次，超过了国家规定的监察频次要求。全年查处纠正各类环境违法行为800多件，下达限期整改160多家次，对206家企业进行了行政处罚，处罚金额502万元，实施挂牌督办1件，致函县、乡（镇）政府12件，下达督查通知书28件，促使涉重金属企业在工商局注销营业执照1家，拆除生产设备36家，停产待搬迁2家，取缔土法选金25起，有效遏制了环境违法行为，收到了一定的社会效果。

一是完善监察工作制度，印发了污染源环境监察、排污申报、排污费征收、环境信访案件查处等工作的实施意见和要求，市县区统一规范、统一标准。二是完善监察工作机制，明确了市县两级管理权限、管理职能和管理责任，达到了市县区两级监察体系的有效结合；完善环境监察工作考核机制，形成县区比、学、赶、超的良好氛围。三是加强业务培训和调研，组织全市监察人员参加国家、省组织的专项培训和远程培训8期，参加60多人次，组织经验交流2次，组织两批赴外地调研考察，提高了监察人员的现场监察水平。四是强化了环境监察基础工作，对支队2007年以来的业务档案进行了全面清理、建档，对县区环境监察业务档案进行了全面检查。设立了政务公开栏，对行政处罚、排污收费进行公开、公告、公示，增强了工作的透明度。规范了环境执法文书的使用，推进了环境监察工作的标准化管理。

截至2011年12月，全市所有县区在全省率先通过了省环保厅组织的环境监察机构标准化建设达标验收，市监察支队和昌黎县通过了省环保厅组织的环境监察机构标准化建设东部二级标准验收，其他县区通过了三级标准验收。

2011年全市征收排污费19959.14万元,完成排污费征收指导性计划的108%。其中市级征收排污费16962.97万元。完成排污费征收指导性计划的105%,排污费征收工作全省第一,排污费征收管理系统应用全省第二。

【专项行动】 2011年排查全市重金属企业11家,对重金属排放企业危险废物实行台账管理,严格实施危险废物转移联单制度,逐步规范了重金属排放企业的危险废物管理工作,对存在违法问题的企业下达了限期整改或实施挂牌督办。组织开展了铅蓄电池企业排查整治工作,按要求报送了环保专项行动工作进展情况专报15期和各阶段性报告,按时准确填报了环保专项行动12369网上信息调度数据。有效地与纪检监察、城管、公安、建设、工商开展了联合执法,较好地解决了秦皇岛首钢长白机械有限责任公司存在的环境问题;保证了城市污水处理厂出水水质符合许可标准,为污水处理厂正常运行提供了有力保障;较好地解决了建筑施工噪声扰民问题。河北省督导组对秦皇岛市的环保专项行动工作给予高度评价。

【环境宣传教育】 围绕"创建国家环境保护模范城市"中心工作,举办了大学生环保演讲比赛,中小学生环保征文比赛,儿童环保绘画比赛等环境教育活动;组织开展"地球一小时"节能减排宣传行动;开展"环保宣传月"系列活动,发放环保手册及相关宣传资料5000册,环保布袋3000个;开展以节能减排、创建环保模范城为主题的宣传展牌社区巡展;为宣传秦皇岛市"创模"工作,编印并发放"秦皇岛市创建国家环保模范城市剪影"图片册两万余册;参与了国际生态学校项目、国家"千名青年环境友好使者行动"项目;参加了环保部和河北省环保厅组织的"十一五"环境保护成就图片展;在各级各类媒体发表环保信息90余篇,在《秦皇岛晚报》开办了创模专栏,已刊发文章8篇,《秦皇岛日报》做了秦皇岛市"创模"工作系列报道;较好完成了《中国环境报》发行工作,被《中国环境报》报社评为"2010年度《中国环境报》发行先进单位。

【环境信访环保政务信息】 认真做好环境信访工作。2011年全市受理环境信访案件1179件,其中:大气污染案件440件,水质污染案件247件,噪声污染案件413件,其他污染案件79件。市本级受理环境信访案件365件,其中:国家、省转办60件;市长公开电话及1890政务服务热线转办56件;新闻媒体及市领导批示转办 62 件;市本级及 12369 环保举报热线受理 175 件,处理率 100%,办结率 100%。

高度重视做好环保政务信息工作。全市环保系统政务工作紧紧围绕年度环保中心工作,不断拓宽信息渠道,完善信息网络,强化队伍建设,及时采编信息,为各级领导科学决策发挥了积极作用,取得了突出成绩,全年被市级以上信息机构采用信息 40 余条,位次居全市政府部门前列。同时,重视网站建设工作,结合局中心工作,专门开辟了创模专栏。全年在网站发布信息 1200 余条,包括环保信息 785 条,各类环保新闻转载 143 条,公示各类环评报告书 113 份,基于网站建设现状,已计划实施网站改版。

唐山市环境保护

【综述】 2011 年,在市委、市政府的正确领导下,坚持以邓小平理论和“三个代表”重要思想为指导,深入贯彻落实科学发展观、党的十七届六中全会和市第九次党代会精神,以改善环境质量、保障环境安全为目标,扎实推进减排工程建设,深化达标企业示范创建,不断加大环保执法力度,强化环保队伍能力和作风建设,促进了全市环境保护工作的深入开展,为全市转变经济发展方式、调整产业结构,科学发展提供了有力的环境支撑。2011 年省环保厅公布 2010 年城考结果,我市位居全省第一,再创我市“城考”最好水平。

【重要活动】

1月

10 日,2010 年暨“十一五”主要污染物总量减排工作汇报会在唐召开,环保部副部长张力军率国家污染减排核查组就我市“十一五”节能减排落实情况听取汇报并进行考察。副省长张杰辉,省环保厅厅长姬振海,副厅长李葆,市委副书记、市长陈国鹰,副市长辛志纯向考察组一行汇报了河北省和我市“十一五”及 2010 年减排工作情况。市环保局、发改委、工信局等相关部门负责人参加会议。

2月

20 日—22 日,以夏洪普总经济师为组长的省考核组来唐检查指导工作,副市长辛志纯,环保局局长杨恩利就我市 2010 年环境保护目标完成情况向考核组一行进行汇报。考核组在唐期间先后对滦县蓝贝啤酒厂污水处理、滦县污水处理厂、垃圾填埋场、唐钢、宝洁医疗废物处置中心、惠达陶瓷等项目进行了实地检查,听取了相关单位的汇报,并给出具体指导意见,对我市在环境保护、生态建设等方面给与了充分肯定。

3月

1日,我市召开全市环保局长工作会议,部署重点企业达标建设工作、"未批先建、未验先投"违法项目双整治专项行动、在线监控等工作。

26日晚20:30—21:30,唐山市环境保护局组织环保志愿者参加"地球一小时"环保节能行动。

4月

27日,华北地区"十二五"主要污染物减排对策措施交流会在我市召开。环保部副部长张力军出席会议并讲话,副省长张杰辉和市委副书记、市长陈国鹰出席会议并致辞,副市长辛志纯出席会议。

6月

1日,市环保局召开全市危化重金属企业污染防治工作会议,分析当前危险化学品、危险废物、重金属污染防治的严峻形势,通报相关问题,部署工作,动员和督促各级各单位进一步加大工作力度,严防各类环境违法问题和污染事故的发生,确保环境安全。全市重点涉危化、重金属企业代表参加会议,市环保局局长杨恩利,副调研员杨国军出席会议。

3日下午,我市召开"六五"世界环境日新闻发布会,市环保局及各县(市)区、开发区管委会主管负责人、企业代表出席会议。

市环保局局长杨恩利对外发布2010年度唐山环境质量状况公告。唐山中厚板等35家达标建设明显进步企业受到通报表彰;苏议等33人获得2010年度松下环保基金奖励;唐钢等7家单位被授予2010年度市"绿色企业"荣誉称号。

13日,唐山市召开2011年全市环境影响评价工作会议。贯彻落实全省环境影响评价工作会议和全市环保工作会议精神,回顾2010年全市环评工作情况、主要做法和基本经验,分析研究当前环评工作面临的形势和问题,安排部署新形势下的环评工作。市环保局局长杨恩利、副局长高源山及相关负责人,各县(市)区环保局局长、分管副局长、环评评估、审批及验收管理负责人,在全市备案的各环评机构负责人参加会议。

22 日—24 日，唐山市环保局召开全市钢铁焦化水泥企业达标建设现场观摩会。全市环保系统 50 余人在市局杨恩利局长的带领下先后考察了玉田金马启新水泥有限公司、遵化建龙简舟焦化有限公司、遵化三官庙水泥厂、丰润新宝泰钢铁集团有限公司、丰南瑞丰钢铁有限公司等 20 余个全市重点钢铁、焦化、水泥企业达标建设情况。

7 月

5 日，副市长辛志纯带领市创城办等相关部门负责人，就环保对标创建工作进行指导检查。检查组听取了市环保局关于环保对标创建工作进展情况的汇报。实地检查了市环境监测中心站大气自动监测系统控制中心、丰润区新宝泰钢铁公司。

8 月

26 日，市委、市政府召开节能减排工作电视电话会议，贯彻落实全省节能减排工作电视电话会议精神，总结我市“十一五”节能减排工作，分析“十二五”节能减排工作形势，就“十二五”和今年节能减排工作进行安排部署。市委书记王雪峰，市委副书记、市长陈国鹰出席会议并讲话，强调要提高认识，突出重点，强化措施，狠抓落实，确保全面完成“十二五”和 2011 年节能减排各项目标任务。

9 月

23 日，唐山市环保局召开全市环保局长工作会议，了解全市减排工作进展情况，分析减排工作形势，并对下步工作进行安排部署。各县(市)区就本地减排工作进展情况、存在问题和下步安排进行了汇报。市环保局党组书记局长杨恩利指出，我市减排工作整体进展顺利，但面临的形式依然比较严峻，各地区要按照环保部和省环保厅的要求，认清形势，坚定信心，确保年度环保目标任务全面完成。

11月

25 日，为进一步提高广大党员干部拒腐防变和抵御风险的能力，规范党员干部的廉洁从政行为，我局组织全局副科以上干部及业务骨干开展了反腐倡廉教育活动。活动由局纪检组长严栓庄同志主持。首先观看了两部关于环保系统人员贪污腐败的警示教育片《绿色警笛》、《污染的代价》。局纪检组长严栓庄同志对广大党员干部开展了反腐倡廉教育，并提出了四点要求：一要加强政治修养，二要强化自律意识，三要正确看待权力，四要养成廉洁的好习惯。

【环境规划】 启动《唐山市“十二五”环境保护规划》编制工作。在广泛调研的基础上,开展主要污染物总量控制、水污染防治、大气污染防治、固体废物污染防治、机动车排气污染控制、生态建设与农村环境综合整治、环境监测工作发展、环境监管能力建设等 8 个重点专项规划的研究,通过专项规划的研究,确定唐山市“十二五”重点工作和污染防治工作目标、指标,为总规划的编写打下基础。

强力推进规划环评。不断加强对各县(市)区政府及园区规划环评工作的督导,所有省级批准的工业园区全部开展了规划环评,较有影响的市、县两级工业园区也开展了规划环评,确保入区项目及时审批,进一步推进规划环评,积极参与综合决策,目前共有 34 个园区和产业聚集区开展了规划环评工作并通过审查。

加强建设项目环境监管。从规范项目环保行政审批、强化环保竣工验收方面推进建设项目环境保护“三同时”动态管理,确保新建项目符合国家产业政策、区域主体功能定位和环保准入标准要求,有效规范了建设项目环境影响评价管理。2011 年,市环保局共审批项目 188 个,申报项目总投资 858.68 亿元,环保投资 13.09 亿元,环保投资占总投资 1.61%。共验收项目 78 个,“三同时”执行率达到 100%。

【环境法制建设】 将“依法行政”纳入环保整体工作和年度目标考核,坚持法制教育与法制实践相结合,规范环保系统执法行为,严格执行各项环保法律、法规,依法行政的水平进一步得到提高,尤其是具有地方特色的排污权交易体制,进一步推动了全市节能减排工作深入开展,促进了产业结构调整、城乡环境持续改善和经济社会的协调可持续发展。

严格按照环保行政许可八项管理制度,确保行政许可事项公平、公正、透明、高效;从规范行政处罚入手,实现了“执法主体合法化、执法工作程序化、执法行为规范化、执法文书标准化、执法监督制度化”目标,行政处罚管理工作步入全面依法行政轨道。

【环境质量状况】 城市环境空气质量二级以上天数达到 331 天,比 2010 年多 1 天,空气综合污染指数为 2.09,比去年同期下降 2.8%;地表水水质稳定达标，黎河、淋河（全年断流）、沙河水质达到Ⅲ类，陡河水库（中心）水质达到Ⅱ类，区域噪声52.4分贝，所有监测河流断面主要污染物氨氮的平均浓度为0.584毫克/升，比去年下降9.74%；化学需氧量平均浓度为19.89毫克/升，比去年同期下降2.02%。

【机构改革与人事工作】 加强行风建设。按照科学执政、民主执政、依法执政的总体要求，进一步完善领导班子议事和工作制度，坚持项目审查委员会、处罚委员会制度，对建设项目审批、环保专项资金分配、排污许可证发放和环保行政处罚等重点工作实行集体决策，确保依法行政、科学决策。继续深化行政处罚权"986监控模式"建设，针对行政机关实施行政处罚活动过程中容易出现的9个廉政风险点，施行8项职权相分离，6个执法环节为监控重点的运行管理程序，建立行政处罚工作全过程对点设防、独立监控、动态跟进的监控模式，确保行政权力阳光运行。

提高环保服务水平。开辟快速审批通道，压缩审批环节，缩短承诺办理时限。实行主管局长定期进驻行政审批大厅现场办公制度，为企业提供快速、优质服务，承诺审批不超"星期四"。改革服务方式，搞好建设项目审批的咨询服务，项目建设审批的前期指导性意见纳入咨询服务台，避免服务对象在编制环境影响评价文件时走弯路。改革执法方式，实行日常监察、违法查处、企业治污项目督导联合办案制度，提高环保查处效率，减轻企业负担。实行入企检查和节假日入企检查审批备案制度，规范执法行为。

加强队伍教育培训。为进一步提高机关干部职工业务知识水平和行政执法能力，在加强理论学习的基础上，聘请相关院校教授和企业专家对电力、钢铁、水泥等重点行业的生产工艺、产排污节点分析和污染防治进行了授课，使广大党员干部依法执政、科学管理、文明执法的能力得到了进一步增强。

【污染防治】 经过扎实推进减排工程建设、深化达标企业示范创建工程、重点流域水污染防治，使我市企业污染治理和环境管理水平显著提升。

治污减排工程建设。2011年我市通过国家认定减排项目273个，其中大气项目151个，水项目122个。共实现削减化学需氧量0.7169万吨、二氧化硫3.7017万吨、氨氮0.0554万吨、氮氧化物0.4093万吨。

达标建设收效显著。开展企业达标建设以来，列入全市达标建设的649

家企业中,有447家企业完成了达标建设任务,有26家未完成达标建设任务依法予以关停、有176家企业被取缔或转产。完成达标建设任务的447家企业中,有176家钢铁、焦化、水泥企业转入达标建设示范创建。达标建设累计投入污染治理及环境综合整治资金近100亿元,完成200万元以上较大污染源治理项目及环境综合整治项目1300多个,全市钢铁、焦化、水泥等七大行业企业污染治理和环境管理水平显著提升。

加强重点流域和饮用水源地保护。自2011年7月份起,对全市范围内直接或间接入湖(大南湖)、入库(陡河水库)、入海的主要河流实施跨界断面水质目标考核,并将考核结果纳入对县(市)区政府年度环保工作目标考核,全市共有11个县(市)区、17条河流,27个断面列入考核范围。我市列入全省水质目标考核的7个跨界断面,全部达到考核要求。

为推进境内滦河、陡河等重点流域水污染防治,强化工业企业污染治理,对82家造纸、化工、钢铁、焦化、食品、酿造、皮革、印染、酸洗、电镀等行业企业开展了污水深度治理,督导企业制定治理方案,除13家企业停产或取缔外,69家企业全部完成了治理任务,累计投入投资3.3亿元。

加强对陡河水库饮用水源地、市区16个地下饮用水源地保护区内污染源和大南湖环城水系、邱庄水库等输水河渠沿途流域范围内的危险固废污染源、重金属污染源、危险化学品风险源、养殖污染源的摸底调查,督促陡河水库二级保护区内的6个乡镇制定了综合整治方案,对市区供水的陡河水库和6个地下水水源地进行了环境状况评估,有效保障了全市饮用水安全。

【城市环境综合整治及“城考”情况】 市委、市政府高度重视环境保护工作,将环保工作目标纳入各级各部门党政领导班子考核内容,印发了《唐山市环境保护工作目标考核办法》,将任务指标层层分解,落实到县区、落实到企业、落实到主要责任人,由“一把手”负总责,与政绩挂钩,对各县(市)区、市直有关部门和重点企业领导班子及其成员政绩评价实行环保“一票否决”制度。

通过不断加大市区周边减排工程、重点企业达标建设、大气污染联防联控、重污染企业搬迁工作力度,有效改善城区环境质量。推进三年上水平的重点工程建设,2011年中心区减排项目共3个,分别为唐山宾馆燃煤锅炉改燃气、唐山大酒店燃煤供热锅炉改水源热泵、唐山盾石机械制造有限公司退火窑改天然气，目前已全部完成。4 个县(市)区大气自动连续监测系统建设，分别为迁安市 2 个、丰南区 1 个、玉田县 1 个、滦南县 1 个，已全部完成建设并通过验收。加强环城水系周边排水口综合整治，督促唐电和开平职业技术学校两个排水口的污水截入北郊污水处理厂，唐钢技校安装了废水在线监测装置；荆各庄矿生活污水处理工程建成并投入运行。对 156 家国控、省控重点企业组织开展了污染减排对标，逐企业制定了对标实施方案，并强化日常调度，及时掌握企业对标工作进展，有 46 家企业完成了对标报告初审，待省厅验收。

加强对农村环境综合整治目标考核工作的组织、协调和督导，全市 16 项考核指标全部达到国家试行考核指标要求。我市的农村环境综合整治目标责任制迎查考核材料，代表省厅接受国家考核组现场核查考核，受到国家考核组充分肯定，顺利通过国家组织的考核验收。

【自然生态保护和生态城镇】 自然保护区建设工作。我市不断加大生态保护和建设力度，形成了“北部山区生态保护、中部平原生态恢复和南部沿海鸟类湿地保护”为主的生态特色。全市建成了一批自然保护区，其中包括：遵化市清东陵国家级风景名胜区和金银滩国家级森林公园、丰润区御带山和迁西县景忠山两处省级森林公园、遵化市鹫峰山县级森林公园、唐海湿地和鸟类省级自然保护区和乐亭县石臼坨列岛省级鸟类自然保护区、南湖国家城市湿地公园和唐山市集中式饮用水源地一级保护区等，自然保护区覆盖率达到 5.28％。

生态乡镇和生态村创建工作。国家级和省级生态乡镇创建工作取得显著成绩，如期完成了唐海县七农场等 4 个国家级生态乡镇和迁安市沙河驿镇等 7 个省级环境优美城镇创建工作并顺利通过验收；完成丰南区小岔河村等 6 个国家级生态村和迁西县鸽子峪村等 35 个省级生态村创建工作；我市完成的创建数量位居全省之首。

农村环境综合整治工作。按照河北省政府《关于印发河北省农村环境综合整治目标责任制考核试点工作方案的通知》要求，我市起草了《唐山市农村环境综合整治目标责任制考核工作方案》，对我市农村环境综合整治目标责任制考核工作的目标、范围、任务提出明确具体的意见，并作为牵头单位进行了组织实施。制定《唐山市实施“以奖促治”加快解决农村突出环境问题实施意见》,提出我市的三年总体目标和具体工作任务,对全市120个试点村庄制定整治工作方案和具体整治任务。列入2011年度整治任务的61个村庄按照整治方案全部完成整治任务。

规模化畜禽养殖污染防治工作。制定全市《规模化畜禽养殖场污染防治技术要求》,并确定96家重点的规模化畜禽养殖场列入2011年农村畜禽养殖治污整治重点工程项目,加强日常督导,全部按期完成了整治任务。

【循环经济和清洁生产】 按照省厅《关于公布全省2011年实施清洁生产审核重点企业名单的通知》(冀环办发[2011]40号)要求,我市共有188家企业2011年底完成清洁生产审核评估。为确保今年清洁生产审核工作圆满完成,组织召开了2011年清洁生产审核工作会议,就2011年的清洁生产审核工作做了详细部署并提出了严格要求。目前,除23家停产企业外其他企业已全部与咨询公司签订合同开展审核,有11家企业完成评估验收,55家企业提出评估验收申请,99家企业完成审核评估验收报告。

【挂牌整治重点污染源】 扎实开展环保专项行动。按照国家和省市的统一部署,紧密结合我市实际,明确目标,严格标准,协调有关部门,督导各地采取有力措施,对涉重金属排放企业进行深入整治,加大污染减排重点行业(钢铁厂、燃煤电厂和污水处理厂)监管的力度,积极开展执法后督察,通过严格执法,对30家违法排污企业实施了挂牌督办,对18家污染严重企业实施了停产整治,对33家企业实施了关停取缔,解决了一批突出的环境问题。

【环境监测】 根据河北省环境监测中心站及《2011年唐山市环境保护工作要点》的要求,按时完成各项常规监测任务。包括环境空气质量监测、地表水环境质量监测、地下水环境监测、饮用水源地监测、近岸海域海水监测、土壤环境监测和降水监测工作。完成市区交通噪声监测、区域环境噪声监测和功能区噪声监测。完成"双三十"县区监测工作,生态补偿监测。

同时,按照统筹安排,突出重点的原则,按时完成了全国重点污染源监督性监测工作;配合环境管理部门开展了环境信访监测、"三同时"建设项目验收监测等各种委托污染源监测工作;加强应急监测工作,不断提高应急监测技术水平,组织技术培训和应急演练,定期对设备进行维护,随时为应急监测工作做好准备;加强综合分析能力,根据监测情况及时编写各类分析报告,完成《2006—2010 年度唐山市环境质量报告书》,为领导决策服务。

市环境监测中心站通过不断规范内部管理,强化实验室质量体系的运行,顺利通过了省站组织的人员上岗证的换发考核工作和河北省质量技术监督局组织的实验室资质认定复评审。为强化对县级站的技术管理工作,2011 年积极组织全市环境监测系统技术培训,不断学习新的环境监测技术和方法,更新知识结构。

【环保科技】 积极扶持全市环保产业发展,挖掘环保产业市场潜力,为环保产业的发展提供支持。全年为 20 多家环保企业办理了环保产品认证,为 3 家企业办理了环保工程设计资质认证。同时,完成了河北省环保产业协会交办的各项工作任务。

【环境影响评价】 严格落实建设项目环境评价制度。严格执行国家产业政策和《中华人民共和国环境影响评价法》、《建设项目环境保护管理条例》等法律法规,严把环保审批准入关,对“两高一资”、选址不合理、污染物排放总量大等不符合环保审批要求的项目坚决拒批,对没有完成排污总量控制指标和污染治理任务、没有环境容量的区域、行业或企业实行限批,确保所有新、扩、改建项目均符合国家产业政策、区域主体功能定位和环保准入要求,引导、支持污染排放少、能源消耗低的建设项目,促进经济发展方式的转变。

加强环境影响评价和“三同时”落实情况的监督检查。不断加大建设项目建设过程中环境影响评价和“三同时”制度落实情况的监督检查力度,对没有按照环评批复建设和不按照要求配套建设环保设施的建设项目依法严肃查处,确保环境影响评价和“三同时”制度落实到位。同时,严把建设项目验收关,坚持做到“七个不验”:即“三同时”动态档案不齐全的不验;建设项目与环评发生变更未增补评价的不验;未提交试生产意见的不验;超期试生产未批准延期的不验;违法行为处理未结案的不验;有信访问题且未整改到位的不验;要求监理但未提交环境监理报告的不验,确保做到项目建成一个,验收一个,稳定达标排放一个。

进一步提高审批服务质量和工作效率。进一步建立完善了建设项目环保联合审批、公众参与和跟踪管理工作制度,开辟环评审批绿色通道,对手续齐全、符合环保要求的建设项目及时审批，环境影响报告书、报告表、登记表审批时限分别为8、4、2个工作日，积极主动为各类符合产业政策、环保要求的新建项目提供优质服务。

【环境监察】 环境监察工作。按照环保部《关于深入推进环境监察稽查第一批试点工作的通知》要求，唐山市被纳入开展环境监察稽查第一批试点工作范围。将迁安、丰南、迁西三个县(市)区作为我市环境监察(稽查)试点。选择2011年度三个试点县(市)区的40家国控重点污染源企业和当地环保部门现场监察档案进行了检查，累计查阅行政处罚案卷111件(其中迁安39件、迁西46件、丰南26件)。经档案评审、现场验证和专家评估，我市得分95分，顺利通过省环保厅及环保部的验收。

环境污染应急工作。按省环保厅要求，我市组织进行了尾矿库环境污染三级防控工作。督促各县(市)区环保局及相关企业，积极推进整治工程建设。组织开展了化学品环境管理和危险废物专项执法检查。共出动130余人次，不仅完成了省厅的工作任务，还彻底清除了45个环境安全隐患。组织了多次环境隐患排查活动，并针对沿海油污染问题组织了沿海区域化工、石化企业环境执法检查，国务院检查组对我市的工作给予了充分肯定。2011年，我市没有发生突发性环境污染事故。

排污申报和排污费征收工作。2011年共完成排污申报工作4336家。我市排污费开征户数为3605户，征收入库金额为2.92亿元，完成了省环监局下达给我市的排污费指标(2.4亿元)，其中重点排污单位1820户，征收入库金额为2.6亿元。对全市20个设收费单位县(市)区监察机构的排污费征收管理系统进行了检查，对检查中发现的突出问题进行了通报，确保了全市排污费征收工作的圆满完成。

【专项行动】 开展整治违法排污企业保障群众健康环保专项行动。按照国家、省《关于2011年深入开展整治违法排污企业保障群众健康环保专项行动的通知》要求，制定了唐山市《2011唐山市整治违法排污企业保障群众健康环保专项行动实施方案》和《2011唐山市环境保护局整治违法排污企业保障群众健康环保专项行动工作方案》，开展环保专项行动执法检查。对涉重金属企业实施综合整治，建立了“一企一档”档案管理制度，关停3家企业，拆除1家企业的落后生产设备，形成了底数清楚、监管严格的重金属企业管理机制。

开展建设项目“双整治”专项行动。在对市批建设项目的监管工作中，开展了“双整治”专项行动，对各县区未批先建、未验先投项目的调查并及时向各县区环保部门和建设单位下达了停建、停产通知，并及时向环境监察部门进行了移交。同时，对各县区处理情况进行了追踪，各县区环保局及市局环境监察部门对相关建设单位依法予以处罚。

开展辐射安全监管执法检查专项活动。在全市先后两次开展辐射安全监管执法检查专项活动。安排专人、专车、集中力量对全市所有放射源进行彻底清查。特别是对长期闲置或废弃的放射源重点检查，对有闲置或废弃放射源的单位下达现场检查整改通知书，要求限期处置放射源。协助企业将36枚放射源安全送交河北省放射性废物库。开展废旧金属回收熔炼企业的摸底调查。召开全市废旧金属回收熔炼企业清查工作会议，深入基层，摸清熔炼企业底数、企业规模、产品种类和废旧金属来源，为下一步开展废旧金属回收熔炼辐射监测工作打下基础。配合省厅对全市所有放射源及射线装置进行监测检查。重点检查企业放射源及射线装置辐射计量是否超标，安全屏蔽措施是否到位，各项规章制度和应急预案是否完善，以及辐射工作场所人防、物防、技防等安全保卫工作措施和制度的落实情况，特别对辐射安全设备设施的有效性及作业管理情况进行检查。

实施信访攻坚行动。组织召开全市环境信访工作调度会，认真安排部署。狠抓重点案件的解决，要求相关县市区对年内发生的15个进京赴省环境信访案件，签订《领导包案责任状》，及时对化解情完成况进行了专题调度，使环境信访问题得到有效化解。

【环境宣传教育】 注重发挥各级新闻媒体对环保工作的舆论导向作用，大力宣传环保工作的新举措、新成效、好经验、好典型。在中国环境报、中央电视台、省级报纸、电台、电视台组织刊播30多篇文章，营造了良好的舆论氛围，产生了广泛深刻的影响。组织开展“六绿”创建工作，在各县区创建“绿色学校、绿色社区、绿色机关、绿色医院、绿色饭店、绿色企业”，我们推荐上报的10家创建单位全部通过省厅验收，为我市创建绿色城市工作发挥了一定作用。我局赵丽辉同志作为省厅特邀专家，为全省创绿工作做出了一定贡献。

加强环境宣传阵地建设,拓宽社会宣传教育渠道,“六五”世界环境日期间举办全市性的主题纪念活动,组织环保知识竞赛,“践行低碳减排、绿色生活”活动,环保志愿者行动等,大力倡导环保理念。表彰奖励环保模范人物,公布我市环境质量状况,企业代表发出环保自律倡议,取得了良好效果。

【环境信访和环保政务信息】 环境信访工作。2011 年,共登记受理 1571 件信访案件,其中群众来电为 450 件,群众来信 40 件,群众来访 26 件,网上信访 137 件,市长公开电话 718 件,三级交办件 200 件,其中省厅转办 198 件,市领导批办 2 件。登记信访案件的及时受理率、及时查处率、按时反馈率均为 100%,市长公开电话的回访率为 100%,网上信访案件的答复率为 100%,被环保部命名为“全国环境信访工作先进单位”。目前,我市已建立了以市环保局“12369”受理系统为中心,覆盖全市的投诉举报受理网络,“12369”环保举报热线开通率达到 100%,县级使用率 100%。

加强政务信息工作。制定《唐山市环境保护局政务信息工作考核办法》,对相关部门的信息工作情况分系统进行目标管理和考核,进一步推进了信息工作的制度化、规范化建设。全年向环保部报送信息 212 篇,向省环保厅报送信息 191 篇,向市委、市政府报送信息 172 篇,编发《环保情况专报》12 期,通过政府信息公开信息近 450 篇,为领导掌握情况、指导工作、科学决策提供了及时准确的信息服务,信息工作水平不断提高。获得全省环保系统政务信息优胜单位、全市党委办公系统信息化先进单位称号。

人大建议、提案办理情况。认真做好人大代表建议、政协委员提案工作,规范了办理程序,对建议、提案认真进行登记、梳理分类,并及时提出拟办意见,确保建议、提案合理分配。全年共承办人大代表建议、政协委员提案 13 件,并就办理情况对代表、委员进行了走访,倾听代表、委员对建议、提案办理工作的意见和建议,代表、委员走访率达到 100%,代表委员满意率 100%,赢得了代表和委员对环保工作的支持和肯定。

信息系统建设。围绕政务公开工作加强门户网站建设,对网站进行整体规划和美工设计,建设网上审批系统,增加了“在线办事”、“在线监测数据查询”、“达标建设动态台账管理”、“三同时动态管理系统”功能。结合环保业务开展情况,建设了环境应急联动指挥系统、放射源实时监控系统(二期),以提高在线监测设备“在线率”为重点,在全市范围内继续开展在线监测工作,继续强化大气黑度视频监控系统的建设及其在环境管理中的实际运用。全面启动国家环境信息与统计能力建设项目，完成联通省厅、市局、监察、监测及我市 14 个县(市)区环境信息专网网路及网络安全系统建设，依托此网络 2011 年 9 月 1 日正式运行省、市电子公文传输系统，实现公文网上传输。在省厅组织的网站评比中我局网站获第二名，信息中心被省厅评为信息工作先进单位，受到通报表彰。

（撰稿　李超）

廊坊市环境保护

【综述】 2011 年，廊坊市在河北省环保目标考核工作中名列第一，实现“十二连冠”，成为第一个通过环保部国家环保模范城复核现场检查并被重新授予“国家环保模范城”称号的地级市。

全市被国家认定减排工程 119 项，四项主要污染物国家认定量为：化学需氧量 3020.05 吨、氨氮 363.6 吨、二氧化硫 5277 吨、氮氧化物 1912 吨(不含机动车)。经省核定，COD、SO_2 分别削减 1.94％和 1.51％，均超额完成年度目标任务。环境质量稳中有升。市区空气质量二级及以上优良天数达到 346 天，其中一级天数达到 123 天。城市集中式饮用水源地水质达标率继续保持 100％。全市跨界河流考核断面水质均优于相应考核指标或入境断面水质。环境执法严格到位。全年取缔重污染小企业 208 家，关停 130 条非法生产线，治理废旧塑料加工企业 3557 家，立案查处 115 件。妥善处理环境信访案件 381 件，信访量下降 20％，抽检办结率 100％。环境安全得到有效保障。全市排查重点企业 1700 余家，其他企业近万家，消除隐患 700 多处。全市 238 家放射源使用单位、1538 枚放射源实现管理机制、落实制度、安全许可和科技管控“四个全覆盖”。全年未发生重、特大环境污染事故。农村环境保护不断深入。抓住全省农村环境综合整治示范县大厂县，全年全市共完成了 5 个乡镇、4 个园区、68 个村庄的治理，58 个列入全省“百乡千村”三年行动计划的村庄已完成治理任务。环保宣教有声有色。开展“六五”世界环境日宣传活动，发放资料约 90 万份。全年编发 10 期 5500 份《廊坊环境保护》，媒体报道有关廊坊环保的稿件 356 篇。服务发展能力得到强化。推进 20 个省级园区完成了规划环评。对热电联产、新机场、高铁等重点项目开通绿色通道。

全市批准环评项目 994 个,总投资 1314.81 亿元,平均审批时间比法定时间缩短 75%。

【重要活动】

1 月

7 日　环保部环评司在廊坊召开总结会议。

18 日　环保部总量核查组对廊坊进行核查并在廊坊进行全省核查情况汇总。

2 月

11 日　肖双胜副市长到廊坊市环保局调研。

6 月

21 日　华北督查中心在廊坊开展主题党日活动。

27 日　全市环保系统工作会议。

7 月

15 日　环保部华北督查中心到廊坊进行上半年总量核查。

10 月

10 日　全省固体废物管理工作会议在廊坊召开。

21 日　廊坊市开展 14001 环境管理体系认证考核。

11 月

7 日　市委书记赵世洪、市委常委李波、副市长李刚在张卫东、周永涛陪同下,到环保部拜会吴晓青副部长,汇报市区热电联产项目环评审批工作。

11 日　李刚副市长到市环保局调研。

30 日　全省环评工作现场会在廊坊召开。

30 日　"幸福廊坊环保行"新闻发布会由市委宣传部组织召开,新华社、人民日报、中央人民广播电台等 13 家中省新闻媒体的记者对廊坊环保工作进行了宣传报道。

12 月

20 日　张卫东局长参加全国环保大会,张卫东被授予"全国环保系统先进工作者"荣誉称号。

【环境规划】

规划编制进展情况。结合廊坊市环保局承担的《廊坊市“十二五”减排、生态建设与环境保护的思路与对策》重点研究课题，根据《廊坊市环境保护“十二五”规划编制工作方案》、《廊坊市环境保护“十二五”规划基本思路》、《规划编制资料汇总表》，2010 年 11 月完成了文本初稿的编制和重点工程项目的优选工作。通过积极组织召开部门座谈会、专家研讨会、实地调研和“走出去请进来”等形式，广泛征询各方面对市环保“十二五”规划的意见和建议。2011 年 5 月 6 日，邀请省环科院专家对廊坊市环保“十二五”规划进行专家论证。《廊坊市地表水环境功能区划》、《廊坊市大气环境功能区划》、《廊坊市噪声环境功能区划》、《廊坊市“十二五”主要污染物总量控制规划》、《廊坊市集中式饮用水水源地污染防治规划》等五个“十二五”环境保护专项规划已近尾声。

深化规划环评。积极协助省厅就构建环首都绿色经济圈等战略任务，研究解决从战略层面化解规划风险。对省级以上园区实施规划环评和污水处理厂“两限期”，对于未按期完成“两限”任务的园区，坚决实施建设项目区域限批。协助省厅着力推进石化、化工、焦化、火电、钢铁、水泥、矿山等重点行业规划环评，研究解决结构性矛盾。进一步规范建设项目环评审批程序，完善落实各项制度。加强项目环评与规划环评联动，针对生态功能区定位不同，完善区域禁(限)批；针对重点行业环境特点，强化环境准入要求。深化建设项目环评审批“三优”(即优先备案咨询、优良精准指导、优化审批效能)服务，实行一次性告知、一站式服务，首办负责，限时办结。对廊坊热电厂、首都第二机场、区域内高速公路等市级重点及产业支撑建设项目开通绿色通道，并指派专人实行全程跟踪服务。开展服务央企活动。发挥行政中心环保窗口的作用，坚持窗口受理，窗口送达。力争实现咨询备案的网上受理。

实施项目建设全过程监管。以建立建设项目批后监管的长效机制为重点，组织对市、县审批项目联查，重点查处违反“三同时”制度、未批先建和批建不符等违法行为。对涉及饮用水水源地、自然保护区、风景名胜区等环境敏感区，化工石化、涉重金属、农药医药等环境风险高或污染较重，水利水电、矿山开发、交通运输等施工期环境影响较大等重点行业建设项目开展施工期环境监理，探索实施建设项目“三同时”执行单和责任状制度。把环保“三同时”制度引入城镇建设。实行环境基础设施与城镇建设“同步设计、同步施工、同步投产使用”。

【环境法制建设】 2011年,为确保环境行政执法工作有章可循,有据可依,进一步完善行政执法规章制度。一是完善行政处罚程序。根据国家环保部《环境行政处罚办法》和《廊坊市行政处罚程序规定》,制发了《廊坊市环境行政处罚程序规定(试行)》,对现行的行政处罚程序进行了补充完善,把“三步式”(教育规范、限期整改、实施处罚)行政处罚程序的适用、行政处罚自由裁量权细化标准等具体要求落实到行政处罚程序中。二是完善行政处罚文书。根据国家环保部《环境行政处罚文书格式》和《廊坊市行政执法文书样本》,结合廊坊环保工作实际,编制了廊坊市环境行政处罚文书样式29项,完善和统一了全市环境行政处罚文书样式。三是完善案件审理规则。制发了《廊坊市环境行政处罚案件审理工作规则》,该工作规则确定了行政处罚案件审理委员会制度,对审理委员会组成、有关科室和单位职责、审理内容和程序作出了规定。四是健全规范性文件管理制度。为了维护法治统一,保证政令畅通,建立了规范性文件立项、评估、时限、审查、备案、清理等制度。

【环境政策与法规】

坚持规范性文件备案制度。认真落实重大行政决策听取意见制度、集体决定制度和责任追究制度。政法科对全局规范性文件进行严格把关,确保规范性文件的制定质量,及时更新公布国家新颁布的相关法律法规,保证全局规范性文件的统一、有效。

认真安排人员参加法治业务学习。先后组织法制、监察人员参加了市法制办组织的多个法制培训班。同时,不断加强全局行政执法证的动态管理执法工作。

进一步规范全局法制工作,编制了《环境法制工作指导手册》,全面落实行政执法责任制;深化行政审批制度改革;推进“两法衔接”工作;改进行政执法作风等。

为继续开展依法行政工作,制定并实施了《廊坊市环保系统开展规范行政执法活动实施方案》,方案明确了工作目标、工作任务、工作措施和实施步骤,进一步提高环境行政处罚工作的透明度,对环保违法案件做到了及时查处、办结、结案。重大处罚案件做到及时报备和网站公示。目前廊坊市环保局实施行政处罚案件，无一例行政复议和诉讼现象发生。

【环境质量状况】

环境空气质量。2011 年廊坊市区环境空气中可吸入颗粒物、二氧化硫、二氧化氮年均浓度分别为 0.076 毫克/立方米、0.038 毫克/立方米、0.026 毫克/立方米。主要污染物浓度稳定达到国家二级标准，全年优良天数 346 天，占全年总天数的 95%。其中，一级天数 123 天。空气质量保持在较好的水平，未出现酸雨。

地表水环境质量。2011 年度对廊坊市境内洵河、潮白河、北运河、龙河及白沟河五条主要河流九个断面的水质进行了常规监测。同时，对霸州市和文安县两个“双三十”县(市)中亭河、赵王新渠水质进行了监测。

2011 年，廊坊市五条主要河流 COD 浓度与上年相比有所下降，出境断面水质好于入境断面(除白沟河)。龙河大王务断面达到Ⅴ类水质标准。中亭河、赵王新渠两条河流出境断面 COD 年均浓度均达到“双三十”目标考核要求。

地下水及饮用水源地水环境质量。2011 年廊坊市区地下水及集中式饮用水源地所监测水井全部达到《地下水质量标准》(GB/T14848－1993)Ⅲ类标准要求，达标率为 100%。

城区道路交通噪声。2011 年廊坊市区道路交通噪声监测范围为市区 19 条主要交通干线，道路长度为 40.3 公里，点位 37 个。道路交通噪声长度加权平均等效声级为 63.0 分贝，达到国家标准，质量等级为好。

【机构改革与人事工作】 廊坊市环境保护局下设办公室、人事科、规划财务科、政策法规宣传科、科技与对外合作科、总量控制科、环境影响评价科、污染防治科、自然生态保护科、辐射安全管理科室 10 个行政科室，另设纪检监察室，下属环境监察支队、环境执法稽查大队、ISO14000 环境管理认证推进办公室、生态市建设工作领导小组办公室、环境监测站、环境科学研究院、环境宣传教育中心、环境信息中心等 8 个事业单位。2011 年，廊坊市环保局在职干部职工 232 人。干部职工年度考核中 40 人获得优秀，占全局职工比例 17.2%。全年组织科级干部 50 余人参加市政府公务员培训，组织局长、科长理论业务讲课达 36 次，累计授课 90 小时。

【污染防治】

大气污染防治

城市空气环境质量持续改善

围绕持续改善城市空气环境质量的目标,几年来廊坊市深入开展了国省控重点污染企业深度治理工程,实施连片污染区域综合整治,认真落实城镇面貌三年大变样和城镇建设三年上水平环保行动计划,大力实施蓝天工程,深化城市环境综合整治,城市空气质量得到明显改善。"十一五"期间,环境空气质量优良天数每年均保持在330天以上,各项指标全面稳定达到国家二级标准。2011年市区空气质量二级及以上优良天数达到346天,其中一级天数达到123天,与上年相比,一级天数增加29天,首次突破100天,空气综合污染指数下降7.53%,各项指标均创有监测纪录以来的最好成绩。各县城空气质量持续好转,全部达到国家二级标准。机动车污染防治工作有序推进,机动车尾气和噪声污染得到有效控制。声环境质量保持优良,区域和交通噪声稳中有降,城市区域环境噪声为51.3dB(A),城市交通干线噪声平均值为63.3dB(A),达到"十一五"规划要求。

水污染防治

水环境质量得到明显改善

饮水安全得到高度重视。目前,全市11处集中式饮用水源地都已完成了饮用水水源地保护区的划分,廊坊市城区、三河市、霸州市的饮用水水源地环境保护规划经政府批准实施,并开展了集中式饮用水源地保护区专项整治,取缔了饮用水源地一级保护区内的污水排放口,对二级保护区内违法企业进行了清理,城市集中式饮用水水源地水质达标率连年保持100%。

河流水环境质量明显改善。围绕流域水污染防治,全市主要河流断面建立了6个水质自动监测站,实行严格的水质目标责任考核和流域生态补偿机制,境内主要河流全部实现出境断面水质好于入境断面水质的控制目标,与2005年相比,"十一五"期间,龙河污染指数下降84.4%,北运河污染指数下降66%,泃河污染指数下降60%,潮白河污染指数下降56.5%,达到近年最好水平。廊坊市地表水只有北运河王家摆断面是国控断面,为入境断面(即对照断面),水质全部受上游客水影响,北运河王家摆断面为劣Ⅴ类水质,不受廊坊市控制。

目前,全市共建成并运行污水处理厂18座,已成为县县建设污水处理厂的设区市,污水处理厂建设正向重点乡镇延伸,总处理能力达到46万吨/日,并全部配套建设了污泥处置设施,污泥全部得到有效处置,全市城市生活污水集中处理率平均达到87.1%。

固体废物防治:

生活垃圾无害化处理逐步实现多元化。稳步实施城市生活垃圾无害化处置设施建设规划,积极推进生活垃圾无害化处置工程建设,强化垃圾处置设施的环境监管,全市各县城都建设了垃圾处理场,并建成了6座垃圾渗滤液集中处置设施,全市所有垃圾处理场渗滤液均得到安全处置,全市城市生活垃圾无害化处理率达95.8%。廊坊市区垃圾焚烧发电厂已开工建设,生活垃圾处理由单一填埋逐渐转向焚烧、填埋及综合利用处置相结合的多元化处置方式。

工业固体废物处置能力显著提高。以创建生态示范区园区和循环经济示范区为抓手,以减量化、资源化、无害化为目标,鼓励企业开展清洁生产,建立行业间工业固体废物综合利用系统,努力提高工业固体废物的综合利用能力,廊坊市工业固体废物处置利用率达到98%以上。特别是2011年以来,根据环保部印发的《"十二五"全国危险废物规范化管理督查考核工作方案》和《危险废物规范化管理指标体系》要求,按照省环保厅《关于加强危险废物和医疗废物监管工作的实施方案》的工作部署,廊坊市认真贯彻落实全省固体废物管理工作会议精神,部署并持续开展了危险废物、医疗废物和涉重金属企业的专项执法检查工作。采用拉网式检查方式排查廊坊市涉重金属企业、一般固体废物产生企业(年产50吨以上)、危险废物产生和经营企业的基本情况。目前,廊坊市有9家危险废物经营单位已取得危险废物经营许可证,危险废物处理能力达到9.7万吨/年。1家医疗废物集中处置中心已于2008年1月通过了省环保厅验收,目前市区医疗废物集中安全处置率达100%,全市范围内的医疗废物基本实现了集中无害化处置。

【污染减排】 2011年是"十二五"主要污染总量减排工作的开局之年,廊坊市各级各有关部门紧紧围绕年初设定的COD、氨氮、SO_2、NO_X四种主要污染物排放量分别比2010年的基础上削减1.5%的总量削减目标任务,以改善环境质量为立足点,深入推进主要污染物排放总量控制工作,强化结构减排、细化工程减排、实化监管减排,创新体制机制,强化责任和措施,加大投入,加强督导指导,完善政策,综合推进,全市污染减排工作取得初步进展,确保了“十二五”污染减排开好局、起好步。

全市全年共实施减排工程208项,被国家认定119项,其中,水减排工程52项,大气减排工程67项。四项主要污染物国家认定量为:化学需氧量3020.05吨、氨氮363.6吨、二氧化硫5277吨、氮氧化物1912吨(不含机动车)。经省核定,COD、氨氮、SO_2、分别削减1.94%和1.51%,均超额完成年度目标任务。氨氮和NO_X2011年两项暂不考核指标分别削减2.11%和-4.78%。

【“双三十”减排示范工程开展情况】 各“双三十”单位按照“巩固提升、深化拓展、示范带动、全面推进”的工作原则,坚持改革创新,建立长效机制,强化督导指导,完善配套政策,严格考核奖惩,以更大的决心和力度,推动全市经济社会科学发展,产业结构上档升级。在年度考核中,各“双三十”单位都圆满的完成了省下达的既定目标任务。具体情况如下:

霸州市:2011年目标为COD、氨氮、SO_2、NO_X四种主要污染物排放量分别比2010年的基础上削减1.5%,实际完成情况分别为9.39%,5.29%,2.65%,NO_X不降反增0.83%。

文安县:2011年目标为COD、氨氮、SO_2、NO_X四种主要污染物排放量分别比2010年的基础上削减1.5%,实际完成情况分别为4.34%,3.41%,4.33%,NO_X不降反增6.47%。

大城县:2011年目标为COD、氨氮、SO_2、NO_X四种主要污染物排放量分别比2010年的基础上削减1.5%,实际完成情况分别为2.59%,3.28%,1.50%,5.12%。

三河电厂:SO_2减排量为464.23吨,完成减排率11.65%,NO_X排放量增加422.03吨,减排率不降反增2.25%。

前进钢铁集团2011年无减排任务。

【清洁生产实施情况】 2011年,廊坊市围绕加强重金属污染防治等重点工作,对53家重点企业下达了强制清洁生产审核任务,并全部通过省环保厅评估验收。本轮审核企业共投资5557.96万元,实施清洁生产方案858项,年可节电8549.75万度、节水96.76万吨、节煤8668.33吨、节约各种原材料

11.82 万吨，减少 SO_2 排放 2.03 吨、减少固废产生 1.3 万吨、减少危废产生 468.1 吨，取得经济效益 2.5 亿元，充分地发挥了清洁生产在污染减排中的作用。

【挂牌整治重点污染源】 重点污染源管理不断加强，重点企业污染防治设施运行情况报告制度已初步形成，设施正常运行率稳步提高。排污费收缴任务超额完成，全市共征收排污费 3006.35 万元，完成了省厅下达的全年任务。环境行政处罚力度不断加大，严格实行“查处分离”制度和规范执法程序，处罚案件立案率和规范化执行率达到 100%，全市共立案 115 件，实施处罚金额 487.3 万元。人才培养力度进一步加大，市局和县级环保部门先后派出环境监察执法人员 100 余人次参加了环保部和省厅组织的各种专业培训和专项工作会议，有效提高的理论修养和综合素质。自动监控设施的运营管理步入正轨，制定了《廊坊市污染源自动监控设施安装运行维护与监控管理办法》，大力推进廊坊市自动监控设施第三方运营，完成了运营单位的招标工作。环境监管机制和执法方式有所创新，颁布实施编制了《廊坊市建筑施工管理办法》，试行区域环境执法联防联控机制，实现了环境执法的区域一体化。

【环境监测】

监测站建设

廊坊市环境监测站成立于 1976 年，是国家二级站。已具备了独立监测 156 个项目的资质。编制 99 人，实验室总用房面积 400 平方米，拥有气相色谱仪等各种仪器设备 145 台(套)。

廊坊市环境监测站曾多次获得省级文明单位、省环境监测先进集体、河北省政府“先进集体”、中华全国总工会“全国工人先锋号”、廊坊市行风民主评议活动“先进窗口单位”、“全市环保系统先进集体”等荣誉。

环境监测能力建设

2011 年监测站投资近千万元购置了进口的空气自动监测设施，新设备增加了 PM2.5、臭氧、一氧化碳、总悬浮颗粒物、VOC 等项目。投资了 1200 万元资金，完成了 ICP－MAS、气质联用仪等大型监测仪器及其配套前处理设施的招标工作，2012 年可安装运行。同时投入专项资金确保了 6 个水站的安全和正常运转。

发布大气、地面水及饮用水源水质状况

廊坊市区布设了3个环境空气质量自动监测点位，每日环境空气质量通过气象台发布。

对廊坊市内常规河流沟河、潮白河、北运河、白沟河和龙河及“双三十”重点县(市)霸州市中亭河和文安县赵王新渠等七条河流12个断面的地表水环境质量每月进行监测。

对廊坊市区地下水井每两个月监测一次，集中式饮用水源地每月监测一次。分别编制地下水和饮用水源地水质监测月报，定期在廊坊市环境保护局网站公开发布。

2011年完成国、省控重点污染源企业及污水处理厂每季度一次的监督性监测和自动监测设备的比对任务。

【环境科技创新情况】 积极组织科研课题和示范工程项目申报工作。协助省厅对廊坊开发区耀邦热力有限公司“低压锅炉热回收与废水近零排放工程”项目、河北金隅红树林环保技术有限责任公司“利用水泥窑协同处置工业废弃物项目”申报的河北省环境保护示范工程项目进行了现场专家评审，这两个项目已列入河北省环境保护示范工程项目。

【环境影响评价】

建设项目环评审批和管理情况

2011年，全市共受理审批建设项目994个，涉及总投资1314.805亿元。其中市局共受理审批项目76个，预审部批建设项目3个、省批建设项目3个，召开项目审委会18次，组织专家咨询会32次。所审批项目全部编制了环境影响报告书(表、登记表)，所审批项目均符合国家产业政策、清洁生产、达标排放、总量控制、区域发展规划和环境功能区等项环保要求，建设项目环境影响评价执行率100%。

严格执行国家环境保护法律法规和审批程序，突出做到七个不批：一是未进园区的工业类项目不批；二是位于敏感区不符合相关规定的项目不批；三是配套处理设施(水、气、热)不完善的项目不批；四是总量审核未通过的项目不批；五是选址不符合相关要求的项目不批；六是原有违规项目未整改到位的改扩建项目不批；七是有搬迁要求未制定搬迁方案(风险措施、公众参与)的项目不批。在项目咨询阶段就依法否决了10个项目,总投资约1亿元,坚决防止了国家明令禁止的"两高一资"和产能过剩项目、低水平重复项目乘机而入。

"三同时"执行情况

2011年,全市共对210个达到验收条件的项目进行了环保验收。通过验收项目涉及投资总额98.216亿元。"三同时"执行率达100%。

严格执行建设项目试生产申请程序,建设单位提出试生产后,按照环评文件和批复要求,经现场检查各项"三同时"措施、设施落实到位后,方批准试生产,同时确定验收期限。通过现场检查、处罚以及许可证发放把关和环评审批的验收告知等方式,促进项目验收工作,同时通过银行绿色信贷、工商执照、生产许可证发放的工作联合把关,推进"三同时"验收工作。严格各项验收程序和制度,通过试生产现场检查、监测前现场检查和现场验收检查,做到层层把关,确保验收质量。坚持批、验分离,由局各相关科室组成验收组,并邀请监察室人员对验收过程进行全程监督。

【专项行动】 2011年,廊坊市环保局开展环保专项行动,出动执法人员近13000余人次,执法车辆3600多台次,检查企业4000余家次,查处60多起环境违法案件,关停取缔非法重污染企业295家,关停10家、整改3家铅蓄电池企业,配合公安部门查处涉酸违法案件9起、行政拘留6人、刑事拘留4人,挂牌督办4起重点违法案件。

【环境宣传教育】 2011年,媒体报道有关廊坊环保的稿件561篇,其中省以上媒体128篇;1版头条11篇、各版头条29篇。超额完成了年初制定的"585"的目标。11月份由市委宣传部组织召开的"幸福廊坊环保行"新闻发布会,邀请到了新华社、人民日报、中央人民广播电台等13家中省新闻媒体的记者,《人民日报》"污泥不臭浊液变清"、《经济日报》"廊坊市环保投入不差钱"、《科技日报》"廊坊园区规划环评见成效"、《农民日报》"廊坊市综合整治村庄环境"、《中国环境报》"廊坊,一座环保模范城市的再出发"等报道,从不同侧面宣传了廊坊环保,提高了廊坊环保的知名度和美誉度,树立了环保部门的良好形象。

先后筹划、组织、参与了春节联欢及和谐段子颁奖;"3.15"宣传;"地球一小时";"4·22"地球日宣传;"六五"世界环境日宣传;"和谐环保·向党献礼"演讲比赛等20余项宣教活动。特别是以"四方发动给力环保"为主题的"六五"宣传活动,声势大效果好,全市工、农、商、学、兵、党、团、老、幼等9大群体,在全市设立90个站点,开展了张贴挂图、悬挂标语、专题晚会等9种形式的宣教活动,发放资料约90万份,基本覆盖了全市。廊坊都市、廊坊日报、廊坊电(视)台、河北电视台均进行了专题报道。组织有关人员,围绕"五家"意识践行,先后开展了"让和谐产生力量·用团结创先争优"、"我为三年上水平献计策"、"和谐之声"、"环境文化漫谈"及"和谐环保给力效能征文"等系列讨论。

全年编发《廊坊环境保护》10期5500本。编发"六·五"宣教资料90000份,一年的资料数量就超过了"十一五"时期的总数77150份,扩大了环境宣传教育的覆盖面,推进了环保公众参与。及时采集各类环保活动的影像资料,照相近2460余张;录像1000余分钟,刻录光盘4套近100张。

【环境信访】 2011年,廊坊市环保局进一步制定和完善环境信访、应急工作制度,实行领导信访、应急包县责任制,实行集体领导,群众参与民主议访和值班领导接待信访案件一包到底的全程责任包案制。有力促进了环境信访难点的解决,避免了非正常上访和群体性环境信访矛盾激化案件的发生。全年接待环境信访案件533件,其中电话357件、来人21次件(47人)、网上举报及新闻媒体155件,结案率达到100%。通过信访民生调查,上访群众满意率也达到73%。信访工作在廊坊市政府表彰的10家优胜单位中上半年及下半年均排名第一。

【环保政务信息】 2011年,廊坊市环保局全年共编写环保政务信息487条,被省环保厅和市级政务信息刊物采纳266条。

廊坊市环保局高度重视信息系统建设,给11个县(市、区)配发了路由器、42u专用机柜和专用计算机。市环保局新增设备投资180余万元,建成了约300平米的监控指挥中心及专用机房,购置了DLP大屏和先进的入侵检测系统、防火墙、行为管理以及UPS等设备。外部连入网络5条线路,分别为互联网、市政府公务外网、市政府内网、省环保内网、污染源在线监控线路。目前带宽已达到20兆。环境信息指挥中心DLP大屏已正常使用,各项设备运行良好,为视频会议、污染源在线监控等提供了更好的硬件支持。

保定市环境保护

【综述】 保定市环保局是市政府对全市环境保护工作实施统一监督管理的行政执法部门。内设办公室、综合计划处、政策法制处、科技监测处、总量控制处、环评管理处(行政审批服务处)、污染防治处、自然生态处、辐射管理处、宣传培训处10个机构,下属环境保护监测站、环境监察大队、环境保护研究所、环境评估中心4个科级事业单位,高新技术产业开发区、白沟新城2个环保分局。另设纪检监察室、机关党委(人事处)。

2011年,保定市环保系统坚持以党的十七大精神和科学发展观为指导,以推进污染减排为主线,以规范整治传统特色行业和严格监管32家城镇污水处理厂为抓手,以开展创先争优活动为动力,精心谋划,周密组织,强化各项环保工作落实,认真解决关系人民群众切身利益的环境热点难点问题,圆满完成了年度工作目标任务,进一步提升了环保工作质量和水平。全年共实施减排项目374个,年度减排考核成绩优秀,保定市被河北省政府评为减排先进市,列全省二名。全市32个省控河流断面,西大洋、王快两水库和一亩泉地下水水质全部达标,白洋淀水位在低于去年同期水位的情况下,其水质基本与去年同期持平。市区空气质量二级及以上天数为331天,超额完成全年311天的目标任务,其中一级天数99天,比去年同期增加2天。

【大气环境质量】 1.市区空气质量状况。市区全年环境空气质量达到或好于二级标准的优良天数为331天,与上年持平,其中一级天数达到99天,比上年增加2天。市区空气污染综合指数继续呈下降趋势,比上年下降了0.5%。三项主要污染物年均浓度均达到《环境空气质量标准》(GB3095－1996)二级标准。二氧化硫年均浓度为0.040mg/m^3,较上年降低2.4%;可吸入颗粒物(PM10)年均浓度为0.084mg/m^3,与上年持平;二氧化氮年均浓度为0.032mg/m^3,较上年增高3.5%。市区全年共获得降水样品101个,pH范围在4.74～7.81之间。市区全年共采集到6个酸雨样品,酸雨频率为5.9%,较上年上升了1.1个百分点。

2.县城空气质量状况。全市22个县(市)完成了全年县城环境空气质量自动监测。各县(市)全年环境空气质量达到或好于二级标准的优良天数比例为 86.8%～97.3%。除涿州市二氧化硫年均浓度超标(超标 0.1 倍)外,其余各县(市)三项主要污染物年均浓度均达到国家二级标准。

【水环境质量】 1. 河流水质状况。全市常规监测的河流为唐河、潴泷河、拒马河、府河四条河流,共有 15 个监测断面。拒马河落宝滩、北河店和新盖房 3 个断面全年断流,其余 12 个有水断面中,水质状况为优(Ⅰ～Ⅱ类水质)断面占 66.7%,水质轻度污染(Ⅳ类水质)断面占 8.3%,重度污染(劣Ⅴ类水质)断面占 25%。监测断面达标率为 75%,比上年增加了 6.7 个百分点。

(1)拒马河源头涞源和上游山区干流紫荆关断面水质达到《地表水环境质量标准》(GB3838－2002)二类标准,水质优。下游进入平原自落宝滩断面断流。支流琉璃河由北京入境,入境断面码头水质劣于五类,主要超标指标为氨氮、总磷、化学需氧量等。

(2)唐河总体水质优。水堡、倒马关和白合断面为二类水质,达到功能区划要求。西大洋水库下游断流。

(3)潴泷河(沙河)总体水质优。砂窝、阜平和王林口断面水质均为二类,达到功能区划要求。王快水库下游断流。

(4)府河焦庄断面水质为四类,达标功能区划要求;望亭和安州断面水质劣于五类,未达到功能区划要求。府河整体水质因"大水系"引水有所好转,主要污染物氨氮和总磷的平均浓度较上年分别下降了 65%和 62%。因保定市污水处理厂含较高氮、磷的出水由望亭断面前排入府河,因而望亭、安州断面的氮、磷污染依然严重。

(5)跨界断面生态补偿达标情况。全市有省级生态补偿水质监测断面 32 个,其中码头、水堡为对照点,无考核标准,其余各有水断面考核指标(COD)监测浓度均达到考核标准。

2. 白洋淀水质状况。白洋淀平均水位为 7.06 米,未达到功能区划 8.4 米的要求。在蓄水不足的情况下,三类区中采蒲台、光淀张庄、枣林庄、圈头 4 个点位为四类水质;王家寨、端村、烧车淀 3 个点位为五类水质。主要污染物为高锰酸盐指数、化学需氧量和总磷。四类区南刘庄水质劣于五类,主要污染物为氨氮和总磷。鸪丁淀点位常年无水。白洋淀平均水位与上年持平,水质稳定。

3. 水库水质状况。王快水库为一类水质,水质优。西大洋水库水质达到二类标准，水质优。安格庄水库为三类水质，水质良好，未达到水功能区要求。龙门水库1～8月干库，9月蓄水后水质为四类，轻度污染，未达到水功能区要求，主要污染物为总磷、高锰酸盐指数和化学需氧量。

4.集中式饮用水源地水质状况。(1)保定市饮用水源地水质。地表水饮用水源地西大洋水库水质达到《地表水环境质量标准》(GB3838－2002)相应标准要求，水质优。地下水饮用水源地一亩泉水质优于《地下水环境质量标准》(GB/T14848－1993)三类标准，水质优。与上年相比，保定市饮用水源地水质保持稳定。(2)县城饮用水源地水质。全市22个县(市)除阜平县以沙河的地表水做为县城饮用水源外，其余各县饮用水源均为地下水。监测结果显示:21个县(市)集中式地下水饮用水源地水质良好。阜平县城地表水饮用水源沙河水质优。

5.市区地下水水质。市区4眼常规监测井水质全部达到《地下水环境质量标准》(GB/T14848－1993)三类标准要求，为清洁水。水质较上年无明显变化。

【声环境质量】 1.城市区域环境噪声。保定市区域环境噪声监测网格覆盖人口105.6万人，覆盖面积53.0平方公里。市区平均等效声级为54.9分贝，达到二类区标准，较去年增加了0.6分贝。点位达标率为87.6%，比上年下降了5.7个百分点。2.城市交通噪声。市区道路交通噪声监测路段159个，总长度202.4公里。平均等效声级为67.9分贝，达到4a类区昼间标准。达标路段142个，达标率为89.3%。超标路段长度为47.5公里，路段超标率为23.5%。与上年相比，道路交通噪声全市年均值增加了0.2分贝，路段超标率升高了1.9个百分点。监测结果同时显示，2011年平均车流量为1760辆/小时，比上年增加了90辆/小时。3.城市功能区噪声。保定市功能区噪声1、2、3、4类区昼间和夜间等效声级全部达到国家规定标准。与上年相比无明显变化。

【农村环境质量】 2011年，对原有列入中央农村环保资金“以奖促治”村庄的满城县大册营镇大册村及新增安新县老河头镇西喇喇地村开展了环境质量监测。

1.地下水饮用水源:共监测23项指标，两村的监测结果均达到《地下水质量标准》(GB/T14848－1993)三类标准。

2.环境空气:分别在5月和10月对两个村庄进行了连续5天的手工监测,可吸入颗粒物、二氧化硫和二氧化氮3项监测结果均达到《环境空气质量标准》(GB3095－1996)日均值二级标准。

3.土壤:共采集西喇喇地村土壤样品15个,15个监测指标中,镉、铅和铜出现超标,其余各项指标均达到《土壤环境质量标准》(GB15618－1995)二级标准和《全国土壤污染状况评价技术规定》(环发[2008]39号)中的参照标准要求。

【污染防治】 坚决淘汰落后产能,停产整治58家涉铅企业,责令整改52家造纸企业和30家印染企业,淘汰30家造纸企业和6家印染企业。加快城镇污水处理厂升级改造和配套管网建设,涿州市、易县等7家一级B污水处理厂实施一级A升级改造工程,提高处理标准,高碑店市、安新县、曲阳县等7家污水处理厂通过完善排污管网建设,提高城镇污水处理厂处理水量。加大电力行业脱硫脱硝治理力度,新建的大唐清苑热电厂机组同步建设脱硫脱硝治理设施,脱硫脱硝效率达国内最好水平,现有的国华定州电厂通过封堵烟气旁路,大唐保定热电厂通过加强日常管理,进一步提升管理减排水平,有效提高综合脱硫效率。加大水泥脱硝治理力度,6家水泥企业实施低氮燃烧技术改造,配套建设烟气脱硝设施,顺平金强水泥厂建设保定首家脱硝示范工程。淘汰燃煤锅炉,推动煤改气工程,共取缔燃煤锅炉333台,超额完成全年320台的目标任务。加强畜禽养殖污染治理,实施畜禽养殖减排项目63个。启动“黄标车”淘汰机制,全面推行机动车环保标志管理。严格源头控制,拒批污染严重的高能耗、高排放和资源型“两高一资”建设项目35个。

【环境影响评价】 积极协调县级政府、规划、国土、发改等部门,全力推进规划环评工作,引导企业入园进区,争取省级工业集中区和经济开发区的各项优惠政策,增强发展后劲。全市共有24个县(市、区)的33个园区(集中区)完成了规划环评。着眼提高环保审批效率,下放审批权限,除国家、省有明确规定之外,所有建设项目环评文件的审批一律下放至县级环保部门或工业聚集区进行审批,并努力缩短审批时间,简化审批程序。全年共审批建设项目113个,验收92个,发放排污许可证868个、辐射安全许可证8个,全部按时限、保质保量办结。坚持对符合政策要求的建设项目开辟绿色通道，为企业又好又快上项目提供支持。先后为5个技术创新能力建设项目、39个基础设施建设项目、28个省、市重点项目办理征地及争取国家资金创造条件，并参与了市医废处置中心、六九硅业二期和房地产等36家大中型企业的项目选址及环评相关工作。对需要环保部、省环保厅审批的项目，实行专人领办、跟办，跑部进厅20多次，协助英利集团、长城汽车、唐县冀东水泥等10多家企业办理了有关环评审批及验收手续。

【城市环境综合整治及“城考”情况】

一、环境质量指标

1. 空气污染指数≤100的天数占全年天数比例为90.68%，空气环境主要污染物浓度年均值可吸入颗粒物0.084毫克/立方米，二氧化硫0.040毫克/立方米，二氧化氮0.032毫克/立方米，城市空气环境质量达到二级标准。

2. 城市集中式饮用水源地西大洋水库和一亩泉地下水水质全部达到饮用水源地水质标准，达标率保持100%。

3. 城市水环境功能区水质达标率为100%。

4. 区域环境噪声平均值为54.94分贝(A)，达到《城市区域环境噪声标准》(GB3096—93)要求。

5. 交通干线噪声平均值为67.88分贝(A)，达到《城市区域环境噪声标准》(GB3096—93)要求。

二、污染控制指标

6. 清洁能源使用率为62.33%，天然气、生物质能、太阳能、地热等得到进一步推广使用。

7. 机动车环保定期检测率为80.81%。全市设置了19个机动车尾气检查点位，从点位分布、人员培训及仪器设备配备等方面均能够满足机动车尾气检查工作的需要。

8. 工业固体废物处置利用率为100%。通过大力推进循环经济，强化环境监督管理，积极引导企业开展废物综合利用，使工业固体废物做到了无害化、减量化和再利用。

9. 全市工业危险废物处置率和医疗废物集中处置率均达到100%。

10. 重点工业企业的废水、烟尘、二氧化硫和工业粉尘排放达标率分别为

98.46%、99.42%、97.66%、99.02%。

11.万元工业增加值的废水、化学需氧量、烟尘和二氧化硫排放强度分别为20.16277吨/万元、0.002078吨/万元、0.001662吨/万元、0.006123吨/万元。

三、环境建设指标

12.城市生活污水集中处理率达到91.92%。

13.生活垃圾无害化处理率达到95.18%,比上年增加4.17个百分点。按要求建成了垃圾渗滤液处理设施,出水水质达到《生活垃圾填埋场污染控制标准》。

14.建成区绿化覆盖率达到44.4%。

四、环境管理指标

15.所辖25个县(市、区)环保局机构健全,均为独立的一级局,高新区、白沟新城由市环保局派驻了环保分局。

16.公众对城市环境保护满意率为59.87%。

【环境监察】 按照"非法的要取缔,违法的要关停,环保要达标,产业要升级"的总体要求,重点对造纸、制革、纺织印染、采选矿、废旧塑料加工、涉重金属等重点行业和市区异味进行了专项整治。全市环保系统出动监察执法人员2.2万余人次,检查全市各类相关企业3600多家次,限期治理、停产治理涉铅企业68家、造纸企业94家、制革企业9家、小塑料企业4家,取缔非法重金属摊点15个、塑料摊点35家。对包括铅蓄电池企业违法生产等3起典型环境违法案件实施了市级挂牌督办,对全市51家铅蓄电池企业建立完成图文一体的综合性电子档案。2011年全市涉铅企业投入污染治理的资金达1亿元以上。对市区反应强烈的高新区异味污染问题,出动执法和监测人员2100多人次,严格标准对5家企业提出了治理措施。其中,停产治理3家,限期治理2家。

【农村环境整治和环保创建】 按照河北省环保厅《关于印发〈河北省实施"百乡千村"环境综合整治三年行动计划〉的通知》(冀环〔2009〕7号)要求,2011年涉及10个县、50个村庄的综合整治任务,除满城县的3个村庄外,易县、安新、徐水、阜平、定兴、高碑店、唐县、高阳和新市区等9个县(区)、

47 个村庄的整治任务全部完成。同时,按照《保定生态市建设规划》(2006 年至 2020 年)要求,重点抓了优美乡镇、生态村和优美城镇规划三项工作。全市有 4 个乡镇通过了省级优美乡镇的验收,32 个村庄通过了省级生态村的验收,在 2010 年完成 19 个优美城镇规划编制的基础上又编制完成了 26 个优美乡镇的规划。

【环境监测】 主要进行了水、气、声环境质量常规监测,空气、水自动监测及数据上报,省、市(流域)河流跨界断面生态补偿监测,“双三十”重点单位环境质量监测,“以奖促治”村庄专项监测,机动车尾气监测,重点污染源监督性监测和污染应急监测等,共报出自动监测数据 125 万个,各类有效监测数据 8 万个。

【环保科研】 认真做好环评报告、环境技术评估工作,完成环境影响评价报告 356 个、环评项目评估 133 项。积极配合国家水体污染控制与治理科技重大专项(简称“水专项”)课题组,进行了湖泊污染综合治理及环保设施运行管理等方面的调研。组织编制了《保定市环境保护“十二五”规划》、《保定市“十二五”主要污染物总量控制规划》和《保定市重金属污染综合防治“十二五”规划”》。

【环保专项资金】 全年共组织上报国家、省、市专项资金项目 15 批、111 个,争取到位资金近 1.3 亿元,创历史新高,首次突破亿元大关,达到整个“十一五”期间 5 年争取的环保专项资金的 80%,列全省前三名。

【环境宣传教育】 围绕抓好污染减排、环保专项行动、传统行业综合整治等重点工作,通过邀请、接待媒体采访,及时收集、整理并提供相关资料或投稿,组织各县(市、区)做好环境新闻线索报送工作等形式,积极开展环保新闻宣传,被《中国环境报》、《河北日报》等报刊刊发稿件 142 篇。围绕世界环境日,通过组织开展环保宣传进社区、进学校、进企业、进乡村和进机关“环保五进”系列宣传活动,广泛进行环保科普常识、环保法律法规、环境管理知识等内容的宣传,编印发放《环保宣传手册》5 万份、其他宣传资料近 2 万份。同时,积极开展绿色学校创建活动,对全市符合创建条件的 33 所中小学校进行了保定市绿色学校命名。

【环境法制建设】 针对辖区广、产业齐全、环保任务重的特点,对一些制约环保工作水平提升的现实问题,在暂时还没有遵循的情况下,坚持结合实际先行先试,打造工作亮点。2011年,有三项工作在省内属于独创并在全省领先。一是推出了《保定市2011年涉铅企业污染治理验收标准》。针对不同生产工艺的三类涉铅企业,从八个方面制定了严格的治理验收标准,并以符合国家卫生防护距离标准、国家产业政策、具备自我监测能力为验收的前提条件。同时,明确了市、县两级的验收责任,规定了验收程序。二是推出了《保定市城镇污水处理厂环境管理标准》。依据上级相关技术规范,总结日常现场监管经验,为地级市如何更好地规范管理、量化考核城镇污水处理厂进行了有益探索。三是启动了环境污染责任保险试点项目。环境污染责任保险是以企业发生环境污染事故对第三者造成的损害依法承担赔偿责任为目标的保险,也被称为绿色保险。从2011年起保定市首先在化学品企业、危废处置企业以及排放重金属企业进行了绿色保险试点工作。

【环境信访】 2011年环境信访量呈持续下降态势,1至12月份市本级共受理环境信访案件740件(去年876件),比上年度下降15%。按时限办结率99.8%,未发生因信访问题处置不当引发的群体性事件或恶性事件。

【局领导班子和环保队伍建设】 通过深入开展以强化“四个意识”(大局意识、服务意识、争先意识、纪律意识)、弘扬“四种风气”(团结和谐的风气、务实高效的风气、深入研究的风气、严谨细致的风气)、建好“两个机制”(领导干部工作分工责任制、激励约束机制)、开展好“四项活动”(意见建议征集活动、评先评优活动、对标竞位活动、学习读书活动)为主旨的创先争优活动,局领导班子和环保队伍自身建设得到进一步加强,为完成各项目标任务打下了良好基础。

(撰稿 孟月华)

沧州市环境保护

【综述】 沧州市环境保护局紧紧围绕沧州市委、市政府决策部署，以科学发展观为统领，牢牢把握科学发展的主题、加快转变经济发展方式的主线和提高生态文明水平的新要求，把环保工作与转方式、调结构、惠民生、促和谐结合起来，以解决影响可持续发展和损害群众健康的突出环境问题为重点，深入推进污染减排，持续改善环境质量，严格环境执法监督，切实保障环境安全，全面加强农村环境保护和生态建设，沧州市 2011 年化学需氧量、氨氮、二氧化硫、氮氧化物分别实现削减 0.3162 万吨、0.0193 万吨、0.095 万吨、-0.8886 万吨，削减比例分别为 2.51%、1.76%、1.75%、-7.41%，其中，作为考核项的化学需氧量和二氧化硫的削减比率位居全省第四和第六，均完成年度任务目标。2011 年，我市空气质量二级以上天数达 345 天，超省年度考核目标 35 天，其中，一级天数 132 天，比去年增加 41 天，创历史最好水平。沧州环保局被河北省政府"环境目标管理优秀市"，被河北省环境保护厅评为"2011 年度优秀单位"。

【重要活动】

2 月

10 日，沧州市赵国权副市长到沧州市环保局调研，指出要总结"十一五"工作，找出"十二五"阶段具有规律性、重点性的环保工作。

20 日至 22 日，省政府环保目标考核组对沧州市 2010 年度环保目标完成情况进行了考核。

3 月

11 日，召开局党组会议和局长办公扩大会议，贯彻落实全省环保工作会议精神。

20 日，启动全市涉重金属企业进行"百日严查"活动。

4 月

1 日—2 日，河北省沿海地区环境保护规划调研组来沧州调研。

28 日，召开全市农村环境综合整治工作调动会暨农村环境现状调查培训。

5月

13日,召开全市污染减排工作调度会。

13日,沧州市省"双三十"单位三年承诺目标如期完成,均荣获省委、省政府表彰。

16日,沧州市市长焦彦龙主持召开了市长办公会,研究部署环保工作。

19日至20日,环保部津冀环评调研工作组来沧州调研。

6月

1日,召开全市环境保护工作会议。

5日,组织六五世界环境日宣传系列活动。发表主管市长署名文章,公布2010年环境质量状况,开展阳光服务活动,召开座谈会,发布环境状况公报,举办中小学生环保知识竞赛。

10日,召开全市环保系统法制宣传信访工作会议。

16至18日,召开全市环境监测会议。

7月

11日,《沧州日报》对我市14起环境违法挂牌督办案件进行了专题报道,这是我市连续三年对环境违法案件集中曝光。

15—17日,迎接环保部华北督察中心污染减排核查组对我市2010年度上半年主要污染物总量减排情况进行了现场核查。

8月

1日—31日,启动针对全市16家城镇污水处理厂开展了为期一个月的专项检查行动。

9月

13日,沧州市举行省政府与"双三十"单位《十二五节能减排目标责任书》签订仪式。

16日,召开全市环境监察重点工作调度会。

10月

11日,省、市人大代表视察组对我市环境保护工作进行视察。

25日,下放了黄骅市、海兴县、渤海新区、沧州市经济技术开发区、沧州高新技术产业开发区五个特定区域的行政审批权限。

27—28日,国务院沿海地区陆源溢油污染风险防范检查组来沧检查,充分肯定对我市陆源溢油污染风险防范工作。张杰辉副省长表示,将进一步强化陆源溢油污染风险防范工作认识，认真对照检查组提出的意见，抓紧组织研究具体改进措施。

26 日，召开全市主要污染物总量减排调度会。

11 月

11 日，《河北省城镇污水集中处理设施环境保护监督管理规定》征求意见研讨会在我市召开。

13 日，省环保厅吕竹青副厅长到沧州市调研，肯定我市境信息化建设工作。

12 月

20 日，召开全市污染减排培训暨调度工作会议。

【环境规划】 沧州环保局突出规划的指导、引领、统筹作用，历经前期筹备、框架形成、文本编制 3 个阶段，通过 20 余次专题调研、10 余次会议研究、5 次反复论证修改、数次征求各级各有关部门以及社会各界的意见和建议，会同省环科院编制的总体规划以及会同国家环科院编制的 9 个专项规划均已完成。在 2011 年 8 月 27 日专家论证会上，专家组一致认为，该《规划》“站位较高，目标明确、任务具体、重点项目合理、保障措施有力，具有较强的前瞻性、针对性和可操作性”。

【环境法制建设】 沧州环保局通过推行执法责任制、强化执法监督、建立健全内外部监督制约机制和制度，加强法律法规培训，严格履行执法程序，认真规范执法行为，实施“窗口”服务等措施，使沧州环保执法工作逐步走上了制度化、程序化、规范化轨道。典型做法在 2011 年 9 月 22 日《中国环境报》大篇幅刊登。2011 年市环保局荣获市政府授予的“2011 年度依法行政先进单位”荣誉称号，执法案卷被评为 2011 年度全市“十佳行政执法案卷”。

【环境质量状况】 2011 年，沧州市区空气质量达到及好于空气质量二级的优良天数为 345 天，占全年的 94.52%，比 2010 年增加 1 天，其中一级天数为 132 天，比 2010 年增加 41 天。空气中二氧化硫、二氧化氮和可吸入颗粒物都不超《环境空气质量标准》(GB3095－1996)，沧州市区空气质量呈季节性变化，夏秋季节好于冬春季节，影响市区环境空气质量的首要污染物为可吸入颗粒物。2011年,沧州市城区可吸入颗粒物年均值为0.073毫克/立方米,较2010年有所下降,城区二氧化硫年均值为0.035毫克/立方米,城区二氧化氮年均值为0.022毫克/立方米,较2010年有所下降,城区全年降水pH加权年均值为6.76,pH测值范围在5.81—7.79之间,未出现酸雨。

2011年,辖区内10条河渠18个断面(其中黑龙港河东港拦河闸断面和沧浪渠沧浪渠河口断面全年断流未监测)中,南运河青县桥和桑园桥断面达到地表水Ⅲ类标准,其他断面均为地表水劣Ⅴ类。其中廖家洼河李家堡二、石碑河李家堡桥、南排河李家堡一、沧浪渠李寨桥、子牙新河献县闸、阎辛庄、马棚口防潮闸、北排河歧口防潮闸、南运河青县桥、桑园桥10个断面水质比往年有所好转。大浪淀水库作为沧州市的饮用水水源地,每年冬季引蓄水一次。采用《地表水环境质量标准》(GB3838－2002)表1中Ⅱ类标准及表2、表3中标准限值,对水库水质进行评价。分析表明,2011年大浪淀水库水质63项监测指标各月及年均值均达到采用《地表水环境质量标准》(GB3838－2002)表1中Ⅱ类标准及表2、表3中标准限值要求。城市深层地下水氟化物超标(是由于地质因素造成,非人为污染所致),与2010年相比水质无明显变化;沧州市市棉纺厂深井和氧气厂浅井由于企业停产停电无法采样,2011年全年未能监测。近岸海域海水水质为三类,水质中pH值等7项指标符合《海水水质标准》(GB3097－1997)中第一类标准要求,溶解氧等4项指标符合《海水水质标准》(GB3097－1997)中第二类标准要求,无机氮等3项指标符合《海水水质标准》(GB3097－1997)中第三类标准要求。海洋沉积物中铜、锌、铅、镉、有机碳、硫化物、石油类等7项监测指标均达到《海洋沉积物质量》(GB18668－2002)一类标准。

2011年,全市功能区昼间等效声级年均值为53.9dB(A),夜间为48.3dB(A);昼间和夜间等效声级年均值与2010年基本持平。除4a类区夜间等效声级年均值噪声超标外,其余各功能区昼、夜噪声均不超标。城市区域环境噪声年平均等效声级值为53.0dB(A),质量等级总体评价为较好,比2010年升高0.4dB(A),生活噪声对区域噪声影响强度最大,年平均等效声级值为53.0dB(A),比2010年升高0.9dB(A)。全市市城市道路交通噪声路长加权均值为67.4dB(A),质量等级总体评价为好,比2010年上升0.4dB(A),质量等级总体评价为好,城市交通噪声87个测点声级分布在54.1dB(A)－75.5dB(A)范围内,超70分贝干线占实测交通干线总长度的16.9%,与2010年基本持平。主要超标路段为黄河路、永济路、解放路、新华路、清池大道各主要干线路口。全市工业固废产生量为390.19万吨,综合利用387.39万吨,处置2.33万吨,综合利用处置率达到99.88%;危险废物产生量为9654吨,综合利用43吨,处置9611吨,工业危险废物处置率达到100%;规模以上医疗卫生机构医疗废物产生量为1022.32吨,处置1022.32吨,医疗废物集中处置率达到100%。

【机构改革与人事工作】 机构编制及调整:2011年7月22日,经沧州市编办主任办公会议研究,沧州市环保局机关核定工勤人员编制由2名增至3名。2011年12月经沧州市环保局申请,市编办批复同意,在环境影响评价科增挂辐射安全管理科牌子,环境影响评价科增挂牌子后,该科原承担的辐射安全监管职责、人员编制、科级领导干部职数等不变。

人事变动:2011年8月30日,经市政府研究决定,胡文博同志任沧州市环保局副局长,免去刘志明同志沧州市环保局副局长职务。2011年8月31日,经中共南皮县委申请、中共沧州市环保局党组同意,柴会森同志任南皮县环保局局长、党组书记,免去杨华堂同志南皮县环保局局长、党组书记职务。2011年10月25日,经中共献县县委申请、中共沧州市环保局党组同意,刘泽栋同志任献县环保局局长,免去史均池同志献县环保局局长职务。2011年11月17日,经中共沧县县委申请、中共沧州市环保局党组同意,邓连军同志任沧县环保局局长,何洪芬同志(女)任沧县环保局党组书记,免去李宝旭同志沧县环保局党组书记、局长职务。2011年12月2日,经中共黄骅市委组织部申请、中共沧州市环保局党组同意,胡福岗同志任黄骅市环保局局长、党组书记,免去刘炳发同志黄骅市环保局局长、党组书记职务。

培训:2011年6月,沧州市环保局围绕建党90周年开展了系列活动,组织本局中层级以上人员及各县(市、区)环保局正职在沧州市委党校举办了为期2周、有40多人参加的环保知识培训,培训结束后,赴革命圣地延安等接受革命传统教育,通过重温入党誓词等,思想上得到了一次升华。整个活动取得了良好效果。

【污染防治】 大气污染防治。2011年,沧州市环保局完成了河北省环保厅《"十二五"大气污染联防联控规划》调查工作,摸清全市大气污染因子二氧化硫、氮氧化物、颗粒物、挥发性有机物(VOC)、机动车尾气排放情况,谋划上报了清洁能源替代、脱硝除尘等大气污染治理项目7个,总投资达43.5亿元。大力推行集中供热,铺设供热主管网14公里、分支管网19公里,新增集中供热面积300万平方米,改造374万平方米;严格煤炭管制,禁止市区销售和直接燃用含硫份超过1%、灰分超过20%的煤炭,沧州市市区空气质量明显改善;贯彻落实《河北省烟气排放设施综合治理攻坚行动方案》,组织实施了"拔烟囱、拆锅炉、净蓝天"工程,拆除市区供暖燃煤锅炉195家244台,进一步改善了城镇空气质量;大力推广清洁能源,加强机动车尾气达标排放治理,近年来共为5000余辆机动车核发了尾气合格证,市区出租车基本实现了油改气,使机动车尾气污染大大降低;严控施工扬尘,加大了全市施工现场管理力度,各建筑工地普遍实现了围挡作业、路面硬化施工、渣土随拆随运随洒水、车辆封闭运输、杜绝施工现场搅拌混凝土,市区建筑拆除、爆破实现了无尘作业,市区灰尘自然沉降量达到环境质量二级标准,并逐年降低。沧州市启动了PM2.5、臭氧、CO等监测项目升级改造工作,预计2012年10月底完成招标,11月1日试运行,年底报出数据,三个监测站点共需投资377万元。

水污染防治。大浪淀水库目前是沧州市唯一的地表水水源地,水库实行了全封闭管理,工作人员对库区水面及堤坝定期进行巡逻检查,建立了防护隔离带,设置了25块饮用水源警示标志牌。2011年进一步加强了库区绿化、美化工作,使库区绿化率达到80%。经沧州市监测站对大浪淀水库出口水质每月监测,28项水质指标均稳定达到《地表水环境质量标准》(GB3838-2002)中Ⅱ类标准,达标率100%。严格执行生态补偿金制度,加强对重点河流的综合整治。2008年6月,沧州市政府制定并印发了《沧州市重点河流污染综合治理实施方案》、《沧州市北排河水污染集中整治实施方案》、《关于印发"8755"减排工程实施方案的通知》,明确了对重点河流综合整治的工作任务、阶段目标和责任单位,将重点河流列入减排工作的考核内容。印发了《关于我市重点河流实行跨界断面水质目标责任考核的通知》,加大重点流域水污染治理力度。在省政府对沧州市区域内6条重点河流实行省考并实施生态补偿金扣缴政策的基础上,将考核重点河流扩展到10条,县界考核断面增加至39个,并不断提高水质指标考核标准。推进污水处理厂建设,省政府和市政府签订了污水和垃圾处理设施建设目标责任状,进一步强化责任落实,省发改、建设、财政、环保等部门实行月督导调度和通报,并不定期开展督导检查。至2011年底,沧州市所有县级以上城市、县城全部建成污水处理厂,共18座,沧州市还将在2013年底建成省级重点镇和现状1万人以上的10

个镇的污水处理厂；同时制定升级改造计划，加快推进城镇污水处理厂升级改造，增强重点流域重点城镇污水处理厂脱氮除磷功能，提高化学需氧量和氨氮两种主要污染物处理效率。

工业污染防治。一是严格淘汰小造纸、酒精、小皮革以及落后生产能力和落后设备。二是扎实推进环保专项行动，2011 年全市共出动执法人员 12000 余人(次)，检查企业 4752 家(次)，依法取缔“十五小”企业 216 家，处罚企业 47 家，对影响较大、群众反映强烈的 18 个典型环境违法案件进行挂牌督办，并在沧州日报和沧州电视台公开曝光，对 1 个县政府和 3 家污染治理设施运行不正常的企业进行了约谈。三是创新监管方式，全市 11 个污水处理厂实施了“第三方”运营，57 家重点企业、91 个点位实现了在线监控。四是强化“以征促治”，对 3540 家企事业单位进行了排污申报登记与核定，全市共征收排污费 5953 万元，较去年增收 9.6%，其中市本级征收 2339 万元，较去年增收 8.7%。争取中央、省专项资金 1500 万元，用于 10 个污染治理项目建设，安排市级污染治理资金 1493 万元，谋划污染治理项目 29 个。

农业污染防治。完成“百乡千村”整治任务的试点村达 70 个，占总任务的 87.5%。开展农村环境现状调查研究，按照市、县、村、户等层次，发放调查问卷 3929 份，对 81 项重点内容进行调查。开展农村生态环境监察，对规模化畜禽养殖场、自然保护区重点项目生态保护落实情况和农村饮用水源地进行了执法检查。开展自然保护区基础调查和评估。抓好秸秆禁烧，出动执法人员 1000 余人(次)，巡查农田 450 余万亩。

固体废物及生活垃圾处理。沧州市目前共有 12 家进口固体废物加工利用单位，其中进口废五金电器、废电线电缆和废电机加工利用单位 3 家，进口废塑料单位 5 家，进口废纸加工利用单位 4 家。加强对进口废物利用企业的日常监督管理，建立长效监管机制，规范企业的加工利用行为，鼓励企业做大做强，形成规范化、规模化经营，督促企业建成场区环境优美、污染设施完善、内部管理制度健全的企业。沧州市益康医疗废物处置有限公司是市区唯一一家具有医疗废物处理能力的医疗废物处置企业，为确保市区规模以上医疗卫生机构医疗废物全部实现统一收集、集中安全处置，环保局与卫生部门加大对市区各医院和沧州市益康医疗废物处置有限公司的监管力度，确保医疗废物 100%得到焚烧处理。沧州市市区规模以上医疗卫生机构医疗废物全部实现统一收集、集中安全处置。沧州市环境资源有限公司管理力度，提高生活垃圾处理技术水平，延长工作时间，加大生活垃圾处理量，尽最大限度处理产生的生活垃圾,减少生活垃圾污染。沧州市区、县城全部建成垃圾处理场,全市生活垃圾无害化处理能力达到3636吨/日,市区2011年生活垃圾产生量为19.58万吨,无害化处理17.67万吨,生活垃圾无害化处理率达到了90.25%。

【城市环境综合整治及“城考”情况】 将城考的各项指标落实到具体责任部门和责任人,实行目标责任制,并定期召开城考调度会和现场会,由责任部门汇报进展情况,大力推进城市环境基础设施建设方面的投入,增加基础设施建设与监管、环境质量改善、污染源整治等方面的环保投入。2011年沧州市城考自评得分99.34分,较去年上升0.27分。其中,空气质量API指数≤100的天数占全年天数比例为94.52%,较去年提高了0.27个百分点;饮用水源地和市区地表水水质达标率均为100%;主要污染物得到有效削减,万元工业增加值主要污染物排放强度进一步降低,化学需氧量和废水排放强度分别比去年降低了40%和34%;市区生活污水集中处理率和生活垃圾无害化处理率分别达到89.67%和90.25%,较去年分别提高了4.59和1.28个百分点。

【创建国家、省环境保护模范城市情况及规划】 根据2011年1月19日环境保护部印发的《国家环境保护模范城市考核指标及其实施细则(第六阶段)》,确定国家环境保护模范城市考核指标26项,其中基本条件(为否决项)3项,考核指标23项。对照此细则指标,沧州市环境状况不能满足基本条件第3项“城市环境综合整治定量考核连续三年名列本省(区)前列”的要求,已失去申请国家环境保护模范城市的资格。截至目前,沧州市未有任何县(市、区)申请创建河北省环境保护模范城市。

【自然生态保护和生态城镇及示范区建设情况】 2011年,全市共创建国家级生态乡镇2个、国家级生态村2个、省级环境优美城镇4个、省级生态村8个、市级绿色单位30家;南大港湿地和鸟类自然保护区成功创建为全市第一家省级环境教育基地。

【循环经济与清洁生产实施情况】 共筛选并确定了36家企业作为2011年实施清洁生产审核的重点单位，其中29家企业通过了省、市清洁生产审核验收，全年实现节水47万吨、节电1138万度、节煤4473吨，分别削减化学需氧量92.6吨、二氧化硫213吨。一是建立健全清洁生产工作日常环境监督和准入管理机制，将实行强制清洁生产审核工作分别与环保考核目标，扩、改建项目审批，“节能减排”考核，上市环保核查和再融资，排污许可证制度挂钩。二是按照“清洁生产促进法”和《清洁生产审核暂行办法》的有关规定，把清洁生产从企业层面提升到区域层面，充分发挥环保审批对环境准入、投资拉动的引导作用。三是加大财政投入资金用于安排清洁生产的产业结构调整、中小企业技改、节能减排专项等，并奖励贴息实施清洁生产的重点项目和示范工程。2011年，沧州市共有三家清洁生产审核咨询机构通过了河北省环保厅的确认并发证。

【挂牌整治重点污染源】 2011年，我局对18个典型环境违法案件进行了挂牌督办并在媒体公开曝光。各县(市、区)政府高度重视此次违法案件的挂牌督办工作，主管领导现场督促整改工作进度。县(市、区)环保局把挂牌督办列为重点工作实施，指导企业制定整改方案，在企业整改期间加强现场督查，确保达到督办标准。经现场检查验收，18家挂牌企业已全部达到督办整改要求，并通过沧州市环保局摘牌验收。

【环境监测】 沧州市环境监测系统能力建设。截至2010年底，沧州辖区内14个县级站均通过计量认证，全市监测人员298名，实验用房面积6092平方米，主要仪器设备748台套。2011年，经过努力，沧州市有6个县级监测站通过了河北省环境保护厅组织的标准化建设验收。截至2011年底，沧州市有7个县建立了空气自动监测站。2011年，沧州市环境监测站通过招标方式购买了空气自动监测系统、火焰原子吸收分光光度计、气相色谱仪、离子色谱仪、辐射仪、722分光光度计等仪器设备。2011年，沧州市空气监测子站被纳入“京津冀区域空气质量监测网”，要求按时向中国环境监测总站要求报送子站小时均值；为了按时上报监测数据，申请资金4万元更新了数据传输方式。按照河北省环境监测中心站要求，申请专项资金86万元，在原有3个空气监测项目基础上新增了O_3、CO和VOC三个监测项目，在2011年年底前实现了空气自动监测系统 6 个监测项目联机报送数据。

发布环境监测质量状况数据情况。沧州市环境保护局在“六五世界环境日”期间以《2011 年度沧州市环境状况公报》形式发布了沧州市区空气质量、辖区内地表水、城区地下水、大浪淀饮用水源地、近岸海域、城市声环境、辐射环境等监测数据。

重点污染源监督监测情况。沧州市环境保护局每季度对 28 家废水国控重点污染源、19 家废气的污染源调查监测 1 次,涉及 12 个县(市、区)的化工、造纸、石油加工等行业;每月对 16 家国控、2 家市控城镇污水处理厂监测 1 次。制定污染源监督计划和质量控制计划,对每个污染源监测项目、频次、时间提出具体要求,对各室职责进行了具体、细致的分工,同时根据省厅和市局任务要求不断进行调整,保证了全市重点污染源和 18 家城镇污水处理厂的监测和在线比对,对于因停产等原因不能监测的企业按照要求收集相关证明资料,每季度及时编写比对监测报告,发放有关企业和城镇污水处理厂。全年获得监测数据约 4 万个,编写重点污染源监测季报和质控报告各 4 期,及时报省站。全年编写监督性监测报告 107 个,编写污水处理厂监测报告 12 期。

其他监测。“双三十”监测,对肃宁县、沧县两个老“双三十”县和任丘市、河间市、南皮县 3 个新“双三十”县空气、地表水、重点污染源和城镇污水处理厂进行了监测,监测数据及时报送河北省环境监测中心站。生态补偿断面水质监测,每月对 46 个省市地表水生态补偿断面水质化学需氧量和氨氮进行监测,其中 21 个省考核断面监测数据报送河北省环境监测中心站,46 个省市考核断面监测数据报送沧州市环境保护局。“以奖促治”农村环境监测,对泊头市堤口张村空气、地下饮用水、土壤进行了监测,编写了监测报告,报送省站。土壤环境监测:按照省厅要求,对大化 TDI、青县金星电源有限公司周边 16 个点位土壤进行了监测,编写了监测报告,报送省站。

【环保科技环保创建环保产业情况】 2011 年沧州市环境保护产业企、事业单位 113 家(包括环境保护产品生产、资源综合利用、环境保护服务、清洁产品生产四个领域),其中,有限责任公司占 51.3%,私营企业占 18.6%,国有企业占 12.4%,股份有限公司占 9.73%,私营有限责任公司占 2.65%,股份合作企业占 1.77%,集体企业占 1.77%,中外合资企业占 0.89%,其他内资企业占0.89%。其中,企业单位占85.8%,通过国家、省级、地市级各类推荐认定的企业占14.7%。2011年的工业总产值为584062万元,年产品销售收入为579211万元,年产品销售利润为87010万元。其中,环境保护产品生产年工业总产值为474893.62万元,年工业销售收入为471569.12万元;资源综合利用年工业销售产值为28723.25万元,年产品销售收入为27821.99万元;环境保护服务年总产值为75556.13万元,年产品销售收入为75082.89万元;新能源、节能及洁净产品生产年总产值为4889万元,年总收入为4737万元。

深入开展绿色创建活动。与市教委、市文明办联合,在市区中小学和部分机关社区举办了环保知识竞赛和环保书画活动。发放试卷5000份,征集书画作品80副。通过活动,扩大了绿色创建工作的影响力。为加大绿色创建工作力度,在年度环保目标考核中加重绿色创建工作考核分数,提高各县(市)区环保局创建工作的积极性,2011年有20多家绿色学校、绿色机关和绿色社区开展市级绿色创建工作。

【环境影响评价】 2011年,全市共受理审批建设项目1213个,涉及投资总额8161.54亿元,其中环保投资646.96亿元,占总投资的7.9%,比去年增长3.8个百分点。其中市本级共受理审批项目154个,预审部批建设项目1个(京沪高速公路沧州市至千童镇项目)、省批建设项目12个,所审批项目全部编制了环境影响报告书(表、登记表),完成了4个工业聚集区或开发区的规划环评(沧州经济技术开发区、献县工业园区、沧州市高新技术开发区、河间市工业聚集区(新区))。所审批项目均符合国家产业政策、清洁生产、达标排放、总量控制、区域发展规划和环境功能区等环保要求,大中型建设项目环境影响评价执行率100%。我科在项目管理过程中严格执行国家环境保护法律法规和审批程序,突出做到在建设项目管理,采取多项提速工作程序、提高工作质量的措施,如缩短环境影响报告审批时间、下放外资项目审批权限、协调省级以上重点项目环评批复等优化项目发展环境的措施。加强对建设项目“三同时”阶段的监督检查和竣工验收,抓好和落实了建设项目的中后期管理工作。已经完成安装了市级建设项目环境保护“三同时”动态管理系统。建设项目“三同时”动态管理系统实现了全市“三同时”管理信息资源共享,形成了审批、监管、验收三位一体全程管理的协作机制,做到了“机制—制度—

科技”的结合。全市环保系统共对259个达到验收条件的项目进行了环保专项验收。通过验收项目涉及投资总额1030.25亿元,其中环保投资98.13亿元,占总投资的9.5%。

【环境监察】 2011年,沧州市环境监察支队共出动执法人员3582人次,检查企业3137家次,重点监管国、省控企业82家,涉重金属企业48家,涉危化企业259家,医药制造企业12家,处罚环境违法企业26家。妥善处理了10起环境突发性应急事件,保障了人民群众的环境安全,得到市局和省厅领导的一致认可。对全市3540家企、事业单位的排污进行申报登记和核定,全市共完成排污费征收5953万元,超额完成970万元,较去年增幅9.6%,其中市本级征收2339万元,超额完成780万元,较去年增幅8.7%。

围绕“内强素质、外树形象”的总体目标,采取多种形式组织业务培训和学习,一是选拔有潜力的年轻骨干参加高层次培训学习,拓宽眼界,提高水平,二是采用集中学习和自学相结合的方式,加强环境保护法律法规学习,用知识武装环境执法队伍,三是走出去参观学习,借鉴兄弟市先进工作经验,学以致用。

【专项行动】 2011年的环保专项行动突出“专”,解决一批影响当地环境质量和社会稳定的热点、焦点和难点问题,制发了《关于对全市电镀行业进行集中整治的指导意见》,按照“定领导、定区域、定责任”的“三定”原则和“不留死角、不丢企业”的标准,对全市“涉重”企业进行了拉网式排查,分两批对17家环境违法企业进行了挂牌督办。制发了《沧州市重点行业企业环境风险及化学品检查工作方案》,在全市医药制造和“两危”企业开展了“摸清底数、排查隐患、建章立制、强化监管”系列行动,深入开展执法专项大检查。任丘、河间跨区域整治“小炼油”,沧县、泊头、东光、南皮四县(市)同时开展取缔“小电镀”、“大排查、大清理”行动,其他县(市、区)也借活动之机,借势攻坚克难,进行集中处置,使棘手的隐患得以根除,把专项行动引向深入。

生态环境保护专项检查。全市出动执法人员496人(次),检查养殖场106家,其中养牛场22家(关闭1家),养猪场60家,养鸡场24家。办理环评手续但未进行“三同时”验收的23家,办理“三同时”验收手续的16家,目前达到规模化养殖的88家,缴纳排污费的3家,共缴纳排污费1.16万元。通过开展畜禽养殖业专项环境执法检查,进一步摸清了全市畜禽养殖场(小区)规模、环保"三同时"以及环境管理执行情况,严肃查处了违法建设、违法生产、违法排污企业,有效地遏制了畜禽养殖污染,农村环境质量得到切实改善。

秸秆禁烧和综合利用。成立专门的组织机构,实行目标管理责任制,按照"不着一把火、不冒一股烟"的要求。一是采取多种形式,有针对性的宣传秸秆禁烧和综合利用的意义及依法保护环境、综合利用资源的重要性,深入细致的做好农民群众的思想政治工作,取得群众的理解和支持。二是增加昼夜巡查频次,采取组织联合检查组、召开联席会议等方式,协调联动,齐抓共管,共出动执法人员 1200 余人次,对京九、京沪铁路、国道、省道、飞机场、高压电网附近等重点地区、重点部位进行巡回检查。三是推广机械化秸秆直接还田、利用秸秆生产食用菌、农作物秸秆能源化利用、秸秆饲料等综合利用技术。

【环境宣传教育】 环境宣传。一是组织媒体记者对减排工作进展情况进行采访报道,在《沧州日报》开辟减排工作专栏,刊登减排基本知识、介绍国家节能减排的大政方针、宣传减排先进典型,同时,对一些减排工作没有进展或相对落后的单位进行批评报道,在全市形成一个舆论高压态势,促进全市减排工作的顺利开展。二是联合沧州电视台排摄《加强节能减排,打造碧水蓝天》环保专题片。三是利用沧州市人民广播台开办的《公仆热线》栏目,专题宣传节能减排、环保专项行动,清洁生产、建设项目审批、环保科技、环境执法、绿色信贷、绿色创建等知识,普及环保工作社会化程序。四是结合"三下乡"活动,印制《环保知识手册》、环保挂图等物品现场发放,同时设立环保宣传和咨询台现场讲解,使群众了解减排工作的重要性,取得良好效果,连续 4 年被市委评为"三下乡"工作先进单位。"六五"世界环境日期间,共发放环保手提袋 1000 多个,《环保知识手册》1500 册,生态文明知识传单 2000 张,接受群众咨询 100 多人次,召开环境质量状况公报暨环保社会监督员座谈会,在《沧州日报》头版刊登了主管市长的署名文章,在名人植物园与沧州人民广播电台联合举办了"低碳生活,健康成长"幼儿、儿童环保宣传活动。在全市 18 个县(市)区选拔了 30 个孩子,由两个家长带领参加了本次活动。

环境教育。在市委党校开办了为期 10 天全市环保局长培训班。课程有气候变化与低碳发展、污染减排与总量控制、环境法制及执法、“两型”社会建设、依法行政、应急管理能力、绿色单位创建等学习内容,邀请省环监局赵根喜局长、总量处孙京敏处长、市委党校教授和市局主管局长讲课。在培训班总结会上,培训班成员根据各自的岗位职责和创新能力进行了发言。

【环境信访和环保政务信息】 2011 年,沧州市环保局共办理 3 件人大建议,2 件提案。

2011 年沧州市环保局共受理有效环境信访案件 478 件,按举报方式分,电话举报 446 件,来访举报 14 件,来信举报 18 件;按污染类型分,水污染 214 件,大气污染 207 件,项目建设 19 件,噪声污染的 22 件,固体废弃物污染 10 件,辐射污染 3 件,污染纠纷 3 件。

2011 年我局接到省环保厅以厅长接待日、省长电话、冀环信、环保部举报案件转办单等形式交办的环境信访案件 113 件,均按程序办理并按规定期限及时反馈处理结果。全年所有信访举报案件均得到了妥善的调查和处理,办结率 100%,反馈率 100%。

2011 年,我局共向市委、市政府和省环保厅报送环保政务信息 1894 条(篇),编发《沧州环境信息》109 期,《沧州环境信息增刊》8 期,被市委市政府采用 25 条,省环保厅采用 432 条,被市政府办评为信息工作先进单位。

【行风建设】 民主评议情况,2011 年,在民主评议工作中取得了市本级第 5 名,全市环保系统总体第 6 名的好成绩。一是提前谋划,把民主评议工作摆上重要议事日程。制定《2011 年全市环保系统民主评议工作实施方案》,分解任务,细化责任。坚持以抓减排的力度抓民主评议,凡系统会议,部署业务工作必讲民主评议,在全市环保工作会议和环保局长培训班上进行了重点安排。二是广泛宣传。深入推进政务公开,通过沧州环保网把凡需要公开的文件和事项一律上网发布,让广大公众知情。开展问卷调查,组织了一次大规模环保系统行风建设问卷征求意见活动,面向市直、县(市、区)发放征求意见信、意见卡 3000 张,宣传环保,征求意见,扩大影响。

机关效能建设情况,积极开展机关效能建设,树立环保队伍的良好公众形象。一是采取定期培训、以会代训等多种方式,组织召开工作调度会、业务培训会,提高环保系统干部职工业务素质和为民服务的能力。二是组织环保系统干部职工认真学习《廉政准则》，观看反腐教育片，到省廉政教育示范基地“沧州监狱”观看犯人现身说法，对新上任干部进行诫勉谈话，提高干部职工廉洁从政和为民服务的意识。三是深入推进创先争优活动，开展认责承诺、夺旗争星、亮出旗帜等活动，设立党员示范岗，在全系统树立学习的标杆、赶超的目标，提高干部职工创先争优和为民服务的使命感和荣誉感。

廉政制度建设情况，健全完善党风廉政建设各项制度和机关各项工作制度，大力推行首问负责制、服务承诺制、一次性告知制、限时办结制、AB岗制和责任追究制等工作制度，不断改善服务质量，提高服务效能。制定了《沧州市环保局立项监督工作制度》，确定了人事任免和大宗购物两项工作做为立项监督事项，纪检组监察室对两项立项监督事项采取事前参与、全程跟踪的方法实施监督。环保局公开招聘事业单位工作人员以及执法人员制服采购、大宗办公设备购置，局纪检组监察室都进行了全程参与和监督，确保了这两项工作未出任何问题。

阳光服务和公仆热线情况，2011年，组织机关各科室站队人员30多人在国美广场开展了阳光服务及环保宣传咨询活动2次，市监察局领导莅临现场进行了指导。两次活动共向过往群众发放环保知识手册4000余册，环保购物袋4000多个。同时，设立咨询台和投诉台，宣传公民环保行为规范和环保法律法规，现场解答群众提出的各种环保方面的问题，接待群众咨询和投诉200多人次。阳光服务活动期间，前来参加活动的群众络绎不绝。面对面的沟通以及即时解答问题的方式，极大地调动了广大人民群众参与环境保护的热情，进一步增强了群众的环境保护意识，活动得到了广大人民群众的一致好评。按照市民主评议办和市电台的统一安排，组织有关科室、局领导班子成员参加沧州广播电台“公仆热线”直播节目7期，并调查处理了“公仆热线”直播节目听众举报的环境污染问题3个，取得了良好的社会效果。

衡水市环境保护

【综述】 2011年，衡水市环境保护工作以科学发展观为指导，秉承“为发展服好务、为环境把好关、为群众负好责”的原则，以污染减排为核心，加大环境执法力度，强化水、大气污染防治，创新环境保护体制、机制和政策，解决环境突出问题，全市环境质量得到进一步改善，为经济的又好又快发展提供了强有力的环境支撑。衡水市被省政府授予环境保护目标管理优秀市称号,市环保局在衡水市政府组织的行政执法考核中连续四年名列第一,被衡水市政府授予“行政执法优秀单位”称号。

衡水市以污染减排为中心,科学制定减排计划,合理确定减排方案,全力推进工程减排、结构减排和管理减排,污水处理厂等环境基础设施建设实现大提速,全市实现了县县都有污水处理厂的目标。积极创新管理模式和手段,开展污染减排攻坚战,派驻下县驻厂工作组,倾全局之力,在圆满完成了“十一五”减排任务的基础上,不断挖掘减排潜力,确保了“十二五”污染减排工作开好局、起好步。

实施水和大气环境治理工程,环境质量实现明显改善。针对滏阳河治理,不断完善水质考核与地方财政挂钩的生态补偿机制,增加监测点位,强化日常监督,充分调动了沿岸政府和企业的治污积极性,滏阳河水质持续改善,保持在省政府的考核标准以内。开展烟气排放设施综合整治工程,加强工业企业废气治理力度,使衡水市城市大气环境质量不断改善。一系列环保重拳的出台,让市民们感受到了环境质量实实在在的改变。2011年城市空气质量优良天数341天,稳定达到了国家考核标准。通过强化环境执法,开展了整治违法排污企业保障群众健康环保专项行动和“环保风暴”系列行动,严厉查处了一批环境违法案件,整治了重金属污染企业,群众反映强烈的环境问题得到了有效解决,使环保工作成为为人民办实事、办好事的德政工程、民心工程,得到了广大群众的支持和信任,群众满意度大幅度提升。

创新工作机制,提升服务发展能力。为助推经济发展,积极出台便民政策,缩短审批时间,下放审批权限,为经济发展提供更佳的服务平台。开辟审批“绿色通道”,将法律规定的环评报告书、报告表、登记表的审批时间从60天、30天、15天压缩为9天、3天、1天,方便了企业,得到了广大市民和群众的好评。为实现执法规范化,开创性的实施了《规范行政处罚自由裁量权实施办法》,有效避免了执法人员滥用自由裁量权,办人情案、关系案。在此基础上,又在全省率先开展了行政处罚自由裁量辅助决策系统建设工作,实现了执法信息化与规范化的有机结合,使执法信息化和规范化建设工作走在全省前列。同时,不断加强行风建设,行风民主评议工作连续多年在全省环保系统名列前茅。工作作风的转变,带动了工作效率的提高、促进了环保形象的提升,得到了广大群众和企业的一致好评。

【重要活动】

1月6日　衡水市环保局局长吕松印主持召开“十一五”污染减排核查阶段工作调度会。

1月13日　衡水市环境监测站站长米同清获得中国环境科学学会第八届“优秀学会工作者奖”，副站长王澎涛获得中国环境科学学会第八届“优秀环境科技工作者奖”，这是我市首次获得中国环境科学学会奖励。

1月14日—16日　环保部现场核查衡水市“十一五”污染减排工作情况。

2月　河北省环保厅发布环境监察（稽查）标准化建设考核结果，衡水市环境监察支队、稽查大队标准化建设达到了国家东部地区二级标准的要求，以96.7分的高分顺利达标验收。

2月18日——20日　河北省政府环境保护目标管理考核组对衡水市2011年度环境保护目标任务完成情况进行了考核，衡水市副市长马福华陪同考核。

2月23日　衡水市环保局被衡水市委、衡水市政府授予“衡水市城镇面貌三年大变样工作先进集体”称号。

3月　市环保局在全市党委督察系统年度工作评选中被评为2010年度督察工作先进集体，中共衡水市委督查室特发贺信，表示祝贺。

3月16日　市环保局在衡水市政府组织的行政执法考核评比中获得第一名，实现了“三连冠”。

4月份　衡水市环保局行政处罚案卷在河北省人民政府法制办组织的全省2010年度行政执法案卷评查工作中，入选了河北省“百佳行政执法案卷”。

5月4日　全市环境保护工作会议召开，马福华副市长出席会议并讲话。

5月15日　衡水市环保局监测站完成了《2006－2010年环境质量报告书》（简称五年报）的编写工作，并按要求上报省环境监测中心站。

5月份　市环保局在全市范围内开展“重金属百日严查”专项行动，同时制定出台《衡水市重金属污染排放企业排查整改标准》。

6月3日　市环保局组织举办主题为“共建生态文明、共享绿色未来”文艺汇演。

6月上旬　市环保局在全市开展中高考期间建筑施工噪声严防严控专

项行动和畜禽养殖业专项整治行动。

6月25日　市环保局参加全市“纪念建党九十周年、共建生态湖城”歌咏比赛,并获得最高奖项“特别奖”的优异成绩。

6月　衡水市环保局被衡水市委办公室授予“2010年度党委系统政务信息工作先进单位”称号,被衡水市政府办公室颁发的“2010年度全市政府系统政务信息工作先进单位”称号,获得衡水市直单位“档案工作先进单位”称号。

7月3日　市环保局制定出台《工作人员廉洁自律十二不准》。

7月6日　全市环保系统民主评议工作现场会在冀州市召开。

7月12日　环保部华北督察中心对我市上半年污染减排情况进行了现场核查。核查组随机抽取了衡水市、武强县、阜城县、故城县4座污水处理厂,以及恒兴、衡丰发电厂、凯德生物材料有限公司等6个减排企业共计十家单位进行了检查。

8月11日　市环保局成立环境监测执法大楼筹建指挥部,下设资金筹备办公室和基建工程筹备办公室,由局长吕松印亲自担任总指挥,副局长代树瀛、张久显分别担任资金办和基建办主任,全面负责资金保障和基建工作。

8月22日　市环保局成立了“衡水市环保局创建省级园林城市攻坚行动领导小组”,局长吕松印任组长,全面调度、协调各项环境整治工作正常开展。

9月3日　省环保厅厅长姬振海到我市饶阳县就“创优争先”活动开展情况进行调研,衡水市政府副市长马福华、市环保局局长吕松印陪同调研。

11月1日　市环保局在全市范围内开展为期一个月的环境安全隐患排查月活动,重点对危废物建设、环境污染应急预案落实情况、集中式饮用水源地以及“三同时”落实情况进行排查。

11月7日　市环保局成立了“2011年污染减排冲刺阶段会战攻坚领导小组”,制定了《2011年后两月污染减排冲刺阶段会战攻坚行动方案》,由局长吕松印任组长,采用班子成员包片、职能科室包县的工作机制,制定多项具体措施,全力推进攻坚行动的深入开展。

11月15日　市环保局吕松印局长赴深州市污水处理厂督导污染减排工作进度。

12月14日　省环保厅吕竹青副厅长就信息化建设、在线设备管理、环保产业发展、农村环境综合整治及环境影响评价等工作到衡水市调研。

12月15日　《中国环境报》以《衡水行风评议为何领跑全省?立规律己让人服气也满意》为题,12月17日,《河北日报》以《衡水环保系统行风评议全省领跑》为题对我市环保系统行风评议工作进行了报导。衡水市委书记刘可为、市长高宏志专门就此作出批示。

【环境规划】 《衡水市环境保护“十二五”规划》是落实衡水市国民经济和社会发展“十二五”规划纲要的重点专项规划。自 2009 年启动以来，历时三年，在完成“十一五”环保规划实施情况评估的基础上，确立了紧扣主题主线和提高生态文明水平新要求，更加注重保障和改善民生，统筹排污总量削减、环境质量改善、环境风险防范和城乡环境保护公共服务均等化的基本思路，顺利完成规划报审稿。

积极推动园区规划环评的开展。建立了规划环评和项目环评联动机制。对未进行规划环评的园区不批准进区项目，不符合园区产业定位的项目不批，对基础设施不完善的园区，坚决禁止审批新建项目。目前我市各县市区共规划不同种类的园区和工业聚集区 21 个，均进行了规划环评。同时，认真开展规划环评入园进区上门服务活动。通过召开座谈会、主动进园区沟通，积极听取园区的意见，对规划环评的重要意义、程序进行讲解，提高园区管理人员对规划环评重要性的认识；向园区印发规划环评有关的文件汇编，包括《环评法》、《规划环评条例》、《编制规划报告书、篇章或说明的具体范围》等。针对部分园区基础设施进度缓慢问题，印发了《关于部分园区基础设施建设有关问题的函》，告知当地政府要加快基础设施建设进度和可能产生的不良后果。

【环境法制建设】 在 2008 年实施《规范行政处罚自由裁量权实施办法》的基础上，又按照“执法信息化”的要求，探索在处罚过程中“人治”与“机治”的统一，并于 2011 年着手建立“环保行政处罚自由裁量辅助决策系统”。该系统将执法的规范化与信息化有机结合，对执法的整个过程形成有效监控，提高了执法效率和效果。推行绿色信贷政策，促进环境与信贷管理双安全。组织各县市及市局各科室充分利用河北省环保厅信用信息系统综合平台认真上报绿色信贷信息，健全了环保部门和人民银行、银监部门、金融机构之间的绿色信贷信息交流和沟通机制，确保行政管理过程中形成的各种行政许可、行政处罚等环保信息纳入企业信用信息基础数据库，使企业环保守法情况真正作为审核办理信贷业务的重要依据。

2011年衡水市共对459家企业实施了行政处罚,全市未因行政处罚出现行政诉讼和行政复议案件。2011年全市共关停拆除企业5家,停产7家,限期整改22家,并取缔非法新建的小制革、小电镀28家和非法废旧电池拆解炼铅厂1家。对全市600多家企业进行了环境安全隐患排查,189家重点行业企业相关信息已录入国家重点行业企业环境风险信息库。

自2008年以来,在市政府组织的行政执法考核中连续四年名列第一位,被市政府授予行政执法优秀单位称号。

【大气环境质量】 2011年,衡水市区空气环境质量二级及以上天数为341天,其中一级天数95天(比上年同期增加了24天),市区大气PM10均值为0.081(标准为0.1),SO_2均值为0.039(标准为0.06),NO_2为0.023(标准为0.04),空气质量稳定达到国家考核标准。

【水环境质量】 衡水市饮用水源全部为地下水,衡水市区共有两个水厂,分别是大庆水厂、滏阳水厂。根据衡水市环境监测站对水厂的水质监测结果显示,衡水市地下水质量良好,各水厂所有监测项目全部达到了地下水Ⅲ类质量标准,集中式饮用水源水质达标率为100%。

城市水环境功能区水质状况:滏阳河衡水市区段设两个监测断面:干马桥、衡水闸。2011年度我市大力开展滏阳河市区段河道综合整治工程,根据衡水市环境监测站监测结果,两个断面均全年断流,滏阳河市区段河道内无超标污水。

【区域环境噪声】 衡水市环境监测站于2011年10月份对市区区域环境噪声进行监测,结果显示全市区等效声级为53.8dB(A),符合区域环境噪声平均值≤56dB(A)要求。

交通干线噪声平均值:衡水市环境监测站于2011年10月份对市区道路交通噪声进行监测,结果显示全市交通干线等效声级为64.6dB(A),符合区域环境噪声平均值≤68dB(A)要求。

2011年度我市建城区绿化覆盖率为39.78%。

【机构改革与人事工作】

(一)根据2010年9月衡水市政府下发的《关于印发衡水市环境保护局主要职责内设机构和人员编制规定的通知》(衡政办[2010]49号)对我局机关内设科室进行的调整,2011年1月按照《干部选拔任用工作条例》的要求,我局对科级干部进行了调整:任命彭威娜同志为污染防治科科长,不再担任环境监察支队副队长职务;任命贾喜斌同志为污染防治科副科长;任命王秀芳同志为规划财务科科长;任命张智慧同志为政策法规科科长,不再担任污控法规科主任科员职务;任命宋宏同志为环境影响评价科科长;任命刘建军同志为污染物排放总量控制科科长;任命张庆佳同志为污染物排放总量控制科副科长;任命李锐同志为污染物排放总量控制科副主任科员;任命霍纪东同志为环境宣教中心主任;任命邱万勇同志为域内河流环境保护督查中心副主任。

(二)2011年1月,根据衡人社发[2011]3号文件《关于转发河北省人力资源和社会保障厅〈关于衡水市环境执法稽查大队参照公务员法管理的通知〉的通知》,衡水市环保局环境执法稽查大队列入参照公务员法管理事业单位。该单位工作人员于2011年底完成了登记、确定职务与级别、套改工资等手续的办理。

(三)2011年我局新增8名工作人员,其中:2011年4月为通过2010年省市县乡四级联考的两名环境监察支队参照公务员法管理工作人员办理了录用手续;经全省统一组织的2011年省市县乡四级联考,10月我局录用了一名机关公务员;经全市统一组织的2011年市直事业单位公开招聘工作人员的笔试、面试,我局于2011年8月录用了五名事业单位工作人员。全年为7名干部职工办理了退休手续。

【污染防治】

(一)多措并举,促进水环境质量全面提升

1.加强集中式饮用水源地保护。对全市集中式饮用水源地存在的环境安全隐患进行全面排查,清查各类影响饮用水源水质安全的因素,加强建设项目管理,强化环境影响评价和“三同时”制度,加大饮用水源水质的监测力度,彻底排查、清理饮用水源保护区内的排污单位,切实保障饮用水安全。

2.加强重点河流水污染防治。一是完善滏阳河跨县界断面水质目标考核办法,在省环保厅监测的基础上,增加抽测环节并加大监测频次,每次的监测结果都做为考核的依据,以相关县市区每月扣缴生态补偿金的最高值作为当月考核结果。二是加强基础设施建设,全力推进污水处理厂建设,并加强日常监管确保稳定运行。三是加强滏阳河沿线重点企业的治理力度,强化重点区域、重点企业和行业的污染治理设施运行情况的监督检查,并形成长效机制。四是加大境内其他重点河渠监管力度,确定重点涉水企业名单和各县市区重点行业名录,定期检查并将检查结果予以通报。五是帮助企业进行污染深度治理和生产工艺技术改造,提高行业污染治理技术水平。通过采取以上措施,入河污染物排放强度得到了明显降低,境内河流COD浓度达到了省考核要求,滏阳河等河流水环境质量持续好转。

3.确保衡水湖水质稳定达标。一是取缔了湖区所有燃油机动船只。二是取缔1.38万亩网箱、拦网、围埝养殖,取缔水产养殖面积接近蓄水面积的三分之一。三是定期对湖区内水草进行打捞,鼓励周边蒲草编织企业进行蒲草的收割利用,减轻了因水草腐烂变质对水质造成的负面影响,降低了衡水湖的内源性污染。四是加强了对衡水湖周边村庄和居民点的环境综合整治工作,减少了生活源对湖体的污染。五是加强项目准入管理,制订出台了衡水湖保护长效机制,禁止一切给生态环境带来不利影响的项目进入衡水湖保护区。目前,衡水湖保护区的水质良好,衡水湖水质稳定达到III类标准。

(二)综合整治,切实改善城市环境空气质量

为不断改善我市城市大气环境质量,创造良好的人居环境,我市建立起统一规划、统一监测、统一监管、统一评估、统一协调的区域大气污染联防联控工作机制,在全市形成区域联防、部门联动、齐抓共管的大气污染防控体系。一是成立区域大气污染联防联控工作机构,研究解决联防联控工作中的重大问题,切实加强对区域大气污染联防联控工作的领导。二是建立区域大气污染联防联控协调机制。市政府定期召开由有关县市区政府和市政府有关部门参加的联席会议,通报全市空气质量状况,分析区域环境空气质量变化趋势,明确区域空气质量改善目标、污染防治措施和重点治理项目,协调解决影响空气质量改善的突出环境问题。三是严格落实责任。根据空气质量达标情况,各县市区政府制定空气质量达标方案或空气质量持续改善方案,将各项工作任务分解落实到责任单位和企业,强化监督考核,确保按期实现空气质量改善目标。四是加强区域环境监管。环保部门会同有关部门确定并公布重点排污单位名单,组成空气质量保障联合检查组,不定期地开展区

域大气环境联合执法检查，集中整治违法排污单位。五是严格考核奖惩。市环保局会同市政府有关部门对大气联防联控工作情况进行评估检查，对各县市区重点大气污染防治项目和空气质量改善情况进行考核，并将考核结果纳入对各县市区的环保目标考核。对未完成治理任务且空气质量状况持续恶化的县市区，暂停审批其新增大气污染物排放的建设项目。

2011年，我市实施了烟气排放设施综合治理工程，在市区集中供热范围内全面实施"禁煤"行动。市政府成立了"高污染燃料设施取缔关停专项治理"领导小组，印发了《关于市区集中供热范围内禁止销售使用原煤等高污染燃料的通知》(办字[2011]26号)，对集中供热范围内的燃煤设施全部要求停止燃用原煤等高污染燃料，并抽调各单位骨干成员100多人，组成9个工作组，分片包干，督促各单位按期完成锅炉改用清洁燃料工作。全年市区集中供热范围内共拆除、改造高污染燃料设施98台套。

(三)切实保护和改善农村生态环境

我市精心谋划，周密部署，以改善农民生活环境、提升农民生活质量为出发点，以解决农村"脏、乱、差"为突破口，以三环(即环城、沿路、环景点)村庄环境整治为重点，有效推动村庄环境综合整治工作的顺利开展，并取得了阶段性成果。一是组织开展以清洁家园为主题的环境突击整治活动，进一步抓好治理村庄"五乱一少"，即污水乱泼、垃圾乱倒、粪土乱堆、柴草乱跺、畜禽乱跑、缺荫少绿等现象为重点，切实解决农村环境的"脏、乱、差"问题，形成浓厚的治理氛围，加快改变农村环境面貌。二是抓好农村生活垃圾治理工程。建立垃圾收集处理机制，力争形成以"组保洁、村收集、乡镇转运、市区处理"模式为核心的农村垃圾处置体系，实现农村生活垃圾收集处理全覆盖。三是抓好生活污水处理工程建设。积极筹备和推进乡镇和村建立污水集中排放和处理设施，暂时不具备条件的村可铺设简易管道或沟渠，基木消除污水乱泼、溢流现象。四是抓畜禽粪便治理工程。及时清理村内散落的粪畜禽便、肥堆，严格限制畜禽放养，积极引导圈养，同时，规划建设集中养殖小区，实施集中治污和养殖废弃物综合利用，进一步加大对畜禽养殖企业的环境执法力度，促进污染减排，组织开展了全市畜禽养殖企业的调查摸底工作，并报请市政府对11家畜禽养殖企业下达了限期治理任务。

(四)确保固废危废得到安全处置

通过强化监督管理，推进综合利用，全市城市生活垃圾无害化处理率逐步提高，工业固体废物综合利用率稳中有升，危险废物处理处置也有所加强，固体废物污染防治工作取得了较好的成效,促进了城乡人居环境的改善。一是城镇生活垃圾处理设施建设步伐加快。各县市区相继建成了生活垃圾无害化处理场并投入运行,目前我市已建成10座垃圾无害化处理场。二是工业固体废物综合利用水平有所提高。全市各级各有关部门加强对工业企业固体废物污染防治的监督管理,督促和引导企业按照“减量化、资源化、无害化”的原则,积极推行清洁生产、综合利用等措施,不断提高资源利用率和污染防治水平。三是危险废物综合处置的监管得到加强。加大了对危险废物处置的监督管理力度,严格实行危险废物申报登记制度、转移联单管理制度及危险废物经营许可证制度,认真落实危险废物污染防治措施。四是执法监督的力度不断加大。采取定期检查与不定期抽查相结合,加强对固体废物特别是危险废物产生、经营单位的现场检查,督促企业严格落实各项管理制度和污染防治措施,一些群众投诉反映的污染问题得到了有效处理。

(五)做好涉重金属企业的污染防治工作

按照省政府关于加强重金属企业监管的要求,一是按照要求编制了全市重金属污染防治规划,划定了重点防控区域,明确防治目标、任务和相关措施。二是加大落后产能淘汰力度。在全市继续深入开展环保专项治理工作,组织开展淘汰落后产能的小企业等工作。三是严格环境准入条件和认真执行环境影响评价制度。严格重金属排放行业市场准入条件,进一步提高重金属污染物排放行业环保准入标准,严格限制排放重金属污染物的投资项目。在重点防控区域,禁止新建、改建、扩建增加重金属污染物的项目。实行建设项目环评前置审批,未通过审批的,一律不准开工建设。未经环评审批的在建项目或者未经过环保“三同时”验收的项目,一律停止建设和生产。四是加大环境执法力度。结合全市重金属污染企业专项检查工作,进一步加大对重金属排放企业的巡查、督查和后督查工作,关闭不符合国家产业政策的重污染企业,停产整顿不能达标排放的企业,限期治理存在环境安全隐患的企业。五是加大对重金属企业内部环境监管。督促重金属排放企业建立特征污染物监测报告制度,向环保部门报告监测结果。六是大力推进实施清洁生产。依法对全市重金属排放重点防控企业开展清洁生产审核,并依据《清洁生产审核暂行办法》,对其清洁生产实施情况开展评估验收,推动企业含重金属废弃物的减量化和循环利用。七是采取强有力措施,彻底消除了一批重金属污染隐患。

【城市环境综合整治及“城考”情况】 2011 年“城考”共有 16 项综合考核指标，我市全部达到考核标准。

(一)API 指数小于 100 的天数占全年天数比例

衡水市区共设四个监测点位：气象局(对照点)、农机厂、市环境监测站、市环保局，全部采用空气自动监测系统。根据衡水市环境监测站监测数据显示，2011 年市区 API 指数小于 100 的天数为 341 天，占全年天数比例为 93.42%，大于 85%，其中：大气可吸入颗粒物浓度年平均值 0.081 毫克/立方米，符合可吸入颗粒物浓度年平均值≤0.10 毫克/立方米条件；二氧化硫年平均值 0.039 毫克/立方米，符合二氧化硫浓度年平均值≤0.06 毫克/立方米条件；二氧化氮年平均值 0.023 毫克/立方米，符合二氧化氮浓度年平均值≤0.04 毫克/立方米要求。

(二)集中式饮用水源水质达标率

衡水市区共有两个水厂，分别是大庆水厂、滏阳水厂。根据衡水市环境监测站对水厂的水质监测结果显示，衡水市地下水质量良好，各水厂所有监测项目全部达到了地下水Ⅲ类质量标准，集中式饮用水源水质达标率为 100%。

(三)城市水环境功能区水质达标率

滏阳河衡水市区段设两个监测断面：千马桥、衡水闸。2011 年度我市大力开展滏阳河市区段河道综合整治工程，根据衡水市环境监测站监测结果，两个断面均全年断流，滏阳河市区段河道内无超标污水，城市水域功能区水质达标率为 100%。

(四)区域环境噪声平均值

衡水市环境监测站对市区区域环境噪声进行监测，结果显示全市区等效声级为 53.8 dB(A)，符合区域环境噪声平均值≤56dB(A)要求。

(五)交通干线噪声平均值

衡水市环境监测站对市区道路交通噪声进行监测，结果显示全市交通干线等效声级为 64.6dB(A)，符合区域环境噪声平均值≤68dB(A)要求。

(六)城市清洁能源使用率

根据衡水市统计局提供数据显示，2011 年度我市清洁能源使用率 71.69%，符合城市清洁能源使用率≥70%的要求。

(七)机动车环保定期检测率

根据衡水市公安局交警支队提供2011年度全市机动车登记注册784732辆,通过环保检测720384辆,机动车环保定期检测率为91.80%,符合环保监测率≥80%标准。

(八)工业固体废物处置利用率

根据环境统计年报显示,2011年度我市共产生工业固体废物81.3536万吨,综合利用81.2762万吨,处置利用率为99.9%,符合≥90%的标准。

(九)危险废物处置率

根据环境统计年报显示,全年产生工业危险废物0.7779万吨,工业危险废物综合利用0.7197万吨。工业危险废物处置量0.0582万吨。工业危险废物处理率为100%。根据卫生部门数据显示,2011年度市区共产生医疗废物75吨,全部由哈励逊国际和平医院焚烧炉统一焚烧,医疗废物集中处置率为100%。

(十)重点工业企业排放稳定达标率

重点工业企业废水排放达标率100%。重点工业企业烟尘、二氧化硫、工业粉尘排放达标率均达100%。

(十二)城市生活污水集中处理率

根据衡水市水务局提供数据,2011年度我市城市生活污水排放总量为3270.4万吨,污水处理厂处理生活污水3270.4万吨,集中处理率为100%,符合处理率大于80%要求。

(十三)生活垃圾无害化处理率

根据衡水市城市管理局提供数据,2011年度我市城区生活垃圾产生总量17.52万吨,由垃圾处理厂无害化处理17.52万吨,无害化处理率为100%,符合处理率大于85%要求。

(十四)建成区绿化覆盖率

根据衡水市城市管理局提供数据,2011年度我市建城区绿化覆盖率为39.78%,符合覆盖率大于35%要求。

(十五)环境保护机构建设

我市所辖县均建立了独立的环境保护行政机构。

(十六)公众对城市环境保护的满意率

根据国家统计局社情民意调查中心通报结果,2011年度我市公众对城市环境保护的满意率为86.52%,符合满意率大于85%的要求。

【自然生态环境保护和生态乡镇及示范区建设情况】 经过各单位的积极行动,我市系列创建工作得到稳步推进,并取得了良好成效。深州市深州镇和故城县郑口镇2个国家级生态乡镇的申报材料通过省环保厅组织的专家组验收;饶阳县尹村镇吾固村、阜城县阜城镇东街村2个国家级生态村的申报材料通过省环保厅组织的专家组验收;桃城区赵家圈镇、故城县建国镇和武强县周窝镇3个省级环境优美城镇的申报材料通过省厅组织的验收,待命名;故城县青罕镇南王庄村等11个省级生态村现已通过市局组织的验收并上报省厅,待命名;深州市、景县、饶阳、冀州被环保部授予了"国家级生态示范区"的称号;安平镇、武强镇被环保部授予了"全国环境优美乡镇"的称号。

【循环经济与清洁生产实施情况】 为进一步落实国家环保部《关于深入推进重点企业清洁生产的通知》精神,我市组织对五个重金属污染防治重点防控行业、七个产能过剩主要行业企业和《重点企业清洁生产行业分类管理名录》中规定的21个行业的重点企业进行摸底调查。并根据省厅《关于公布全省2011年度清洁生产审核重点企业名单的通知》和2010年第一批、第二批通过年检清洁生产审核咨询服务机构名单的相关要求,下发了《关于加强重点企业清洁生产审核工作的通知》,明确了有关要求,同时组织举办了不同形式的清洁生产培训,扎实推进全市的清洁生产审核和评估验收工作,进一步提高了工业污染防治水平。

【挂牌整治重点污染源】

1.省级督办(查)案件

2011年,我市共承办省环保厅挂牌督办案件1件,为班曹店电镀厂违法排污案;《督查通知》2件,分别是景县环科废酸处理公司和武强县溢新化工厂违法排污案。各督办(查)案件均已办结,顺利通过了省厅组织的复查(核)。

2.市级督办(查)案件

2011年,我市先后对景县刘集四家淀粉厂、深州化肥、武邑县建民纤维素公司和冀衡深州分公司等七家企业的环境违法问题下达4件《督查通知》进行个案督查,先后8次就安平县原郭西电镀小区、武强县制革企业、桃城区涉铅企业、衡德工业园部分企业、武邑县电镀企业、景县龙华广川热镀行业、武强县滏新化工厂、滨湖新区邢雪存电镀厂等企业的热点环境问题向当地县政府行函，建议严肃处理，通过个案督查督办，有力促进环境问题的解决和环境违法行为的纠正。

【环境监测】 按照《中华人民共和国计量法》、《中华人民共和国标准化法》等相关法律、法规及规章的规定，于2011年10月申请实验室资质认定，经对照《实验室资质认定评审准则》及相关规定，衡水市环境监测站实验室满足实验室资质认定评审准则及相关规定要求，资质认定的专业类别有水和废水、空气和废气、土壤、噪声与振动、电离辐射，检测项目有pH、氨氮、COD等126项。

2011年衡水市环境监测站按照《2011年河北省环境监测工作计划》中关于重点污染源监督监测的要求，对辖区内的国控污染源企业及时进行监测。全年废水污染源企业达标率为95.3%，废气污染源企业达标率为97.5%，国控污水处理厂达标率为90.9%。所有监测工作均按照《污染源监测技术规范》执行，保证了监测质量，且监测频率按照要求每季度监测一次予以保证。按照规定，定期发布大气和地表水及饮用水源水质状况。

2010年由国家环保部投资在我市桃城区大赵村西建设我省第一个农村空气自动站，配备仪器为高精度进口仪器，监测项目为SO_2、NO_2、PM10三参数，2010年11月通过省环境监测中心站验收。2011年此点位定为京津冀空气质量联防联控点位。运行以来，未出现大的仪器故障和数据缺失情况，设备运行良好，数据传输正常。

【环保科技、环保产业情况】

(一)环境科技

2011年上半年，在部分重点企业项目申报的基础上，我市经过对技术示范工程项目的筛选，向省环保厅推荐了衡水永利拔丝有限公司天然气加热水淬火无铅热处理技术改造项目，经筛选衡水永利拔丝有限公司项目被省环保厅确定为省9个示范工程项目之一，并获得了一定的资金支持。

11月，在唐山市召开的《河北省环保科技工作暨农村环境综合整治技术示范工程现场会》上，河北可耐特玻璃钢有限公司研制生产的生活污水处理净化槽项目得到了推广应用,为居民区、餐饮业生活污水处理提供了技术支持和成套设备,适应了城市化进程发展的需要,成为了河北省环保系统近年来推广的重点工程项目。

(二)环境科学

2011年,是华北五省市两年一次的环境科学学会第十七届年会召开年,按照华北五省市年会和河北省环境科学学会冀环学2011年8号文的要求,衡水市环保局组织各县市区环保局、市局各科室单位相关人员开展了论文的撰写工作,积极参与了环科会组织的学术交流。本届年会共征集论文17篇,5篇论文获奖,并在《河北环境科学》增刊上发表。

按照省环保厅和省环科会要求,组织对我市的环科会会员进行了调整,组织我局技术人员申报了国家环科会会员,我市上报的国家环科会会员候选人员中,47人通过了省环科会审查,成为国家环科会会员,在2011年9月份换发了会员证,成为了全省国家环科会会员最多的市,为科技人员开展学术交流搭建了平台。

(三)环保产业

根据省环保厅要求,为更好地掌握我市环保产业发展基本情况,我市开展了环保及相关产业调查。按照省环保厅和省产业协会的要求,结合我市环保产业发展现状,对2010年12月31日前在衡水市辖区内正式登记注册,从事环保及相关产业,具有独立法人资格的企、事业单位,不受行业、部门隶属关系的限制,全部参加驻在地的调查工作;组织在环保产品生产、资源综合利用、环境保护服务、洁净产品生产4个领域开展了调查工作。此次共调查企事业单位41家。其中:企业单位32家,事业单位9家;专业从事单位23家,兼业从事单位18家;从业人数3896人,具有高级职称147人、中级职称286人。41家企业年生产总产值184182余万元,其中企业单位184141万元,事业单位41万元,全年实现利润19763万元。通过ISO9000认证的单位22家,通过ISO14000认证的单位12家,通过省环保产业协会产品认定的单位7家,通过省环保产业协会设计资质认定的单位4家,获得国家污染治理设施运营资质的单位6家。

通过调查显示:我市的环保及相关产业有了长足发展,从业范围不断扩展、规模不断扩大,品种不断增加,科技含量进一步提高,环保服务发展迅速,资源综合利用实用技术得到有效利用,环保及相关产业呈持续稳步发展的良好势头。

【环境影响评价】

(一)严格环评文件审批

严格按照建设项目分级审批权限及建设项目环评审批的“六项原则”审批建设项目,做到不越权审批,不违反规定审批。严把项目审批“五关”,即审批权限关、产业政策关、项目布局关、环保措施关、审批程序关。严格限制“两高一资”、产能过剩和重复建设行业的环评审批。坚持“四个不批”。即:对于国家明令淘汰、禁止建设,不符合国家产业政策的项目,一律不批;对于环境污染严重,高能耗、高物耗、高水耗,污染物不能达标排放的项目,一律不批;对于环境质量不能满足环境功能区要求、没有总量指标的项目,一律不批;对于不能进入园区和园区未进行规划环评以及园区基础设施不完善的十三类工业项目,一律不批。严格总量控制,把污染物总量控制指标作为项目审批的前置条件,实现区域污染物总量占补平衡或削减。2011 年共审批建设项目环评文件 294 个。

(二)深化建设项目中后期管理。

1.建立了省批项目“三同时”动态管理档案,实现了省批项目从审批、设计、建设、试运行、竣工验收的网上动态管理,并于 2011 年 12 月通过省厅验收。

2.对 2006 年以来省批的 90 余个项目进行现场检查,对存在问题的项目提出整改意见,具备验收条件的积极督促进行环保验收;同时针对我市的重点行业、重点区域和敏感问题进行监督检查,发现问题及时纠正;对工程领域存在的环保问题进行清理,对存在的环保问题进行了整改。全年共进行现场检查 120 人次,对存在问题 20 余个项目提出整改意见。对违法严重的 6 个项目进行立案查处。

3.强化环保验收,严格按照环评及批复要求进行验收,做到“六个不验”,即:硬件(环保措施)落实不到位的不批;软件(各项规章制度、操作规程、应急预案、操作人员)不符合要求的不验;环保设施运行不稳定的不验;项目建设地点、性质、规模、采用的生产工艺或防治污染、防止生态破坏的措施发生重大变动未重新报批的不验;当地政府承诺(拆迁、集中供热、污水集中处理)未落实到位的不验;违法行为未落实到位的不验。对存在不落实“三同时”措施的项目提出整改意见,限期整改。2011 年,对经审批投产的 100 余个项目进行了环保验收,环保“三同时”执行率 100%。

【环境监察】

（一）现场监督执法情况

2011年度，全市现场监督检查总次数11628次，其中，环保设施现场检查3597次，建设项目现场监督检查900次，限期治理现场检查192次，许可证现场检查872次，其他检查1913次，其中立案89件，处理率、结案率100%，罚款200.5万元。

（二）环境监察队伍标准化建设情况

全市共计11个环境监察机构，市级达到二级标准。根据《全国环境监察标准化建设标准》，10个县级环境监察机构经验收都达到相应标准。其中，冀州、深州、安平、景县达国家二级标准，其他县市达到国家三级标准。

（三）人员培训情况

2011年，在我市组织了全省污染源在线监控系统（水、气）运营培训班。另外共有16人次分别参加国家、省市组织的全国、全省环境监察人员、排污费征收管理系统软件等培训班。

（四）排污费情况

2011年全市排污费征收工作再创历史新高，全市累计完成3525万元，比上年同期相比增长8.43%，超额完成了省厅下达的排污费征收任务。

【专项行动】 2011年，全市围绕重金属行业企业整治开展环保专项行动。经过各级各部门的努力工作，截至目前，我市35家重金属排放企业中，已关停拆除5家，停产7家，存在问题较少的其他22家企业正在限期整改中。遏制新污染源产生，取缔境外转嫁或本地衍生的28家非法新建的小制革、小电镀和1家非法废旧电池拆解炼铅厂。重金属排放企业管理工作得到进一步规范，大部分重金属排放企业已完成环境应急预案的编制，处在论证、修订、备案登记阶段。部分重金属排放企业的强制清洁生产审核已签订协议书，正在审核中；各重金属排放企业危废的储存、处置台账、储存场所、标志牌等设施已基本完善。

【环境宣传教育】 为提高公众的环境意识，借助"六五"世界环境日活动、地球日活动、"绿色单位"创建活动、"十百千"环境宣传教育、全民环境教育、环境警示教育等活动为载体，在广大市民中树立"保护生态环境、传播生态文明”的绿色观念，营造出良好的环境保护氛围，取得了较好的社会效果。一是充分利用媒体优势加大宣传。环境宣传教育工作得到了市委、市人大、市政府和市政协领导的高度重视和大力支持。市人大副主任何同恩、市政府副市长马福华、市政协副主席王云英、市政协副主席石金义亲自参加了环保宣传活动。市环保局充分利用媒体的宣传优势，加强舆论引导和舆论监督。二是举办纪念“六五”世界环境日大型环保文艺晚会。为纪念“六五”世界环境日，衡水市环保局于6月3日晚举办了环保文艺晚会，展现了环保队伍的风采，讴歌了全市环保干部职工秉公执法、忘我工作、奋力拼搏的精神风貌。三是举办“十一五”环保成就图片展，用翔实的文字和照片充分展示了“十一五”以来我市环保工作成就。数千群众观看了图片展。图片展使广大市民充分了解周围环境的变化和环保工作的进展程度，从而更加理解和支持环保工作，也更有利于今后工作的顺利开展。四是有的放矢组织开展志愿活动。衡水市春晖义工协会志愿者组织开展的以保护滏阳河为核心的“保护母亲河”系列活动受到了社会各界的高度关注，吸引了大批市民和社会公众参加。人们通过捡拾垃圾、捞取水面的漂浮物、向行人宣传环保知识，并监督滏阳河沿岸污染企业等方式，保护滏阳河的环境质量。9月份，市环保局、团市委和衡水市春晖义工协会联合举办了2011年世界无车日暨首届车友骑行大型环保公益宣传活动。志愿者和车友向市民发放环保知识手册和宣传资料，宣传低碳出行等环保知识，号召广大市民参与到低碳环保的行列中来。五是努力提高绿色单位创建质量。加强对各县市区绿色单位创建工作的指导和检查，努力提高绿色单位的创建质量，出台了《关于进一步加强绿色单位创建工作的通知》，将标准进一步细化和明确，使创建工作更加规范化。在省环保厅和省教育厅联合检查组对全市的第一、二、三批11所省级绿色学校复查中，所有学校全部通过省检查组复查。六是扎实开展“十百千”环境宣传教育工程试点建设。按照省“十、百、千”环境宣传教育工程试点方案的要求，我市紧密结合工作实际，先后分两批在全市范围内遴选了两个县、22个乡镇、220个村，扎扎实实地开展了试点工作。通过创新工作方法，加大宣传力度，向全社会尤其是向广大农村地区大力宣传宣传环境保护政策、法律、法规和环保知识，使环境宣传教育深入基层、走进农村，取得了明显的宣传教育效果。

【环境信访和环保政务信息】

（一）环境信访

2011 年，累计受理或承办环境信访案件 589 件。衡水市污染举报中心直接受理群众举报 397 件，其中：12369 环保热线受理 308 件，网上举报 47 件（网络举报管理后台在 10 月份出现故障一直未能解决），群众来信 16 件，群众来访 12 批 14 人次，承办市长公开电话交办 13 件，市长信箱交办 1 件；省厅交办省长电话 16 件，环监局函件 5 件，环境信访来信交办件 10 件，网上举报转办 12 批 161 件；各县市环保局直接受理 76 件。所有举报案件均得到及时办结，办结率 100%。由于要求每个案件办结后均向举报人反馈办理情况征求意见，因此未发生因处理不当或未及时反馈信息而导致群众向国家、省举报我市的情况，也未发生举报信息泄密事件，导致举报人遭受打击报复我市的情况. 全年未出现“进京赴省”环境信访事件。

（二）政务信息工作情况

加强政务信息报送工作，强化信息员报送网络建设，使政务信息上报质量得到了极大提升，登载率也得到了大大提高。一是架设政务信息网络，确保信息渠道畅通。一方面加强了信息制度建设，制定出台了《衡水市环保局环保信息工作制度》、《衡水市环保系统政务信息工作考核评比细则》等一系列的规章制度，每季度通报环保系统内信息上报情况，每半年召开一次全市环保系统信息工作调度会，将信息上报数、上报质量、采用数量等列入年终考核指标，对于工作落后的县市区不考虑评选市级先进；另一方面加强了信息员网络建设，要求各县市区环保局至少设置一名专职信息员、市局各职能科室至少一名兼职信息员，市局办公室设置 3 名专职信息员，设置政务信息专用邮箱，要求每人每月信息报送不得少于 4 条，环保重要动态、约报信息必须及时报送，并每季度定期召开环保信息员培训，全年累计培训信息员 200 余人次。二是抓住重点，提高信息质量。围绕经济又好又快发展、群众关心的重点环境问题，深入研究撰写有针对性的深层次、剖析型、建议型调研信息，均得到上级部门采用，获得市委、市政府、省厅的高度肯定。

2011 年，我局共在省环保厅《河北环境信息》发表信息 9 条；市委办公室《衡水信息》刊登信息 36 条，省委采用信息 6 条；市政府办公室《政府快报》采用信息 7 条，市政府办公室报省信息 5 条，省用政信 2 篇。印发《衡水环保工作》12 期，刊登系统内环境工作信息 95 条。获得省环保厅“环保政务信息先进单位”称号;获得市委办公室、市政府办公室“政务信息先进单位”称号。

邢台市环境保护

【综述】 2011年,邢台市环保工作以改善环境质量为目标,以污染减排为主线,以环境执法为手段,解决了一批影响群众健康的突出环境问题,环境质量得到持续改善。

按期完成了列入减排计划的8个省重点项目和81个市重点项目。淘汰落后玻璃生产线32条、造纸生产线27条、制革生产设备54台、铁合金电解炉生产线1条。2011年邢台市化学需氧量、氨氮、二氧化硫、氮氧化物等四项主要污染物排放量,分别比2010年削减2.02%、1.04%、0.51%、2.12%。

强化监管,市区九大重点燃煤企业烟气脱硫和除尘设施的稳定运行。取缔了市区周边小煤场、白云粉、滑石粉等粉尘污染企业166家。2011年,市区二级及好于二级的天数达到340天,其中一级天数79天,比上年同期增加8天。市区空气质量稳定达到国家二级标准。

搬迁和关停了在水源地保护区内的8家企业,拒批了5个选址在水源地保护区的项目。断面水质监测由每月一次加密为每周一次,并将监测结果列入月断面考核。规范了平乡、广宗、隆尧、开发区4个电镀小区、威县、南宫、清河3个皮毛小区和柏乡2个造纸小区,取缔违法企业208家。治理达标重金属企业9家,立案查处违法排污企业151家。2011年,滏阳河、滏阳新河、滏东排河三个出市断面COD浓度分别比上年下降了4.88%、1.95%和11.54%,主要河流断面水质出市口水质好于入市口,备用水源地朱庄水库水质达到《地表水环境质量标准》Ⅱ类标准。

通过开展环保绿色创建和实施“百乡千村”环境综合整治行动,以及山区小石灰、小石子企业的规范整治,促进了农村环境质量的改善。

【重要活动】

2月

21日～22日,省环保目标考核组对我市2010年度环境保护目标完成情况进行了考核,对我市2010年环保目标完成情况给予了高度评价。

3月

9日,省政府组织召开全省环境保护工作电视电话会议,邢台市被授予2010年全省重点河流水质改善奖。

4月

28日,市环保局印发《关于下放排污许可证审批权限的通知》,明确了排污许可证的核发工作由原来的省、设区市(含扩权县)环境保护行政主管部门两级发证、三级管理,改为省、设区市、县级环境保护行政主管部门三级发证、属地管理,凡是能下放到县(市、区)的审批权限,一律下放到县(市、区)。(邢环字[2011]68号)

6月

5日,市环保局在市达活泉公园北门举行"六·五"世界环境日宣传活动,副市长张明杰出席活动。活动共展出展板48块,图片500余幅,接受市民咨询37条,悬挂横幅24条,发放宣传资料10000余份。

7月

13日,全省节能减排工作电视电话会议召开,我市被授予"十一五"节能减排工作先进市称号,是全省唯一获此殊荣的设区市。同时,市环保局获河北省"十一五"节能减排工作模范集体。

21日,市委对2010年度县处级领导班子和领导干部工作实绩考核结果进行了通报,我局领导班子被授予年度优秀领导班子荣誉称号。

9月

15日,我市召开节能减排工作电视电话会议,总结"十一五"节能减排工作,表彰先进单位和个人,安排部署"十二五"及今年节能减排工作。市委副书记、市长刘大群出席会议并讲话。市委常委、常务副市长常丽虹主持会议。市人大常委会副主任鞠朝武,副市长任树堂出席会议。

11月

8日~11日,省环保厅组织专家对我市县级环境监测站进行标准化建设达标验收。邢台县、内丘县、南宫市和南和县环境监测站。通过了三级站标准化建设达标验收。至此我市通过三级站标准化建设达标验收的县级环境监测站达到六个。

14日,市环保局印发《邢台市环境保护局水环境整治专项行动实施方案》,全面启动水环境整治专项行动。(邢环字[2011]275号)

12 月

13 日,市环保局 21:30 连夜召开召开党组扩大会,对市区大气污染综合整治进行专项安排部署,印发了《市区大气污染综合整治专项行动实施方案》,拉开了市区大气污染综合整治的帷幕。局党组书记、局长张忠良强调,一定要各司其职、各负其责,集中力量、集中时间,严格执法,建立机制、防止反弹,确保整治措施落实到位。

【环境规划】 2011 年邢台市环境保护局共审批规划环境影响环评文件 6 个(省环保厅批复 4 个,市环保局批复 2 个)。截至 2011 年底,全市共设立 45 个经济开发区(工业园区、产业聚集区、行业发展规划),其中 31 个园区规划环评通过省环保厅审查,4 个通过邢台市环保局审查,2 个通过县环保局审查,其余 8 个园区正在编制规划或规划环评,在全省数量最多。17 个省级园区全部编制了规划环评并通过省环保厅审查,其中清河经济开发区和新河经济开发区的扩区规划环评也已通过省环保厅审查。10 个市级园区中 4 个全部编制了规划环评并通过审查。3 个行业发展的规划环评全部通过省环保厅的审查。

【环境法制建设】 2011 年,全市共出动环保执法人员 10619 人次,检查企业 4264 家,立案 151 件,结案 151 件。依法取缔或拆除 18 家生产规模小、生产工艺简陋、治污设施老化,不能长期稳定达标排放的重金属企业;对 174 家规模畜禽养殖企业开展了专项执法检查;对 8 家医药制造企业进行了专项执法检查;对 35 家两危企业进行了检查。2011 年,邢台市被河北省环保厅确定为全国第一批环境监察执法试点城市。作为试点城市,我市规范了执法行为,提高了执法水平,通过了环保部组织的试点验收。

依据《中华人民共和国行政许可法》起草了《关于实施行政许可项目受理通知》,统一制作了受理通知书,要求从事行政许可项目的有关科室执行。依据《中华人民共和国行政处罚法》,《环境行政处罚办法》等法律、法规的规定制订了《邢台市环境保护局行政处罚程序(试行)》,制作了统一格式的行政处罚案件案卷文书。

【环境质量状况】 大气环境现状:2011 年,市城区环境空气质量为二级。

各主要污染物按污染程度由重到轻排序依次为：可吸入颗粒物、降尘、二氧化硫和二氧化氮。污染指数依次为2.68、2.02、1.37和1.19，较上年分别下降23.6%、28.9%、46.3%、23.7%。各季度污染程度由重到轻依次是四、一、二、三季度。2011年全年空气质量Ⅱ级和好于Ⅱ级的天数为340天，与上年持平，占全年的93.2%，其中Ⅰ级天数79天，比去年增加8天，Ⅲ级天数25天，占全年天数的6.8%，全年未出现Ⅳ级及Ⅳ级以上天数。可吸入颗粒物为首要污染物的天数246天，占全年天数的67.4%，二氧化硫为首要污染物的天数40天，占全年天数的11.0%。环境空气综合污染指数为1.83，较上年下降1.08个百分点。2011年全市工业废气排放总量为6589.34亿标立方米。二氧化硫排放量为11.90万吨(其中工业排放10.65万吨，生活排放1.25万吨)；烟(粉)尘排放量为10.65万吨(其中工业排放9.31万吨，生活排放1.31万吨，机动车排放量326.55吨)；氮氧化物排放总量为13.99万吨(其中工业排放9.61万吨，城镇生活源排放0.20万吨，机动车排放4.18万吨)。

水体环境现状：地下水：2011年地下水水质良好。根据邢台市地下水质量评价结果，浅层水和深层水总体水质为良好。所测项目均达到《地下水质量标准》(GB/T14848－93)Ⅲ类标准。地表水：邢台市境内河流均为季节性河流，除引黄济津干渠(清凉江)外，其他河流均接纳城市污水和工业废水，无天然径流。2011年监测结果显示，境内河流水质除七里河外均为劣Ⅴ类，主要污染物为化学需氧量、生化需氧量、总磷，12条有水河流按污染程度从重到轻排序依次是洨河、滏阳河、滏阳新河、汪洋沟、滏东排河、牛尾河、卫运河、老漳河、小黄河、围寨河、引黄济津干渠(清凉江)、七里河。留垒河与洺河常年断流。滏阳河大田庄桥、滏阳新河侯庄桥、滏东排河城后桥三个出市断面水质好于入市断面水质，达到省考核目标要求。两座较大型水库朱庄水库和临城水库，2011年监测结果表明朱庄水库和临城水库均为Ⅱ类水质，富营养化程度均为贫营养，水质状况优。水源地：2011年，市区三个集中式饮用水水源地中，董村水源地的总体水质为优良，紫金泉和韩演庄水源地总体水质均为良好。市区地下饮用水源地水质达标率稳定保持100%。备用水源地朱庄水库水质达到《地表水环境质量标准》(GB3838－2002)Ⅱ类标准。废水排放：2011年全市废水排放总量为28849.73万吨，其中工业废水排放量为14897.17万吨；城镇居民生活污水排放量为13941.76万吨。全市化学需氧量(COD)排放量为11.54万吨，其中工业COD排放量为2.96万吨，占总排放量的24.87%;生活COD排放量为2.67万吨,占总排放量的23.13%;农业源COD排放量为5.89万吨,占总排放量的51.01%。

城区交通噪声:2011年城市声环境总体质量较上年有所好转。城市道路交通噪声质量属好等级,道路交通噪声加权平均等效声级值为64.5分贝(A),加权平均车流辆为1385.6辆/小时。与2010年相比,车流量上升0.56%,道路噪声等效声级下降0.7分贝(A),低于标准5.5分贝(A),路段达标率为100%。城市区域声环境属较好等级,区域环境等效声级为51.3分贝(A),比2010年下降0.5分贝(A)。1类区达标率为91.1%,2、3类区达标率均为100%。各类功能区昼间、夜间噪声与上年相比均有不同程度下降,其中1类区、2类区、3类区、4类区昼间噪声等效声级分别为49.0、49.6、52.2、65.6分贝(A),分别比2010年下降0.6、0.8、0.6、0.9分贝(A);1类区、2类区、3类区、4类区夜间噪声等效声级分别为38.8、41.9、46.0、55.0分贝(A),分别比2010年下降0.1、0.3、0.6、0.8分贝(A)。防治措施:对全市噪声污染进行专项整治。2011年邢台市人民政府办公室印发了《邢台市区噪声污染专项整治方案》,成立了由市环保局牵头,公安、城管、文广新局、建设、工商等部门组成的邢台市区噪声污染专项整治领导小组,对全市噪声污染进行了专项整治。期间,市环保局对无环保审批手续的经营性文化娱乐场所噪声扰民及建筑工地擅自夜间施工等违法行为进行了专项整治;市公安局对市区8条道路实施机动车全时段禁鸣;市城管局开展了夜市噪声污染及商业噪声扰民整治行动,并对商业宣传活动进行严格审批;市建设局、市工商局、市文广新局分别对建筑施工现场、商业经营单位及娱乐场所等采取了相应的整治措施。开展高、中考期间环境噪声严查行动。高、中考期间,市环保局通过采取对建筑施工单位的施工时间进行了严格限制,严禁商品混凝土生产企业向施工工地运输原料,加强对工业噪声污染的控制和管理等有效措施,为广大考生创造了一个清静、舒适的应考环境。

固体废物:2011年,全市一般工业固体废物产生量为1041.59万吨,比上年增加74.27万吨。全市一般工业固体废物综合利用量973.15万吨,综合利用率92.25%。2011年全市危险废物产生量0.2351万吨。防治措施:加大危险废物和医疗废物的管理力度。全面启动危险废物及医疗废物的排污申报登记工作,详细登记废物种类、数量、贮存方式、转移去向及采取的污染防治措施,摸清底数,建立企业动态管理台账。严格执行危险废物转移联单制度,对危险废物的收集、运输、贮存、利用、处置等实行全过程监管。2011

年邢台市医疗废物集中处置中心通过了省环保厅组织的验收,并正式投入运行,使我市医疗废物得到了无害化处置。加大重点企业的清洁生产审核力度,提高能源利用率,从源头减少固体废物的产生,最大限度的实现固体废物的减量化、资源化、无害化。

【机构改革与人事工作】 机构改革 2011 年 2 月,依据邢台市机构编制委员会办公室(邢机编办函字[2011]2 号)文件,经邢台市机构编制委员会批准,我局下属事业单位邢台市环保监测站调剂增加编制 4 名,编制由 67 名增加为 71 名。2011 年 3 月,依据邢台市机构编制委员会办公室(邢机编办字[2011]32 号)文件,经邢台市机构编制委员会批准,在市环境保护监测站增挂“邢台市辐射环境监测站”牌子,调剂增加自收自支事业编制 15 名,核定科级领导职数 2 名,市辐射环境监测站主要承担河北省环境保护厅委托我市辐射环境管理的有关监测工作任务。2011 年 5 月 24 日,依据邢台市机构编制委员会办公室(邢机编办字[2011]76 号)文件,根据省编办《关于 2009 年度邢台市接收安置军队转业干部增加编制的通知》要求,结合我单位接 2009 年安置军转干部人员情况,经邢台市机构编制委员会批准,市环保局机关增加行政编制 1 名,行政编制由 34 名增加为 35 名。2011 年 5 月 30 日,依据邢台市机构编制委员会办公室(邢机编办字[2011]80 号)文件,经邢台市机构编制委员会批准设立市辐射环境监测站为市环保局下属科级事业单位。核定事业编制 15 名,科级领导职数 1 正 1 副。辐射环境监测站主要职责:负责邢台市辐射环境监测工作。2011 年 10 月,依据邢台市机构编制委员会办公室(邢机编办字[2011]138 号)文件,经邢台市机构编制委员会批准,同意市环境保护监察支队机构规格由相当科级调整为相当副处级。设支队长 1 名(副处级)、副支队长 2 名(正科级)。规格调整后,人员编制、主要职责和经费形式等不变。

局领导的人事任免

2011 年 5 月 3 日,邢干字[2011]166 号,市环保局调研员赵坚同志退休。

2011 年 6 月 3 日,邢干字[2011]241 号,姚炬烽同志任邢台市环境保护局党组成员。

2011 年 6 月 10 日,邢政干字[2011]47 号,任命姚炬烽同志为邢台市环境保护局副局长;任命徐怀亮同志为邢台市环境保护局副局长(兼);免去周建军同志的邢台市环境保护局调研员职务，保留原职级待遇；免去刘丰敏同志的邢台市环境保护局副调研员职务，保留原职级待遇。

2011年9月5日，邢干字[2011]355号，王玲玲同志任邢台市环境保护局党组成员。

2011年12月21日，邢干字[2011]472号，张斌同志任邢台市环境保护局党组成员；免去贾瑞英同志的邢台市环境保护局纪检组组长、党组成员职务，保留原职级待遇。

2012年1月13日，邢政干字[2012]5号，任命张斌同志为邢台市环境保护局调研员。

干部考核

1.局领导班子和领导干部考核

2012年4月24日市委组织部《关于2011年度处级领导班子及领导干部考核结果的通知》，根据市委研究的意见，市环保局2011年度工作实绩考核结果如下：领导班子：优秀；领导干部：张忠良、徐怀亮、周建军同志为优秀等次，其他同志为称职等次。年度考核为优秀等次的领导干部，市委、市政府给予嘉奖，并给予一次性奖金800元，奖金由所在单位列支。

2.机关和事业单位工作人员年度考核、奖惩工作

根据市人力资源和社会保障局《关于做好2011年全市各级行政机关公务员年度考核工作的通知》(邢人社办[2011]254号)和《关于2011年事业单位工作人员年度考核工作的通知》(邢人社办[2011]258号)精神，为了正确评价我局工作人员的德才表现和工作实绩，激励同志们积极工作，忠于职守，认真组织了2011考核奖惩工作。参加考核人员295人。考核程序为：个人总结；民主推荐测评；考核领导小组审核，确定考核等次；将结果通知本人，直接领导和被考核人谈话，肯定成绩，指出缺点和努力方向；对优秀等次人员实行公示。

在考核中，严格按考核标准，客观公正，实事求是地进行考核工作。按照人事局批准20%的比例评出优秀人员59人，并按照文件规定在本局实行了一周公示，公示期限内对59位优秀等次人员没有异议。其他同志均为称职或合格等次。

在考核的基础上，依据考核结果实施奖惩，评出二等功2人，三等功9人，嘉奖48人。

干部培训教育情况

一年来，我局坚持以邓小平理论和“三个代表”重要思想为指导，认真贯彻河北省环境保护局、邢台市委组织部、邢台市人事局干部教育培训规划，大力加强干部教育培训工作，把干部教育培训工作作为人力资源开发的必要手段，积极探索新时期干部教育培训新途径，通过深入扎实的教育培训活动，干部队伍整体素质得到明显提高，开创了我局干部教育培训工作的新局面。

目前，我局共有干部职工 324 人，其中研究生学历 27 人，大学本科学历 135 人，大专学历 117 人，中专及以下学历 45 人。

2011 年我局积极认真选派干部参加国家环保部、河北省环保厅及我市有关部门组织的各类培训 156 余人次，其中参加国家环保部举办的各类环保业务培训班 30 人次；参加省环保厅举办的各类环保业务培训班 91 人次；参加邢台市有关部门培训 35 人次。

南和县、邢台县、柏乡县环保局局领导的人事任免

2011 年 7 月 18 日，邢台市环保局收到南和县委组织部(南和组函字[2011]2 号)《中共南和县委组织部关于李彦彬同志任免职的征求意见函》，经市环保局党组研究，同意南和县县委关于李彦彬同志任南和县环保局局长，免去白冰聚同志南和县环保局局长职务。

2012 年 1 月 20 日，邢台市环保局收到邢台县委组织部(邢县干呈字[2011]22 号)《中共邢台县委组织部关于梅天增同志任职的请示》，经市环保局党组研究，同意邢台县县委关于梅天增同志任邢台县环保局副局长(正科)，免去其邢台县环保局纪检组长(正科)职务。

2012 年 1 月 20 日，邢台市环保局收柏乡县委组织部(柏组函字[2011]11 号)《中共柏乡县委组织部关于杨英霞同志任职的函》，经局党组研究，同意柏乡县县委关于杨英霞同志任柏乡县环境保护局党组副书记、副局长职务。

【污染防治】 大气污染防治：开展市区大气污染综合整治专项行动。2011 年按照市委、市政府的要求，开展了市区大气污染综合整治专项行动，市环保局通过采取“5 加 2，白加黑”工作制度，早查、晚查、错时查等措施，对全市有废气和烟尘排放的 1927 家企事业单位和个体工商户(包括小石灰、小石子、小板材企业等)进行了全面排查，共查出违规违法排污问题 1135 个，并全部按要求进行了整改和关停，市区大气污染综合整治取得了阶段性成效。强化市区重点企业运行监管。完善了除尘、脱硫及脱硝设施，安装了在线监测设备,进行实时监控,确保了达标排放。其中,河北国泰发电有限公司10号机组采用了低氮燃烧装置,年可削减氮氧化物排放量1835吨。加大淘汰落后产能力度。按照《邢台市2011年淘汰落后产能工作行动方案》的要求,淘汰落后玻璃生产线32条,铁合金电解炉生产线1条。2011年,我市秸秆禁烧工作安排部署早,采取措施得力,取得成效显著。各级政府高度重视,全市环保部门严格执法,昼夜巡查,相关部门密切结合,齐抓共管,确保了我市的大气环境质量,为全市人民创造了良好的工作和生活环境。

水污染防治:加强城市饮用水源地保护。2011年,市政府对市区饮用水源地进行了重新划分调整,调整后保护目标更加全面,保护重点更加明确,保护级别更加科学。使市区地下饮用水源地保护从单一的水质保护,转向水质、水量双重保护。对选址在饮用水源地二级保护区内的8家企业实施了搬迁和关停,保证了市区群众的饮水安全。实行跨县(市、区)河流断面水质目标考核。严格按照河北省人民政府办公厅《关于实行跨界断面水质目标责任考核的通知》和河北省环境保护厅《关于全省七大水系主要河流跨界断面2010年水质考核目标的通知》的文件要求,每旬对河流断面水质开展监测,每月对各河流考核断面COD浓度监测结果进行通报,对出县口河流断面水质劣于入县口的,按照有关政策直接从县财政扣缴生态补偿金。开展重点水污染企业专项整治。2011年市政府办公室印发了《邢台市水环境整治专项行动实施方案》,对全市所有的涉水企业和城镇污水处理厂进行全面排查,特别是加大了对洗毛、皮毛、电镀、重金属等污染企业的查处力度。规范了平乡、广宗、隆尧、开发区4个电镀小区,威县、南宫、清河3个皮毛小区和柏乡的2个造纸小区。取缔违法企业208家,治理达标重金属企业9家。淘汰落后造纸生产线27条,制革生产设备54台。加强城镇污水处理厂运行监管。在全省率先制定了《邢台市城镇生活污水处理厂运行管理考核办法》,从运营方式、资质及设施运行等10个方面,共38项指标对城镇污水处理厂进行量化考核,提高了城镇生活污水处理厂的运行质量。全市17家城镇生活污水处理厂全部实现企业化运营,从机制上保证了城镇生活污水处理厂的稳定达标运行。严格按照区域总量和排放浓度双控制要求发放排污许可证。2011年,全市共发放排污许可证449个,国、省控重点污染源均实现了持证排污,并实现了在线联网。

农业污染防治:2011年,大力推进农村环境综合整治目标责任制试点工作,对各县市区的农村环境综合整治工作开展情况进行督促检查,并牵头编报了2010至2011年6月份我市的农村环境综合整治目标责任制完成情况的自查报告。对列入省政府“百乡千村”环境综合整治三年行动计划的试点村庄进行了全面督促检查，圆满完成了省“百乡千村”环境综合整治三年行动计划的试点村庄(共90个村庄)的农村环境综合整治工作。在全市范围内选择经济条件较好或是有突出环境问题的村庄和镇进行重点督导检查，确保治理效益，作为农村环境综合整治工作的试点，示范带动全市的农村环境综合整治工作的顺利开展。

固体废物及生活垃圾处理：加强工业固体废物环境管理。我市对水泥、冶炼、发电行业实行清洁生产，从源头减少资源浪费和固体废物的产生量，不断加大政策资金的支持力度，实现工业固废，尤其是粉煤灰、尾矿的减量化和资源化。

严格执行危险废物转移联单制度。对企业产生的危险废物实行全面排查，从产生、贮存、转移、利用处置等多环节严格实行规范化管理，督导企业建立危险废物管理台账，认真执行危险废物转移联单制度。

医疗废物全部安全处置。总投资1891.1万元、处理能力8吨/天的邢台市嘉德恒信医疗废物处置中心于2010年建成投运，并通过省环保厅验收，做到了医疗垃圾的“统一收集、统一运输、统一处置”。

生活垃圾得到无害化处置。邢台市生活垃圾综合处理厂日处理能力达到500吨/日，市区生活垃圾全部运至该厂进行焚烧发电。目前，我市各县(市、区)全部建成了生活垃圾处理场，任县建成了生活垃圾转运站。

城市污水处理厂稳定达标运行。我市17个县(市、区)全部建成了城镇生活污水处理厂，并通过了环保验收，实现了县县建有城镇生活污水处理厂的目标。为加强运行监管，确保稳定发挥减排成效，我市并在全省率先制定了《邢台市城镇生活污水处理厂运行管理考核办法》，明确了10个方面、38项考核指标，实行季度核查、年终汇总、“一票否决”机制，有效提高了各县(市、区)政府对污水处理厂运行的重视程度，提高了城镇生活污水处理厂的运行质量。目前，全市17家城镇生活污水处理厂全部实现企业化运营，其中14家实现了第三方运营，从机制上保证了城镇生活污水处理厂的稳定达标运行。

【城市环境综合整治及“城考”情况】 根据河北省环境保护厅《关于报送2011年度城市环境综合整治定量考核结果自查情况的函》(冀环防函

〔2012〕227号)文件要求,在对各有关部门资料汇总后,编制了《邢台市2011年城市环境综合整治定量考核总结分析报告》,并于2012年6月份参加了全省会审,正在等待考核结果。

【创建国家、省环境保护模范城市情况及规划】 2011年,我市没有已获和正在申报国家、省环境保护模范城市的县、市。

【自然生态保护和生态城镇及示范区建设情况】 土地和耕地:全市总土地面积12486平方公里,2011年现有耕地面积698千公顷,占总土地面积的55.9%;全市水土流失总面积190千公顷,占全市总面积的15.2%,比上年减少5.9%。森林和草地:截至2011年底,全市林地面积322千公顷,其中,人工林地面积299.2千公顷,基本同上年持平。林木蓄积量795万立方米。森林覆盖率达到25.75%。全市现有森林公园6个,面积97.24平方公里。全市现有草地面积117.059千公顷,其中人工草地面积14.437千公顷。动植物种类:全市共有野生动物种类38种,野生动物种类与去年相同。其中兽类14种、鸟类18种、爬行类4种、两栖类2种。其中国家重点保护动物3种,省级重点保护动物4种。主要珍稀动物种类有黄羊、苍鹰等,主要珍稀植物种类有黄梁木、臭檀、文冠果等。矿产:全市矿产资源丰富,各类矿产品种数量达44种,正在开发利用的矿产地有78处。全市共有矿山企业293个,矿区总面积327.4平方公里,其中露天采矿面积30.7平方公里,地下开采矿区范围总面积296.7平方公里。2011年我市高度重视生态环境保护,大力开展环保创建工作,取得了明显成效。在创建"国家级生态村"的工作中邢台县南沟门村和内丘县岗底村通过了河北省环境保护厅组织的专家验收、核查。沙河市全呼村、邢台县前南峪村和南和县北关村被环保部命名为"国家级生态村"。南宫市安宋庄村、南和县宋庄村、临城县南沟村、清河县柳林村、桥西区留客村、邢台县南沟门村、内丘县岗底村、隆尧县梅庄村和临西县万庄村九个村庄被河北省环保厅命名为"省级生态村"。2011年宁晋县被环保部命名为国家级"生态示范区"。临城县三峰山被河北省人民政府命名为"省级自然生态保护区"。

【循环经济与清洁生产实施情况】 2011年，按照环境保护部《关于深入推进重点企业清洁生产的通知》(环发[2010]54号)及省环保厅《关于公布全省2011年实施清洁生产审核重点企业名单的通知》(冀环办发[2011]40号)精神，我局确定了2011年度我市61家重点清洁生产审核企业名单，对全年清洁生产审核工作进行了安排部署，督促企业加快清洁生产审核工作进度，提高企业清洁生产意识，从改进和完善工艺和管理角度帮助企业实施清洁生产审核方案，帮助企业及时解决在清洁生产审核工作中存在的问题，从技术、信息、政策等方面加强对企业的支持帮助，鼓励引导企业开展清洁生产审核工作。

【挂牌整治重点污染源】 依据《环境违法案件挂牌督办管理办法》，为加大对环境违法案件的查处力度，集中解决突出的环境污染问题，保障群众环境权益，2011年6、11、12月份对14起典型环境违法案件实施市级挂牌督办。

【环境监测】 邢台市环境保护监测站是市环保局的专业技术监测机构，2011年邢台市环境保护监测站正式在册职工总数72人，其中工人13人，专业技术人员59人。

邢台市环境保护监测站现有专业技术人员构成

专业技术人员职称	人数	所占比例
高级职称	20	33.90%
中级职称	16	27.12%
初级职称	20	33.90%
未定人员	3	5.08%

邢台市环境保护监测站现有监测用房面积4200平方米，监测业务经费380万元，监测仪器设备571台，总值1100万元。监测车7辆，其中应急监测车1辆。可对辖区内的环境空气质量、室内空气质量、地表水、地下水、饮用水源地、噪声、重点工业污染源、土壤、固体废物开展监测。

环境空气：邢台市城区设7个空气监测点，全市环境空气质量监测项目为：二氧化硫、二氧化氮、可吸入颗粒物、降尘、硫酸盐化速率。除环境空气质量外还可开展降水监测。地表水：全市十三条河流和两座水库共设监测断面31个，水库监测项目共33项，河流监测项目共25项。地下水：城区设监测井

19眼,其中深层水监测井11眼,浅层水监测井8眼。地下水饮用水源地3个,设董村、韩演庄、紫金泉三眼监测井。重点污染源:按照环保部《关于印发《2011年国家重点监控企业名单》的通知》(环办[2011]36号)的要求对全市重点污染源进行监测,监测范围包括18家废水污染源、48家废气污染源和22家城市污水处理厂。本年度全市共获得各类监测数据合计约200251个。各环境要素常规监测共获得有效数据125687个,其中环境空气107655个,水质12372个,噪声5660个。另外还取得各类工业污染源监测数据21624个,工程验收、环评、室内空气监测数据52940个。环境监测队伍及能力建设方面,2011年邢台市环境保护监测站顺利通过了计量认证监督评审;邢台县、南宫市、内丘县、南和县四县(市)环境监测站通过了河北省环保厅组织的标准化达标验收;我市全年共有128人参加并通过了河北省监测中心站组织的上岗证考核,监测人员持证上岗率大幅提高;南宫市、清河县、南和县、内丘县、临城县共投资565万元完成空气自动监测站的建设。

【环保科技、环保创建、环保产业情况】 积极帮助企业开展上市环保核查。协助省环保厅对河北万邦复临药业有限公司进行了上市环保现场核查工作,为沙河龙星化工和邢台中联水泥有限公司出具了上市环保守法证明。根据《平板玻璃行业准入条件》有关环保要求,完成了对沙河市平板玻璃企业现场核查,帮助沙河市7家玻璃企业17条生产线上报了准入材料。2011年,为了在“十二五”期间环保工作更好的展开和落实,我市环保产业抓住发展机遇,加强自我发展,促进了环保市场进一步繁荣,我市环保产业产值达到8300万元,业务范围涉及废水、废气、噪声、工程治理、设备加工、环境影响评价及技术咨询、清洁生产咨询服务、室内环境质量监测等。环保产品质量有了极大提高,部分产业会员单位已走出邢台,面向全省乃至全国拓宽市场业务份额,为生态文明建设做出了更大的贡献。

【环境影响评价】 2011年邢台市环境保护局共审批建设项目环评文件447个(国家环保部批复1个,省环保厅批复14个,市环保局批复432个),涉及总投资759.27亿元(国家环保部批复项目106.58亿元,省环保厅批复项目15.59亿元,市环保局批复项目637.11亿元)、环保投资9.01亿元(国家环保部批复项目2.05亿元,省环保厅批复项目0.30亿元,市环保局批复项目6.66亿元)。

审批项目行业分布情况:第一产业(畜牧业)共审批1个;第二产业(采矿业、制造业、电力、燃气及水的生产和供应业、建筑业)共审批244个;第三产业(交通运输、仓储和邮政业、信息传输、计算机服务和软件业、批发和零售业、住宿和餐饮业、房地产业、租赁和商务服务业、科学研究、技术服务和地质勘查业、水利、环境和公共设施管理业、居民服务和其他服务业、教育、卫生、社会保障和社会福利业、文化、体育和娱乐业)共审批196个;规划环评共审批6个。加强建设项目"三同时"监管,进一步强化建设项目的环保竣工验收工作,2011年,共验收209个项目,总投资80.66亿元,其中环保投资1.15亿元,占总投资的1.43%。

【环境监察】 2011年共查处环境违法案件113起,有力的打击了环境违法行为,保护了人民群众合法的环境权益;全市共建20支环境监察队伍,600人从事环境监察工作,128人次参加了环保部和省、市组织的各类培训;按照市政府和省环保厅相关要求,按照"发现得早、解决得了、控制得住"的总体要求,抓好矛盾纠纷排查工作,逐一明确整治目标、措施和期限,务求实效。在调处矛盾纠纷工作中,始终坚持以人为本,从群众和企业双满意出发,当好"行政调解人"。对发现的信访问题进行登记,共排查化解污染纠纷4起,满足群众合理诉求,消除了信访隐患;全市共征收排污费4874.65万元,其中市本级征收1609.95万元。

【专项行动】 2011年3月28日,市环保局、发改委、工信局、监察局、司法局、建设局、工商局、安监局和邢台供电公司九部门收听收看了国家和省整治违法排污企业保障群众健康环保专项行动电视电话会议,会后成立了我市环保专项行动领导小组,并联合制定下发了《关于2011年深入开展整治违法排污企业保障群众健康环保专项行动的通知》,明确了2011年我市环保专项行动的工作重点和要求,对环保专项行动的开展进行了具体安排部署。

今年以来,我市环保专项行动九部门共先后8次召开联席会议,共制作环保专项行动情况专报20期,并相继开展了重金属、铅蓄电池、医药制造企业、两危(危险化学品和危险废物)行业以及各项减排工程等专项环境执法检查,进行了专项整治,效果明显。全市共出动环保执法人员10619人次,检查企业4264家,立案151件,结案151件,18家重金属企业被取缔或拆除涉重金属生产线,对8起群众反映强烈的突出环境问题进行了挂牌督办,维护了群众的环境权益。

按照省环保厅要求,2011年4月27日至5月18日,会同污防科分成两个排查组,分别由局领导带队对我市重金属排放企业进行了专项排查。此次排查重点是原辅材料、中间产品、产品及废水、废气、废渣中含有铅、镉、汞、铬和类金属砷物质,在生产、贮存、处置和运输过程等环节可能造成环境污染或者超过污染物排放标准的企业。此次排查行动共出动人员60余人次,共排查8个县区的重金属企业20余家,对其中存在问题的5家重金属企业要求其限期整改。

为有效治理我市环境噪声污染,给广大市民营造一个良好的生产、生活及学习环境,按照邢台市人民政府办公室关于印发《邢台市区噪声污染专项整治方案》(以下简称方案)的通知要求,2011年5月16日至6月5日,会同公安、城管、建设、工商、文广新等部门以及"三区一县"环保局,精心组织,协调联动,共同开展了市区噪声污染专项整治行动。共排查临街商业门市60余家,对其中21家违法使用高音喇叭进行商业宣传的门市责令其立即改正违法行为,并对商户发放了噪声污染相关法律法规的宣传资料;对群众反映强烈的7家建筑施工单位进行了夜查,检查中有2家单位未进行施工,3家施工单位已按照法律规定进行了审批和公示,另外2家单位在未办理审批手续的情况下擅自进行施工,我局已对其违法行为给予了立案处理。

按照环保部、省环保厅要求,结合工商、畜牧等部门提供的数据,对辖区内的畜禽养殖场进行了认真全面的清查。截至目前,我市共出动执法人员1500余人次,基本掌握了我市畜禽养殖场(小区)的基本情况。据初步统计,我市规模畜禽养殖场(猪500头、鸡30000羽,牛100头以上)共174家。规模畜禽养殖场中未办理环评审批手续的83家,办理环评但未进行"三同时"验收的24家,已办理"三同时"验收手续的有62家,补办了环评审批手续的有5家。无综合利用设施或无害化处理设施87家。不能正常运转或不能达标排放的设施101家。缴纳排污费的规模化养殖场有26家,缴纳排污费共计13.75万元。另外,我市禁养区内未发现规模养殖场(小区)。

严格按照环保部、省环保厅关于医药制造企业专项环境执法检查工作的整体部署和要求,安排部署各县(市、区)环保部门及时做好检查工作。自2011年7月初开始,充分利用污染源普查、排污申报登记等数据信息,以发酵类、化学合成类医药制造企业为主，结合当前正在开展的环保专项行动，集中力量对辖区内的医药制造企业进行了拉网式的深入排查和集中整治。此次检查，市、县环保部门共出动执法人员 525 人次，检查出涉及发酵类、化学合成类医药制造企业 8 家，分布在宁晋县、大曹庄管理区、临城县及威县。其中，5 家企业正常生产，1 家停产，2 家在建。这 8 家企业均办理了环评审批手续，6 家已验收投产的企业均执行了“三同时”制度，危险废物基本能做到妥善处置。期间，我局还分别对宁晋县及临城县的医药制造企业进行了抽查，对抽查中发现的问题，均要求企业进行了迅速整改。

按照环保部、省环保厅关于两危企业专项环境执法检查工作的整体部署和要求，安排部署各县(市、区)环保部门及时做好此次检查工作，并制定了两危专项执法检查工作方案。截至目前，市、县环保部门共出动执法人员 525 人次，执法车辆 200 余辆次，经排查，我市无铬盐行业、多晶硅行业、电子废物拆解企业及危险废物处置设施运营企业，据初步统计，我市共有危化品企业 35 家。

按照局领导统一安排，2011 年 11 月 16 日至 25 日，会同污防科、监测科、监测站相关科室，共分为三个排查组，每组由一名局领导带队，对我市 21 个县(市、区)涉水企业进行了集中排查。共排查企业 86 家，对发现问题企业要求立即整改，使我市重点区域流域水环境质量得到了明显改善。

【环境宣传教育】 强化媒体外联。2011 年，坚持与省、市主流媒体的沟通联系，借助报纸、广播电视等舆论宣传阵地，加大环保宣传报道力度。《邢台：绿色引擎助推转方式》在《河北日报》头版发表；《邢台：“三减一加”提升行政效能》文章在《河北日报》、《中国环境报》以及《邢台日报》等媒体的重要位置发表；《邢台 38 项指标考核城镇污水处理厂》在《河北日报》、《河北经济日报》发表；《邢台“好天”连续三年增加》在《河北日报》发表；《天蓝山青呼吸畅》在《中国环境报》发表；《邢台计划五年建设 456 个减排项目》在《中国环境报》、《新华网》等媒体发表；《邢台获全省重点河流水质改善奖》、《市环保局开展“效能革命”》等文章在《邢台日报》头版刊发。“六五”期间开展丰富多彩的宣传教育活动。一是举办了以环境保护为主题的集邮展；二是在达活泉公园北门开展宣传一条街活动，以环境保护为主题的活动展出展板 48 块，受理咨询 37 条，发放宣传资料 5000 余份；三是在达活泉公园南门广场举办文艺晚会，观众达10000余人(次)。2011年,全年在邢台广播电视台制作播出《环保在线》电视节目52期,对2011年主要环保工作和活动进行宣传报道。积极参与电台《行风热线》栏目。认真办理听众反映的问题,处理并反馈群众反映问题49个。认真开展"绿色创建"工作。临城县崆山白云洞管理处、邢台市污水处理厂被命名为"省级环境教育基地"。积极组织赴南和县科技、文化、卫生"三下乡"活动。解答群众咨询环境问题8件,发放宣传资料3000余份。

【环境信访和环保政务信息】 2011年,我局承办的市人大代表建议和政协提案共18件(其中主办14件,会办4件),内容涉及污染减排、大气污染治理、子牙河流域水污染防治、生态环境保护等方面。18件人大代表建议和政协提案全部按时办结,代表和委员对建议、提案办理工作表示满意。2011年共受理群众来信来访和12369环保热线电话举报案件738件,上级转办案件72件,新闻媒体34件,办理政协提案2件,人大建议2件。均做到了及时查处,按期反馈,查处率和反馈率均为100%。2011年,共编发邢台环境信息24期,被省委、省政府信息部门采用4篇,被省环保厅网站和省环境信息采用53篇,被市委信息中心和市政府信息中心采用26篇。

(撰稿　周建永)

邯郸市环境保护

【综述】 2011年,邯郸市环保工作在市委、市政府的领导下,在省环保厅的具体指导下,紧紧围绕科学发展主题、加快转变发展方式主线和提高生态文明水平的新要求,坚持以推进污染减排为工作主线,以改善环境质量为出发点,攻坚克难,开拓进取,环保工作扎实推进,圆满地完成了各项任务目标。主要污染物排放总量持续下降,污染减排指标达到省控制要求,环境质量有了新的改善。主城区空气质量二级以上天数达到327天,比上年增加1天,空气综合污染指数由2010年的2.02降至1.82,下降9.9%;其中一级天数95天,比上年增加22天;主要河流水环境质量进一步好转,岳城水库和羊角铺水源地稳定达到饮用水质标准。由于实绩突出,邯郸市环保局连续多年被评为全省依法行政示范单位;连续两次被国家人社部和环保部授予全国环保系统先进集体称号,河北省11个设区市,仅邯郸市环保局连续两次荣获此殊荣;2011 年被河北省政府授予全省唯一的节能减排先进市称号。

【重要活动】 1月7日至13日 邯郸市环保工作领导小组对全市19个县(市、区)政府、邯郸经济开发区和马头生态工业城2010年度环境保护目标管理暨三年大变样城镇环境质量目标完成情况进行考核验收。

1月11日 省政府法制办副主任石玉林一行六人组成的考评组对邯郸市环保局2010年度依法行政示范创建工作进行年度考评,同意顺利通过“省依法行政示范单位”年度考核验收。

1月10日至11日 以环保部西北督查中心马国林处长为组长的环保部总量减排核查组对邯郸市“十一五”总量减排工作进行核查。

2月23日至24日 以省监察厅驻省环保厅监察专员彭芳为组长的省环保工作目标考核组对邯郸市进行检查考核。市政府副市长赵险峰、侯华梅等陪同核查。

3月2日 邯郸市委、市政府召开全市重点工作会议,赵险峰副市长就做好2011年环保重点工作进行全面安排部署。

3月9日 省政府组织召开全省环境保护工作电视电话会议,副市长崔永斌及各县(市、区)、市直有关部门等100余人在邯郸分会场收听收看了会议。会上,邯郸市被授予2010年全省城市空气质量改善奖,并作典型发言。

3月21日 邯郸市环保局召开各县(市、区)环保局长会议,市环保局局长刘景平强调:要结合当前环保形势,振奋精神,谋划工作,早部署、早动手,狠抓落实,进一步改善全市环境质量。

3月28日 邯郸市召开环保专项行动动员部署会。副市长侯华梅要求各级各有关部门把思想和行动统一到国家和省的决策部署上来,全面组织推进环保专项行动,努力促进经济社会又好又快发展。

3月至6月 邯郸市在全市范围内开展重金属排放企业百日严查行动,以加强对重金属污染企业的环境监管,确保环境安全。

4月6日 邯郸市机动车排气污染综合防治领导小组办公室召开机动车排气污染检测全面启动动员大会,全市机动车尾气检测工作全面启动。

4月7日至8日 邯郸市召开全市环保系统工作会议,全面总结全年和“十一五”环保工作,动员全市上下要紧紧围绕科学发展主题、加快转变发展方式主线和提高生态文明水平的新要求,努力开创环保工作新局面。

4月至5月 邯郸市分排查、集中取缔和验收三个阶段在全市开展重污染小企业集中取缔专项行动，切实改善区域环境质量。

5月3日 邯郸市郑雪碧市长主持召开市政府常务会议，研究审议原化工区土地分类开发及环境风险评估问题。

5月16日 赵险峰副市长带领市环保、水利、城管、公用事业、文明城指挥部办公室以及邯郸县、邯山区、丛台区政府有关同志，专题就环境综合整治情况进行督导检查。

5月17日 邯郸市环保局召开污染减排和限期治理工程调度会，就2011年确定的79项污染减排及限期治理项目进展情况进行专题调度，研究推进措施。

5月 邯郸市环保局利用5月“无会月”的时机，由局领导带队实行“一线工作法”，对今年确定的79项污染减排暨限期治理项目逐项进行现场督导和调研。

6月1日 邯郸市环保局组织召开“全市城镇污水处理厂全面升级改造调度会”，督导全市城镇污水处理厂升级改造任务完成情况，大力推进城市环境三年上水平。

6月2日 邯郸市召开全市环境保护目标管理、绿色创建暨环境好新闻总结表彰会议，表彰环保目标管理优秀县(市、区)、环保工作先进单位和个人，命名绿色创建先进单位和家庭，颁发环境好新闻奖，安排部署今后一个时期环境保护各项工作。赵险峰副市长作重要讲话。

6月中旬 河北省环保厅公布了2010年度全省城市环境综合整治定量考核结果，邯郸市获得优秀市称号。

6月22日 赵险峰副市长到市环保局专题调研污染减排工作。强调当前全市减排形势依然严峻，需要进一步细化任务、分解责任、强化约束，全力抓好减排工作。

6月27日 邯郸市召开主城区建筑扬尘污染综合整治工作会。会议观看了主城区建筑扬尘污染专题片，宣读了《邯郸市主城区建筑扬尘污染综合整治实施方案》，赵险峰副市长讲话。

6月28日至29日 以省环保厅总量处处长孙京敏为组长的省环保专项行动督导组莅临邯郸市检查环保专项行动开展情况。

6月29日 邯郸市郑雪碧市长主持召开市政府常务会议，专题研究审议《邯郸生态市建设规划中期实施方案(2011—2020年)》。

6月下旬　邯郸市环保工作领导小组曝光今年开展环保专项行动以来查处的第一批6起环境违法案件，对这6家违法排污企业实施挂牌督办、限期整改。

6月　邯郸市十三届人民代表大会常务委员会第二十五次会议通过加强我市饮用水源地保护工作的决议。

7月初　邯郸市环保局党组决定进一步下放建设项目环境审批权限，除9大类污染较重的建设项目外，其余全部下放到县（市、区）审批，努力做到“行政提速、服务提质”。

7月6日　邯郸市环保局组织召开全市环保系统加强建设项目管理培训会。会议强调要做到严格管理与服务企业并重，为环境把好关，为发展服好务。

7月15日　邯郸市环保局、公安局联合召开进一步加强机动车排气污染检测工作会议。

7月21日　全省环境信访工作现场会议在邯郸市召开。全省各设区市环保局主管领导、信访部门负责人、重点县（市、区）政府主管领导和环保局长参加了会议。会议深入贯彻落实中央和省委、省政府关于进一步搞好社会管理创新，促进社会稳定的决策部署和要求，探讨如何创新我省环境信访机制，邯郸市环保局等6个单位做了典型发言。省环保厅殷广平副厅长参会并作重要讲话。

8月初　邯郸市对被取缔的72家重污染小企业所在辖区、企业名称、地址等全部在环保网站进行了公示，有效震慑了环境违法行为。

9月5日　邯郸市环保局局长刘景平主持召开重点工作对标会。对照各项任务目标，逐项汇报各项指标完成情况、工程进展情况，认真分析存在的问题，研究对策，制定推进措施。

9月6日　邯郸市召开全市城镇污水处理厂升级改造调度会，各县（市、区）主管县长和环保局长参加了会议，市环保局刘景平局长和市建设局允殿魁局长出席会议并讲话。

9月7日　刚刚接管全市环保工作的崔永斌副市长莅临市环保局开展专题调研。对全市环保系统取得的成绩给予充分肯定，认为“十一五”期间环保部门做了大量的工作，探索积累了有效的经验，创新了工作方法，全市环境质量得到显著改善。

9月8日　邯郸市环保局召开清洁生产审核工作调度会，各县（市、区）环保局主管局长和科长、相关企业负责人参加了会议。

9月15日　全省领导干部电视电话会和市委常委扩大会议召开后，邯郸市环保局积极开展业务对标，强化三项工作措施，确保三季度高限过“七五”，全年环保目标圆满完成，实现环境质量持续改善。

9月15日至16日　邯郸市召开全市环保重点工作调度暨污染减排培训会，认真分析当前面临的环境形势，确保圆满完成全年任务目标。各县(市、区)环保局长、主管污染减排的副局长、科(股)长和从事减排工作的技术人员，市环保局相关处室负责人，有关新闻单位记者，约100余人参加了会议。

9月19日　在冀中能源峰峰集团会议室举行了“十二五”节能减排目标责任书签订仪式。省政府与邯郸市列入省“双三十”单位的县(市、区)长和企业法人代表签订了《“十二五”节能减排目标责任书》。

9月22日　邯郸市召开“无车日”活动新闻发布会，今年起，逢“无车日”不再采取禁行措施，通过多种形式大力宣传绿色出行方式。

9月份　邯郸市开展对污水处理厂、燃煤电厂、钢铁等重点减排行业污染设施运行情况的专项检查。

10月14日　邯郸市委、市政府召开全市节能减排工作暨重点项目建设会议，系统总结“十一五”全市节能减排工作，通报各县(市、区)节能减排目标考核结果，安排部署“十二五”及今年后几个月节能减排工作，再掀节能减排工作新高潮。市委常委、市人大主任、市政协主席、市政府副市长，市节能减排领导小组成员单位、市直有关单位、各县(市、区)委、政府主要、主管及有关负责同志、全市百家重点耗能企业和环保重点监控企业法人，共计700余人参加了会议。市委书记郭大建、市长郑雪碧分别作重要讲话。

10月18日　郑雪碧市长主持召开市政府常务会议，专题听取市环保局《关于全市开展主要污染物排放权交易工作的汇报》，原则同意开展主要污染物排放权交易工作。

10月18日　邯郸市人大常委会城建环保委主任陈俊和带领部分人大代表等一行9人赴磁县对农村保护情况进行执法调研。

10月中旬　为确保全面完成今年节能减排目标任务，实现“十二五”节能减排工作良好开局，邯郸市就切实抓好节能减排工作再次推出十二项措施。

10月27—28日　全省环保系统政务公开和政务信息工作会在邯郸武安召开。全省各设区市环保局分管办公室工作的副局长、办公室主任、负责政务公开和政务信息工作的同志参加了会议，省环保厅杨智明副厅长参会并作重要讲话。

11月中旬　郑雪碧市长主持召开专题会议就全市节能减排工作进行再安排、再部署。郑雪碧提出：要进一步提高认识，明确目标，抓住重点，齐心协力，全力打好节能减排攻坚战，坚决完成今年和“十二五”节能减排目标任务。

11月24日　邯郸市环保局、农业局联合组织召开全市畜禽养殖污染减排观摩调度会，各县（市、区）环保局长、主管局长、科长、技术人员和各县（市、区）农业局主管局长、科长等130多人参见了会议。市环保局刘景平局长和农业局花云飞副局长做重要讲话。

11月24至25日　省环保厅案卷评查组到邯郸市检查2011年行政处罚案卷情况，此次检查采取各市交叉评查的方式。

11月　由国家环境监测总站污染源监测室副主任唐桂刚带队的检查组一行9人对邯郸市国控控重点污染源监测质量进行核查检测。

12月6日　邯郸市环保局邀请40余名评议代表、社会监督员、服务对象、新闻记者召开民主评议听证质询会暨新闻发布会。

12月14日　为强力推进污染减排工作，邯郸市监察局、市环保局就污染减排问题对有关县（市、区）主管环保副县（市、区）长进行约谈，确保污染减排任务圆满完成。

12月16日　全省环保系统纪检监察工作暨民主评议工作调度会在邯郸市涉县召开，省纪委委员、省环保厅党组成员、省纪委驻省环保厅纪检组长、监察专员彭芳出席会议并讲话。

12月　在第七次全国环保大会上，邯郸市环保局被国家人社部和国家环保部授予“十一五”期间全国环保系统先进集体，市环保局党组书记、局长刘景平出席全国环保大会并接受表彰。这也是邯郸市继2006年被授予“十五”期间全国环保系统先进集体后再次接受表彰，全省11个设区市仅邯郸市环保局连续两届荣获此项殊荣。

【环境规划】　2009年11月，邯郸市环保局正式启动全市环保“十二五”规划编制工作，先后成立规划编制工作领导小组，制定了编制工作方案，并下发了《关于开展环境保护“十二五”规划编制工作的通知》（[2010]1号），对各县（市、区）规划编制提出明确要求，规划编制工作全面开展。2010年3月完成了规划的基本思路编制,2010 年 7 月完成了规划第一稿编制,之后多次征询相关单位意见进行了修订完善,形成了规划讨论稿。2011 年,在《规划(讨论稿)基础》上,重点对规划目标、任务、项目进行了补充完善,做好总体规划与各专项规划间衔接工作。4 月份,又在全市范围内广泛征集了规划项目,并结合“十二五”减排规划对项目进行修订、补充、完善。期间,又再次同省“十二五”规划进行了对接,完善了列入省规划具体项目。规划编制进入了收尾阶段,待省“十二五”规划批复后,市规划再进行完善后,即可开始相应的报批工作。

【建设项目审批与管理】 建设项目审批:严格控制新上“两高一资”项目,2011 年,全市环保系统共审批项目 1080 项,对不符合环境准入条件项目一律不批,从源头上减少了污染的发生。在项目审批中,切实贯彻“以新代老、以大代小”原则,将排污总量控制指标作为新建项目审批把关的“总闸门”和前置条件,对 11 项不符合产业政策、不符合节能减排要求的建设项目予以否决。在建设项目环保审批中,对审批的各类建设项目环境影响评价文件全部在承诺的审批时限前完成审批,限时办结率和提前办结率全部达到 100%,连续被市政府评为“五星级服务窗口”,在全市行政服务工作会议上还做了典型发言,受到了市行政服务中心和市政府的充分肯定。

规划环评:积极推进规划环评工作,邯郸市装备制造工业园区总体规划、永年县高新建材区总体规划等 10 个工业聚集区规划环评通过环保部门审查。全市 32 个工业聚集区已有 25 个办理了规划环评、1 个通过了专家审查、6 个正在办理中,全市规划环评完成情况处于全省前列。

“三同时”执行情况:1. 规范日常监管流程,全面推行“执法留痕”。在日常监管中,根据建设项目的建设周期,在已建立的项目档案基础上,确定检查频率,定期对其检查。全年共现场核查建设项目 336 次,均制作《行政许可现场核查笔录》,由项目业主和市、县两级执法人员签字共同确认,随后复印,各执一份,将其附在行政许可卷中,提高工作效率,努力做到执法留痕。2. 强化项目监管,严厉查处环境违法。对 13 个违法建设项目进行处罚,共收缴罚款 29 万元。对 54 个市政府贴息技改项目进行审查,并对其中 21 个未做环评的项目责令其整改。对 2006 年以来部批、省批项目执行“三同时”制度情况进行专项检查,按照省厅要求分门别类采取了查处、责令整改、限期变更手续等措施。3.安装“三同时”软件，提升动态管理水平。编制了《邯郸市建设项目“三同时”动态管理系统使用手册》，对市批项目进行录入，启动动态管理，开创了建设项目“三同时”监管科学、高效的新局面。

【环境法制建设】 一是环保参与立法工作。2011年，针对市人大提出的对《邯郸市建筑垃圾管理条例》、《邯郸市城市市容和环境卫生管理条例》和《邯郸市滏阳河管理条例》三部条例的草案征求意见的要求，市环保局认真学习研究，结合工作实际提出了建议，切实履行了环保职能；邯郸市地方性法规行政强制规定的清理工作中，邯郸市环保局对《邯郸市机动车排气污染防治条例》的行政强制措施查找上位法依据并提出了保留的意见。二是严格把关认真做好行政处罚工作。2011年，邯郸市环保局严格落实“双签字”制度，做到高质快审案卷，全年共做出行政处罚决定书76件。对环境违法案件做到了认定环境违法事实清楚，适用法律准确，执法程序合法。继续实行由监察支队、规财、法规联合办案的行政处罚联办制度，进一步完善“行政处罚联办情况通知书”，通过联合办案制度，案件的到位率达到95%以上，办结率达到88.1%。严格行政处罚案卷审核，特别注重处罚的合理性，应当事人的申辩，2011年对“河北凯普威医疗器材有限公司违反建设项目一案”按量化标准实施了处罚，既维护了法律的权威性，又切实维护了被管理相对人的合法权益。

【环境质量状况】 1.城市空气环境。2011年达到及好于二级的天数为327天，占全年天数的89.6%，比去年多出1天。主城区空气质量一级天数95天，比上年增加22天，环境空气污染指数为1.84，比上年(2.02)降低8.91%。全年首要污染物为可吸入颗粒物。二氧化硫、可吸入颗粒物、二氧化氮三项污染物浓度均低于去年。三项污染物年均浓度均达到年二级标准；全年降水未出现酸雨。2.水环境。滏阳河水质与去年相比，明显好转，断面达标率100%；卫河污染程度较去年减轻，水质主要以氨氮—有机型污染为主，整体水质类别为劣Ⅴ类；漳河水质稳定达标，相比去年变化不大。羊角铺井群和岳城水库水质良好，适合作为饮用水水源。东武仕水库满足水功能区划要求。邯郸市城区地下水水质稳定，为较差，属无机型污染，主要污染物是总硬度。3.城市声环境。主城区声环境质量相对稳定。2011年各类功能区昼夜噪声等效声级全年平均值全部达标。道路交通噪声等效声级的平均值为67.69分贝,比去年降低0.36分贝,路段超标率比去年降低了18.82%。区域环境噪声等效声级的平均值为51.83分贝,噪声源主要来自生活噪声,占噪声源构成比的46.0%。4.工业固体废物。2011年邯郸市重点工业固体废物产生量为3448.9510万吨,工业固体废物综合利用量3100.8622万吨,一般工业固体废物处置量19.5942万吨,一般工业固体废物贮存量420.8946万吨,一般工业固体废物倾倒丢弃量0。危险废物产生量0.7965万吨,危险废物综合利用量0.7593万吨,工业危险废物处置量0.0372万吨,工业危险废物倾倒丢弃量为0。

【污染减排】 2011年经国家、省核定,邯郸市2011年四项主要污染物化学需氧量比2010年削减3.15%,氨氮同比削减1.66%,二氧化硫同比削减3.45%,超额完成年度任务目标,氮氧化物增长比率为5.09%,低于全省(5.13%)平均水平。2011年邯郸市被河北省政府授予全省唯一的节能减排先进市称号。邯郸市列入新老"双三十"共15家县企,其中有12家被省委、省政府考核评为节能减排优秀单位,为全省数量最多、占比例最大。

在推进污染减排工作上,采取的主要措施有:一、精心组织,强力推进主要污染物总量减排工作。1.强化组织领导。3月,全市组织召开重点工作广播电视大会,对全年节能减排等各项重点工作进行安排部署。9月,郑雪碧市长组织召开全市节能减排工作领导小组会议,下发了《关于切实做好节能减排工作十二项措施的通知》、《关于进一步加大污染减排工作力度的通知》,要求进一步加大工作力度,确保全年减排任务完成。10月14日,市委、市政府组织召开全市节能减排工作会议,对"十一五"及2010年节能减排工作完成情况进行通报,对实绩突出单位和个人分类进行了隆重表彰,市政府与各县(市、区)及重点企业签订了"十二五"节能减排目标责任书。2.严格减排目标考核问责制。在落实省"双三十"目标的基础上,市委、市政府下发了《关于下达"十二五"主要污染物减排指标的通知》、《关于建立全市重点工作督导落实运行机制的实施意见》和《关于实行倒逼机制推动重点工作落实的实施意见》,把减排指标纳入各县(市、区)经济社会发展综合评价体系,成立了节能减排督导领导小组,对减排工作实行每周一调度,每月一通报,年底总考核,完不成任务实行"一票否决"和行政问责。下半年针对减排工作存在问题的个别县(市、区),市监察局对县(市、区)主管领导进行了约谈,责成政府主管领导说明原因，提出整改措施和时限，确保稳定达标运行。3.健全政策法规体系。市人大在全省首先颁布实施《邯郸市机动车排气污染防治条例》，市政府制定下发了《关于进一步加强机动车污染减排工作的通知》，切实加强机动车尾气污染治理。10月18日市政府常务会议对主要污染物排放权交易工作进行专题研究，确定在全市积极有序开展排污权交易工作，以市场机制推动污染物减排、促进经济发展方式转变。二、多措并举，大力实施污染减排治理工程。4月份，市政府下发了《2011年第一批污染减排重点治理项目暨限期治理任务的通知》([2011]25号)，共安排减排工程项目79项，总投资15.84亿元。对各重点工程实行县级领导分包负责制，实行旬调度、月通报、季总结、年考核制度，定期召开项目进展分析会。5月份，利用“无会月”的时机，由县级领导带队实行“一线工作法”，对减排重点项目逐项进行调研和现场督导，并将项目进展情况通报给各县政府及各企业。7月份，市委、市政府督查室联合对重点减排项目逐一进行调度督导，督查结果上报市主要领导并进行了通报，要求对存在的问题切实整改到位。同时，市政府下发《关于下达2011年第二批污染减排重点治理项目暨限期治理任务的通知》([2011]86号)，确定了464项农业源污染治理工程。市环保局、农业局联合下发《邯郸市“十二五”畜禽养殖减排工作方案》，组成联合督导组对全市畜禽养殖企业进行现场督查，制定了畜禽养殖业污染治理明白卡，组织召开全市畜禽养殖污染减排现场观摩调度会。市、县出台了畜禽养殖业治理奖励政策，对重点减排项目给予一定经济补助。三、严格执法，为减排工作保驾护航。建立常态化的检查和督导机制，坚持把“保运行”作为污染减排的中心任务，突出污水处理厂和电厂监管，23座集中污水处理厂全部安装了在线监控设施，对11家电力企业28个烟道旁路挡板实施铅封措施。对污水处理厂升级改造和运行情况进行专项督查，及时通报了存在的问题，市环保、建设、三年上水平办公室等部门联合召开紧急会议进行调度部署。利用近两个月时间，开展了钢铁、电力、污水处理厂运行情况专项督查，并分三批进行通报。全市环保系统出动执法人员上万余人次，动用各种车辆3000余辆次，及时查处环境违法行为，对2家企业实施“双罚制”，对6起环境违法案件进行挂牌督办，保持了对违法企业的高压态势。进一步推进结构减排，市政府下发了《2011年淘汰落后产能工作实施方案》、《关于贯彻落实国家钢铁政策加快全市钢铁产业优化升级步伐的通知》，全年共淘汰落后炼铁产能237万吨、炼钢产能120万吨、水泥产能250万吨、炼焦产能148万吨。为做好机动车氮氧化物减排工作，市政府制定下发了《关于进一步加强机动车污染减排工作的通知》,严格执行老旧机动车淘汰制度,狠抓机动车环保检验和环保标志管理,加速淘汰黄标车,在全市设置机动车尾气检测点16个。四、规范管理,扎实做好污染减排基础工作。9月份,在武安市组织召开了全市环保系统"十二五"污染减排专题培训会,就"十二五"主要污染物减排思路、对策、治理技术及核算方法做了详尽的讲解。11月份,市环保局、农业局联合组织召开全市畜禽养殖污染减排观摩调度会,组织各县(市、区)环保局、农业局领导和技术人员现场观摩了畜禽养殖减排项目治理示范工程。同时,狠抓总量减排台账工作。对新投入运行的减排工程增加的削减量及削减能力,所有国控、省控重点污染源全部建立和完善了总量减排台账。在日常工作中,重点对污水处理厂、燃煤电厂和钢铁企业进行现场指导,组织单位领导及业务人员认真学习国家技术政策要求,规范管理,对治理设施运行情况、在线监控设施运行情况、运行记录进行检查,指出存在的问题,督促企业完善总量减排台账。

【重点河流污染治理】 一是加大工业污染控制力度。2011年,邯郸市深入调研,精心谋划,科学编制了"十二五"及2011年污染减排计划。年初提请市政府下达了2011年第一批污染减排重点项目暨限期治理任务,共安排减排工程项目79项,总投资15.84亿元。7月份又下达了第二批464项限期治理工程,主要是规模化畜禽养殖场和养殖小区。市环保局实行局领导分包、部门负责制,继续推行污染减排预警和挂牌督办等机制,有效促进了工程进度。全年完成528项减排项目,共削减化学需氧量7437吨、氨氮855吨。二是加强沿线生活污染治理。积极增建、扩建污水处理厂,提高污水处理能力。采取招商引资、特许经营、企业自治等措施,拓宽投资渠道,大力推进城镇、企业污水处理厂基础设施建设。全市集中生活污水处理厂建成投运23座,总设计处理能力达到91.4万吨/日;建成垃圾填埋场15座,在全省处于超前状态全市集中生活污水处理厂达到19座,实现了县县有污水处理厂的目标。三是加强畜禽养殖业污染治理。联合市畜牧水产部门,开展调查研究,对辖区内畜禽养殖企业进行逐一排查、逐一登记造册,摸清了全市规模以上畜禽养殖企业总体数量,建立了全市规模以上畜禽养殖企业动态库。定期召开调度、观摩会议,加大督导检查力度,出动1800余人次,开展规模化畜禽养殖场专项执法检查,建立了台账,对45起环境违法行为进行了限期整改。针对畜禽养殖户大部分为农民,对污染治理知识了解较少的现象,联合市农业、畜牧部门定期开展培训，下发了技术操作规程，发放了畜禽养殖污染治理明白纸。2011 年，全市共完成 219 家规模以上畜禽养殖企业污染治理。四是加强水源地监管。进一步加强饮用水源环境监管，组织开展了集中式饮用水源地环境状况自查评估，全面掌握水源地环境状况，继续开展水源地执法检查，巩固成果，防止反弹，两个水源地水质达标率稳定保持在 100%。认真做好主要河流跨界断面水质考核，全市 13 条河流(渠)38 个参照点和考核断面，覆盖了所有出入境河流，所有考核断面均未出现超标现象。五是实施生态补偿机制。实施水质目标考核以来，全市投资 100 余万元，建立起高科技环境监控平台；重点企业已完成投资 4200 余万元，安装了 200 余台自动监控设备；投资 428 万元，完成主要河流 5 个县级跨界断面自动监测站建设，实现了动态化、科学化和规范化管理。自省市实施生态补偿机制以来，只有 1 个省考核断面(留垒河鸡泽县一邢台市南和县(张村桥))出现两次超标，扣缴生态补偿金 20 万元，其他河流断面均达到或优于省市考核标准，全市河流水质逐步改善。

【固体废物及生活垃圾处理】 邯郸市主要工业固体废物以冶炼废渣、煤矸石、粉煤灰、尾矿、炉渣为主。据 2011 年环统显示工业固体废物产生量为 4014.14 万吨，利用率达 89.8%，其中产生量最大冶炼废渣综合利用率达到 100%。其次，煤矸石、粉煤灰、尾矿和炉渣，用于筑路、生产建材等。工业危险废物产生量为 0.79 万吨，危险废物处置主要采取转移至外省市相关单位接收。为杜绝产废单位违法转移、倾倒等引发的环境污染事故，邯郸市加大现场监察频次，并将执行转移联单做为申请核发排污许可证的依据。邯郸市城市生活垃圾全部实现卫生安全填埋，医疗垃圾全部采用集中焚烧设施进行安全处置，“十一五”初期，就实现了处置率达到 100%。通过加强工业企业固废管理力度，努力实现固体废弃物的“减量化、资源化和无害化”。

【城市环境考核】 2011 年，邯郸市“城考”自评得分 99.39 分，比 2010 年提高了 0.43 分，各项指标完成情况如下：1. API≤100 的天数占全年天数比例：89.59%；2. 集中式饮用水水源地水质达标率：100%；3. 城市水环境功能区水质达标率：100%；4. 区域环境噪声平均值：51.83 dB(A)；5. 交通干线噪声平均值：67.69dB(A)；6. 城市清洁能源使用率：76.52%；7. 机动车环保定期检测率：80.41%；8. 工业固体废物处置利用率：96.54%；9. 危险废物处置率：工业危险废物处置率 99.34%，医疗废物集中处置率 100%；10. 重点工业企业排放稳定达标率:工业废水排放达标率99.82%,工业烟尘排放达标率99.80%,工业二氧化硫排放达标率99.70%,工业粉尘排放达标率99.80%;11.万元工业增加值主要污染物排放强度:万元工业增加值废水排放强度0.000509吨/万元,万元工业增加值化学需氧量排放强度0.000657吨/万元,万元工业增加值烟尘排放强度0.00253吨/万元,万元工业增加值二氧化硫排放强度0.015849吨/万元;12.城市污水集中处理率:91.57%;13.生活垃圾无害化处理率:100%;14.建成区绿化覆盖率:49%;15.环境保护机构建设:城市及辖区内的区、县级市和1、2、3、4类县全部独立;16.公众对城市环境保护的满意率:85%。

【城市环境综合整治】 围绕城镇建设三年上水平工作要求,邯郸市切实搞好大气和水环境综合治理,努力推动环境质量首先上水平。继续开展烟气综合整治,要求"1+6"有关县区按照城市模式进行管理,共清查整治集中供热范围内燃煤锅炉87台,其中限期治理23台、取缔64台。市委督查室、政府督查室、市环保局组成联合督查组,新闻媒体跟踪采访,排查各类建筑工地123家,并对工程车辆运输情况进行了检查,纠正不规范作业377处,取得了明显成效。加强机动车尾气污染治理,召开了全市机动车尾气污染防治启动大会,加强在用车环保检测,全市机动车尾气检测点达到13个,机动车尾气共检测53210辆,检测合格率为95.5%,其中,绿标发放47899枚,黄标发放5311枚;新车发放5736枚绿标。进一步加强饮用水源环境监管,组织开展了集中式饮用水源地环境状况自查评估,全面掌握水源地环境状况,继续开展水源地执法检查,巩固成果,防止反弹,两个水源地水质达标率稳定保持在100%。认真做好主要河流跨界断面水质考核,全市13条河流(渠)38个参照点和考核断面,覆盖了所有出入境河流,所有考核断面均未出现超标现象。

【自然生态保护和生态城镇及示范区建设】 搞好生态市创建。邯郸市政府常务会专题研究了生态市建设工作,下发了生态市建设规划中期实施方案,中期规划建设总投资4622亿元,组织实施十大生态工程体系,将进一步加快改善生态环境。涉县、曲周2个县通过国家级生态示范区验收;馆陶房寨镇、广平胜营镇等4个镇环境规划已通过论证并经当地政府批准实施;全市已有55个镇完成了环境规划编制,15个乡镇通过省级环境优美城镇专家验收,3个通过国家级验收。涉县东港村、磁县东南城等7个村庄通过了省级生态村验收。邯郸市以及武安、涉县、曲周3个生态环境监察试点县顺利通过验收。实施环境综合整治。认真落实全省“百乡千村”环境综合整治三年行动计划，90个村庄被列为全省环境综合整治示范村。加强督导检查和现场指导，收到了较好效果，村容村貌有了明显改观。10月中旬，市人大常委会对全市农村环保工作情况进行了审议，并组织市人大代表开展专题调研，调研组对全市农村环保工作给予充分肯定。创建全国绿化模范城。市政府先后下发了创建全国绿化模范城市工作方案和推进森林邯郸建设实施意见，市、县两级财政用于绿化建设资金9.7亿元，占市、县两级财政前三个季度一般性财政支出的5.64%，再创历史新高。自然保护区建设取得明显成效，经国务院批准，青崖寨自然保护区晋升为国家级自然保护区，国家林业局对我市拟建的永年洼国家湿地公园给予高度评价。2011年，全市共完成造林绿化合格面积40.62万亩，净增森林覆盖率2.23%，超额完成了省下达的净增1.24%任务目标。积极开展矿山生态环境保护和治理。委托涉矿县(市、区)负责本辖区范围矿山企业保证金收缴、验收、返还及使用管理工作，增强保证金缴存及返还的可操作性。2011年，全市累计收缴矿山环境恢复治理保证金247家，共9971万元，编制矿山环境恢复治理方案273家，生产矿山保证金缴存率89%，新改扩建矿山缴存率100%，邯郸市已累计恢复治理矿山2万余亩。抓好秸秆综合利用和禁烧工作。坚持“以疏为主，疏堵结合”的工作方针，突出秸秆综合利用。2011年，夏季全市小麦秸秆利用555万亩，秸秆综合利用率达到97%，秋季玉米秸秆利用478.35万亩，秸秆综合利用率达到92%，全市没有发生大面积秸秆焚烧现象。

【环境监测管理】 1.环境监测能力建设:为建设先进的预警体系，邯郸市环保局投资300万元购置了便携气质、便携气相、重金属、有毒有害气体等应急设备，9万元购置了辐射设备，投资113万元更新和拓展了大气日报设备。截至2011年底，各企业共安装在线监控设备195台，其中年平均147台监控设备和2个河流断面比对合格，并实行联网，正式上传数据。2.环境日报:大气(环境空气日报)在邯郸环保网每日公布，地面水和饮用水源地水质状况根据需要公布。3.重点污染源监督监测。根据环境保护部下发的《2011年国家重点监控企业名单》，邯郸市共有国控重点监控企业103家(水、气重复企业3家)，其中废气重点企业66家、废水重点企业18家、污水处理厂19家。按照监测计划，重点源监督性监测每季度监测一次，以便及时掌握全市重点监控企业的排污情况,为环境管理提供依据。2011年邯郸市共有国控废气重点监控企业66家,其中河北马头发电有限责任公司、国电邯郸热电厂、河北邯峰发电有限责任公司、国电河北龙山发电有限责任公司4家为省站监测,企业监测合格率为98.87%;国控废水重点监控企业18家,企业监测合格率为100%;污水处理厂19家,监测合格率为100%。按照国家、省统一部署,邯郸市污染源在线监控系统于2008年4月开始建设。2008年6月底监控中心机房硬件设施安装、调试工作完成。到2011年底已建立一个涵盖全市19个县市区近70家国、省控重点源企业、部分市重点企业的实时监控系统,实现对主要污染源污染物排放的实时监测,基本满足了环保部门对污染源的长效管理和信息化管理的需要。邯郸市污染源在线监控系统由现场(远)端在线监测设备、传输通信网络、监控中心三部分组成,系统现场监测设备目前由环境监察部门督导排污单位自筹资金购买、维护和运营,并对自动监测设备进行整体验收,污染源监测点监测到的数据通过无线(GPRS)反馈到污染源监控中心,从而实现对所有监测点位24小时不间断监控。

【环境监察】 环境监察现场执法:对重点减排企业污染治理设施运行情况实行"周报制",选派骨干人员驻厂进行监督指导。严格按照污染源现场巡查制度,对重点企业污染治理设施和减排设施每月监察一次,一般企业每季监察一次,借助污染源自动监控系统(210台自动监控设备),对全市88家国控、省控重点企业和79个减排项目实施了科学化、定量化、全天候监管,确保达标企业治理设施稳定达标率。为确保管理减排取得实效,认真落实省环保厅《关于进一步加强污染防治设施运行监管工作的通知》,成立四个督导组,按照"全口径"减排核查标准,对减排重点三行业(燃煤电厂、污水处理厂、钢铁企业)开展巡回检查,检查企业130余家,查处违法行为23件,立案查处15件,行政处罚85万。2011年现场监察次数累计达到8320余次,纠正各类环境违法行为400余起,依法实施行政处罚60余件,到账金额578万元。应对环境突发事件:认真落实环保部《全国环境应急管理工作要点》,重点抓好企业应急物资储备、应急队伍建设以及环境突发事件应急预案演练等工作,督促80余家重点企业制定了应急预案,定期组织开展应急演练,提高了突发事件处置能力。近年来,我市成功处理了大名县境内运输苯酚槽罐车侧翻泄漏、滏东生化厂着火等突发事件,把环境污染和危害控制在最低范围内,由于处置及时没有造成次生污染事故和人员伤亡,维护了人民群众的环境权益。

2011年,按照省环保厅统一部署,全面开展尾矿库环境应急管理工作,对166家选矿企业全部建立了管理台账,其中武安市环保局已报请政府决定对存在环境安全隐患的21家选矿企业进行永久性关闭,按照生态恢复方案,对周遍环境进行了生态恢复。全市尾矿库环境应急管理试点工作顺利通过了省环保厅组织的验收,建立了一套部门联动、移送通报等长效管理机制。监察队伍建设及培训:全市有13个县(市)达到标准化(新)二级或三级,2011年,全市有20余次参加国家各类环境监察专项业务培训,82人省级环境监察岗位培训,组织2次市级专项培训,培训业务骨干100余人次。排污费征收:进一步完善内部管理制度和工作程序,制定《排污费征收工作管理办法》,统一标准研究确定排污系数,严格执行征费程序,防止程序违法失误。6月份,组织全市技术骨干40余人,参加在西安举办的全省排污费征收管理岗位培训班,全面提高人员素质。严格执行《排污费征收工作稽查办法》,重点稽查钢铁、水泥、焦化行业以及全省排名靠后县排污费征收情况,切实做到依法、全面、及时、足额征收排污费,为污染治理积累了资金。2011年市本级完成排污收费7589.94万元,县级收费8494.06万元,总计完成16084万元,提前超额完成省排污费征收计划的107%。

【挂牌整治重点污染源】 2011年环保专项行动以来,全市共出动执法人员近3200余人次,执法车辆850多台次,检查重点污染源650余家次,对发现的87个环境违法问题进行了限期整改,立案65起,行政处罚800余万元,实施"双罚制"企业2家,并对6起环境违法案件进行了市级挂牌督办,并全部整治完毕,有效震慑了企业环境违法行为,维护了群众合法权益。

【环保专项行动】 2011年,在国家和省将重金属污染防治和污染减排监管列为今年环保专项行动工作重点的基础上,邯郸市结合实际,自我加压,又主动将重污染小企业列为我市环保专项行动工作重点。并对各项工作内容进行细化分解,进一步加大对重金属排放企业和污染减排重点行业的监管力度。同时,各县(市、区)还根据各自实际,对2010年环保专项行动集中整治中发现的问题开展"回头看"行动,广平县将小酸油、武安市将"小米石"、永年和邯郸县将交界处的小化工等作为重点区域进行集中整治。第二季度以来,组织开展了重污染小企业集中整治行动,整治行动采取集中取缔、督查调度、整改验收、回头查看等措施和手段,共取缔重污染小企业72家,并在环保网站进行了公示,有效震慑了环境违法行为。同时明确提出,一经查实重污染小企业反弹现象,将按照市政府办公厅《关于建立完善重污染小企业长效管理机制的通知》规定,实行严格问责制。对于发现问题查处不及时、失职渎职、群众举报查处不力的,将按照《环境保护违法违纪行为处分暂行规定》,坚决追究有关责任人员责任。在重金属污染防治工作中,在2010年重金属专项检查的基础上,结合污染源普查成果,开展了重金属排放企业百日严查行动,对辖区内涉重企业进行全面细致的排查,共查出重金属排放企业21家,有12家停产(4家自然停产),2家被取缔,并关停取缔非法电镀企业16家。对重金属企业每月监察一次,建立了重金属企业监察档案,同时加大对其污染物排放监督性监测,建立了定期的监督性监测制度。根据环保部、省厅要求,2011年将集中整治铅蓄电池企业作为重金属污染防治工作的重点,全市原有铅酸蓄电池企业6家,整治中取缔了1家(广平县家庭作坊式),对另外5家(鸡泽、涉县、武安、磁县、永年县各1家)企业进行停产整治。按照“六个一律”要求,加大整治力度,强化检查和监测,市环保局组成工作组先后对5个县进行督导检查蓄电池企业情况,对5家企业进行了停产整治,并于7月对5家铅蓄电池企业在媒体进行了公示。

【环境辐射管理】 1.2011年,办理核技术应用项目环境影响登记表18个,颁发《辐射安全许可证》14个。全市167家辐射工作单位中,已有161家单位办理《辐射安全许可证》,未办理辐射许可证的6家单位均需在省厅办证,且大多已编制完成环评或已委托有资质的环评单位正在编制环评。2.切实把好辐射安全关,对存在安全隐患的,现场提出整改意见。通过严格监管,共有32个核技术应用项目通过环保验收。3.2011年,先后举办4次辐射防护培训班,来自全市辐射工作单位共250多人参加了培训,为辐射工作规范管理奠定了基础。4.为确保放射源安全,开展放射源自动报警系统工作,邯钢集团、新兴铸管股份公司、峰峰集团、七一八研究所、天铁集团5家用源大户列入试点,5家试点单位已有2家单位安装到位。5.我们积极排查涉源单位,摸清废旧放射源底数,同时督促和帮助企业送储废源。已将318枚废源(含今年4枚)送交核废库收储。废弃放射源的及时送储,有效地减少了辐射安全隐患。6.全面检查、重点监控,加大执法检查力度,实现规范化管理。制订辐射安全检查专项行动实施方案,成立专项行动领导小组,对拥有放射源和Ⅱ类射线装置的单位,尤其关、停、并、转企业进行重点检查,有效提高了企业安全意识和守法觉悟、规范了企业行为。

【环境宣传教育】 宣传报道：积极协调做好邯郸电视台《绿色邯郸》栏目和《邯郸日报》生态环保版的采编和管理工作，充分利用和发挥《中国环境报》的宣传优势，做好全市的宣传报道工作。2011 年，在各级新闻报刊发表文章 300 余篇(条)。《邯郸日报》生态环保版 15 个；邯郸市电视台《绿色邯郸》栏目 133 期。其中《跨界污染如何监管》在《中国环境报》一版刊登后，《新华网》、《人民网》等 20 多个网站进行转载，人民日报记者亲自到邯郸进行现场采访，并在《人民日报》刊登了《跨省污染该怎么管》文章，报道了我市在处理跨界污染问题的积极做法和成效。同时，拍摄制作了《"十一五"环保工作专题片》、《邯郸市环境信访工作专题片》、《邯郸市主城区建筑扬尘污染污染调查专题片》，制作了"十一五"环保成就图片展板参加全省联合展出，编印了《"十一五"环保媒体报道选编》等。绿色创建：6 月 2 日，邯郸市组织召开专项表彰会议，对 2009—2010 年度涌现出的 13 个绿色小区、21 个绿色庭院(机关)、37 所绿色学校(幼儿园)、8 个绿色饭店、8 个绿色医院、100 个绿色家庭进行命名表彰，鼓励和引导群众参与环保事业的热情，努力营造浓厚的环境保护氛围。目前，全市共创建国家级绿色单位 7 个、省级绿色单位 50 个、市级绿色单位 735 个和绿色家庭 724 家，在全省数量最多。"六五"世界环境日宣传活动：1. 领导重视，市领导积极参与"六五"世界环境日宣传活动。6 月 3 日，市长郑雪碧在《邯郸日报》发表了题为《走绿色发展之路建生态文明之城》的署名文章。6 月 5 日晚，市政府副市长赵险峰在邯郸电视台发表《共建生态文明，共享绿色未来》的电视讲话。6 月 2 日，召开了全市全市环境保护目标管理、绿色创建暨环境好新闻总结表彰会议。会议表彰了 2010 年度环保目标管理优秀县(市、区)、环保工作先进单位、先进个人以及绿色单位和绿色家庭，颁发了第五届环境好新闻奖。2. 今年"六五"前夕我市再次举办两年一届的环境好新闻评选。与往届相比，本届参与人数和参评作品明显增多，参赛作品形式多样、内容丰富。经过评比，从 150 篇参评作品中评选出一等奖 5 篇，二等奖 10 篇，三等奖 15 篇，优秀奖 20 篇。编印了《环境好新闻获奖作品汇编》。3. 今年邯郸市把环境宣传走进农村、学校、饭店、环境教育基地等作为重点加强环境宣传教育。5 月 30 日，永年县在临洺关镇东洺阳村隆重举行了纪念世界环境日"环保宣传进农村"大型文艺汇演活动，将富有环保教育特色的文艺汇演送到农民家门口，将农村环保宣传活动推向高潮。鸡泽、磁县、广平、成安等还开展了环保宣传走进农村、走进企业、走进学校、走进社区等大型环保宣传活动。环境教育:邯郸市制定了《邯郸市创建环境教育基地工作方案》,结合邯郸实际进一步明确工作目标要求,完善了创建内容和评估体系。组织一些县区和创建单位到山东滕州微山湖湿地国家级环境教育基地进行考察学习。邯郸市建设了10个市级环境教育基地、2个省级环境教育基地正待验收。

【清洁生产、环境科技】　清洁生产:2011年,邯郸市环保局配合市发改部门,积极开展全国第二批循环经济试点市建设,重点在冶金、煤炭、电力、化工行业以及城市中水回用等方面开展循环利用,并取得明显成效。国控、省控重点企业全面组织开展清洁生产,2011年全市共有44家企业通过清洁生产审核,各企业累计投入1.34亿元,年可产生经济效益7780万元,节水2162万吨,节电1986万度,削减化学需氧量265.7吨、二氧化硫43.7吨,实现了经济与环境的“双赢”。

环境科技:2011年,针对污染治理设施运营专业技术人员不足,日常运行管理水平低,部分新建污水处理厂污泥浓度低,污泥活性差等制约全市污水主要污染物(COD\NH_3-N)减排的瓶颈问题。邯郸市环保局配合河北省环保厅组织了全省污染治理设施运营(污废水)培训班,针对污水处理厂存在问题做了基础性的培训。全市70多人参加了培训,并通过考试取得了国家颁发的污废水运营上岗资质证书。通过培训,提高了污染治理设施运营技术人员的专业技术和管理水平,使全市污水处理整体工作上了一个新的台阶。

【环境信访和环保政务信息】　环境信访管理:2011年度,全省环境信访工作现场会在邯郸市召开,邯郸市环保局获得全省环境信访先进集体荣誉,随即召开专题会议,要求将2011年以来上访案件进行梳理,全面通报,严格落实包案负责制,制定具体措施,切实解决进京访、赴省访、重复访。为提高查办效率,市局除坚持实施首问负责制、领导带班制、限期办结制、信访月报制、重点案件回访等制度外,突出抓好三项工作:一是狠抓重复举报,对于重复举报类案件,一经查实,实行高限处罚;二是以查办区片污染为突破口,切实解决威胁群众环境权益问题;三是突出解决建筑噪声扰民问题。成立了“中高考期间建筑施工噪声巡查分队”,对敏感区、敏感时间段实施重点监察。给广大考生、市民营造了一个良好的学习和生活环境。据统计,全市2011年信访举报量为710件，案件办结率、回访率均达到100%，促进了社会稳定。建议、提案办理：2011年，邯郸市环保局承办工作坚持以科学发展观统领承办工作全局，突出重点，关注热点，狠抓难点，组织到位，措施到位，落实到位。局领导高度重视，明确要求达到“三好”目标，即与当事人沟通好、到现场调研好、结案答复好，以实际行动办出让群众满意的“精品”，努力树立环保部门良好外部形象。在承办工作中，坚持实行办前、办中、办后“三沟通”制度，即各承办人员办前先与代表委员取得联系，深入了解其意图，提出初步解决方案，增强办理针对性；办理过程中，及时向代表和委员汇报措施方案及办理进度，增强办理的可行性；办理后，处室领导带领具体承办人员登门回访，了解他们对办理结果的满意率及对环保工作的期望和要求。2011年，邯郸市环保局共承办37件人大建议和政协提案，全部得到优质、高效办理，办结率、走访率及满意率均达到了100%，开创了承办工作新局面。连续多年荣获邯郸市政府系统承办工作优秀单位称号，被市委、市人大、市政府、市政协联合授予“市人大建议承办工作优秀单位”和“九届市政协提案承办工作优秀单位”称号。政务信息及信息化建设：市环保局始终对环境信息工作非常重视，强化领导、加强调度、落实责任，奖惩分明，充分调动各级工作人员的积极性，信息上报工作稳步提升，2011年，编发《环境政务信息》36期，编写及编辑信息400余条，并于第一时间在“邯郸环保网”发布。做到随时上报动态信息，今年利用网站上报动态信息4600余条，采用1100条，在全省排名连续名列前茅；市委、市政府市直部门系统信息排名在优秀行列；10月下旬，全省环保系统政务公开和政务信息工作会议在我市召开。通过完善硬件、健全软件、精心维护，确保全局213台计算机，13台服务器等网络设备和计算机的正常运行。全年公开信息2000余条，在市政府信息公开平台上公开200余条，得到市政府办公厅肯定。

【机构改革和人事】 市本级机构调整：1.2011年10月，市机构编制委员会办公室批准我局将环境宣传信息中心分设为环境信息中心和环境宣传教育中心(邯编办字[2011]192号)。2.2011年11月，市机构编制委员会办公室批准我局设立污染物排放总量控制处(邯编办字[2011]224号)。市本级人事变动：1.2011年4月，经市委组织部批准，原党组成员、副局长邵炳军同志退休。2.2011年8月，按照有关规定，局党组免去郭俊东同志行政许可服务处处长和李密苏同志环境宣传信息中心主任职务。同月，冯涛同志任环境宣传信息中心主任。县级人事变动:1.2011 年 5 月,局党组批准马彦海同志任涉县环境保护局局长,同时免去孙太平同志涉县环境保护局局长职务。2.2011 年 8 月,局党组批准刘孟学同志任馆陶县环境保护局局长,同时免去张富敬同志馆陶县环境保护局局长职务。

(撰稿 李京哲)